上海全球城市研究院
SHANGHAI INSTITUTE FOR GLOBAL CITY

全球城市经典译丛 | 主编 周振华

城市科学导论

城市作为复杂系统的证据和理论

Introduction to Urban Science

Evidence and Theory of Cities as Complex Systems

[葡]
路易斯·贝当古
◎著

刘朝晖
◎译

Luís M. A. Bettencourt

格致出版社　　上海人民出版社

中文版序言

在过去几十年里,中国经历了剧烈的结构性转型,其速度之快、涉及范围之广堪称世界之最。这种转型经常被概括以政治、经济或技术术语,但城市化构成了它们的共同基础。本书的一个核心观点是,离开城市,人类社会就无法创造强劲的经济增长或持续的创新,没有任何其他方式可以替代。

城市科学的一个重要主题是,为什么城市不仅是建成环境或工程系统,更是社会经济得以系统性发展的引擎。然而直到最近,对中国城市和城市化的科学分析仍然很少。这一点多少有些令人意外。随着人们认识到中国已经成为一个城市化国家,以及可持续发展挑战的逐渐显现,对中国城市的研究热潮正在形成,这也需要我们找到合适的理论框架和新的证据来源。本书介绍了这两方面内容,并展望了未来研究所面临的挑战,这有助于我们更好地了解中国城市,并建立规划未来的科学方法。研究中国不仅有助于揭示基础性的规律,而且有着广阔的实践空间。对于相关学者和机构来说,这不仅意味着明确的激励,也意味着丰厚的回报。

中国的城市化始于 1980 年左右。当时的城市化率大约是 20%,这个数据与大多数前工业化社会一致。2000 年后,中国的城市化进程显著加快,在 2011年突破了具有象征意义的 50% 的门槛,并在本书出版时达到 65%。这一转型可望在未来几十年内完成,将另外 3 亿人带入城市,并创造出与其他高收入国家相当的城市化水平。中国城市化的最后阶段将会是什么样的?

我们正处于一个前所未有的时代,气候变化、人口转型、技术变革和地缘政治等重大问题正在同时改变着我们的世界。这些问题对未来的城市化提出了新的要求和挑战,而我们却没有现成的操作指南来指导我们进行应对。今后这段时期将是我们创造可持续和韧性的全球社会,避免极端的环境不稳定和冲突的最后机会。在这样的背景下,中国和其他地区一样,绝不能只从抽象的角度来思考城市化,而必须在人类住区的综合结构中来思考如何实现可持续发展和繁荣的路径,适应老龄化社会并利用新技术。

最近的中国之行让我相信,城市科学正在中国兴起,未来几年必将看到非凡的发展。中国有自身的独特优势,特别是在数据科学和计算机科学方面,在机器学习、感知和可视化等领域都处于前沿。这些技术领域对城市短期动态研究非常有用,例如在交通模式、交通流和城市分析中,但如果要推导更远的未来和新的情况,就必须通过理论和科学分析来补充。但在详细的人口和社会经济数据方面,中国仍然存在很多不足。在美国和其他大多数国家,人口普查机构提供的数据不仅能够实现对城市和城市体系进行多样化的区域分析,还能够实现对社区层面的小型单元进行丰富的地区分析。这些社区塑造了人类的体验,并反映了生活质量和机会。遥感是中国的另一个优势领域,能够描绘城市扩张、热岛效应、污染等环境问题以及绿地空间。这虽然填补了部分空白,但并不能替代人类社会经济互动的基本结构和动态信息。未来随着这些挑战得以解决,以及我们对中国城市的研究更加深入,我相信城市科学和实践领域的经验和思想将大量涌现。

城市科学能够提供哪些帮助呢?我们可能会认为,上面提到的许多问题都是实践性的问题,只要增加资金和努力就能解决。然而,这本书要告诉我们的是,这种看法是片面的,甚至是危险的。城市科学不仅关注实践,更关注理论和方法。这并不是新观点,它源于人类状况的每一次重大突破,从重大疫情和卫生设施或疫苗的出现,到登月,再到核能、量子技术或人工智能。在所有这些情况中,科学方法都发现了意想不到的新原理,并带来令人惊讶的和革命性的突破。对于城市科学来说,这方面还刚刚起步,并受益于世界的日渐城市化和大数据的推动。城市科学最重要的特点是它拥有一个一般性知识体系。本书表明,城市作为人和组织的社会经济网络,与城市建成环境自洽,这些基本原理不仅能够预测跨越数千年的历史城市的特性,也能够预测世界各地跨越不同文化和发展水平的城市的特性。

这种知识还让我们能够预见并应对未来城市的特征,哪怕它们规模空前,像印度和西非城市的人口将达到 8 000 万,中国也存在这种可能。城市科学和一般科学一样,并不给出具体的规划或政策,而是勾勒出工程和政策的可能性。比如说,它告诉我们,关注那些能够促进人类通达和合作互动的低成本城市功能,比建设昂贵的大规模基础设施或普及高科技(如"智慧城市")更为重要。城市科学强调城市的动态性,它认为城市是由数百万人的愿望和适应所塑造的社会变革和发展的新模式,而明智的治理能够创造出惊人的效果。城市是一个复杂的系统,它在恶性循环和良性循环中不断演变,把微小的干预放大成巨大的影响。面对去工业化和老龄化导致的衰败这样的恶性循环,需要系统性的干预才能实现逆转。而良性循环则为可持续转型提供了巨大的潜力,它让新的绿色技术和电气化的效率相互协作,促进繁荣、健康、创新和环境和谐,实现社会经济共赢。我期待这本书能激发出许多让我们的城市更加可持续的新思想,我相信中国会是这些思想的重要来源,因为它拥有庞大的规模、悠久的历史,如今正致力于对科学的追求。

路易斯·贝当古

美国伊利诺伊州芝加哥

2023 年 8 月

前　言

了解一件事的最好方法是基于另一门学科的背景。

——伦纳德·伯恩斯坦(Leonard Bernstein),"诺顿讲座"

这本书讨论的是城市科学,旨在揭示城市的一般规律。所谓"一般",指的是我们在历史的不同时代或世界的不同地方,都能观察到或测量到一些不受地理、文化、发展水平等因素影响的共性过程或信号。

这本书融合了多种不同的思维方式,试图澄清复杂多变的城市现象背后的逻辑。我们希望构建一种综合性的方法,探索城市形成和发展的一般规律,理解城市为什么能够成为人类社会变革的独特驱动力。我将展示如何结合不同的传统学科的思维方式,建立一个新的理论框架和一套数学模型,从而揭开城市令人着迷的复杂性与开放性的面纱。

这种方法和目标可能会面临争议,甚至被视为异端。我曾经遭遇过三种类型的批判意见,在本书中我会尽可能避开,但我仍希望我的读者们能够保持耐心,先别着急作出判断。

第一类批判认为,城市是如此复杂的系统,充满着大量的决策和偶然事件,而历史如此丰富多彩,任何试图用数学方法进行综合描述的尝试都是徒劳无益的,甚至是误导性的。对这一观点,我的回复是:同样的话也可以用来批评生物学,甚至更有说服力。在生物学中,我们已经对各种现象有了深入的科学理解。这种理解既考虑了物理学和生物化学决定的结构,又结合了博物学理论和"以自然选择的方式在演化中学习"的观点。这种理论综合直到最近才逐渐成熟,这得益于跨组织规模的大量证据、实验和理论发展。在这种比较中,我们会发现既有相似,也有创新。

第二类批判来自受过人文学科或社会科学训练的学者,他们往往对其专业领域中的科学和数据持怀疑态度。他们有充分的理由这样做,因为在政策和政治中,科学常常被用来为控制、规范化、标准化以及相应的社会不公和压迫辩护。我承认这种担忧是完全合理的,这也是我们在城市科学中必须时刻警惕的。

但是,对科学权威的批判应当针对的是那些借"科学之名义"的行为,而不是"科学之精神"。科学是一个不断变化和交织的知识体系,它随着时间的推移而不断完善。科学是多元的,在面对塑造我们各种体验的事实时,科学是基于好奇心、合作、创造力和谦逊态度的一种深刻的人文体验,它的反面是教条主义。因此,好的科学不是服务于官僚压迫的技术背书,而是一种追随人类本性的想象行为,目的是探索世界如何运行,如何让世界变得更美好。这就要求科学深入最丰富最深刻的人类生活体验中,其中很多都发生在城市里。

第三类批判是从哲学的角度,很多人认为科学,尤其是数学方法对人类社会领域的任何渗透都意味着自由和人性的悲哀丧失。这是一个可怕的误解,我希望本书能部分予以纠正。在构建城市生活的数理逻辑时,我们用到的约束很少,而且非常普通。它们只包括一些简单的事实,比如我们都生活在空间和时间中,我们在一段时间内的能量预算或银行账户必须能够平衡。其他几乎一切都是自由的,包括我们所有的具体行为、我们的思想和欲望、我们的成功和失败。

这种对不确定性的日益适应并不是社会科学研究的代表性经典方法。在社会科学中,个体"理性"或结构决定论往往被视为绝对的。研究真实城市中的真实生活要求我们放弃这种简单化的假设。从这个意义上说,我们甚至可以从数学角度来理解,为什么每个城市、每个地方、每个人生历程都是独一无二的。令人惊讶的是,随着时间的推移,人群行为的一些统计平均值仍然反映了我们所建立的环境以及多样化生活体验背后的共同成本和收益。正是这些背景使我们有可能探索整体预测性统计方法,从而为城市科学构建方法论基础。

由此,特殊性永远是一种相对状态,任何特殊性都需要以一般性机制和事实为背景。这种一般性并不是对个体行为的描述或模拟。相反,它反映了我们都非常熟悉的社会统计规律,保险公司或赌场经营者等机构一直在成功运用这些规律。

我们将在整本书中运用这种分析工具,以展示每个城市及其中每一个居民是如何由众多选择、偶然事件和共同历史所塑造的。有趣的是,由此产生的城市统计特征将超越其构成要素之和。

借用物理学家理查德·费曼（Richard Feynman）的话说，我们对科学能做的最重要的事情就是"换个角度看世界"。没有什么比从一个新角度巧妙地解决一个古老而困难的问题更令人兴奋了，这样可以让问题变得更清晰、更简单。寻找新视角和新解释，以新方式发现世界的奥妙，是一切拥有强烈好奇心的人最大的乐趣。我希望读者能像我一样，从不同角度看待城市所蕴含的巨大潜力，以及随之而来的很多新见解。

为什么要借助科学而不是其他探究形式来理解城市？科学是我所知道的唯一能从无数人积累的经验中汲取新知识的人类集体活动。科学作为一个过程，特别善于创造出超越我们日常经验和直觉的洞察。

这使我们最终能够摆脱现实中面对的各种心理和制度束缚，帮助我们想象而不是帮助我们决定如何构建更美好的未来。正是科学的这些普遍特征，使其在任何领域都如此重要，并成为人类最大的助力。我认为这些特征对城市科学尤为重要，因为城市对我们所有人来说都是如此熟悉。科学不能取代其他学术实践，尤其是在人文学科方面，但它确实可以发挥独特而强大的作用。

这本书是我一生的作品，它融合了我在众多不同城市的愉快体验，以及近六年来学习、研究和教学的成果。在我看来，这本书的写作过程就像是完成一幅巨大的拼图，当各种碎片汇聚在一起时，展示出一幅新的画面。旧的思想与新的思想都有各自的意义，新兴的数据和方法获得了令人惊讶的新用途，城市曾经是什么以及它们可能成为什么等长远看法开始成为焦点。我希望这本书不仅能解决一些旧问题，而且能够解决很多新问题。

本书中的想法是在与众多不同学科学者的讨论和合作过程中形成的，每一个想法都对最终成果有着重要贡献。很难在不提及所有人姓名的情况下选出其中一些人。然而，有些人对我非常重要。从 2003 年在圣塔菲研究所初次相遇开始，何塞·洛博（José Lobo）就是我的亲密朋友、睿智伙伴和友善合作者。我们的交往始于共同的立场，在一系列研讨会上，我们在房间后面提出很多大胆的问题。我们主要质疑的是，这些演讲者对城市的思考虽然非常有趣，但在我们看来完全不切实际，因为没有用更多的数据来验证它们。我们尝试开创了城市标度分析的新领域。杰弗里·韦斯特（Geoffrey West）鼓励我们将标度作为主要分析框架，这最终为城市科学奠定了新的基础，同时也揭示了城市与其他复杂系统之间的相似和差异之处。黛博拉·斯特鲁姆斯基（Deborah Strumsky）向我展示了城市中的创新现象和丰富的专利数据。有一天,斯科特·奥特曼(Scott Ort-man)走进我的办公室,让我解释城市标度理论。他后来告诉我,我所说的不仅适用于城市,也同样应该适用于其他任何类型的住区,包括他在考古学中研究的那些。这为对历史住区进行新的定量比较分析提供了可能,也揭示了住区本身的起源。迈克尔·史密斯(Michael Smith)进一步阐述了这些观点。他指出必须摆脱工业化或现代政治组织的常见假设,才能真正理解住区和早期城市的起源,为历史上的社会经济组织找到新的解释逻辑。席琳·德克鲁兹(Celine D'Cruz)和安妮·贝克斯(Anni Beukes)在一个具有挑战性的非正规住区项目中成了我的朋友和合作者,这让我了解了当代非洲和南亚城市艰难而充满希望的现实。克里斯塔·布莱尔斯福德(Christa Brelsford)是一位杰出和勇敢的合作者,她形式化了丰富的观察结果和新的研究方法,使我们能够更好地理解社区中的人类发展。

还有很多人通过合作、讨论、鼓励或批评为本书作出了贡献。他们包括克利奥·安德里斯(Clio Andris)、埃尔莎·阿卡特(Elsa Arcaute)、迈克尔·巴蒂(Michael Batty)、马克·伯曼(Marc Berman)、伊丽莎白·布鲁赫(Elizabeth Bruch)、凯特·卡格尼(Kate Cagney)、查理·卡特利特(Charlie Catlett)、鲁迪·切萨雷蒂(Rudy Cesaretti)、安德烈斯·列瓦诺(Andres Gomez-Lievano)、约翰·格尔曼(John German)、马库斯·汉密尔顿(Marcus Hamilton)、乔·汉德(Joe Hand)、杰克·汉森(Jack Hanson)、科林·哈里森(Colin Harrison)、德克·赫尔宾(Dirk Helbing)、克里斯蒂安·库恩特(Christian Kühnert)、戴维·莱恩(David Lane)、桑德·范·德列夫(Sander van der Leeuw)、泰勒·马丁(Taylor Martin)、尼古拉斯·德蒙肖(Nicholas de Monchaux)、丹尼尔·奥布莱恩(Daniel O'Brien)、朱瓦尔·波图加利(Juval Portugali)、丹尼斯·普曼(Denise Pumain)、卡洛·拉蒂(Carlo Ratti)、席琳·罗岑布拉特(Celine Rozenblat)、迭戈·雷布斯基(Diego Rybski)、霍拉西奥·萨曼尼戈(Horacio Samaniego)、罗伯特·桑普森(Robert Sampson)、马库斯·施莱普费尔(Markus Schläpfer)、濑户凯伦(Karen Seto)、德文·怀特(Devin White)、维基·杨(Vicky Yang)、海金·尤恩(HeyJin Youn)以及丹尼尔·祖德(Daniel Zünd)。

我非常感激参加芝加哥大学2018—2019学年和2019—2020学年"城市科学导论"课程的优秀学生们,书中的一些材料正是在这门课程中整理成形。最后，我要感谢曼苏埃托城市创新研究所的全体成员，特别是安妮·道奇（Anne Dodge）、海蒂·李（Heidi Lee）、戴安娜·佩蒂（Diana Petty）、格蕾丝·张（Grace Cheung）和尼科·马奇奥（Nico Marchio），他们每天都在努力工作，怀着极大的热情，让城市科学在芝加哥和世界各地变为现实。

这本书的灵感来自圣塔菲研究所，那里是跨学科研究的乐土，鼓励冒险和创新的合作，这为从系统视角研究城市和城市化打开了大门，也让城市系统与其他复杂系统之间相互映照和对话。这本书的完成则得益于芝加哥大学，那里是城市研究的沃土，激发了社会科学的批判性概念和实践与新数据新方法之间的火花。我非常感谢这两个机构为这项工作的孕育和成长提供环境和营养，也非常感谢曼苏埃托城市创新研究所敢于挑战，将其付诸实践。

在完成本书时，我听到越来越多的人谈及"城市科学"一词，越来越多的研究和文献致力于这一领域的发展，相关的研究所和中心也在不断建立。对我来说，当城市科学保持年轻、开放、快速、充满活力时，这是一种优雅的姿态，也许就像它研究的城市一样。任何学科都需要一个共同的框架，没有这个框架，知识就无法验证和积累。我希望这本书能为此作出一定贡献。

伊利诺伊州芝加哥
2020 年 9 月

目　录

1. 为什么研究城市？什么是城市科学？

把你，
那劳瘁贫贱的流民，
那向往自由呼吸，又被无情抛弃，
那拥挤于彼岸悲惨哀吟，
那骤雨暴风中翻覆的惊魂，
全部给我！
我高举灯盏伫立金门！

——埃玛·拉扎勒斯(Emma Lazarus)

还能从哪里开始呢？可能没有什么比刻在自由女神像基座上的这首诗歌更能代表人们对新世界的向往——希望和新生。这个新世界既是一种隐喻，又是真实存在的。纽约能够成为通往新世界的"金门"绝非偶然，当时它正处于高速城市化进程中，并在不久之后成为全世界最大的城市，更是在 20 世纪的大部分时间里定义了什么是都市。

城市的诞生还不到一万年，却给整个地球历史带来了最大的变化。城市让人类从一个相对不起眼的物种一跃成为地球上最有创造性的力量，成为自然环境的主宰，能够以无穷无尽且往往具有破坏性的方式改变自然。为了掌握城市这一变革性力量，我们首先必须以一种科学的方式来理解城市。

在本书的构思过程中，我们正在经历全球转型的最快阶段(图 1.1)。[1]在未来几十年，绝大多数今天仍在以传统方式生活的人们都将进入城市。虽然城市化的定义各有不同，但普遍观点认为 2007 年是一个重要的里程碑。在这一年，世界城市人口首次超过乡村人口[参见图 1.1(A)]。下一个重要的里程碑是 2021 年[参见图 1.1(B)]，全球农村人口将达到其顶峰。此后，地球上每一个净新增人口都将是城市人口。由此，城市生活将成为全球大多数人的典型日常体验，如同我们这些居住在城市化国家的人已经习以为常的。伴随着城市化，我们彼此之间的联系、我们与全球自然环境之间的联系都将变得更加紧密。

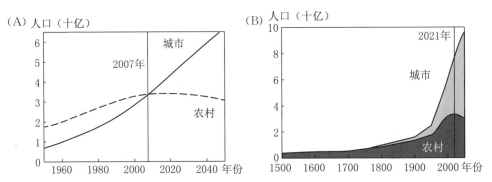

注：(A)世界城市总人口（实线所示）和农村总人口（虚线所示），城市总人口在 2007 年超过农村总人口。(B)粗略上溯到 1500 年并预测 2050 年的世界人口数据，农村总人口（黑色所示）预计将在 2021 年达到顶峰，此后每个净新增人口都将是城市居民（灰色所示）。

资料来源：Our World in Data，https://ourworldindata.org。

图 1.1　世界城市化进程

这些联系的特征也在发生变化，从与少数人之间的较强的地方性联系，到与许多陌生人之间的较弱的全球性联系，其特征是交流活动快速切换于众多陌生人之间。在新的背景下，我们的行动可能以很快的速度在遥远距离以外产生后果，这种影响甚至波及亚马孙丛林和南极洲荒野等偏远的自然环境。

在城市世界里，人类想象力的力量可以被极度放大。我们比历史上任何时候都能够带来更快、更大的影响和变化。一个严峻的挑战是，我们的集体行动能力（从词源的角度说，"政治"一词就是"城市事务"）将经受前所未有的考验。未来几十年，我们要么拯救地球，要么毁灭地球。很多人在为人类当前所面临的状况感到不安，特别是我们与自然之间、与其他人之间的亲密关系逐渐丧失。这些变化速度之快几乎让人窒息，但全世界数十亿人正在以行动让这些变化更快到来。

今天，全球数不清的地方正在展现城市的这种变革力量，特别是在亚洲和非洲，它们是世界上城市化速度最快的两块大陆。尤为令人瞩目的是，一些地方仅用短短几十年就在几乎一穷二白的基础上发展成为全球领先的城市(图 1.2)！
在亚洲尤其如此,在一代人的时间里,日本、韩国、新加坡和中国的城市都经历了
巨大的经济增长,给超过十亿人带来新机遇,并将社会推向世界财富、人类发展
和幸福的最前沿。在最近的一次日本之行中,我遇到了著名的经济地理学家藤
田昌久(Masahisa Fujita),我们将在第 2 章中读到他的观点。我问他："城市科
学面临的最大挑战是什么？"他慢慢地、若有所思地向窗外望去,我跟随他的目
光,看到了东京的壮丽景色,就像图 1.2 的上图。他告诉我他的年龄,他在一个

　　注:第二次世界大战期间,日本东京几乎被完全炸毁(图 1.2 下)。在短短几十年内,它被重建并
快速增长为世界上最大的城市,目前人口近 4 000 万(图 1.2 上)。
　　资料来源:Terence Starkey, @ terences via unsplash (上图); US National Archives,
Washington, D.C., RG-342-FH-289973(下图)。

图 1.2　剧烈的城市转型

被战争彻底摧毁的城市的贫困环境中长大，人们被迫生活在贫民窟般的环境中。他说："最大的谜团是这种转变为何如此之快。"这样的转变当前正在全世界数千个城市发生。没有城市，我们根本不知道如何创造快速持续的增长和人类发展。

虽然城市对人类的快速发展至关重要，但仅有城市肯定是不够的。城市化和人类发展之间有许多众所周知的统计关联。其中最众所周知的是人均国内生产总值（GDP）与城市人口占比（城市化率）之间的关系。图1.3显示了不同国家在由这两个变量定义的坐标系上的发展轨迹。令人惊讶的是，在这样一组嘈杂的轨迹中，有一个明显的平均趋势（黑色实线），我们将在第9章中进行分析和解释。

如果你深入考察任何一个国家的轨迹，你确实会发现许多例外。有时，城市化的增长并没有带来相应的人均GDP增长（没有增长的城市化），反之亦然（没有城市化的增长）。

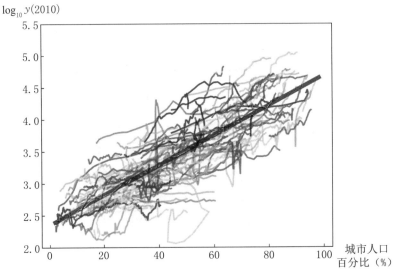

注：每条不同灰度的细线分别代表一个国家的城市化率与实际人均GDP（2010年等值美元）的对数之间的关系。平均而言，这种关系可以用线性关系得到很好的解释（图中实线），这也被认为是"城市化对国民经济发展必不可少"的重要证据。第9章解释了这种关系。

资料来源：作者根据世界银行发展指标数据自绘。数据源自 https://datacata log.worldbank. org/dataset/world-development-indicators 以及 Our World in Data, https://ourworld indata.org。

图1.3　各国城市化率与人均GDP的相关性

　　光看图上的拟合关系是不够的，我们必须理解背后的过程是什么。我们都知道，有些时候，城市会陷入冲突，出现严重的种族隔离、不平等和贫困，无法向大多数人提供基本服务或有效的机制。在某种意义上，这些冲突挑战也是城市发展的一部分。通过本书的学习，我们将能够更好地理解其背后的原因是什么。走向成功还是失败、创造发展奇迹还是深陷衰退泥沼，差别在于能不能认识到城市不是零和游戏，知识、人类合作和集体行动可以创造一个比过去和现在更好的未来，这不仅体现在物质方面，也体现在其他各个方面（参见图1.4）。建立和坚持这种认识并不容易，而城市独特的变革力量恰恰蕴含于此。

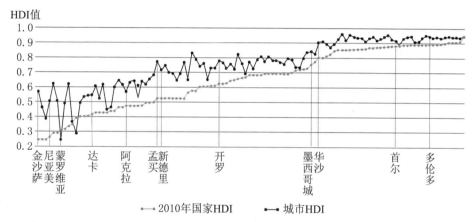

　　注：人类发展指数（HDI）用于衡量人类发展水平的全面进步，包括三个主要组成部分，分别为实际收入、预期寿命和教育。我们看到几乎每个大城市的人类发展水平都高于其所在的国家，这意味着人类发展指数总趋势随着城市人口规模的增加而提升，极少数的例外情况发生在最近因内战而分崩离析的低收入国家，如利比里亚及其首都蒙罗维亚。

　　资料来源：根据联合国人居署《世界城市状况报告2012/2013：城市繁荣》（*State of the World's Cities 2012/2013，Prosperity of Cities*）改编（Nairobi：UN-Habitat，2012），http://mirror.unhabitat.org/pmss/listItemDetails.aspx?publicationID=3387。

图1.4　大城市人类发展与所属国家人类发展间的比较

　　这些一般性的思考让我们想到这个时代的一些重大问题，其中很多都或多或少涉及城市和城市化。例如：为什么当前全球的城市化进程不可阻挡？如何让城市化的结果对大多数人有利？在什么情况下城市能促进人类发展，又在什么情况下会失败？城市化社会能否尽快地实现环境可持续？

　　显然，回答这些问题需要新的基础知识，而这些知识在今天任何传统学科中都不存在。这些知识包括：如何理解不同尺度下的创新和发展过程；除了当下常见的简单模型和启发性方法，人类在多样化的环境中进行推理和战略决策的本质是什么；如何理解定居和流动模式及其对社会经济生活和资源使用的影响；如何理解不平等和不公平问题；如何认识被扰动环境中的生物多样性变化问题；不同收入水平的国家如何应对可持续发展挑战等。城市是所有这些问题的纽带，包含了众多我们还不理解的系统性现象的实例。城市也提供了丰富的经验证据并提出了行动的必要性，这将为我们带来新的见解和新的发现。

1.1　为什么需要城市科学？

应对这些挑战必须从伦理和政治层面着手，这远远超出了科学范畴。然而我认为，直到最近，我们对我们身边城市的运行和发展进程的理解还非常有限，对城市和城市化进行更深入和系统的科学研究是我们实现这些转变所蕴含的巨大积极潜力的必要前提。[2]

在我看来，关键是对城市产生推动作用的过程有一个更基本的了解，在很多情况下，这些过程正是由城市生活所带来的。[3] 所有伟大的科学理论都依赖于对基本变化过程的理解和形式化表达。当变化缓慢时，我们往往认为系统处于均衡状态，但实际上仅仅表达了若干种力量间的相对平衡。在第 2 章至第 4 章中，我们将看到，理解城市也需要一个类似的框架。但在确定研究对象时，我们需要将一组非常多样化的现象组合在一起，而传统上，这种研究是由不同学科在不同的尺度上完成的。

作为一个相对较新的科学研究领域，城市科学将城市看作复杂适应性系统，强调城市诸多不同方面之间的联系[4]，例如，建筑空间与土地使用、基础设施与服务、社会生活与其结果之间的关系。这种新的整体性方法使本书值得阅读（和写作）。我们需要融合来自多个学科的思想和概念，并按照新的理论框架对这些知识进行转换，同时创造出新的知识。

与过去相比，这种创造性综合的过程更加依赖实证证据的支撑，要能够描述不同环境、不同尺度的各种城市的实际状态，从单体城市到整个国家的城镇网络。因此，我们必须引入新的数据和新的方法，为城市科学建立全面的实证基础。[5]我们还需要跨越地理文化差异和历史背景差异，汲取多样性的知识，了解城市中不同人们的不同视角，包括他们各自的历史、社会经济地位、性别、种族和民族、公民身份和其他要素。[6]

跨学科的整合和综合，丰富的实证基础和跨尺度方法，尊重多样的人类经验，是城市科学三个主要特征，为城市科学创造了一种文化，在传统学科中占有特殊的新地位。这些特征也使城市科学成为一个独特的平台，吸纳多样化的知识，并促成市民、社团、政府、企业和研究人员等各方之间的科学合作。[7]

1.2 城市政策面临的挑战

世界上大部分地区的城市化进程并没有建筑师或规划师的指导，更不用说其他科学家了。[8]在很大程度上，城市化是一种普遍的自发现象。规划师和工程师的确需要应对城市化所带来的影响，但这大多发生在影响产生之后，并且是通过适应性的方式。在当今世界发展最快的城市中，很多居住空间和经济活动是以非正规形式存在的。[9]虽然这种情况一般会随着时间推移和社会经济发展而逐渐改变，但从历史上看，这种转变并不是由经济学、政治学或复杂系统科学的深刻洞察所推动的。

除了在快速城市化地区常见的发展挑战，几乎每个城市，无论大小，都面临着一长串的挑战，从污染和拥挤到犯罪、贫困、不平等、负担不起的住房，以及不平等的基础设施。这个列表还在不断加长，很多时候甚至构成了城市研究的框架，即使在大学里也是如此。[10]面对如此明显和普遍的挑战，一般性的科学知识到底有多大用处呢？人们通常会认为，只要有了好的市长和更多的预算，一切城市问题都能得到解决，在决策者的口中尤其如此。然而现实告诉我们，城市问题从未被解决。

科学知识的力量不在于它解决具体问题的能力，而在于它迫使我们跳出直觉的约束，建立新的视角。这些新视角不仅使新的革命性解决方案成为可能，也使它们更易于实现。我们可以通过历史上一些最具挑战性的应用项目，例如登月计划，来证明知识的力量。如果没有运动和引力等物理学知识，我们有可能登上月球吗？理论上当然可以！只要有充足的预算和强大的火箭，我们可以将其指向月球，然后发射，中途不断调整轨道，最终抵达目标。我们只需要一名好的飞行员和一枚大火箭。

然而我们并不是这样做的！要理解这一点，我们必须做数学计算。靠直觉方式登月所需的那种强大且可操纵的宇宙飞船，不管是在 1969 年还是在今天都不可能存在。我们实际采用的是更巧妙的方式，从科学角度看的确很巧妙，我们用小火箭和大科学实现了目标。在驶离地球的过程中，我们先让飞船绕着地球旋转并间接朝向月球，再通过月球引力实现对航天器的加速。正是这种"柔道动作"使登月成为可能。我们之所以能够采用这样一种与直觉相悖的策略，是因为我们知道如何精确创建复杂的飞行轨道，从而用相对温和的火箭技术将我们送到月球上的正确位置。

科学的力量在于它使看似不可能的事情成为可能。科学也使某些难题的解决方案更简单、更廉价、更易于实现。IBM 智慧城市计划的负责人、杰出的工程师科林·哈里森（Colin Harrison）告诉我，科学能够大大压缩工程设计的考虑范围和政治干预的空间，使良好解决方案的产生过程变得更加容易。在诸如物理、化学，甚至群体生物学等具备科学预测理论的领域，这很容易理解。我们在运行复杂的机器（例如飞机、计算机、大型发电厂和化工厂）时，依靠的从来不是简单和直观的管理计划。

然而，针对与人类社会经济生活密切相关的城市问题，我们还没有类似的知识，例如，如何创造就业机会，如何使经济发展可持续。很多人呼吁用信息和通信技术使城市变得"更加智能"，从而更好地解决城市问题。但是，有没有一种科学的"柔道动作"，能够将有限的选择和有限的技术转变为革命性力量，使城市真正变得绿色、繁荣和公平？

1.3 "城市作为复杂系统"的思想简史

至少在哲学上，城市经常被概念化为复杂系统，与生物体、蜂巢、生态系统、神经系统等相类比。然而，我们稍加思索就会觉得这种类比存在很多不足。例如，与其他任何复杂系统相比，城市都要大得多，能量密度要高得多，产生新信息的速度也要快得多。事实上，城市以某些特定的方式将各种不同的复杂系统连接在一起，从而形成了一种新的"元动力"，比其任何组成部分都更加复杂和开放。

描述城市过程的复杂性一直是社会科学的主要目标，尤其在社会学、人类学和经济学领域。在城市社会学领域，芝加哥学派[11]的学者以及帕特里克·格迪斯（Patrick Geddes）[12]等早期城市学家和规划师提出的"人类生态学"概念构成了理解城市、合理制定干预措施和政策的基础。按照这一观点，城市的本质在于"系统"或者"生态"，而不是孤立的个体。[13]因此，人与人之间的交互活动让城市产生了新的认知过程、新的行为、新的社会组织以及构建和管理空间的新方法，也带来了新的机遇和挑战。这种方法强调从集体社会属性或"生态测度"[14]的角度来客观地描绘城市环境特征，突出集体行为对人类福祉和社会经济发展的重要性。在建筑和规划领域，历代有影响力的城市学家始终坚持生态和演化思维对城市和人类发展的重要性，并提出了很多正式的观点，如刘易斯·芒福德（Lewis Mumford）[15]、克里斯托弗·亚历山大（Christopher Alexander）[16]、威廉·H.怀特（William H. Whyte）[17]、简·雅各布斯（Jane Jacobs）[18]、凯文·林奇（Kevin Lynch）[19]、曼纽尔·卡斯特尔（Manuel Castells）[20]、约翰·F.C.特纳（John F.C. Turner）[21]，以及其他很多人。[22]城市是复杂适应系统[23]，而不是可以随意揉捏的人造品。这个观点已成为主流，引领了当代众多建筑和规划实践，尤其在可持续城市和以人为本的规划设计项目中。这些概念也构成了新城市议程（New Urban Agenda）和联合国可持续发展目标（United Nations' Sustainable Development Goals）等全球国际政策协议的基础。[24]

1961年发生于纽约的一个真实案例清晰地表达了"城市是一个复杂系统"的思想。在这个时空交叉点上，年轻的作家简·雅各布斯[25]——一位敏锐的城市观察者，与美国最有权势的人之一——建筑大师罗伯特·摩西（Robert Moses）展开了激烈的较量并最终获胜。她的思想不仅拯救了美国城市的灵魂，更为此后50年的城市规划奠定了思想基础，至少在美国是这样。雅各布斯生活在纽约西村，她一直在观察这里所呈现的丰富的城市生活，并逐渐开始思考城市的本质。一次偶然的机会，她遇到著名数学家沃伦·韦弗（Warren Weaver）。韦弗鼓励雅各布斯完成她的研究并向她介绍了信息学领域的最新思想[26]，特别重要的是，韦弗提到了他称之为"有序的复杂性"（organized complexity）系统的思想。在其巨著《美国大城市的死与生》[27]一书的终章"城市的问题所在"中，雅各布斯融入了这种复杂系统思想，她自己认为这是一次好奇的尝试。在这一章，雅各布斯展望了应当怎样对城市进行概念化，并在许多方面定义了城市科学直到今天仍然面临的挑战。[28]

简·雅各布斯的主要观点是，城市是"有序的复杂性"问题，因为其中包含了大量同步变化的状态，这些状态彼此间又有着千丝万缕的微妙联系。这意味着城市中的许多因素相互影响，因果关系几乎总是循环，恶性循环和良性循环相互交织。雅各布斯将这类问题与更简单的情况进行了对比，如物理学中的运动系统（如太阳系）和"无序的复杂性"问题（如气体或液体），其中匿名实体的统计平均值很好地描述了系统的工作方式。

作为有序的复杂性问题，城市之间相互联系、相互依赖的这种结构绝非抽象，每个生活在城市中的人都能切身体会到（图 1.5）。在城市中，我们彼此相互依存，我们的一切生活必需品、一切带来机遇和发展的功能和支持，都只有通过社会、政治、经济和其他联系，依靠他人才能获得。在社会科学中，这个显而易见的现象十分关键，我们必须理解众多不同的人之间达成协议与合作的新形式，埃米尔·涂尔干（Émile Durkheim）称之为"有机团结"（organic solidarity）。[29]

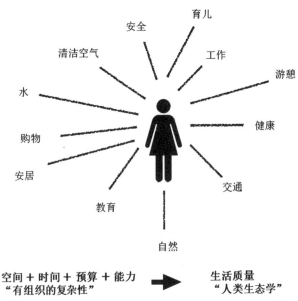

图 1.5 城市环境的复杂性、相互依存性和人类生态学

然而城市运营部门并不是以这种方式运作的，它们让交通、住房、教育等各类城市服务分别独立运行并缺少协调。为了满足城市运营的可操作性，这种切分有时候是必要的。然而，切断城市现实生活中相互依存的基本联系，这种做法不仅会造成服务水平低下，更会带来诸多难以解决的协调性问题，使严重的城市挑战长期存在，例如本书后面部分将要谈到的持久性贫困和隔离问题。

如图 1.5 所示，城市环境中，每个个体因众多日常需求、付出和交流而彼此联系在一起，继而形成在时间和空间上彼此交织的相互依赖网络，并由社会经济交换进行调节。这些复杂网络要求我们将城市描述为复杂适应系统，并将其概念化为"人类生态"[30]和"有序的复杂性"[31]问题。

雅各布斯还提出了一种揭示城市实际运作方式的思路。她建议：关注过程而不是结构；通过归纳推理从特定特征中发现一般特征；深入研究不寻常的线索，因为城市中许多显著的变化因素都具有独特性和地方性。在本书中，我们将运用并理解她的这些建议，并将关注不遵循这些建议可能造成的损失。

"有序的复杂性"思想如今被称作"复杂适应系统"（complex adaptive systems）。[32]这可以看作对城市学家的一种致敬。城市学家强调从复杂系统的角度来理解城市，是对"复杂系统是什么"的最早阐述之一。简·雅各布斯在她生命的最后阶段，坚持写道，理解城市必须先理解其他自然系统的动态，如生态系统，其多样性和可持续性与城市有着密切的联系。[33]

复杂系统类型众多，很难精确定义。生命系统和人类社会系统是较为明显的复杂系统，但是天气、某些材料（如颗粒状磁铁）、非线性动态数学模型也具备复杂系统的某些特征。一种对复杂适应系统更有效的观点是强调系统所包含的过程的类型（表 1.1）。从这个角度来看，城市作为复杂适应系统，在不同程度上表现出以下属性：异质性（heterogeneity）、互联性（interconnectivity）、标度性（scaling）、循环因果关系（circular causality），以及演化性（evolution）。

表 1.1　城市作为复杂系统的五个一般属性

异质性	信息、职业、文化、种族、民族和经济地位的差异
互联性	人员、组织和基础设施在网络中的相互依赖关系
标度性	人均物质基础设施的规模经济自相似，社会经济活动报酬递增
循环因果关系	社会经济活动、机构和服务之间的动态相互依存关系
演化性	由新的信息、投资和集体行动带来的变化具有开放性

这里先简单阐述这些特性的内涵，在后续章节我们再展开详细的讨论。读者可以进一步思考这些特性在其他复杂系统中的意义。

第一，异质性是指大城市非常多样化。这既有积极的一面，也有消极的一面。异质性可能涉及城市中的职业或企业类型、财富差异、种族和民族差异等。显然，城市中所有这些属性的个体差异和城市空间分布差异都很大，比如从一个社区到另一个社区。这使得"平均"的城市规划和政策非常成问题，很可能造成巨大的浪费（参见第5章和第6章）。城市的异质性是缺陷还是特点？它有目的吗？它应该被保持还是被削弱呢？

第二，城市中的一切都在网络中以微妙的方式彼此关联。例如，经济发展或公共卫生问题与物质场所和城市服务有关，而这些又与个人和城市层面的经济预算有关。我们如何才能厘清其中的一部分问题，从而制定出切实可行的解决方案呢？第3章主要概述这些网络，而后续章节将关注对后果的分析。

第三，城市的特征随其规模变化，通常我们以人口规模来衡量。在同一个国家里，大城市通常密度更大，基础设施利用率更高，带来相关的收益和成本。在经济方面，大城市的产出能力更高，但生活成本也更高。因此，正如我们在第2章和第3章中指出的，城市问题通常与城市规模相关。需要注意是，与小城镇相比，大城市在社会和空间自由方面既有优势也有劣势。实际上，不同等级规模的城市之间具有互补性。这带来城市的很多有趣特征，也有助于解释为什么城市具有不同的规模。

第四，几乎所有重要的城市问题都显示出循环因果关系。例如，一个城市之所以富裕，是因为它有良好的基础设施，还是因为它很富裕，所以它有良好的基础设施？这显然是一个重要的问题。我们应该通过投资更好的基础设施来使一个城市更加富裕，还是应该等我们变得更富裕之后再来建设？这种循环因果关系是城市作为近似空间均衡系统的特征，我们将在第2章和第3章中探讨这一概念。

第五，人、企业和城市本身都会随着时间的推移而变化，以适应和发展新的环境。这通常导致经济增长和发展过程具有渐进性（但往往很快）和历史依赖性。"发展"或"演化"等词的用法有不同的含义。不管是好是坏，它们提供了与生物学中类似观点的联系。正如我们将看到的，这些术语的含义在人类社会中存在很多不同的理解，远不如在生物学中那么清晰和正式。然而，所有的演化动态都涉及个人和组织传递信息，并在不确定的环境中（战略性地）使用信息以获得相对优势的机制。在城市中，知识和集体制度对于经济增长的产生对于医疗、基础设施等各种公共服务的改善来说都至关重要。要完善这些过程的可验证理论，其主要困难在于，需要在众多不同的尺度上阐明嘈杂的动态和信息[34]，从人和组织的多样性和特质行为，到城市与新兴国家总增长率之间在宏观上的相互依赖关系。第 4 章和第 9 章将对此进行解释。

1.4　本书的目标和结构

城市作为复杂系统的这些属性要求我们重新构建城市科学，跳出任何特定学科的既有理论，无论是社会学、地理学、经济学还是复杂系统科学。这一挑战要求我们对不同尺度上的基本现象进行识别和形式化，既要在"宏观"总量（整个城市和国家）层面阐明它们的后果（通常首先测量这些影响），又要在"微观"起源层面分析它们对人和场所的影响（参见图 1.6）。为此，本章结尾部分简要概述了每一章的主题，总结了各章之间的相互联系。

第 2 章概述了城市的经典模型，特别是地理学、社会学和经济学模型。在这些理论中，城市被认为是功能性的，是经济互动和交流的场所。空间结构和城市范围遵循相关的社会经济成本效益分析。此外，我们还介绍了地理和交通研究中的人员流动性问题，这在很大程度上决定了功能性城市的范围。此外，第 2 章还介绍了各种定义及其实践应用。

第 3 章用来自世界不同城市的实证数据对经典模型的基本思想进行了提炼、关联和拓展，并探讨了它们的意义。我们引入了"城市标度"的概念。标度是一切复杂系统宏观属性研究的统一方法，也是建立城市作为自洽的社会和空间复杂网络理论的基础。这一理论构建了城市建成空间中人类行为和交互的总体图景，并允许推导出许多不同的"标度定律"，根据城市规模描述城市指标的非线性自相似特性。这一章推导并讨论了一组不同但相互关联的城市属性的定量预测方法，以帮助我们理解城市与其他复杂系统在形式上的相似性和差异性。

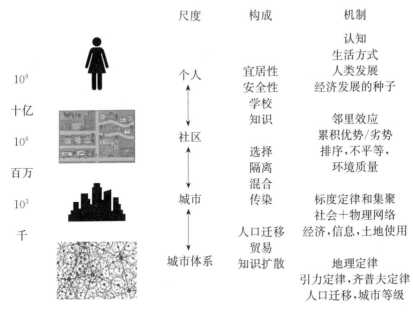

城市科学：整合尺度和学科

注：面对生活在全世界数千个城市的数百万个社区中的数十亿人，关键是要建立起清晰的衔接关系，识别主要发生在特定尺度上但对整个系统有影响的现象。例如，经济增长和人类发展源于人们在生活和工作中的每次机会和决策，以及他们在社区的能力，但其结果也由城市中的网络效应所放大（标度），这种效应将地方决策放大到国家经济增长过程，并造成更多方面的变化。

图 1.6　城市科学具有跨学科性和跨尺度性

第 4 章拓展了城市定量统计方法。这一章介绍了偏离标度关系如何以与标度无关的方式成为评估城市相对绩效的天然基准，讨论了在不同国家的城市体系中不同量化指标的分析结果差异，以识别每个城市和地区的独特性和历史偶然性。最后，我们在第 3 章的思想基础上拓展了城市统计理论。

这一理论使我们能够理解从个人到整个城市的不平等如何随着人口规模变化，揭示其产生机制，并在这些变化与规模相关时，推导出对标度指数的修正。总的来说，这一章介绍的微观动力学理论使我们能够理解，标度性如何成为城市自然涌现出来的一种属性，在强统计变化主导的环境下，它也可能显现不出来。

第 5 章讨论了城市多样性及其与经济生产力的关系。我们首先讨论了社会学和经济学的经典理论，包括城市人口的异质性、城市社会细致的劳动分工和知识分工，以及经济市场和生态系统中多样性的自组织特征及其起源。接下来，我们阐述了按照各个城市规模来考察每个城市地区时，专业性职业和商业类型的多样性是如何表现的，以及如何依据由城市标度理论推导出的社会经济网络特性来解释观测到的结果。这种联系建立了社会经济网络结构、信息多样性和经济生产力之间的正式联系和一系列定量预测方法。我们将根据经济发展过程讨论这些联系对城市的影响。由于一些相同的机制也由其他信息网络所引起，我们也可以理解，因其强大的网络效应，互联网对城市来说十分重要，绝非可有可无。

第 6 章讨论了城市人口的空间分类和相关的"邻里效应"。我们首先从社会学的角度，用较大的篇幅阐述了城市中场所的重要性，以及它在维持社会文化多样性、造成经济和种族隔离等方面的优势和缺陷。我们将用一定篇幅来阐述如何基于信息来测度空间多样性格局，如何基于从城市服务到社会经济机会和创业等多种类型的联通性来预测城市的人类发展水平。我们将通过研究社区组织的方法，并用城市非正规住区和贫民窟的数据和地图来描绘这些挑战，尤其是在非洲和南亚。

第 7 章将带领读者深入各种历史背景，了解历史上人类住区模式的一般状态，并对城市标度理论进行一系列独特、独立的检验。结论是我们可以将第 3 章的理论扩展到各种类型的人类住区，我们称之为"住区标度理论"（settlement scaling theory）。我们在众多不同的背景下对标度理论进行了检验，从前哥伦布时代与旧大陆城市毫无关联的独立发展起来的住区，到罗马帝国的大都市，再到中世纪欧洲的城市和城镇。我们还将介绍在面对移动狩猎采集者的临时营地时，住区标度理论是如何失效的，其原因既与能量获取和使用有关，又与体制有关。这些洞察使我们能够假设出人类历史上永久性住区的起源，乃至第一批城市产生的必要和充分条件。

第 8 章以城市间的连接网络和相关的"地理学定律"（即一些更大尺度上的经验性规律）来分析城市体系的结构。我们首先介绍这些定律的内涵，并评估它们与经验证据的吻合程度。然后，我们从出生、死亡和迁移等基本人口动态出发，考察它们是如何在特定范围内出现的。这种方法表明，在描述人口相对均衡的城市体系时，许多地理定律都是"中性"的。我们简要叙述了观测状态与理想场景的偏离情况。

第 9 章论述了城市中人类发展的根源，更具体地说是内生经济增长的机制。

其中很多方面对经济学、社会科学和复杂系统科学来说仍然是谜团。我们认为，众所周知的城市化与人均 GDP(图 1.2)之间的正相关关系是基于对人口动态的分类和增长进行统计分析的结果。接下来，我们重点讨论内生经济增长理论及其知识生产基础，以及当前对这些理论进行数学形式化的困难。不确定条件下的战略投资理论可以解决这个问题。该理论表明，经济增长率最终取决于本地知识与外部随机环境之间的信息交互，个人和组织必须学习这些信息。这一章最后讨论了这些机制如何体现在经济和社会制度中，这也暴露了集体生产和分配的挑战。在有适当的体制和基础设施支持的情况下，城市可以被看作一种能够应对这些挑战的社会环境。当这些动态能够在从个人到企业、政府和基础设施的各个层面上得到实施和支持时，很可能会出现一个相互学习、经济增长和人类发展的良性循环。

第 10 章总结了城市的属性，并指出城市的主要目的是通过新兴的社会经济集体创造并应用复杂的新知识。我们还讨论了在快速变化的世界中，为了寻求更可持续的发展方式，城市科学所面临的关键挑战。

本书的一个重要目标是希望告诉读者，城市中诸多众所周知的现象和经验规律在本质上是相互关联的，可以通过一套理论体系来解释。其中包括：功能性城市作为中央市场、集聚效应、物质基础设施的规模经济效应、城市标度定律、不同城市的持续多样性表现、路径依赖性和历史偶然性、知识和劳动分工、经济复杂性、邻里效应、空间分形维数、齐普夫定律(Zipf's law)和对数正态统计、流动和迁移的引力定律、中心地理论和其他地理学定律、信息多样性和经济增长的基础，以及发展过程中制度涌现的重要性。

本书希望建立一个全面的理论框架，以理解城市和城市化，并在日益增多的经验证据支持下开展有用且可证伪的预测，推动城市科学不断完善和发展。

注释

[1] UN-Habitat, *World Cities Report 2016*.

[2] Bettencourt and West, "A Unified Theory of Urban Living"; Solecki, Seto, and Marcotullio, "It's Time for an Urbanization Science"; Batty, *The New Science of Cities*; Acuto, Parnell, and Seto, "Building a Global Urban Science".

[3] Park, Burgess, and McKenzie, *The City*; Wirth, "Urbanism as a Way of Life".

[4] Ramaswami et al., "Sustainable Urban Systems Report".

[5] Bettencourt and West, "A Unified Theory of Urban Living"; Batty, *The New Science of Cities*.

[6] Solecki, Seto, and Marcotullio, "It's Time for an Urbanization Science"; Acuto, Parnell, and Seto, "Building a Global Urban Science"; Ramaswami et al., "Sustainable Urban Systems Report".

[7] Ramaswami et al., "Sustainable Urban Systems Report".

[8] Bettencourt, "Designing for Complexity".

[9] UN-Habitat, *The Challenge of Slums*.

[10] Rittel and Webber, "Dilemmas in a General Theory of Planning".

[11] Park, Burgess, and McKenzie, *The City*.

[12] Geddes, *Cities in Evolution*.

[13] Raudenbush and Sampson, "Ecometrics".

[14] Raudenbush and Sampson, "Ecometrics"; Sampson, *Great American City*.

[15] Mumford, *The City in History*.

[16] Alexander, *Notes on the Synthesis of Form*; Alexander, Ishikawa, and Silverstein, *A Pattern Language*.

[17] Whyte, *The Social Life of Small Urban Spaces*.

[18] Jacobs, *The Death and Life of Great American Cities*.

[19] Lynch, *Good City Form*.

[20] Castells, *The Informational City*.

[21] Turner, *Housing by People*.

[22] Batty, *The New Science of Cities*.

[23] Batty, *The New Science of Cities*; Bettencourt, "Designing for Complexity"; Batty, *Cities and Complexity*; Allen, *Cities and Regions as Self-Organizing Systems*.

[24] United Nations, *Sustainable Development Goals*.

[25] Jacobs，*The Death and Life of Great American Cities*.

[26] Shannon and Weaver，*The Mathematical Theory of Communication*.

[27] Jacobs，*The Death and Life of Great American Cities*.

[28] Bettencourt，"The Kind of Problem a City Is".

[29] Durkheim，*The Division of Labour in Society*，39，60，108.

[30] Geddes，*Cities in Evolution*；Park，Burgess，and McKenzie，*The City*；Jacobs，*The Nature of Economies*.

[31] Jacobs，*The Death and Life of Great American Cities*；Bettencourt，"The Kind of Problem a City Is".

[32] Bettencourt and West，"A Unified Theory of Urban Living"；Batty，*Cities and Complexity*.

[33] Glaeser and Gottlieb，"The Wealth of Cities".

[34] Ramaswami et al.，"Sustainable Urban Systems Report".

2. 经典城市模型与功能性城市的定义

> 这个世界上充满了自组织系统,这些系统形成结构不仅仅是为了响应外部的输入,实际上更是为了响应自身的内部逻辑。
>
> ——保罗·克鲁格曼(Paul Krugman):
> 《自组织经济学》(*The Self-Organizing Economy*)

现在让我们开始更具体地思考城市是如何运作的。本章的思想与经济学、地理学、社会学、城市规划以及其他一系列学科有深厚的历史渊源,这些学科很早就揭示了空间是如何从主体间彼此交织的自组织活动中产生结构的。这是城市科学的一个基本概念,本书将反复提到这一点。

虽然对城市主要特征的学术研究很多,但这里我们将讨论范围限定在数学分析模型,我们用这些模型来探索城市至少在某些方面的可能的运作方式。正如我们将看到的,这些模型中的大多数并非城市模型!相反,有些相对成熟的模型描述了一个中心市场:商品交换围绕空间中的一个点,并与生产地保持一定距离。这种设定非常有意思,因为它会导致空间上的土地利用发生自组织分化,同时强调运输成本是决定城市(和市场)规模的限制因素。沿着这一思路,可以将城市视为一个中央劳动力市场,每个人都在中央商务区工作,却住在其他地方。这些模型中引入的假设通常并不存在于现实,其范围仅限于强调城市形成过程中的经济交换。通过理解这些模型的贡献及其局限性,在后续章节中,我们将能够从概念和数学角度对这些城市模型进行深化和完善。

§本章概要

本章分为三个主要部分。第 2.1 节讨论了经济地理学模型,解释了为什么中央市场和在空间上集中的生产活动,有可能会随着消费者与生产者在交互过程中产生的动态自组织现象而自发涌现。我们将介绍和讨论两个著名的模型:冯·杜能(von Thünen)的孤立国模型(isolated-state model)和克鲁格曼的中心-外围模型(core-periphery model)。这两个模型解释了区域尺度上的空间集聚。第2.2节讨论了城市结构模型,尤其是在城市经济学中发展出来的模型。通过从商品市场到劳动力市场的概念转换,冯·杜能模型得以推广到城市空间结构分析。第2.3节探讨了时间的重要性,特别是通过时间地理学的视角。这种方法强调人在城市建成环境中的时空轨迹,这将是后面章节中所有模型和理论的基础。最后,我们将举例说明如何运用这些思想,以更好地理解土地利用和城市扩张的相关数据,并给出功能性城市地区(functional city area)的定义。

2.1 空间集聚模型

经济学家经常使用"集聚"(agglomeration)一词来表示人和企业在空间中形成的集群。尽管在整本书中我们都将使用这个词,但我并不特别喜欢它。这是因为,正如我们在简·雅各布斯[1]或路易斯·沃思[2]的书中读到的,它可能会被理解为代表了主要通过经济交换来进行互动的无差别人群,而实际上城市绝非如此。我们这里使用这个术语主要指经济地理学模型。

最简单的空间集聚数学模型大约可以追溯到200年前。它们非常简单直观。其基本思想贯穿于所有后来的社会经济活动和城市的空间集聚理论,因此构成了一个理想的起点。

2.1.1 冯·杜能的市场中心模型

约翰·海因里希·冯·杜能是19世纪德国北部的一位农场主。1783年,他出生于旺格兰的卡纳林豪森,现位于梅克伦堡-前波美拉尼亚州,在不来梅汉堡和罗斯托克三座大型汉萨同盟城市交界附近的乡村,他在67年后去世。很难想象在这样一个不太可能诞生城市科学的地方出现了如此重要的人物(参见图2.1)。

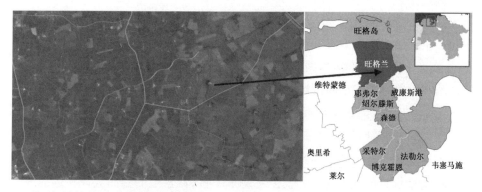

注:这个地区以农业为主,零星点缀着一些小城镇。
资料来源:谷歌地球和维基百科。

图 2.1 冯·杜能于 1783 年出生在城镇周边的现代乡村

冯·杜能想知道是什么决定了(他的)土地价值。他明白这与土地本身无关,而与其投入产出商品并在市场上出售创造的价值有关。令人高兴的是,他擅长简单而犀利的分析思维,这使他的答案成为现代空间经济学很多理论的基础,不仅启发了后来的城市模型,也启发了国际贸易和价格形成模型。[3]

冯·杜能的土地价值模型并不是一个城市模型。这是一个封闭的乡村经济模型,也被称为"孤立国模型",但它有一个关键要素——中央市场。所有农业活动的产品都在这个市场上进行交换。相对于其周围的所有土地,市场处于中心位置,这意味着每片土地都可以依据距离市场的远近而描述其特征。因此,在计算选择生产不同商品的农民的净收入时,必须考虑到去往市场的运输成本。

冯·杜能假设,在扣除运输和生产成本以及生活必需品支出后,每个农民的收入等于要支付的土地租金。他的核心发现是不同的产品 i(比如西红柿、苹果和土豆),具有不同的价格、不同的一般生产成本和单位距离(R)的运输成本。我们将单位距离的运输成本定义为 c_T,由于每种产品的相对易腐性不同,西红柿的运输成本高于苹果,苹果的运输成本也高于土豆,记为 $c_{T1} > c_{T2} > c_{T3}$。关键问题是,在不同土地上种植不同作物 i,每年能够获得的收入 y(经济学语言中的租金收入)是多少呢? 我们可以写出如下数学表达式:

$$y_i(R) = q_i [(p_i - c_{p_i}) - c_{T_i} R] \tag{2.1}$$

其中，q_i是作物i的年产量，p_i是单位质量产品的市场价格（视为给定值），c_{p_i}是单位质量产品的生产成本。在最简单的地理条件下，生产地与市场之间的距离R通常以一条半径来测量，因此最后一项表示总运输成本。

当我们绘制出租金与市场距离的关系图（参见图2.2）时会发现，每种作物对应的土地租金y_i都在最接近市场的位置时最高，因为此时运输成本最低，租金随着距离的增加而减少，但每种作物对应的递减斜率不同，由每个c_{T_i}决定。这为我们选择在何处生产何种商品提供了依据：净价值高、运输成本高的商品应该选择在离市场近的地方生产，反之，运输成本低、低价值的商品应该在远的地方生产。为实现收益（租金）的最大化，围绕中央市场的生产自组织行为导致了土地使用的异质化模式。这是市场运行中"看不见的手"的一个很好的例子，市场是生产活动自组织的重要途径，这在城市各类活动中也有普遍意义。

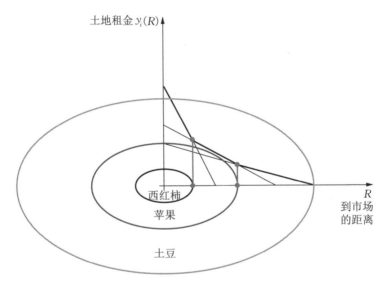

注：细线表示租金与距离市场远近的函数关系；粗线表示不同农产品在离市场不同距离R的地方所能获得的最高租金。由于自组织的结果是为了获得最大利润和租金，因此农业用地在用途上会呈现出异质性，这是市场"看不见的手"的直观体现。

图2.2　土地租金的函数由中央市场中销售的不同农产品的市场价格和运输成本关系构成

冯·杜能模型是第一个明确包含空间效用的经济模型。在给定市场价格的情况下，它显示了土地使用是如何由其与市场的距离决定的，并产生了第一个空间异质均衡解。经济学家非常喜欢冯·杜能模型。保罗·萨缪尔森（Paul Samuelson)在他的经典经济学教科书中[4]将冯·杜能模型视为比较优势模型、租金理论、要素与商品价格模型以及投入产出模型等的思想源头。冯·杜能模型也为国际贸易模型提供了基础,当然,正如我们将看到的,它也是现代城市理论的核心。

虽然该模型非常简单,但它仍然包含了一些不必要的假设,一些关键参数需要外部指定(属于"外生参数")。该模型不是动态的,不能反映现代城市的创新特征。它实际上只是关于西红柿和土豆的模型。模型假设的价格、产量、生产成本和运输成本等参数都不能从模型中得出。

但冯·杜能的公式确实为我们提供了初步线索,使我们能够去理解随着城市的经济增长,生产更多的商品和服务以及交通技术的发展,将会发生什么变化。比如,我们可以想象:随着价值更高、运输成本更低的新产品成为经济的一部分,土豆的生产会发生什么变化?是什么决定了市场的最大范围和销售商品的多样性?这些因素是否可以改变,例如通过技术改变?

2.1.2　中心-外围模型

保罗·克鲁格曼(Paul Krugman)因在《纽约时报》上发表了诸多极具洞见的专栏文章而为经济学界以外的众多人所熟悉。他是第一个提出中心-外围模型的学者,这个简单的模型展示了为什么经济活动会自发地集聚在不同的空间区域。[5]这是诺贝尔奖级别的成果,所以请做好心理准备,这部分内容涉及大量数学内容。有关推导过程的更多详细信息,请参见附录 A。

克鲁格曼的理论及其延伸被称作"中心-外围模型"*。尽管准确地说,这个模型描述的是某些行业(制造业)和消费者/工人在空间上的集聚,但当这种集聚发生,它就打破了由土地生产力设定的人口和经济活动分布的空间同质性。我们将会看到,中心-外围模型以不同于冯·杜能模型的方式得出了结论。

中心-外围模型包含两个主要出发点。第一,制造业受制于规模经济,而农业生产则假设为不受规模经济影响。[6]这意味着,生产更多产品以服务更大的市场可能会降低单位制造成本。第二,任何产品都必须进入市场,进而会产生运输成本。所以,生产地点最好靠近消费者。如果绝大多数消费者是分布在各地

---

* "中心-外围"模型也译作"核心-边缘"模型。——译者注

的农民，那么运输成本将不利于集中生产，并抑制空间集聚。但是，城市的发展创造了自己的需求并产生了一批新的消费者。一旦大多数消费者都是城市人口，在规模经济和运输成本降低的共同作用下，就会形成人口、生产和消费的空间聚集，从而给城市化带来不稳定性——自发的城市内聚（urban implosion）。[7] 这种情况接下来为城市化和工业化进程加速并主导整个经济创造了条件，这又为我们引入了城市经济学中的"正反馈"（positive feedback）[8] 或"循环因果关系"（circular causation）[9] 等重要概念。这一主题将在后面的章节中反复出现，因为经济增长的良性循环和人口分类在城市体系中很常见。

现在让我们看看这些想法是如何在经济学模型中实现的。如果你不是一名经济学家，你可能会觉得它有点抽象，但请坚持读下去。该模型集成了一组最基本的经济学建模的常见假设，在中心-外围模型出现之前，人们根本不知道基于这些假设能推导出空间集聚。

模型设置

克鲁格曼模型包含两个空间地域（参见图 2.3）。每个地域都有两种类型的个体：一类是农民，假定他们与土地绑定并且不会离开自己所在的土地；另一类是制造业工人，他们会在区域之间流动，假定他们会迁移到实际工资最高的区域，因此可能会集中在同一个地方。

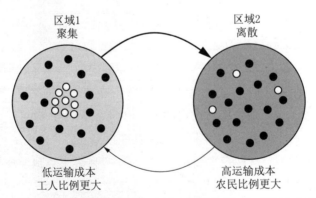

注：以浅灰色和深灰色背景代表两个区域，农民人数相同（黑点），但制造业工人人数不同（白点），他们都是消费者。将商品运往其他区域产生运输成本，从而使到达的货物数量减少了 $1/T$。该模型告诉我们，当这两个区域的制造业人口不平衡状况不稳定时，足够低的运输成本和（或）足够高的工农业人口比将打破空间对称性，导致制造业在一个区域集聚。

图 2.3 包含两个区域的中心-外围模型

设 y_{ω_1} 和 y_{ω_2} 分别为区域 1 和区域 2 工人(按购买力衡量)的实际工资收入。设区域 1 的工人比重为 $0 \leqslant f_1 \leqslant 1$。接下来模型假设 f_1 的大小会随着实际工资的差异而变化:

$$\Delta f_1 = (y_{\omega_1} - y_{\omega_2}) f_1 \qquad (2.2)$$

如果 $y_{\omega_1} > y_{\omega_2}$,$f_1$ 将增长,反之则会下降。现在我们需要计算这两个区域的实际工资。

为此,该模型假设了两种经济主体——个人和企业。个人是消费者,他们要求的是效用(U)最大化[10],计算表达式如下:

$$U = U_0 c_M^{n_{MF}} c_F^{1-n_{MF}} \qquad (2.3)$$

其中 c_M 是个人用于(工人生产的)制造品的消费,c_F 是个人用于(农民生产的)农产品的消费。我们使用符号 c 表示成本和消费,因为消费通常被记为支出。这种效用函数的形式在经济学模型中很常见,也被称作柯布-道格拉斯生产函数(Cobb-Douglas production functions)。我们将在后面(第 3 章和第 9 章)再次看到它。这种函数形式意味着,对于个人实现效用最大化而言,这两种类型的商品均为必需品,商品消费的相对份额分别是 n_{MF} 和 $1 - n_{MF}$。[11]

另外,克鲁格曼假设消费者对制造品 c_M 有某种偏好:

$$c_M = \Big[\sum_{i=1}^{n_M} q_i^{(\sigma_S - 1)/\sigma_S} \Big]^{\sigma_S/(\sigma_S - 1)} \qquad (2.4)$$

其中 n_M 是制造品的总类型数,q_i 是用在每一种产品 i 上的消费。参数 σ_S 被称为替代弹性,$\sigma_S > 1$(参见附录 A)。该参数用于解释两种商品相对价格变化引起的相对消费变化。当 σ_S 较大时,替代性较强,人们对产品类型间的互换相对兴趣不大。在较小的 $\sigma_S \to 1$ 情况下,为实现高效用,每种不同的产品都非常重要。

对于没有涉猎过经济学理论的人来说,这种形式的效用函数需要一些时间来适应。从数学上讲,它与垄断指数有关(缺乏多样性;参见第 5 章)。该效用函数有两个重要的特性,这对于空间集聚的产生至关重要。首先,它允许企业之间进行不完全竞争,因为这时候有 n_M 种不同的产品(称为"垄断竞争"*)。其次,

---

* 垄断竞争(monopolistic competition)是最常见的竞争形式,其主要特征包括:(1)市场中具有众多的生产者和消费者,而且消费者具有明显的偏好,商品与服务"非同质";(2)市场的进入与退出是完全自由的;(3)各生产者提供的众多商品有差别,但并没有本质区别。——译者注

它悄悄引入了城市的一个基本属性，规模收益递增（increasing returns to scale）的一种特殊形式。要了解这种影响，先简化函数，假设所有产品的价格均为 p，消费量均为 q。那么：

$$U \propto c_M = n_M^{\frac{\sigma_S}{\sigma_S - 1}} q \tag{2.5}$$

将消费者总支出（等于总收入）写作 $Y = pqn_M$，则效用 $U \propto c_M = n_M^{\frac{1}{\sigma_S - 1}} \dfrac{Y}{p}$。当 $\sigma_S > 1$ 时，效用会随着产品种数（或产品丰富度；参见第 5 章）n_M 的增加而增加。这说明系统在多样性尺度上表现出效用收益递增。在第 3 章中，我们将看到城市中有很多收益随着人口规模增长而递增的情况。效用收益递增通常是由人们通过消费更多类型的产品带来更大效用引起的，这一特性通常被称为"多样性偏好"。注意，该特性并非推导出来的，而是通过选择的效用函数形式假设出来的。此外，σ_S 越接近 1，这种效应就越强；实际上，当 $\sigma_S \to \infty$，这种效应将消失，因为这样一来，产品就可以互换，也不再有局部垄断。

接下来，该模型对两个区域的人口和工资参数进行了如下分析。这两个区域平均分布着总数为 N_F 的农民和总数为 N_M 的制造业工人，因此个体总数为 $N = N_F + N_M$。参数 $n_{MF} = N_M/N$ 可以衡量两个区域制造业工人的比例（图 2.3）。我们设 y_{w_F} 为农民的名义平均工资，设 y_w 为工人的名义平均工资，所以工人总工资 $Y_w = N_M y_w$。使用与效用函数式（2.3）中的制造业消费品比例相同的参数 n_{MF} 来表示工人比例，可以确保农民和工人的总工资相同，这是因为：

$$y_{w_F} = \frac{Y_{w_F}}{N_F} = \frac{c_F N}{N_F} = \frac{(1 - n_{MF})N}{(1 - n_{MF})N} U = U \tag{2.6}$$

$$y_w = \frac{Y_w}{N_M} = \frac{c_M N}{N_M} = \frac{n_{MF} N}{n_{MF} N} U = U \tag{2.7}$$

所以 $y_{w_F} = y_w = U \equiv 1$。这也证明模型对农民与工人比例的假设是合理的。根据这种假设，没有人会更换职业，只会更换工作地点。这两个区域唯一不同的是工人的实际工资。

企业、价格和运输成本

模型设定的最后一个要素涉及运输成本的核算。通常，我们需要建立运输流的物理模型,但克鲁格曼用了一个简单的方法,称为"冰山成本"*,这个概念最早由萨缪尔森(Samuelson)提出。[12] 由于冰山成本的存在,实际只有一部分货物能运抵目的地,其比例为 τ ($0 \leqslant \tau \leqslant 1$)。具体比例一方面因具体产品而异(如在冯·杜能模型中所展示的),另一方面取决于距离和运输方式。然而,这里主要考虑的是,运输成本抬高了从其他区域输入产品的消费价格(来自本区域的产品不产生运输成本),在这种情况下,价格变成 $\frac{p_i}{\tau} > p_i$。

现在让我们看看这将如何影响每个区域的消费和实际工资。为了将价格与消费商品的数量联系起来,我们需要建立产品消费量 q_i 与相应价格 p_i 之间的关系。通过经济学中的标准边际效用理论 $p_i = \dfrac{dc_M}{dq_i}$(见附录 A),可以得出以下关系:

$$q_i = \frac{y_w N}{\bar{p}^{-\sigma_S}} p_i^{-\sigma_S} \tag{2.8}$$

其中,$\bar{p}$ 是消费者价格指数,$\bar{p} = (\sum_{i=1}^{n_M} p_i^{1-\sigma_S})^{\frac{1}{1-\sigma_S}}$。由于输入产品与本地产品的市场价格不同,这一指数也因地区而异。因此,区域 1 消费本地产品的数量为 $q_{11} \propto p_1^{-\sigma_S}$,消费来自区域 2 的产品数量为 $q_{12} \propto \left(\dfrac{p_2}{\tau}\right)^{-\sigma_S}$。两者之间的比值很重要:

$$\frac{q_{11}}{q_{12}} = \left(\frac{p_1 \tau}{p_2}\right)^{-\sigma_S} \tag{2.9}$$

制造业工人的实际工资

我们现在需要计算出地区之间的价格差别是如何影响实际工资的。这意味着我们必须比较区域 1 的工人与区域 2 的工人在购买制造品方面所花费的工资。我们需要对两个区域分别计算方程式(2.6)和式(2.7)的等价形式。两个区

---

* 冰山成本(iceberg cost)是指贸易产品在运输过程中,像"冰山"在移动中融化一样而耗损的部分成本。冰山成本是新经济地理学广泛使用的一种贸易成本形式,其优点是可以简化分析,特别是将垄断竞争模型——迪克西特-斯蒂格利茨模型运用到国家和地区贸易时,使用冰山成本可以大大简化模型推导的复杂程度。——译者注

域用于购买制造品的工资总和 Y_{W_i} 可以分别表述为：

$$Y_{W_1} = y_{w_1} n_{MF} f_1 N = n_{MF} \left[\frac{e_{11}^Y}{e_{11}^Y + e_{21}^Y} Y_1 + \frac{e_{21}^Y}{e_{21}^Y + e_{22}^Y} Y_2 \right]$$

(2.10)

$$Y_{W_2} = y_{w_2} n_{MF} (1-f_1) N = n_{MF} \left[\frac{e_{12}^Y}{e_{11}^Y + e_{21}^Y} Y_1 + \frac{e_{22}^Y}{e_{21}^Y + e_{22}^Y} Y_2 \right]$$

其中 e_{ij}^Y 表示区域 i 的收入 Y_i 用在区域 j 的比重。给定工人与农民数量比 n_{MF}，以及每个地域的工人比重 f_1，我们可以写出区域 1 和区域 2 的总收入（包含工人和农民）分别为：

$$y_1 = \frac{Y_1}{N} = n_{MF} f_1 y_{w_1} + \frac{1 - n_{MF}}{2}$$

(2.11)

$$y_2 = \frac{Y_2}{N} = n_{MF} (1 - f_1) y_{w_2} + \frac{1 - n_{MF}}{2}$$

回想一下，农民的收入被设为统一的，现在计算分式 $\frac{e_{11}^Y}{e_{12}^Y}$ 和 $\frac{e_{21}^Y}{e_{22}^Y}$ 变得比较容易，即：

$$\frac{e_{11}^Y}{e_{12}^Y} = \frac{n_{M_1}}{n_{M_2}} \cdot \frac{p_1}{p_2 / \tau} \frac{q_{11}}{q_{12}}$$

(2.12)

$$\frac{e_{21}^Y}{e_{22}^Y} = \frac{n_{M_1}}{n_{M_2}} \frac{p_1 / \tau}{p_2} \frac{q_{21}}{q_{22}}$$

其中，q_{ij} 是区域 i 消费区域 j 生产的产品量。我们现在可以用 q、p 和 y_w 之间的关系（参见附录 A）写出：

$$\frac{e_{11}^Y}{e_{12}^Y} = \frac{f_1}{1 - f_1} \left(\frac{y_{w_1}}{y_{w_2}} \right)^{1 - \sigma_S} \tau^{1 - \sigma_S}$$

(2.13)

$$\frac{e_{21}^Y}{e_{22}^Y} = \frac{f_1}{1 - f_1} \left(\frac{y_{w_1}}{y_{w_2}} \right)^{1 - \sigma_S} \tau^{\sigma_S - 1}$$

在方程式（2.10）中代入方程式（2.13）并加以简化，可以得到自洽的名义工资计算式：

$$y_{w_1} = \left[y_1 \bar{p}_1^{\sigma_S - 1} + y_2 \bar{p}_2^{\sigma_S - 1} \tau^{\sigma_S - 1} \right]^{\frac{1}{\sigma_S}}$$

(2.14)

$$y_{w_2} = \left[y_1 \bar{p}_1^{\sigma_S - 1} \tau^{\sigma_S - 1} + y_2 \bar{p}_2^{\sigma_S - 1} \right]^{\frac{1}{\sigma_S}}$$

在得到想要的答案之前，我们还需要最后一步。我们需要知道的是实际工资而不是名义工资。[13]要实现这个目标，我们需要考虑不同区域的生活成本，计算方法是将名义工资除以每个区域 i 的单位效用成本 $\bar{p}_i$。这可以用效用函数，即方程式(2.5)计算出来（参见附录 A），并得到如下表达式：

$$\bar{p}_1 = \left[f_1 y_{w_1}^{1-\sigma_S} + (1-f_1)\left(\frac{y_{w_2}}{\tau}\right)^{1-\sigma_S} \right]^{\frac{1}{1-\sigma_S}}$$

$$\bar{p}_2 = \left[f_1 \left(\frac{y_{w_1}}{\tau}\right)^{1-\sigma_S} + (1-f_1) y_{w_2}^{1-\sigma_S} \right]^{\frac{1}{1-\sigma_S}}$$

(2.15)

把这些表达式综合在一起，就可以对两个区域的实际工资进行比较，其形式为：

$$y_{\omega_1} = y_{w_1} \bar{p}_1^{-n_{MF}}$$

$$y_{\omega_2} = y_{w_2} \bar{p}_2^{-n_{MF}}$$

(2.16)

该价格指数的幂说明，实际上制造品支出只占总消费的一部分，其份额占比为 n_{MF}。现在可以通过包含 f_1、τ、n_{MF}、σ_S 四个变量的函数，计算出 y_{ω_1} 和 y_{ω_2} 的解（参见附录 A 以及图 2.4 和图 2.5）

分散与集聚之间的自发过渡

图 2.4 显示了在中心-外围模型中输入几组参数后得到的解。灰色线条显示了两个区域之间的实际工资差，绘制为区域 1 中工人占比的函数。当 $y_{\omega_1}-y_{\omega_2}>0$ 时，灰色线条向右移动（增加区域 1 的工人比例），对应于上图。相反，下图中灰色线条向左移动。这意味着稳定解（又称为"吸引子"，attractors）的变化取决于直线的斜率，在实心圆圈的位置结束。基于初始条件，为了达到较低的交通成本 $T=1/\tau$，整个系统将向所有工人集中在区域 1 或区域 2 的方向演化。然而，当运输成本高时，工人仍将分散在两个区域之间。在中等成本（中图）的情况下，分散状态可能保持亚稳态（灰色圆圈）。然而当扰动充分时，工人将向两个区域中的一个完全集聚。

这种制造业工人在单一地区集聚的普遍趋势，是由较大的工农人口比 n_{MF} 和较高的垄断度（$\sigma_S\rightarrow 1$）两个因素造成的。当运输成本处于中等水平时，分散状态可能是一个亚稳态，我们可以通过绘制端点解（即集聚或分散状态）与运输

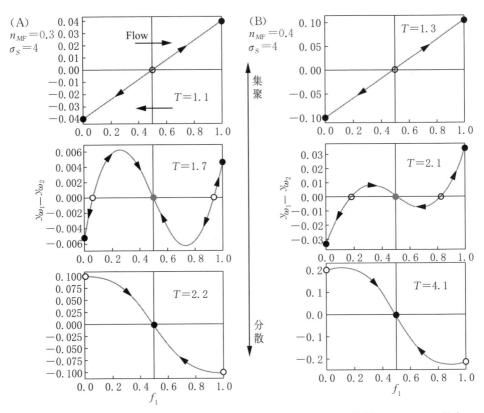

注：(A)和(B)是不同工人与农民比例的两个案例，分别为 $n_{MF}=0.3$（较低）和 $n_{MF}=0.4$（较高）。实心圆圈表示稳定点，空心圆圈表示不稳定点，灰色圆圈表示亚稳态。$y_{\omega_1}-y_{\omega_2}>0$ 的轨迹向右流动，反之则向左流动，如(A)上图中的箭头所示。我们发现，运输成本的降低促进了工人在某一区域的空间聚集。决定运输成本高低的因素分别是工人农民比例 n_{MF} 和替代弹性参数 σ_S。

图 2.4　中心-外围模型中工人的集聚与分散

成本的关系图（图 2.5）来展示这种情况。灰色曲线表示集聚与分散两种状态都有可能存在的范围。在这个参数空间，由于存在一个分界线将其与稳定解分开，一个不稳定解可能暂时存在，从而导致所谓的滞后现象。这意味着不同类型解之间的转换点发生于不同的运输成本 T，这取决于起始路径的方向。可以计算出粗实线与 $f_1=\dfrac{1}{2}$ 线相交处的临界运输成本为：$T^* = \left[\dfrac{\sigma_S(1+n_{MF})-1}{\sigma_S(1-n_{MF})-1}\dfrac{1+n_{MF}}{1-n_{MF}}\right]^{\frac{1}{\sigma_S-1}}$，这意味着条件 $\sigma_S>\dfrac{1}{1-n_{MF}}$。

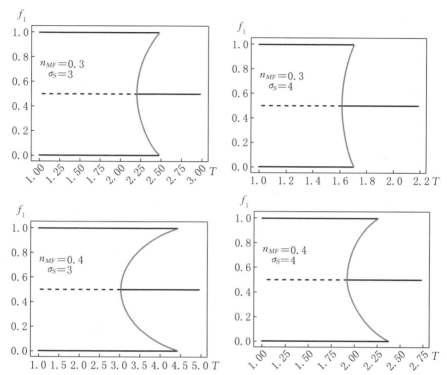

注:粗实线表示稳定解,虚线表示不稳定的点。参数空间显示,当运输成本很高,集聚现象消失,工人们仍然分散在两个区域中。在参数依赖的临界点以下,集聚效应在其中一个区域涌现出了稳定解。两者之间有个地域的分散状态是亚稳态的,只有在人口分布发生较大扰动时才会出现聚集。不稳定分岔点的位置用灰色曲线表示。请注意,较高的工农人口比(n_{MF})、更强的垄断(较低的σ_S)是如何促进集聚,从而在更大范围内降低运输成本的。

图2.5　概括描述包含两个区域的中心-外围模型解的战斧图

讨论

中心-外围模型在经济地理学中意义重大,它证明了一项基本原理:在一般条件下,当社会经济互动优势足以克服运输成本耗散时,就能够形成产业的空间集聚(城市的代表)。这个模型经过不断修订和完善,形成了一个新的研究领域,被称作"新经济地理学"。[14]从产业集群和创新集群到城市和国际贸易,新经济地理学在不同尺度拓展了对空间集聚现象的研究。

正如我们所看到的,中心-外围模型及其扩展模型既相对简单,又具有普遍适用性,因此广受关注。模型的综合性既是其优势所在,也是其遭受批评的原因。就优势而言,该模型的许多变体都具有涌现属性,无论是最初的克鲁格曼公式[15]，还是维纳布尔斯(Venables)提出的另一种方法。维纳布尔斯认为集聚现象是由存在中间投入的生产促进了经济一体化[16]，以及资本积累[17]和其他因素驱动的。[18]特别是产生了一些相同的涌现属性，它们包括[19]：

- 国内市场效应，由于需求变化导致产业区位不匹配；
- 循环因果关系，较大的产业带来较高的实际收入，反之亦然；
- 地区之间失衡，工人和企业集中在一个地区而不是另一个地区；
- 非连续集聚，参数的微小变化导致单个区域突然发生集聚；
- 退化均衡*，最终集聚的区域取决于选择和历史，这与路径依赖有关；
- 滞后现象，即使运输成本下降到临界点以下，分散也可能会短暂持续，当运输成本上升时，集聚也会出现同样的情况。

这意味着前面讨论的集聚和运输成本之间关系的性质，在不同的情况下都有可能成立，并可以通过不同的模型来实现。

尽管如此，要描述集聚和城市所面临的实际问题，新经济地理学模型中的大多数假设都显得过于简化。这招致了各种批评，在我看来有些批评十分肤浅，但也有些经过了深思熟虑。主要难点在于如何克服空间、时间和人类行为偏好所造成的脱离实际和同质化。区域中离散空间产生的冰山成本并不能反映真实的地理或实际运输情况差异。空间均衡无法解释人类发展和经济扩张为何呈现出指数级增长的历史轨迹。同质效用函数也不能反映人类决策的真实"微观基础"。其他批评还涉及垄断竞争的性质，以及无法对人口迁移现象作出有预见性的决策，这些问题在后来的模型中得到了改进。[20]

在我看来，新经济地理学模型的缺点不止这些问题。该方法无法预测城市中正在发生或逐渐演变的事情，只能在定量模型的基础上作一些定性预测。同样值得注意的是，基于19世纪制造业特征假设的模型既无法描述以服务业为主的当代城市，也无法反映前工业化城市中心的情况（参见第7章）。在这些城市中，国防和宗教等非经济职能具有重要的作用。因此，要理解过去和现在的城市，必然要考虑促进空间集聚的其他因素。

---

* 退化均衡(degenerate equilibria)是指系统的常微分方程的均衡位置。——译者注

2.2 城市内部结构的经典模型

第 2.1 节的模型让我们能够用形式化的方式来思考城市是怎样形成中央市场的。然而,它们并没有告诉我们城市内部发生了什么。实际上,我们也可以用同样的逻辑把中央商品市场替换为劳动力市场,来建立城市结构模型。这些模型是城市经济学的核心内容,也是其他社会科学的重要基础。

2.2.1 芝加哥学派的伯吉斯模型 (The Burgess Model)

冯·杜能关于中央市场的孤立国模型表明,城市中心是经济交换的主要场所,其土地被用于不同的经济和社会活动,并各有不同价值。但第一个表达这些思想的模型并非定量模型,而是民族志(ethnographic)模型。欧内斯特·W.伯吉斯(Ernest W. Burgess)提出这一模型来描述城市(芝加哥)的增长(参见图 2.6)。

20 世纪 20 年代,当芝加哥学派的核心文集《城市》(The City)[21] 问世时,芝加哥的人口增长非常快,大约每年增长 2%—3%,接下来几十年,人口持续增长甚至速度更快。1920 年的人口普查数据显示,美国刚刚成为一个城市国家,居住在城市的人口超过 50% 的水平线。世界人口在 2007 年达到这一水平,中国更是到 2010 年才超过这一水平,比美国晚了近一个世纪。通过对芝加哥的量化分析[22]和民族志观察,伯吉斯和他的同事发现,城市的人口混合和空间隔离格局主要是由人口的社会经济地位差异决定的,其中一些地区较新、较有活力,而另一些地区较富有、较成熟。同心圆模式显然是理想化的,但它发展了冯·杜能在城市结构问题上的基本思想。接下来,我们需要更深入地了解土地租金与交通成本之间的关系,城市科学花了近 30 年才完成这一步。

2.2.2 阿尔弗雷德·马歇尔:空间集聚的外部经济

空间集聚通常具有优势的经济学原理是什么? 在 1890 年出版的《经济学原

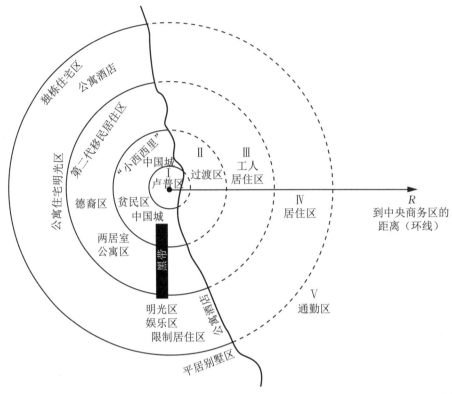

注：芝加哥学派对其所在城市进行了许多研究，试图了解城市增长和空间扩展的过程。在帕克、伯吉斯和麦肯齐的《城市》一书中的一篇著名论文中，伯吉斯为芝加哥创建了一个同心圆模型，作为到中央商务区（卢普区＊）距离的函数。重点是通过种族和经济地位对人群进行身份识别。例如，与卢普区相邻的Ⅱ区以贫困移民居住地为特征，被描述为过渡区和"无序"区。在具有通勤可能的情况下，较为富裕的住宅区将逐步远离卢普区，根据交通带来的社会经济联系重新定义了城市。

资料来源：作者根据帕克、伯吉斯和麦肯齐的《城市》（Chicago：University of Chicago Press，1984）一书中的原始插图改绘。

图2.6　伯吉斯的芝加哥城市概念图

理》[23]一书中，阿尔弗雷德·马歇尔（Alfred Marshall）提出了一个经典分析框架，他引入了工业区的概念，解释了为什么企业和工人会在空间上聚集。马歇尔是19世纪末最伟大的经济学家之一，他一直生活和工作到20世纪初，对所在领

＊　卢普区（Loop）是芝加哥市的一个行政区，总面积4.09平方公里，是芝加哥的中央商务区所在。——译者注

域产生了巨大的影响,包括后来的"剑桥学派"*。

通过对工业区,特别是对企业集聚地点的观察,马歇尔发现这些工业企业具有高度的空间集聚特征,并希望能够解释其背后的原理。马歇尔发现有三种优势游离于经济市场的直接作用之外。因此,它们被称为"外部经济"(external economies)。从这个意义上讲,外部经济是一整套经济交换系统的偶然结果;它是生活的一部分,但不是大多数经济学模型的一部分。马歇尔指出,专业化、更好的劳动力市场和信息共享是企业和劳动力在空间上集聚的关键优势。第一种效应是亚当·斯密的名言"劳动分工受市场范围限制"[24]的空间化版本。我们将在第 5 章更深入地讨论其中一些论点。如果市场范围是由运输成本决定的,那么人口在空间上的集中确实提供了更大的市场,继而带来更大规模的专业化。第二种效应可能最为直观,为了更好地匹配工作岗位与劳动力,工人和企业集聚到同一个空间明显更为有利,这促使他们作出积极选择。最后一种效应最好用马歇尔自己的名言来解释:"贸易的奥秘不再神秘,而是像在空气中一样,孩子们在不知不觉中学会了很多东西。"当然,事情并不是那么简单,因为学习总有一定的目的性。马歇尔的这一见解特别关键,因为它涉及了信息,我们将在后面(第 9 章)看到,信息是经济增长和人类发展的基础。在现代文献中,这些由城市空间邻近性促进的学习效应通常被称为"信息溢出效应"(information spillovers)。[25]

所有这三种效应(以及其他效应)都已经在城市经济学文献中得到了深入的讨论,相关实证研究表明,这些效应在很大程度上是企业空间聚集的普遍属性。[26]马歇尔的最后一个命题,即知识溢出的重要性,已被证明难以衡量和描述[27],因为与其他定量指标相比,知识的影响是定性的。

马歇尔的观察对于描述经济生产和消费中空间结构的涌现和维系具有重要意义。然而,我们还可以从更大的理论背景来理解这些现象。这一方面与多样性、劳动分工和知识等议题有关,另一方面也与信息、创新和经济增长等议题有关。出于这些原因,我们将在整本书中重新审视这些概念,但现在我们将简单地描述它们对城市经济的一般影响。

---

* "剑桥学派"也被称为"新古典学派",是由英国著名经济学家马歇尔创建的一个有较大影响的学派。——译者注

2.2.3 集聚不经济与人口规模均衡

如果经济活动（在城市）的空间集聚带来的规模优势是无限的，那么我们可以预期所有人口都将集中在一个巨大而密集的城市。这显然是错误的，所以我们也需要考虑到集聚的劣势（用经济学语言来说就是"不经济"），并讨论这种效应在什么条件下会成为主导，继而阻止或是逆转城市的发展。

这一主题将贯穿全书，这里从亨德森（Henderson）在20世纪70年代的重要工作开始。他试图根据这些概念提出城市作为一个经济体的问题。在第7章中，我们将通过人类学和组织理论中的"压力梯度"（scalar stress）概念，再次讨论规模不经济问题。图2.7显示了一个外部集聚经济和不经济的假想方案。这里的关键假设是提出一个共性指标以同时说明马歇尔效应的不同作用，既包括就业匹配、专业化和信息获取，以及城市其他各种社会优势和政治优势，也包括拥堵、高生活成本、犯罪、环境挑战等诸多劣势。亨德森使用了经济学模型中的一个常用指标——效用（utility）。

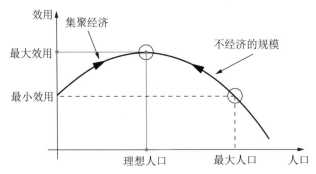

注：亨德森假设效用变化为凸曲线 *，第一阶段集聚经济推动效用增长，第二阶段集聚不经济推动效应下降，由此他提出了一种预测城市理想人口规模和城市所能维系的最大规模的方法。

图2.7　外部集聚经济和不经济影响了效用与城市规模的关系

---

* 英文原文为concave curve，是开口向下的曲线形态，但国内外对曲线和函数凹凸的定义恰好相反。国内数学教材一般将concave curve和concave function称为"凸曲线"和"凸函数"，而将convex curve和convex function称为"凹曲线"和"凹函数"，与我们对凹凸形态的直观理解相一致。因此本书涉及此类术语一律按国内称呼，读者按直觉理解"凹凸"即可。——译者注

亨德森假设,城市的效用取决于人口规模。简单来说,其逻辑如下。一开始城市规模很小,由于来自外部的集聚经济,每个人都能从生活在一个较大的群体中受益。但随着群体规模越来越大,人口集聚带来的不经济现象开始出现,效用开始下降(参见图2.7)。由此可以基于这个假定的效用曲线来预测城市的理想人口规模。可以预计,人和企业会通过进入或离开城市来调整自身行为,而留下来的人能够获得最大的效用,从而使城市处于某个规模。

这显然是一个人为想象的城市模型。实际上,不同城市的人口规模跨度非常大,从特别小的城市到巨型城市(第8章),并且它们具有不同的(并非完全专业化的)经济和社会构成(第5章和第6章)。为了解决这个问题,亨德森提出依据主导经济部门(至少也可以依据对外出口的部门)的不同将城市分成不同类型。[28]这主要是考虑到不同的行业可能有不同的外部集聚经济,导致不同的效用曲线,如图2.8所示。例如,由于金融业造成污染较少,金融业主导的城市可能比纺织业主导的城市要大。这些观点启发了城市经济学家,他们用企业位置数据进行了验证。当然,城市一般不会如此专业化,所以有观点认为,真正影响城市规模的是那些为城市以外地区服务的行业。我们将在第5章看到,城市经济的多样性和专业化存在一个普遍的逻辑,城市层面比这里陈述的还要复杂,而且并不那么专业化。

另一个问题是集聚经济和集聚不经济所依赖的假定人口规模是不同的。虽然这里的情况包含了一些经验性事实,但我们必须计算城市规模对城市生活各

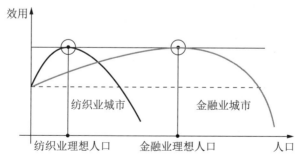

注:根据亨德森的假设,因为在不同(输出型)产业主导的城市,其效用曲线是不同的,因而城市会有不同的最优人口规模。然而,请注意,它们相对的最大效用必须是相同的,这样就不会把所有的人口都吸引到具有最大效用的那类城市。

图 2.8 亨德森提出不同主导产业的城市具有不同集聚外部性的示意图

种成本和收益的影响，并将其与实证数据相比较。这将主要在第 3 章中完成。我们将证明，事实上这两种效应通常具有相同的人口规模依赖性，允许不同规模的城市存在和繁荣，并改变城市作为空间均衡的属性。

总之，我们看到，尽管城市效用曲线可以提供外部集聚经济和集聚不经济的示意模型，但如果我们要理解为什么有大量不同的城市提供了不同的生活和工作场所选择，并确定其规模，还需要有很多假设。因此，我们必须建立一个更深入、更微观的基础，以理解、测度和计算这些效应。仍然基于经济学模型，但我们将使用不同的方法来探讨，哪些条件使集聚经济产生了城市内部不同的土地利用。

2.2.4 阿隆索地租模型 (The Alonso Model)

城市建模和城市理论领域接下来的重要进展来自威廉·阿隆索（William Alonso）。他将冯·杜能的数学方法和伯吉斯的社会经济空间差异思想总结为现代城市的一般特征。阿隆索出生在阿根廷，是社会科学领域的一位博学家，在人口学、社会学、政治学和经济学等领域都颇有研究。在多样化的成长经历、生活经验和研究兴趣的推动下，他试图理解为什么不同的城市表现出不同的地租空间模式。具体来说，在美国的城市中，为什么较富裕的人倾向于居住在远离市中心的地方，就像芝加哥地图所展示的那样（参见图 2.6），而在欧洲和南美洲的很多城市，情况正好相反。

阿隆索最著名的作品是《位置与地租》[29]，出版于 1964 年，当时正值城市研究和城市规划研究的历史转折点，刘易斯·芒福德[30]、简·雅各布斯[31]、克里斯托弗·亚历山大[32]等人分别提出了各自的变革性思想。阿隆索在综合社会科学和地理学的思想和方法并将其应用于城市研究方面作出了重要的贡献。他开创性地对城市空间的经济学原理进行了明确的数学解析。直到今天，他的成果仍然构成了大多数城市经济学模型的基础。

为了建立城市的数学模型，阿隆索将地租从农业生产中剥离，把重点放在城市房地产上。为简单起见，与冯·杜能和伯吉斯一样，他假设城市是径向对称的，所有的工作（和收入产生）都发生在中心位置，即中央商务区（参见图 2.9）。

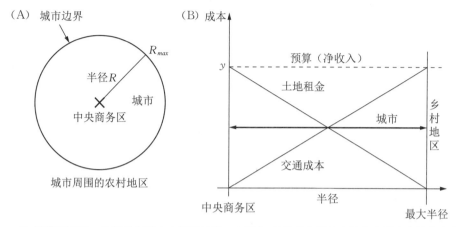

注:该模型是冯·杜能的市场中心模型的另一个版本,只是现在每个人的收入都来自城市中央商务区的就业(A)。扣除其他消费后,每个人都需要在土地租金和交通费用之间分配预算 y。离中央商务区越远,地租越低,同时交通费用越高。城市边缘 $R = R_{max}$ 由 $y = c_R + c_T(R_{max})$ 定义,其中 c_{R_r} 是农业(非城市)的地租成本。

图 2.9　阿隆索的城市地租模型

该模型的关键假设是所谓的预算条件,即方程式(2.17)。假设城市中每个人在扣除其他生活费用之后都有一个给定的预算 y,这些预算将被分配到支付(房地产)租金 c_R 和交通费用 c_T,两者都取决于与中央商务区的距离 R,可以写出:

$$y = c_R(R) + c_T(R) \tag{2.17}$$

通常假设通勤成本与距离成正比,所以 $c_T(R) = c_{T_0} R$。由此可以得出地租与中央商务区距离的函数为:

$$c_R(R) = y - c_{T_0} R \tag{2.18}$$

因此,在紧邻中央商务区的地区租金最高,并与净收入相当,而城市边缘地区的地租将归零(实际上等于农业用地租金 c_{R_r})。由于城市的收入 y 通常比农业地租成本 c_{R_r} 高得多,可以预测城市的空间范围为:

$$R_{max} = \frac{(y - c_{R_r})}{c_{T_0}} \approx \frac{y}{c_{T_0}} \tag{2.19}$$

因此可以预测,在其他条件相同的情况下,更富有(y 更大)、交通条件更好(c_{T_0} 更低,例如单位距离出行成本较低)的城市,其空间范围会更大。这是一个有趣的预测，因为这意味着，随着经济增长和交通技术的发展，城市空间范围将进一步扩张，而且很可能密度会降低，这与城市规划师所期望的完全相反。在本书后面部分，我们会通过更复杂的模型和数据来重新审视这个问题。

阿隆索模型提出了房地产租金的空间均衡，以及收入和交通成本在一定条件下的空间规模。在此基础上，地理学、区域和城市经济学领域快速跟进并有了很多深化研究。

2.2.5 城市经济学模型

现在我们转到具体研究单个城市的城市经济学模型，这些模型发展了阿隆索地租模型，能够对城市结构作出一定的预测。因此我们也将讨论它们的实证研究表现。

正如我们已经看到的，这些模型的经典综合始于阿隆索，将人视作消费者从而引入了效用函数。按照经济学模型的标准方法，在预算约束下求这个效用函数的最大化，并在人的偏好中引入空间依赖。这些发展最早可以归功于米尔斯[33]、穆斯[34]、惠顿[35]以及其他一些学者[36]的工作。最为清晰的综合则来自布鲁克纳（Brueckner）[37]，我们将在接下来的讨论中密切关注。

城市的内部结构

基本思想是引入一个效用函数 U 来说明住房消费偏好，并考虑预算约束。为实现这一目标，最简单的模型是假设我们有一个径向对称的城市，就像阿隆索模型中的设定，与中央商务区的距离为 R。

假设城市中每个人都在中央商务区工作，需要在住所与工作地之间通勤。与之前一样，我们假设单位距离的通勤成本是 c_{T_0}，所以总成本是 $c_{T_0}R$。再假定所有的"消费者"有相同的收入 y 和相同的"品位"，也就是说每个人都有相同的效用函数 $U(c, a_f)$，其中 a_f 代表主体的住房面积，c 代表其他一切消费支出（包括商品和服务）。假设效用随着 c 和 a_f 的增长而增长，这意味着人们想要获得更多的东西，住在更大的房子里。为了简单起见，我们用消费单位——综合价格 c 来表示价格。在经济学模型中，这个参考价格被称为基准价格（numeraire）。关键因素是住房价格（地租）$p_f(R)$ 取决于与中央商务区的距离。这意味着，预算约束现在可以写作：

$$y - c_{T_0} R = c + p_f(R) a_f \tag{2.20}$$

可以通过效用最大化来求解这个问题,基于约束条件并假设城市中不同位置的消费者都实现相同的最大效用 U_{max}。这在数学上意味着,要实现效用最大化,我们需要调整住房消费 a_f。也就是说:

$$\max_{a_f} U(y - c_{T_0} R - p_f a_f,\, a_f) \equiv U_{max} \tag{2.21}$$

这可以通过对每个变量相关效用的两个参数进行求导来实现,土地租金价格(相对于消费价格)应为:

$$\frac{dU}{dc}\frac{dc}{da_f} + \frac{dU}{da_f} = 0 \rightarrow p_f^* = \frac{dU/da_f}{dU/dc} \tag{2.22}$$

这就是价格作为边际效用(导数)的一般表达式。在结果评估时,将该价格设定为最优,$a_f = a_f^*$,从而得出:

$$U(y - c_{T_0} R - p_f^* a_f^*,\, a_f^*) = U_{max} \tag{2.23}$$

这个结果将住所与中央商务区距离为 R 的人的净收入 $y - c_{T_0} R$ 与他们的住房支出 a_f^* 联系起来,从而实现效用最大化。

从假定的效用函数的一般分析特性看,我们可以得出一些预期。首先,求方程式(2.23)与距离相关的总导数,我们得到土地价格的表现:

$$\frac{dU}{dc}\left(-c_{T_0} - \frac{dp_f^*}{dR}a_f^* - p_f^*\frac{da_f^*}{dR}\right) + \frac{dU}{da_f^*}\frac{da_f^*}{dR} = 0 \tag{2.24}$$

其中,引入 p_f^* 的表达式后,可以得到:

$$a_f^*\frac{dp_f^*}{dR} = -c_{T_0} \rightarrow \frac{dp_f^*}{dR} = -\frac{c_{T_0}}{a_f^*} < 0 \tag{2.25}$$

因此我们的结论是,单位面积的住房价格 p_f^* 从中央商务区到城市外围是单调递减的。在后面的方程中,我们简化了符号,不再明确指明变量是在效用最大值处估计的(去掉星号)。

我们也可以计算出每个人的空间使用量,因为:

$$\frac{da_f}{dR} = \frac{da_f}{dp_f}\frac{dp_f}{dR} > 0 \tag{2.26}$$

　　这一信息遵循效用函数为凸曲线的假设（即消费越多，效用增加的速度越慢）。这就导致了 $\frac{\mathrm{d}a_f}{\mathrm{d}p_f}<0$ 的典型结果，也就是说，当住房价格较高时，人们将减少住房面积（假设每个人的收入固定不变）。这两个结果表明，从中央商务区到郊区，人们为单位住房面积所支付的费用是递减的，而住房面积却在递增，这实际上很合理，郊区多是大房子而靠近中央商务区多是小公寓。

　　我们可以用同样的方法来观察建筑面积及其价格如何随预算约束中的其他参数变化。与之前一样求导，我们得到：

$$\frac{\mathrm{d}p_f}{\mathrm{d}y}=\frac{1}{a_f}>0,\ \frac{\mathrm{d}p_f}{\mathrm{d}c_{T_0}}=-\frac{R}{a_f}<0,\ \frac{\mathrm{d}U}{\mathrm{d}p_f}=-a_f\frac{\mathrm{d}U}{\mathrm{d}c}<0 \tag{2.27}$$

$$\frac{\mathrm{d}a_f}{\mathrm{d}y}=\frac{\mathrm{d}a_f}{\mathrm{d}p_f}\frac{1}{a_f}<0,\ \frac{\mathrm{d}a_f}{\mathrm{d}c_{T_0}}=-\frac{\mathrm{d}a_f}{\mathrm{d}p_f}\frac{R}{a_f}>0,\ \frac{\mathrm{d}U}{\mathrm{d}a_f}=-a_f\frac{\mathrm{d}U}{\mathrm{d}c}\frac{\mathrm{d}p_f}{\mathrm{d}a_f}>0 \tag{2.28}$$

为了得到相关信号，我们假设效用随着消费的增加而增加，$\frac{\mathrm{d}U}{\mathrm{d}c}>0$，且效用函数是凸曲线，$\frac{\mathrm{d}a_f}{\mathrm{d}p_f}<0$。结果显示，在收入一定的情况下，效用会随着住房面积的扩大而提高，随着单位面积租金的上升而降低。结果还表明，租金随着收入的提高而提高，随着交通成本的上升而降低。后一个效应是由固定预算约束造成的：如果你在交通上花费更多，就不得不在住房上花费更少。一个人消费的住房面积与住房价格的变化方向相反。因此，住房面积会随着整个城市收入的提高而缩小，并随着交通费用的增加而增加。这些结论可能看起来与直觉相反，甚至与事实相悖。但这只是模型中假设的结果，即每个人的预算是固定的，并且由于每个人的收入提高，住房价格也会上涨，所以每个人只能通过减少消费的住房面积来应对。交通成本的影响与之类似，因为更高的交通支出使住房价格下降，所以人们负担得起更大的面积，也就意味着可以产生更大的效用。

　　经济学模型几乎总是依赖于消费者和生产者之间的市场均衡。到目前为止，我们只考虑了消费者的想法。现在让我们转到住房生产者（开发商）的视角。为了预测开发商的行为，我们需要提出一个类似消费者效用函数的生产函数。布鲁克纳[38]把这个函数写成 $A_H(a_l,K_P)$，其中，投入部分包括土地面积 a_l 和资本 K_P。函数 $A_H(a_l,K_P)$ 对应的产出是建筑物的可居住面积，给定的两个输入变量分别是土地和资源投入。这个函数图像也被认为是凸曲线，$\dfrac{\mathrm{d}^2 A_H}{\mathrm{d} K_P^2} < 0$，这意味着相对于资本投入增加，产出的可用建筑面积是递减的。例如，随着建筑物越来越高，由于结构上的挑战以及电梯等设备支出，建筑成本会快速上升，单位面积成本随之增加。

我们来计算开发商在支付土地和投资成本后的利润（净收入）。设 a_l 为土地面积，单位面积成本（租金）为 p_l，资本为 K_P，资本价格（因支付利息而产生的成本）为 p_k。由于建造的住房需要出租给消费者，所以开发商的利润为 $p_f A_H - a_l p_l - K_P p_k$。通常使用强度量来计算，涉及土地面积为 $a_l [\, p_f a_H (K_{P_l}) - p_l - K_{P_l} p_k\,]$，其中 $a_H (K_{P_l}) = \dfrac{A_H (a_l,\ K_{P_l})}{a_l}$，$K_{P_l} = \dfrac{K_P}{a_l}$。量 $a_H (K_{P_l})$ 表示建筑密度（单位土地上的可用建筑面积），而 K_{P_l} 表示资本空间密度（单位土地上的资本量）。假设建筑密度是资本密度的函数，具体来说，它是该变量的一个增长凸函数。那么，建筑密度就可以更直观地表示为建筑高度，因为它代表了在单位面积土地上的住房建筑面积。

我们还需要最后一个假设：存在完全竞争，这样最大利润（净收入）实际上是零！有了这些假设，我们现在可以计算出 a_H 和 K_{P_l} 对应的后果，类似于消费者支付的租金与可用建筑面积。假设给定的资本价格为 p_k，例如贷款利率。最大利润和零利润的条件转化为：

$$K_{P_l} = \frac{p_f}{p_k} a_H - \frac{p_l}{p_k}, \ \frac{\mathrm{d} a_H}{\mathrm{d} K_{P_l}} = \frac{p_k}{p_f} \tag{2.29}$$

由此可以得出资本投入和单位面积租金的最优值。这些变量又取决于收入、交通成本、与中央商务区的距离以及消费者的效用水平。为了评估这些依赖关系，我们可以对方程式（2.29）求导，应用零利润条件，得到：

$$\frac{\mathrm{d} p_l}{\mathrm{d} \phi_e} = a_H \frac{\mathrm{d} p_f}{\mathrm{d} \phi_e}, \ \frac{\mathrm{d} K_{P_l}}{\mathrm{d} \phi_e} = -\frac{\dfrac{\mathrm{d} a_H}{\mathrm{d} K_{P_l}}}{\dfrac{\mathrm{d}^2 a_H}{\mathrm{d} K_{P_l}^2}} \frac{1}{p_f} \frac{\mathrm{d} p_f}{\mathrm{d} \phi_e} \tag{2.30}$$

$$\frac{\mathrm{d} a_H}{\mathrm{d} \phi_e} = \frac{\mathrm{d} a_H}{\mathrm{d} K_{P_l}} \frac{\mathrm{d} K_{P_l}}{\mathrm{d} \phi_e} = \frac{p_k}{p_f} \frac{\mathrm{d} K_{P_l}}{\mathrm{d} \phi_e}, \ \phi_e = y,\ c_{T_0},\ R,\ U$$

由于 $\dfrac{\mathrm{d}^2 a_H}{\mathrm{d}K_{P_l}^2}<0$，土地价格和资本密度的变化方向相同，也与消费者为每层楼面支付的租金的增长方向一致。这并不令人意外，但表明了一致性。

最后，我们可以拿可用居住建筑面积除以人均建筑面积，得到人口密度 $n_A = \dfrac{N}{A} \sim \dfrac{a_H}{a_f}$。我们也可以对感兴趣的相关变量求导，得到：

$$\frac{\mathrm{d}n_A}{\mathrm{d}\phi_e} = \frac{1}{a_f}\frac{\mathrm{d}a_H}{\mathrm{d}K_{P_l}}\frac{\mathrm{d}K_{P_l}}{\mathrm{d}\phi_e} - \frac{a_H}{a_f^2}\frac{\mathrm{d}a_f}{\mathrm{d}\phi_e} = \left[-\frac{1}{a_f p_f}\frac{\left(\dfrac{\mathrm{d}a_H}{\mathrm{d}K_{P_l}}\right)^2}{\dfrac{\mathrm{d}^2 a_H}{\mathrm{d}K_{P_l}^2}} - \frac{a_H}{a_f^2}\frac{\mathrm{d}a_f}{\mathrm{d}p_f} \right] \frac{\mathrm{d}p_f}{\mathrm{d}\phi_e} \sim \frac{\mathrm{d}p_f}{\mathrm{d}\phi_e}$$

$$(2.31)$$

这表明，空间中的人口密度随参数变化的趋势与消费者租金的变化趋势相同。举例来说，当消费者租金随着与中央商务区的距离加大而减少时，密度也会降低，或者当租金随着收入增加时，密度也会增加！后一种预测可能会让人觉得反常，但这是在每个人收入相同且固定预算约束下的结果：随着单位面积价格的上升，每个人都会减少住房面积，从而导致密度更高。

全局约束和人口规模

我们现在可以反思得到的这些结果，从中提炼出其对城市资产的全局影响。这要求我们重新审视城市空间边缘发生的变化，并将人口规模因素纳入考虑。

正如我们所看到的，在城市的空间边缘（用 $R = R_{max}$ 定义）以外，土地为非城市用途，其产生的价值（土地租金）用 p_{l_r} 表示。这些土地不是为通勤者提供住房，而是有其他（乡村或非城市）用途。因此，在城市的边缘，我们有以下边界条件：

$$p_l(R_{max}, y, c_{T_0}, U) = p_{l_r} \tag{2.32}$$

因为我们预计土地租金会从中央商务区的峰值向外随着距离的增加而单调递减，这间接定义了城市的空间范围 $R_{max}(y, c_{T_0}, U, p_{l_r})$（参见附录 B）。

第二个全局约束处理的是，对城市中每栋建筑和每个地块的人口进行加总，直到得出给定的城市总人口 N。我们假设城市是径向和单中心的，那么每单位半径长度 $\mathrm{d}R$ 上的人口数为 $R\mathrm{d}R n_A(R)$。我们对构成城市总面积的圆盘进行积

分,可以得到:

$$N = 2\pi \int_0^{R_{max}} R\,dR\,n_A(R) = 2\pi \int_0^{R_{max}} R\,dR\,\frac{a_H(R)}{a_f} \tag{2.33}$$

迁移与城市规模的关系

最后两组关系涉及城市规模的两个指标:总用地面积 $A = \pi R_{max}^2$ 和总人口规模 N。在分析了它们的内部结构之后,我们现在可以探讨,城市资产与城市规模的关系是什么。这些问题也为第 3 章的城市标度分析做了铺垫。

这些关系取决于一个关键因素,那就是城市是开放的还是封闭的,这也决定了一组城市能否构成城市体系。虽然存在一些封闭的城市型国家,但这类封闭型城市通常都是人为造成的。一组城市要成为城市体系,人、商品和资本必须能够在其中自由流动。如果城市是开放的,我们就必须从城市体系的角度来思考不同城市的相对吸引力(我们将在第 8 章探讨城市体系的结构)。为了继续我们的分析,我们假设开放环境中的城市体系处于均衡状态,这意味着所有城市的效用水平相同,对迁移者的吸引力也相同。这种稳定状态下的城市体系会表现出某些"地理定律",我们将在本书的后面部分进行推导。

(1)封闭城市。

在不允许迁移的情况下,我们用总人口 N 与其他变量一起计算居民的效用。此时,模型的外生参数分别是 N、p_l、y 和 c_{T_0}。我们的任务是计算这些假定的外部参数对城市空间范围 R、住房价格 p_f、土地租金 p_l、居住面积 a_f 以及由资本投资空间密度 K_{P_l} 代表的建筑高度等的影响。通过这些指标,我们还可以推导出城市用地规模是如何随人口规模的变化而变化的。

我们可以通过取各种导数并使用先前的结果来得出以下关系[39](参见附录 B):

$$\frac{dA}{dN}>0,\ \frac{dU}{dN}<0,\ \frac{dp_f}{dN}>0,\ \frac{da_f}{dN}<0,\ \frac{dp_l}{dN}>0,\ \frac{dK_{Pl}}{dN}>0,\ \frac{dn_A}{dN}>0 \tag{2.34}$$

这意味着,城市的空间规模随着人口的增加而变大。所有其他城市指标都是地方性的:效用和住房面积随着人口的增加而减少,而住房成本、土地价格、资本密度和人口密度一直在增加。请注意重要的变量,如收入被假设为外生变量,不存在人口规模带来的收入增加,此外交通也不存在规模效率。

对于空间面积，具体而言是城市半径，我们可以得到：

$$\frac{\mathrm{d}R_{max}}{\mathrm{d}N}=\frac{a_f}{c_{T_0}a_H}\left(\frac{\mathrm{d}p_l}{\mathrm{d}U}\frac{\mathrm{d}U}{\mathrm{d}N}\right)\Bigg|_{R=R_{max}}=-\frac{1}{\pi\frac{\mathrm{d}U}{\mathrm{d}c}\int_0^{R_{max}}\mathrm{d}R\frac{\mathrm{d}p_l}{\mathrm{d}U}}>0 \quad (2.35)$$

我们看到，在保持其他外生变量不变的情况下，城市半径的变化取决于所选效用函数的变化。对于其他外生参数，我们可以得到：

$$\frac{\mathrm{d}R_{max}}{\mathrm{d}p_{l_r}}<0,\ \frac{\mathrm{d}R_{max}}{\mathrm{d}y}>0,\ \frac{\mathrm{d}R_{max}}{\mathrm{d}c_{T_0}}<0 \quad (2.36)$$

这些都很容易理解，因为如果土地价格或者交通成本增加，那么人们能够消费的土地就会减少，城市空间也会变小。当收入较高时，人们可以消费更多的土地，城市就会扩张。

（2）开放城市。

当城市是开放的，允许人口在不同地方之间迁移时，我们要求所有城市的居民的效用相同。这意味着效用对所有城市来说都变成了一个固定值，并由城市体系的动态来决定，而城市人口现在是一个变量。这意味着外生参数现在是 $\phi_e=U$，p_{l_r}，y 和 c_{T_0}。计算过程可以看作封闭城市在效用固定时的特殊情况，得出（参见附录 B）：

$$\frac{\mathrm{d}R}{\mathrm{d}\phi_e}\Bigg|_{R=R_{max}}=\frac{\frac{\mathrm{d}p_{l_r}}{\mathrm{d}\phi_e}-\frac{\mathrm{d}p_l}{\mathrm{d}\phi_e}}{\frac{\mathrm{d}p_l}{\mathrm{d}R}}=-\frac{a_f}{c_{T_0}a_H}\left(\frac{\mathrm{d}p_{l_r}}{\mathrm{d}\phi_e}-\frac{\mathrm{d}p_l}{\mathrm{d}\phi_e}\right)\Bigg|_{R=R_{max}} \quad (2.37)$$

因此：

$$\frac{\mathrm{d}R_{max}}{\mathrm{d}p_{l_r}}=-\frac{a_f}{c_{T_0}a_H}<0,\ \frac{\mathrm{d}R_{max}}{\mathrm{d}N}=\frac{a_f}{c_{T_0}a_H}\frac{\mathrm{d}p_l}{\mathrm{d}N}=0$$

$$\frac{\mathrm{d}R_{max}}{\mathrm{d}y}=\frac{a_f}{c_{T_0}a_H}\frac{\mathrm{d}p_l}{\mathrm{d}y}=\frac{1}{c_{T_0}}>0,\ \frac{\mathrm{d}R_{max}}{\mathrm{d}c_{T_0}}=\frac{a_f}{c_{T_0}a_H}\frac{\mathrm{d}p_l}{\mathrm{d}c_{T_0}}=-\frac{R}{c_{T_0}}<0 \quad (2.38)$$

其中，所有的表达式都是在城市边界 $R\to R_{max}$ 处评估的。我们对这些方程进行综合，得到：

$$R_{max} = \frac{\left(y - \dfrac{p_{l_r} a_f}{a_H}\right)}{c_{T_0}} \simeq y / c_{T_0} \tag{2.39}$$

虽然我们做了更多的工作,但结果与直接从阿隆索模型中得到的方程式 (2.19)相同,只是我们可以更清楚地计算出城市边缘的住房价格。这是因为 $\left.\dfrac{a_f}{a_H}\right|_{R=R_{max}} = \dfrac{1}{n_A(R_{max})}$。括号内的第二项是 $R=R_{max}$ 时的人均住房成本。最后一个约等式适用于城市边缘的住房成本相对于城市收入很低,而通勤成本相对很高的情况,这可能发生在无序蔓延的大城市地区。

令人惊讶的是,$\dfrac{\mathrm{d}R_{max}}{\mathrm{d}N} = 0$,显示城市的空间规模与人口规模无关。这是因为,在这类模型中,影响变量的直接因素是居民的效用,就像我们在人们无法离开的封闭城市案例中看到的那样。一旦城市对迁移开放,模型中效用随人口规模的潜在负面变化会引起人口规模的自我调节。因此,在城市开放的情况下,如果其他被视为外生的变量也在变化,城市人口规模和空间规模之间的共变就只能是间接的。

例如,随着收入 y 的增加,城市最大半径 R_{max} 也伴随着单位面积住房成本 p_f、土地价格 p_l 和建筑高度 $h_b \sim K_{P_l}$ 的增加而增加,导致所有地方的人口密度增加。根据方程式(2.33),在空间规模较大的城市中,较高的人口密度会导致较多的人口 N。因此,在这个模型中,面积规模和人口规模较大的城市之间可能存在联系,但这种联系是间接的,需要通过其他外生变量(如收入)来协调。很明显,交通成本也有类似的影响,但方向是相反的。这意味着交通成本的降低也会导致城市空间规模和人口规模的增长。

最后我们要指出,在没有具体给出消费者效用和住房生产函数的情况下,我们能做的最多就是根据数据对各种变量之间的相关性信息进行估计。然而,从实证上检验特定的关系会对效用函数产生约束,可能会显示出理论的不完善或错误。例如,一些假定的外生变量,如收入和交通成本实际上应该是内生的。我们将在第3章讨论这些由数据引发的问题。

讨论:城市经济学模型的检验和推广

借助城市经济学方法进行城市建模的最大优势是可以作出很多定量预测。

这些模型的很多状态变量通常可以通过实证方法来检验，但这种检验是较弱意义上的，只能对变量的各种相关关系进行定性的判断。这意味着人们可以用计量经济学方法来检验数据，评估关键变量是否具有某种统计学意义上的正相关或负相关。

然而，这些模型一般都不能对具体数值进行强有力的定量预测，例如导数的大小。这类实证比较已经很多，但我想要单独列出安杰尔（Angel）和他的合作者[40]最近的工作，他们创建了城市扩张地图集[41]，描绘和跟踪了全世界所有的大城市（人口规模超过 10 万人的城市，目前约有 4 000 个）。

由于这个数据集的主要优势是城市的空间范围，他们经常检验方程式（2.34）和方程式（2.36）的预测能力。为了检验这些假设，他们在国家层面上汇总了一些变量（如一个国家的城市用地面积比例），并将其与精心选择的替代指标（如可耕地数量）进行了相关性分析，以判断可能的（反向）土地价格。[42]他们发现，城市的用地面积随着人口和收入的增加而增加，并有一些证据显示其与交通成本（以汽油成本衡量）和更高的农业租金存在负相关关系。他们还发现，如果城市中有较多的人口居住在非正规住区，那么城市的面积就会比较小。这与我们在这里讨论的扩展模型预测相反，该模型假设高收入和低收入共存，不平等现象会降低对同一土地的竞争。[43]

安杰尔等人[44]不但检验了一般的定性预测，还检验了这些变量之间平均函数关系的定量形式。他们发现了一些强有力的实证规律，例如人口密度与城市人口规模之间存在弹性。我们将在第 3 章结尾部分讨论这些发现并推导出具体的数值。

本节所介绍的模型只能帮助读者进入城市经济学世界的大门，相关的研究已经深化和扩展到了不同的社会经济群体、公司、住房类型以及其他诸多效应。[45]

阿隆索脑海中的一个问题仍未得到解决：为什么在美国（也许还包括印度），很多城市的中心区实际上被较贫穷的人口占据，而在其他地区，例如欧洲和东亚大多数城市，我们却看到了相反的模式。为了回答这个问题，我们显然必须引入不同收入群体因素，并具体说明他们是否会竞争同一块土地，是否会被隔离在某块土地上（参见第 6 章）。但这还不够，我们还需要将不同收入群体的偏好与城市的特定区域、中心区域或边缘区域联系起来。要做到这一点，一种方法是假设各种需求的设施有一个空间布局。然后，让这些设施成为具有最高竞价能力者（最高收入群体）进行选择的锚点。布吕克纳（Brueckner）、蒂斯（Thisse）和泽努

(Zenou)[46] 提出的模型正是基于这样的思路：受空间限制的设施在特定的地点（尤其是在城市中心附近）产生了效用的峰值。消费者效用最大化使人口被动按收入分类，要么被这些空间设施所吸引，要么被排斥，要么被禁止。当然，这只是把问题的性质转移到设施和偏好的空间分布规律上，但这个问题可能表明其与措施和政策有更紧密的关系。

城市经济学模型的多种用途及其政策含义

从城市经济学视角对城市进行建模是一种非常通用的方法。经济学家已经将他们的框架应用于你能想到的几乎所有跟城市有关的问题，包括住房、交通和拥堵、工业和专业分工以及区位、城市服务、政府支出和税收、犯罪、污染、生活质量、公共服务设施等等。有几本不错的专著介绍了这些主题，并对相关文献进行了综述。[47]

目前，人们对城市经济学的框架，包括对其假设和建模工具的态度仍然是见仁见智。尽管这些模型在数学上是精确的，但它们的基本变量是高度程式化的，且不容易观察到，特别是在效用函数和生产函数中。这意味着由此产生的预测本质上是定性的，只能给出变量之间相关性的信号，通常并不能作出强有力的定量预测。虽然在整本书中我们都用到成本-收益分析（预算约束）概念，但我们也需要说明，其他假设并不是城市科学理论发展的根本条件或必要条件，包括效用函数和生产函数、消费最大化或利润最大化假设等。此外，对收入和交通成本进行内生化处理至关重要。

可以说，城市经济学的最大问题是它被广泛地用于推导公共政策，而不是被限定在其合理的假设范围内。它经常造成一些令人不安的决策，并可能导致明显有害于社会的后果。在这种情况下，借助更广泛的跨学科视角进行批判性思考至关重要。

其中一个实例涉及某个著名的犯罪建模方法[48]，最初由诺贝尔经济学奖得主加里·贝克尔（Gary Becker）提出。他因使用经济思维来解决社会问题而闻名。该模型假设有一个人口规模为 N 的异质性城市，这些人口被按照给定的收入结构排序（参见图 2.10）。犯罪被概念化为一种职业选择，假设有种与犯罪行为相关的稳定收入，称作"犯罪酬劳"（水平线）。当犯罪酬劳高于人群中最低的"合法"收入时，从经济学角度来看，犯罪就是可取的。具体而言，人群中"合法"收入低于"犯罪酬劳"的那部分人应该"理性地"选择成为罪犯。

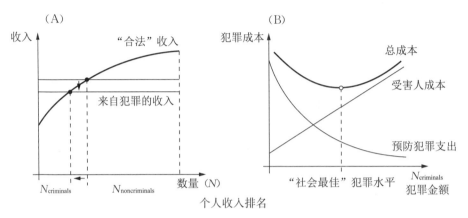

注：图(A)中，犯罪被概念化为一种与收入选择有关的职业决定。在一个有不同收入排名(凸曲线)的城市中，一些人的"合法"职业收入很低。如果犯罪产生的收入大于最低"合法"收入(水平线)，那么所有收入低于这个门槛的个人都应该理性地选择成为罪犯，导致罪犯数量为 $N_{criminals}$。随着犯罪的相对收入水平下降(两条水平线)，例如因为加强执法，人口中的罪犯比例会下降。如果城市变得更富有，罪犯抢劫富人的收入就会增加。因此在这个模型中，犯罪率增加和财富之间有可能存在正相关关系。图(B)中，根据一些给定的响应曲线，通过计算打击犯罪的总成本与收益之间的关系可以求出"社会最优"犯罪水平。

图 2.10　一个简单的城市犯罪学经济模型

从城市的角度来看，执法活动也存在成本-效益关系，可以通过犯罪行为降低和其经济成本之间的响应曲线来分析。由于完全消除犯罪的成本太高，可以计算出一个"社会最优"犯罪水平。类似的逻辑还可以用于其他各种社会问题带来的挑战，如预期寿命、卫生条件或无家可归人群。如果你向朋友和同事解释这种思路，我相信你会发现一部分人会感到惊恐，而另一部分人可能认为这正是要走的路。我们如何选择？我们能科学地检验这种模型吗？我们能改进它吗？我们应该在什么时候对此感到满意，又应该在什么时候完全拒绝它？

以这种方式思考犯罪问题，暴露了城市经济学框架的一些失败之处，因为它没有接受"有组织的复杂性"的概念。没有人能够反驳这样一个事实，并非所有的低收入者都是罪犯！如果你接受前面的观点，你可能会得出"穷人若不犯罪则不合理"这样的荒谬结论……现实与模型结论相矛盾，所以有些东西被打破了。

犯罪是一种复杂的、有历史和社会渊源的现象。众所周知，犯罪在统计学上与性别(男性)和年龄(年轻人)相关，而且在具有不同的暴力史、信任水平和制度能力的社会中也有很大不同。犯罪学家和社会学家极力反对将犯罪行为看作一种基于经济权衡的个人理性决策。他们认为，犯罪主要是一种人类生态效应，是适应性个体在复杂环境中遭遇的各种机会、意外和选择等复杂生命过程的累积。在我看来,犯罪在任何城市都有很强的空间集中性,以及它在时间上的可预测性,支持了这个观点。

这并不意味着犯罪在统计学意义上是不可预测的,但这两个框架在因果机制和对公共政策的相关建议方面有完全不同的意义(参见第 6 章)。核心挑战是,经济学模型建立在忽视历史语境并假设社会同质的基础之上,这种经济选择行为是否为城市中人类决策的因果驱动因素? 从实践角度来看,更重要的问题是,能否用这样的逻辑来支撑公共政策? 如果简单地将个人经济看作同质化的,继而对住房政策、公共卫生、犯罪和冲突、教育和其他社会负面问题进行概念化,确实可能将个人选择限制在有害的局势中。我们将在第 4 章、第 5 章和第 6 章中进一步证实这一点。这种观点过度地简化了城市,并将人类主体困在与排斥和隔离有关的窘迫环境中。

为了解决经济思维何时合适、何时不合适的问题,我们必须从所讨论的各种模型中走出来,对个人和企业在城市复杂动态环境中的变化作出解释。从这个角度来看,迄今为止介绍的大多数模型在本质上缺少的是一种基于异质性视角的、能够描述人口及其社会互动特征的一般性动态统计方法。提出这样一种方法,并能够与诸多其他学科互动,是本书其余部分的目标。

2.3 时间、距离和功能性城市的定义

在社会经济系统中,当涉及将人和物结合在一起进行运作时,时间具有至关重要的意义,无论这些系统是经历了长期的变化,还是停留在可以被定义为稳定状态的东西。

——托尔斯滕·哈格斯特兰德(Torsten Hägerstrand),
《区域科学中的人》

作为本章结语前的最后一节,我们强调时间的重要性。我们在冯·杜能模型、阿隆索模型及其拓展研究中已经看到,时间通过交通成本与空间紧密联系在一起。然而,我们并没有真正把时间作为一个主要因素来处理。相反,我们使用

的指标都只间接含有时间性，涉及主体也是基于空间均衡的平均人口。因此，我们需要进一步将研究视野放大到个体。城市中具体的人的详细行为十分重要，对这些属性和动态的实证研究，将进一步启发我们如何定义城市。

2.3.1　时间地理学

为了将城市看作一种空间均衡，经济地理学强调空间和相关的交通成本。[49]大多数论点都将城市中的主体和选择看作同质化的，相当于只考虑平均人口情形。

地理学的另一个传统强调时间，称为"时间地理学"。[50]拥抱时间意味着我们必须聚焦到个人，因为他们在城市的空间-时间中留下了他们的轨迹。这些轨迹就是托尔斯滕·哈格斯特兰德描述的生活轨迹（life paths），具体可以参见图 2.11 的说明。我也喜欢阿兰·普雷德（Alan Pred）的思路，他将这些想法汇总为

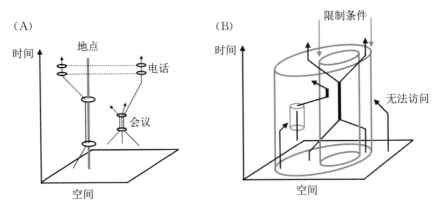

注：在时空图（平面代表二维空间，纵轴代表时间）中描绘出个人的生活轨迹——在平面上流动并自下向上发展的连续线。当个人与固定的空间［图（A）中的粗实线］重合时，例如在家中或工作场所停留一段时间，他们的活动轨迹将暂时垂直流动。当个体在空间相遇时，他们会形成临时的连接。他们也可以通过电话或互联网进行远距离接触，用虚线表示。图（B）显示了被管状空间限制和约束的生活轨迹，这些管状空间表达了个人在特定空间和时间下与公司或大学等机构相关联的交互域。这些机构可能有层级化安排，形成机会和排斥的结构，从而塑造了每个人不同的生活轨迹。

资料来源：作者改编自 Torsten Hägerstrand, "What about People in Regional Science?", *Papers of the Regional Science Association* 24, no.1 (December 1970): 6—21, https://doi.org/10.1007/BF01936872.

图 2.11　时间地理学原理

一种"存在的编排",呼应了简·雅各布斯对个人和社区生活的观察。[51]

相对于本章的其余方法,时间地理学有两个重要的创新点。[52]第一,它确立了从"微观"个体行为出发开展研究的思想基础。每个人都有自己的生活轨迹,正是这些多样化的结构在空间和时间上不断相互作用,形成社会组织,最终导致整体现象的出现。

第二,生活轨迹的结构往往受到不同方式的制约,这些方式被明确带入理论。[53]这就是哈格斯特兰德所说的"时间把人和事结合在一起"。时空图将物理约束看作交通和流动性的制约。在给定的交通技术和成本下,人只能出行一定的距离。这与时空图中生活轨迹的陡峭程度有关。这种斜率可以通过技术来改变,例如,扩大同一时间内可以覆盖的空间数量。这些能力约束被表达为因果图,类似于物理学中粒子的轨迹,并形成一个棱镜(一定时间内的空间范围:时空体积),是主体可用的最大空间。

第三,还有耦合约束,它指的是社会和经济互动面临的障碍,如果是经济互动的话还应包括获得生产资料。最后,还有权限约束,由机构(包括公司、大学和其他机构)调节,它们规定了人们之间的特定互动必须发生在特定的空间和时间中。机构通常规定了明确的空间(建筑物和房间)以及时间(时间表),以促进集体社会行为的发生。这些结合在一起起到了规范和协调个人的生活路径的作用。这些机构可能有权力将某些人纳入或排除出某些活动,从而在较长时间内塑造生活路径。

时间地理学的思想非常重要,它们既无处不在又难以逃脱。时间地理学为我们提供了一种灵活、开放的方式来分析每个个体的生活,说明他们与他人互动的历史,并得出总体结果。[54]它最初的局限性在于仍然是一个描述性理论,对宏观现象的影响过程往往难以推导。我们将看到,时间地理学思想是本书后续部分理论发展的核心,尤其在第 3 章中。

2.3.2 交通中的人类学不变量:时空交织

城市时空建模的另一个传统是研究城市中的出行行为,或城市流动性(mobility)。交通研究是城市规划领域中研究最为深入的部分之一。[55]从出行行为数据分析中,产生了很多具有价值的观点和经验规律。其中最著名的一组实证研究发现，人们对最大通勤时间的忍受度大致相同。萨哈维(Zahavi)[56]最早提出了"出行时间预算"的概念(参见图2.12)，也有一些文献称之为"马切蒂常数"(Marchetti's constant)，因为马切蒂[57]认为这一现象具有一般性(参见图2.13)。这些作者通过对不同出行方式的数据进行研究，发现随着速度的提高，出行距离在增加，但出行时间却没有太大变化。

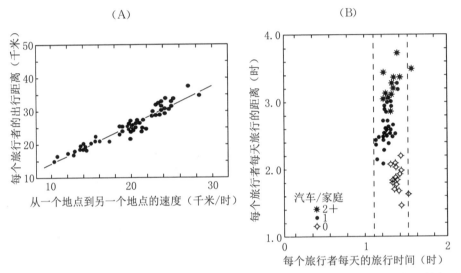

注：图(A)的数据显示，出行距离较长的乘客也以较快的平均速度出行，所以出行时间(斜率)近似恒定。图(B)表示每个人每天的出行时间大体恒定，每天略多于一小时，即使用更快的交通方式(汽车)可以出行更远的距离。

资料来源：作者改编自 Y. Zahavi, M. J. Beckmann, and T. F. Golob, *The "UMOT"/Urban Interactions* (Washington, DC: U.S. Department of Transportation, Research and Special Programs Administration, Systems Analysis Division, 1981), https://trid.trb.org/view/206233。

图 2.12   出行时间预算恒定的概念

这在实践中意味着，虽然交通成本对城市具有决定性影响，但出行时间比出行距离要重要得多。出行时间的近似一致性对交通技术、相关能源消耗以及基础设施投资都有重要影响。从投资角度来看，以新建道路和高速公路为例，更多和更快的道路将引发出行需求的增加，因为人们可以在相同的时间里去更远的地方。这可能反过来会造成诱导性的交通拥堵，即改善交通的基础设施投资一开始会减少交通时间，但最终会造成新的堵塞，使出行时间恢复到原来的水平。此外，如果人们通过乘坐汽车或公交车在相同的时间预算内去更远的地方，就会

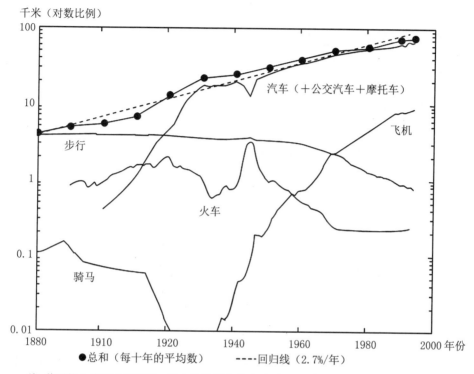

注:美国的人均日出行距离。图中的近似直线显示,由于一波又一波更快的交通技术的引入,在相同的时间内,人均出行距离呈指数级增长(每年 2.7%)。这种现象用萨哈维的话来说就是,即使由于技术变革和基础设施投资,人们能够以更快的速度出行更远的距离,但出行时间预算仍然保持恒定。

资料来源:作者改编自 C. Marchetti, "Anthropological Invariants in Travel Behavior", *Technological Forecasting and Social Change* 47, no. 1(September 1994):75—88, https://doi.org/10.1016/0040-1625(94)90041-8; Jesse H. Ausubel, Cesare Marchetti, and Perrin S. Meyer, "Toward Green Mobility: The Evolution of Transport", *European Review* 6, no. 2(May 1998):137—156, https://doi.org/10.1017/S1062798700003185。

图 2.13　马切蒂常数

造成城市空间扩张和更高的交通能耗,在目前的技术下,也意味着更高的温室气体排放。

因此,随着城市经济和技术发展以及不断投资于基础设施,通常结果是城市空间范围有效扩大,能源消耗上升,而出行时间大体保持不变,这意味着更快的移动速度。正如我们在下一章中所看到的,这在一定程度上证明了规模更大、更富裕的城市会加速人们的社会行为。

2.3.3 功能性城市的定义

在本章的结尾，我们将城市看作在空间和时间上相互作用的人口，这决定了我们如何从经验角度来定义城市地区（urban areas）。至少在美式英语中，"城市"（city）一词在严格情况下仅指政治单元，而且往往仅指其政府。例如，纽约市（New York City）是指五个区（曼哈顿区、布鲁克林区、布朗克斯区、皇后区和斯塔滕岛区）以及它们共同的市政府和市政机构。这个单元约有 800 万人口，而作为功能性城市的纽约（大都市地区）约有 2 000 万人口，涵盖了更大的区域和众多不同的行政单元。在城市科学中用政治单元来研究城市，通常会造成混乱。本章中介绍的所有经典模型都与这种单元毫无关系！显然，我们需要根据城市功能覆盖的范围来重新定义城市。毫不奇怪，这样的地区被称为"功能性城市地区"（functional urban areas），或者用不太专业的术语可以称为"大都市地区"（metropolitan areas）。

界定任何复杂系统的程度和范围总是存在很多问题。在缺少系统性基本理论的情况下，试图对其进行空间划分是非常鲁莽的行为，会导致无尽的混乱。换句话说，对城市的任何定义都需要基本科学理论支撑，至少应能阐明城市是什么，城市有什么功能。

从地理学角度看，我们的主要议题是如何确定一个空间边界（空间中的等值线），这条边界以内的空间即功能性城市的范围。但我们已经看到，城市的本质不是空间本身，而是社会经济互动、收入和交通之间的相互作用。这种空间（和时间）的社会经济结构，原则上要求我们从城市的经济社会活动网络出发，把它们作为一个整体来建构，包括人们的工作、居住、活动、商业等场所，继而建构一个空间实体，把所有这些都包含在一个特定的时间预算内。利用时间地理学的框架，我们想要构建的空间边界应当包含所有人在密集日常互动中产生的生活路径。

当然，这说起来容易做起来难。人们经常会因为各种原因出行到城市以外的地方，所以构建过程必须具备一定的统计灵活性。根据年龄和职业不同，出行也有所差异。例如，成年人可能从城市外围地区去往中央商务区工作，而儿童和老人则可能留在当地。这意味着居住地通常被认为是城市地区的一部分，即使大多数居住者并不通勤！因此定义中必须强调家庭经济联系的重要性。

从经验角度看，构建功能性城市需要我们充分了解个体日常行为，特别是通勤流和就业空间分布。在很多情况下，特别是在快速发展中的城市，这方面仍然缺乏可用的数据。为了弥补这种不足，地理学家、城市规划师和经济学家试图基于一些直接的和替代性的量化数据，通过算法实现对城市的描绘。

难点在于交通技术的变化，正如我们所看到的，它可以使城市在空间上变得巨大。在现代交通系统出现之前，城市的空间范围只有几千米，评估起来相对容易。[58]例如，古典时期的罗马在其鼎盛时期大约有 100 万人口，居住在大约 20 平方千米的区域，由此可以知道它的半径约为 2.5 千米。相比之下，东京大都市区的土地总面积约为 13 500 平方千米，而纽约大都市区的范围更大，为 17 405 平方千米。因而东京和纽约的半径要大得多，分别为 66 千米和 74 千米，这就需要一套精心设计的交通基础设施（如快速轨道交通和高速公路系统）才能发挥作用。

对于如此广阔的范围，要定义功能性城市首先要有一个系统的方法，并需要引入现代交通方式。从 20 世纪 50 年代开始，美国就已经认识到了这种需求。当时，汽车和高速公路的大规模推广从根本上改变了美国城市的格局。[59]根据本章理论模型的精神，作出功能性定义的关键是测度空间中的通勤流。美国人口普查局从 20 世纪 60 年代开始对全国进行调查，并系统性地构建了大都市统计区（Metropolitan Statistical Areas，MSA）。本书提出和检验的各种理论所涉及的"城市"主要是这些大都市统计区。大都市统计区是统一的劳动力市场，从而将大多数家庭的就业地和居住地整合在同一个国土空间范围内。美国大都市统计区定义的主要缺点是以县域作为基本地理单元。这意味着每个大都市统计区都是由一组县组成的，至于哪些县属于大都市统计区则是依据彼此间的通勤量来评估的。

县是政治和行政单元，因此本身没有功能上的定义。就人口和土地面积而言，它们可能非常大，也可能非常小。例如，洛杉矶县有超过 1 000 万人口，而夏威夷的卡拉特考县在 2015 年仅有 89 人。因此，美国的大都市统计区一方面通常包括了大量未定居的土地，另一方面可能没有将一些位于边缘的外围人口包含在内，如果他们只是隶属于某个大县的小部分人口的话。

为了克服其中的一些缺陷，欧盟和经合组织最近正在共同尝试从较小的建成区开始进行类似的构建，参见图 2.14。

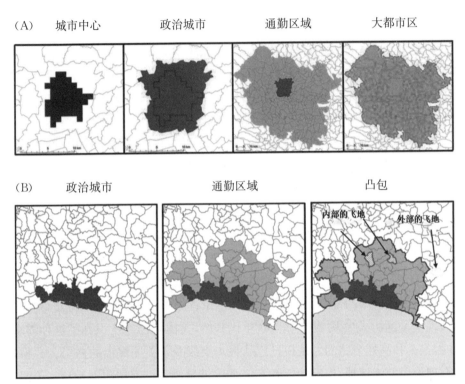

注：(A)图中为欧盟、经合组织对奥地利格拉茨功能性城市的认定。从左到右，从1千米空间分辨率的世界人口地图开始，通过高人口密度确定城市核心。然后将其映射到政治单元和它们的边界。接下来，我们要确定通往相邻空间单元的通勤流。这些单元的结合就是最终的功能性城市范围。(B)图为通勤区可能空间断开或缺失（即使被其他包含的通勤区包围）的案例。在这些情况下，欧盟、经合组织的定义对由此产生的地理区域做了一个空间凸包。

资料来源：作者改编自 Lewis Dijkstra, Hugo Poelman, and Paolo Veneri, "The EU-OECD Definition of a Functional Urban Area"(Paris：OECD, 2019)；OECD, ed., *Redefining "Urban"*：*A New Way to Measure Metropolitan Areas*(Paris：OECD, 2012)。

图 2.14　大都市的功能性定义

值得一提的是欧盟、经合组织的算法为如何在实践中定义功能性城市提供了一个极好的案例。首先，这个过程需要以下数据资源：

（1）一份空间化的居住人口地图，在这个案例中是每平方千米单元的人口数。我们通常能从多光谱卫星数据获得相同尺度的建成区表面轮廓。

（2）地方政治单元或行政单元形状的数字化边界（这些通常因国家而异）。

（3）这些地方单元之间的通勤流和每个单元的就业数据。

利用这些信息可以得到图 2.14 所示的地图。最微妙的步骤是使用通勤关

系。欧盟、经合组织的算法程序如下:

(1) 如果居住在一个单元的就业人口中有 15% 在另一个单元工作,则将该单元纳入代表功能性城市区域的集合中。这包括郊区和中央商务区之间的通勤(双向),以及郊区和其他周边单元之间的通勤,所以城市不一定是单中心的。

(2) 一些特殊的单元,如飞地(完全由属于通勤区的其他本地单元包围的不相连单元)被包括在内,形成凸包*,而不相邻的本地单元则从集合中删除。这对功能性城市的定义来说并非不可或缺,但有助于构建一条紧凑的边界线。

在接下来的章节,对美国、欧洲以及其他国家城市的数据分析表明,功能性城市总体上具有一致的量化属性,而由其他形式定义的城市,如基于政治单元或人口密度阈值的城市,通常并不如此。

如果使用居住人口密度(或建成区密度)超过某个阈值来定义城市,有一点需要注意。虽然这种方式很方便,因为可以从遥感数据和一些世界范围的人口统计地图中生成,但在没有高居住密度地区作为对比的地方,例如一些较小的城市,人口密度可以被看作近似恒定的($n_A = const$)。由于城市规模 $A(N) = n_A^{-1}N$,至少在一些规模较小的城市,城市规模与人口之间的关系将变得微不足道。相反,在农村人口密度高的地区,例如印度北部,这种定义可能让我们把人口主要从事农业活动的地方确定为功能性城市。全球城市定义方面的两位专家,安杰尔[60]和迪杰斯特拉(Dijkstra)[61]之间存在着真正的争论,这也要求我们进一步分析并掌握更好的数据,因为这影响到在第 1 章中提到的全球城市化水平到底是多少的数值。[62]他们对城市定义的争论本质上是围绕着如何定义密度进行的,安杰尔强调建成区密度,迪杰斯特拉强调人口密度,而密度本身并不足以定义功能性城市。不幸的是,以印度为例,目前我们还没有可能有助于解决这个问题的通勤流数据。城市属性对城市定义的这种依赖被称为“可变面积单位问题”[63],但由于空间不是城市定义的主要内容,我们事实上应该欢迎这种差异,并将其作为检验理论假设的一种手段。在我看来,这一切并不混淆。关键是始终要牢记:功能高于并超越空间形态。

---

* 凸包(convex hull)是一个计算几何学中的概念。简单来说,凸包可以被看作一个能够将平面上一组点全部包含在其内部的凸多边形。——译者注

2.4 结语：基础概念、描述和量化

经典城市模型的很多特征经受住了时间的考验，并被纳入一波又一波的城市建模和理论的改进中。这些概念包括：城市的基础在于其社会经济互动的自组织过程，这些互动构成了网络，并反过来塑造了城市的时空；空间的占用和移动产生了成本，必须以城市中产生的收入来支付，这反过来又使空间变得异质化，并体现为不同地点之间的成本和土地利用差异。这些基本思想贯穿整本书。我相信这些思想将是未来任何城市科学理论的核心。正是有了这些基本概念和经验规律的支撑，我们才可以讨论一门新兴的城市科学。

然而，本章所讨论的方法也存在一些基本缺陷。这些缺陷不在于模型涉及的量，也不在于量间的相互关系，而在于模型缺乏真正的"微观"基础。我们还没有一个统一的描述方法，来表达城市中由交互性、策略性、异质性主体构成的随机人口动态。这些统计基础是众多不同知识领域的通用语言，为统计物理学、生态学和进化论、人口健康和流行病学、神经科学和认知科学以及金融数学等学科提供了共享的概念和方法。城市科学与这些学科之间的对话刚刚开始。要想让城市科学未来成为连接众多传统学科的纽带，并通过重组和综合创造出新的知识，我们必须更清楚地展现出这种联系。最重要的是，考虑到异质性人口的统计动态，我们将能够用信息来描述城市。这种联系将极大地帮助我们理解城市是怎样运行的，城市最终是为了什么。

注释

[1] Jacobs, *The Death and Life of Great American Cities*.

[2] Wirth, "Urbanism as a Way of Life".

[3] Fujita, *Urban Economic Theory*.

[4] Samuelson, *Foundations of Economic Analysis*.

[5] Krugman, "Increasing Returns and Economic Geography".

[6] 读者当然应该考虑现代或者说工业化的农业依赖于集约化，因此在一定程

度上受到规模经济的影响。

[7] Mumford，*The City in History*.

[8] Arthur，*Increasing Returns and Path Dependence in the Economy*；Arthur，"Complexity and the Economy".

[9] 在经济学术语中,这些也被称为向后和向前联系。这意味着某种事件具有自我增强的动态不稳定性,这些不稳定性天然就对初始条件敏感,因此依赖于路径。

[10] 在实践中,"效用"的概念定义很模糊,可能意味着许多不同的东西,例如"消费者满意度"或"幸福"。在经济学模型中,"效用"是一种用于表达消费者需求的数学工具。无论对商品还是住房,效用一般都随消费量的增加先上升再下降。

[11] 取 $c=\dfrac{U}{U_0}$ 作为个体总消费,考虑固定分数 $\dfrac{c_M}{c}=n_{MF}$ 和 $\dfrac{c_F}{c}=1-n_{MF}$,它们加起来的和是1。

[12] Samuelson，"The Transfer Problem and Transport Costs，II：Analysis of Effects of Trade Impediments".

[13] 这一概念将在城市体系和迁徙模型中发挥重要作用。我们将看到,尽管大城市的名义工资平均较高,但不同规模城市的实际工资几乎一样。

[14] Fujita, Krugman, and Venables, *The Spatial Economy*；Fujita and Thisse, *Economics of Agglomeration*.

[15] Krugman, "Increasing Returns and Economic Geography".

[16] Venables, "Equilibrium Locations of Vertically Linked Industries".

[17] Baldwin, "Agglomeration and Endogenous Capital".

[18] Fujita and Thisse, *Economics of Agglomeration*.

[19] Baldwin et al., *Economic Geography and Public Policy*；Gaspar, "A Prospective Review on New Economic Geography".

[20] Fujita and Thisse, *Economics of Agglomeration*；Gaspar, "A Prospective Review on New Economic Geography".

[21] Park, Burgess, and McKenzie, *The City*.

[22] 值得注意的是,在伯吉斯的著作《城市》的最后部分,他用了一定的篇幅来

讨论美国各个城市在发展过程中的信件和电话数据。这些数据清楚地表明，社会联系的增长速度快于城市人口的增长速度。据我所知，这些数据为城市网络效应提供了最早的直接实证依据。

[23] Marshall，*Principles of Economics*.

[24] Smith，*The Wealth of Nations*，24.

[25] Griliches，"The Search for R&D Spillovers"；Acs, Audretsch, and Feldman，"R & D Spillovers and Recipient Firm Size"；Anselin, Varga, and Acs，"Local Geographic Spillovers between University Research and High Technology Innovations"；Feldman，"The New Economics of Innovation，Spillovers and Agglomeration".

[26] Ellison, Glaeser, and Kerr，"What Causes Industry Agglomeration?".

[27] Griliches，"The Search for R&D Spillovers"；Aharonson, Baum, and Feldman，"Desperately Seeking Spillovers?".

[28] Marchio and Parilla，"Export Monitor 2018".

[29] Alonso，*Location and Land Use*.

[30] Mumford，*The City in History*.

[31] Jacobs，*The Death and Life of Great American Cities*.

[32] Alexander，*Notes on the Synthesis of Form*.

[33] Mills，"An Aggregative Model of Resource Allocation in a Metropolitan Area"；Mills and Hamilton，*Urban Economics*.

[34] Muth，*Cities and Housing*.

[35] Wheaton，"On the Optimal Distribution of Income among Cities".

[36] O'Sullivan，Urban Economics；Glaeser，*Cities，Agglomeration，and Spatial Equilibrium*；Brueckner，*Lectures on Urban Economics*.

[37] Brueckner，"The Structure of Urban Equilibria".

[38] Brueckner，"The Structure of Urban Equilibria".

[39] Brueckner，"The Structure of Urban Equilibria".

[40] Angel et al.，"The Dimensions of Global Urban Expansion".

[41] Angel et al.，"Atlas of Urban Expansion".

[42] Angel et al.，"The Dimensions of Global Urban Expansion".

[43] Wheaton, "On the Optimal Distribution of Income among Cities".

[44] Angel et al., "The Dimensions of Global Urban Expansion".

[45] Glaeser, *Cities, Agglomeration, and Spatial Equilibrium*.

[46] Brueckner, Thisse, and Zenou, "Why Is Central Paris Rich and Downtown Detroit Poor?".

[47] O'Sullivan, *Urban Economics*; Glaeser, *Cities, Agglomeration, and Spatial Equilibrium*; Brueckner, *Lectures on Urban Economics*; McCann, *Modern Urban and Regional Economics*.

[48] Becker, "Crime and Punishment"; Glaeser and Sacerdote, "Why Is There More Crime in Cities?".

[49] Fujita, Krugman, and Venables, *The Spatial Economy*; Glaeser, "A World of Cities".

[50] Hägerstrand, "What about People in Regional Science?"; Pred, "The Choreography of Existence".

[51] Pred, "The Choreography of Existence".

[52] Hägerstrand, "What about People in Regional Science?".

[53] Hägerstrand, "What about People in Regional Science?".

[54] Pred, "The Choreography of Existence"; Thrift and Pred, "Time-Geography".

[55] Ewing and Cervero, "Travel and the Built Environment".

[56] Jaffe, "Why Commute Times Don't Change Much Even as a City Grows"; Zahavi and Talvitie, "Regularities in Travel Time and Money Expenditures"; Baylis, "Zahavi".

[57] Marchetti, "Anthropological Invariants in Travel Behavior".

[58] Lobo et al., "Settlement Scaling Theory".

[59] Berry, Goheen, and Goldstein, *Metropolitan Area Definition*.

[60] Angel et al., "The Dimensions of Global Urban Expansion".

[61] Dijkstra, Poelman, and Veneri, "The EU-OECD Definition of a Functional Urban Area".

[62] Florida, "Just How Urban Is the World?".

[63] Lobo et al., "Settlement Scaling Theory".

3. 复杂网络与城市标度理论

我们处在共时性的时代，一个并置的时代，一个远与近的时代，一个肩并肩的时代，一个离散的时代。我相信我们正处于这样一个时刻，我们对世界的体验更多是由联系着不同点与点的混乱网络所带来的，而不是由漫长的时间历程所带来的。

——米歇尔·福柯(Michel Foucault)：

《关于其他空间：乌托邦和异托邦》

福柯生动地描述了当代人类生活的网络化特征。虽然这种特征自从城市诞生之初就已经存在，但最近开始加速成为大多数人的生活常态。这个过程改变了我们的生活方式、人际交往以及与自然环境的关系，也激发了我们以科学的方式来理解城市和城市化。正如福柯所言，要理解这种过程最好从复杂网络的角度出发。社会网络和基础设施网络具有普遍性，所有的人类住区都离不开这些网络。它们改变了人们所经历的空间和时间的基本性质，导致社会交互的空间集中和时间加速，促进了相互依存、专业化和知识创造的过程。本章的主要目标是建立一种基于网络的城市理论，该理论包含并拓展了第 2 章中介绍的经典模型，也反映了福柯所描绘的生活体验特征。

具体而言，我们有两项任务。首先我们要为城市找到一组可以通过实证检验的特征，这些特征应当具有一般性，足以证明城市科学理论的合理性。在城市的人口规模、城市的结构与社会经济产出之间，我们将发现很多重要而迷人的关系。实证研究表明，城市有很多量化特征随着城市人口规模以可预测但非线性的方式变化，这种规律被称作"城市标度律"。这种关系要求将网络结构作为理解城市的基本出发点，超越经济市场、政治组织、交通技术或建成空间的类型，而后面这些更多是由地理条件、历史因素和发展水平决定的。我们将看到，城市的某些格局和组织模式由城市量*的一般标度属性或当地历史决定。

其次，我们希望能够以系统的和可证伪的方式解释这些标度关系，这要求我们能够对连锁机制和一些实际可测量、可评估的量进行预测。由此，我们在之前章节的基础上介绍了城市标度理论。标度理论不仅可以预测标度量，也为统计、社会经济多样性和经济增长等更复杂的理论发展奠定了基础。这一理论将城市概念化为相互依存的社会经济网络和空间（基础设施）网络，相互支持并共同进化。按照该理论，社会结构和城市建成空间之间有着必然的内在一致性，这是理解城市如何运作的关键因素，因为这种内在一致性决定了城市中所有主体（包括人、家庭和社会经济组织）所面对的成本-收益关系。

§ **本章概要**

本章分成三个部分。第 3.1 节以多个实证案例阐述了各种城市量与城市规模之间的关系。我们观察到大量一般性定量规律，体现为标度恒定不变（幂律），我们称之为"城市标度关系"。第 3.2 节提出了城市网络理论，以解释这些模式，我们称之为"城市标度理论"。我们将明确理论假设、推导结论，并讨论其与过去与现在的各类城市理论的联系。在第 3.3 节中，我们讨论了城市标度理论的几个重要的可观测结论，包括对一些量的预测，这些量随城市社会网络的结构、基础设施网络的物理特征、建筑规模和高度、土地使用和相关的空间几何形态、经济生产力、社会生活的时间节奏等不同而变化。最后，我们讨论了城市作为复杂系统与生物体、生态系统以及其他常见类比对象之间的异同。我们发现，与其他复杂系统相比，城市有其新颖独特之处，城市本质上是社会反应器（social reactor），社会中各种原本离散的知识，因不断的动态并置和学习过程而持续涌现创新。

3.1 城市标度关系：城市的一般实证属性

我们必须寻找不同的路径，我们必须寻找标度结构——大细节与小细

---

* "城市量"（urban quantity）是本书提出的概念，是城市科学中反映城市状态和过程的、定量确定的属性，类似于物理学中的物理量。——译者注

节之间的关系。这个过程不在于它发生在哪里，也不在于持续了多长时间。从某种意义上说，唯一具有普适性的是标度性。

——米切尔·费根鲍姆（Mitchell Feigenbaum），

引自詹姆斯·格雷克《混沌：开创一门新科学》

分析各种城市量如何随人口规模产生数量变化，能够揭示城市的很多一般属性。首先我们必须知道，这并不是一种新方法。在物理学、生物学、社会学等学科中，科学家在研究任何系统的总体平均特性时，都将标度分析看作一种基本分析方法。因此，城市标度分析不仅为研究城市量化特征提供了一种新思路，更将城市与其他各种复杂系统放在同一标准，进而提出自身特定的标度关系。为了建立这个框架，我们首先考察其他学科中的标度关系。

3.1.1 标度分析的目的

在研究任何系统特征时，标度分析都可以被看作一个最基本的策略，它超越了单变量统计（如城市的相对规模分布，参见第 8 章）。标度分析关注的是广度量（extensive variables）随着系统规模变化的平均变化幅度。这种变化体现为总体平均数，因为系统中的每个实例（例如，每个城市）都将显示出与一般统计趋势存在差异。广度量反映了系统的整体特征，而不是系统中单个实体或粒子的特征。后者被称为"强度量"（intensive variables），如密度或速率。这种系统思想也与第 1 章和第 2 章中强调的城市"生态"属性相一致。

标度分析可以用于总能耗、GDP、道路面积等反映系统广度的量。在一个由众多城市构成的系统中，假定某个城市 i（$i=1$，$\cdots$，N_c）的规模为 N_i，将要研究的量在某一时刻 t 的值记作 $Y_i(t)>0$，那么：

$$Y_i(t)=Y(N_i(t)，t)=Y_0(t)N_i(t)^\beta e^{\xi_i(t)} \tag{3.1}$$

我们来看看方程式（3.1）右侧每个量的含义，并介绍用来描述标度的一般术语。前置因子 $Y_0(t)$ 独立于标度，$N(t)$ 可能取决于时间和其他系统级变量，但可以看作一个连续变量。标度指数 β 表示我们感兴趣的量相对于系统规模的平均变化幅度，可以写作几种不同的方式，例如：

$$\beta = \frac{\mathrm{d}\ln Y(N, t)}{\mathrm{d}\ln N(t)} = \frac{\dfrac{\mathrm{d}Y}{Y}}{\dfrac{\mathrm{d}N}{N}} \tag{3.2}$$

这些对数导数(或有限变分,用 Δ 表示)是对系统中不同规模的对象进行比较分析[1]的关键量。经济学家称之为"弹性"*。正如第二个等式所示,它表示在某一时刻 t,随着规模 N 的百分比变化,Y 的平均相对(百分比)变化。理论上 β 是时间的函数,但从本章和第 4 章统计理论的经验来看,它一般情况下都与时间无关,如果这一点成立,将具有重大意义。$\beta \neq 1$ 的情况特别有趣。

当 $\beta = 1$,Y 的变化与规模成正比,这表明系统没有有效的"生态"相互作用。无论人口多少,每个要素都具有相同的属性:Y 的人均值 $y = Y/N$,与系统规模无关。在这种情况下,我们会说 Y 与 N 是线性关系。以物理学中的理想气体为例,它的总平均能量为 $E = Y_0 N$,其中 $Y_0 = \frac{3}{2} K_B T_E$,是每个空气分子的能量(其中 K_B 为玻尔兹曼常数,T_E 为温度)。这种情况下,方程式(3.1)中的 $\beta = 1$,$\xi_i = 0$。

当存在非线性时,情况就变得有趣了,因为这表示组成系统的元素之间具有相互作用。我们将讨论 $\beta < 1$ 时的次线性和 $\beta > 1$ 时的超线性。有时,这两种情况也被分别称为"规模收益递减"(或规模经济)和"规模收益递增"。我们很快就会看到,城市的各种具体现象既有次线性又有超线性,并彼此关联。

最后,残差 $\xi_i(t)$ 表示城市 i 相对于所有城市的平均标度的统计偏差。方程式(3.1)使用了残差(residuals)ξ_i 来解释实际值与幂函数的偏差,因此 Y 和 N 之间的关系是精确的。我们将在第 4 章具体研究这些偏差的性质,以理解每个城市的特殊性,并建立城市统计理论。但是我们先要知道,这些偏差的大小与规模无关,例如,对于一组城市 $i = 1, \cdots, N$,无论城市人口规模如何,偏差的总体平均值均为零,即 $\sum_{i=1}^{N_c} \xi_i = 0$。因此,表征偏差的第一个非零统计量是总体方差 $\sigma^2 = \frac{1}{N_c} \sum_{i=1}^{N_c} \xi_i^2$。当方差与规模无关时,会出现一种听起来很可怕的性质——

---

* 经济学中的"弹性"(elasticities)指一个变量相对于另一个变量发生一定比例改变的属性。——译者注

方差齐性*。我们可以说，量 Y 服从标度律，因为就平均波动而言，$Y(N)=Y_0 N^\beta$ 为真。但是如果波动（残差）非常大，模式会变得非常嘈杂，标度关系不能反映数据特征，亦将失去解释力。发现标度律是一件令人振奋的事情，这意味着在一个集合中的诸多实体（例如城市、生态系统、有机体）有一项共同特征，彼此之间标度恒定**（scale invariance），这意味着平均而言，$\dfrac{\Delta Y}{Y}=\beta\dfrac{\Delta N}{N}$，与数量和规模无关。用通俗的语言来说，气体、城市或有机体都是可大可小的一般性实体，每个实体的共同属性在一个连续滑动的尺度上变化，并有着自己的标度律。这就是为什么我们既可以谈论历史初期只有几千人的城市（第 7 章），又可以谈论今天拥有 1 000 万人的城市，甚至还可以预测 21 世纪末拥有 7 500 万人口的城市的属性。由于标度恒度，我们很精确地知道它们是"同一种东西"。正如费根鲍姆告诉我们的那样，"唯一具有普适性的是标度性"。

在本章后面部分，我们将看到标度律甚至可以用来计算此前从未存在过的城市的属性，比如有 1 亿人口的城市，或者三维空间而不是二维空间的外太空城市。我们将能够说出这些城市的密度、基础设施数量、天际线高度、交通拥堵情况、传染病传播速度、人们的会面频率及移动速度等。能够根据当前和过去的证据对全新的情况作出这样的预测和推断，正是城市科学与其他情境性知识的区别所在。

3.1.2 标度律示例

为了更好地理解标度律的一般性，我们先来看几个不同领域最著名的例子。标度律既可以作为一般性分析方法[2]，也可以作为研究统计量如何随规模变化（物理学家称之为"运行"）的更复杂理论的基础[3]（参见第 4 章）。

理想气体定律(Ideal Gas Law)

气体状态方程虽然不常被认为是标度律，但事实的确如此。你很可能已经在物理学或热力学的入门课上学过气体状态方程。[4]它是理解和构建热力发动

---

*　齐性(homoscedasticity)即方差一致性，即要求比较的总体方差相等。——译者注

**　标度恒定(scale invariance)指的是当因变量 x 比例缩放时，自变量幂函数本身会按比例缩放，即 $f(ax)=bf(x)$。因此，每个幂指数对应的幂律函数都只是其他情况的缩放。——译者注

机的基础,包括为工业革命提供动力的内燃机,以及至今仍在驱动我们大部分汽车的发动机。

气体的能量守恒可以用多种方式来表示,例如:

$$P_r V = N k_B T_E, \quad E = E_0 N, \quad E_0 = \frac{3}{2} k_B T_E \qquad (3.3)$$

其中,P_r 为气体施加在体积为 V 的容器壁上的压强,N 为气体分子的数量,E 为气体的总能量,k_B 为玻尔兹曼常数(普适常量),T_E 为开尔文温度*。我们看到,气体的内能与气体分子数与每个分子的能量的乘积成正比($\beta=1$),也就是自由度(三维空间中有 3 个运动方向)乘以每个方向的热能 $\frac{1}{2} k_B T_E$。请注意,$P_r V$ 是具有能量的物理维度。如果假设气体分子间没有相互作用(观测到的平均值非常接近这种情况),那么气体内能就与分子数呈线性关系。如果引入气体分子间的相互作用,例如范德瓦尔斯气体**中的相互作用[5],那么标度恒定就会被打破,导致气体发生相变,变成液体或固体。理想气体的例子也启发我们思考因果关系:哪些变量可以预测哪些结果?在物理学中,这种类型的方程叫做"状态方程"(equation of state)。它给出了气体的可观测(可操纵)特性之间的关系,例如气体的压强、体积、能量、温度,以及隐含的熵。状态方程表达的关系在某种意义上是因果关系。例如,保持其他条件不变,增加粒子数会导致压强成比例增加。但这与社会科学家通常所理解的因果关系有所不同,因果关系需要为两种要素之间指定一种定向机制。在社会系统中寻找严密而清晰的因果机制非常困难,要求严谨无争议的因果关系往往会导致无休止的辩论(参见第 6 章)。出于这个原因,最好对某种近似平衡状态下产生的因果关系有一个宏观感觉,状态方程的标度律正好能做到这一点。

恒星的质量-亮度关系(A Star's Mass-Luminosity Relation)

物理学中另一个不同的例子涉及恒星运行的基本原理。恒星相等于核聚变反应堆,它们通过引力将大量物质压缩到极高的密度。当质量达到一定程度时,密度超过临界值,氢原子核就会自发地结合成氦,同时以光和中微子的形式释放

---

　　* 开尔文温度是以绝对零度作为计算起点的温度。——译者注
　　** 范德瓦尔斯对理想气体作了两点修正:(1)真实气体占据一定体积;(2)真实气体间有分子间作用势。——译者注

出巨大的能量。由于光速 C_{light} 是一个巨大的数字，根据质能方程 $E = MC_{light}^2$，一点微小的质量 M 就能产生惊人的能量。

在恒星内部，这些相互作用处于动态的空间平衡状态，向心的引力（使物质紧密聚集）与向外的离心力相互平衡，从而决定了恒星的形状。这种平衡状态变化非常缓慢，可以持续数十亿年，因为氢和逐渐变重的元素会发生不同能量输出的反应。这种空间平衡使我们能够建立两个复杂的物理量之间的联系，即恒星的引力和其内部核反应产生的力。两者必须平衡才能使恒星保持其一般形状。这就引出了另一个著名的标度关系，通过观察恒星的亮度就能推断出恒星有多大。反过来，如果我们知道恒星内聚形成的气体云的质量，也能够推算出恒星的亮度。

恒星在单位时间里释放的总能量，即恒星的亮度 L_S 与恒星的质量 M 成标度关系，而质量是衡量恒星大小的最佳方式。可以写为：

$$L_S(M) = L_{S_0} M^{a_S} \qquad (3.4)$$

式中 $L_{S_0} = L_\circ / M_\circ^{a_S}$，$L_\circ$ 和 $M_\circ$ 分别表示太阳的亮度和质量。由于 $1 \leqslant a_S \leqslant 6$，这个关系是超线性的。对于主序星等最常见的"类太阳"恒星来说，通常 $a_S \simeq 3.5$。虽然这里表达的只是一般特征，但对于我们关心的太阳来说是非常准确的。关系式(3.4)表明恒星的亮度随质量呈超线性增加。这是因为恒星内部的核反应强度与产出物的密度成正比（在化学反应和社会相互作用中也有类似的效果），这导致它们与产出物的比例关系超过与质量的比例关系。也就是说，恒星越大，单位质量的物质发生核反应的速率越快，释放出的能量也越大。正因为如此，较大的恒星亮度更高，寿命更短。有了这些理论，天体物理学家就可以计算出恒星的体积（或半径）、光谱，以及其他与恒星的时间和空间表现相关的性质。

克莱伯生物代谢定律(Kleiber's Law of Biological Metabolism)

对于生命系统会怎样呢？在生物学中，能量管理是关键因素，也就是我们通常所说的新陈代谢。在工业生态学[6]和市政工程领域，生物体和城市之间的类比产生了"城市新陈代谢"[7]的概念。克莱伯定律是一个非凡的生物学定律，它将生物体的基础代谢水平 E_M 与其质量 M 联系起来。平均而言，这种关系可以用幂律来表达：

$$E_M(M) = E_0 M^{b_M} \tag{3.5}$$

其中，标度指数 b_M 随着类群的不同而不同，但对于多细胞动物而言，b_M 是非常恒定的，$b_M \simeq \dfrac{3}{4} < 1$，表明生物体的总功耗（单位时间消费的能量）与其质量呈次线性关系。对这一数字的解释需要深入有机生命体内部网络的几何结构，包括其表面积与体积的比率，尤其是血管系统的分形网络结构[8]，其空间填充性能和能效通常被认为是最优的*。由于生物代谢水平往往与体重呈次线性关系，生物节律随体型的增大而变慢，例如鲸鱼和大象的代谢水平比老鼠或兔子慢。这种特征虽然受到生态和进化的影响，但很大程度上是由所有有机生命体共同遵循的一般能量管理策略决定的。

生态学中的物种-面积定律（Species-Area Law in Ecology）

另一个显著的标度关系体现在生物多样性与生态系统的空间面积之间。我们用生态系统中不同物种的数量 D_s 来代表生物多样性水平，用 A 来代表生态系统的空间面积，那么，

$$D_s = D_{s_0} A^{b_s} \tag{3.6}$$

前置因子 D_{s_0} 代表小型生态系统的生物多样性基线，它会随着纬度和其他条件变化而不同，例如热带和潮湿地区的生物多样性往往较高。D_s 也被称为生态系统的"物种丰富度"。观察到的指数 b_s 略有变化，但趋于 0.15—0.3，可以表示为 $b_s \simeq 0.15$—0.3。由于指数很小，数据有时可以用对数函数而不是幂律来很好地拟合。对于较小的 b_s，由于 $A^{b_s} = e^{b_s \ln A} \simeq 1 + b_s \ln A + \cdots = b_s \ln \dfrac{A}{A_0} + \cdots$，这些函数在分析时区别不大。

物种-面积定律表明，大型生态系统具有更好的生物多样性，可以支持更多的生物信息（新物种）。这一点对生态系统的韧性和适应性来说十分重要，包括由于人类产生的扰动，较大的生态系统被切割成较小斑块的情况。这一定律也

---

* 循环系统的下级血管面积之和与上级血管的截面积相等，因此具有分形结构，这种结构使系统的能量耗散最小。——译者注

要求在制定生态保护策略时应尽可能保护大片野生区域，而不是众多较小的斑块。

标度律的四个例子背后的共通之处是都涉及近似平衡状态的能量管理。理想气体定律解释了气体包含的实际能量，即其内能，但这被概念化为以类似"热浴"的方式，在相同温度下持续地相互接触并交换（失去再重新获得）能量。对于恒星来说，引力势能加速了物质在其核心的碰撞。恒星变成了一个核聚变反应堆，向心的引力与光和中微子等核聚变产物施加的离心力之间的动态均衡使其形状近似恒定。对于生物体，$b_M \sim \frac{3}{4} < 1$ 情况下的克莱伯定律反映了共享营养分配系统的一组细胞将从食物获取的能量转化为所有必要生物过程的稳定状态，以支持生命活动的组织，并释放热量和废物等副产品。最后请记住，生态系统的面积与接受的太阳能成比例，生态系统得以存在和增长最终取决于接受的太阳能。这些能量流入有多少可用于生命，主要取决于生产者，如树木、草或浮游植物以及其他限制性资源，如水和养分。我们应该将物种-面积定律视为生物多样性（生物信息）与单位时间内输入生态系统的能量之间的关系。它告诉我们，生态系统中通过输入能量实现信息积累的过程实际上是非常缓慢和次线性的（$b_S < 1$）。

能量直接或间接地出现在许多标度关系中，这是因为标度与守恒定律密切相关。这些守恒定律中最基本的是热力学第一定律——能量守恒定律。该定律表明总能量是守恒的，不同形式的能量之间可以相互转化。尽管像城市这样复杂的系统能够通过有意识地从外部输入资源来绕开能量守恒的影响，但这些守恒定律仍然可以施加不可避免的约束，如第2章经济模型中的预算条件。这些约束对系统的平均属性有着决定性影响。围绕平衡状态，这些约束条件允许我们用数学形式将各种超乎想象的物理量联系到一起，如引力和光、质量和寿命。我们将看到，同样的"魔法"也适用于城市，使我们能够从大量的基础设施或城市的天际线中读出人类行为的模式。在整本书中我们都将关注这些约束，关键是核算各种资源投入、产出和积累。

城市标度律

在我们正式开始解释和阐述之前，先探讨一些城市量和它们的标度特征。

这将有利于我们深入思考所面临的任务。

在全书中,我们将看到不同背景下诸多不同城市量的标度特征,例如历史上的城市(参见第 7 章)或当代城市。很多早期研究探讨了土地面积与城市人口之间的关系,尤其是在地理学领域。[9] 在《城市标度的起源》[10] 一文中,我对此作过详细的综述。很多早期研究使用了"异速生长"(allometry)这一术语而非标度。"异速生长"一词的灵感源于对生物有机体的研究,表示生物躯体的相对形态变化。[11] 总体上看,这些研究并没有认识到有不同的方法来测度城市地区的空间范围,也没有意识到所发现次线性指数值具有普遍性。同一时期,经济学家也开始研究城市地区的经济生产力[12],发现了典型的超线性指数特征,例如,公司利润和经济增加值与美国大都市地区的城市人口规模有着密切的关系。

随着城市研究必要的数据支撑条件逐渐具备,研究者开始将城市与其他复杂系统进行类别研究[13],并意识到城市标度关系同样存在它的一般逻辑。[14] 图 3.1—图 3.3 以及表 3.1 和表 3.2 所示的标度关系很好地阐述了这种逻辑。

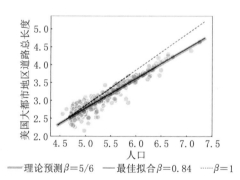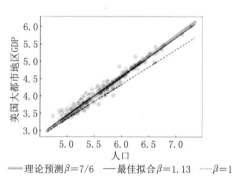

—— 理论预测 $\beta=5/6$ —— 最佳拟合 $\beta=0.84$ ······ $\beta=1$ —— 理论预测 $\beta=7/6$ —— 最佳拟合 $\beta=1.13$ ······ $\beta=1$

注:图 3.1 表示城市基础设施和社会经济产出与城市人口规模的标度关系。(A)图纵轴表示 2006 年美国大都市统计区(MSAs)道路总车道英里数(取以 10 为底的对数值)。它包含 415 个城市地区的数据,数据来自联邦公路管理局公路政策信息办公室。圆圈代表不同的城市地区;黑色实线为标度关系的最佳拟合,$\beta=0.84\pm0.04$(95% 置信区间下 $R^2=0.65$);灰色带为理论预测的标度指数 $\beta=5/6$;黑色虚线为线性标度关系 $\beta=1$。(B)图纵轴表示 2006 年美国大都市统计区的地区生产产值。它包含 363 个大都市统计区的数据,数据来自美国经济分析局。六边形代表不同的大都市统计区;黑色实线为标度关系的最优拟合,$\beta=1.13\pm0.02$(95% 置信区间下 $R^2=0.96$);灰色带理论为理论预测的标度指数 $\beta=7/6$;黑色虚线为线性标度关系 $\beta=1$。

图 3.1　美国城市的标度关系

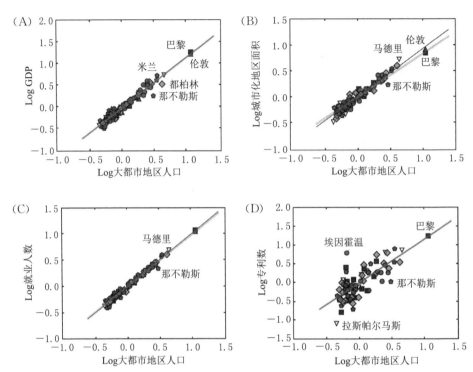

注：图 3.2 表示欧洲大都市地区（遵循经合组织和欧盟的定义）不同城市量与人口规模的标度关系。数据包含欧盟和瑞士的所有城市（奥地利、比利时、捷克、法国、德国、意大利、荷兰、波兰、西班牙、瑞典、瑞士和英国等 12 个国家的 102 个功能性城市），其中两个以上的城市人口规模超过 50 万人。每个国家的数据都集中在一个共同的前置因子 $Y_0 = 1$ 处（参见正文），因此标度关系在对数图中的截距为零。(A)图为 GDP 分析结果，最佳拟合（黑线，$R^2 = 0.90$）和理论预测（灰线）几乎完全一致，参见表 3.1；(B)图为城市化地区分析结果。最佳拟合结果给出的 β（黑线，$R^2 = 0.88$）略大于理论预测值（灰色），但无法描述最大的城市。(C)图为线性的就业分析结果（$R^2 = 0.97$）；(D)图表示在对欧洲最大城市巴黎的创新研究中，专利数的差异更大，但最佳拟合结果（黑线，$R^2 = 0.30$）与标度理论的预测结果（灰线）具有统计一致性。

图 3.2　欧洲城市的标度关系

　　城市的标度指数大致可以分为三类。第一类用于衡量社会经济活动，包括总的社会经济活动（GDP、工资、收入），也包括暴力犯罪、专利和反映经济专业化活动的量，这些量与人口规模呈超线性关系，其标度指数 $\beta \simeq 1 + \dfrac{1}{6} = \dfrac{7}{6}$。

　　第二类用于衡量城市基础设施和城市空间范围等，这些量与人口规模呈次线性关系。最初，很多不同的量被归到这一类。但人们最终认识到，基础设施网络和建成空间的体积量具有特殊性，其标度指数不同于城市空间范围（如第 2 章

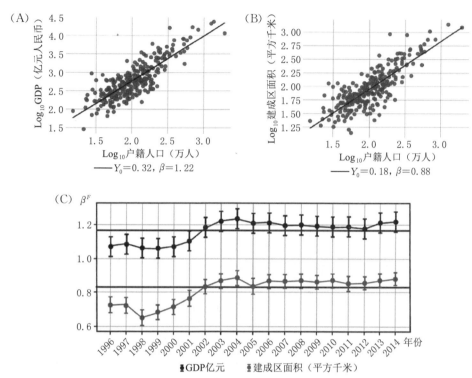

注:(A)图表示 2014 年城市 GDP 的超线性标度,指数估算值为 $\beta=1.22$(黑色实线所示,95% 置信区间为 $[1.17, 1.23]$)。(B)图表示建成区面积为次线性标度,指数估算值为 $\beta=0.88$(黑线实线所示,95% 置信区间为 $[0.84, 0.92]$)。(C)图表示指数随时间的变化。误差条表示 95% 的置信区间。灰色水平线表示城市标度理论的预期值。

图 3.3　中国城市的标度关系

所示的半径)或城市道路长度。研究结果显示,基础设施和建成空间的体积与城市人口规模间的标度指数为 $\beta\simeq1-\dfrac{1}{6}=\dfrac{5}{6}$。

第三类是与个人和家庭相关的量,包括就业数、住房单元数以及家庭水电等基本服务消费量等,这些量基本与城市规模成线性关系,其标度指数 $\beta\simeq1$。这类量通常与难以累积的个人基本需求相关。这意味着无论是在大城市还是在小城市,家庭生活在很多方面并无差别。正是在家庭之外的社会经济环境中,通过体验和使用建成空间,城市生活才变得具有变革性。标度关系告诉我们,这些变革在不同城市间是标度恒定的,至少非常近似恒定。因此对一个尺度(如小城镇)的研究本身就包含了对另一个尺度(如大城市)将会如何的定量预测,反之亦然。

表 3.1 世界各地观测到的城市系统的标度指数

量	指数	误差	国家/地区	观测值	年份	分析单位	参考文献
用地面积							
建成区面积	0.87	NR	加拿大	51	1966	城市地区	Coffey
建成区面积	0.93	[0.88, 0.98]	欧盟	102	2010	大都市区	Bettencourt and Lobo(2016)
建成区面积	0.82	$R^2=0.84$	中国	660	2005	城市地区	Chen(2010)
建成区面积	0.85	[0.84, 0.86]	世界	3 629	2000	城市地区 面积>100 000	Angel et al.(2011)
道路面积	0.85	[0.81, 0.89]	美国	451	2006	大都市统计区	Bettencourt(2013)
道路面积	0.83	[0.74, 0.92]	德国	29	2002	较大的城市区域	Bettencourt(2013)
道路长度	0.83	[0.55, 0.78]	日本	12	2005	大都市区	Bettencourt(2013)
家庭需求							
总住房量	1.00	[0.99, 1.01]	美国	316	1990	大都市统计区	Bettencourt et al.(2007)
总就业量	1.01	[0.99, 1.02]	美国	331	2001	大都市统计区	Bettencourt et al.(2007)
总就业量	1.02	[1.00, 1.05]	欧盟	102	2010	大都市区	Bettencourt and Lobo(2016)
用电量	1.00	[0.94, 1.06]	德国	377	2002	市	Bettencourt et al.(2007)
用水量	1.01	[0.89, 1.11]	中国	295	2002	地级市	Bettencourt et al.(2007)

续表

量	指数	误差	国家/地区	观测值	年份	分析单位	参考文献
社会费用							
GDP	1.13	[1.11, 1.15]	美国	363	2006	大都市统计区	Bettencourt(2013)
GDP	1.17	[1.11, 1.22]	欧盟	102	2010	大都市区	Bettencourt and Lobo(2016)
GDP	1.22	[1.17, 1.27]	中国	293	1996—2014	地级市	Zünd and Bettencourt(2019)
GDP	1.14	[0.98, 1.30]	印度	22	2011	城市地区	Sahasranaman and Bettencourt (October 2019)
个人收入	1.11	[1.03, 1.20]	巴西	39	2010	大都市区	Brelsford et al.(May 2017)
个人收入	1.35	[1.19, 1.53]	南非	8	2001	主要大都市	Brelsford et al.(May 2017)
新专利	1.27	[1.22. 1.32]	美国	337	1980—2000	大都市统计区	Bettencourt, Lobo, and Strumsky
新专利	1.13	[1.13, 1.34]	欧盟	102	2010	大都市统计区	Bettencourt and Lobo(2016)
超级创意	1.15	[1.13, 1.17]	美国	331	1999—2001	大都市统计区	Bettencourt, Lobo, and Strumsky
研发就业	1.19	[1.12, 1.26]	美国	278	1987—2001	大都市统计区	Bettencourt, Lobo, and Strumsky
暴力犯罪	1.16	[1.11, 1.19]	美国	287	2003	大都市统计区	Bettencourt et al.(2007)

续表

量	指数	误差	国家/地区	观测值	年份	分析单位	参考文献
暴力犯罪	1.12	[1.07，1.33]	日本	12	2008	大都市区	Bettencourt(2013)
暴力犯罪	1.2	[1.15，1.25]	巴西	275 570	2003—2007	大都市、市	Bettencourt（2013）；Alves et al.(2015)
艾滋病患者	1.23	[1.17，1.29]	美国	93	2002—2003	大都市统计区	Bettencourt et al.(2007)
社会交互							
联系量	1.12	[1.00，1.25]	葡萄牙	415	2006—2007	市、大都市	Schläpfer et al.
联系量	1.26	[1.19，1.34]	科特迪瓦	215	2011—2012	县	Andris and Bettencourt
功耗							
电耗	1.11	[1.05，1.17]	德国	380	2002	市	Bettencourt et al.(2007)
交通拥堵	1.15	[1.09，1.21]	美国	360	2005—2014	大都市统计区	Depersin and Barthélemy; Bettencourt et al.(2019)
地租							
房屋价值	1.35	[1.13，1.57]	美国	40	2010	大都市统计区	Glaeser and Gottleib; Schläpfer, Lee, and Bettencourt
建筑高度	0.167	[0.03，0.29]	美国	50	2015	大都市统计区	Schläpfer, Lee, and Bettencourt

注：本书参考文献部分列出了最后一列所引用的文献，当参考文献列表包含同一作者或多个同名作者的多部著作时，标注年份予以区分。

表 3.2　标度体系(次线性、超线性和线性)与其相关效应、系统组织形式和系统增长的特征总结

标度指数	驱动效应	组织形式	增长特征
$\beta<1$	规模经济	结构(空间)	次指数,逻辑斯蒂(稳定)
$\beta>1$	网络效应	社会、信息	超指数(开放)
$\beta=1$	个人需求	个人、家庭	指数

　　最有趣也最具启发性的是,这些结果在数量上具有普适性,对不同规模、不同位置、不同社会经济发展水平、不同时代的城市同样适用(参见图 3.1—图 3.3 和第 7 章)。请注意,在这个意义上,不同城市体系中城市之间的各种差异(如贫富、新旧),可以用前置因子 Y_0 来解释。例如,按人均值计算的城市地区的平均富裕程度,目前美国大约是中国的六倍,因此,$Y_0^{US}=6Y_0^{China}$。然而,如果我们考虑到前置因子的差异,观察中国的一个城市和另一个两倍于其规模的城市,通常会发现后者的人均经济总量高约 17％,对于美国或其他国家的两个城市同样如此。同样的推理也适用于空间量,例如,美国的城市面积基准线高于欧洲城市,但城市规模翻倍会导致分别基于各自的基准线(前置因子)的城市密度增加。如果有一天中国经济赶上美国,这些前置因子会如何变化呢?这是系统性变化和发展过程的结果,我们将在第 5 章和第 9 章中研究。我们将看到,关键是要让整个城市体系都能建立基于学习和新信息的内生经济增长过程。

　　迄今为止,城市标度实证研究的最大贡献是揭示了一种新的规律,即城市的社会经济产出随着人口规模的增加呈现出超线性增长,而空间基础设施的规模和范围则呈现出次线性增长,其他一些与基本生活需求相关的量与人口规模呈线性关系(参见表 3.1 和表 3.2)。社会经济产出的标度指数偏差大于 1($\beta=1+\delta$),基础设施容量的指数偏差小于 1($\beta=1-\delta$),两者的偏差大致相同($\delta\simeq1/6$)。在此基础上,我们可以构建一个基于社会经济网络和基础设施网络的逻辑自洽的综合模型,并进一步提出新的理论。

3.2　城市作为自洽的空间和社会网络

　　已有的实证研究结果表明,城市虽然看起来很复杂,但从宏观角度来看,城

市可能有着相当简单的规律。城市的平均全局属性可能只取决于少数几个关键参数,其中包括标度关系的指数值和前置因子值。这并不否认每个都有其独特的特征或历史,而是说可以通过标度关系揭示所有城市的共性特征。

通过分析城市数据,我们发现了一条强有力的线索,即城市建成空间总量 A_n 和城市社会经济产出 Y(如 GDP)之间存在一种互为倒数的标度关系,即:

$$A_n = A_0 N^{1-\delta} \sim N^{1-\delta} , \quad Y = G \frac{N^2}{A_n} \sim N^{1+\delta} \rightarrow \left(\frac{A_n}{N}\right)\left(\frac{Y}{N}\right) \equiv G = const \quad (3.7)$$

其中,$\delta \approx \frac{1}{6}$ 的数字相同,$const$ 是人口规模 N 的常量。G 值相对于城市规模恒定,这一点非常重要,因为这意味着不管是小城镇还是特大城市,人均建成空间体积与人均社会经济产出的乘积保持不变,它与城市规模无关。注意,G 通常不是时间常量(constant in time),例如,随着经济增长,它将趋于增加。

在更抽象的层面上,G 在城市规模上的恒定性意味着说生活在大城市的人通过社会交互获得的任何自由(在选择的意义上)都将以失去可用的物理空间为代价。相反,在较小的城镇里,人们虽然拥有更多的空间,但与他人的交互量将显著降低,继而减少了社会经济选择的机会。这种均衡表明,在城市的物理空间和社会空间之间,存在着重要的数学二元性,对此我们都有切身体会。对我来说,这与简·雅各布斯、路易斯·沃思和第 1 章提及的其他许多人对城市的本质所作的定性观察,以及《都市主义作为一种生活方式》[15]这本书所反映的内容完全一致。我们现在希望构建一种数学理论,以包含并拓展这些经典思想。在此之前,我们还需要最后一个准备步骤,理解网络在什么情况下会产生超线性标度效应。

3.2.1　网络效应和梅特卡夫定律

我们必须对网络的内涵有个基本了解,特别是如何用数学术语描述网络。随着不同复杂系统的网络模型大量涌现,人们最近对这一主题热情高涨。感兴趣的读者可以参考这方面的最新教科书。[16]

图 3.4 以数学图(graph)的形式表达了一个仅包含六个节点的网络。图是由 N 个节点(编号点)和连接(连接它们的线)组成的数学对象,表示为 $N \times N$ 矩阵 F_{ij}。我们可以立即想象到许多不同类型的网络,例如节点是人,连接是彼

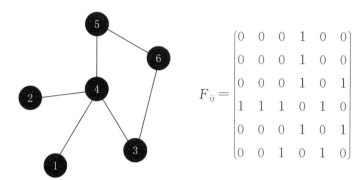

注：图中每个带有编号的实心圆表示 1 个节点，节点数 $N=6$，F_{ij} 显示了节点度和网络效应（节点度表示每个节点拥有连接数量，用连线表示）。每个节点 i 的节点度 $k_i = (1, 1, 2, 4, 2, 2)$。

图 3.4　网络示例

此间关系的网络。这些关系可能有不同的类型，例如友谊或受雇于同一家公司。我们可以用索引 m 来表示不同类型的交互关系，并将这组网络记作 F_{ij}^m。

　　这些例子表达了一个重要的事实，即"网络通常不是真实的"。这里的意思是，例如，友谊不是一个可直接测量的物理量。这一简单但基本的观点将在稍后讨论。图的形式为网络建立了交换和交互的示意模型，这就引入了一些我们可以实际测量的更基本的物理量。这些物理量中有很多代表了流动，如人员、货物或信息的流动。在另一些情况下，节点和连接可能代表对象或事物，例如在基础设施网络中连接它们的场所和街道。

　　将交互活动或关系表示为网络的优点是可以清楚地看到它们的结构，也很容易地用数学方法进行描述和操作。我们可以通过改变矩阵 F_{ij} 来对任何表示为图的网络进行建模。我们还可以在 F_{ij} 上执行各种操作来测量任何网络属性。根据我们想要的复杂程度，这个矩阵还可以变得更加复杂。例如，我们可以给连接加上权重使某些关系的重要性更加凸显出来，我们还可以给连接加上方向，例如，有时候爱情或经济交易可能得不到回报。

　　根据我们的目的，我们只需要几个基本的网络量。最重要的是节点的度（degree）$k_i = \sum_{j=1}^{N} F_{ij}$，它表示节点 i 拥有的连接数（可以是它们的总量）。比如说，可以计算出所有你认识的人。我们再来看图 3.4，节点 1、节点 2、节点 4 的度分别为：$k_1 = 1$，$k_4 = 4$，$k_6 = 2$。我们可以对所有节点的连接数进行加总平均，得到网络的平均节点度 k，以及其他统计数据，如度方差 $\delta_k^2 = \frac{1}{N} \sum_{i=1}^{N} (k_i - k)^2$（以图 3.4 为例，其平均节点度 $k = 2$，度方差 $\delta_k = 1$）或总体中的统计分布情况 $P(k)$，拥有 0、1 或 2 个连接的节点比例等。

网络最重要的一般特性是所谓的网络效应，我们通常称之为"梅特卡夫定律"（Metcalfe's law）。网络效应表明，网络的价值与其连接（而不是节点）的数量成正比。这个概念最初是为了描述互联网的发展（实际上是互联网早期前身的电话线和调制解调器）。城市与现代信息网络之间的联系并非偶然（参见第 5 章），这一判断是基于两者都表现出网络效应的事实。我觉得很有意思的是，我们需要先看到一种现象以新的形式爆发，然后才能理解它在我们日常经验中的作用。

网络效应适用于任何类型的图，并不局限于经济交流、犯罪或创新。由于网络总价值与连接数成正比，它与以节点数计算的网络规模之间会是超线性关系。以最简单的网络连通模式为例，一个具有 N 个节点的完全连通图（每个节点都与其他任一节点间有连接），该图的总连通性 $K(N) = Nk(N)$：

$$K(N) = \frac{N(N-1)}{2} \sim N^2 \tag{3.8}$$

当 $N \gg 1$，符号 $\sim$ 后面的简化近似表达式成立。如果 $K(N)$ 中的每个连接的出现概率都非零，我们就可以得到类似的平均标度结果。此时，连接度或者说网络的价值与节点的数量呈超线性关系，即标度指数 $\beta_M = 2$。我们将这个特殊的值称为"梅特卡夫指数"（Metcalfe's exponent）。在包括城市在内的任何真实网络中，梅特卡夫指数是连通指数的上限，因此 $\beta < \beta_M$。因为实际情况下，虽然节点数越来越多，但并非每个节点都与其他所有节点存在互动关系。理解这些限制的来源有助于我们对实际观测到的城市标度指数进行计算。

3.2.2 城市标度理论

为了建立一种能够推导城市标度关系的理论，我们需要通过几个步骤，每个步骤都以前一个步骤为基础。图 3.5 展示了各个步骤的流程和目标。这一过程要求我们的思路是自洽的，这样我们才能够借助基础设施的空间网络和相关流的特征，来推导出社会交互等特殊网络的性质，反之亦然。这意味着，我们需要建立一套能反映不同类型变量之间动态相互依存的理论,从而得出一种非线性的因果逻辑。在第 2 章中我们已经用这种方法引入了空间均衡的概念,在本章的前面部分我们也将这种方法应用到了其他标度关系上。用这些方法来表达城市的数学模型比前面的例子都要更复杂一些,因此我们需要分成几个部分来阐述,最后再把它们结合起来。

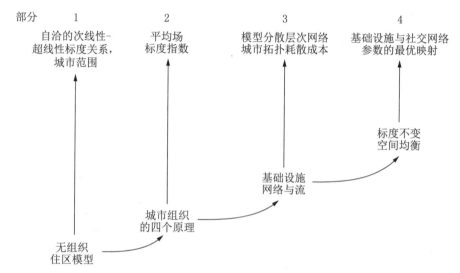

注:为了在社会经济互动和流动成本之间建立自洽的空间均衡,这四个部分分别构成了四个重要的步骤,使我们可以对城市标度指数和前置因子进行定量预测。

图 3.5　城市标度理论的四个发展步骤

在第 1 部分中我们将说明,在交通成本*的约束下,分别以社会产出和基础设施容量作为人口规模的函数,为什么社会交互通常会导致前者呈现超线性,而后者呈现次线性。这种现象非常普遍,与具体的城市空间结构形式并无关系。然而,我们会发现,此类结构确实会随着住区规模的变化而变化,并影响我们想要预测的具体指数值。因此,在第 2 部分中,我们将根据人类行为和基础设施网络的一些基本特征,提出四条基本原理,这些原理足以预测城市中观测到的典型指数。第 3 部分将通过更详细的多尺度基础设施网络模型将这些原理形式化,

---

　*　为使理论适用于一般情况,本章所涉及的交通成本为广义形式,城市中一切为实现人和资源在空间中的移动所付出的代价都被定义为交通成本。——译者注

并推导出相关的运动流和交通成本,这使我们能够在第4部分中回到城市作为(短期)空间均衡的概念。

第1部分:无组织住区模型

让我们来看看为什么将社会交互和空间上的交通成本结合起来必然会导致基础设施容量呈次线性增长,而社会经济产出呈超线性增长。最简单的模型需要从第2章介绍的经典假设开始,该经典假设被称为"无组织住区"(amorphous settlement)。

所谓"无组织"指的是住区从空间角度看没有一定的结构,没有街道或其他明确的基础设施。然而,空间中分布着一定数量的住宅,它们的分布可能是随机的。图3.6中的阿兹特克小镇卡皮尔科就具有这些特征,这是一个真实的案例。在这种情况下,人与人之间的平均交互率很容易计算。

虽然从形态角度来看,图3.6中的住区格局是无组织的,但人口和住宅的空间集中度仍然是可以测量的。我们可以用一个特征长度——半径 R 来表示它的总体规模[17],但我们应当注意,这个住区并不是径向对称的。另一个规模指标是住宅数量,或相应的人口数量 N,因为我们可以合理地假设每户住宅平均包含一定数量的人口,比如说户均人口为4人。我们不应该期望 R 或 N 有某个特定值。毕竟,住区可以有也确实有不同的人口规模和空间规模(参见图3.7),但正如阿隆索模型和冯·杜能模型,我们可以认为这两个规模是相互关联的。如果其中一个规模发生变化,那么另一个也必然会变化,这就是标度的本质。

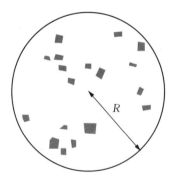

注:这是一个由离散分布在广阔空间中的建筑(灰色多边形)组成的乡村住区。图中的圆圈勾勒了住区的大致空间范围,其半径 R 表示住区规模的特征长度。

图3.6 小镇卡皮尔科的空间格局

　　换言之,为什么图 3.6 中的住宅显示出这样的比例关系呢? 为什么它们不像图 3.7(A)那样相距更近,或者不像图 3.7(C)那样相距更远? 为了回答这个问题,我们假设人们对住所的空间安排是为了更好地组织自己的生活,以便与其他人互相访问或在公共空间会面。换句话说,他们既不想住得离邻居太近,也不想住得太远。在这种情况下,"交通成本"是由移动所涉及的能量和时间决定的。那么我们可以认为,就像阿隆索模型和冯·杜能模型,一段时间 t 内的交通成本与总移动距离成正比。我们以城市空间规模 R 为单位表示总移动距离,用资源消耗的单位数(能源或金钱)表示交通成本,那么单位时间的交通成本为:

$$c_T(R; t) = c_{T_0} R \tag{3.9}$$

其中,c_{T_0} 是单位时间和单位距离的交通成本。我们本可以引入一个无量纲的比值来计量以 R 为单位的移动距离,但为了简单起见,我们将省略它。c_{T_0} 的数值可能因地形或交通方式的不同而不同,但这里我们先将它看作给定的。

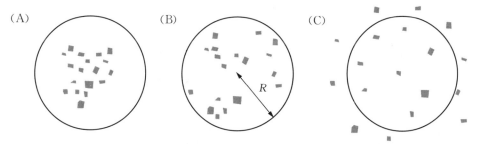

注:为什么这个住区的实际规模是(B)图所显示的样子,既没有像(A)图那样更加集中,也没有像(C)图那样更加分散?

图 3.7　住区特定的规模(半径)

　　我们如何理解收入 y 呢? 在第 2 章的模型中,收入是给定的(经济学家称之为"外生的"),或者是出售产品或劳动力所得。现在我们试图摆脱经济学假设,为人类社会的交互活动找到更具一般性的解释。住区的基本功能是让人们可以更频繁地相互交流。在现实生活中,居住在一起使人们更容易共同开展各种喜好或必要的活动,无论是闲聊、修建寺庙、共享基础设施,还是开展交易、维护安全。因此,我们可以将这些交互活动计作住区价值,乘以其转化为潜在社会经济产出(例如获得信息或达成某项交易)的参数。这相当于对每次交互都进行了赋值,数值的大小可能因类型和时间而异。

在一段时间内，比如一天，我们预期一个人有多少次互动呢？让我们来算一下。假设我们在住房周围移动一段距离 ℓ，在这个过程中有一定的交互概率 a_0。请注意，不要将这个距离与出行距离混淆，因为一个人在车里或是公共交通工具中通常不会有太多互动。两者的乘积 $a_0\ell$ 具有社会交互面积的含义（类似于物理学中的横截面[*]）。我们将把这个量视为每个住区的固有属性，与规模无关。平均而言，这一判断是成立的，稍后我们也将考虑更一般的情况。现在，一个人与其他人产生交互的预期值是由其他人的总数 $N-1$ 决定的，乘以在时间 t 内所移动的路径总量，再除以住区的总面积。由此我们可以得到每次交互概率的估计值，然后将其乘以在每种情况下可能遇到的人数。那么，我们可以将预期的交互总数 k 的人均值写作：

$$k=\frac{a_0\ell}{A}(N-1) \tag{3.10}$$

现在我们假设这些交互活动的净社会效益可以用来定义"收入" y（住区在单位时间里产生的价值）。y 与 k 成正比，再乘以数值 g，将交互活动转换为社会产出的共同"货币"，比如说能源或金钱。那么，我们得到 y 的平均期望值为：

$$y=\frac{ga_0\ell}{A}(N-1)\equiv G\frac{N-1}{A} \tag{3.11}$$

其中，我们将人口密度 $\frac{N}{A}$ 与平均人均社会产出 y 间的耦合关系定义为一个新的量 $G\equiv ga_0\ell$，这有点类似物理学中的电导率。我们后面将看到这个量在城市标度理论中有重要的意义，要创造出更高效的城市和住区，就要求最大化这个量，使每次互动产生更高的社会产出。

最后，我们将交互活动和交通成本结合起来，以确定住区面积与人口数量之间的标度关系。我们注意到，我们可以从物理维度 $R\sim A^{1/2}$ 来描述这组关系。因此：

$$G\frac{N-1}{A}=c_{T_0}A^{1/2}\rightarrow A(N)=\left[\frac{G}{c_{T_0}}(N-1)\right]^{2/3} \tag{3.12}$$

---

[*] 这里指的是，物理学中测量粒子碰撞概率的量是横截面。——译者注

这就是无组织住区的面积-人口标度关系,其空间范围由交互活动和交通成本之间的平衡决定。由此可以得出,在 N 远大于 $1(N\gg1)$ 的情况下,$R\sim A^{2/3}$。前置因子定义为一个数值因子,该因子解释了住区的形状(包括因子为 2 和 π)和移动距离。结果表明,平均社会经济产出的规模为:

$$Y=G\frac{N-1}{A}=G^{\frac{1}{3}}c^{\frac{2}{3}}_{T_0}(N-1)^{\frac{4}{3}}\simeq Y_0 N^{\frac{4}{3}} \tag{3.13}$$

其中,$Y_0=G^{\frac{1}{3}}C^{\frac{2}{3}}_{T_0}$。这表明,住区面积必然是次线性的,而社会经济产出是超线性的。两者指数偏差一样,记作:

$$A\sim N^{1-\delta},\ Y\sim N^{1+\delta} \tag{3.14}$$

这正是我们想要的。

然而至少就目前观察到的大多数城市的标度关系而言,$\delta=\frac{1}{3}$ 的数值太大了(参见表 3.1)。当然,这些城市都不是无组织住区。这为我们提供了一条新的线索:要想改善我们的模型,必须更多地考虑城市建成空间的结构,并将其视为互动空间。在第 7 章中,我们还将看到为什么增加住区密度并不能无限增加社会经济产出,因为在短距离内,交互关系的性质会发生变化,各种问题随之发生。在我们讨论城市建成空间的性质之前,我们需要多花一点时间,使社会经济交互关系的计算过程更具一般性且更精确,并通过引入时间地理学中的推理方法来还原这个过程。

第 2 部分:城市组织和标度关系的四项原理

我们现在已经看到,如何将住区中的社会交互作为一种时空相遇现象,并结合相应的交通成本来建立合适的城市标度模型。但是我们也发现,在前一部分中,标度指数被高估了,与实际情况的偏差比较大。这是因为,随着城市的增长,空间逐渐被占用,人、货物和信息的流动都必须通过网络来实现。这些网络所构成的空间为城市中可能发生的社会交互提供了正确的平均度量。现在我们通过四个简单的一般假设,来提出更贴近现实的城市模型。

城市化地区的人口具有混杂性。这个概念的出发点是城市发展让市民能够充分探索城市,并提供给他们可以支配的资源。混杂性(mixing)的概念源于流行病学,它指的是:理论上每个个体都与其他个体有着某种有限(但可能不相等)

的概率的联系。在城市中,每个个体最终都需要与其他个体交换资源和信息,因此这个概念可以被推广到各种社会经济活动中,而不仅仅是流行病的间接传染。

假定每个城市居民能够获得的最低资源量与到达城市任何地方的成本相对应,我们可以把这条原理表达为门槛条件(最低收入),即 $y_{min}=GN/A$。因此,我们对无组织住区的相关推导过程进行了修正,这里不再定义典型(平均)交通成本。我们将尝试确定城市的最大范围(半径),而不是它的内部结构,也不是它的平均交互率。请注意,"收入"不一定指的是金钱,也可以是能量或者时间。这里,门槛条件的作用类似于城市经济学模型中以城市边缘地租作为边界条件。

这里,我们为这些概念提出一种新的一般化形式,这也将为网络效应提供一个控制参数,使功能性城市得以形成,并帮助我们理解城市标度指数的几何起源。由于移动路径不一定是线性的,我们可以用分形维度 H_m 来描述其几何结构,由此移动距离变成了 $A^{H_m/D}$(参见图 3.8)。为了应用这一概念,我们假设有一个位于 D 维空间中的城市。通常,我们会取 $D=2$,这时候城市所占的体积等于其土地面积。但这并非必需,我们可以想象更一般的城市类型。然后,我们从图 3.8 中的轨迹得出广义交通成本。现在,整个城市的(最大)交通成本将为:

$$c_T = c_{T_0} A^{\frac{H_m}{D}} \qquad (3.15)$$

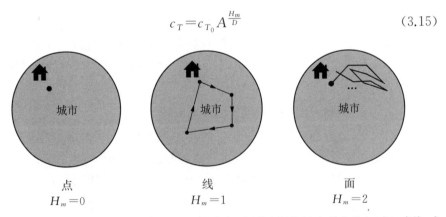

点
$H_m=0$

线
$H_m=1$

面
$H_m=2$

注:城市中人们所走的路径可以跨越几何形状完全不同的空间体积,如单个地点(点)、直线,或是由分形维数 H_m 参数化的体积。这个量可以通过观察人们在时间和空间上的轨迹来测度。图中举例说明了三种不同的情况:一个点或一组点(左图,$H_m=0$);一条线(中图,$H_m=1$),在这条线中,我们的轨迹跨越城市,但只采样沿途的几个点,这反过来定义了主体的世界线;或一个区域(右图,$H_m=2$),充满了整个城市的区域范围。城市标度关系反映了这种流动性的几何结构与基础设施网络塑造的城市空间之间的相互作用。

图 3.8 城市中人类流动性的几何形态

其中 A 是 D 维空间中的体积,$A^{\frac{1}{D}}$ 是长度。因此,如果 $H_m = 1$,某个主体在这个体积中穿出(就像在时间地理学中)一条线。但一般来说,通过改变"移动空间"的几何结构及其相应的嵌入物理空间,可以想象其他情况。

通过这种一般化处理,城市体积与人口之间的标度关系变成:

$$A(N) = \left(\frac{G}{c_{T_0}}\right)^{\frac{D}{D+H_m}} N^{\frac{D}{D+H_m}} \tag{3.16}$$

这一表达式揭示了一些新的信息。如果我们想要强非线性效果,那么 D 值越小越好,因为人与人之间的接触变得更容易(从某种意义上说,"空间"越小意味着维度越低,让人更容易穿梭其中)。为了补偿 D 值增加的影响,需要更大的分形维数 H_m,以增加流动量。极限 $H_m \to 1$ 使个人以最小移动距离对城市进行全面抽样,这意味着人口规模 N 按 $N \sim R^{D+H_m}$ 比例缩放,对于 $H_m = 1$,这意味着它的规模 $N \sim R^{D+1}$ 就像一个物理体积,正如诺德贝克[18]很早以前基于瑞典城市的研究发现的那样。我们稍后将看到,城市在 $D=2$ 时运行良好,H_m 和 D 的表现与它们通常的情况大相径庭,要么造成高度拥挤和昂贵的交通成本,要么造成一个几乎无法相遇的空间,从而使社会发展变得越来越不可能。

网络增长具有渐进性。 尽管存在一些从开始就被精心规划的经典城市范例,但绝大多数城市的基础设施都是根据需要逐步建设形成的,并且往往落后于需求。在大多数情况下,这要求街道、道路和其他基础设施与住区格局相适应,尽可能不占用超出功能所需的空间。城市网络提供了本地连通性,因此人们只需短距离出行就可以访问邻居,这与河流网络或生物体的血管系统等其他复杂系统不同,这些系统都是按树形图来配置的层次结构。相反,城市网络是所谓的去中心网络,萨曼尼戈和摩西最早以实证方式证明了这一点。[19]具体而言,我们已经知道图 3.1、图 3.2 和图 3.3 以及表 3.1 的标度,个体之间的平均距离为 $d_A = n_A^{-\frac{1}{2}} = \left(\frac{A}{N}\right)^{1/2}$,这大体等于人均基础设施网络的平均长度,总网络面积为 $A_n(N) \sim N d_A = N \left(\frac{A}{N}\right)^{\frac{1}{2}} = N^{\frac{1}{2}} A^{\frac{1}{2}}$。[20]加上混杂性条件,这意味着 $A_n \sim a^{\frac{1}{2}} N^{1-\delta}$,$\delta = \frac{1}{6}$,或者说对于一般情况 (D, H_m),$\delta = \frac{H_m}{D(D+H_m)}$。通过表 3.1

中美国和德国道路网的标度指数，以及通过遥感测量得到的全球 3 600 多个大城市的平均建成面积[21]，我们可以观察到这样的情况。正如我们所看到的，城市的基础设施网络连接着居住和工作场所，因此这些空间都与基础设施网络是同构的，我们在第 3.3.8 小节中还将谈到这一点。

人类努力具有有限性。这项原理反映的状况是显而易见且不可避免的，每个人能够在移动和交互上付出的努力受到时间和人类基本能力的限制。正如我们在第 1 章中所看到的，不断增长的城市给居民造成越来越多的精神和体力消耗，这一直是社会科学家，尤其是心理学家普遍关注的问题。[22] 这里的假设是，人均生产力和交互的标度关系主要是由社会经济的网络效应导致的，按照第 1 章中的阐释，可以将它理解为人类的"生态效应"。这意味着在个体层面，在将有限的时间和精力分配到各种社会活动时，面临着激烈的权衡取舍，我们将在第 4 章和第 5 章中对此进行更全面的探讨。就建模而言，这一限制意味着平均而言，耦合量 G 的决定因素趋向于不受城市规模影响，$\dfrac{\mathrm{d}G}{\mathrm{d}N}=0$ （因为 $G>0$，这相当于 $\dfrac{\mathrm{d}\ln G}{\mathrm{d}N}=0$）。这条假设对那些反对将城市概念化为标度恒定系统的观点来说是一个有力回应，任何社会经济产出的无限增长都应该归因于网络效应而不是个人努力。在城市移动通信网络中，同样能够观察到类似的有限性[23]，这通常是人类约束以及城市服务和结构的函数。我们稍后将推导 G 如何依赖于这些因素。

社会经济产出与当地的社会交互量成正比。我们在引入无组织住区模型时已经作出了这一假设。从这个角度来看，个人 i 的 m 类社会产出可以写作 $y_i^m = g_m k_i^m$，对全部个人产出进行求和可以得到城市总产出 $Y^m = g_m \sum_i k_i^m = g_m k^m$。总而言之，就像一个城市的经济总规模（城市的 GDP）可以写作 $Y = \sum_{i;\,m} g_m k_i^m$，我们认为社会经济产出直接取决于交互数量，不应当简单将其看作随人口规模超线性增长的前置因子。然而请注意，这两种效应之间可能存在一定程度的替代，特别是如第 5 章所述的，当我们精细地测量交互作用模式时。

从这个角度来看，城市不仅是人口的集聚之所，也是社会交互的集聚之所。虽然雅各布斯[24]很早就强调了这一点，但直到今天以前我们都很难对此进行定量研究。在讨论更精细的去中心基础设施网络模型之前，让我们先看看如何对这些网络交互引导下的给定行为进行计算。

交互活动的时间地理学：生活轨迹和世界线的纠缠

我们已经知道人在城市中的时空轨迹十分重要。每个人的移动轨迹都勾勒了他的社会经济交互活动，包括发生在他身上的能观测成效的选择和事件。我们基于时间地理学的背景引入了这些概念，接下来我们用数学语言来展开更加深入的探讨。

我们将个体 i 在时空中的轨迹定义为 $x_i[t]$。具体而言，$x_i[t]$ 是主体 i 在时间 t 的空间位置，通常是一个二维向量，如经纬度，就像我们在手机地图中看到的。我们可以改变时间 t 以展开这条轨迹，生成主体的世界线＊或生活轨迹（life path），这两个词我都喜欢并且可以互换使用。轨迹图大体如图 3.9 所示。如果感兴趣的话，您可以选择一个典型的工作日，在所在城市的地图上绘制出自己的世界线。当然，您也可以直接从地图应用程序下载数据。我想您的世界线会与图 3.8 的中图比较接近。

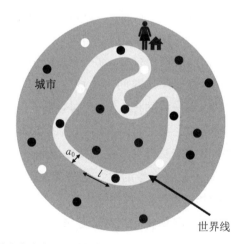

注：灰色粗线显示了这个人在一段时间内的世界线（或生活轨迹），其线性范围为 ℓ，交互作用面积为 a_0。不同灰度的圆点代表不同类型的交互活动，其平均互动次数为 m，与 $a_0\ell/A_nP(m)$ 成正比。

图 3.9　某人的轨迹示意图

＊ "世界线"（worldline）是理论物理学中的一个概念，由德国数学家赫尔曼·闵可夫斯基提出，指的是粒子在四维时空中的运动轨迹。作者用这个概念表示主体在四维时空中的运动轨迹。——译者注

人们要想会面，他们的世界线必须在时空上有重合，在这个意义上，他们的生活轨迹进入了纠缠状态。由此，针对一定人口中所有主体的生活轨迹 $x_i[t]$，我们可以将城市当作一组可能发生社会经济互动的生态位进行计算。我们将这个过程作为推导理论的一种方式，但将它作为测量行为的一种方式也是完全适当的。例如，我们可以根据移动设备的位置数据来分析人们的生活轨迹。[25]

现在让我们看看如何依据主体（人）i 和 j 之间的社会网络 $F_{ij}^m(t)$ 来计算城市的社会经济产出，这个网络包含一系列不同类型的交互关系，包括友谊、雇佣、交情及其他交互关系，我们用索引 m 表示这些不同类别。该网络仅存在于一段较长的时间 t（天、月、年），其中包括大量瞬时完成的交互活动。在较长的时间内，比如说以年来计量，$F_{ij}^m(t)$ 将是动态的，我们必须考虑诸如居住和工作的变化以及总体经济增长等现象。所有这些相互作用的乘积之和为：

$$Y(t) = \sum_{i,j;m} g_m F_{ij}^m(t) \tag{3.17}$$

其中，g_m 是交互类型 m 的每个连接对城市总产出 Y 作出贡献的强度。请注意，耦合 g_m 可以是正值，表示该类别的社会交互具有吸引性，能够带来社会收益，如互利互惠的经济关系；g_m 也可以是负值，表示该类别的社会交互具有排斥性，产生社会成本，如犯罪。但要使城市存在，盈亏平衡必须是正值。耦合 g_m 的每次交互带来不同维度的 Y，例如单位时间内金钱或能量的单位数。城市中有众多形式的交互作用。例如，交易活动在工资、利润等很多指标上对经济产出作出了贡献。相反，犯罪可能是非经济类交互的产物，例如犯罪人与受害者之间的交互，以及由执法部门和市民的应对行为产生的交互。同样，导致传染病传播的交互作用是通过特定类型的接触而产生的。在这些交互模式中，有一些可能会与其他模式同步，例如在购物时感冒，或者在工作时闲聊。城市环境从各个维度影响市民的生活，因此城市理论必须将它们结合起来考虑，正如第 1 章和第 2 章中简·雅各布斯所说的那样。

为了更清楚地看到这一点，可以首先考虑特定个体 i 的 m 型交互次数（度）k_i^m：

$$k_i^m = \sum_j F_{ij}^m \tag{3.18}$$

主体 i 的 m 型交互带来的社会经济产出为 $y_i^m = g_m k_i^m$，我们预期在个体层面，交互价值和交互次数的乘积与城市人口规模之间平均而言应为超线性关系。

按照我们对网络效应和梅特卡夫定律的理解,这听起来似乎有道理。

为此,我们需要考虑如何计算交互的可能性及其总体平均值。这个过程需要两种类型的平均值:一种是按照交互类型的平均值,另一种按照人的平均值。如果我们只对这些平均值感兴趣,我们可以考虑相互作用类型 m 的概率在统计上独立于具体的某对主体 (i, j),因此我们可以将相互作用写作 $F_{ij}^m = P(m \mid i, j)F_{ij} = P(m)F_{ij}$,其中 $P(m)$ 是人群中的每个连接归为交互类型 m 的概率,F_{ij} 是跨越所有交互类型,没有特殊属性的社会网络,往往可以通过手机数据或空间并置来测度。这种简化方法被称为"平均场近似"(mean-field approximation),即我们不再关注特定的个体,而只关心总体水平的概率。通过这种近似,我们得出不同交互模式的平均情况,从而将方程式(3.17)改写成 $\bar{g} = \int \mathrm{d}m g_m P(m)$。

现在我们来探讨时间地理学所关注的第二种类型的平均值,即各种交互作用在空间维度和时间维度上的发生方式。让我们想象一下所涉及的空间,我们用交互区域 a_0 和网络中的行程长度 ℓ 来描述每个个体。这构成了一个世界面(图 3.9 中宽度为 a_0 的粗线),这个世界面是城市公共空间总面积 A_n 的一小部分。由于 a_0 和 ℓ 的变化幅度不大,我们可以认为它们是个人的固有属性(人类精力有限性假设)。在本章后面部分,我们将把这两个参数视为与交互类型 m 无关的参数。

现在让我们来计算方程式(3.18)中的平均交互:

$$
\begin{aligned}
k_i^m(t) &= \int \mathrm{d}t' \sum_j P(m \mid ij)\Gamma^m(x_j[t'] - x_i[t']) \\
&\simeq \frac{P(m)}{A_n}\int \mathrm{d}t' d^D x \Gamma(x - x_i[t']) \simeq P(m)\frac{a_0\ell}{A_n}(N-1)
\end{aligned}
\tag{3.19}
$$

其中,$\Gamma^m(x_j[t'] - x_i[t'])$ 是一个交互内核,它解释了两个主体 i 和 j 在空间上变得接近时,交互类型 m 的概率(或者说"强度")变化。这相当于两条世界线在时间和空间中的"重合检测器"。一个简单的例子是用 delta 函数*,当 $x_j[t'] =$

---

* 简单来说,delta 函数用来检验两个值是否相等。如果两个数值相等,返回 1,否则返回 0。——译者注

$x_i[t']$（即主体们在空间和时间上重合）时，它等于1。但我们可以想象一个更软的内核，如果他们彼此可以看到或听到（距离～a_0的情况下），这个概率为非零。方程式（3.19）的第一行是精确的，只需要定义适当的内核和条件交互类型的概率。该表达式通常可以用来定义社会经济交易的时空网络。

方程式的第二行显示的是平均场近似值。我们清楚地看到这个近似有两部分。第一部分要求降低概率对特定主体的依赖性，使我们能够将其从"和/积分"中去除。第二部分表示城市中每个人的世界面（世界线与互动长度的乘积）所覆盖的交互量，将其作为网络的总交互量 A_n，我们对其进行积分。对交互内核求积分可以得出特定主体的世界面的交互量，以及一个简单几何结果，即一段时间内的平均交互概率与个体世界面的交互量除以该段时间内城市的总交互量再乘以其他主体总数 $N-1$ 的值成正比。注意，时间依赖性隐含在移动距离之中，因此 $\ell = v_d t = \ell_d \left(\dfrac{t}{t_d} \right)$，其中 $v_d = \ell_d / t_d$ 为平均移动速度，表示每宏观时间单位 t_d（比如一天）的移动长度，因此 t/t_d 表示社会经济产出 $Y(t)$ 被测量时间段的天数（例如一年）。总的来说，方程式（3.19）可以精确计算城市中特定主体和类型的社会经济交互作用及其平均场近似值，这足以导出标度关系。如果觉得有疑问，或者想要测量更多统计量，我们可以先返回到第一个表达式，然后再进行平均场近似值计算。

现在我们回到交互产出，得到总社会经济交互的平均场结果为：

$$Y = \sum_{i,\,m} g_m k_i^m = \bar{g} \frac{a_0 \ell}{A_n} (N-1)N \simeq G \frac{N^2}{A_n} \tag{3.20}$$

其中，参数 $G \equiv \bar{g} a_0 \ell$，人均社会经济互动产出量为：

$$y = \frac{Y}{N} = \bar{g} \left(\frac{a_0 \ell}{A_n} \right) N = G \frac{N}{A_n} \tag{3.21}$$

我们必须强调，虽然社会交互是局部现象，并且发生在极其微观的层面——两个个体之间，但是通过人与人之间、个人和机构（如公司、公共管理机构）之间，以及不同机构之间广泛存在的各种关系链，方程式（3.18）—方程式（3.20）仍然会在没有直接联系的个体之间产生有效交互。这使得城市成为仅通过几次交互就能实现遍历的网络，正如我们在图3.10中所看到的。这些有效互动是通过个人在社会或经济组织中的适当分组,再通过这些实体之间的粗粒度互动(最终还是以人为媒介的)来实现的。马歇尔[26]首先提出了这一点(参见第 2 章),即从强烈交互作用中受益的机构和行业得以在城市中的空间和时间上聚集,以实现交互量扣除相关交通成本之后的结果最大化。

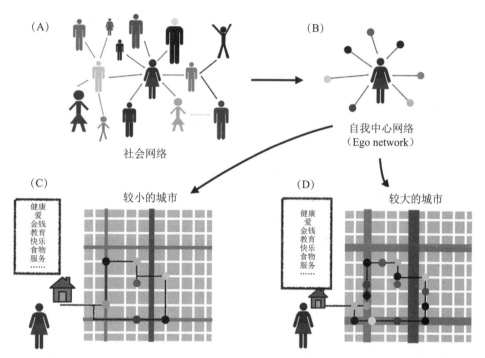

注:(A)图表示不同个体的社会网络通常具有功能互补性,可以分解为(B)图表示的以每个人为中心的自我中心网络,其本质是在(C)图和(D)图所示的城市基础设施网络中嵌入的一组社会交互。在一个较小的城市,人口密度较低,因此在付出相同时间和努力程度的情况下,多样化社会交互的速度较低。在较大的城市中,基础设施网络呈现出更高的复杂性,活跃时间内的人口密度更大,社会经济网络的节点度更高,从而产生更强的网络效应。

图 3.10　城市中社会网络与基础设施网络之间的相互作用

现在我们终于为进入第 3 部分做好了铺垫。在第 3 部分中,我们开发了一个详细模型,以说明与交互量 A_n 相关的城市面积如何取决于人口规模。

第 3 部分:去中心网络和移动成本

到目前为止,我们已经在无需基础设施详细模型的情况下得到标度指数的表达式。我们接下来将展现借助基础设施的网络模型,这些问题将能够得到更加清楚的阐述。此外，我们还将介绍城市规划和政策领域面临的一些经典困境。

现代城市与无组织住区的本质不同是，基础设施网络的发展本身就为城市规模增加了新的组织层次。例如，与小村庄中的地方性道路相比，大城市中的高等级道路和高速公路提供了更快的移动速度。如图 3.12 所示。

为了对这种结构进行数学化表达，我们考虑按照层级数 h 来切分城市的基础设施网络（参见图 3.12）。层级数 h 是一个参数，我们可以根据需要来决定级别划分的细致程度，这种分类不是僵化的。在任何两个连续的级别之间，我们还定义了一个参数来考察其比例缩放变化。因此，我们用网络分支系数 b_h 表示 i 级别基础设施的单位数 N_i 在相连级别上的平均比率，$N_i = b_h^i$，例如，通往支路或从主干道通往高速公路的车道数。这看起来像是人为的，但在现代城市中，对街道和道路进行分类很常见。例如，从地方性的社区街巷，到街道和主要大道，再到高速公路。任何城市的地图都以不同的颜色和宽度显示了道路的不同级别。可以说，其他基础设施网络大多也存在这种分级分类，不同级别的网络所传输的流量也有不同，如水流量、电流量或信息带宽。

接下来，我们假设最低级别的基础设施单位数量与人数相等。此时 $i = h$，$N_h = N$，因此，$h = \ln N / \ln b_h$。这表示在最低水平上，每个人都对应一个典型网络量（和流量），在意义上与表 3.1 中家庭相关数量的线性标度相当。此外，这种参数化也意味着，较大城市中的基础设施层级也较多，导致诸如高速公路等新型结构的出现。

正如城市学家克里斯托弗·亚历山大（Christopher Alexander）很久以前的一篇著名论文所指出的，不同于血管系统或河流网络（参见图 3.11），这些网络不是树状的层次结构。实际上恰恰相反，如图 3.12 所示，它们的功能在不同的尺度上叠加，使整个城市中的互动既可以是短距离的也可以是长距离的，而每单位产出所对应的成本大体恒定。

要了解其工作原理，可以假定有一个位于层级 i 长度为 l_i 的网络片段（如道路）穿过一块面积为 a_i 的地域。我们定义其横向尺寸（即宽度）为 a_{s_i}，这在 $D = 3$ 的网络（如管道）中是一个面积，在 $D = 2$（如地面道路）的网络中是一个长度。

为了使这些局部量与整体标度关系保持一致，并符合前文所述的四项原理，我们需要具体说明 l_i、a_i 和 a_{s_i} 在基础设施网络各个级别上的变化方式。

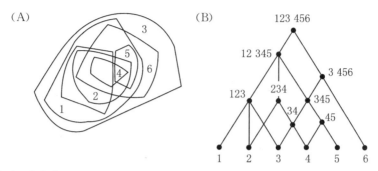

注:在克里斯托弗·亚历山大于 1965 年发表的论文中,这张著名的图强调,城市空间在用途、人群和时间尺度上有重叠,不应被理解为简单的层次结构(树形结构)。最好将这些重叠理解为复杂网络,其结构不会以简单的方式重复,但可以通过统计方式来表征。

资料来源:作者改编自 Christopher Alexander,"A City Is Not a Tree",*Architectural Forum* 122,no.1(1965):58—62。

图 3.11　城市并非树形

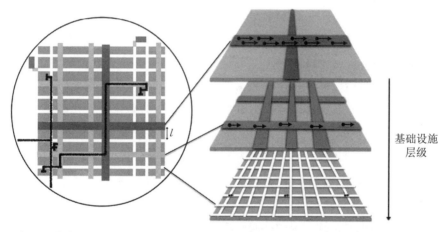

注:可以将完整的基础设施网络理解为许多不同级别基础设施的叠加,每个级别都覆盖整个区域,但不同级别各有不同的密度、宽度和流量。小街道(白色)密集、狭窄,承载低速交通流,而高速公路(深灰色)稀疏、宽阔,承载快速交通流(黑色箭头)。

图 3.12　城市基础设施网络方案及相应流量

由于基础设施必须覆盖城市中的每个人[27],网络总长度在所有级别上都必须满区域覆盖(在城市化地区的意义上),因此,$l_i = \dfrac{a_i}{l}$,$a_i = ab_h^{(a-1)i}$,这再现了面积与人口之间的标度关系。要看到这一点,请注意,这种关系意味着人均用

地面积是 $a_h = aN^{\alpha-1}$（因此 $A = a_h N = aN^{\alpha}$），网络上的最短距离 $l_h = \left(\dfrac{a}{l}\right)N^{\alpha-1}$，

其决定了 l 随着城市规模的增大而减小，从而在城市建成空间的结构上对人进行了"压缩"。我们继续假设最小网络单元的横截面尺寸 a_{s*} 与城市规模 N 无关，与个人需求呈线性关系。最终，这意味着网络宽度的标度关系为 $a_{s_i} = a_{s*}$ $b_h^{(\delta-1)(i-h)}$，简单来说，公路和供水干管比建筑走廊或家庭水管要宽得多，$a_{s_0} = b_h^{(\delta-1)} \gg a_{s_h} = a_{s*}$。用等比数列求和的方法计算出各级别的量的总和，我们可以得到网络的总长度 L_n 和总面积 A_n：

$$L_n(N) = \sum_{i=0}^{h} l_i N_i = \frac{a}{l}\sum_{i=0}^{h} b_h^{\alpha i} = \frac{a}{l}\frac{b_h^{\alpha(h+1)}-1}{b_h^{\alpha}-1} \simeq L_0 N^{\alpha}, \; L_0 = \frac{a}{l},$$

$$A_n(N) = \sum_{i=0}^{h} a_{s_i} l_i N_i = a_{s*}\frac{a}{l}b_h^{(1-\delta)h}\sum_{i=0}^{h} b_h^{(\alpha+\delta-1)i} \simeq A_0 N^{1-\delta}, \; A_0 = \frac{a_{s*}\,a}{l(1-b_h^{\alpha+\delta-1})}$$

$$(3.22)$$

其中，对于要收敛的序列，我们需要假设 $\alpha + \delta < 1$，这在 $D > 1$ 的情况下始终适用（参见第 3.3 节中的表 3.3）。

即使不通过计算，我们也应该对基础设施网络如何覆盖城市空间整个范围有种直觉。这一假设背后的原理是：基础设施网络以分散化的方式增长，以将每栋新增住宅的居民连接到网络中。这还意味着，每一块被占用的土地（作为住宅、商业或任何其他用途），都能够通过城市基础设施网络被人员、货物和信息所访问。虽然城市发展水平不同可能会导致这些网络所使用的技术不同，但我们假设网络的几何结构并无不同。图 3.12 展示了标准网络的情况。在这个简单的案例中，我们很容易计算出网络总长度：

$$A = L^2 = (n_b l)^2, \; L_n = 2(n_b+1)n_b l = \frac{2}{l}A + 2\sqrt{A}\xrightarrow[n_b \gg 1]{}A \quad (3.23)$$

其中，l 是街区平均长度（网络上的最小切分，与城市规模无关），n_b 是穿越城市的沿线街区数量，那么每条穿越城市的网络段长度为 $L = n_b l$。在网络总长度 L_n 的计算式中，前面的系数 2 表示有垂直和水平两个方向的网络片段，系数 $n_b + 1$ 表示包括边缘网络段在内，从某个方向穿越城市的网络段数量，每条都有长度 $L = n_b l$。然后，将系数 n_b^2 用面积 A 表示，乘以一个常量。平均而言，对于

不是由方格网组成的网络,面积 A 前方的乘数常量会有所不同,但网络覆盖的空间特征不会不同,可以表示为 $L_n \sim \dfrac{A}{l}$。在居住地建设先于基础设施网络的城市,例如,当快速增长的城市中出现贫民窟时(第 3.3.8 节将讨论),网络长度将无法覆盖整个区域,这可以作为基础设施缺失的诊断依据。在另一些情况下,所有的空间都已建成,比如在大城市的市中心,我们可以观察到 $L_n \sim A \sim A_n$,这说明我们对城市的定义过于严格了,没有将周边的通勤区考虑进来。

网络上的交通成本

到目前为止,我们对城市流动性的认识还比较粗糙,即交通成本与出行距离成正比,甚至更简单,如第 2 章中"中心-外围"模型的离散冰山成本。现在,我们掌握了基础设施结构随标度变化的模型,可以在更现实的环境中对这些成本进行计算。

从一个总体视角来看,我们可以把这些成本看作为了保持城市的连通性而付出的代价,也可以把它理解为人员、货物和信息在基础设施网络中移动所需要的单位时间总能量。借用物理学中的电流概念,我们可以把这些运动看成一组流,利用电流的一般知识,我们可以对不同数量的流在整个城市中的传输过程进行定量分析。对我们最重要的概念是"电流守恒"和"电阻耗散成本"。电流守恒在这里意味着我们可以做一个一般性的假设,即城市中的人员、汽车、信息等要素在通过各个层次的基础设施网络时,其总量保持不变。如果忽略车辆进出城市的情况(或假设进出城市的车辆相互抵消),那么汽车驶入公路后并不会消失,它会在城市中的某条街道再次出现。基础物理学也告诉我们,移动任何物体都存在耗散成本。这一成本让我们可以建立一个运输成本形成的一般微观模型。

由于宽度 a_{s_i} 的标度以及总流 J 在各能级守恒,因此对于任意级别 i 都有:

$$J_i = a_{s_i}\rho_i v_i N_i = a_{s_{i-1}}\rho_{i-1} v_{i-1} N_{i-1} = J_{i-1} \tag{3.24}$$

总量守恒决定了不同级别流量密度 $\rho_i v_i$ 的必要标度,其中 ρ_i 是网络中的流密度,v_i 是其速度,例如,单位道路面积车辆数和车速。这个量特别有趣,它控制着任何网络中的耗散机制。应用前面的守恒条件以及 N_i 和 a_{s_i} 的标度,得到:

$$\rho_i v_i = b_h^{-\delta}\rho_{i-1} v_{i-1} \tag{3.25}$$

这意味着流的密度随着 i 的增加而降低。因此,公路比低等级道路上的车速更快,车流也更加密集。[28] 如果你从飞机上俯瞰城市,会发现事实的确如此。我经常这样观察城市,看到的景象总是让我情不自禁地微笑。为了完成计算,我们需要设定这些流的边界条件。这本身就提出了一个相当深刻的问题:城市中有多少东西在移动,为什么? 前面我们曾经提到过,人均个体需求在平均水平上没有变化,与城市规模无关,$\rho_h v_h = \rho_* v_*$。由此可以得出 $\rho_i v_i = b_h^{\delta(h-i)} \rho_* v_*$,总流量为 $J = J_0 N$,其中 $J_0 = a_{s_*} \rho_* v_*$。这是一个必然且合理的结果:总流量等于人们生活和工作的网络中每个终端的个体需求之和。当然,我们本可以将这个条件作为出发点,但是能够从社会经济产出和基础设施网络的一组非线性标度关系推导出这个结论是相当令人满意的。

为了计算与这些流相关的能量耗散,我们需要了解城市的"传导率",或者说基础设施网络的总"阻抗"。为了计算"传导率"或者"阻抗",我们假设每个网络截面上每单位长度的阻抗 r_J 是常量[29],可以得出每个网络片段的阻抗为 $r_{J_i} = r_J \dfrac{l_i}{a_{s_i}}$。比如说,所有道路都使用了相同的材料。假设网络中并联着 N_i 个阻抗,每个层级的总阻抗为 $R_{J_i} = \dfrac{r_{J_i}}{N_i} = \dfrac{ar_J}{la_{s_*}} b_h^{-(1-\alpha+\delta)i-(1-\delta)h}$,这可以说是标准计算方法。那么,对每一层级的功耗 $W_i = R_{J_i} J_i^2$ 求和,可以得出城市中运行的各种流所消耗的总功率 $W(N)$ 为:

$$W(N) = J^2 \sum_{i=1}^{h} R_{J_i} = J^2 \frac{ar_J}{la_{s_*}} b_h^{-(1-\delta)h} \frac{1 - b_h^{-(1-\alpha+\delta)(h+1)}}{1 - b_h^{-1+\alpha-\delta}} = W_0 N^{1+\delta} \quad (3.26)$$

其中 $W_0 = \dfrac{ar_J J_0^2}{la_{s_*}(b_h^{-1+\alpha-\delta})}$。这表明城市基础设施网络上的总移动成本是超线性增长的,其标度指数与社会经济产出相同。不仅对人来说如此,水、电力、信息等一切要素的移动都存在这样的规律。由于这并不是梅特卡夫定律意义上的网络效应,我们需要认真思考为什么出现这样的情况。这是能量流的基本物理规律造成的。功耗也可以写成 $W = E_{V_C} J$,其中 $E_{V_C} = R_{J_C} \sim N^{\delta}$ 是整个城市的(能量)势 *,$R_{J_C} = \sum_{i=1}^{h} R_{J_i} \sim N^{\delta-1}$ 是各级基础设施的总有效电阻。因此,我们看

---

* 这里的势相当于电路中的电压。——译者注

到,城市基础设施网络的去中心化(并联)大大减少了其随城市规模耗散。这是因为,与层级式网络不同,去中心化网络中的流可以采用众多不同的路径,例如,遇到某些道路拥堵,您可以改变通勤路线。超线性成本的"问题"源于功耗是流量的平方,它与动能而不是速度或距离成正比。在不减少个人需求的情况下,即使基础设施网络非常高效,城市中的功耗也将不可避免地随着人口规模呈超线性增长,至少从结构设计角度来看是如此。相比之下,我们之前曾经提到,生物体通过减少其细胞的能量传递(即减少流量)来提高效率,从而导致个体代谢随着规模增长而减缓(克莱伯定律)。这与城市中的情况截然不同。在城市中,个体需求随着城市规模增长保持不变,而社会交互得到加强。一个很浅显的道理是,在一个人们有选举权或是可以自由离开的城市,要想模仿生物有机体的策略,比如说通过减少电力供应来使城市更加有机,是很难当选市长的。

这也表明社会经济产出与功耗的比值$\left(\frac{Y}{W}\right)$与人口规模无关。这个比值可以用来衡量城市效率,其在不同城市规模下保持恒定具有重要意义。这意味着,在一个城市的社会经济发展过程中,只要保持足够的生产力,城市的规模就不会受到(移动)成本的限制。这与我们在实践中所看到的情况相符,但与第2章中各种城市经济学模型的预测完全不同。正是因为这一比值在不同城市人口数量下保持恒定,城市规模才可以保持其开放性。这意味着我们今天可以有各种规模的城市,理论上未来我们还可以创造更大的城市。

第4部分:预算条件与标度恒定均衡

我们定义城市净产出 $\mathcal{L}$ 是社会交互产出 Y 与基础设施能耗 W 在住区和网络约束下的差值,现在让我们来看看如何通过最大化城市净产出来推导出这些结果:

$$\mathcal{L}=Y-W+\lambda_1\left(c_{T_0}A^{\frac{H_m}{D}}-G\frac{N}{A}\right)+\lambda_2(A_n-A_0'Nn_A)\xrightarrow[\frac{\mathrm{d}\mathcal{L}}{\mathrm{d}G}=0]{}\frac{2\alpha-1}{\alpha}G^*\frac{N^2}{A_n(N)}$$

$$(3.27)$$

其中 $A_0'=A_0a^{-\frac{1}{D}}$,λ_1 和 λ_2 是实现去中心化网络和门槛条件约束的拉格朗日乘数。该方程的新颖之处在于,它通过优化条件 $\frac{\mathrm{d}\mathcal{L}}{\mathrm{d}G}=0$ 为我们预测耦合关系 $G=$

G^* 的最优值提供了基础。每个城市的 G 值都应聚集在这个特殊值周围。要看到这一点，考虑社会产出和交通成本对 G 的依赖性不同。保持 c_{T_0} 固定，Y 和 W 都随 G 增加，但当 $W_0 \sim G^\alpha$ 时，$Y_0 \sim G^{1-\alpha}$。我们一方面寻求社会交互价值的增加，另一方面面临着随之而来的交通成本快速上涨，这两者之间的紧张关系是大多数城市规划问题的根源。

计算过程表明，这两个量以一种非常特别的方式彼此关联，通过找到两者之间的均衡，能够使城市整体达到最佳结果。首先让我们考虑交通成本等于交互产出时的极限情况，这时候对于每个主体而言，城市可能变得不稳定。有两种解：

$$G \equiv G_{min} = 0 \ \text{或} \ G \equiv G_{max} = \left[\frac{(c_{T_0} l)^{2\alpha}}{r_J' J_0^2} l^{2(1-\alpha)} \right]^{\frac{1}{2\alpha-1}} \tag{3.28}$$

其中，$r_J' = \dfrac{r_J}{(1-b_h^{\alpha-\delta-1})(1-b_h^{\alpha+\delta-1})}$。那么可以计算出满足社会收益减去交通成本后的最大值 G 为：

$$G^* = \left[\frac{1-\alpha}{\alpha} \right]^{\frac{1}{2\alpha-1}} G_{max} \leqslant G_{max} \tag{3.29}$$

其中，前置因子是纯几何因子（取决于标度指数）。该表达式表明，最优值 G^* 位于 G 的最小极限值和最大极限值之间。事实上，对我们最简单的办法是取值 $\alpha = 2/3$，由此可以得出一个非常简单的答案：$G^* = \dfrac{G_{max}}{8}$。

因此，如果社会交互的盈亏平衡为正，即 $\bar{g} > 0$，城市将会形成。然而，始终存在一个上限 $G = G_{max}$ [参见图 3.13(B)]，当超过该上限，交通成本将超过社会效益，城市空间也将裂解为更小的区域。对于 $G < G^*$ 的城市，其社会交互潜力没有充分发挥，可以继续增长。这些地方往往较为贫穷，基础设施也较为落后，例如发展中城市。而 $G > G^*$ 的城市则恰恰相反，过度扩张带来不必要的交通成本，导致生产力被低效利用，其中一部分以废热的形式被耗散，城市成为自身社会经济成功的受害者。

这表明或是由于没有充分发挥其社会潜力，或是由于交通成本过高，城市很可能并没有达到良好的效率。在任何一种情况下，城市标度理论都表明，城市规划必须考虑到密度、流动性和社会连通性之间微妙的净平衡，并在此基础上建立迭代式开发和城市政策评估的一般框架。这意味着我们需要在城市系统中测量并优化方程式(3.28)和方程式(3.29)的输入参数,并努力去调整生产力、基础设施效率或出行模式等参数,使城市能够更好地以较低的交通成本,为更多人带来更有价值的社会交互。

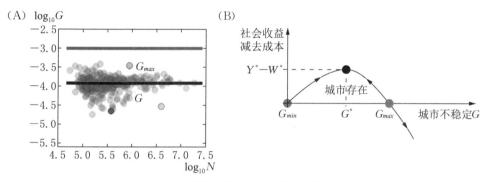

注:(A)图中美国大都市地区的数据显示了 G 的恒定性及其最大极限值G_{max}。(B)图是城市发展阶段示意图,描绘了城市得以存在和稳定的耦合值区间$[G_{min}, G_{max}]$,以及社会收益减去交通成本后的最大值G^*。

图 3.13　耦合值 G 的标度恒定性及其城市稳定性区间

讨论:城市标度的注意事项和其他方法

我们现在已经建立了一个总体框架,以定量的方式将城市描述为相互关联的社会网络和基础设施复杂网络。这一框架成功地将新数据、城市作为复杂适应系统等新兴概念与不同学科的经典模型联系在一起。它还扩展和强化了一般概念,例如我们将主体生命过程一般化地理解为时空轨迹概念、由时空轨迹产生的社会经济交互和相关交易产品的概念,以及建成空间的网络本质的概念。在本章中,我们还展示了如何将这些现象平均到整个城市或一段时间内,从而用指数和前置因子的期望值来计算特定的标度关系。

我们需要强调,迄今为止发展的工作也为我们超越标度律的“平均场”预测,提出城市统计理论提供了基础。在后面的章节中,城市统计理论将允许我们根据城市地区中的个人和场所属性,通过额外计算高阶统计量,解开标度关系表达的平均概念。最终,当动态波动主导这些平均值时,我们将能够预测标度关系将于何时完全失效。

除了本章提出的理论,还有大量的研究致力于标度关系的推导,有新有旧。

在对标度关系的早期观察中，诺德贝克[30]指出，总面积标度的特征指数为 2/3 意味着人口像常规体积一样缩放，$N \sim R^3$。他试图提供一些定性的证据来支持这一观察结果，但并没有将结果与社会交往带来的交互活动联系起来。有趣的是当我们回过来看方程式(3.16)和图 3.8，就会认识到其中两个维度表达的是普通的二维空间，但第三个维度与分形维数 H_m 相关，它随着时间的推移和主体的移动而展开。

我们都知道，城市的集聚效应最早是由经济学家发现的，但他们很少将其描述为经济总量与人口规模之间的标度关系。从亚当·斯密到阿尔弗雷德·马歇尔，再到近年来一些学者提出的数学公式[31]，很多经济学概念确实表达了社会经济互动是网络效应的根源。近期，在城市存在超线性和亚线性标度效应这一系统性逻辑得到认可后[32]，阿贝斯曼、克莱因伯格和斯特罗加茨[33]构建了一个网络模型，揭示了社会交互必然会导致超线性效应。潘等人[34]提出了另一种推导社会产出存在超线性效应的方法。他们用引力定律（参见第 8 章）来模拟城市内部的人员流动和交互作用，得到一种标度依赖形式，$Y \sim N \log \frac{N}{N_0}$。这种形式可以拟合弱超线性数据，但由于必须引入规模 N_0（对数不是标度恒定函数），因此当城市规模足够小（$N < N_0$）时，标度律将会失效，这种可能性存在，但不合常理，也没有被实际观察到。[35]

另一种方法是考虑不同城市的职业结构或功能结构的差异，并认为这些结构之间的互补性是导致超线性标度的原因，在较大的城市中，这种互补性更强。基于这种假设，皮曼等人[36]提出，在法国和美国观察到的一些职业体现出超线性关系，可以解释为城市体系层面的进化动力学的结果。我们将在第 5 章继续讨论这个想法，该章涉及职业多样性和生产力。戈麦斯·利瓦诺等人[37]也提出了类似的职业互补思想，用来预测超线性标度指数、前置因子和偏差的变异性之间的相关性。我们已经在城市中观察到这种相关性，并在第 4 章和第 5 章中研究这些想法。杨、帕帕克里斯托斯和艾布拉姆斯[38]也运用了类似的想法，即考虑某些社会经济结果所必经的遭遇，以建立一个统计模型来预测非幂律的"标度"关系，并将其方法应用于一个关于不同犯罪类型的有趣的新数据集。

在我看来，虽然所有这些模型都包含了城市动态的真正要素，但没有一个模型能与经典理论形成全面的联系，也没有一个模型能够预测标度指数的具体值。

它们都过于关注一些具体的问题,无法为我们提供一般性城市理论,以描述建成空间、流动性、耗散成本和社会经济生活等不同要素,并能够实现自洽。在接下来的章节中我们将看到,本书提出的理论包含了所有这些有趣方法的重点,但通常需要考虑超出平均值以外的因素。

除了这些技术方面的考虑,我们还需要简单讨论一下标度关系的局限性及其对全球城市化的意义。很多城市在经济关系、政治和文化影响方面越来越全球化[39],但这并不会改变理论的基本前提。城市的内部动态和组织(人和机构组成的社会网络)产生了新的社会经济功能,使城市能够在世界范围内交易商品、服务、人员和信息。[40]因此,虽然香港、新加坡或迪拜等少数城市主要依靠国际贸易,但世界上大多数全球城市,如东京、纽约、洛杉矶、北京、上海、柏林或法兰克福,都清晰地显示了其标度效应首先遵循国内城市体系的规律,如图 3.1—图 3.3、表 3.1 和本书其他地方所示的那样。

标度关系预测的只是宏观层面的人均量,如整个城市地区的个人收入。但所有城市都存在一些空间和社会口袋,它们存在流动性或高或低,社会融合或是社会隔离,获取服务、正义和机会的能力或高或低的差别。解决这些基本的不平等问题需要我们超越标度(即超越每个城市的平均水平),这些将在后续章节进行讨论。

3.3 城市标度理论的其他可观察预测

城市标度理论对社会生活、社会经济生产、基础设施网络、城市形态、交通成本等问题之间的复杂关联性进行了定量预测。本书反复提到这些预测,但本节涉及的预测特别重要。表 3.3 总结了前面推导的一些标度关系。

3.3.1 社会网络结构和传播过程

由城市标度理论可以得出一个重要论断:城市的各种优势(和一些劣势)源于社会经济网络,而不是源于个体的固有属性。

这里有一个微妙的区别,城市中连接能力较强的人往往具备一些可以在个人层面上衡量的特定属性,例如,收入更高、消息更灵通。很多热爱交往、善于充分利用城市优势的人可能更愿意选择大城市,因为大城市的网络效应更强,影响范围也更大。这与我们的理论并不矛盾,但再次提醒我们,城市中存在大量循环因果关系,正是这些关系创造并推动了城市的社会交互和集聚过程。

然而,我们需要尽可能对城市社会网络进行全面和直接的测度。目前的方法主要有两种:一种是通过传统调查方法,另一种是通过手机等移动通信数据。这两种方法都预测到人与人之间的联系网络强度与人口规模呈超线性关系。如果用连接量来测度网络联系度,在最简单的情况下,标度指数 $\beta = 1 + \dfrac{1}{6} = \dfrac{7}{6}$,如果考虑到其他因素,指数情况会比较复杂,如表 3.3 所示。

表 3.3 城市标度关系和各种重要量的指数预测总结

城市标度关系	指数预测 $D=2$, $H_m=1$	指数预测公式 D, H_m
土地面积 $A = \alpha N^{\alpha}$	$\alpha = 2/3$	$\alpha = \dfrac{D}{D+H_m}$
网络体积 $A_n = A_0 N^{\upsilon}$	$\upsilon = 5/6$	$\upsilon = 1 - \delta$
网络长度 $L_n = L_0 N^{\lambda}$	$\lambda = 2/3$	$\lambda = \alpha$
人均交互量 $R = R_0 N^{\delta}$	$\delta = 1/6$	$\delta = \dfrac{H_m}{D(D+H_m)}$
社会产出 $Y = Y_0 N^{\beta}$	$\beta = 7/6$	$\beta = 1 + \delta$
能量耗散 $W = W_0 N^{\omega}$	$\omega = 7/6$	$\omega = 1 + \delta$
土地租金(美元/平方米) $P_L = P_0 N^{\beta_L}$	$\beta_L = 4/3$	$\beta_L = 1 + 2\delta$

注:当 $H_m \to 0$ 时,集聚效应消失,因为这时候人们处于空间分离状态(每个人都待在家里),社交网络无法出现。

由于移动通信网络通常有详细的运营数据记录,因此测度起来比较容易。对葡萄牙、英国[41]和科特迪瓦[42]等很多国家和城市的研究都验证了该理论的预测结果(参见图 3.14)。

虽然以上结论在平均意义上很清晰,但我们也发现这些量在人群内部存在很大差异。例如,在手机网络中,个体连接度近似于对数正态分布。[43]正态分布是一种常见的分布形式,在后续的城市统计学章节中会频繁出现(参见图 3.15)。无

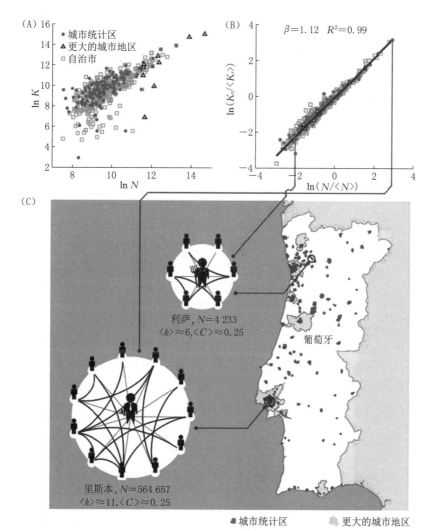

注:(A)图中的累积连接度 K,根据葡萄牙三种不同城市定义的手机网络与城市人口规模 N 进行测量;(B)图中将累积连接度按每个地方的服务覆盖率(市场份额)重新缩放(K_i),数据收缩到一条曲线上;(C)图中首都里斯本的居民,其双向手机联系人的数量 k 平均值是村镇利萨居民的两倍。平均聚类系数 C 不变,表明双向联系人的比例(黑线)保持不变。地图显示了葡萄牙城市统计区和更大的城市地区的位置(不含亚速尔群岛和马德拉群岛)。

资料来源:作者改编自 M. Schläpfer, L. M. A. Bettencourt, S. Grauwin, M. Raschke, R. Claxton, Z. Smoreda, G. B. West, and C. Ratti, "The Scaling of Human Interactions with City Size", *Journal of the Royal Society Interface* 11, no. 98(July 2, 2014):20130789, https://doi.org/10.1098/rsif .2013.0789。

图 3.14　社会交互与城市规模呈超线性关系

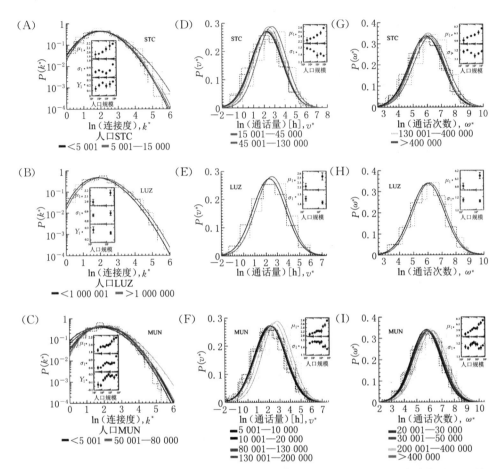

注：(A)图—(C)图表示葡萄牙城市统计区(STC)、更大的城市地区(LUZ)和自治市(MUN)的连接度 $P(k^*)$ 分布，各个城市单元根据其人口规模进行了对数分级(log binned)。虚线表示基础的直方图，实线是偏态分布的最佳拟合，平均值为 μ，标准差为 σ (偏度为 γ)(插图所示)。(D)图—(F)图表示通话量 $P(v^*)$ 分布。(G)图—(I)图为通话次数 $P(\omega^*)$ 分布。在(D)—(I)中，连续线是正态分布的最佳拟合，平均值分别为 μ_{v^*} 和 μ_{w^*}，标准偏差分别为 σ_{v^*} 和 σ_{w^*} (插图所示)。

资料来源：作者改编自 M. Schläpfer, L. M. A. Bettencourt, S. Grauwin, M. Raschke, R. Claxton, Z. Smoreda, G. B. West, and C. Ratti, "The Scaling of Human Interactions with City Size", *Journal of the Royal Society Interface* 11, no. 98 (July 2, 2014): 20130789, https://doi.org/10.1098/rsif.2013.0789。

图 3.15　基于不同连通性测度方法和城市定义的连接度统计分布

论是正态分布还是连接度的幂律分布，都源于一个共同的过程：连接度随着新连接的引入而成倍增长，其概率与一个人已有的连接数量成正比。[44]我们将在第4章和第8章中介绍并分析其中一些模型。造成这种现象的机制很简单：我们大多数新朋友都是通过熟人介绍认识的[45]，而建立新关系存在一定的有限概率。另外一种方式也能达到同样效果：基于共有的背景和机构遇到一群人，例如在工作场所或学校。这也是时间地理学所关注的。这种理解有时可以用一个叫作"优先连接"（preferential attachment）[46]的简单算法来表示，但也符合指数增长过程的一般属性，其中增长率是一个随机量（参见第 4 章）。[47]

数据还显示了集聚现象存在一个普遍特征，即无论城市大小，我们都能看到联系人网络中有一定数量的多重联系人（我的朋友是共同的朋友）[参见图 3.16（A）]。虽然手机联系人网络只是更大城市社交网络中的一部分，但人们既需要在复杂的社会环境中探索新的人和机会，又需要维持由家庭和亲密朋友组成的紧密联系。这两者之间的平衡很有趣，可能反映了社交网络具有不同的功能[48]，这也是社会学研究的经典主题。

对于传染病或信息等传播过程来说，城市社会网络连接的超线性标度关系还有一个有趣且重要的后果。在流行病模型中，感染状态（例如感冒）通过网络联系在人群中传播，均以一定的概率跨越每个连接。描述这一过程的最重要的量是繁殖数量 $\mathcal{R}$，这个量用来测度从给定节点开始的传染过程所引起的继发病例数。[49] 对于传染网络，繁殖数量与连接度 $k(N)$ 的统计数据相关，如下式所示：

$$\mathcal{R} = P_I \frac{\langle k^2 \rangle}{\langle k \rangle} = P_I k \left(1 + \frac{\sigma_k^2}{\langle k \rangle^2}\right) \tag{3.30}$$

其中 P_I 是每次接触的感染概率，$\langle \cdots \rangle$ 表示人群的期望值，σ_k^2 是度方差。在对数正态度分布情况下，度平均值和方差由下式给出：

$$k = \langle k \rangle = e^{\mu + \frac{\sigma^2}{2}}, \ \sigma_k^2 = (e^{\sigma^2} - 1)e^{2\mu + \sigma^2} \tag{3.31}$$

参数 $\mu = \langle \ln k \rangle$，$\sigma^2 = \langle (\ln k - \langle \ln k \rangle)^2 \rangle$。这样可以得出一个简单而优雅的繁殖数量表达式：

$$\mathcal{R}(N) = P_I e^{\sigma^2} k(N) \simeq P_I k_0 e^{\sigma^2} N^\delta \tag{3.32}$$

在后面的约等式中，我们引入了度与城市人口规模的标度关系。因此，繁殖数量通常是城市规模 N 的函数，在较大的城市中会更大。[50] 具体大多少则取决于对数方差 σ^2，以及该参数是否与城市规模相关（如第 4 章所述）。

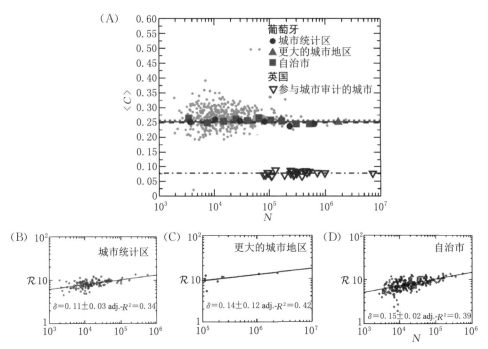

注：(A)图中线条表示网络聚类系数的平均值，城市统计区(加权平均值和标准差，虚线)为0.25±0.02，更大的城市地区(连续线)为0.25±0.01，葡萄牙的自治市为0.26±0.02(虚线)和英国的自治市为0.078±0.004(点线)。灰色点是所有城市单元的基础散点图。(B)图—(D)图表示基于交互的传播过程随着城市规模加大而加速。不同的小图显示了在不同城市定义下，平均"传播速度"(繁殖数量 $\mathcal{R}$)与城市规模的关系。对于每个城市单元，$\mathcal{R}$ 值取自葡萄牙互惠网络上100多个模拟试验的平均值($\Delta t=409$ 天)，由每对节点之间的累计通话量加权得到。实线是幂律比例关系 $\mathcal{R} \propto N$ 的最佳拟合。

资料来源：作者改编自 M. Schläpfer, L. M. A. Bettencourt, S. Grauwin, M. Raschke, R. Claxton, Z. Smoreda, G. B. West, and C. Ratti, "The Scaling of Human Interactions with City Size", *Journal of the Royal Society Interface* 11, no.98(July 2, 2014): 20130789, https://doi.org/10.1098/rsif.2013.0789。

图 3.16 聚类系数不变，传播随着城市规模增大而加速

在较大城市的传播过程中，较高的繁殖率会造成两个重要的后果。[51]首先，繁殖率 $\mathcal{R}$ 的最重要意义是作为传染病在人群中传播的阈值。[52]当 $\mathcal{R}<1$ 时，由于传播受阻，传染病将消失；当 $\mathcal{R}>1$ 时，这一过程将被放大(成为一个"连锁反应")，并导致传染病流行，因为它可以迅速传播给几乎所有的人。由于 $\mathcal{R}$ 值通常会随着城市规模的扩大而增加，我们立刻就能理解，不管是传染病扩散还是信息传播，包括正式的信息传播和非正式的文化、时尚和行为传播，在较大的城市中都更加容易发生(参见图 3.17)。事实的确如此,城市中某些社区的交互活动更加密集,$\mathcal{R}$ 值也更大,这些社区可能成为某些传染病的天然温床。

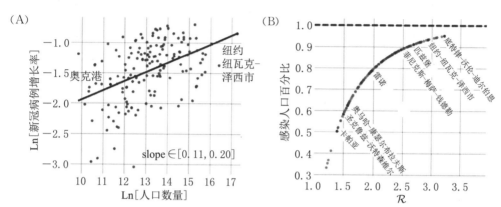

注:(A)图表示美国大都市统计区的新冠指数日增长率。(B)图表示在缺乏有效控制的情况下,预计大城市的疫情将比小城市更为严重。

图 3.17 新冠报告病例随城市规模扩大呈超线性增长

其次,繁殖数量决定了一定人口中的增长率,从而决定了"扩散速度",这可以作为一个信号。因此,我们预计连接度的超线性特征会加速大城市的扩散进程,流行病和信息在城市社区中的传播速度比小城镇更快。这使得在大城市遏制传染病的流行更加困难,但也使得信息传播和创新的进程更快,其中可能就包括阻止疾病传播的干预措施。对抗指数增长的最好方法是更快的指数!

最后,疫情的暴发规模也与繁殖数量有关。在复杂的流行病模型中,这需要进行数值计算,但对于简单的"易感—感染—恢复"(SIR)模型[53],我们可以结合传播动力并直接写出表达式:

$$S_\infty = S_0 e^{-\mathcal{R}\left(1-\frac{S_\infty}{N}\right)} \tag{3.33}$$

在上式当中,S_0 是疫情暴发前易感人群的初始规模,S_∞ 是最终感染规模。我们发现,$\mathcal{R} \sim N^\delta$ 越大,受影响的易感人群比例越大,疫情也越严重(S_∞/S_0)。因此,当 $\mathcal{R}>1$,城市规模越大,繁殖系数也越大,可以预计疫情将更加严重。一方面,这导致更高的感染率;另一方面,如果激发人群的持久抵抗力,也可能使人群产生对未来疫情的免疫力(参见图 3.17)。最后一个有趣的话题是关于疫苗接种率 $P_{\mathcal{R}}$,即当 $\mathcal{R}>1$ 时,防止传染病暴发所需接种疫苗的人口比例。在 SIR

模型中,答案很简单,即 $P_{\mathcal{R}}=1-1/\mathcal{R}$。这表明随着城市规模的扩大,疫苗接种率也必须增加。

这些效应以量化的形式呈现了大城市在传染病流行过程中的重要性,凸显了它们作为自然地区性疾病和信息("模因"*)的蓄水池的非凡能力。传染病在人群中的传播进程突出了连通性的重要性,特别是它对城市特征的依赖性。然而,要了解人类发展或经济增长等更为复杂的动态,我们需要了解这些量的详细动态及其与网络的联系,这些研究还需要持续推进。

使用大型当代数据集(如手机数据集)进行的一般观察和研究,有时候难以充分反映个体及其相关社会经济的连接情况。[54]传统社会调查方法所产生的一些研究成果启发了我们如何解决这些问题,并为可能的理论推广提供了重要的补充。

例如,克劳德·费希尔(Claude Fischer)测度了(旧金山)湾区不同地点人群的自我(个人)网络,这些地点或多或少都具有城市属性。[55]他还探讨了这些地点与社会科学家感兴趣的多个问题之间的关系,包括情绪、社会参与和价值观等。这项工作的贡献在于,它丰富了人们形成的各种网络(亲属关系、邻居、专业),不仅考虑了人们的生活环境(城市化程度有高有低),还考虑了就业、年龄、教育等方面的状况。

总的来说,费希尔的研究和其他类似研究[56]都发现,农村和城市地区的个人网络在性质上有所不同,前者以亲属和邻居为主,后者则以工作关系和非亲属的朋友为主。这种结构转变并不意味着大城市的心理状况恶化或社会参与度降低,而是反映了在城市环境下,生活条件发生了质的变化,也体现了城市对年轻专业人员更具吸引力的事实。另一项大型社会学调查则关注集体行动和效能问题。这些问题与城乡差距无关,但与当地社区如何应对挑战以及建立信任和代理关系有关。[57]这项研究涉及了邻里效应(neighborhood effects,参见第6章),也使我们认识到,城市中的微观环境在很大程度上影响了人们的行为和机会,尤其是对儿童和年轻人而言。[58]因此,无论是居民内部,还是居民与公民和政治组织之间,联系更紧密的社区不仅在社会经济指标方面表现更好,创造广泛积极变化的

---

* 模因(meme),最早由理查德·道金斯提出,是一个与"基因"(gene)相对应的概念。基因使得各种生物把自己的生理特性遗传给下一代;模因使得人类把自己的思想、行为传播给其他人。《牛津英语词典》将"模因"定义为文化的基本单位,通过非遗传的方式,特别是模仿而得到传递。——译者注

能力也更强。基于电话网络的研究,也在国家一级观察到,不同地区的连通性与其社会经济地位之间有着类似的联系[59],这种联系还影响到了城市和国家的经济复杂性[60]、贸易流的规模和多样性,以及经济财富水平[61]等(参见第 5 章)。

综上所述,在不同尺度上,个人、社区和城市的连通性都与其社会经济地位存在一般性联系。连通性不仅促进了各种机会、思想和影响的传播[62],也是它们传播的结果。这些机会、思想和影响动态地将主体与知识和资源流动的网络化动态地联系起来,超越了时间、空间和政治经济组织形式的限制。然而,我们还需要深入探究这种动态机制,分析连通性的强度和类型如何影响学习过程和资源流动,并在时间和人口变化过程中产生累积效应,从而促进人类发展和经济增长。在后续章节中,我们将继续讨论这些重要问题。

3.3.2　有限的社会视野和网络搜索能力

本章的分析揭示了社会网络的一个关键特性,但我们还没有对此进行评论,即它们的结构造成了有限的社会视野(social horizons)。也就是说,在大城市里,人们可以认识更多的人(扩大了社会视野),但他们在城市总人口中的占比很小。虽然我们可以接触到其他人,但只能通过基于这个有限的视野进行搜索来间接接触。这意味着城市社交网络有两个重要的特性:模块化(modular)和可搜索(searchable)。

要理解这一点,可以考虑人均连通性的比例为 $k(N) = k_0 N^\delta$,其中 $\delta \simeq \frac{1}{6}$。这意味着平均而言,城市规模越大,每个人能接触到的人就越多,但他们接触的人数占城市人口的比例 $\frac{k(N)}{N} \sim 1/N^{1-\delta}$ 也越小。综合起来,这两个效应意味着,从绝对数量来看,大城市的人有更广泛的社会联系,但从相对比例来看,他们的社会关系却更狭窄。值得注意的是,只要 $\delta < 1$,这种效应就会一直存在。只有当 δ 达到梅特卡夫极限($\delta \to 1$)时,即每个主体都与整个网络相连的情况下,这种效应才会消失。

在更加定性的层面上看,这种效应使得大城市里的人拥有更广阔的视野,但也让他们感受到高速生活带来的孤独和无助。这种紧张感与信息过载及其引发的适应性行为(adaptive behaviors)密切相关,这也是社会心理学家极为关注的问题。[63]斯坦利·米尔格拉姆(Stanley Milgram)在其著名论文《城市生活体验》中,分析了大城市中因信息过载导致的几种典型的行为适应,包括:(1)缩短每项社会交往的时间,加快某些行为的节奏;(2)忽略某些"次要"因素,制定一些行动准则,以便将时间和精力集中在有限的社会关系上,这也使大城市的人看起来更加冷漠无情;(3)调整社会交往的范围,将部分负担转嫁给他人(例如,有繁荣的服务业);(4)在加入某个系统之前切断外界的联系,例如采取保护隐私和限制被动交往的措施;(5)通过改变手段或行为举止降低互动强度,与他人保持淡薄的关系;(6)建立专门机构来承担个人无法负责的社会责任(例如,解决贫困问题的社会救助机构)。这些适应性行为和制度发展对人们有着复杂的影响,既使人们免受周围不断扩大的社会环境的干扰,又导致人们相互疏远。这对社会生活造成了阻碍,为了使每个人都能够充分利用城市的优势,我们需要付出大量努力和智慧。社会学家经常援引"失范"(anomie)和"异化"(alienation)等概念来描述城市环境的特征[64],尽管几乎没有确凿证据表明这些问题对个人的社会生活或心理健康有负面影响。[65]

这种效应不仅体现在个人层面,也反映在城市整体层面。它影响了人们的决策水平。由于大部分接触和相关信息都超出了社会视野,人们只能在信息不全的情况下作出选择。这种源自基础的不确定性使得"全局优化"变得不可实现,至少对那些需要及时作出局部决策的情形是如此。这种决策上的不足似乎是城市的一个弊端,对经济学中的理性选择模型和工程技术中的全局优化策略都是挑战,但这也是城市的特点。这样城市才能保持流动性环境,不断变化并改进,包容更多的亚文化[66]、"道德区域"[67],以及更小更统一的特殊社区。[68]这也是进化动力学适合城市,以及城市是复杂系统的原因。

如何在这样复杂的网络中运行,这个问题涉及网络的可搜索性(searchability)[69]或可导航性(navigability)。这个概念不仅适用于城市,而且在当前的讨论中很有意义。网络的可搜索性衡量的是在不干扰网络其他部分的情况下,两个没有直接连接的节点之间传递或接收信号的难易程度。换句话说,它指出了在没有直接连接的情况下,如何通过网络获取或访问远处的资源或信号。

对搜索难度进行量化的一种常用方法是,比较从起点到终点的路径上,经过不同网络节点所包含的信息量。这可以用路径 x 的信息熵 H_x 来表示,其中路

径 x 通常被认为是两个节点之间的最短路径。[70]方程可以写作:

$$H_x \sim \sum_{i \in x} \log_2 k(i-1, i) \qquad (3.34)$$

其中,求和符号表示沿路径上的所有节点,$k(i-1, i)$ 表示从节点 $i=1$ 开始沿途的网络连通性。我们可以认为这个方程非常近似于度对数的平均值乘以路径的平均长度。我们前面已经看到,在计算繁殖数时,$\mu = \langle \ln k \rangle \sim \delta \ln N$。路径的长度取决于网络的结构,但如果依据规模为 N 的网络上的连接数来估算,我们也可以得到长度为 $\ln_k N \sim \dfrac{\ln N}{\ln k} = const$。那么,我们可以估算城市社交网络的可搜索性为 $H_x = H_0 \ln N$。许多模型网络[71](不一定是城市网络)的数值计算结果显示 $H_0 \simeq 1$。我们的结论是,即使按照这个非常粗略的估计,城市社交网络也具有可搜索性,并且搜索成本相对较低。由于交通成本与人口呈超线性关系,因此大城市的信息"选择成本"相对于交通成本而言更低。在实际情况中,无论是在城市物理网络还是社交网络中进行导航,信息成本都可能会更低,因为人们会不断改进信号和导航技术,以减少搜索的不确定性成本。例如,通过在各种技术中嵌入地图或身份信息,以及通过标志、市场、广告和公共服务等方式。因此,我们有理由认为,城市是具有模块化和可搜索性的网络。这也符合混合原则所提倡的功能性品质,但我们还需要通过人类行为模式来验证它。米尔格拉姆(Milgram)做过一个著名实验*,证明了人类社会网络具有可搜索性,即在社交网络中,通常可以通过六度关系找到任何人,从而形成人类社会和城市的"小世界"现象。[72]

3.3.3 城市用地面积标度与全球城市扩张

我们已经看到,一些最新的研究通过遥感技术识别非渗透表面,测量了城市建成空间密度[73],在很大程度上验证了城市标度理论对网络化区域的预测:

$$A_n(N_i(t), t) = A_0(t) N_i(t)^v e^{\hat{\varepsilon}_i(t)} \qquad (3.35)$$

---

* 1967 年,哈佛大学社会心理学家斯坦利·米尔格拉姆(Stanley Milgram)设计了一个连锁信件实验,提出了"六度分隔理论",即只需要六个人就能在世界上任何两个不相识的人之间建立联系。——译者注

测得的标度指数为 $v \simeq \dfrac{5}{6} = 0.83$。

这一系列实证研究的主要结论是，全球人均城市用地随时间推移总体呈现扩张趋势。这意味着，如果我们观察任何给定城市的变化情况，都会发现其建成区面积的增长速度快于人口增长速度。反过来说，虽然大部分城市的人口在增加，大城市仍然比小城市的人口密度高，但随着时间的推移，世界上大多数城市的人口密度都在降低。

城市标度理论怎么解释这些发现呢？要回答这个问题，请注意观察方程式 (3.35) 是精确的表达形式，其中任何相对标度关系的偏离都可以用残差 ξ_i 来解释。因此，在解释城市标度效应时必须考虑到随时间推移城市扩张的具体过程。事实上，城市土地扩张有两方面的影响：一方面反映了对所有城市都适用的共性规律，另一方面反映了各个城市自身的特殊性。对于前者，我们需要分析前置因子 $A_0(t)$ 如何随时间变化，而对于后者，我们需要关注标度残差 $\xi_i(t)$。在第 4 章中，我们会对残差问题进行深入探讨，这里只需要知道，所有城市的平均残差应该为零，也就是说，如果一些城市在用地扩张过程中 $\xi_i(t)$ 增加了，那么其他城市的密度必然会增加。

前置因子 $A_0(t)$ 代表城市 $A_n (N=1, t)$ 的平均值，它的变化反映的是城市体系中所有城市共同的人均基准面积变化。如果我们需要确认用地扩张是所有城市（无论大城市和小城市）的一般趋势，这将是一个合适的考察指标。

由于根据定义，城市的残差平均值为零，我们可以通过对标度关系式 (3.35) 的对数求平均值将前置因子分离出来，得到 $\ln A_0(t) = \langle \ln A_n(t) \rangle - v \langle \ln N(t) \rangle$。时间导数 $\gamma_A = \dfrac{\mathrm{d}}{\mathrm{d}_t} \ln A_0(t)$ 是基准面积的时间增长率，可以用来衡量整个城市体系的城市用地扩张情况。注意，如果这个速率在时间上近似恒定，我们可以认为 $\ln A_0(t) \simeq \ln A_0(0) + \gamma_A t$，基准面积随着时间推移呈线性增长，这意味着全球城市用地将会发生指数增长，$A_0(t) = A_0(0) e^{\gamma_A t}$。

图 3.18 展示了 2002 年至 2015 年期间中国地级市建成区（仅含市辖区）的用地扩张情况。我们发现，用理论性指数 $v = 5/6$ 得到随时间变化非常稳定的 A_0，年增长率为 $\gamma_A = 1.8\%$。拟合指数得到的点集噪声较大，其年增长率 $\gamma_A = 0.8$ 相对较低，但误差较大。这种噪声出现的原因是中国的城市用地扩张更加集

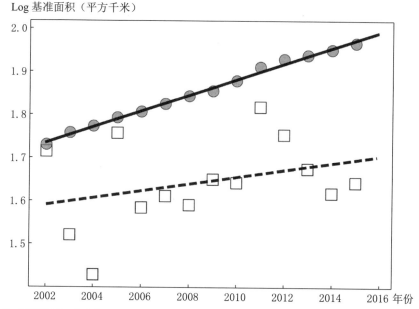

注：预测使用标度指数 $v = 5/6$(灰色圆点)，可以得出标度关系的前置因子，$\ln A_0(t) = \ln A_0(0) + \gamma_A t$，$\gamma_A = 0.018 \pm 0.001$(实线)。研究也用了年度指数(方框)进行了拟合，结果显示有较大的噪声，$\gamma_A = 0.008 \pm 0.012$(虚线)。

图 3.18　中国地级市的城市用地扩张

中于大城市。我们将在图 4.14—图 4.16 中重新审视这些数据和统计；另参见祖德和贝当古[74]的文章。

　　为什么近来城市用地扩张似乎已经成为各个国家和城市的普遍现象？城市标度理论提供了一个可能的答案。让我们再来看看前置因子 $A_0 \sim \left(\dfrac{G}{C_{T_0}} \right)^{\frac{1}{3}}$，它会随着交互量($G$)的增加和单位时间单位距离的出行成本($C_{T_0}$)的降低而增加。毫无疑问，在经济增长、基础设施发展和技术变革的环境中，比值 G/C_{T_0} 将随着时间推移而增加。因此，与第 2 章中的城市经济学模型相似，城市标度理论预测了其他结构因素对城市用地扩张有着普遍的影响作用，尤其是经济增长和交通技术进步。所以，不管当地的城市规划如何制定，这些变化都会促进城市的用地扩张。城市标度理论指出，通过建设能够增加每次连接价值的城市环境，可以减缓城市用地扩张的一般性机制，但目前我们并没有将这一价值按比例投入相对廉价的交通工具。这就需要比汽车更优越的、更能节约时间和金钱的替代性出行工具，并且它们的吸引力应该随着社会富裕和技术进步而不断提升。这样的公共交通系统还有待于发明。

3.3.4 基础设施网络和城市土地利用的分形维数

与空间密度相关的是形态学问题，即空间如何被占据和塑形。例如，当我们观察一张城市地图时，建筑物是均匀地覆盖了大部分地表还是密度有所差异？道路、街道和其他基础设施网络是怎样的？当然，由于土地使用存在正式和非正式差异，建筑风格、技术和城市规划政策水平也有所不同，这些问题在不同城市有不同的答案。但是在构建城市标度理论时，我们提出了一些如何自然地规划城市用地，以体现标度效应的一般原则。事实证明，这些原则也能预测出城市建成空间的分形维数的一些特征。

在 20 世纪 80 年代和 90 年代的定量地理学文献中（尤其是巴蒂和朗利的著作），人们热衷于将城市土地使用概念化为空间分形[75]，并用分形维数 D_f 来测度其特有的几何结构。分形维数可用于描述任何空间模式，并测量其与标准欧几里得维数的接近程度，例如，对于一条直线，$D_f = 1$；对于二维平面，$D_f = 2$。我们在图 3.8 中描述个人出行模式时引入了这些方法。请注意，D_f 与前面定义的 H_m 不同，因为前者用于测量建成空间（建筑物、基础设施网络和其他非渗透表面）如何占用二维土地，而后者描述了单个主体如何在不同时间使用这些建筑空间。特别是，我们期望 $H_m \simeq 1$，对于一个用地密度一致的城市，我们通常会得到 $D_f \simeq 2$。我们会发现，正如通常所定义的那样，D_f 不是一般性的标度恒定量。

测量城市建成空间的分形维数与假设城市土地利用呈现分形特征之间有着显著的区别。[76] 前者在实践中较为可行，而后者是一个更强有力的假设。从数学上来说，分形是一种具有自相似性质的图形，即它的任何一部分都与整体有相同或相似的几何结构。一个最为典型的例子是曼德勃罗特集（Mandelbrot set）。这种图形在不同尺度上重复出现相同或相似的模式，表现出强烈的空间自相似性，虽然它也能产生标度关系，但比幂律统计更加具体。[77] 因此，分形几何暗含了标度关系，但标度关系更为普遍，并不一定意味着分形几何。[78] 事实上，正如我们在本章中所展示的那样，最重要的城市标度关系是社会网络效应导致的，其中物理空间发挥了一定作用,但空间几何形状只是次要因素。

城市中缺乏严格的分形结构是常态而非例外。显然,城市在不同尺度上存在一些结构上的共性,包括在基础设施和建筑方面,但这些结构在不同的空间尺度上并不重复。尽管存在这些局限,很多对城市土地利用分形维数 D_f 进行测量的研究仍然得出了有意义的发现。其中最有趣的是建成区密度及其对已有用地的覆盖方式。要了解这一点,请思考分形维数一般是怎么测量的。

正如图 3.19 所示,大城市比小城市占据了更多相同的空间。这意味着在图 3.19 所示的情况下,测得的分形维数 D_f 会随着城市规模的扩大而增加。为了理解这一点,我们可以仿照第 2 章中城市经济地理模型的方法,将二维空间中分布的任何量的"质量"M 看作距离 CBD 半径 R 的函数[79]:

$$M(R) = M_0 R^{D_f} \tag{3.36}$$

其中,M_0 为前置因子。当我们通过增大半径 R 来扩展以城市中心为圆心的区域时,分形维数从累积的角度反映了这个量的空间分布特征。注意,这里取了所有方向和距离到 R 的平均值,如图 3.19 所示。分形维数的定义说明了它为什么不是一个通用量。根据方程式(3.36)求逆得到:

$$D_f = \log \frac{M(R)}{M_0} \Big/ \log R \tag{3.37}$$

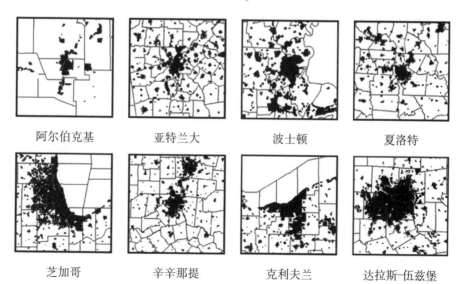

阿尔伯克基	亚特兰大	波士顿	夏洛特
芝加哥	辛辛那提	克利夫兰	达拉斯-伍兹堡

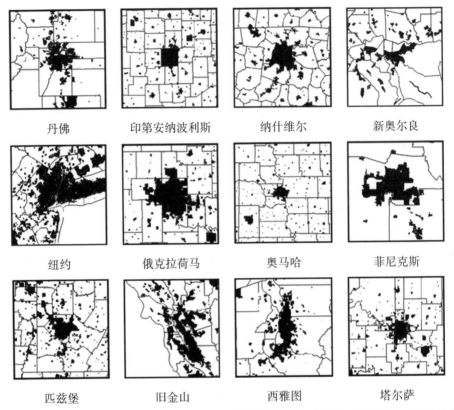

丹佛　　　　印第安纳波利斯　　　纳什维尔　　　　新奥尔良

纽约　　　　俄克拉荷马　　　　　奥马哈　　　　　菲尼克斯

匹兹堡　　　　旧金山　　　　　西雅图　　　　　塔尔萨

注：每幅图片的空间分辨率相同（1 000×1 000 像素），线性尺寸也相同，与城市中心的经度和纬度之差均为 0.8 度。建成区面积的分形维数是使用传统的计盒维数法＊计算的。请注意，对于纽约市来说，并不涵盖大都市区。此外，虽然所有城市都有一个紧凑的中心区，但许多较小的外围集群也有助于土地利用模式的形成。

资料来源：改编自 Guoqiang Shen，"Fractal Dimension and Fractal Growth of Urbanized Areas"，*International Journal of Geographical Information Science* 16，no. 5（July 2002）：419—437，https://doi.org/10.1080/13658810210137013。

图 3.19　1992 年美国 20 个城市地区的建成区（黑色区域所示）面积

这取决于半径 R 的数值，也间接取决于其离散程度和原点，即城市中心位置的选择。[80]我们可以设置一个最小半径 R_m（对应于图 3.19 中的一个像素）并检查，如果质量是均匀的，那么 $M=\left(\dfrac{R}{R_m}\right)^2$，求简单极限：

＊ 计盒维数法（box counting）也称"盒维数法""闵可夫斯基维数法"，是一种测量距离空间，比如欧氏空间 R_n 中分形维数的计算方法。——译者注

$$D_f = \log\left(M_0\left(\frac{R}{R_m}\right)^2 \middle/ M_0\right)\middle/ \log\frac{R}{R_m} = 2 \tag{3.38}$$

我们可以将这些表达式应用于城市标度理论。计算基础设施网络占用土地的质量为：

$$D_f^A = \log\frac{A_n}{A_0}\middle/\log R_m = v\log N / \log R/R_m \tag{3.39}$$

这取决于 R 如何随 N 变化。在图 3.19 中，R 是一个固定数值（0.8 度＝89 千米），与城市规模无关。图 3.20 显示了分形维数与图 3.19 中城市人口和建成区面积之间的相关性。如果给定 $\log R \simeq 5-6$，该关系的斜率与建成区的标度关系大体一致。[81]

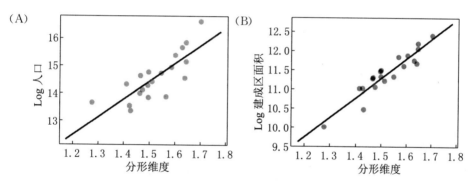

注：(A)图中人口与分形维数的关系为 $\log\frac{N}{N_0}=a_N D_f$，$a_N=6.496\pm2.29$，$R^2=0.64$。(B)图中建成区面积与分形维数的关系有更好的拟合，$\log\frac{A_N}{A_0}=a_A D_f$，$a_A=5.097\pm0.90$，$R^2=0.88$。注意，这两种拟合都与城市建成区的标度关系相一致，$A_n(N)=A_0 N^v$，$v=5/6$。

资料来源：作者根据文献提供的数据绘制，Guoqiang Shen, "Fractal Dimension and Fractal Growth of Urbanized Areas", *International Journal of Geographical Information Science* 16, no.5 (July 2002): 419—437, https://doi.org/10.1080/13658810210137013。

图 3.20 1992 年美国 20 个大都市区的人口、建成区面积和分形维数之间的关系

然而，如果将分形维数与人口、建成区面积之间的关系结合起来，标度关系将更加直接地显现出来。计算与人口相关的分形维数为：

$$D_f^N = \log\frac{N}{N_0}\middle/\log\frac{R}{R_m} \tag{3.40}$$

从中可以看到，建成空间和人口两个分形维数的比值与 R 无关：

$$\frac{D_f^A}{D_f^N} = \frac{\log A_n - \log A_0}{\log N - \log N_0} = \frac{\Delta \log A_n}{\Delta \log N} = v \tag{3.41}$$

当然，这里将标度指数定义为建成区面积对人口的弹性。因此，虽然单个量的分形维数通常是非普适的，取决于具体测量方法，但该分形维数与人口分形维数的比值可以直接用来估算标度指数。莫利纳尔和图尔纳[82]最近在研究欧洲的一些城市体系时用了这一策略，在这些地域提出能够自洽的城市定义很困难，特别是对于小城市和小城镇，他们使用了指数 $v \simeq 5/6$。[83]

3.3.5　地租、建筑高度与能源效率

我们在第 2 章中看到，城市经济学模型预测了不同变量导致的地租变化，包括单位土地面积上的资本增加，这相当于建筑高度的增加。虽然实际操作起来很难，但如果我们能找到一个合适的效用函数，这些一般性预测就可以更具量化性。在缺乏具体设定的情况下，城市经济模型只能定性地预测单位面积上的资本密度与城市规模等各种协变量之间的关系。

可以说，城市标度理论为我们提供了更加直接的量化方法，以预测地租和建筑高度与城市规模的相关性，包括具体的指数值。现在我们有了丰富的城市数据，如数字资产记录、激光雷达测量数据，将这些信息与航空遥感、摄影测量相结合，再通过人工智能重建形状和纹理，我们还能建立城市三维地图，越来越多的建成环境的详细信息使我们可以对这些预测进行验证。施拉弗、李和贝当古[84]最近总结了北美 50 个城市的此类信息来源。未来，世界其他地区也一定会有更好的此类数据，并最终成为每个人类住区都必备的标准数据。

建筑高度

那么我们如何预测像城市天际线这样的独特现象呢？我们首先推导基于建成区面积 A_n 的建筑高度标度。美国的城市化地区（urbanized areas）这一概念由美国人口普查局定义，它构成了大都市统计区的核心建成区，我们观察到其面积与人口规模成标度关系，$A_n \sim N^{1-\delta}$，其中 $\delta \simeq 0.15$，由此得到的标度指数为 $1-\delta \simeq 0.85$[85]，符合城市标度理论的预测。后续的分析进一步证明了这一点，

大都市统计区内的道路总面积也呈现相同的标度指数[86]，并且建成区通常与道路基础设施同构[87]，因为每栋建筑都需要与街道连接。建成区面积表现出次线性缩放（$1-\delta<1$），这意味着建成空间上的人口密度随着人口规模的增加而增加（$N/A_n\sim N^\delta$），这迫使城市土地利用随着城市规模的扩大而发生系统性的变化。

实际上，这种变化的发生方式有两种。第一种方式是每个人消耗更少的土地，即减少人均建筑面积。简单地计算一下人均占地面积 a_f，我们就知道这个选择意味着什么。将建成区面积分配给所有居民，$a_f=\dfrac{A_n}{N}\sim N^{-\delta}$，这相当于城市人口每增加一倍，人均占地面积将减少大约 16%。这一逻辑的最终结果是我们将看到大量非正式住区和贫民窟。[88]例如，据估计，19 世纪曼哈顿下东区的人口密度达到近 150 000 人/平方千米，是美国有史以来人口密度最高的地区。[89]当前大都市统计区的数据也表明，虽然人均占地面积较小确实是大城市的一个特点，但这种减少远没有这个简单论点所预测的那么显著。对于 $a_f\sim N^{\delta_{af}}$ 形式的标度关系，我们发现一个经验性指数 $\delta_{af}\simeq-0.04$。第二种方式是增加建筑高度，这是因为了为了避免人均占用空间大幅减少，城市必须创造出更多的建筑面积。为了解释这种影响，我们现在通过建筑平均层数 h_b/h_f 来引入城市的第三空间维度，其中 h_b 是给定城市的平均建筑高度，h_f 是一般层高（层高通常由建筑规范规定，在美国大约是 4.3 米或 14 英尺）。因此，人均可用建筑面积变为 $a_f=\dfrac{h_b A_n}{h_f N}$。结合 a_f 的标度来计算平均建筑高度，我们得到：

$$h_b(N)=a_f h_f \frac{N}{A_n}\sim N^{\delta_h} \qquad \delta_h=\delta+\delta_{af}\simeq0.11 \qquad (3.42)$$

计算结果与数据非常吻合（参见图 3.21）。因此，平均建筑高度的标度是由人口密度（δ）的标度决定的。对于如今的美国城市来说，拥挤，或者说每个人占用较少的空间（δ_{af}）也作出了少量贡献。

为了进一步明确城市天际线的特征，即城市中心建筑物的高度，我们需要关注城市中心区，而不是整个大都市地区，后者包括住宅郊区。正如我们所讨论的，城市中心区聚集了大都市层面的大部分就业岗位，建筑物几乎填满了城市地区的中心部分，留下的空地很少。从这个意义上说，只有在这些中心区，我们才能近似认为径向密度 $A\sim A_n\sim N^\alpha$，$\alpha\simeq2/3$。在方程式（3.42）中引入这些面积的标度依赖关系，可以得到 $h_b \sim N^{1/3}$，这与图 3.21(A)的测量结果非常一致。这方面的另一个论点是，最近有研究试图将城市地区的平均人口密度剖面描述为与 CBD 的距离[90] R 的函数，这提出了一种"相似"的标度关系，函数形式为 $n_A(R, N) = N^{1/3}\phi_b(R/N^{1/3})$，其中 $\phi_b(\cdots)$ 是一个特征函数。在高密度的城市核心区内，我们可以假设平均建筑高度与人口密度近似成正比，因此对于较小的 R，$\phi_b(d/N^{1/3})$ 约为一个常数。[91] 由此可以得出市中心的建筑物平均高度为 $h_b(N) \sim N^{1/3}$，这与数据一致，如图 3.21(A)所示。在其余的图中，我们看到了数据的其他特征，特别是图 3.21(B)中，建筑高度的分布很广，主要是一层或两层的相对较矮的建筑。在图 3.21(C)中，我们还可以看到平均建筑高度随着与市中心的距离变化而变化。图 3.21(D)显示了整个城市的平均建筑高度与人口的标度关系，其指数为 $\delta \simeq \dfrac{1}{6}$，与理论相符。最后，图 3.21(E)显示了这些结果与

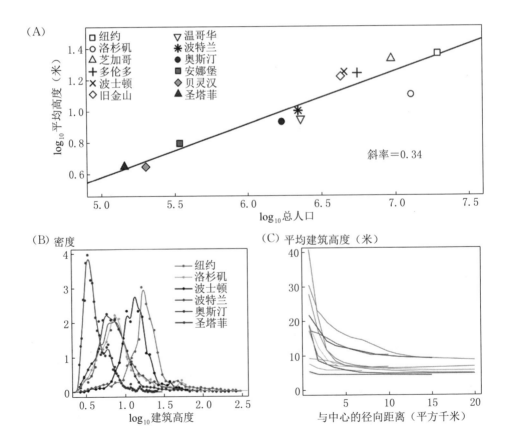

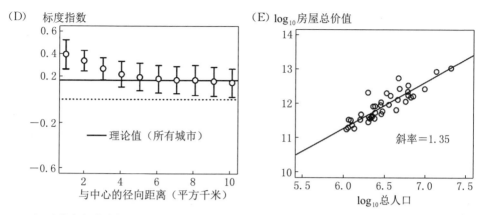

注：建筑高度随城市人口规模的变化。(A)图表示距离市中心（以市政厅位置测量）$R=2$ 千米范围内，平均建筑高度 h_b 与城市人口规模 N 之间的标度关系。最佳拟合线的斜率为0.34，95%置信区间为$[0.25, 0.42]$，$R^2=0.87$。(B)图表示单栋建筑高度的统计分布。连续线是核密度估算。(C)图表示距离城市中心半径为 R 的区域范围内的平均建筑高度。(D)图表示高度与 R 的标度指数，误差条表示95%的置信区间。连续线为理论预测 $\delta \approx 1/6$。(E)图表示美国主要大都市统计区中，独户家庭房屋价值与人口规模的标度。最佳拟合线的斜率为 1.35，95%的置信区间为$[1.13,$ $1.57]$，$R^2=0.79$，与理论预测在统计上无法区分，指数为$1+2\delta \approx 1+1/3=1.33$。

图 3.21　美国大都市统计区的建筑高度、高度分布和地租

地租的标度相一致（参见表 3.3），以美国大都市统计区独栋住房的价值衡量，由于人均收入较高与人均建成面积较低的复合效应，其标度为$\sim N^{2\delta}$，因此土地租金$\sim \dfrac{Y}{A_n} \sim \dfrac{N^{\delta}}{N^{-\delta}} = N^{2\delta}$。

　　从经济角度来看，在建筑物内部不拥挤的情况下，土地价值将会强烈超线性增长，其增速高于收入增速，对大城市造成了极大的住房成本压力。据我所知，世界上没有一个大城市能让人们"负担得起"住房。要适应这种一般标度效应有两种方式：要么在单位土地上提供更多的建筑空间，以 $h_b(N) \sim N^{\delta}$ 的方式增加建筑高度，要么在城市外围以较高的交通成本来换取较低的住房成本，前提是能够忍受长距离的通勤。第二种解决方案相对较为简单，在缺乏主动干预政策的情况下常常占据优势，但它会导致城市蔓延，即城市用地快速扩张，也带来更高的能源消耗，这在目前的技术条件下意味着更多的碳排放和污染。这也导致了大量的时间花费在通勤上，不仅经济上浪费，而且令人厌烦。然而，使城市变高需要大量创新，例如更先进的建筑技术、融资方式，以及包括交通在内的各种配套性城市服务，更需要土地规划和政策的支持，以推动此类项目并进行及时的评估。这些能力的发展需要在地方政府能力、商业技能、愿景制定和文化变革等方面都能跟上节奏，因而往往不易在快速发展的城市实现，但随着城市地区的人口和经济增长，最终会逐步变为现实。

建筑形态与能源消耗

我们还可以通过建筑物的形态来概括其特征，即其他维度，特别是建筑轮廓与高度变化的关系。这是城市中最接近"异速生长标度"的方面。由于"异速生长"这一术语指的是生物有机体中各部分的相对关系，自然也可以用来描述不同建筑维度的协变。建筑高度的增加通常伴随着建筑形态的变化，因为结构需求、空间限制、土地租金、自然光照以及其他因素都会对建筑轮廓造成影响。

分析建筑物的异速生长标度要求我们考虑影响形状的不同比例关系，而不仅仅是高度。分析三维形状的最重要指标是表面积体积比*（surface-to-volume ratio），定义为 $a_{A/V}=A_b/V_b$，其中 A_b 是建筑物的表面积，V_b 是其体积。表面积体积比是考察建筑环境的关键性能参数之一，因为它量化了建筑物表面对外暴露的程度，因而对气候控制和照明能耗有重要影响。

为了更系统地对建筑形态进行建模，我们首先提出一种参考形态。假设有一个边长为 $l_c=V_b^{1/3}$ 的正方体，这是一个最接近球体（最简单的三维图形）的模拟体，但也很接近大多数建筑物的外观，那么，其表面积为 $A_b=6l_c^2$（包括地面），表面积体积比 $a_{A/V}=6/l_c$。现在我们考虑一个基底为正方形、底面积为 l_b^2、高度为 h_b 的长方体建筑，那么，其建筑体积 $V_b=l_b^2h_b$，其表面积 $A_b=2l_b^2+4h_bl_b$，表面积体积比为：

$$a_{A/V}=\frac{6}{l_c}\left(\frac{x_b^{-2/3}+2x_b^{1/3}}{3}\right) \tag{3.43}$$

其中 $l_c=(l_b^2h_b)^{1/3}$，$x_b=h_b/l_b$ 是一个无量纲的形状参数。我们很容易理解这个表达式，要使相对于 x_b（形状）的表面积体积比最小，必然得到 $x_b=1$（或者说 $h_b=l_b$）。表面积体积比最小的建筑形态是正方体。

---

* 中国国家标准《民用建筑节能设计标准》使用术语"建筑物体形系数"（shape coefficient of building）来表达类似概念，其给出的定义为：建筑物与室外大气接触的外表面积与其所包围的体积的比值。——译者注

从方程式(3.43)可以看出,任何建筑物的形状都可以用两个数值来表示,一个是广度量 l_c(长度),用于测量建筑物的平均线性尺寸,另一个是量 x_b,用来表示该形状相对于正方体的偏离程度。应用方程 $a_{A/V}(l_c x_b)$ 和 $l_c = V^{1/3}$,我们现在可以很容易地推导出 A_b 和 V_b 之间的异速生长关系,如下所示:

$$A_b(V_b, x_b) = 6V_b^{2/3}\left(\frac{x_b^{-2/3}+2x_b^{1/3}}{3}\right) \tag{3.44}$$

我们看到,表面积与体积之间最简单的异速生长关系 $A_b \sim V_b^{2/3}$,要求形状参数与 l_c 无关。由于这些参数在一定程度上具有相互关联性,这种关系将得到修正,例如,较高的建筑物往往需要更大的基础。当 $x_b \ll 1$ 时,建筑是"平坦的",看起来更像一块平板;当 $x_b \gg 1$ 时,建筑很瘦,更像一根针(参见图 3.22);当 $x_b = 1$ 时,建筑是正立方形状,获得最简单的异速生长关系 $A_b \sim V_b^{2/3}$。

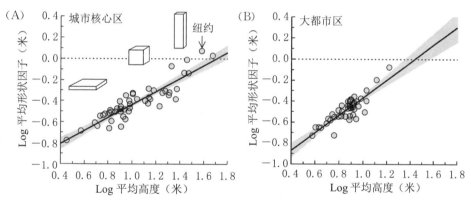

注:(A)图中城市核心区内所有建筑的平均形状参数 x_b 与 h_b,最佳拟合线的斜率为0.620±0.085(95％置信区间,$R^2=0.82$)。在纽约市中心,由于高耸的针状建筑物的增加,x_b 的值略大于1。(B)图中大都市区的平均形状参数 x_b 与 h_b,最佳拟合线的斜率为 0.838±0.152(95％置信区间,$R^2=0.74$)。

图 3.22　建筑平均高度与建筑形状的关系

就对能源使用的影响而言,我们已经证明在气候控制方面,正方体(和球体)是最有效的建筑形态[巴克敏斯特·富勒(Buckminster Fuller)是一位关注可持续性的有远见的发明家,他钟爱球形建筑]。要理解这一点,我们可以计算维持建筑物内部和外部之间温度(可能还包括光强度)梯度 ΔT_E 所需的功率(单位时间能耗),如下式所示:

$$\frac{\Delta E_c}{\Delta t} = \mu_b A_b \Delta T_E \tag{3.45}$$

参数 μ_b 表示将能量转换为环境温度的效率和穿过墙壁的平均热扩散（与隔热性相关）。我们将建筑效能定义为人均能耗，计算能够使用该建筑的人数 N_b：

$$N_b = C_b(h_b)\frac{l_b^2 h_b}{a_f h_0} = \frac{V_b}{v_b} \tag{3.46}$$

其中，$C_b(h_b)$ 是一个无量纲函数，表示建筑物中可用空间的比重，是建筑高度的函数[92]（在较高的建筑物中，一些空间必须用于通道和结构支撑）。这些因素定义了人均建筑有效体积 v_b，因此总占用率是总体积与该量的比值。有了这些定义，我们最终写出给定形状的建筑中的人均单位时间能耗：

$$\frac{1}{N_b}\frac{\Delta E_c}{\Delta t} = \mu_b v_b a_{A/V} \Delta T_E \tag{3.47}$$

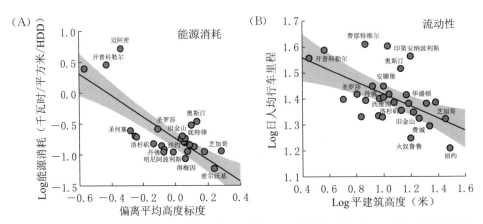

注：(A)图表示相对于城市人口规模与平均建筑高度的对数回归残差（图 3.21）的建筑能耗（通过供暖天数进行标准化）。最佳拟合线的斜率为 -1.71 ± 0.58（95％置信区间，$R^2=0.58$）。(B)图表示 2012—2016 年间，相对于平均建筑高度的每日人均车辆行驶里程。最佳拟合线的斜率为 -0.23 ± 0.13（95％置信区间，$R^2=0.31$）。与交通能耗相比，建筑能耗的相关性更强，也更直接。

图 3.23　建筑高度对能源消耗和流动性的影响

这表明，除了建筑材料和天气引起温度变化的因素，建筑能源效率与人均空间量 v_b 和建筑表面积体积比 $a_{A/V}$ 成正比。图 3.23 显示，如果我们通过 ΔT_E 将天气因素考虑在内，在美国的城市地区，建筑高度越高的地方，建筑和交通方面的能源支出也更高效。

3.3.6　城市的生产功能

我们在第 2 章中已经看到,描述企业、国家、城市和消费者行为的生产函数和效用函数通常有以下形式:

$$Y = A_p L_P^{a_Y} K_P^{1-a_Y} \tag{3.48}$$

这就是柯布-道格拉斯生产函数,它通常被用来描述一个国家的经济总量(参见第 9 章),但我们也可以用经济生产总值(GDP)Y 来描述大都市地区的经济状况,用 L_P 和 K_P 表示劳动力和资本两个生产要素。A_P 是总放大系数,称为"全要素生产率"(total factor productivity),表示在给定的劳动力和资本投入下可以创造多少总产值。在经济生产力和增长理论中,这个量至关重要,它回答了如何在生产要素投入不变的情况下创造更大价值的问题(通过提高 A_P)。正如我们将看到的,量 a_Y 衡量的是每单位经济产出需要的劳动力和资本投入。柯布-道格拉斯生产函数在经济学中经常被用到。在第 2 章的核心-边缘模型中,我们用了类似的函数来描述个人消费,其中产出是效用(个人满意度),投入是城市经济模型中的农业和工业品消费,或住房相对于其他产品消费。

我们现在试图证明,这种形式的城市总经济产出在一定条件下遵循城市标度关系,$A_P(N)$ 的推导值需要既能反映经济生产力随城市规模的增长而增长,又能体现具体城市的偏差。首先,让我们把经济产出写成工资和租金收入(资本收益)的总和:

$$Y(t) = Y_W(t) + Y_K(t) \tag{3.49}$$

各部分份额为:

$$a_Y = \frac{Y_W(t)}{Y(t)}, \ 1 - a_Y = \frac{Y_K(t)}{Y(t)} \tag{3.50}$$

这使得参数 a_Y 通常取决于时间和城市规模 $N(t)$。我们稍后将看到,这种依赖关系往往非常缓慢,我们将会推导出它的含义。接下来,我们对方程式

(3.49)进行微分,再除以生产总值 Y,得到:

$$\frac{1}{Y(t)}\frac{dY(t)}{dt}=\frac{Y_W(t)}{Y(t)}\frac{1}{Y_W(t)}\frac{dY_W(t)}{dt}+\frac{Y_K(t)}{Y(t)}\frac{1}{Y_K(t)}\frac{dY_K(t)}{dt} \quad (3.51)$$

这等价于:

$$\frac{d\ln Y(t)}{dt}=a_Y\frac{d\ln Y_W(t)}{dt}+(1-a_Y)\frac{d\ln Y_K(t)}{dt} \quad (3.52)$$

现在对其进行积分[93],从而实现类似于生产函数的作用:

$$Y=c_0(1-a_Y)^{a_Y-1}a_Y^{-a_Y}Y_W^{a_Y}Y_K^{1-a_Y} \quad (3.53)$$

其中,c_0 是积分常数。为了将这个方程转化为方程式(3.48),我们需要引入劳动力和资本,它们是工资和资本租金的输入,所以我们可以写出:

$$Y=c_0(1-a_Y)^{a_Y-1}a_Y^{-a_Y}\left(\frac{Y_W}{L_P}\right)^{a_Y}L^{a_Y}\left(\frac{Y_K}{K_P}\right)^{1-a_Y}\quad K_P^{1-a_Y}=A_PL_P^{a_Y}K_P^{1-a_Y}$$

$$(3.54)$$

将全要素生产率 A_P 定义为:

$$A_P(N_i,\ t)=A_{P_0}(t)N_i^{\beta_A}e^{\xi_i^A(t)} \quad (3.55)$$

其中:

$$A_{P_0}(t)=C(a_Y)\frac{Y_{W_0}(t)^{1-a_Y}}{L_{P_0}(t)}\frac{Y_{K_0}(t)^{a_Y}}{K_{P_0}(t)},\ C(a_Y)=(1-\alpha_Y)^{a_Y-1}\alpha_Y^{-a_Y} \quad (3.56)$$

$$\xi_i^A(t)=a_Y(\xi_i^{Y_W}-\xi_i^{L_P})+(1-a_Y)(\xi_i^{Y_K}-\xi_i^{K_P})$$

$$\beta_A=a_Y(\beta_{Y_W}-\beta_{L_P})+(1-a_Y)(\beta_{Y_K}-\beta_{K_P}) \quad (3.57)$$

其中,针对 Y_W、L_P、Y_K、K_P 等量的标度关系,我们使用了如下形式:

$$Y_W(N_i(t),\ t)=Y_{W_0}(t)N_i^{\beta_{Y_W}}e^{\xi_i^{Y_W(t)}} \quad (3.58)$$

这表明在本章前面推导出的标度关系的意义上,城市的生产函数不是一个基础的微观量,而是从社会和基础设施网络的结构及其平均值中产生的。由于我们预计 $\beta_{Y_W}\simeq1+\delta$,$\beta_{L_P}\simeq1$,指数 β_A 通常大于 0。我目前还没有在城市中测量 β_{Y_K} 和 β_{K_P} 的直接方法,除了一种可能,即通过房地产租金和价格推导出资本份额。正如我们所看到的,企业活动中以增值形式存在的利润通常也是超线性的,而资本价格(贷款利率)可能在任何地方都是相同的。在这种情况下,$\beta_{Y_K} - \beta_{K_P} > 0$,增加了对全要素生产率的正向贡献。另一组问题与具体城市的表现有关,以及由于 $\xi_i^{Y_W} - \xi_i^{L_P}$ 和 $\xi_i^{Y_K} - \xi_i^{K_P}$ 的大小,柯布-道格拉斯生产函数的简单形式在不同地方造成不同的偏差。我们将在下一章分析这些量,包括它们的起源、典型大小和时间动态。最后,有趣的是,要使 A_P 及时(指数)增长(参见第 9 章),我们需要人均工资(劳动生产率)和/或资本租金(资本生产率)的指数增长以及城市人口增长。从这个意义上说,我们应当将劳动力和资本的使用真正视为一种投资,其成功离不开良好的信息支撑。

3.3.7　城市的生活节奏

在城市标度效应带来的行为变化中,没有一种比城市规模造成的生活节奏加速更引人注目。这种对速度的渴求揭示了一种人类生态效应,即城市不仅是生活的环境,它已经成为人们行为的一部分。图 3.24 显示,步行速度随着城市规模的扩大而增加。这是在各个城市和城镇的人行道没有阻碍的部分进行观测得出的结论,因此也反映了城市中心的步行人口统计状况。在美国一些"汽车"城市进行的平行实验中,由于存在大量除了步行之外别无选择的弱势人群(尤其是无家可归者和穷人),结果存在严重偏差。如果盲目分析数据,其结果将大相径庭。[94]因此,这些数据远非完美。观察不同城市,特别是世界不同地区的典型人类行为仍然是一件有趣的事情。

我们可以通过两种方法来量化城市人口规模对各种人类行为加速的影响。一种是典型的经济学思维方式,即将时间与金钱等同起来。[95]在我们的语境中,所有社会经济量都可以看作比率,如单位时间内的工资、单位时间内发生的暴力犯罪数量。由于步行速度也是一个时间比率,因此我们认为它与一切被社会调节的收入和成本一样符合标度理论,个人步行速度的标度关系为 $v_w = v_{w_0} N^\delta$。

如果考虑到走路时的能量消耗,我们可以提出另一个假设。在 v_w 一定的情况下,我们可以预计,所涉及的一部分动能 $E_w = \frac{1}{2} M v_w^2$ 将在单位时间内耗散。假设这种能量耗散等价于人均社会收入 y，可以得到 $v_w \sim \sqrt{\dfrac{y}{M}} \sim N^{\frac{\delta}{2}}$。图

3.24 中显示的数据不够精确，无法区分这两种情况，但相对于 $\delta = \dfrac{1}{2} \sim 0.166$，观

察到的指数更接近 $\dfrac{\delta}{2} \sim 0.083$，这表明能量假说可能更加合理。

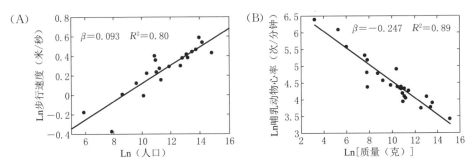

注：城市的生活节奏随着城市规模的扩大而增加，而生物体的表现却恰恰相反。(A)图表示世界各地城市步行速度与城市人口规模的关系。(B)图表示生物体心率与体型(质量)的关系。

资料来源：作者改编自 Luis Bettencourt et al., "Growth, Innovation, Scaling, and the Pace of Life in Cities", *Proceedings of the National Academy of Sciences* 104，no.17（April 24，2007）：7301—7306，https://doi.org/10.1073/pnas.0610172104。

图 3.24　城市步行速度与人口规模的标度关系以及生物体心率与自身质量的标度关系

3.3.8　贫民窟与初期城市网络

在构建本章的理论时，我们提出了一个假设，即基础设施网络连接了城市中的所有空间，包括人们居住和工作的所有建筑物、公共设施和其他空间。对于发达城市来说，这种预期很合理，也很容易得到验证（参见图 3.25）。然而，这一基本预期在另一些城市中往往无法实现，例如在那些仍在形成中的城市，以及那些以非正式住区为主、土地使用缺少规划和协调的城市。几乎每个城市，在其发展最快的时候，都存在一些没有正式网络连接的地方。如果这些空间是住宅，通常被称为"贫民窟"。今天在世界各地，这种住宅状况描述了约10 亿人的生活特征，特别是在亚洲、非洲和拉丁美洲那些快速建立起来的住区。[96]

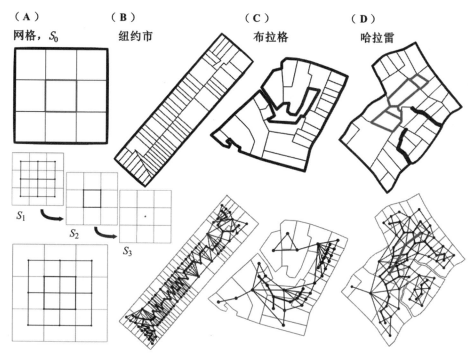

注：(A)图是具有一个内部场所(灰色粗轮廓)的城市街区示意(上图)及其不同层次的弱对偶图 S_1、S_2 和 S_3 特征(下图)；(B)(C)(D)图分别表示纽约市、布拉格市和津巴布韦哈拉雷市埃普沃斯的嵌套对偶图构造(以从较细较深到较厚较浅的线条表示)，街区复杂度 $k^*_{max}=3$。在这种情况下，内部地块相对于现有入口的深度只有一层。

资料来源：作者改编自 Christa Brelsford, Taylor Martin, Joe Hand, and Luís M. A. Bettencourt, "Toward Cities without Slums: Topology and the Spatial Evolution of Neighborhoods", *Science Advances* 4, no.8(August 2018): eaar4644, https://doi.org/10.1126/sciadv.aar4644。

图 3.25　场所的拓扑结构和城市街区的复杂性

　　一个特别重要的实际问题是，对地图进行空间定量分析，结合每个社区居民的实际生活体验，明确基础设施不足的特征(参见第 6 章和第 10 章)。用数学方法思考这个问题，使我们能够对前一节讨论的城市空间的一般属性问题提出很多新的见解。一旦一座城市为自洽的二维空间片段所充满，它们之间的网络就会组织起所有的内部空间。在任何城市内部，场所都以城市街区的形式存在，由街道和其他边界围合的土地构成。这意味着不管街道网络是什么特定的几何形状，是网格还是曲线迷宫，我们都可以将一个城市定义为一组明确的城市街区，并进行模块化空间分解。由此可以证明城市空间的性质的几个定理[97]，包括可以根据拓扑不变(欧拉示性数* $\chi_c = 1 - n_b$)来测量每个城市的大小,其中 n_b 是城市的街区数量,与形状无关。[98]这产生了一种神奇的效果,让我们可以将城市的形状(拓扑)与任何其他对象进行比较,例如圆盘($\chi_c = 1$)、球体($\chi_c = 2$)或甜甜圈($\chi_c = 0$)!城市不是这些东西,但它们在拓扑上等价于具有边界和 n_b 个孔的形状(有 n_b 个孔的圆盘)。这些"孔"就是用于建筑、公园和其他场所的空间。

对于我们手头的问题,更有趣的是每个城市街区内发生了什么。所有建筑都与城市的基础设施网络相连吗? 如果没有,它们就无法发展,对于城市整体来说也是一样。这是因为从日常经验来看,人们无法获得供水和卫生等城市服务,没有地址,在发生火灾或疾病时无法获得紧急救援。图 3.25 显示了如何判断这种情况。为此,先将每个街区中的土地划分为地块(如财产记录中所做的那样)。现在就可以通过连接所有相邻地块的中心来构建网络(图)。这称为 S_1 弱对偶图(weak dual graph)。由这张图创建的地块中心可以用来生成第二张图 S_2,以此类推直到图 S_k 得到一个点(参见图 3.25 中的示例)。就在我们得到一个点之前,我们得到了一张没有面的图——树图(tree graph)。我们称 k^*_{max} 为该构造创建树图的图指数。结果表明,如果 $k^*_{max} \leqslant 2$,我们的分析对象是一个所有地块都能直接通过街道进入的城市街区。[99]

这个程序的优点是非常简单,可以通过计算机迭代实现,从而用于分析任何地方的任何道路不畅问题,即使问题非常复杂。图 3.26 展示了南非开普敦郊外一个非正规住区的真实案例。

最后,为每个街区的所有建筑建立通道缺乏情况下的街区复杂度只是工作的一半,我们还需要进行数学构造来求解增加通道的最小集,以最终解决问题。图 3.27 显示了这一过程,它展示了如何通过解决一个约束优化问题,即在新增街道长度最少的情况下降低街区复杂性,将街道网络拓展到基础设施不足的街区。创建最小街道网络往往会产生许多死胡同。由于街区层面上没有足够的大路,如果这是一个问题的话,我们可以战略性地连接这些死角,这只稍微增加了一些街道长度,如图 3.27(C)所示。

---

* 欧拉示性数(Euler characteristic)是拓扑学中的一个拓扑不变量。——译者注

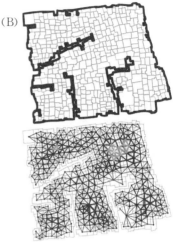

注：(A)图表示南非开普敦市卡雅利沙的一个非正规住区。与大多数非正规住区一样，电力、供水、厕所和垃圾收集站(图中用符号表示)等各类由城市提供的服务都位于街区外围的道路沿线。相反，教堂和社区中心(图中以跪姿的小人表示)等由社区创建的公共空间则位于街区中心附近。(B)图为(A)图中显示了街区中很多内部场所的地块布局，用灰色细线勾勒(上图)。相应的奇数弱对偶图 S_k(图 3.25)以不同的灰度显示，从深到浅。$k_{max}^* = 9$ 表明这个街区具有高度的复杂性。

图 3.26　邻里拓扑结构和非正规住区的接入网络

　　这些程序的最大贡献是证明了，包括基础设施及其相关土地使用在内，城市网络完全可以逐步发展起来，大规模破坏性拆迁(通常还伴随着社会不公)和空间同质化完全不必要。更"有机"的空间演变通常会产生有历史和文化趣味的城市建成空间。虽然这类空间是欧洲和亚洲老城的既有特征[100]，也倍受城市学家的推崇，但由于对效率和几何的错误理解，20 世纪的城市规划实践往往与其背道而驰。

　　在本书的写作过程中，将这些技术应用于世界上的每个城市街区(参见图 3.28 中的例子)已经成为可能。我们急需将城市科学与社区需求，与地方政府的紧密合作相结合。至少在社区层面，应当推动演进式的城市发展模式。这种方法将有助于创造更具启发性的城市环境，并将现状和人类需求与基于科学的城市可持续发展新模式联系起来。

（A）埃普沃斯：最低限度连接

（B）卡雅利沙：最低限度连接

（C）卡雅利沙：四条二等分路径

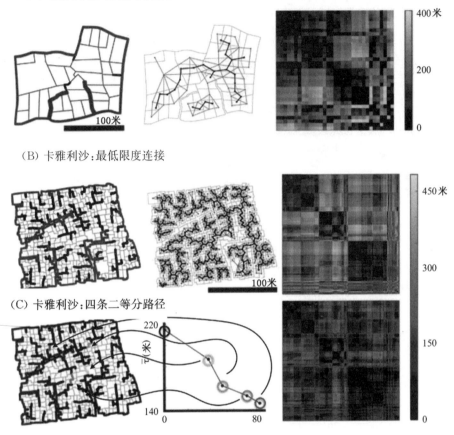

增加的道路长度（米）

注：(A)图表示图 3.25(D)中埃普沃思街区的拓扑优化解决方案，增加的街道段用箭头表示。生成的对偶图显示 S_2 对偶图（左图）现在是树图（中图）。地块间出行成本矩阵 $\mathfrak{I}$（右图）显示所有地块都已连接，但有些地块仍在网络上距离较远。$\mathfrak{I}$ 的每条连接线 T_{ij} 显示了从 i 到 j 的最小网络出行距离，其中颜色较深的表示较短的距离，颜色较浅的表示较长的距离。矩阵已使用分层聚类算法重新排序，以显示网络上距离较短的地块簇。(B)图表示图 3.26 中卡雅利沙邻里的拓扑解，得到的弱对偶图（中图），以及相应的最小出行成本矩阵 $\mathfrak{I}$（右图）。(C)图表示(B)的几何优化结果，其中添加了四条新的二等分路径（左图），通过引入 81 米长的新道路使得 $\overline{\mathfrak{I}}$ 大幅减少（中图），地块间的平均出行距离 $\overline{\mathfrak{I}}$ 从 214 米减少到 145 米（右图）。

资料来源：改编自 Christa Brelsford, Taylor Martin, Joe Hand, and Luís M. A. Bettencourt, "Toward Cities without Slums: Topology and the Spatial Evolution of Neighborhoods", *Science Advances* 4, no.8（August 2018）：eaar4644，https://doi.org/10.1126/sciadv.aar4644。

图 3.27 在服务不足的城市街区扩大街道网络

注：肯尼亚内罗毕的局部街道网络图展示了如何判断每个城市街区的基础设施不足，以及如何对提议的街道网络（白色细线）进行最小限度的拓展，以实现全面可达。该程序提供了在任何地方发展基础设施网络的初步建议；请参见 millionneiborhoods.org。这套方法估算了新道路的数量和位置，并鼓励当地社区和政府共同应对城市规划的具体挑战。

资料来源：Christa Brelsford, Taylor Martin, Joe Hand, and Luís M. A. Bettencourt, "Toward Cities without Slums: Topology and the Spatial Evolution of Neighborhoods", *Science Advances* 4, no.8 (August 2018): eaar4644, https://doi.org/10.1126/sciadv.aar4644。

图 3.28　内罗毕某街区基础设施示例

3.4　结语：城市是一种不同的复杂系统

　　城市不是有机体，就像它们不是机器。城市不会生长或改变自己，也不会繁殖或修复自己。它们不是自主的实体，既不经历生命周期，也不被感染……但是，更困难也更重要的是，要看到这个比喻的糟糕之处在于，它让我们不假思索地捣毁贫民窟以防止其"传染性"扩张，寻找最佳规模，阻止持续增长，割裂城市功能，努力维持绿带，压制竞争性中心，防止"无形状的蔓延"等等。

　　　　　　　　　　　　　　——凯文·A.林奇（Kevin A. Lynch），《城市形态》

　　这段话引自有影响力和感染力的城市学家凯文·A.林奇,他关于城市性质的阐述和对简单类比的警告,今天仍然引领我们对城市是什么样的系统进行一些最终的思考。[101]在本书结尾再次回到这个问题之前,有必要简单回顾一下城市标度理论已经告诉了我们什么。

　　我们已经看到,标度关系定义了适用于不同系统的统计现象,这些系统包括从气体到恒星,从生态系统到城市。我们还发现,尽管标度关系通常反映了基本的能量管理问题,但这些关系在数量上因不同的系统类型而异。这毫无疑问地表明,城市并不像生物有机体,也不像本章中描述的任何其他系统,林奇说得非常有道理。诸如此类的类比只能用在最宽松的场合。同样,城市也不仅仅是大规模的工程系统,而是需要通过更好的算法进行优化的"机器",因为它们有时在工程和技术中被概念化。所有城市主体的行动所产生的无限组合构建了城市的本质,并大大超越了在任何特定情况下描述城市所需的数据[102],造成了巨大的计算复杂性,因此详细的未来场景太多,无法生成和评估。从这个意义上说,不可能对城市进行详细的规划。[103]

　　正如我们所看到的,城市可以被概念化为网络系统。但是,描述城市需要大量不同类型的物理网络和社会网络。从这个意义上说,作为空间网络的城市,与流域系统或血管系统有一些相似之处。但我们也揭示了城市中的此类网络更加分散,它们并不是由能源效率最大化所驱动的,而是为了在社会经济生产中实现网络效应。城市也有一些与恒星相同的特性,尽管它们与规模之间的超线性标度关系在量上有所不同。这使我们能够将城市概念化为增进人类社会接触和互动的数量、范围和多样性的场所,由特定类型的网络化建成空间进行调节。

　　这就是城市的作用:它们是社会反应器,为创造性社会物种的核心问题提供了一个开放式的解决方案,只有在大规模、多样化的群体中共同努力,才能实现巨大创新。我相信,这一观点为"城市的胜利"[104]提供了一些新的启示,它构建了一个通用的"生态位"[105],创造并仍然支持着文化的快速进步,是"我们成功的秘诀"[106]。城市如何通过扩大规模促进社会接触,使自身成为人类社会创新和增长的基础?为了更充分地理解这种机制,我们还需要进一步研究其他要素,接下来的章节将完成这些工作。

注释

[1] Bettencourt and Lobo, "Quantitative Methods for the Comparative Analysis of Cities in History".

[2] Barenblatt, *Scaling, Self-Similarity, and Intermediate Asymptotics*; Barenblatt, *Scaling*.

[3] Goldenfeld, *Lectures on Phase Transitions and the Renormalization Group*.

[4] Kardar, *Statistical Physics of Particles*.

[5] Kardar, *Statistical Physics of Particles*.

[6] Bettencourt and Brelsford, "Industrial Ecology".

[7] Kennedy, Pincetl, and Bunje, "The Study of Urban Metabolism and Its Applications to Urban Planning and Design".

[8] West, "A General Model for the Origin of Allometric Scaling Laws in Biology"; West, "The Fourth Dimension of Life"; Rodríguez-Iturbe et al., "Fractal Structures as Least Energy Patterns"; Banavar et al., "Topology of the Fittest Transportation Network".

[9] Nordbeck, "Urban Allometric Growth"; Coffey, "Allometric Growth in Urban and Regional Social-Economic Systems"; Dutton, "Foreword: Size and Shape in the Growth of Human Communities"; Newling, "Urban Growth and Spatial Structure".

[10] Bettencourt, "The Origins of Scaling in Cities".

[11] Thompson and Bonner, *On Growth and Form*.

[12] Sveikauskas, "The Productivity of Cities".

[13] Bettencourt et al., "Growth, Innovation, Scaling, and the Pace of Life in Cities"; Bettencourt, Lobo, and Strumsky, "Invention in the City"; Pumain et al., "An Evolutionary Theory for Interpreting Urban Scaling Laws".

[14] Bettencourt et al., "Growth, Innovation, Scaling, and the Pace of Life in Cities".

[15] Wirth, "Urbanism as a Way of Life".

[16] Barabási and Pósfai, *Network Science*; Jackson, *Social and Economic*

Networks.

[17] Tobler, "Satellite Confirmation of Settlement Size Coefficient".

[18] Nordbeck, "Urban Allometric Growth".

[19] Samaniego and Moses, "Cities as Organisms"; Barthélemy, "Spatial Networks".

[20] Samaniego and Moses, "Cities as Organisms"; Barthélemy, "Spatial Networks".

[21] Angel et al., "The Dimensions of Global Urban Expansion".

[22] Simmel and Levine, *On Individuality and Social Forms*; Park et al., *The City*; Wirth, "Urbanism as a Way of Life"; Milgram, "The Experience of Living in Cities".

[23] Schläpfer et al., "The Scaling of Human Interactions with City Size".

[24] Jacobs, *The Death and Life of Great American Cities*; Jacobs, *The Economy of Cities*.

[25] Wang et al., "Linked Activity Spaces"; Schertz et al., "Neighborhood Street Activity and Greenspace Usage Uniquely Contribute to Predicting Crime".

[26] Marshall, *Principles of Economics*; Fujita, Krugman, and Venables, *The Spatial Economy*.

[27] Nordbeck, "Urban Allometric Growth"; Samaniego and Moses, "Cities as Organisms".

[28] Downs, "The Law of Peak-Hour Expressway Congestion"; Duranton and Turner, "The Fundamental Law of Road Congestion".

[29] West, "The Fourth Dimension of Life"; Rodríguez-Iturbe and Rinaldo, *Fractal River Basins*.

[30] Nordbeck, "Urban Allometric Growth".

[31] Rosenthal and Strange, "Evidence on the Nature and Sources of Agglomeration Economies"; Puga, "The Magnitude and Causes of Agglomeration Economies"; Black and Henderson, "A Theory of Urban Growth"; Glaeser, *Cities, Agglomeration, and Spatial Equilibrium*.

[32] Bettencourt et al., "Growth, Innovation, Scaling, and the Pace of Life in Cities".

[33] Arbesman, Kleinberg, and Strogatz, "Superlinear Scaling for Innovation in Cities".

[34] Pan et al., "Urban Characteristics Attributable to Density-Driven Tie Formation".

[35] Bettencourt, Lobo, and Youn, "The Hypothesis of Urban Scaling".

[36] Pumain et al., "An Evolutionary Theory for Interpreting Urban Scaling Laws".

[37] Gomez-Lievano, Patterson-Lomba, and Hausmann, "Explaining the Prevalence, Scaling and Variance of Urban Phenomena".

[38] Yang, Papachristos, and Abrams, "Modeling the Origin of Urban-Output Scaling Laws".

[39] Sassen, *The Global City*.

[40] Pumain et al., "An Evolutionary Theory for Interpreting Urban Scaling Laws"; Jacobs, *Cities and the Wealth of Nations*.

[41] Schläpfer et al., "The Scaling of Human Interactions with City Size".

[42] Andris and Bettencourt, "Development, Information and Social Connectivity in Côte d'Ivoire".

[43] Schläpfer et al., "The Scaling of Human Interactions with City Size".

[44] Clauset, Shalizi, and Newman, "Power-Law Distributions in Empirical Data".

[45] Schläpfer et al., "The Scaling of Human Interactions with City Size"; Gibrat, Les inégalités économiques; Gabaix, "Zipf's Law for Cities".

[46] Simon, "On a Class of Skew Distribution Functions"; Price, "A General Theory of Bibliometric and Other Cumulative Advantage Processes"; Barabási, "Emergence of Scaling in Random Networks".

[47] Gibrat, Les inégalités économiques; Gabaix, "Zipf's Law for Cities"; Montroll and Shlesinger, "On 1/f Noise and Other Distributions with Long Tails".

[48] Durkheim and Lukes, *The Division of Labor in Society*; Simmel and Levine, *On Individuality and Social Forms*.

[49] Anderson and May, *Infectious Diseases of Humans*.

[50] Schläpfer et al., "The Scaling of Human Interactions with City Size"; Dalziel et al., "Urbanization and Humidity Shape the Intensity of Influenza Epidemics in U.S. Cities"; Chowell, Nishiura, and Bettencourt, "Comparative Estimation of the Reproduction Number for Pandemic Influenza from Daily Case Notification Data".

[51] Bettencourt, Lobo, and Strumsky, "Invention in the City"; Feldman and Audretsch, "Innovation in Cities"; Acs, "Innovation and the Growth of Cities"; Dalziel et al., "Urbanization and Humidity Shape the Intensity of Influenza Epidemics in U.S. Cities".

[52] Anderson and May, *Infectious Diseases of Humans*; Bettencourt et al., "The Power of a Good Idea".

[53] Anderson and May, *Infectious Diseases of Humans*.

[54] Schläpfer et al., "The Scaling of Human Interactions with City Size"; Zhong et al., "Revealing Centrality in the Spatial Structure of Cities from Human Activity Patterns"; Wang et al., "Linked Activity Spaces".

[55] Fischer, *To Dwell among Friends*.

[56] Wellman and Berkowitz, Social Structures; Carrasco et al., "Collecting Social Network Data to Study Social Activity-Travel Behavior"; Carrasco et al., "Agency in Social Activity Interactions".

[57] Sampson, *Great American City*.

[58] Sampson, *Great American City*; Chetty et al., "The Fading American Dream"; Sampson and Laub, *Crime in the Making*; Sampson and Laub, "Crime and Deviance over the Life Course"; Sharkey and Faber, "Where, When, Why, and for Whom Do Residential Contexts Matter?".

[59] Eagle, Macy, and Claxton, "Network Diversity and Economic Development".

[60] Hausmann and Hidalgo, "The Network Structure of Economic Output".

[61] Hidalgo and Hausmann, "The Building Blocks of Economic Complexity".

[62] Bonacich, "Power and Centrality"; Berry and Garrison, "Recent Developments of Central Place Theory".

[63] Milgram, "The Experience of Living in Cities".

[64] Simmel and Levine, *On Individuality and Social Forms*; Park, Burgess, and McKenzie, *The City*; Wirth, "Urbanism as a Way of Life".

[65] Fischer, "The Subcultural Theory of Urbanism".

[66] Fischer, "The Subcultural Theory of Urbanism".

[67] Park, Burgess, and McKenzie, *The City*.

[68] Bettencourt, Samaniego, and Youn, "Professional Diversity and the Productivity of Cities"; Wirth, "Urbanism as a Way of Life"; Feldman and Audretsch, "Innovation in Cities".

[69] Rosvall et al., "Searchability of Networks".

[70] Rosvall et al., "Searchability of Networks".

[71] Rosvall et al., "Searchability of Networks".

[72] Watts and Strogatz, "Collective Dynamics of 'Small-World' Networks".

[73] Angel et al., "The Dimensions of Global Urban Expansion"; Seto et al., "A Meta-analysis of Global Urban Land Expansion".

[74] Zünd and Bettencourt, "Growth and Development in Prefecture-Level Cities in China".

[75] Batty and Longley, *Fractal Cities*; Benguigui et al., "When and Where Is a City Fractal?"; Batty, *Cities and Complexity*.

[76] Thomas, Frankhauser, and Keersmaecker, "Fractal Dimension versus Density of Built-Up Surfaces in the Periphery of Brussels".

[77] Batty and Longley, *Fractal Cities*; Thomas, Frankhauser, and Keersmaecker, "Fractal Dimension versus Density of Built-Up Surfaces in the Periphery of Brussels".

[78] Barenblatt, *Scaling*.

[79] Thomas, Frankhauser, and Keersmaecker, "Fractal Dimension versus Density of Built-Up Surfaces in the Periphery of Brussels".

[80] Thomas, Frankhauser, and Keersmaecker, "Fractal Dimension versus Density of Built-Up Surfaces in the Periphery of Brussels".

[81] Shen, "Fractal Dimension and Fractal Growth of Urbanized Areas".

[82] Molinero and Thurner, "How the Geometry of Cities Explains Urban Scaling Laws and Determines Their Exponents".

[83] Bettencourt and Lobo, "Urban Scaling in Europe"; Arcaute et al., "Constructing Cities, Deconstructing Scaling Laws".

[84] Schläpfer, Lee, and Bettencourt, "Urban Skylines".

[85] Barthélemy, *The Structure and Dynamics of Cities*.

[86] Bettencourt, "The Origins of Scaling in Cities".

[87] Brelsford et al., "Toward Cities without Slums".

[88] UN-Habitat, *The Challenge of Slums*.

[89] King and Roberts, "Manhattan's Population Density, Past and Present".

[90] Lemoy and Caruso, "Evidence for the Homothetic Scaling of Urban Forms".

[91] Lemoy and Caruso, "Evidence for the Homothetic Scaling of Urban Forms".

[92] Schläpfer, Lee, and Bettencourt, "Urban Skylines".

[93] Lobo et al., "Urban Scaling and the Production Function for Cities".

[94] Levine, *A Geography of Time*.

[95] Becker, "A Theory of the Allocation of Time".

[96] UN-Habitat, *The Challenge of Slums*.

[97] Brelsford et al., "Toward Cities without Slums".

[98] Brelsford et al., "Toward Cities without Slums".

[99] Brelsford et al., "Toward Cities without Slums"; Brelsford, Martin, and Bettencourt, "Optimal Reblocking as a Practical Tool for Neighborhood Development".

[100] Alexander, *The Timeless Way of Building*.

[101] Bettencourt, "The Kind of Problem a City Is".

[102] Hayek, "The Use of Knowledge in Society"; Bettencourt, "The Uses of Big Data in Cities".

[103] Bettencourt, "The Uses of Big Data in Cities".

[104] Glaeser, *Triumph of the City*.

[105] Laland, Matthews, and Feldman, "An Introduction to Niche Construction Theory".

[106] Henrich, *The Secret of Our Success*.

4. 城市量统计:可预测性、标识性和普适性

没有什么是偶然发生的,
一切都来自信息和经验的累积。

——乔纳斯·索尔克(Jonas Salk),
引自理查德·卡特:《突破:乔纳斯·索尔克的传奇》

　　本章讨论的是城市统计,量化一组给定城市与其规模均值的偏差,并尝试去解释偏差产生的原因,进而理解每个城市的独特性。在分析复杂系统中各部分相对于平均值的偏离时,主要考虑的是它们获得的信息。这与较简单的物理系统有所不同,后者呈现出的波动通常是无序现象(例如由热波动引起)。复杂系统以无序为动力并通过选择机制实现时间演化和结构生成。我们将描述这些城市过程的实际变化,并根据每个城市的独特特征和历史来解释其意义。我们还将提出一种城市量的统计理论,使我们不仅能够在更微观的层面上理解这些由大量微观主体的偶然事件和选择汇聚在一起形成的变化,还使我们能够计算这些变化对标度量取值的影响,包括对指数的修正。这种方法进一步推广了我们在第 3 章中介绍的城市标度理论,并将"重整化群流"*的思想引入城市中有限人口的随机动态分析。

§ 本章概要

　　本章分为以下两个部分。第 4.1 节从标度分析出发,探讨了如何系统地识

---

　　*　重整化群流(renormalization group flows)是一个物理学术语,指的是在重整化群变换下,系统参数在参数空间中的轨迹。重整化群变换是一种在不同长度标度下考察物理系统变化的数学工具,它可以简化复杂的微观理论,提取宏观的普适性质。重整化群流可以用微分方程或者幂函数来描述,它的不动点对应着系统的尺度不变性或者相变临界点,可用来研究不同尺度的规律之间的联系和转变。——译者注

别各种动态和随机量, 例如偏离标度关系的统计学现象。我们以美国、欧洲、巴西、印度和中国的城市为例, 用不同的量展示了这类偏差的统计特征和动态规律。第 4.2 节基于乘法随机增长模型及其在人口和时间尺度上的聚合效应, 提出了用以预测这种统计和动态特征的数学模型和一般理论框架。本章最后简要讨论了城市体系(及其分解)的一般属性, 并根据偏离标度的统计特征进行了量化。

4.1 增长过程和城市量统计新方法

正如我们在第 2 章和第 3 章中所看到的, 在经济地理学[1]以及最近的复杂系统科学[2]中, 城市理论的经典方法将城市视为一种空间均衡, 通过一系列的社会经济交换、地租、交通和其他成本来实现收益和成本的平衡。[3]虽然这些方法已经被证明在预测城市的平均标度属性方面有强大作用[4], 但也留下了两个尚未解决的基本问题: 统计问题和增长问题。

增长和统计都暗含了一系列广泛的话题。我们必须把这些术语拆开, 这样才能充分理解其中的利害关系。我们希望在与真实城市打交道时, 能够通过统计来理解作为观察对象的个体和场所之间存在巨大差异[5](另参见第 5 章和第 6 章)。在那些人口类型和生活方式极为多样化的城市, 不同的文化、职业、语言、种族和民族共同生活在一起, 这种理解尤为重要。[6]这些异质性的负面后果很常见, 例如民族、种族和经济隔离[7]、不平等[8], 某些人群在获得公正和机会方面存在困难等(参见第 6 章)。[9]社会学家已经证明, 不同地点和人群之间的这些差异在每个城市都持续存在[10], 通常并不像统计物理学中的波动那样具有瞬时特征。相反, 随着时间的推移, 它们会不断叠加形成累积优势或累积劣势。[11]因此, 城市统计在研究一个量(如收入)时, 不仅需要关注不同人群之间的结构性差异, 还需要关注时间过程和放大效应。

我们可以将所谓"增长"理解为各种量的快速变化, 这也是现代城市的典型特征。[12]从这个角度来看, 像第 2 章和第 3 章那样以均衡思想为基础来建立城市理论似乎是不切实际的。增长意味着在不同尺度上会出现不同现象。现代城市的人口年增长率往往在 1%到 4%之间。我们稍后将会看到，具体城市有具体情况，所以在两端都存在例外，至少在一段时间内如此。当代城市最重要的变化和经济增长与技术变革的速度有关。我们观察到，当前世界各地城市的经济年增长率通常大于相应的人口年增长率，一般增长率为 2%—4%，有些城市可以达到 10%。这种增长率意味着一个城市的经济规模每几十年就能翻一番（1%的增长率意味着每 70 年翻一番），从而用一代人的时间实现从贫穷走向富裕，正如过去一个世纪在一些国家所发生的（参见第 1 章）。在这样的高速增长情况下，什么样的城市模型才能维持空间均衡呢？更重要的是，不同的个人、社区或城市有不同的增长率，这又将如何塑造不同人群的异质性（不平等）呢？为什么城市不会因不平等的加剧而走向分裂呢？

要用新的方法回答这类问题，我们需要数学！事实上，统计问题和增长问题密切关联，必须一起解决。在充满变化的环境中，只有理解了增长过程的本质，我们才能着手建立一个更完整、更具预测性的城市理论。从这个角度来看，我们就能够理解，城市增长、短期空间均衡，主体和场所的异质性等都是城市和城市体系中各种涌现汇聚的结果，并最终体现为统计动态。

4.1.1 标度关系和统计偏差

我们现在来讨论标度关系的统计和动态表现。本节表明，标度实现了城市经济增长的参数化，这与经济学中的增长核算不同[13]，后者通常适用于国家层面（参见第 9 章）。让我们回顾方程式（3.1）中标度关系的一般形式。标度关系通常反映的是给定规模的城市的统计平均值，即：

$$\langle Y_i(N_i, t) \rangle_{N_i} = Y_0(t) N_i(t)^{\beta} \langle e^{\xi_i(t)} \rangle_{N_i} \tag{4.1}$$

其中，$\langle \cdots \rangle_{N_i}$ 表示一组城市的平均值，这里限定它们的人口规模都位于 N_i 的一定规模范围内。因此，当偏差表现良好，其平均值 $\langle e^{\xi_i(t)} \rangle_{N_i}$ 很小且与城市规模无关时，我们可以用标度律来描述城市和城市体系。我们将在本章稍后部分再来理解这些条件。

在偏差 ξ_i 呈正态分布，均值为 0，方差为 ξ_i^2 的特殊情况下，方程式（4.1）中的指数期望值为 $e^{\frac{\sigma_\xi^2}{2}}$。我们将看到，如果 σ_ξ^2 很小且为城市规模 N 的函数，这种情况称为"异方差性"(heteroscedasticity),那么波动将对标度指数 β 进行修正,并且这种修正的大小由方差的大小控制。如果偏差较大,则会破坏幂律关系的标度。然而,如果 σ_ξ^2 不是城市规模的函数,那么第 3 章的平均场结果仍然成立,可以简单地将标度关系的前置因子 Y_0 乘以一个数值,在方差较小的情况下,这个数值接近 1。本章的其余部分将给出一些实证案例,以反映世界各地城市体系中不同量的标度偏差情况,并讨论其实际意义。接下来,我们将构建一套统计理论来解释这些偏差的来源、动态和大小。

4.1.2 居中标度关系和动态量

我们现在用城市的平均值来分离出一些感兴趣的数据,这将使我们能够专注于城市增长和统计的一般特性。让我们先对标度关系取对数,得到:

$$\ln Y_i(N_i,\ t)=\ln Y_0(t)+\beta\ln N_i(t)+\xi_i(t) \tag{4.2}$$

那么,所有城市的平均值为:

$$\langle\ln Y(t)\rangle=\ln Y_0(t)+\beta\langle\ln N(t)\rangle \tag{4.3}$$

城市平均值由集合平均值定义:

$$\langle\ln Y(t)\rangle=\frac{1}{N_c}\sum_{i=1}^{N_c}\ln Y_i(N_i(t),\ t),\ \langle\ln N(t)\rangle=\frac{1}{N_c}\sum_{i=1}^{N_c}\ln N_i(t) \tag{4.4}$$

其中,N_c 是城市体系中的城市总数,例如美国的城市数量。

我们以量 $\langle\ln Y\rangle$ 和 $\langle\ln N\rangle$ 为中心参照点。[14] 这也是追踪整个城市体系时间运动的集体坐标[图 4.1(A)和(B)中的方形符号],类似多体物理(many-body physics)中的质心坐标。

将标度关系定义为对数变量的平均值,偏差的总体平均值始终为 0,$\langle\xi(t)\rangle=0$。根据前面的表达式,我们可以写出这些偏差的如下两个表达式:

$$\xi_i(t)=\ln\frac{Y_i(N_i,\ t)}{Y_0(t)N_i^\beta(t)}=\left[\ln Y_i(N_i,\ t)-\langle\ln Y(t)\rangle\right]-\beta\left[\ln N_i(t)-\langle\ln N(t)\rangle\right]$$

$$\tag{4.5}$$

前一个表达式给出了 $\xi_i(t)$ 作为(乘法,百分比)偏离标度关系的最常见解释,而后一个表达式则将其状态完全定义为相对集体坐标(中心)的偏离。这三个动态量分别构成了不同章节的核心内容：$\langle \ln Y(t) \rangle$ 是第 9 章的主题；$\langle \ln N(t) \rangle$ 是第 8 章的主题；而本章将讨论标度残差的时间相关性 $\xi_i(t)$，以完整地描述城市体系中增长和偏差的统计现象。我们还将看到所有这些量是如何与随机增长过程，特别是指数增长率相关联的。

图 4.1 说明了这些量的含义及其对实现增长和统计参数化的作用。图 4.1(A)显示了 1969—2016 年间美国大都市统计区的工资总额 $Y_{w_i}(N_i(t), t)$。通过这种方式很容易地看出一些特定地区的增长轨迹，例如纽约、洛杉矶、芝加哥和硅谷(圣何塞-圣克拉拉大都市区)。实线显示了每年的标度关系(详见图 4.1 的图注)。标度关系非常吻合每年的数据，在每种情况下都再现了缓慢变化的空间均衡(图 4.1 中的插图；另请参见第 3 章)。我们还可以看到中心位置(方框)是如何逐年移动的，这反映了人口的总体增长(向右移动)，特别是工资的量级(向上移动)。这些中心的动态变化非常简单和平滑。

图 4.1(B)显示的是平移所有数据云并使其中心与坐标原点(0, 0)重合，消除集体增长的影响之后的情况。在去除中心随时间移动的影响后(插图)，再现了相同的基本标度模式，偏差较小且移动缓慢，每年变化不大。图 4.1(C)显示了图 4.1(B)中标度关系总体最佳拟合的偏差直方图(灰色)，但它并不符合正态分布(实线)的假设。我们将会推导出另一个模型(虚线)，它能更好地拟合数据。最后，在图 4.1(D)中，我们展示了一些极端轨迹的偏差随时间的变化 $\xi_i(t)$。在这个过程中，有些地方(如硅谷和博尔德)相对变得更富有；有些地方(如拉斯维加斯和哈瓦苏湖城)的相对地位大幅降低；还有些地方，如纽约、洛杉矶和麦卡伦(这是美国表现最差的地方之一)，与城市体系中的其他地方相比变化不明显。这些轨迹还表明，在大多数情况下这种相对变化是非常缓慢的。我们可以通过观察不同城市在特定时间点的特殊事件来分析其影响，例如，2000 年左右互联网经济的兴衰对硅谷和博尔德的经济造成了巨大的影响。

我们接下来要探讨城市系统中的集体增长行为和相对波动模式。具体来说，我们想要从更基本的层面理解这些标度偏差的缓慢性和持续性，并探究它们的常见幅度。

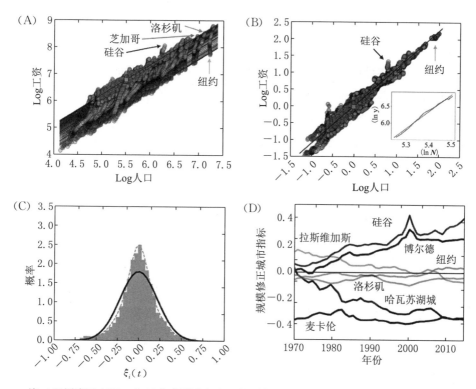

注：(A)图表示 1969—2016 年美国大都市区的工资总额。圆圈显示 1969—2016 年间每个城市的工资总额（从下到上）。方框显示城市体系中心的位置（⟨ln N⟩，⟨ln W⟩）。每年的城市标度关系（直线）以非常缓慢的时间尺度改变截距。(B)图中，数据居中，通过消除中心运动（插图）从图 4.1(A)中获得。我们将变量随时间的变化分解为两个独立的过程：集体增长（中心移动）和标度偏离 ξ_i。我们发现，随着时间的推移，使用共同指数（整体拟合 $\beta=1.11$，95% 置信区间[1.11，1.12]，$R^2=0.94$）的标度关系保持不变。这表明净增长是城市体系的属性，而不是单个城市的属性（插图）。(C)图表示偏差统计。虽然 ξ 分布具有很好的局部性和对称性，但高斯分布（实线）并不能很好地拟合它。相反，虚线可以更好地描述数据。(D)图中的 ξ_i 代表一些选定的城市：硅谷（圣何塞-圣克拉拉大都市统计区）和科罗拉多州博尔德市显示了异常于其规模的工资增长轨迹，而内华达州拉斯维加斯和亚利桑那州哈瓦苏湖城显示出了工资降低。近 50 年来，纽约、洛杉矶和得克萨斯州极度贫困的麦卡伦市的相对地位没有变化。

图 4.1　城市规模以及增长和偏差动态

4.1.3　用偏差测量剥离规模影响的城市表征

如上所述，在识别并消除标度效应或集聚效应之后，标度残差可以用来揭示城市的差别所在。也就是说每个城市在不同时间的残差 $\xi_i(t)$，可以用来测量与其他城市的相对表现，并剥离人口规模的影响。因此，ξ 有时也被称为"规模修正城市指标"（scale-adjusted metropolitan indicators，SAMI）。[15]用规模修正城市指标来描述城市比用常见的犯罪率、人均 GDP 等人均量更合理，因为它们能够反映一个普遍的事实，即由于非线性标度关系的存在，大城市中的某些量会更高，而另一些量会更低。此外，$\xi_i(t)$ 的时间依赖性使我们能够不受城市规模的影响来观察每个地方的发展轨迹。通过比较不同城市的规模修正城市指标的时间轨迹是否有相同的历史，我们可以找出相似的城市。下面我们用世界上不同城市的案例来展示规模修正城市指标的这些特点和用途。

案例 1：美国的城市体系——犯罪、专利和收入

规模修正城市指标的第一个也是最常见的用途是编制城市表征排名。[16]图 4.2 依据年收入和专利授权量的残差 ξ_i 对美国大都市区进行了排名。由于这种方法考虑到了两个量的超线性效应，我们得以识别出一些小城市的非凡成就。在收入方面，这些城市包括布里奇波特（康涅狄格州）、纳帕（加利福尼亚州）以及佛罗里达州的一些海滨小镇。在专利方面，科瓦利斯（俄勒冈州）、伯灵顿（佛蒙特州）、硅谷、博伊西（爱达荷州）名列前四。我们立刻发现，成功和失败的原因多种多样。像布里奇波特等一些城市表现突出，因为它们虽然被笼罩在特大城市的阴影下，但聚集了相关的金融业和保险业。还有一些城市是因为有着宜居的环境或适合养老，例如拥有海滩、山脉、宜人的气候，或是作为葡萄酒之乡，从而

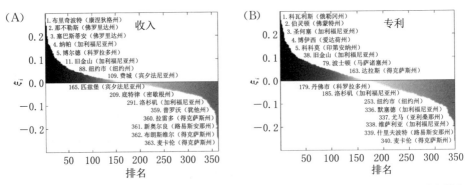

注：去除非线性标度效应可以剥离城市规模的影响，对城市动态进行局部测度，并为城市排名提供参考框架。剥离城市规模影响（规模修正城市指标）的美国大都市区排名，其中(A)图为按个人收入排名，(B)图为按专利排名。图中颜色越深表示偏差越大。

图 4.2 标度残差的排名分布

吸引了大量富人。在专利方面，在一些最成功的城市，企业聚集规模达到了惊人的程度。例如，科瓦利斯当时是惠普实验室的总部，博伊西是美光科技的总部。所有这些城市以及伯灵顿都是大学城。对表现不佳的城市，分析也揭示出各种各样的原因，有些是与墨西哥接壤的边境城市，有些是后工业城市，还有些位于全国最贫穷的区域。

图 4.3 中显示的 $\xi_i(t)$ 随时间的变化非常慢，正如图 4.1(D) 的开始阶段。它还显示出强烈的记忆效应，使城市动态具有路径依赖。这意味着如果一个城市过去相对其他城市较贫穷或富有（任何属性的低或高），那么这种情况很可能会持续数十年。图 4.3(B) 和图 4.3(C) 显示 $\xi_i(t)$ 具有时间自相关性，使这些观察结果更加明显。规模修正城市指标发生显著变化的典型时间尺度为数十年，一般来说收入约为 20 年，专利约为 35 年。

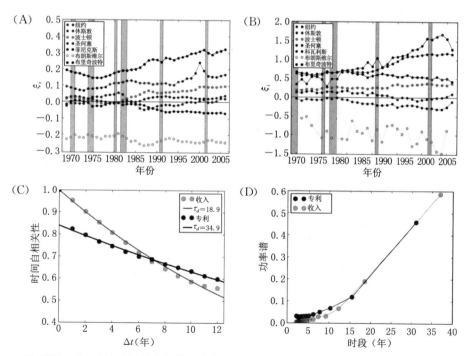

注：美国一些大都市地区的规模修正城市指标值是收入（1969—2006 年）和专利（1975—2006 年）的时间函数［(A)图和(B)图］。垂直灰色带表示国家经济衰退时期。(C)图表示专利和个人收入的时间自相关性，拟合指数 e^{-t/τ_d}，特征衰减时间 τ_d 分别为 18.9 年和 34.9 年。(D)图中相同量的时间傅里叶功率谱表明，量的动态受长生长时间尺度的支配。

图 4.3　标度偏差的时间演变显示出长期记忆

　　我们还可以利用不同量的规模修正值之间的相关性来看一个地方的某个特征（例如收入）与其他特征（如犯罪或发明专利）的关联程度［图 4.4（A）—图 4.4（C）］。一般来说，其他量的相关性很小，最多只能解释每组残差 ξ 变化的 10%—20%。

　　空间相关性也有一定影响，因此邻近的城市会表现出一定的相似性。在美国，城市体系相关性的衰减范围大约在 200 千米或 100 英里多一点。因此，空间对规模修正城市指标之间的相似性只有局部影响［图 4.4（D）和图 4.4（E）］。

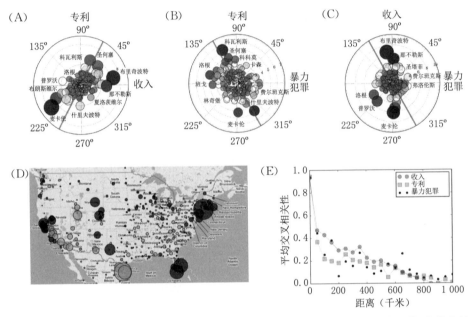

　　注：(A)图中以极坐标显示了标准化处理后的不同城市的收入与专利的规模修正值，实线为总体平均相关性的最佳线性拟合（斜率＝0.38±0.04，R^2＝0.20），圆圈的阴影深度和大小表示每个城市的规模修正城市指标综合大小。(B)图和(C)图分别以同样的方式表达了收入与暴力之间关系的最佳线性拟合为斜率＝－0.19±0.07，R^2＝0.05，专利与暴力犯罪关系的最佳线性拟合为斜率＝0.34±0.05，R^2＝0.12。请注意，由于规模依赖性，(B)图和(C)图显示规模修正城市指标之间存在少量负相关，这与人均量间的正相关形成了对比。(D)图表示 2006 年收入残差（规模修正城市指标）的空间分布。较深的圆圈代表偏差高于该城市规模的预期，较浅的圆圈表示低于预期。圆圈的大小表示规模修正城市指标的大小。(E)图表示规模修正城市指标与空间距离之间的平均交叉相关性，显示出短距离内具有空间相关性。所示平均值在距离大于 200 千米（124 英里）时会有较大变化，标准偏差大于等于 0.6。

图 4.4　地方城市表征与其空间分布之间的关系

最后，我们可以更加有创造性一些，根据标准化的距离（如内积或自相关函数）来求解规模修正城市指标轨迹的相似性：

$$d_{ij}^{\xi} = \frac{1}{2}\left(1 - \frac{\vec{\xi_i} \cdot \vec{\xi_j}}{\| \xi_i \| \; \| \xi_j \|}\right) = \frac{1}{2}\left(1 - \frac{1}{\| \xi_i \| \; \| \xi_j \|}\sum_{t'=1}^{t}\xi_i(t')\xi_j(t')\right)$$

$$(4.6)$$

其中，$\| \xi_i \|$ 是向量范数*。通过轨迹的相似性，我们可以用这种距离度量对相似的城市进行聚类（参见图 4.5）。这也让我们能够为每个城市创建一个"推荐系统"，找出发展路径相似的潜在协作对象。

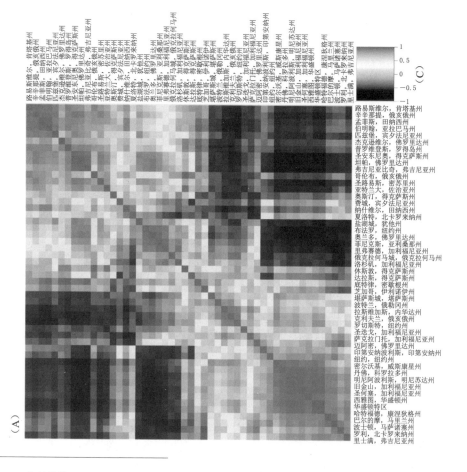

---

* 向量范数（vector norm）是一种用来刻画向量大小的度量。实数的绝对值、复数的模、三维空间向量的长度，都是抽象范数概念的原型。——译者注

（B）

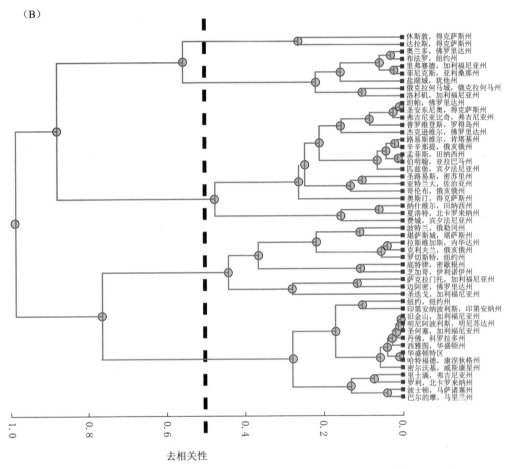

去相关性

注：规模修正城市指标的时间序列之间的交叉相关关系可以用来度量城市之间的相似性，从而可以将城市划分为具有相似特征的族群。(A)图表示人口超过 100 万的美国大都市区的个人收入排序相关矩阵(热度图)，其中阴影越深表示差异越大。(B)图为依据个人收入绘制的美国大都市区详细城市分类树状图，清楚地将具有相似时间轨迹的城市聚集在一起。当去相关性 $d_{ij} = d_{ij}^{\xi} = 0.5$ 时，表示城市之间没有相关性(虚线)，我们得到了五个相似城市族。

图 4.5 相似城市族

案例 2：美国城市地区的拥堵成本

我们可以将同样的原理和方法应用于完全不同的量，例如与美国城市地区交通拥堵成本相关的量。现有数据(参见图 4.6)仅涉及因拥堵而产生的额外道路(汽车)成本，即高于正常状况交通成本的部分。城市标度理论没有对这个量进行预测,但用与第 3 章类似的分析方法,由于这部分成本与交通量及其匹配、空间密度成正比,我们可以假设它与常规交通状况下的耗散成本成正比,只是遇到的阻抗特性更大。这一推测至少已被近年来的数据所证实,因为很多较小的城市也遇到了拥堵加剧的情况,而一些最拥堵的城市的拥堵现象反而有所减少[参见图 4.6(B)—图 4.6(D)]。

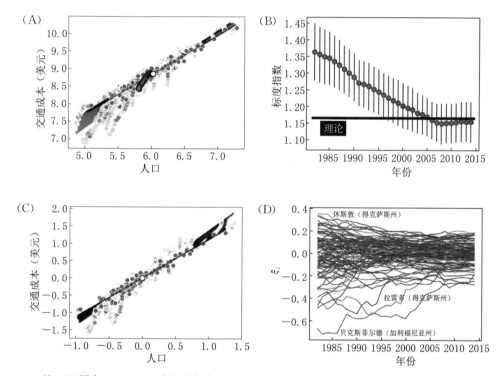

注:(A)图为 1982—2014 年间的标度;六边形为中心,实线为每年最佳拟合标度。(B)图为估算的标度指数(带圆圈的 95%置信区间误差条)逐渐收敛到理论预测值(水平实线)。(C)图的居心标度显示收敛到理论预测。(D)图表示各个城市的规模修正城市指标轨迹随着时间的推移逐渐收敛,具有良好的统计表现。

图 4.6　100 个美国城市子样本中额外交通拥堵成本的标度分析

我们还可以看到,随着时间的推移,拥堵成本已经能够通过最简单的超线性指数 $\beta=7/6$ 得到很好的解释,这些成本平均占城市地方生产总值的比例大体固定在 1%[图 4.7(A)和图 4.7(B)]。我们可以沿用规模修正城市指标轨迹的思路,描绘出拥堵成本的同类城市族。例如,按一定形式标准化处理后,芝加哥和纽约市的规模修正城市指标随时间的变化就非常相似(图 4.8)。这个例子还表明,相似城市的分类法并不具有普适性,取决于所采用的相似性度量方法。

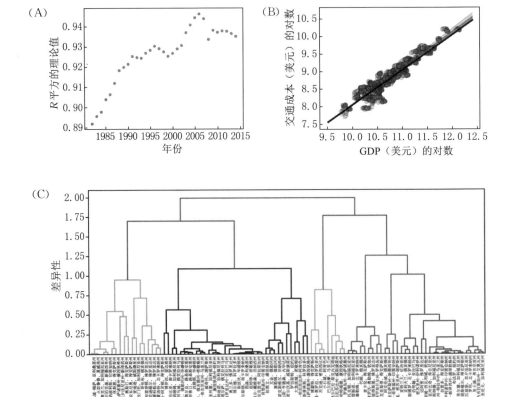

注:(A)图中额外交通拥堵数据的 R^2 相对于理论值随时间的变化展现了另一种评估收敛性的方法。(B)图表示随着时间的推移,额外拥堵成本与地方生产总值成正比(斜率=1,黑线所示)。(C)图中规模修正城市指标轨迹的标准化内积[图 4.6(D)]提供了城市之间相似性和差异性的自然度量(独立于规模和增长),提出一种与交通拥堵成本随时间演变相关的层级式城市类型学。

图 4.7　收敛、空间均衡和单个城市轨迹类型

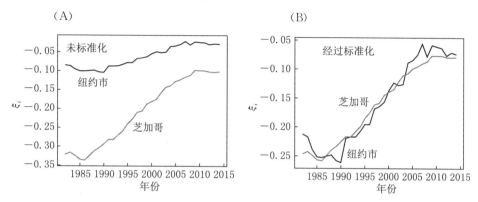

注：规模修正城市指标（以及其他城市指标量）之间距离的计算方法如何选择取决于城市与其所属城市群的关系。(A)图表示纽约和芝加哥的原始（非标准化）规模修正城市指标轨迹〔图4.6(D)中的额外拥堵成本〕。(B)图通过除以范数来标准化相同的向量。在第二种形式中，两条轨迹非常相似，它们的内积导致距离非常小，因此在图4.7(C)中表现出很强的相似性。然而，请注意，如果我们按照规模修正城市指标大小的相似性对数据进行聚类，那么这两个城市就会被判定为非常不同。

图4.8 分类法并不具有普适性

案例3：巴西的城市标度关系与谋杀

在一系列研究中，阿尔维斯（Alves）和他的同事[17]使用规模修正城市指标以有趣和新颖的方式刻画了巴西城市的各种表征。他们发现了不同城市的标度残差之间存在一些特定的非线性关系，其中尤其涉及谋杀案数量，这是巴西城市面临的一个严重问题。

阿尔维斯等人展示了巴西城市的多种标度关系（图4.9），基本符合理论预期。至关重要的是，他们分析了不同人口规模区间的残差标准差与人口规模的关系，并检验了标度残差近似服从正态概率密度分布的假设（图4.10）。除了谋杀案和失业情况以外，标准差基本与城市规模无关（齐性），正态分布能够很好地拟合累积规模修正城市指标，这意味着这些城市量近似呈对数正态分布。

最后，阿尔维斯等人探讨了不同城市量的规模修正值作为"与标度关系的偏离"之间的关系，以及它们与各城市谋杀案的规模修正值之间的关系（图4.11）。该分析揭示了一些有趣的非线性和双峰关系，并可能对巴西城市暴力的影响因素问题提供新的重要见解。

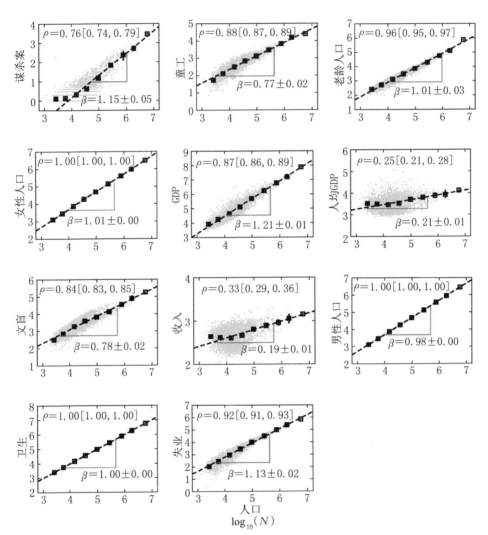

注: 数据被分为 10 个对数区间(方框)。ρ 为皮尔逊相关系数,所有面板显示的都是 95% 置信区间。直虚线是通过最小二乘法获得的线性拟合,图中还显示了每种情况的斜率(标度指数 β)及其 95% 置信区间。

资料来源: 改编自 Luiz G. A. Alves et al.,"Distance to the Scaling Law: A Useful Approach for Unveiling Relationships between Crime and Urban Metrics",*PLoS One* 8,no.8(August 5,2013): e69580,https://doi.org/10.1371/journal.pone.0069580。

图 4.9 巴西城市各种城市量的标度关系

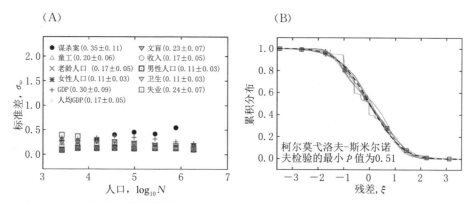

注：(A)图显示了各种符号代表的量的 ξ 的标准差，而(B)图显示了这些量的累积分布，正态分布可以很好地拟合，这意味着城市量 Y 近似呈对数正态分布。我们还发现 σ_{ξ} 没有明显的规模相关性。

资料来源：改编自 Luiz G. A. Alves et al.，"Distance to the Scaling Law：A Useful Approach for Unveiling Relationships between Crime and Urban Metrics"，*PLoS One* 8，no.8（August 5，2013）：e69580，https://doi.org/10.1371/journal.pone.0069580。

图 4.10　规模修正城市指标的分布及其标准偏差

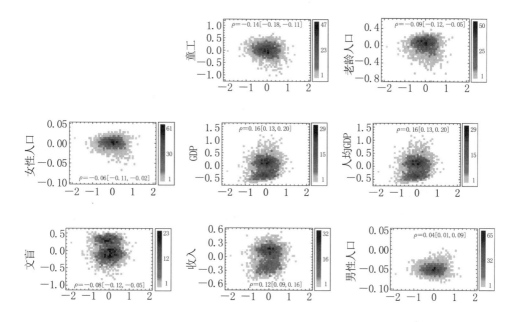

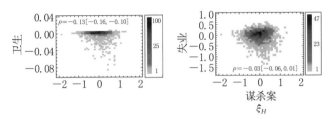

注：请注意，虽然通常没有简单、清晰的关系（如沿直线对齐的点），但存在一些非对称的，在某些情况下是两极的相关性，例如男性人口、文盲、GDP 或收入。灰度深浅表示点的密度，参见每张小图的垂直色调条。

资料来源：改编自 Luiz G. A. Alves et al., "Distance to the Scaling Law: A Useful Approach for Unveiling Relationships between Crime and Urban Metrics", *PLoS One* 8, no.8（August 5, 2013）：e69580，https://doi.org/10.1371/journal.pone.0069580。

图 4.11　巴西城市中几项城市量的规模修正值与谋杀发案状况 ξ_H 的关系

案例 4：印度城市群中的犯罪与创新

印度拥有一个庞大而古老并正在快速增长的城市体系，对于城市标度和集聚理论来说，哪些是普适的，哪些具有地方特殊性，这将是一个重要的考验。尽管 2011 年印度人口普查对所谓城市群近似按照大都市地区的边界（不考虑通勤量）作出了统一定义，但印度仍然缺乏好的城市统计数据。根据上述定义，印度在 2011 年的城市化率仅为 31%。但一些研究借助遥感数据或夜间灯光数据分析了人口聚集密度（第 2 章），并对这一数字提出了质疑。按照印度人口普查定义的城市标准，男性人口从事非农产业的比例必须达到 75% 以上。一些作者认为这个定义过于严格。

无论如何，与城市群相关的数据，尤其是与服务供给和人口相关的数据都是由印度人口普查局和相关政府机构提供的。相关研究用这些数据对印度城市进行了标度分析[18]，通过调整县一级的 GDP 数据，还对经济规模和发展变化进行了分析。尽管印度与其他国家的城市体系[19]在很多方面表现一致，但犯罪和专利两个量显示出有趣的偏差，我们依据统计数据的规模修正城市指标进行了分析。

为了证实我们的直觉，我们基于犯罪与创新量的规模修正值之间的相关距离对城市进行了聚类分析。图 4.12 和图 4.13 显示了规模修正城市指标的排名、与人均量的对比，以及它们在全国的空间分布。分析表明，两个主要的城市群由南部和西部城市组成，另外两个城市群由北部、中部和东部城市组成。此外，还有两个规模巨大、地理混杂的城市群。在印度,北部-东北部与南部-西南部之间存在巨大的鸿沟,在犯罪方面比专利方面表现得更为突出。一些具有非凡创造力的小城市的有趣案例也通过这种方法被清晰地呈现出来。显然,这类格局与很多因素相关,包括:印度作为一个大国,各地区有着不同的文化传统;联邦制的国家治理体系,不论优劣,赋予了各州强大的自治权,并造成了很多明显的政策差异。随着印度城市化的持续发展,正如第 8 章所述,当前的这些地区差异可能会被城市体系共有的网络动态所取代。

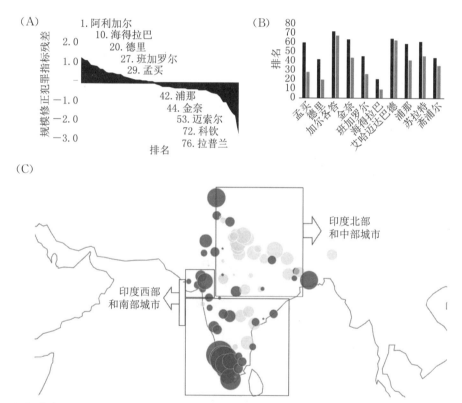

注:印度的犯罪问题实际上与城市规模有次线性关系。在一些较小的城市,尤其是北部城市,其暴力程度较高,这与种姓和性别有一定联系。(A)图为基于规模修正城市指标的城市排名。(B)图为规模修正城市指标排名(深灰色)与人均排名(浅灰色)的对比。研究结果强调,例如,孟买和班加罗尔的人均犯罪率其实比想象的要低。(C)图为 2011 年规模修正犯罪量的空间分布。深色圆圈表示低于预期的偏差,浅色圆圈表示高于预期的偏差。其中,预期是依据城市规模确定的。圆圈的大小表示规模修正犯罪量的大小。我们看到,印度南部城市通常很安全,而北部城市通常不安全。方框显示了这些区域性趋势的聚类关联。

图 4.12　印度城市群犯罪的残差和人均指标

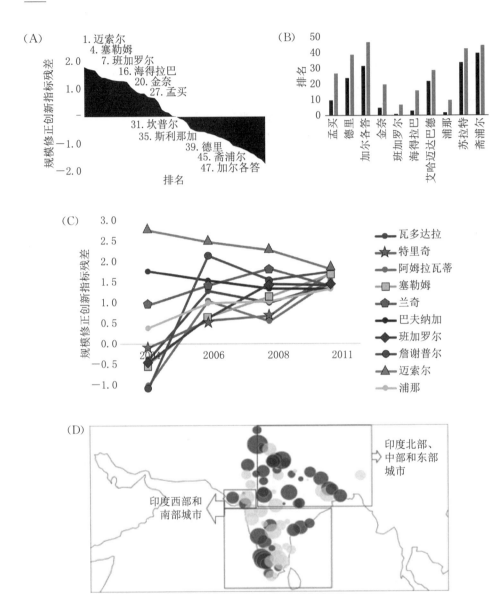

注：(A)图为 2011 年规模修正创新量排名。(B)图为 2011 年技术创新按规模修正城市指标（深灰色）与人均量（浅灰色）的排名比较。(C)图为选定印度城市群的规模修正创新量随时间的变化，这表明在国家范围内存在一定的收敛性。(D)图为规模修正犯罪量的空间分布显示出强烈的区域特征。深灰色圆圈表示低于预期的偏差，浅灰色圆圈则表示高于预期的偏差，其中，预期是依据城市规模确定的。圆圈的大小表示规模修正创新量的大小。规模修正城市指标排名突出了一些较小的区域技术中心，如位于印度南部的迈索尔（信息技术）和塞勒姆（钢铁、电子）。

图 4.13　印度城市群技术创新的残差和人均量

案例 5：中国城市的财富、建成区面积和实际人口规模

最后，我们的环球城市案例之旅来到中国。虽然"大都市区"或"功能性城市"的概念在中国刚刚出现，很多研究正在推进，但是中国有一个基于所谓"地级市"的行政区划体系。地级市包含市辖区和县，其中市辖区以城市功能为主。因此，可以将地级市的市区和县近似作为功能性城市[20]，中国国家统计局提供了很多统一的指标和数据。平均而言，这些城市的地方生产总值和建成区面积等指标的标度关系符合我们的预期，与其他国家相似（参见图 4.14）。但是，如果用规模修正城市指标的方差来衡量，城市间的差异就较大。对于这种差异的成因，目前还没有很好的解释，可能是城市体系快速变化的基本因素造成的，也可能是数据问题或是城市范围定义不统一导致的。

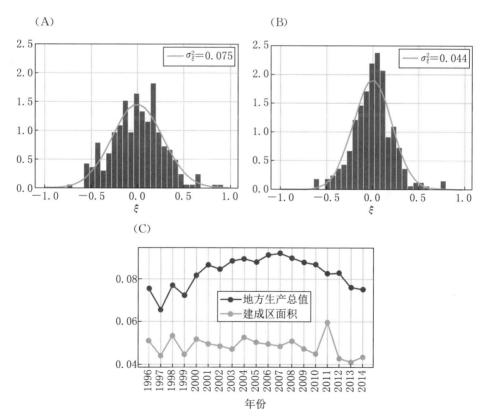

注：(A)图与(B)图中的直方图分别显示了 2014 年 GDP 和建成区面积的残差频度分布。直方图大体呈正态分布（灰色线）。(C)图为规模修正城市指标方差随时间变化情况。

图 4.14 中国地级市规模修正城市指标的分布

我们可以用规模修正后的城市指标来对中国城市的表现进行排名并绘制地图（图4.15），就像对其他城市体系一样。虽然结果并不意外，但分析再次证明，中国最富裕的城市主要集中在沿海地区。分析显示，深圳、东莞和广州等一些南方城市，比其他很多同时期的中国城市要更加紧凑。此外，分析也发现了一些小城市有趣的异常情况，例如鄂尔多斯，它们的GDP非常高，因为它们拥有煤炭等丰富的自然资源，相关的采掘业非常发达。

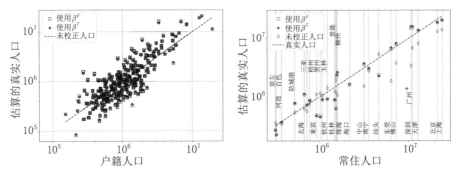

注：用每个地级市的GDP为推算子，对户籍人口数量进行修正得到真实的城市人口规模。β^F为数据拟合得出的标度指数，β^T为标度指数的理论值。（A）图将该方法与地级市的现有计数进行比较。（B）图修正了所有地级市的城市规模。

图4.15　通过规模修正城市指标的表现估测中国城市就业人口

对中国城市进行任何定量研究，尤其是标度分析的一个主要问题是如何掌握真实的人口规模。中国有户籍制度，但一些地方的实际居住和就业人口存在严重漏报，在较大的城市尤其如此。[21]一项针对中国大型城市GDP的深度分析［图3.3(A)］表明，除重庆以外，其他所有城市的GDP都高于根据其户籍人口计算的标度预测值。

这显然不太可能。我们可以想象将图中的每个点向右移动（从而增加实际人口），这样每个城市的规模修正城市指标都会减少或消失。在数学上，我们可以将这种变形表述为，引入一个乘法因子δ_i^ξ，从而计算出城市的新（"真实"）人口为$\hat{N}_i = N_i e^{\delta_i^\xi}$。将该表达式引入标度关系［方程式(3.1)］，并要求该乘法因子抵消残差ξ_i，可以得到估算值$\delta_i^\xi = \dfrac{\xi_i}{\beta}$。我们可以使用估计指数$\beta^F$或理论预测指数$\beta^T$来计算$\delta_i^\xi$（参见图4.16）。这套程序表明，可以用标度预期来生成城市特征的一般模型，以应对数据缺失或偏差的情况。在有实际人口数据的城市（如十年一次的人口普查或选定城市的人口核算），估算出的人口规模与实际人口规模非常接近，在没有实际人口数据的城市，也可以用这种方法进行推算。

4.2 随机增长：波动控制和新兴的城市通用统计方法

> 每个人都带有人类状况的所有印记。
>
> ——米歇尔·德·蒙田（Michel de Montaigne），
>
> 《蒙田随笔》（第 3 卷）

我们现在要把第 4.1 节中介绍的城市统计现象的宏观实证研究和主体行为的一般微观模型联系起来。我们要寻找一个既符合城市标度理论，又尽量简单的城市增长随机（噪声）模型，以生成随时间和人口变化的可观测的统计现象，就像我们在前一节中看到的那样。我们将从乘法随机增长的一般模型入手，探讨个体行为如何逐步汇集为城市整体现象的各种动态。这个模型不仅能实现我们的所有目标，而且还是人口统计学、金融数学和群体生物学等一些与城市相关的复杂系统科学的共同基础。在我们的分析中，最重要的是要看这个模型在不同尺度上的表现，特别是要看它如何把短期的主体行为和长期的城市人口平均数联系起来。图 4.16 展示了技术路线图。

我们首先引入一个变量 $r(t)$，表示净数量 $y(t)$ 随时间 t 的累积。例如，如果 $y(t)$ 代表工资，那么 $r(t)$ 就代表货币财富，但我们需要将 $r(t)$ 更加正式地理解为一种资源，它随着时间推移并通过再投资实现更多的 $y(t)$。这种投资既包括金融投资和教育投资等正式的形式，也包括其他非正式的形式，例如每个人都需要投入一定的资源来支付各种账单和花销，使自己能够持续创造收入。在经济学以外，也可以用 $r(t)$ 代表储存的热量，$y(t)$ 代表单位时间内的热量进账。这在生物学领域非常适用，也是早期人类住区的主要逻辑（参见第 7 章）。给定 $y(t)$，我们将 $r(t)$ 的动态写作：

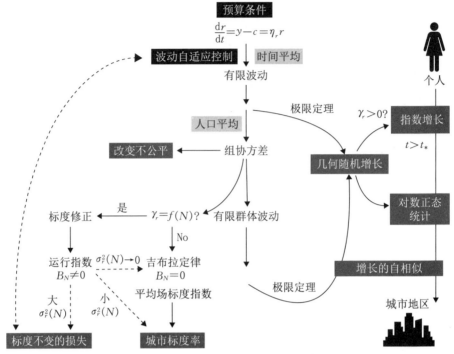

注：假设和推导结论的流程如方框所示，遵循箭头方向。图中虚线箭头表示备选路径，黑色方框代表基本假设，浅灰色方框代表方法。深灰色方框代表推导结果。

图 4.16　城市增长和标度关系的统计理论

$$\frac{\mathrm{d}r(t)}{\mathrm{d}t}=y(t)-c(t)=\eta_r(t)r(t) \tag{4.7}$$

其中 $\eta_r(t)$ 是资源的随机增长率。方程式(4.7)中的第一个等式是基本核算，其含义为资源增长是通过收入与成本之间的差值 c（即净收入）在一定时间间隔 $\mathrm{d}t$ 内的累积形成的。等式的中间部分 $y(t)-c(t)$ 是单位时间内收入和支出的差值，如果考虑所有主体的话，这个值必须在具体环境中达到均衡。在第 3 章中，为了说明社会经济互动价值和交通及基础设施成本之间的关系，我们对这个量进行了最大化（通过选择 G）。

这个关系我们已经很熟悉。按照经济地理学的阿隆索模型（第 2 章）、城市经济学模型和城市标度理论[22]（第 3 章），对城市中的主体来说，它构成了定义城市的空间均衡的预算条件。虽然除了支出以外还有储蓄，但在原始的阿隆索空间均衡模型中，收入与支出之差值通常被设置为 0。在第 3 章构建城市标度理论时，我们发现这一差值可能是非零的，并得出了社会经济互动生产力与最大化其价值的运输成本和基础设施成本之间的平衡条件。这意味着城市若要存在，收入和运输成本之间的差值必须为正［图 4.1（A）中的插图］，我们接下来会展示相关案例。同时，该差值为正也构成了资源实现指数增长的前提。这还意味着，资源、收入和成本的标度具有相同的人口规模依赖性，可以用一个共同的指数 $\beta > 1$ 来表达。

方程式（4.7）中的第二个量 $\eta_r(t)$ 是增长率的一种定义，这意味着：

$$\eta_r(t) \equiv \frac{y(t)}{r(t)} - \frac{c(t)}{r(t)} \tag{4.8}$$

我们看到方程式（4.8）变得很简单，两个比率都与人口规模无关，并且随着时间变化很缓慢，或者是恒定的但不排除有小的波动。具体来说，主体一般都希望 $\eta_r(t)$ 在平均值和随时间变化两个维度都能实现最大正值。这可以通过一个反馈控制过程（如现金流管理）来实现，即要求 $\eta_r(t)$（在长时间内平均为非负）。主体要维持生存或具备偿付能力都离不开这种控制过程。因此，城市标度理论实际上已经包含了一般空间均衡，一个主体要适应城市生活，实现生存和发展都要求一个小而稳定的 $\eta_r(t)$。

让我们看看这在实践中是如何实现的。随机方程式（4.7）必须通过时间积分来理解。由于方程是非线性的（随机项为乘数），我们必须小心，应用伊藤随机积分（Ito stochastic integral）的规则得到：

$$\ln \frac{r(t)}{r(0)} = \left[\bar{\eta}_r - \frac{\sigma_r^2}{2}\right]t + \Theta(t) \tag{4.9}$$

方程式（4.9）中，$\bar{\eta}_r$ 和 σ_r^2 分别是增长率的平均值和方差，通常通过随机变量的概率密度来获得。现在，我们定义平均有效增长率为 $\gamma_r = \bar{\eta}_r - \frac{\sigma_r^2}{2}$。这个量是几何随机增长模型中的基本量，在后面的讨论中将会再次出现。从物理维度来理解的话，$\bar{\eta}_r$ 和 σ_r^2 是时间变化率，维数为时间的倒数（$1/t$）。因此标准差 σ_r（金融领域称为"波动率"）的维数为 $1/\sqrt{t}$。

随机噪声 $\Theta(t)$ 是积分时间 t 上的和，或者更明确地说：

$$\Theta(t) = \sum_{i=1}^{t} \epsilon_r(i) \tag{4.10}$$

其中，$\epsilon_r(i) = \eta_r(i) - \bar{\eta}_r$ 是一个均值为 0 的随机变量。由于它是随机变量的和，我们预期 $\Theta(t)$ 接近中心极限定理的极限情况。在最简单的情况下，当 η_r 在时间上与有限的方差没有统计关联性时，我们得到 $\Theta \rightarrow \sigma_r \Theta_w(t)$，这成为一个"维纳过程"*，它是一个均值和方差均为 0 的高斯随机变量，$\sigma_\Theta^2 = \sigma_r^2 t$。后面这将成为定义人口随机增长过程遍历性**的关键属性。

从这个简单模型及其非线性积分可以得到很多标准结果。首先，Θ 的中心极限意味着 $\ln \dfrac{r(t)}{r(0)}$ 在相同的长时间极限下接近高斯变量，关于时间 t 的均值为 $\gamma_r t$，方差为 $\sigma_r^2 t$。这意味着 $r(t)$ 是对数正态变量的渐近分布。继而，时间平均值为：

$$\frac{1}{t} \ln \frac{r(t)}{r(0)} = \gamma_r + \frac{\Theta(t)}{t} \rightarrow \gamma_r \tag{4.11}$$

它长期独立于时间。最后，特征时间为：

$$t_* = \frac{\sigma_r^2}{\left(\bar{\eta}_r - \dfrac{\sigma_r^2}{2} \right)^2} \tag{4.12}$$

上式标志着在短期波动影响下，净指数增长所需的时间间隔变得明显。

这些属性如图 4.17(A)—图 4.17(C)所示，用方程式(4.7)的数值模拟获得，η_r 取作高斯白噪声。所有数量的渐近表现均取决于有效增长率是否为正值，即 $\gamma_r > 0$ 或是其等效形式 $\bar{\eta}_r > \dfrac{\sigma_r^2}{2}$ [图 4.17(A)和图 4.17(C)]。当该条件成立时，会出现净增长[图 4.16(A)，规则且有噪声的增长轨迹]。资源的增长在大于 t_* 的时间尺度上会变得明显[图 4.17(A)]，当波动较小时，时间尺度变得相当短。在这种情况下，当时间跨度变长时，分布会收缩到平均值附近，方差逐渐消失，增长

---

　*　维纳过程(Wiener process)是布朗运动的数学模型。——译者注

　**　遍历性是指统计结果在时间和空间上的统一性，表现为时间均值等于空间均值。——译者注

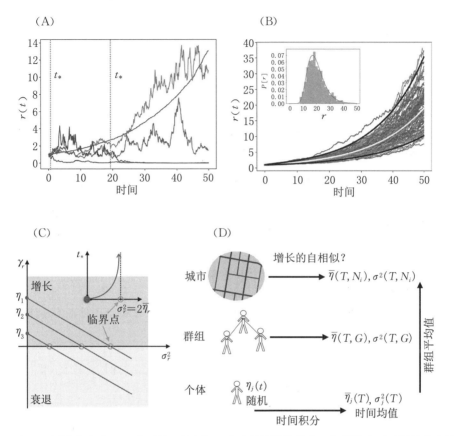

注:(A)图为方程式(4.7)表示的几何布朗运动过程的增长轨迹。规则轨迹显示了具有小波动和正有效增长率的典型增长,其上方的锯齿线显示了具有较大波动的类似情况,下方曲线显示了具有临界点 $\gamma_r \simeq 0$ 的轨迹。其他曲线表示随机负有效增长率轨迹。对于增长轨迹,显示了临界增长时间 t_*。(B)图表示从相同的初始条件开始,具有类似美国大都市区的随机增长率的轨迹集合。中间的实心白线表示集合平均值的时间轨迹,黑线表示 95% 置信区间。请注意,平均值和标准偏差都与时间有关。小图表示了此后的资源分布,其形态为渐近对数正态分布(实线)。(C)图表示随机增长的一般属性,它意味着为了克服波动引起的随时间衰退,增长率必须为正值。临界点 $\bar{\eta}_r = \dfrac{\sigma_r^2}{2}$ 可以用分叉时间 t_* 的巨大波动来描述,此时主体无法判断它们是否正在经历增长,并且可能无法进行有效控制。(D)图表示一般情况下,乘法随机增长在不同群体尺度上具有自相似性,这提供了一个简单的理论,能够适用于从主体个人到一定人群,再到城市的各个尺度。增长统计理论的关键参数"跨越"不同尺度,对人口规模、时间均值和不平等状况等都具有敏感性。

图 4.17   随机增长的一般性质及其对城市的影响

明显变得可以预期。然而，当 $\bar{\eta}_r < \dfrac{\sigma_r^2}{2}$ 时，平均有效增长率为负值，$r(t)$ 向零衰减

同时经历大的波动[参见图 4.17(A)，有噪声的衰减轨迹]。当 $\bar{\eta}_r \approx \dfrac{\sigma_r^2}{2}$ 时，几乎没

有增长或衰减，动态看起来完全随机[参见图 4.17(A)的中等噪声轨迹]。然后，资源显示出较大的波动[渐近对数正态分布；图 4.17(B)中的插图]，随着时间的推移，波动范围越来越宽[参见图 4.17(C)]。在平均增长率为正值的情况下，降低（或增加）波动率有可能会导致这种增长和衰退之间的动力机制转变。这有些类似于统计物理学中的相变（严格来说是"动态分叉"），在不同的尺度上都可能发生，从个体生命到集体，如城市和城市体系。

乘法增长过程有一个奇特的性质，由于漂移是不对称的（我们将在第 8 章人口统计学中再次谈到这一点），平均增长率为正（$\bar{\eta}_r > 0$）并不能保证长期增长。

实际上，必须克服增长率的限定性阈值 $\bar{\eta}_r > \dfrac{\sigma_r^2}{2}$。当城市从净正增长状态接近该

阈值时，t_* 趋于无穷大，主体将经历剧烈的波动[参见图 4.17(C)中的小图]，并将不断检验是否持续增长，预估其时间尺度以便作出后续计划。因此，低波动性和平均增长率为正对于持续增长非常必要[参见图 4.17(C)]

4.2.1 通过适应性支出控制来稳定增长率

依据前述随机过程的一般属性，我们可以得出结论：主体要想实现增长，必须力求平均增长率为正且波动率小。难题在于，波动性和平均增长率在很大程度上是环境属性，主体无法完全控制。正如我们在第 4.2.1 节所展示的，主体所能做的就是通过控制自身行动和表现等实时局部过程来适应外部环境变化，从而降低波动性并实现稳定增长。平均增长率 $\bar{\eta}_r$ 最大化相关的含义和选择将在第 9 章中单独讨论。

我们现在要推导的不仅是诸如 $r(t)$ 等复合变量，还包括 $y(t)$ 和 $c(t)$ 等与流相关的变量的统计信息，如工资或其他形式的收入和支出。将成本和收入之间的平衡问题作为首要目标，也使我们更加贴近单一主体（个人、家庭、公司、政府）的目标。反过来，我们将看到城市作为一个由这些主体组成的社会和经济网络，

怎样通过这些主体的收支平衡来实现整体上的平衡。因此，我们不必从宏观平均值出发，也不需要不切实际地假设主体是同质的，我们完全可以从主体的微观选择出发，尝试去理解城市各种属性的短期均衡是怎么形成的。

除了人口聚集水平之外，在平衡成本-收益和考察增长过程时，还需要关注不同的时间尺度[参见图 4.17(D)]。在很短的时间内，主体的资源流可能为负（例如在家、不工作、花钱）。然而随着时间的推移，明智的选择应该会带来更均衡、更积极的长期净流量。这种在较长时间范围（整个生命周期）内进行收支平衡的过程让 y、c 和 r 之间形成很强的相关性，并使增长率变得与财富水平无关。

要理解这一点，请关注单个主体的基本核算方程式(4.7)。正如我们所看到的，除以 $r > 0$ 可以得到增长率 η_r 的定义。将两个结果比率分别定义为 $b_c(t) \equiv \dfrac{y(t)}{r(t)}$ 和 $a_c(t) \equiv \dfrac{c(t)}{r(t)}$，时间平均值为：

$$\frac{1}{t}\int_0^t dt'\,[b_c(t') - a_c(t')] = \bar{b}_c - \bar{a}_c + \frac{1}{t}\int_0^t dt'\,[\eta_r(t) - \bar{\eta}_r] \rightarrow \bar{\eta}_r \quad (4.13)$$

这意味着我们可以定义 $\eta_r(t) = \bar{\eta}_r + \epsilon_r(t)$。其中 $\epsilon_r(t)$ 是偏离增长率的时间平均值 $\bar{\eta}_r$ 的误差（或"波动"）。

什么样的过程决定了这些波动的统计特性呢？什么样的 $\epsilon_r(t)$ 能够使 $\eta_r(t)$ 的统计表现足够好，以满足长期净增长之需呢？

从短期来看，如果 a_c 和 b_c 相互独立且剧烈震荡，波动将很大，$\epsilon_r(t)$ 可能在一段时间内振幅较大，如果为负值，可能会完全耗尽储存的资源（$r \rightarrow 0$），并导致主体死亡或破产。主体的切身利益要求采取措施以尽量减少波动，至少也要对波动程度有所控制。

那么，怎样才能实现这一目标呢？我们可以换一个视角，不将 $a_c(t)$ 看作被迫支出的成本，而是主体利用自身掌控资源进行动态战略性投资的本金（图4.19）。反过来，这项投资的回报 $b_c(t)$ 是随机的，并且受环境动态变化的影响而处于波动过程中。因此，在做投资决策时应首先确定一个 $a_c(t)$ 目标增长率（参见第9章）并尽可能减少波动。换言之，应追求稳定和可预测的增长。

为了展示以上投资收益过程，我们将收益记作 $b_c(t) = \bar{b}_c + v_c(t)$，将投资记

作 $a_c(t) = \bar{a}_c + u_c(t)$。这里的 $v_c(t)$ 代表收益的（随机）变化，而 $u_c(t)$ 将扮演控制变量的角色，代表主体在投资过程中作出的适应性调整。由此得出：

$$\bar{b}_c - \bar{a}_c + v_c(t) - u_c(t) = \bar{\eta}_r + \epsilon_r(t) \blacktriangleright \epsilon_r(t) = v_c(t) - u_c(t) \qquad (4.14)$$

我们现在需要明确怎样通过适应性的支出管理（用工程语言来说相当于"反馈控制"，例如恒温器）来控制误差。举一个明确的例子，实际上大多数控制器都是"比例积分微分"类型（proportional-integral-derivative，PID）[23]，其动态误差函数 $u_c(t)$ 为：

$$u_c(t) = u_c[\epsilon_r(t)] = k_P\, \epsilon_r(t) + k_I \int_0^t dt'\, \epsilon_r(t') + k_D\, \frac{d\epsilon_r(t)}{dt} \qquad (4.15)$$

其中 k_P、k_I 和 k_D 在时间上是常量，由主体选择，代表控制器的质量。通过观测实时误差，及时对积分和差分进行加减，就可以对支出变化 $u_c(t)$ 进行局部更新，在时间变化过程中只需要记住两个数字。通过方程式（4.15）的导数：

$$\frac{du_c(t)}{dt} = k_P\, \frac{d\epsilon_r(t)}{dt} + k_I\, \epsilon_r(t) + k_D\, \frac{d^2\epsilon_r(t)}{dt^2} \qquad (4.16)$$

可以很好地捕捉误差的随机动态，由此得到误差的动态方程：

$$k_D\, \frac{d^2\epsilon_r}{dt^2} = (k_P + 1)\frac{d\epsilon_r}{dt} + k_I\, \epsilon_r = \frac{dv_c}{dt} \qquad (4.17)$$

这是力 $F_S \equiv \dfrac{dv_c}{dt}$ 作用下的阻尼谐振子（damped harmonic oscillator）的常见方程。通过比较，对于以 $\epsilon_r(t)$ 为位移坐标的谐振子正则方程，我们会发现：

$$\frac{d^2\epsilon_r}{dt^2} + 2\zeta_o\omega_o\, \frac{d\epsilon_r}{dt} + \omega_o^2\, \epsilon_r = F_S/m_o \qquad (4.18)$$

其中，我们建立了对应关系 $m_o = k_D$，$\omega_o^2 = k_I/k_D$ 以及 $\zeta_o = \dfrac{k_P + 1}{2\sqrt{k_D k_I}}$，其中 m_o 是质量，ω_o 是振荡器的固有频率，ζ_o 为无量纲的阻尼比。

这是一个线性微分方程，可以精确求解。因此，给定外部场的统计动态 $v_c(t)$，我们可以得到 $\epsilon_r(t)$ 的一般解。特别是我们可以做出一般性陈述，如果 $v_c(t)$ 和 $\epsilon_r(t)$ 在时间上是常数，那么它们必须为零。请注意，这仅在 k_I 非零的情况下(即施行积分控制时)才发生。特别地,PID 控制器的导数分量不是必需的。将其设置为零($k_D = 0$)可以简化误差动态,这可以对应到众所周知的过阻尼驱动振荡器。

我们特别感兴趣的是收入波动的影响。这种影响是随机的,无法提前知道,只能从统计上分析。一些优秀的教科书也提供了一些简单明了的案例。[24] 然而,它们更具体,可以留给读者作为练习。接下来,我们假设 $\dfrac{dv_c(t)}{dt}$ 是方差为 Ω_ϵ^2 的高斯白噪声(无时间相关性)。那么方程式(4.19)描述了一个"过阻尼驱动振荡器",也被称作"奥恩斯坦-乌伦贝克过程"[25]:

$$d\,\epsilon_r = -\frac{M_o}{2}\epsilon_r dt + \Omega_\epsilon\, d\Theta_W(t) \tag{4.19}$$

其中,$m_o = \dfrac{\omega_o}{\zeta_o}$,并且 $d\Theta_W(t)$ 是具有单位方差的高斯白噪声。众所周知,给定 $t = 0$ 时的 $\epsilon_r(0)$,在时间 t 时 $\epsilon_r(t)$ 的概率解为:

$$P[\epsilon_r(t),\, t,\, \epsilon_r(0),\, 0] = \sqrt{\frac{M_o}{2\pi\Omega_\epsilon^2(1 - e^{-M_o t})}}\, e^{-\frac{M_o}{2\Omega_\epsilon^2}\left[\frac{\left(\epsilon_r(t) - \epsilon_r(0)e^{-\frac{M_o}{2}t}\right)^2}{1 - e^{-M_o t}}\right]}$$

$$\rightarrow \sqrt{\frac{M_o}{2\pi\Omega_\epsilon^2}}\, e^{-\frac{M_o}{2\Omega_\epsilon^2}\epsilon_r^2(t)} \tag{4.20}$$

其中,箭头表示时间 t 的极限行为为 $t \gg \dfrac{1}{M_o} = \dfrac{\zeta_o}{\omega_o} = 2\dfrac{k_P + 1}{k_I}$。这强调了由 k_I 设置的积分控制的基本作用。一般来说,我们希望使 $k_I > 0$,并且可以让其他控制参数较小或为 0。

由于误差的随机动态性,$\epsilon_r(t)$ 往往呈高斯分布,方差 $\sigma_r^2 = \dfrac{\Omega_\epsilon^2}{M_o} = 2\Omega_\epsilon^2\dfrac{k_P + 1}{k_I}$。因此,使 k_I 更大具有双重正效应:一是加速时间收敛到与时间无关的分布并缩小误差方差;二是控制质量提高。正如预期的那样,环境方差 Ω_ϵ^2 的影响会按比例增加误差方差。因此,如图 4.18 所示,适应性控制的过程有效地过滤掉了环境噪声,随着主体对参数的调节,方差也变小了。

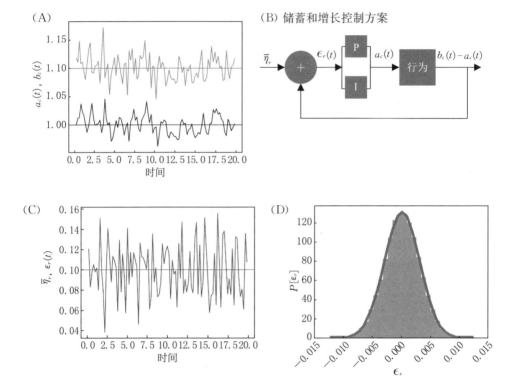

注：(A)图为收入与资源之比和成本与资源之比的轨迹示例，分别为$b_c(t)$和$a_c(t)$。请注意，当收入大于成本时，可能会有增长，但需要控制波动。(B)图为提供的平均增长率和缓和波动的控制方案。通过动态调整支出，成本$a_c(t)$在一定程度上成为一个控制变量，可以适应环境波动，以产生已知方差较小的误差。(C)图表示产生的误差ϵ_r的动态现在以零为中心。(D)图为由收入和控制参数的环境方差之比给出方差的高斯分布(实线)，它很好地描述了误差。通过这种方式，自适应主体的行为可以从任意随机环境开始，以较小且已知的波动率导致可预测的增长。

图 4.18 通过反馈控制动态平衡收入和成本可以得到资源增长率的简单统计数据

这种使主体能够应对环境不确定性并产生增长的机制虽然简单但非常普遍。如果有更多的回报机制b_c(第9章)，就有可能产生更复杂的行为策略，以利于增长率的最大化。这也使我们能够采用很多更加复杂的控制策略，特别是在外力随时间的变化并非完全随机的情况下。在应用控制论方法和投资策略来解决人类群体，特别是城市的增长和统计问题时，这种多样的可能性为我们提出了很多有趣的问题。

我们已经推导出了一种简单而通用的机制，它能让主体的平均资源增长率在目标值周围波动，波动的方差取决于环境不可预测性和主体控制的"量"之间的平衡。虽然还有其他形式的控制方法，但我们这里只介绍了回报和支出波动的时间平均值（积分控制）方法，并分析了控制参数对简单随机过程中误差概率分布的影响。对主体而言，有效的控制能使支出和回报随时间呈现出强相关性，这为新（空间）平衡奠定了基础。

正因如此，由于所处环境的差异以及所控制"量"的异质性，主体间差异（导致资源不均）可能会持续存在。这个问题要求我们考虑群体的平均水平，这也是我们下文将要讨论的。

4.2.2 人口动态和不平等

现在我们可以开始阐述个体层面对收入与支出的动态调节如何造成群体层面（包括城市）相应量值发生变化。计算人口增长动态为城市统计量提供了基础。为此，我们定义群体规模 N 的平均值为：

$$r_N = \frac{1}{N} \sum_{j=1}^{N} r_j \tag{4.21}$$

其中，r_j 是个体 j 的资源，增长率、收入和成本等也以此类推。为了推导出相应的动态，我们按照方程式（4.7）计算平均值，得到：

$$\frac{\mathrm{d} r_N}{\mathrm{d} t} = y_N - c_N = (\eta r)_N \tag{4.22}$$

为了简洁起见，我们删除了下标 r，因此 $\eta_r \rightarrow \eta$。乘积的平均值是唯一的重要部分，可以写作：

$$(\eta r)_N = \eta_N r_N + \mathrm{covar}_N(\eta,\ r) = \left[\eta_N + \mathrm{covar}_N \left(\eta, \frac{r}{r_N} \right) \right] r_N \tag{4.23}$$

因此，量 $\eta_N' = \eta_N + \mathrm{covar}_N \left(\eta, \dfrac{r}{r_N} \right)$ 是群体平均资源 r_N 的有效随机增长率。这个量由简单算术平均值和一个修正值组成，修正值反映了增速变化与个体资源差异之间的统计相关性。这种协方差项在演化理论和信号选择效应中很常见。比如，如果群体中资源丰富的个体增长率更高，那么平均增长率也会随之提高，反之亦然。这也意味着在异质人口中，追求最高的群体增长率实际上会加剧不平等；相反，提高相对贫困个体的平均增长率会使分配更加公平，但会拉低平均值 η_N，因为协方差为负值！这是一个数学上的困境，它根植于群体的增长结构。要想克服这个困境，必须有新的反馈机制，使得平均增长率 η_N 能够随着不平等的减少而提高。如果在一个更加公平的社会中，有更多人提高了知识水平和创业精神（参见第 9 章），就有可能实现这个目标，但这并不代表减少了增长率的不平等。

为了回顾第 4.2 节的前面部分，我们现在需要描述 η_N' 的平均值与随机影响的关系。我们将个体的增长率表示为 $\eta_j = \bar{\eta}_j + \epsilon_j$。将其引入群体平均结果，得到：

$$\eta_N = \frac{1}{N} \sum_{j=1}^{N} \eta_j = \frac{1}{N} \sum_{j=1}^{N} (\bar{\eta}_i + \epsilon_j) = \bar{\eta}_N + \epsilon_N \tag{4.24}$$

其中，$\bar{\eta}_N$ 代表群体中每个个体的时间平均值的均值，而 ϵ_N 则是由群体中所有个体的误差平均值构成的随机噪声项。

ϵ_N 的属性继承了每个主体的属性及其统计相关性。其平均值保持为 0，方差为：

$$\sigma_N^2 = \frac{1}{N} \sum_{j,k=1}^{N} \sigma_j \sigma_k \rho_{jk}^c \tag{4.25}$$

其中，σ_j 和 σ_k 是主体 j 和 k 的波动率，ρ_{jk}^c 是它们之间的相关矩阵。相关矩阵沿对角线对称，$-1 \leqslant \rho_{jk}^c \leqslant 1$，对应于每个主体的波动率的平方（增长率的方差）。

在最简单的情况下，各主体的误差统计不相关，当 $j \neq k$，$\rho_{jk}^c = 0$ 时，如果所有标准差都相同，我们得到 $\sigma_N^2 = \frac{1}{N} \sigma_r^2$，因此随着群体规模的增大，波动会逐渐减弱，并在极限 N 的情况下消失。如果群体中不同个体的误差是相互独立的，那么长时间和大规模群体的汇集都会收敛到一个表现集，由简单的时间均值决定。有趣的是，这意味着，由于波动更小，通常群体的平均增长速度高于个体的时间均值。这为通过政府干预或风险管理工具（如保险）实现资源集中提供了强有力的定量支持。基于此，彼得和阿达莫[26]提出了一种保险聚合的商业模式，因为它们的资本增长率通常比个体更高（回报更高）。

非独立变量的情况很有趣，前一小节已经表明，它可能出现在收入或是回报的相关波动中（例如，在同一家公司工作），或是引发协同控制的措施中（例如通过城市服务和社会援助），这在许多情况下都是合理的。在所有变量完全相关的极端情况下，$\rho^c_{jk}=1$ 且 $\sigma^2_N=\sigma^2_r$（假设所有主体的方差 σ^2_r 相同），因此与 r_N 相关的波动性与群体规模无关。在诸如城市等现实环境中，我们可能会认为主体之间存在某种相关性，因为他们拥有共同的空间和社会经济环境。我们将看到，在美国的大都市统计区中，σ^2_N 近似恒定（参见图 4.10 和图 4.14）。

个体增长率与资源之间的协方差项带来了额外的修正：

$$\text{covar}_N\left(\eta, \frac{r}{r_N}\right) = \left[\frac{1}{N}\sum_{j=1}^{N}\left(\frac{\bar{\eta}_j}{\bar{\eta}_N}-1\right)\left(\frac{r_j}{r_N}-1\right)\right]\bar{\eta}_N + \left[\frac{1}{N}\sum_{j=1}^{N}\left(\frac{\epsilon_j}{\epsilon_N}-1\right)\left(\frac{r_j}{r_N}-1\right)\right]\epsilon_N$$

$$= \text{covar}_N\left(\frac{\bar{\eta}}{\bar{\eta}_N}, \frac{r}{r_N}\right)\bar{\eta}_N + \text{covar}_N\left(\frac{\epsilon}{\epsilon_N}, \frac{r}{r_N}\right)\epsilon_N$$

$$(4.26)$$

通过这些结果，我们可以将群体中平均资源的时间演化写作 $\dfrac{\mathrm{d}r_N}{\mathrm{d}t} = \eta'_N r_N$，其中 $\eta'_N = \bar{\eta}'_N + \epsilon'_N$。其中：

$$\bar{\eta}'_N = \left[1 + \text{covar}\left(\frac{\bar{\eta}}{\bar{\eta}_N}, \frac{r}{r_N}\right)\right]\bar{\eta}_N, \quad \epsilon'_N = \left[1 + \text{covar}\left(\frac{\epsilon}{\epsilon_N}, \frac{r}{r_N}\right)\right]\epsilon_N \quad (4.27)$$

只要这些累积速率和误差在时间上近似恒定，我们就可以推断：群体平均资源 r_N 通常服从乘性随机增长过程，并且从群体中个体的微观行为继承了明确的均值和有限的方差。那么，这个过程可以像方程式（4.12）那样，综合起来得到 $\ln r_N(t)$ 的演化：

$$\ln\frac{r_N(t)}{r_N(0)} = \left(\bar{\eta}'_N - \frac{\sigma'^2_N}{2}\right)t + \sigma'_N\,\mathrm{d}\Theta_W(t) \quad (4.28)$$

上式表明，由于中心极限定理，当 $\mathrm{d}\Theta_W(t)$ 收敛到高斯变量时，r_N 的统计量呈现出对数正态分布。

我们必须强调，增长率和波动性通常会随着群体规模 N 和时间 t 变化，这取决于几个协方差项的相关性［参见图 4.16(D)］。如果系统动态要求保持标度恒定，则必须禁止其中一些变化，下面我们回过来讨论这个问题。

4.2.3 城市作为人口均值

现在我们综合前面几个小节的结果，预测资源和收入的残差 ξ 有哪些统计特征。在第 4.2.1 节的数学符号中，记号 i 表示城市（不是个体主体），括号中的值表示诸如美国、中国、巴西等国家城市体系中的城市平均值。接下来，我们按照第 4.2.2 节的方式将每个城市看作一个 $N = N_i$ 的组，从而写出简化形式 $\gamma_i = \gamma'_{N_i}$，$\sigma_i = \sigma'_{N_i}$ 等。继而我们可以删除记号，将这些量在城市集合上的平均值写作 $\gamma = \gamma_i$。

标度恒定城市量的随机动态

波动的动态特征是什么？我们从推导资源 r 的波动 ξ_i^r 的运动方程开始。我们将城市中的资源总量写作标度关系，$R_i(N_i, t) = R_0(t) N_i^\beta e^{\xi_i^r(t)}$。结合方程式(4.2)~式(4.4)可以得出：

$$\frac{\mathrm{d}\xi_i^r}{\mathrm{d}t} = \frac{\mathrm{dln}\,R_i}{\mathrm{d}t} - \frac{\mathrm{dln}\,R_0 N_i^\beta}{\mathrm{d}t} = \frac{\mathrm{dln}\,R_i}{\mathrm{d}t} - \frac{\mathrm{d}\langle \ln R\rangle}{\mathrm{d}t} - \beta\frac{\mathrm{dln}\,N_i}{\mathrm{d}t} + \beta\frac{\mathrm{d}\langle \ln N\rangle}{\mathrm{d}t}$$

$$(4.29)$$

密集型资源增长率（集聚效应带来的净增长）为：

$$\frac{\mathrm{dln}\,R_0}{\mathrm{d}t} = \frac{\mathrm{d}\langle \ln R\rangle}{\mathrm{d}t} - \beta\frac{\mathrm{d}\langle \ln N\rangle}{\mathrm{d}t}$$

$$(4.30)$$

这个函数仅表达标度中心的动态。这个量是城市系统内生变化的基本测度，例如集约型经济增长。接下来，我们引入明确的增长动态：

$$\frac{\mathrm{dln}\,R_i}{\mathrm{d}t} = \gamma_i + \epsilon_i$$

$$(4.31)$$

因此：

$$\frac{\mathrm{d}\xi_i^r}{\mathrm{d}t} = \gamma_i + \epsilon_i + \frac{\mathrm{dln}\,R_0 N_i^\beta}{\mathrm{d}t}$$

$$(4.32)$$

注意，γ_i 的存在表明我们需要用到随机积分。这个表达式适用于资源 $R_i(t)$ 等指标，但不适用于我们将返回的收入或成本等流量。现在取城市的平均值，得到 $\gamma = \dfrac{\mathrm{d}\langle \ln R \rangle}{\mathrm{d}t} - \epsilon$。将这些表达式相结合可以得到：

$$\frac{\mathrm{d}\xi_i^r}{\mathrm{d}t} = (\gamma_i - \gamma) + (\epsilon_i - \epsilon) - \beta(\gamma_{N_i} - \gamma_N) \tag{4.33}$$

其中，$\gamma_{N_i} = \dfrac{\mathrm{d}}{\mathrm{d}t} \ln N_i$，$\gamma_N = \dfrac{\mathrm{d}}{\mathrm{d}t} \ln N$。这是本小节的主要结果。首先，检查这个方程式两边的总体平均值是否消失。最重要的动态是它本质上是布朗运动，这是由 ϵ 项所设置的方差导致的。另外两个项强制在资源和人口增长率方面收敛到集合平均值；如果这些城市的平均增长率相同，就像统计力学中的典型集合一样，这些项就会消失。然而在城市中这很常见，因为在不同的地点，即便是平均增长率也会不同。

遍历性（Ergodicity）和标度恒定性

现在我们来看看城市标度在什么情况下是增长的随机动态的守恒量。我们从总资源的积分轨迹 $R_i(t)$ 开始。

$$\ln \frac{R_i(t)}{R_i(0)} = \gamma_i t + \sigma_i \mathrm{d}\Theta_W(t) \tag{4.34}$$

由于长时间平均值与总体平均值一致，这个方程具有遍历性[27]，因为：

$$\left(\frac{1}{t} \ln \frac{R_t(t)}{R_i(0)} - \gamma_i \right)^2 = \frac{\sigma_i^2 W^2(t)}{t^2} \to \frac{\sigma_i^2}{t} \to 0 \tag{4.35}$$

请注意，遍历性在这里的含义比在统计物理学中更具一般性，指数增长构成了典型的群体动态[28]，而在统计物理学中应用的是没有增长的系统。[29]

遍历性是标度关系不随时间变化的根源，也是必要的相关条件。假如某个量：

$$B_N(\ln N_i) = \frac{\mathrm{d}\gamma_i}{\mathrm{d}\ln N} \to \gamma_i = \gamma^{(0)} + \int B_N \mathrm{d}\ln N_i \simeq \gamma^{(0)} + \bar{B}_N \ln N_i + \cdots$$

$$\tag{4.36}$$

其中，$\gamma^{(0)}$ 与时间和标度无关，我们假设 B_N 仅随 $\ln N_i$ 缓慢变化，$\bar{B}_N$ 是一个非

0 的常数。这样定义的量 B_N 类似于贝塔函数，表示在统计物理和场论中耦合随尺度的变化。[30] 使用最后一项并在遍历条件中进行替换，得到：

$$R_i(t) \rightarrow R_i(0)e^{\gamma_i t} = R_0(0)N_i(0)^{\beta + \bar{B}_N t}e^{\gamma_{(0)} t} \tag{4.37}$$

这表明，如果 $\bar{B}_i$ 非零，则标度指数 $\beta = \beta + \bar{B}_N t$ 与时间相关，并且不随增长动态守恒。在这种情况下，标度关系将随着时间的推移而变化，如果 $\bar{B}_N > 0$，标度关系会变得更陡（指数更大），如果 $\bar{B}_N < 0$，标度关系就会变得更缓。当然，积分式（4.36）也可能产生更复杂的函数 $\ln N_i$，不仅使指数与时间相关，而且改变了对规模的依赖，使其与幂律关系不同。

这一结论最有趣的推论是，与有效增长率 γ_i 中的波动率 $\sim \frac{\sigma_i^2}{2}$ 成比例的项随时间刻度和人口规模的变化而变化，而平均值 $\bar{\gamma}_i$ 通常独立于这两个指标。这意味着在大多数情况下 $B_N(\ln N) = -\frac{1}{2}\frac{d\sigma_i^2}{d\ln N}$，由于主体对波动的控制，我们预期值会更小。要理解这种依赖性的后果，可以思考以下具体示例：

$$\sigma_i^2(N) = \frac{\sigma_r^2}{tN^\alpha} \rightarrow B_N = \alpha\sigma_i^2(N) \tag{4.38}$$

这也意味着实际结果 $\beta \rightarrow \beta - \frac{\sigma_r^2}{2\ln NN^\alpha}$。这表明在这个例子中，$\beta$ 虽然与时间无关，但不是一个恒定的数值，而是随着 N 的增大而增大。在这种情况下，只有当 N 足够大且 σ_r^2 足够小时，我们才能认为标度指数值与平均场城市标度理论的预测相符（第 3 章）。特别是对于规模较小的城市，β 可能会明显小于规模较大的城市。由于偏离标度的幅度取决于城市体系和城市量的类型，这可能有助于解释观察到的标度指数差异。[31]

由此我们可以推断，真正的标度恒定性需要以 $B_N = 0$ 为前提，类似统计力学中重整化群的不动点，只不过现在是针对人口增长率，而不是结构相关的函数（耦合）。这说明增长的普适性和增长率的不动点意味着标度律是随机增长动力学的长期不变量。这也说明当 $B_N \neq 0$ 时，我们可以通过把平均增长率和波动率作为人口规模的函数，来对标度进行系统修正。

图 4.19 显示了对 1969 年至 2015 年间美国大都市统计区的增长率和方差

进行分析的结果。图 4.19（A）显示了平均增长率 $\bar{\eta}_i$ 确实会因城市规模的不同而变化，但并不存在系统的城市规模依赖性。图 4.19（B）显示了与城市规模相对应的波动率 σ_r^2。我们看到波动率通常非常小，并且表现出微弱的规模依赖性，随着 $\ln N$ 的增加而变小。然而，这种依赖性非常嘈杂。图 4.19（C）和图 4.19（D）显示了这两个参数对有效增长率 γ_i 的相对影响。我们看到增长率与城市规模无关，并且，相对于平均值而言，波动率对大多数城市的影响都非常小。

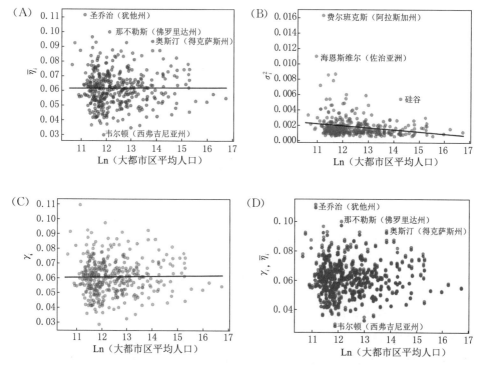

注：（A）图表示平均增长率 $\bar{\eta}_i$ 在统计上与城市规模无关（梯度为 0.00008，95％置信区间为 $[-0.0011, 0.0013]$；截距＝0.0606，95％置信区为 $[0.0459, 0.0752]$）。（B）图表示增长率波动率平方 σ_r^2 对城市规模有微弱的负依赖性（梯度为 −0.00026，95％置信区间为 $[-0.00040, -0.00013]$，截距为 0.00512，95％置信区间为 $[0.00341, 0.00683]$），主要受少量高波动性的小城市的影响。（C）图表示有效增长率 γ_i 对人口规模没有明显的依赖性（梯度为 0.00021，95％置信区间为 $[-0.00093, 0.00136]$，截距为 0.05799，95％置信区间为 $[0.04365, 0.07233]$）。（D）图表示每个城市的有效增长率和平均增长率（分别为浅色和深色点）。从这一差异可以看出，波动率对总有效增长率的贡献非常小，图中也标出了一些表现较为突出的城市。

图 4.19　1969 年至 2015 年间美国大都市统计区的实测增长参数

我们可以得出结论：在过去近 50 年中，对美国城市来说，有效增长率与城市规模无关，$B_N \simeq 0$，幂律城市标度是随机增长动态的恒定量，至少对于本文分析的量而言是如此。

这些实证研究结果及其在其他城市量上的应用，证明了城市标度理论作为乘法增长动态的统计规律具有一般性，即使在系统呈指数增长的极端条件下也同样适用。为了在 ξ_i 的水平上表达这种守恒，我们现在将其动力学的积分表示为：

$$\xi_i^r(t) = [(\gamma_i - \gamma) - \beta(\gamma_{N_t} - \gamma_N)]t + (\sigma_i - \sigma)\mathrm{d}\Theta_E(t) \tag{4.39}$$

这是带有漂移的布朗运动。最后，量 Δ_i^r 的计算式为：

$$\Delta_i^r = \frac{1}{t}[\xi_i^r(t) - \xi_i^r(0)] - [(\gamma_i - \gamma) - \beta(\gamma_{N_i} - \gamma_N)] \tag{4.40}$$

该量在前面讨论的意义上具有遍历性，这是因为在长时间情况下：

$$(\Delta_i^r)^2 \to \frac{(\sigma_i - \sigma)^2}{t} \to 0 \tag{4.41}$$

但是请注意，集合偏差 ξ_i^r 不一定具有严格意义 ϵ_i 上的遍历性，这一差异取决于资源和人口增长率是否与给定时间段内的总体平均值相一致，也就是说，取决于城市间不平等的动态变化。

这里，我们需要再次提到著名的城市人口增长模型，该模型是为了推导出符合城市位序-规模关系的齐普夫定律而建立的，它假设增长率和波动率与城市规模无关，是城市体系中所有城市共有的参数，这一假设被称为"吉布拉定律"（Gibrat's law，参见第 8 章）。在这种情况下，我们看到总体偏差 ξ_i^r 变得具有遍历性。图 4.20 显示了美国大都市地区逐年的增长率及其在城市体系中的平均值。图 4.20（A）显示了工资的有效增长率 γ_i，图 4.20（B）显示了人口的实际增长率 γ_{N_i}。图 4.20（C）显示了波动的导数 $\frac{\mathrm{d}\xi_i}{\mathrm{d}t}$，就所有城市和时间平均而言，该值为 0。最后，图 4.20（D）显示了工资的遍历性，其中偏离平均增长轨迹的波动随着时间的推移而下降（大约为 $1/t$，见小插图），逐渐变得可以忽略不计。在这种长期机制下，只要 $B_N = 0$，增长就明显，城市标度体现为动态的对称形式。

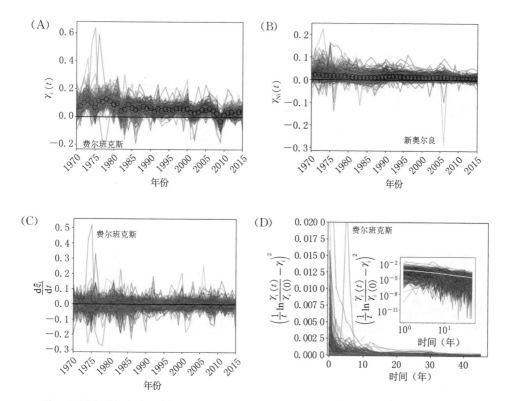

注：(A)图表示每个美国大都市地区(不同的线)每年测得的工资有效增长率 $\gamma_i(t)$。空心圆表示所有城市的平均 $\gamma(t)$。(B)图表示每个城市(不同的线)每年测得的人口有效增长率 $\gamma_{N_i}(t)$。空心圆表示所有城市的平均值 $\gamma_N(t)$。其中，新奥尔良突兀的负增长是受到卡特里娜飓风的影响。(C)图为根据方程式(4.39)计算的偏差动态 ξ_i。注意观察现在没有平均增长率，因此动态仅表现为扩散。(D)图为观察到工资增长的遍历性。在长时间内，波动的影响趋于平均，$\gamma_i(t)$ 的增长与常数 γ_i 下的指数增长一致。插图显示，平均而言，波动的衰减由纯布朗扩散预期 $\sim t^{-1}$ 给出，尽管在细节上，由于非随机事件的影响，不同的城市往往表现出不同的动态。

图 4.20 美国大都市地区的实测增长率和偏差动态

4.2.4 收入和成本的统计

我们刚刚介绍了资源波动的统计特征。从实证角度，收入和成本往往是较为容易研究的变量。在第 4.2.2 节和第 4.2.3 节中，我们写出了这些流量的统计方法：

$$Y_i = b_{c_i} R_i = (\bar{b}_{c_i} + v_{c_i}) R_i \rightarrow \ln Y_i = \ln R_i + \ln(\bar{b}_{c_i} + v_{c_i}) \qquad (4.42)$$

用 R_i 和 Y_i 替代标度关系，这继而意味着：

$$\xi_i(t)=\xi_i^r(t)+\ln R_0-\ln Y_0+\ln b_{c_i} \tag{4.43}$$

这里资源和收入的标度指数相同，以避免 b_c 有规模依赖性。取城市平均值给出了以下约束条件：

$$\ln Y_0-\ln R_0=\langle\ln b_c\rangle \tag{4.44}$$

这让我们能够将收入和资源的规模修正城市指标关联为：

$$\xi_i(t)=\xi_i^r(t)+\ln b_{c_i}-\langle\ln b_c\rangle \tag{4.45}$$

最后，我们可以回到主体控制条件下对 b_{c_i} 的分析，并写出：

$$d\xi_i=d\xi_i^r+(\ln\bar{b}_{c_i}-\langle\ln\bar{b}_c\rangle)dt+\left[\frac{\Omega_{\epsilon_i}}{\bar{b}_{c_i}}dW_i-\left(\frac{\Omega_\epsilon}{\bar{b}_c}\right)dW\right] \tag{4.46}$$

其中，我们将力 dv_{c_i}/dt 作为白噪声，方差为 $\Omega_{\epsilon_i}^2$，如第 4.2.3 小节所示。如果力存在非随机成分，则表达式相似但会更加复杂。dW 是一组城市的维纳过程的平均值，我们认为波动与 Ω_ϵ 和 $\bar{b}_c$ 的人口变化无关。这意味着量 $\Delta_i^y=\Delta_i^r-(\ln\bar{b}_{c_i}-\langle\ln\bar{b}_c\rangle)$ 从 Δ_i^r 继承了遍历性的性质。因此，我们期望量 $t^2\langle\Delta^y\rangle\sim\sigma^2t$ 的表现类似于一维随机游走的位移，如图 4.21（A）所示。然而，请注意，尽管一般情况用一条斜率由方差给出的直线就能很好地描述，但城市之间的分散趋势也有加速期和减速期，通过分析经济衰退期（灰色）或介于其间的经济扩张期，可以对这些时期的性质有所了解。图 4.21（B）显示出类似的情况，这张图直接描绘了每个规模修正城市指标的轨迹，所有城市都从 1969 年 $\xi_i=0$ 开始。这张图按照我们对随机游走的预期［实线，与图 4.21（A）中的直线相同］，显示了规模修正城市指标随时间的变化。图 4.21（C）展示了 47 年间所有城市的波动率和平均增长率，以及通过测量时间过程［图 4.21（A）和图 4.21（B）］和城市总体中的分布情况对前者的估算值。两种测量方式在误差范围内的统计一致性再次证明，在消除漂移的影响后，规模修正城市指标具有遍历性。

绕了一大圈到现在，我们终于可以开始讨论 ξ 的统计特征。由方程式（4.39）和式（4.45）我们注意到，工资和资源的规模修正城市指标动态是同类随机过程，增加了漂移因素（当 $\ln\bar{b}_{c_i}\neq\langle\ln\bar{b}_c\rangle$），以及由外力 $\frac{1}{b_{c_i}}\frac{dv_{c_i}}{dt}$ 变化导致的

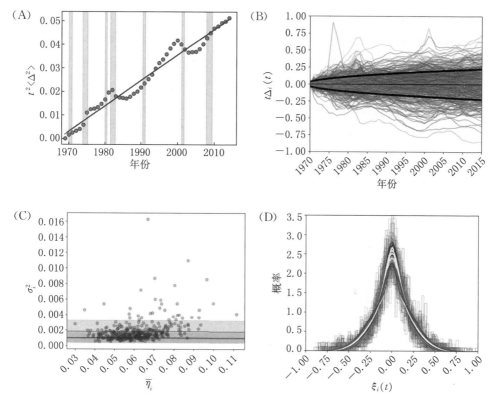

注:(A)图表示平均而言,从 1969 年的初始偏差开始,位移呈线性增长(实线,梯度＝0.00108,95％置信区间为[0.00102, 0.00115],截距为−2.13279,95％置信区间为[−2.25885, −2.00672],R^2＝0.93),正如预期,增长率为纯随机扩散。这是时间上的平均表现,偏差有快速增长(超扩散)和低速增长(次扩散)的时期。经济衰退期显示为垂直阴影带。(B)图表示所有城市的偏差轨迹[不同的线,类似图 4.1(D)],所有城市在 1969 年的偏差均被设置为 0,使所有的轨迹都有一个共同的起点。实线表示扩散行为(面板 A),表明偏差往往会随着时间的推移而增加。(C)图表示用三种方法预测美国大都市区的工资增长波动性:A−B 的拟合、时间均值以及城市组均值,证明了动态具有遍历性。阴影区域显示了这些估算中重叠的 95％置信区间。(D)图表示使用与图 4.1(A)和 4.1(B)相同的阴影得到的偏差逐年分布情况。我们看到,与图 4.1(C)中的第一种方法不同,分布的宽度随着时间的推移而缓慢增加(较宽的分布是最新的),工资数据(一种流)应该可以通过两个高斯分布之和来拟合,一个是长期资源复合导致普遍的宽分布,另一个是由最近的环境冲击导致偶然的短期窄分布。

图 4.21　偏差的有效扩散增长和新兴的城市统计学

(窄)噪声源。第一项简单地表明,收入回报率较高的城市(例如过去几十年的硅谷)的规模修正城市指标增速更快,反之亦然(例如拉斯维加斯)。额外的噪声项源于短期收入波动,Y_i(一种流)没能通过控制实现平滑。由于正态变量之和也是正态变量,我们认为 ξ 在与 ξ' 相同的极限意义上接近正态分布。在短时间内添加窄得多的噪声,我们可以近似地用两个高斯分布(一个宽的和一个窄的)之和来描述 ξ 的统计形态,如图 4.1(D)和 4.22(D)所示。请注意,这个分布的广泛变化是与时间有关的,因为它受到随机分散过程的影响。而且,像我们最初在图 4.1(D)中所做的那样,对规模修正城市指标进行时间上的汇总通常来说是不合适的。[32]因此,收入(或成本)的统计分布不如资源的统计分布普遍,因为这些变量包含增长率的短期波动,不受随机变量总和的极限定理的约束。这些主导 ξ 的统计数据接近 0 的短期波动是不是高斯分布,这是一个值得进一步研究的实证问题。一般来说,它们可以从任何具有有限方差的分布中产生。

4.2.5　讨论：小偏差、累积和缓慢的相对变化

在本节中,我们展示了如何通过系统地解释从个体到城市和城市体系的跨尺度随机增长过程,将城市量化理论拓展到第 3 章(空间均衡特征)的平均场近似理论之外。本章发展的框架除了保留空间均衡的广义版本作为核心外,还强调了随机增长过程和个体策略行为的重要性,并以此为基础建立了动态统计理论,从而得出了更具体的结果。这一框架揭示了增长率变化在许多重要的城市现象中扮演了关键角色。

具体而言,增长率波动的特征与城市标度不变性的存在(或缺失)相关,并影响了增长的性质,包括指数增长出现的时间尺度。我们还发现了人口中的增长率差异是导致不平等的原因,尤其是当这些差异与个体所拥有的资源有关时。最后,我们看到了这些波动行为是如何调节增长(与崩溃)与标度之间的关系的。

在探索临界现象的多种可能性、标度恒定性(或差异性)、选择,以及对城市增长和发展进行更加量化的统计分析的过程中,本章仍然只是一个起点。

从实证研究效果来看,至少在大都市区的总工资变化方面,美国城市体系的表现非常好。其增长的波动性几乎总是非常小,波动迅速收敛到极限统计量,标度关系随时间保持不变。然而,我们的理论结果表明,这些特性仅适用于具有增长率波动较小且与人口规模无关的城市量和城市体系。在过去近 50 年的美国,尽管发生了许多重大事件,但与工资和人口增长相关的平均波动率平方比平均增长率低了大约一个数量级,这使其影响几乎可以忽略不计。未来我们还将继

续研究诸如犯罪或创新[33]等一些波动率较大的城市体系和城市量,结果会非常有趣,现有的框架已经提出了许多预测。

在美国城市的增长率保持恒定和稳定的同时,城市地区之间现有的工资差距扭转极其缓慢。在近 50 年的时间里,ξ_i 的典型位移平方只有 0.054[参见图 4.22(A)]。假设过去的变化率相似,这意味着在我们数据集开始时观察到的标度偏差方差(1969 年,约为 0.043)是此前 40 年的产物,这把我们带回繁荣的 20 世纪 20 年代和随后的大萧条时期。因此,本章开头部分关于预测任意年份与标度的偏差幅度问题的答案,现在已经不再是固定统计参数的问题了。相反,这个差别是对城市随机历史过程中很多更小的事件和变化累积的结果,由大量异质性主体在数十年时间内对整个城市地区的局部影响带来的短期嘈杂增长复合而成。[34]从精确量化的角度,我们重新认识了历史对城市的重要意义,以及发展过程的路径依赖。[35]

4.3 结语: 城市量的可预测性、独特性和普适性

在本章中,我们确定了城市标度关系可预测性的限定条件,以及每个城市偏离标度的意义和缘由。偏离的最重要特征是它们提供了一种量化方法,通过扩展城市中的主体和组织所做的特定事件和决策,我们能够考察每个城市因其独有特征和历史背景所产生的累积影响。为了从增长和统计的角度,而不是基于简单的空间均衡模型来研究这个问题,我们需要从增长率统计的角度来分析从城市体系到个体的每个城市量。

我们现在已经知道,某个量具有普适性还是特殊性并没有确定的答案,因具体量和城市体系不同而异。然而令人惊讶的是,考虑到城市中发生了太多的事情,标度偏离可以很小。在这些情况下,我们可以将城市理解为缓慢变化的空间均衡并由此开展模型构建,就像前几章的结构理论一样。这也是城市属性中最具普适性的地方。

然而,随着增长率和相关波动的加大,我们也相应地发现有更多的特殊表现,以及更强的独特性和特定标识性。这往往是不同城市的特征,但有时也是整

个区域的特征，正如我们在中国和印度所看到的。本章介绍了用以描述城市的动态统计理论的建立过程。我们必须密切关注增长率如何随着人口规模和时间"运行"。我们介绍了相关理论的建立过程，并结合个体为求生存而实施的最大化增长策略和波动控制策略，提出了标度统计修正的预测方法。由此也提出了第二个虽然较弱但具有普适性意义的方法，即通过波动对城市量的统计预测进行可计算修正，从而在特定条件下保持标度恒定性（幂律标度）。这些条件确定了标度变化的必要不动点，类似其他统计理论中的重整化群思想。

我们几乎没有讨论过城市中的强随机机制，因此我们鼓励读者尝试去突破本章所介绍的模型和情况，找到真正需要城市统计理论的地方，用数据完成挑战。沿着这个方向，可以去分析较小尺度的城市现象，如社区（第 6 章），也可以去分析小型组织和个人（第 9 章），本章的一些松散的内容将被结合在一起。但是在我们这样做之前，我们需要更好地理解为什么城市会促进和发展出如此多的变化和多样性，这将是第 5 章的主题。

注释

[1] Alonso, *Location and Land Use*；O'sullivan, *Urban Economics*；Fujita, *Urban Economic Theory*；Glaeser, *Cities, Agglomeration, and Spatial Equilibrium*.

[2] Bettencourt, "The Origins of Scaling in Cities"；Ortman et al., "The Prehistory of Urban Scaling".

[3] Alonso, *Location and Land Use*；Glaeser, *Cities, Agglomeration, and Spatial Equilibrium*；Bettencourt, "The Origins of Scaling in Cities"；Fujita, Krugman, and Venables, The Spatial Economy；Anas, Arnott, and Small, "Urban Spatial Structure".

[4] Bettencourt, "The Origins of Scaling in Cities".

[5] Fischer, "The Subcultural Theory of Urbanism"；Bettencourt, Samaniego, and Youn, "Professional Diversity and the Productivity of Cities"；Youn et al., "Scaling and Universality in Urban Economic Diversification"；Feldman and Audretsch, "Innovation in Cities".

[6] Jacobs, Cities and the Wealth of Nations；Sampson, Great American City；

Lee et al., "Neighborhood Income Composition by Household Race and Income, 1990—2009".

[7] Sampson, Great American City; Bruch, "How Population Structure Shapes Neighborhood Segregation"; Intrator, Tannen, and Massey, "Segregation by Race and Income in the United States 1970—2010"; Reardon and Bischoff, "Income Inequality and Income Segregation".

[8] Chetty et al., "The Fading American Dream"; Chen, Myles, and Picot, "Why Have Poorer Neighbourhoods Stagnated Economically while the Richer Have Flourished?".

[9] Sampson, Great American City; Chetty et al., "The Fading American Dream"; Krivo et al., "Social Isolation of Disadvantage and Advantage".

[10] Sampson, *Great American City*; Solari, "Affluent Neighborhood Persistence and Change in U.S. Cities".

[11] Hannon, "Poverty, Delinquency, and Educational Attainment"; O'Rand, "The Precious and the Precocious"; Shuey and Willson, "Cumulative Disadvantage and Black-White Disparities in Life-Course Health Trajectories".

[12] Acs, "Innovation and the Growth of Cities"; Bettencourt et al., "Growth, Innovation, Scaling, and the Pace of Life in Cities"; Briggs et al., "Inclusive Economic Growth in America's Cities".

[13] Barro and Sala-i-Martin, *Economic Growth*.

[14] Bettencourt and Lobo, "Urban Scaling in Europe".

[15] Bettencourt et al., "Urban Scaling and Its Deviations".

[16] Bettencourt et al., "Urban Scaling and Its Deviations".

[17] Alves et al., "Distance to the Scaling Law"; Alves et al., "Scale-Adjusted Metrics for Predicting the Evolution of Urban Indicators and Quantifying the Performance of Cities".

[18] Sahasranaman and Bettencourt, "Urban Geography and Scaling of Contemporary Indian Cities".

[19] Sahasranaman and Bettencourt, "Urban Geography and Scaling of Con-

temporary Indian Cities"; Sahasranaman and Bettencourt, "Economic Geography and the Scaling of Urban and Regional Income in India".

[20] Zünd and Bettencourt, "Growth and Urban Development in Prefecture-Level China".

[21] Zünd and Bettencourt, "Growth and Urban Development in Prefecture-Level China".

[22] Alonso, *Location and Land Use*; Glaeser, *Cities, Agglomeration, and Spatial Equilibrium*; Bettencourt, "The Origins of Scaling in Cities".

[23] Åström and Murray, *Feedback Systems*.

[24] Åström and Murray, *Feedback Systems*.

[25] Zinn-Justin, *Phase Transitions and Renormalization Group*.

[26] Peters and Adamou, "Insurance Makes Wealth Grow Faster".

[27] Ma, *Statistical Mechanics*; Caswell, *Matrix Population Models*.

[28] Caswell, *Matrix Population Models*; Cohen, "Ergodic Theorems in Demography".

[29] Ma, *Statistical Mechanics*.

[30] Goldenfeld, *Lectures on Phase Transitions and the Renormalization Group*.

[31] Arcaute et al., "Constructing Cities, Deconstructing Scaling Laws"; Leitão et al., "Is This Scaling Nonlinear?"; Barthélemy, *The Structure and Dynamics of Cities*.

[32] Bettencourt et al., "Urban Scaling and Its Deviations"; Alves et al., "Distance to the Scaling Law"; Gomez-Lievano, Youn, and Bettencourt, "The Statistics of Urban Scaling and Their Connection to Zipf's Law".

[33] Bettencourt et al., "Urban Scaling and Its Deviations"; Gomez-Lievano, Youn, and Bettencourt, "The Statistics of Urban Scaling and Their Connection to Zipf's Law"; Gomez-Lievano, PattersonLomba, and Hausmann, "Explaining the Prevalence, Scaling and Variance of Urban Phenomena".

[34] Bettencourt et al., "Urban Scaling and Its Deviations".

［35］Arthur, *Increasing Returns and Path Dependence in the Economy*; Johnson, *Non-equilibrium Social Science and Policy*; Depersin and Barthélemy, "From Global Scaling to the Dynamics of Individual Cities".

5. 多样性与城市生产率

人类的基本法则是相互依存，

每个人是通过其他人而存在的人。

——德斯蒙德·图图（Desmond Tutu）：

《我们是谁:人类的独特性和非洲精神乌班图》

    城市的多样性是它最迷人和最重要的特征之一。多样性对于科学来说是个难题。它并不像物理学中的简单系统,每个基本粒子都是完全相同的,就像所有电子完全一样。随着我们的科学范畴从物理学不断扩大到化学、生物学、生态学和社会科学,多样性这一主题变得越来越重要,它是一切独特性的根源,使我们每个人都成为既独一无二又具有创造力的人。多样性是复杂系统的重要特征,也仅属于复杂系统;可以说多样性是复杂系统最生动也最美丽的资产。用达尔文的话来说:"如果一切都是在同一个模子里铸造的,就不会有美这回事。"[1]

    按照达尔文自己的测度,大城市创造和培育了地球上很多最美妙的事物,从某种意义上说,城市拥有不同于自然界其他任何地方的高度多样性,即使最复杂的生物生态系统,在这方面也完全不能和城市相比。多样性总是出现在故障和功能之间的临界点。这让测度和预测变得特别困难。然而正是这种偶尔将无休止的"噪声"凝练为新乐章的能力,使得演化过程如此重要,也使得城市如此重要。据我所知,城市多样性有很多方面仍然难以用任何科学方法来预测。例如,在纽约市,据说有800多种语言,是地球上语言最多样化的地方。这些语言中的许多在其起源地已经灭绝,但在大都市仍然可以持续存在——至少存在一段时间!这几乎让人难以置信。反过来,这也表明这些语言的使用者多种多样,使大城市成为不同种族、民族、文化、职业以及其他很多方面不同的人的大熔炉。可以想象,如果我们能够研究城市中人类和非人类的基因多样性,我相信我们会在较大的城市中发现更大、更独特的生物多样性密度。[2]

本章将要深入讨论城市中的多样性模式,特别是那些功能完善并因此变得稳定和易于观察的城市。这些模式并不体现在人们的种族、民族、语言或出生地特征中,而是体现在他们的谋生方式中。在任何城市,不同的人员和组织之间都存在细致的劳动和知识分工,这也构成了社会运行的基础。借助大量的网络连接,各种专业知识重新组合在一起,不断探索提升彼此效率的途径,并持续通过新的组合尝试创造新的价值。

§ 本章概要

本章分为三个主要部分。第 5.1 节从古典社会学和经济学中关于非传统性和异质性,以及城市中的知识和劳动分工等思想出发,介绍了城市多样性功能性涌现的一般背景。这种讨论激发了我们思考多样性与(经济)生产率,以及大规模组织化的人类社会中的文化和社会匹配过程之间的联系。第 5.2 节以美国大都市地区为例,展示了如何测度职业和商业类型的多样性。这也揭示了从分类中推导多样性的一般模式具有偶然性。第 5.3 节基于城市作为一种社会经济网络(第 3 章)的视角,将连通性的兴起与专业化、信息化和生产率联系起来,很好地解释了这些模式。这也将使我们能够思考城市与其他以技术为载体的社交网络之间的相似性和差异性,包括基于互联网的社交网络,并讨论了不同的网络什么时候会彼此竞争或合作。

5.1 不同学科对多样性起源的理解

很多不同的复杂系统都把"多样性"作为核心概念,从生态学到社会学再到经济学,不同的传统学科都分别开展了对多样性的研究。虽然这些研究远不充分,但都为我们更好地理解和研究城市的多样性提供了有益的借鉴。这些研究提出了很多与多样性意义相近的概念,包括异质性(heterogeneity)、非传统性(unconventionality)、多变性(variety)和特化性(specialization),我们在本章会交替使用这些概念。这里提醒我们的读者,这些术语在特定的上下文中有着不同的含义。

5.1.1 亚文化理论以及城市作为一种生活方式

关于城市多样性的最广阔的历史视角来自古典社会学。自 19 世纪之交古典社会学在西欧发端直到 20 世纪，城市的异质性一直是人们关注的重要特征，这段时间也是欧洲大陆城市化和工业化发展最快的时期。古典社会学家，如涂尔干[3]、齐美尔[4]以及其他一些学者的研究十分关注从农村到城市的社会生活变化。对这些社会学家来说，这些变化包括传统社会结构的解体，使城市居民变得更加独特又相互依存的城市中的深度分工，随之而来的还包括"精神生活"和行为的变化（包括"异常行为"和"非传统性"）。随着美国进入城市化和工业化最快的时期，这些主题在美国继续发展，特别是芝加哥城市社会学派对人类生态学、城市居民的心理适应，以及城市社会关系本质等的研究，这些研究很多是基于隔离和种族的视角。[5]

正如我们在第 1 章中看到的，这一经典工作最终产生了很多著作。路易斯·沃思[6]在芝加哥期间提出的城市主义（urbanism）的定义中包含了三大支柱，其中之一就是城市人口的异质性。在研究像军队、难民营或节庆等不同的组织或活动时，你可能偶然会把另外两个支柱——人口规模和密度，结合在一起考虑，但对沃思来说，各种不同维度上的人口异质性是定义城市的关键。他认为异质性是社会关系的质变，与传统环境相比，城市并不那么僵化，有着更高层次的规范和行为，而在传统环境中，人们受到种姓或阶级等历史社会结构的约束。[7]这往往会使社会互动更具流动性、矛盾性和动态性。城市允许，有时甚至迫使个人在不同的生活领域拥有不同的身份，而这些身份只代表彼此之间的联系。[8]相对于小型乡村社会而言，城市的这种社会关系片段化和"去个性化"往往被视为病态。[9]人们经常用心理学概念来表达此类问题，例如"失范"（anomie）[10]——社会几乎没有为个人提供道德或规范指引，以及我们在后文讨论分工问题时将会出现的"异化"（alienation）。

我们主要关注的是城市规模如何影响异质性和多样性的涌现的内在机制。虽然它们之间的相关性显而易见，但这种关系在什么意义上是因果关系？是什么样的社会经济机制创造和维持了大城市中的人和行为的强大多样性？

在前几章的理论基础上，我们可以用更正式的形式提出这个问题：作为城市规模的函数,社会经济网络的连接数增加是如何随着个体层面的异质性和多样性的增加而增加的? 我们想要知道,作为人口规模的函数,城市社会结构变化与超线性的成本收益之间有哪些具体的联系,而这些超线性效应正是较大的城市得以生存和繁荣的基础。

本节我们将从沃思的框架开始,探讨多样性和异质性可能是社会网络解体("崩溃")的结果,也可能是社交机会增加和连接增多的结果。克劳德·费希尔(Claude Fischer)提出的所谓城市主义的亚文化理论给出了一个令人信服的答案。费希尔认为,城市中的人口集聚是"分化"和"非传统"涌现的因果驱动因素(参见图5.1)。根据他的论点,大城市为多样的亚文化(群体身份)的形成和共存

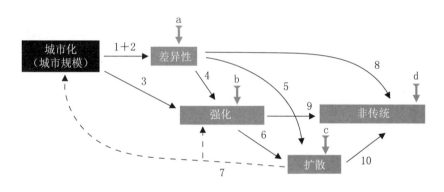

过程
1. 结构分化
2. 移民集聚区规模
3. 群聚效应
4. 文化冲突
5. 来源的多样性
6. 来源的社会力量
7. 同化(传统到非传统)
8. 复合效应
9. 群体内的社会化和影响力
10. 非传统扩散到传统扩散

外来影响
a. 城市经济结构;迁移;相互作用程度(动态密度)
b. 显著性程度;人口结构;群体的权力和地位
c. 相对规模、权力、团体声望、接触程度、扩散要素的效用
d. 政治结构:用于保护的物质资源;氛围的宽容程度

注:这一理论用十个命题和四个外生因素组成的因果关系反馈回路解释了为什么大城市会出现更多的"非传统性"。简而言之,大城市可以吸引和容纳更多不同的文化,使它们彼此竞争,以彰显特征和吸纳成员。这两个过程可能导致这些文化自身发生质变,并导致新文化类型的频繁出现。这些变化的发生,继而加大了多变性,又进一步提升了新颖性的出现可能。城市主义的亚文化理论是一种生态("演化")理论,它表明一个规模更大、联系更紧密的社会会在群体类型方面更加多样化。这与早期的生态学理论相反,后者认为多样性主要来源于割裂和社会解体。

图5.1 描述费希尔的城市主义亚文化理论的因果关系图

创造了必要和充分条件。更多的城市人口也有助于加强这些亚文化，并从个体身份和归属关系两方面促进它们的传播。亚文化理论涉及的因果关系可以参考图 5.1，这张图改编自费希尔的原始论文。[11]

费希尔最初提出的理论较为复杂，包含十个命题和四个外生因素。简而言之，它描绘了一个正向循环（反馈回路），即城市人口规模（"城市主义"）越大，就越能够吸引、容纳和保持更多样化的文化形态。这些文化形态之间会以"文化冲突"的形式相互竞争个体的归属感，当达到"临界质量"（即一定的规模）时，其内部联系就会增强和巩固。从统计角度看，这种多元文化在大城市中产生了社会新颖性和"非传统性"的高频现象。这些文化形态还在彼此之间的空白处进行扩散和积累，为"传统"个体向更"非传统"的群体转变提供了可能。

更多的社会互动并不能产生更混合的人群，继而淡化社会差异，反而会导致很多不同的亚文化的产生和维系，每个亚文化都有潜在的新身份，这种想法非常有趣，因为这是生态学中的独特概念。例如，在物理系统中，如果我们增加相互作用的强度，我们预计系统会"冻结"，每个元素都会变得不那么自由，从而使系统作为一个整体更趋同质。然而对繁荣的生态系统和城市社会来说，情况正好相反：我们经常从更多（可选的和动态的）的联系中获得更大的社会自由（即拥有更多的选择）。一种普遍的错误观点认为大城市是人类社会解体和人格解体的主要场所，在我看来，费希尔的思想为消除这种误解作出了重要的贡献。也许更重要的是，他从个体层面揭示了社会网络的扩张性本质与其结构之间的因果关系，及其对个体内在变化的影响，揭示了城市之所以涌现是因为更大的创造力和生产力。我们接下来将进一步探讨这些是怎样发生的。我们面对的挑战是如何将这些一般的定性思考转化为对城市多样性的预测，并进行实证检验。

5.1.2 知识与劳动的分工

> 当然，至专方能至精。
>
> ——色诺芬（Xenophon）：
> 《居鲁士的教育》

劳动分工是社会科学中最重要的概念之一。劳动分工意味着一项商品或服务的生产可以分解为多个独立的不同任务,这些任务可以分配给不同的主体(通常是人,但也可能是机器)。通常情况下,劳动分工使最终产品的生产可以并行展开。这一过程自然会带来每个部分的知识增量,并从整体上提高生产率(以时间或成本计算)。由于这些原因,劳动分工的深入推动了经济生产和贸易总额增长,以及工人个体和企业的劳动生产率提升。我们稍后将看到,劳动分工也涉及经济增长和创新的基础过程,包括学习、人力资本的获取和技术重组。

人们很早就认识到劳动分工对城市(以及更广泛的人类社会)组织的重要性及其与经济生产率的联系,甚至可以追溯到柏拉图和亚里士多德等古典哲学家时代,本节起始引文即为明证。

现代思想则首推亚当·斯密和他的名著《国富论》。亚当·斯密认为,分工是国家变得更富有的根本原因。在该书的前三章,他讨论了劳动分工是富裕社会的一项特征,劳动分工是如何组织的,以及劳动分工所带来的惊人的劳动生产率提高。斯密用别针厂工人的人均生产力提高的案例进行了证明。斯密估算,通过让每个工人专注于不同的小任务,再将所有的劳动协调为一个整体来生产最终产品,平均每个工人每天能够生产大约 480 枚别针,而如果一个人独自完成全部工作的话,一天只能生产几枚。因此,我们的平均生产率提高了约 50 倍!

那么,我们为什么不尽可能地"分工"呢?斯密指出,"分工受到市场范围的限制",这句话有时候被称为"斯密定理"。他的意思主要与运输成本有关,例如,通航水道促进了贸易,而贸易以生产的互补性为前提,因此需要分工。然而,除了交通成本的降低和市场范围的扩大,还需要社会组织形式的支撑,如信托、机构、金融工具或公平市场。显然,城市能够提供这一切,甚至提供更多。

虽然在不同环境和不同尺度上都存在劳动分工,但在现代意义上,这一概念往往并不适于国家或者城市这个尺度,而是适于企业管理过程,特别是制造业。在这一语境下,分工经受了持续的批评,其中最著名的批评来自卡尔·马克思。马克思认为劳动分工完全违背人性,往往是僵化的权力结构的产物,将人类的创造性工作简化为机器的重复程序。马克思认为,工人在这种劳动分工中所需要的技能更少,人身自由也更少。他将这种情况描述为异化,即劳动成为生产结构中的一种机械装置,脱离其自身目标和经济收益。

在某种程度上,这当然是事实。因此,根据所秉持观点的不同,我们可以得出结论:对不同的参与者来说,劳动分工以及更普遍的功能相互依存可能是积极的，也可能是消极的。虽然这有点像从一个极端到另一个极端，但这里讨论的关键是找到一种在专业化和生产过程中平衡成本和效益的方法。这对企业来说往往很难，但对城市而言却极有可能。

多样性的自组织：网络和市场

在前面的讨论中，我们并不清楚是什么推动了分工，谁从这种生产模式中受益。一个经典的答案是，企业是经济生产的单位。这个回答显然是不充分的，因为分工现象非常普遍，任何集体行动中都存在分工。必须回答的关键问题是：谁在分工？这种安排是否公平以及是否有效率？

在我看来，早期思想家中对这些问题有着最深刻的思考的是埃米尔·涂尔干。他将分工视为一种"普遍规律"，不仅适用于工业化的人类社会，也适用于其他人类社会，以及生物有机体和生态系统。[12]从这个较为广泛的视角来看，分工需要自组织和调节机制，如生物和市场的进化过程以及人类社会的社会制度。总的来说，涂尔干认为人类社会中的分工产生于他所说的"有机团结"，即专业化个体之间的互惠关系会带来互利的交换和相互依存的安排。

与这些观点相呼应，结合亚当·斯密和其他古典经济学家的观点，冯·米塞斯，特别是奥地利经济学派的弗里德里希·哈耶克提出，自由市场是生产和消费自组织的主要手段。哈耶克特别提出，价格应当被理解为帮助经济主体以自利的方式行事的信号，这使他们能够作出最好的消费和生产决策。[13]这些思想在第二次世界大战后进一步发展并引入数理分析，形成了今天所说的新古典经济学(neoclassical economics)。至少在共同政策中，这种观点往往过于夸张，因为它认为不受社会或环境因素影响的经济市场[14]在解决人类集体行动的大多数问题方面是有效的，我们将在第9章中基于经济增长与信息和选择之间的联系重新讨论这个问题。

在本章的剩余部分我们认为，劳动和知识分工可以说是一个功能过程的最佳例证，在这个过程中，主体之间通过职业专业化和深度知识的形式塑造了更紧密的网络联系和更多样化的文化形态，对更新、更高价值生产的追求又重塑了网络安排，从而实现了闭环。我们还将看到，这些过程可以通过政治、社会和市场的动力自发地组织起来，这可能或多或少是有意的或高效的。总之，我们将看到（城市中）更强大的网络连接能力是如何在人类社会中促进多样性和生产力的增长的。

简·雅各布斯,多样性与经济的本质

在开始阐述这些想法之前,我们必须提到简·雅各布斯。在对经典的城市规划实践进行批判之后[15],她将职业生涯的很大一部分时间用在阐述人类社会中创新和发展的本质及其与经济增长的联系上。[16]她的灵感来自能够进化的自然复杂系统。与涂尔干相呼应,她写道:"我相信,经济生活是由我们没有发明也无法超越的过程和原则所统治的,无论我们喜欢与否,我们对这些过程了解得越多,越尊重它们,我们的经济就会发展得越好。"[17]

基于此,雅各布斯从生态系统的角度看待城市及其社会经济网络。她认为经济增长和人类发展都是进化过程。如果认为这种观点与社会学中的亚文化理论或古典经济学对分工以及由此产生的专业化和相互依存的强调有根本不同,那就大错特错了。雅各布斯认识到,经济和社会多样性既是交换网络的原因,也是结果。不同之处在于,她强调这些见解都是一个更大的共同进化框架的一部分,在这个框架中,城市在细节上与生态系统不同,但基本过程完全一样,都能够将多样性与繁荣联系在一起。

具体来说,雅各布斯将经济扩张的本质视为一个连续的差异化和普遍化过程,在这个过程中,特定的活动在人类社会中取得成功并不断传播变得常见,她称之为"普遍现象"。这些普遍现象为少数人和地方之间的新差异化提供了新的基础,然后这些差异化会继续传播。这种循环上升带来开放的"发展-复杂化-经济扩张"过程,这一过程得到越来越复杂的相互依赖关系和共同发展关系的网络的支持。这意味着,此类过程和多样性网络能够自发地在城市中产生,尤其是在较大的城市中。

对雅各布斯来说,多样性是所有发展和成长过程的基础。在这一语境中,多样性是一个相当抽象且内涵深刻的量,主要涉及思想,特别是不同的人知道什么和做什么。这支持了哈耶克的观点[18],即人类社会中的信息是异质的和局部的,中央规划者不可能获取全部信息以做出完美的决策。就像在生物进化中一样,多样性是功能性的,通过重组、转移、重新利用和其他过程为新的活动提供了生长的种子,这在技术创新研究中很常见。[19]当其中一些活动取得成功,它们将吸引更多的能源和资源(在雅各布斯的理论中,作为经济发展的物质基础,货币就相当于能源),从而扩大生产。一些产品和活动无处不在,如手机、汽车、互联网、微积分或编程语言,变成了一组普遍现象,反过来又支持了新的多样化过程，导致复杂生态的增长，例如手机应用、服务或商业。

由此雅各布斯认为，如果一个城市的经济活动缺乏多样性，例如在某些专注于单一产品制造业的城市，像 20 世纪 50 年代的底特律（汽车）、20 世纪 20 年代的曼彻斯特（纺织品），那么失败和厄运的到来可能就难以避免。她将发展理解为动态和开放的过程，而缺乏多样性的城市无法播下自己未来的种子。基于这一视角，雅各布斯认为政府的主要作用应当是保持发展进程的开放性，阻止暴力、欺诈、垄断和垄断文化，激励（但不是强制）不同形式的知识和实践发展。例如，她哀叹美国城市制造业的衰落，真正的问题不是就业岗位或生产的丧失，而是失去了丰富的隐性知识生态系统，从而阻断了经济发展的未来。

虽然雅各布斯的观点纯粹是定性的，但是在经典的经济学和社会学思想与对当代的城市、创新和经济增长之间关系的研究之间构建了桥梁。她的框架使我们能够将各种思想基础，如斯密对劳动分工的描述、马歇尔对知识"溢出"的观察，以及马克思对劳动异化的关注，整合到一个多学科的框架中，从而使我们能够理解与传统制造业经济完全不同的新经济形态。

雅各布斯的批评者认为，她对经济网络、城市和生态系统的类比过于接近生物学，轻视了人类能动性、目的性以及支持创新的社会制度的重要作用。我们将在第 9 章讨论经济增长时，再来探讨其中一些问题。

5.1.3 多样性的测度

受雅各布斯、涂尔干和人类生态学思想的启发，这里插一段简短的题外话——多样性通常是如何测度的？生态学家是测量种群多样性的专家。对生物多样性进行测算和解释是理论生物学的核心问题，方法已经存在了几个世纪。

不用说，这种联系大多是隐喻性的，但它提出了许多对多样性进行测度的有用方法，预测了多样性如何随着生态系统规模扩大而增强。假定有一个特定的生态系统，如森林或珊瑚礁，定义为包含所有组成该生态系统的所有生物的空间范围，将这些生物按分类群*或物种等独特的分组方式进行组织。

---

　*　在生物学中，分类群（taxon，复数 taxa）是指任何一个分类学上的类群，可用来指明某一类群的等级以及该类群所包括的有机体。界、门、纲、目、科、属、种以及它们的中间等级，如亚科、亚属、组、系和亚种等都可以称为一个"分类群"。——译者注

实际上,测度生态系统多样性的方法有很多,所以我们将讨论限定在一些较为常见、与本书所讨论的社会经济现象相关性更强的指标上。最简单的测度标准是物种丰富度(species richness)。这一指标考察的是生态系统中不同物种的数量 D_S,我们在方程式(3.6)中已经提过。将这一指标用于城市有一个简单的表达方式,例如:在一个给定人口规模的城市里,应该有多少种不同类型的企业或职业?(我们将在下一节中找到答案。)其他的多样性测度指标大多是基于每种类型个体所占的比例,我们简单地表示为 $P_i = \dfrac{N_i}{\sum_{i=1}^{D_S} N_i}$,其中 N_i 是物种 i 的个体数量。

香农熵(Shannon entropy,参见附录C)是最常见的多样性指数之一,基于类型分布情况进行测度,公式为:

$$H = -\sum_{i=1}^{Ds} P_i \ln P_i \tag{5.1}$$

香农熵是物理学和信息统计学理论中最重要的量之一。[20] 它计算的是描述一个生态系统中的类型分布所需要的"是/否"问题(也称为"位")数量。如果你玩过"20 个问题"游戏* 就会知道,完全可以用不到 20 个"是/否"问题来描述任何事物,然后猜出它是什么。在物种丰富度呈对数正态分布的特殊情况下(参见第 4 章),香农熵的值为:

$$H = \eta + \frac{1}{2} \ln 2\pi e_E \sigma^2 \tag{5.2}$$

其中,e_E 是欧拉常数。香农熵对丰富度 D_S 不敏感,主要取决于分布的两个参数:对数均值 η 和对数方差 σ^2。

为了方便将来参考,这里顺便介绍一下与香农熵相关的指标——泰尔指数(Theil index),这个指标描述的并不是关于类型丰富度,而是不平等的状况,反映的是诸如收入 y_i 等其他特征与类型的关系。公式写作:

$$T_I = \sum_{i=1}^{Ds} \frac{y_i}{\langle y \rangle} \ln \frac{y_i}{\langle y \rangle} \tag{5.3}$$

---

* "20 个问题"游戏的玩法是:一个人在心里想好一件事物,另一个人可以问 20 个问题并得到"是"或者"否"的答案,最终猜出对方想的事物是什么。——译者注

其中，$\langle y \rangle = \dfrac{1}{D_S} \sum_{i=1}^{D_S} y_i$ 为样本均值。

另一种用来描述多样性的常用测量方法从集中度的测量开始，写作：

$$\lambda_{HH} = \sum_{i=1}^{D_S} P_i^2 \tag{5.4}$$

这个量在不同学科有不同的名字。在生态学中被称作"辛普森指数"（Simpson index），也许更广为人知的是经济学和其他社会科学中的"赫芬达尔-赫希曼指数"（Herfindahl-Hirschman index，HH）。该指数测度的是在总体样本中随机取两个样本属于同一类型的概率。很容易看出 $1 \geqslant \lambda_{HH} \geqslant 1/D_S$。第一个等式反映的是最不均等的分布情况，其中对于所有 $j \neq i$ 有 $P_i = 1$ 和 $P_j = 0$；而第二个等式反映的是最均等（均匀）的分布情况，$P_i = 1/D_S$。在经济学中，λ_{HH} 用来反映垄断程度。这时候，比例 P_i 代表每个公司的市场份额。它被用作辅助判断市场部门的竞争力，通常是通过选取 50 家最大的公司并计算 λ_{HH}。使用百分比而不是分数，我们得到 $\lambda_{HH} \leqslant 10\,000$；$\lambda_{HH} \geqslant 2\,500$ 的市场通常被认为是高度集中的"准垄断"市场。在这种情况下，导致指数升高的企业合并行为通常会受到审查，并很可能被政府阻止。

由于 λ_{HH} 测量集中度，我们可以对其进行反转，得到多样性指数 ${}^2D_S = \dfrac{1}{\lambda_{HH}}$，这自然被称为"逆辛普森指数"（inverse Simpson index）。量 ${}^2D_S$ 是被称为希尔数 *（${}^iD_S$）的多样性指数族中的一个：

$$ {}^iD_S = \Big[\sum_{j=1}^{D_S} P_j^i \Big]^{\frac{1}{1-i}}. \tag{5.5}$$

我们认出一个老朋友：第 2 章中的迪克西特·斯蒂格利茨消费者偏好函数[方程式（2.4）]。我们现在可以更好地理解为什么克鲁格曼将其最大化描述为"对多样性的偏好"。我们也可以更好地了解作为加权平均数的 i 族，这个量是怎么来的。当 $i = 0$ 时，${}^0D_S = D_S$；当 $i = 1$ 时，${}^1D_S = e^H$ [H 是香农熵！这可能不

---

* 希尔将物种的丰富度（richness）和相对丰富度（relative abundances）整合为一类多样性测度指标，后来这些测度指标被称为"希尔数"（Hill numbrs）或"有效物种数"（effective numbers of species）。——译者注

太明显,因为它依赖于方程式(5.5)中当 $i \to 1$ 时极限的复杂属性],正如我们刚刚看到的,当 $i = 2$ 时,$^2D_S = \dfrac{1}{\lambda_{HH}}$。在较大 i 的极限情况下,总体中只有最大的部分能够幸存,并且指数近似为最大的 P_j,即最丰富类型的种群份额。在这个极限下,指数不再区分类型,而当 i 较小时,许多类型都对指数有贡献,多样性更为重要。

对多样性的约束

在考虑城市的多样性时,我们不可忽视一个重要因素。它在群体遗传学中被称为"误差突变",它是一种关系,写作:

$$N_I \epsilon_I < I_T \tag{5.6}$$

通常,N_I 代表信息编码元素的数量(存储器的大小),ϵ_I 是每个元素的差错,I_T 是一个数字,称作"信息阈值"。这个思想是我们可以增加群体中信息元素的数量,但要求类型变化具有较低的错误率或信息损失,要维持系统正常运行,总的错误率或损失必须低于某个阈值。这个不等式要求我们认识到,一个系统的正常运行要求它的大多数元素能够运行可靠。多样性是好的,前提是不会带来太多的混乱或破坏系统的韧性。

这个问题在生物学中通常被称作"艾根悖论"[*],描述了生物的复杂性,例如,更大的基因组(更大的 N_I)要求有控制错误或突变的机制(保持 ϵ_I 值较小),但这些机制需要增加 N_I 值,因为它们本身必须被编码为信息。关键是,日益增加的多样性取决于收益和成本。可能存在一种特殊的边界情况,即 N_I 的增加可以通过 ϵ_I 的减少得到补偿,从而能够保持乘积 $N_I \epsilon_I$ 不变,至少也能维持在整个系统运行所需的阈值以下。

怎样将这些思想用于城市呢?为了维持运转和实现繁荣,城市需要整合大量不同的元素。这些元素在很大程度上体现为不同的身份、职业和角色。从这个意义上说,城市通常欢迎差异性,因为这些差异可以通过整合变成每个人的优

---

[*] 艾根悖论(Eigen's paradox)是生命起源研究中的一个难题,由曼弗雷德·艾根在 1971 年提出。指的是在最初的生命形式中,自我复制的分子(如 RNA)的长度受到错误阈值的限制,也就是说,如果分子过长,那么在复制过程中产生的突变会破坏分子的信息,导致其失去功能。然而,现有的生命体需要更长的分子(如 DNA)来编码其遗传信息,并且还需要编码修复突变的酶。这就产生了一个悖论:如何从简单的自我复制分子演化到复杂的生命体? ——译者注

势，但如果这些不同的元素（人、群体）中有太多变得不可靠或不再对整体作出贡献，他们将会产生系统性影响，向其他所有人输出负面影响，这是不能容忍的。为了维持运转，城市通常必须建立相应的机制，对反社会和搭便车行为进行阻止和控制，其中包括建立法律体系、司法和警察系统。[21] 这些机构成本高昂，对城市的创造力和多样性没有直接贡献。它们经常过度扩张，压制多样性，但如果它们运作良好，将能够促进对社会有益的差异性，使这种差异不仅不会伤害城市，而且有助于城市的繁荣。

当我们集中自己的活动并将越来越多的功能服务于他人时，我们将看到，对多样性进行约束的标准可以理解为：尽可能实现最大程度的专业化。因此，正是通过承担了更大的风险，我们才在城市中不断获得新的重要功能。

5.2　美国城市的业态和职业多样性

现在我们开始探讨如何在真实城市背景中将这些思想用于实证分析。

5.2.1　业态的多样性

我们已经看到，专业化过程通常是通过企业的特征来测度的。在现代社会中，企业是经济生产和创业的基本单位。虽然大多数公司都很小，甚至很多只是个体经营者，但最著名的是雇用了数千甚至数百万人的大型公司。在城市场景中，我们经常会从某种业态类型的普遍程度来看待专业化，例如：硅谷、底特律汽车城、纽卡斯尔的煤炭产业、深圳的电子产业、洛杉矶的好莱坞、孟买的宝莱坞等。那么，城市真的是这样运作的吗？大多数城市都是专门从事特定行业的吗（回想一下第 2 章中的亨德森模型）？从业态角度来看，城市经济多样性的一般模式是什么样的？

这方面的数据可用性正在变得越来越强，官方统计数据以及科技公司通过互联网建立的新型数据源都为这方面的研究提供了很好的数据基础。为了说明我们将如何回答这个问题，本节的大部分内容我们都将使用美国一个独特的全国商业机构时间序列数据库(National Establishment Time Series，NETS)。这是由 Walls & Associates 建立的一个专属但普遍可用的纵向数据库,用于捕捉美国各类机构在空间和时间上的经济动态。[22] 机构是工作场所而不是公司,例如,对于一家连锁超市,我们计算的是每个单独的门店,而不是整个公司。

在开展本研究时,NETS 数据库包括了美国城市地区几乎所有机构的记录,总数超过 3 200 万家,每个机构都是依据北美行业分类体系(North American Industry Classification System，NAICS)进行分类的。这一标准按照业务类型进行层次分类。我们稍后分析专业时将再讨论这种数据组织形式,因为这样会更直观。现在你可以先通过图 5.2 大致了解这种层级式分类方法,不同层级以分辨率 $r_S=2$, 3, 4, 5 或 6 表示,其中 $r_S=2$ 时分类较粗,$r_S=6$ 是当前最细的分类。

```
第 71 类——艺术、娱乐和休闲 ............................................ r_S=2

711  表演艺术,观赏体育及相关产业 ............................ r_S=3
  7111   演艺公司 ............................................ r_S=4
    71111   剧院公司和餐馆剧院 .......................... r_S=5
      711110   剧院公司和餐馆剧院 ...................... r_S=6
    71112   舞蹈公司
      711120   舞蹈公司
    71113   音乐团体和艺术家
      711130   音乐团体和艺术家
    71119   其他演艺公司
      711190   其他演艺公司

  7112   观赏体育
    71121   观赏体育
      711211   运动队和俱乐部
      711212   赛马场
      711219   其他观赏体育
```

注:图 5.2 展示了第 71 类部门——艺术、娱乐和休闲业(分辨率 $r_S=2$)的细分示例。请注意部门是如何依次细分直到六位代码的($r_S=6$),如赛马场为 711212,对应的业态分辨率逐级提升。

图 5.2　北美行业分类系统(NAICS)的细分示例

我们可以将这些数据汇总到功能性城市的标准定义中,这里由 366 个大都市统计区组成。首先,我们可以简单地计算机构总数 N_f,看看这个数字是如何取决于城市人口规模的。我们发现两者之间为线性标度关系，$N_f = N_0 N$，比例常数 $N_0 = 1/21.6$［详见图 5.3（A）］。这意味着在美国任何城市地区，平均每个机构大约需要"服务"总人口中的 22 个人，与城市规模无关。总就业人数（就业岗位总数）也与人口规模和机构数量呈线性关系（这对个人是基本需求；参见第 3 章），因此 $\dfrac{N_e}{N_f} = 11.9$ 是任何城市每个机构的平均规模（平均就业人数）。这意味着无论城市规模大小，机构和就业的平均人口密度是美国所有城市的共同属性！这是一个非常简单的属性，也证明了第 3 章中的观点，即个人需求服从线性增长。

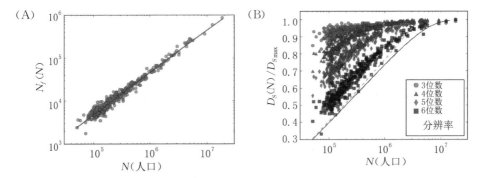

注：(A)图表示企业总数 N_f 与城市规模呈线性关系：$N_f \sim N^{\alpha_f}$，其中 $\alpha_f = 0.98 \pm 0.02$，$R^2 = 0.97$。(B)图表示业态丰富度（城市中不同业态类型的数量）$D_S(N)$，它基于 NAICS 标准，在不同分类分辨率 r_S 下按照最大值 D_{Smax} 进行标准化，从最低分辨率（三位数）到最高分辨率（六位数）（对应的 D_{Smax} 值分别为 17 722 和 1 160）。所有值都按该分辨率的对应的 D_{Smax} 进行缩放，使得所有数值都位于 0 和 1 之间。黑色实线和灰色虚线显示了方程式(5.7)包含和不包含 ϕ_r 的预测结果。

图5.3 机构数量和业态丰富度

接下来我们来看业态丰富度 $D_S(N)$，即给定城市中不同业态类型的总数。图 5.3(B)显示，$D_S(N)$ 随着人口规模的增加呈对数增长，但在大城市开始饱和，并最终趋于平稳。为了理解这些结果的含义，我们现在使用一个技巧，观察任何人口规模为 N 的城市，其业态丰富度也是其最稀有业态的排名，这等同于单个机构的概率（因为机构是以数字为单位计算的）。这意味着 $rank = D_S(N)$ 的相对频度 $P(rank)$，为一种类型的机构数量除以总数，即 $P(rank = D_S(N)) = \dfrac{1}{N}$，

或等效的 $D_S(N) = P^{-1}\left(\dfrac{1}{N}\right)$。我们可以对 P 进行数值求解，并得出业态类型的排序分布，结果如图 5.4 所示。这一结果具有普适性，因为它对美国所有城市都是一样的。然而，这个形态有点复杂，大致有三个不同的机制。对于排序靠前的业态（最常见的业态），$rank < rank_0$，可以用指数为 α_r 的幂律很好地描述，如图 5.4(B) 的插图所示；对于排序靠后的业态，它近似为指数；最后，随着排序位次接近类别总数的最大允许值 $D_{S_{max}}$，$P(rank)$ 迅速下降。作为一个很好的近似值，这些机制可以组合为单一分析式：

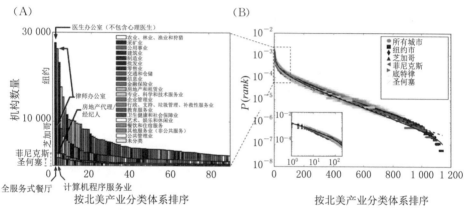

注：(A)图为纽约、芝加哥、菲尼克斯和圣何塞四个城市中不同位次(1 到 90)的机构数量，按频度降序排列(从常见到罕见)。机构类型按两位数级别分类进行着色。(B)图表示通过除以所有范围的半对数城市人口规模得到的设施类型的全体丰富度排序形态。所有大都市统计区都用灰色圆圈表示。七个选定的城市用不同的色调和形状表示，包括纽约、芝加哥、菲尼克斯、底特律、圣何塞、香槟-厄巴纳和弗吉尼亚州的丹维尔。黑色虚线和黑色实线分别显示了方程式(5.7)包含和不包含饱和函数 ϕ_r 的预测拟合。插图在对数坐标系上显示了前 200 种设施类型，表现为近似幂律。

图 5.4 设施类型的丰富度排序

$$P(rank) = P_0 \, rank^{-\alpha_r} e^{-rank/rank_0} \phi_r(rank, D_{S_{max}}) \qquad (5.7)$$

由数据估算参数给出 $\alpha_r \approx 0.49$ 和 $rank_0 \approx 211$。总体因子 P_0 可以通过频度归一化确定，得到 $P_0 \simeq (rank=1) = 0.0019$。饱和函数 $\phi_r(rank, D_{S_{max}})$ 参数化了由有限分辨率 $D_{S_{max}}$ 强制执行的截止。该函数必须满足三个条件：(1) $\phi_r(rank \ll D_{S_{max}}) \to 1$，因为饱和仅在接近最大排序位次时才会发生；(2) 出于相同的原因，$\phi_r(rank, D_{S_{max}} \to \infty) \to 1$；(3) $\phi_r(rank \to D_{S_{max}}, D_{S_{max}}) \to 0$，当位次接

近最大值时，它强制执行截止和衰减。这些条件本身并不能决定函数形式，但我们可以预料，当 $\phi_r(rank, D_{Smax}) = \phi_r(rank/D_{Smax})$ 时，只有 $rank/D_{Smax}$ 的相对大小才重要。

一个满足所有这些条件的函数是 $\phi_r(rank, D_{Smax}) = e^{1 - \frac{1}{1 - rank/D_{Smax}}}$。要看到截止值的影响，可以比较图 5.3(B) 和 5.4(A) 中包含和不包含 ϕ_r 的数据拟合结果。这也表明无限分辨率的解析解（我们现在可以对分类法进行限制）可以简化为：

$$D_S(N) \to rank_0 \ln N \qquad (5.8)$$

这表明业态多样性随着人口规模的增加而增加，具有开放性，可以不断扩大。随着 N 的增加，它的增长不算快，但与生态系统中多样性相对于面积的增长大致相当。

从图 5.3—图 5.6 可以看出，业态类型位次分布的普适性有很多重要的影响。每个城市都有一些核心功能或服务，如医生、餐厅、律师、房地产代理和其他基本服务。然而，随着城市规模变大，一些业态类型变得更加丰富，而另一些则变得更少。例如，律师事务所的规模与城市规模成超线性关系[就像社会互动数 $k(N)$；这是巧合吗？]。农业、渔业和采矿业等初级产业活动虽然较少，但在大城市依然存在。从这个意义上说，我们没有看到城市层面的专业化，我们只看到某些城市的某些业态类型可能排序位次相对较高或是不同寻常，例如硅谷的计算机编程服务，但这嵌入了所有城市共有的典型（"普适"）城市业态生态中[图 5.4(A)]。按照图 5.6(A) 中律师事务所的类似方法计算标度指数，图 5.6 总结了随着城市人口规模扩大，哪些业态类型相对增加，哪些大体保持不变，哪些相对下降了。我们看到管理业，专业、科学和技术服务业企业的相对丰富度随着城市规模的增加而增加，因此在大城市特别集中。经济学家用其他指标（如区位系数）来描述这些业态类型相对丰富的模式，有时还强调，特定城市的出口经济部门可能比平均情况更加专业，这与亚当·斯密的观点相呼应，即市场延伸到城市体系和海外确实可以带来更强的专业化。当然，在特定情况下，所有这些都是正确的，但从整体上看，现实中的城市业态类型生态更加复杂。随着数据的不断改进，以及在其他国家也能获得类似的数据，继续进行这类研究将是一件有趣的事情。

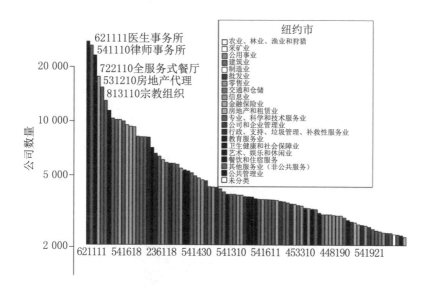

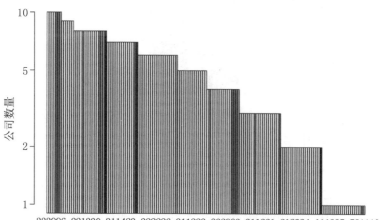

注:注意位次靠前部门的多样性(丰富度高,上图所示)和大多数常见服务的存在,包括医生、律师、餐厅、房地产代理和宗教组织。这些业态类型是美国所有城市的创业工具。随着城市的发展,业态类型增多但也降低了它们的相对丰富度,如初级产业部门的活动(农业、渔业和采矿业,下图)。这些变化构成了城市系统的性质和跨城市规模的城市功能层次。大城市往往包含一个国家几乎所有的业态类型,因此也包含了整个国家的业态多样性。

图5.5　纽约市业态类型的位次规模分布

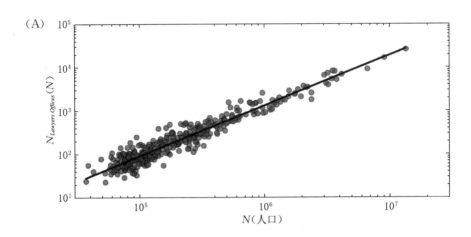

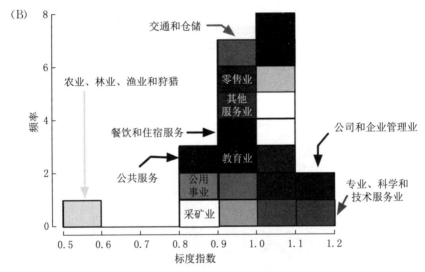

注：(A)图表示律师事务所的数量与人口规模成超线性关系，$\sim N^{1.17\pm0.04}$，$R^2 = 0.92$。(B)图为两位数级别的所有机构类型的标度指数直方图。虽然初级产业部门在大城市逐渐消失，但管理业，专业、科学和技术服务业企业的相对丰富度在增加。

图 5.6　产业类型的多维标度

5.2.2　专业多样性与劳动生产率

我们已经提炼出了美国城市地区的业态多样性特征，现在我们针对就业类型提出同样一组问题。首先必须要知道像纽约这样的大城市有多少种职业类型。

总的来说，对这个问题并没有一个客观的答案，它取决于对类似工作的区分程度。为了对城市多样性进行有意义的讨论，我们必须面对构建分类的基础问题。

职业分类法

职业分类统计机构擅长组织数据，但它们有时候会用一些专门的方法。当我们想到不同的工作（职业）时，可能会从两个方面来组织这些不同的类型。第一种方法是建立所有职业的详细清单。图 5.7 展示了依据《标准职业分类》(Standard Occupational Classification，SOC)统计的美国最常见的职业，这项标准由美国劳工统计局建立并定期更新。

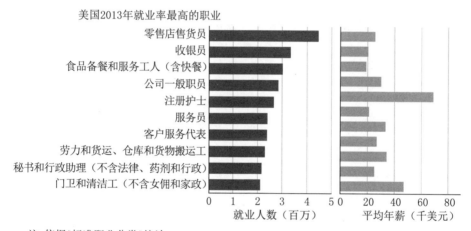

注：依据《标准职业分类》统计。

图 5.7　美国最常见的职业及其年薪

第二种方法需要依据不同类型的职业之间的关系将它们组织起来。显然，厨师与服务员的关系比厨师与农民的关系更接近。这就需要对就业进行分类，以便能够进行从粗糙到细致的分级描述。例如，将所有服务型职业放在一起，所有农业型职业放在一起。这进而引出了职业层级的概念（参见图 5.1)，在第 5.2.1 节的机构分类中已经用到了这一方法。

层级式分类可以表达为树形（从少量枝干到大量叶片的分支结构），每个类别都可以被连续分成更细的类别。在《标准职业分类》中有一个有趣的类别叫作"所有其他"，用来容纳不适合归入早期版本中任何类别的职业。表 5.2 展示了 2018 年版《标准职业分类》相对于 2010 年版引入的部分新职业。

表 5.1 美国劳工统计局制定的《标准职业分类》中的层级式分类

职 业	分辨率	分组类型
29-0000 医疗从业者和技术职业	$r_S=3$	职业大组
29-1000 医疗诊断和治疗从业者	$r_S=4$	职业小组
29-1020 牙医	$r_S=5$	广义职业
29-1022 口腔和颌面外科医生	$r_S=6$	详细职业

表 5.2 2018 年版《标准职业分类》从 2010 年版"所有其他"类别外引入的新职业

2018 年版类别代码	2018 年版类别名称
11-9072	娱乐和休闲经理,不含赌博
11-9179	私人服务经理,所有其他
13-1082	项目管理专家
14-2051	数据科学家
17-3028	校准技术专家和技术人员
19-4044	水文技术专家
25-3031	短期代课老师
25-3041	家庭教师
27-2091	打碟师(DJ),不含电台的
27-4015	灯光技术专家
29-1212	心脏病医生
29-1213	皮肤科医生
29-1214	急诊医生
29-1217	神经科医生
29-1222	病理分析医生
29-1224	放射科医生
29-1229	医生,所有其他
29-1241	眼科医生,儿科除外
29-1291	针灸医生
29-2036	药品剂量师
29-9021	卫生信息技术人员和医疗注册人员
29-9093	外科助理
33-1091	安保人员一线主管
33-9094	校车监督员
39-4012	火葬场操作员

注:这些更新表明在更通用的类别中出现了更多的成熟职业(如数据科学家)。

我们经常提到生态学,引用生物学中的平行概念并简要探讨其概念内涵会很有趣。达尔文的名著《物种起源》中只有一张图[23],就是图 5.8 所示的生命之树。

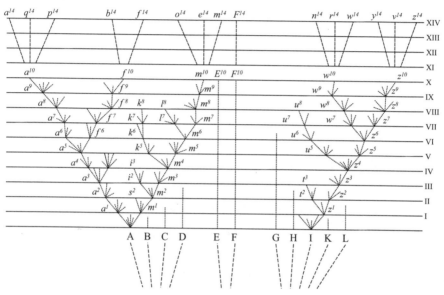

注:在生态学和进化论中,生命之树意味着现有的类型(以字母表示)是祖先变化的结果,因此谱系变化可以在时间(以数字表示)上追溯到它们的起源,即共同的祖先,而共同的祖先通常不那么专业化。

图 5.8　达尔文《物种起源》中的生命之树

在生态学中,按照进化理论,生命之树不仅仅是一个分类方案,更是一张自然历史地图。这段历史的本质是一个类型变化的谱系,既继承了祖先的血统,又受到自然选择的影响,从而以树叶的形式产生了现在的分化形式。这让我们可以开展一个奇妙的思想实验:我们可以回溯历史并最终收敛到根部。这个根是所有类型的共同祖先,是此后所有多样性最初的种子。因此,为了更好地理解目前的多样性,原则上我们可以从一个相对简单、多样性较少的种群开始,再加入动态的进化过程,描述各种生物种群如何适应不断变化的环境。

人类社会中出现多样性的过程显然不同,但在本节即将结束时开展这样的思想实验会很有趣。我们尝试想象变化比例如下:想象同一个人做了很多不同的工作,导致一个群体中的职业类型较少。这个人是一个不那么专业的"万事通"，可能是许多"未来"专业技能和职业的祖先。然后想象由于环境条件的变化，只要网络中仍有相同的功能可用，就有可能将其中一些工作外包给其他职业。现在我们应该可以观察到不同职业类型的人群。我们能把这种一般性转变与复杂的城市网络发生的事情联系起来吗？它给主体带来了哪些优势和成本？

但在我们能回答这些问题之前，需要先学习怎样用更具启发性和定量的方法来处理分类问题，这样我们就可以推断多样性可能会发生什么，而不会受到特定分类方法的阻碍。

5.2.3　基于分类法的极限测量多样性

我们现在回到在一个给定的城市里有多少种类型的工作问题。怎样才能付诸实践呢？例如，我们可以数厨师的数量。但是，如果我们开始区分法国菜、中国菜、泰国菜等，我们总能在同一个城市里找到更专业的类型。任何专业职业通常都可以分解或聚合为更精细或更粗糙的类型。然而在特定条件下，可以得到无限分辨率的极限。在这样的极限下，可以出现独立于分类方案的多样性测度标准。

城市的职业丰富度

首先我们来看，在一个人口规模为 N 的城市中，一个最简单的多样性测度指标——不同职业的数量（丰富度）$D_S(N)$——是如何与分类方案无关的。[24]

图 5.9(A)显示了美国大都市地区的职业种类数 $D_S(N)$ 与总就业人数 N_e 的关系。由于 N_e 与人口 N 平均而言成正比，因此我们可以使用这两种指标中的任何一个。我们观察到，对于大城市，$D_S(N_e)$ 一开始会随着 N_e 的增加而增加，但最终达到饱和。这种现象可以通过以下方程实现很好的拟合：

$$D_S(N_e) = d_{s_0} \frac{\left(\frac{N_e}{N_0}\right)^{\nu_p}}{1 + \left(\frac{N_e}{N_0}\right)^{\nu_p}} \tag{5.9}$$

其中，d_{s_0}、N_0 和 ν_p 是独立于规模 N_e 的参数。对于我们的数据，随着时间的推移，按照不同层次分辨率 r_s 给出的数据，这个方程一直成立。然而，方程式(5.9)中的参数是 r_s 的函数，这等于说它们是所选分类法的函数。这包括丰富

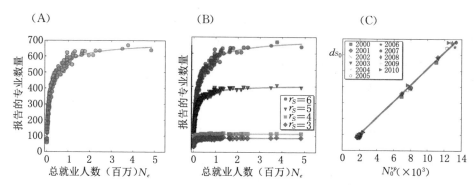

注:(A)图中每个城市的职业数量 $D_S(N_e)$(用点表示)与城市规模 N_e 之间的关系可以用方程式(5.9)进行很好的描述,其中 $d_{S_0}=686$,$\nu_p=0.84$,$N_0=1.48\times10^5$(实线)。(B)图为在不同分辨率 r_S 职业分类方案下的 $D(N_e)$,其中 $r_S=6$ 时分类最细,$r_S=3$ 时分类最粗。(C)图为不同时间和不同分辨率的分类方案下,d_{S_0} 与 N_0 都成正比,这表明城市职业多样性存在一个与 r_S 无关的极限,并且 D 是开放的。在这个极限下,$D_S(N_e)=D_{S_0}(N_e^\nu)$,大城市总体上更具多样性,但人均专业化程度更高。

图 5.9　美国大都市统计区相对于总就业人数的职业丰富度

度的总体渐近值 $d_{S_0}(r_S)$ 和达到饱和时的城市规模 $N_0(r_S)$。重要的是,出于我们将清楚地看到的原因,实证研究显示指数 ν_p 与分辨率无关。

另外两个参数以特定的方式随着规模的变化而变化:由于分辨率提高会带来职业类型增多,d_{S_0} 必然随着分辨率的增加而增加,N_0 也会随着 r_S 的增加而增加,从而导致饱和效应,这种效应随着人口越来越多开始出现。你看到这是如何发生的了吗? 我们可以提出问题:如果继续提高分辨率,甚至超出数据实际所能支持的范围时会发生什么? 随着分辨率的每一次提升,职业数量都会继续增长,在某个点可能会不再饱和。用数学方式,这对应于将职业丰富度写作:

$$D_S(N_e)=d_{S_0}\left(\frac{N_e}{N_0}\right)^{\nu_p}\phi_D\left(\frac{N_e}{N_0}\right)\rightarrow\begin{cases}D_{S_0}N_e^{\nu_p}, & N_e\ll N_0\\ d_{S_0}(r_S), & N_e\gg N_0\end{cases} \tag{5.10}$$

其中,D_{S_0} 是独立于分辨率 r_S 的常数。函数 ϕ_D 包含饱和因子,类似于机构的 ϕ_r。我们看到在无饱和机制下,$\frac{N_e}{N_0}\rightarrow 0$,$\phi_D\rightarrow 1$,$D_{S_0}\rightarrow\frac{d_{S_0}}{N_0^{\nu_p}}$。相反,在强饱和极限下,$\frac{N_e}{N_0}\rightarrow\infty$,$\phi_D\rightarrow\left(\frac{N_e}{N_0}\right)^{\nu_p}$。如果量 $D_{S_0}=\frac{d_{S_0}(r_S)}{N_0^{\nu_p}}$ 是有限的并且当 $r_S\rightarrow\infty$ 时与分辨率无关,就存在与分辨率无关的普适性标度机制。图 5.9(C)表明情况

确实如此。在数据允许的范围内，我们可以得出结论：存在一个无限分辨率的极限，在这个极限下，我们可以通过一个简单的标度恒定的幂律函数 $D_S(N) = D_{S_0} N^{\nu_p}$ 来计算城市的职业多样性（丰富度）。测量得出指数 $\nu_p \simeq 0.84 \simeq \nu = 1 - \delta$，这与第 3 章中计算的标度指数一致。

城市职业分布具有普适性？

正如我们已经在业态类型中看到的，不饱和多样性的标度模式实际上包含了职业分布的全部信息。要看到这一点，假定在一个人口规模为 N 的城市中，职业类型 i 的丰富度为 $f(i|N)$。采用与此前处理业态类型同样的方法，将 $f(i|N)$ 中的职业类型按常见到不常见排序，列出各类职业的丰富度位次。那么，最稀有的类型应该只有一个人，这样我们可以写出 $f(D_S|N) = \frac{1}{N}$。将这种关系倒过来并推广所有位次 i 可以得到：

$$f(i|N) = \frac{1}{N_0} \left(\frac{d_{S_0} - i}{i} \right)^{\frac{1}{\nu}} \rightarrow \left(\frac{D_{S_0}}{i} \right)^{\frac{1}{\nu}} \tag{5.11}$$

这里的箭头对应于高分辨率的极限，该极限与 r_S 无关。接下来，我们可以将人口规模为 N 的城市中每个职业的概率写为：

$$P(i|N) = \frac{f(i|N)}{\sum_{i=1}^{D_S} f(i|N)} = \frac{1-\nu}{\nu} \frac{i^{-\frac{1}{\nu}}}{1 - D_S(N)^{-\frac{1-\nu}{\nu}}} \tag{5.12}$$

这表明不同城市的职业分布同样具有普适性。当我们调整规模 N，每个城市的频度曲线都会塌陷到一条直线上（参见图 5.10）！

这种普适性表明，存在一种可以根据城市规模预测的职业嵌套序列，这完全符合中心地的层级性原理（第 8 章）及其在区域经济中的延伸。[25] 这种随着城市规模的增长而产生的职业序列也类似于在国家层面观察到的产品类型相对于经济发展水平的层级性[26]，并揭示了大城市在整个国家的经济多样性方面发挥了根本作用。

这个概念最令人惊讶的是，我们原本以为与大城市联系在一起的很多功能，如更专业的餐厅、更先进的医疗服务乃至艺术和时尚，从某种意义上说在较小的地方已经存在（参见图 5.11）。最近的研究表明，城市人口增长过程也是对这种部门层级生态的一种复现。[27]

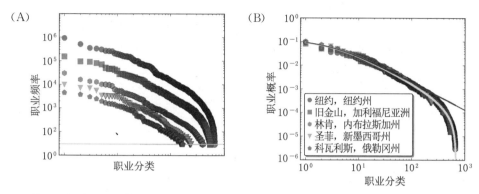

注:(A)图中人口规模不同的城市的职业频度分布只在幅度上有所不同,这是由城市规模和对罕见职业的调查程度决定的。灰色水平线显示了报告的最低职业数量(30 个)。(B)图表示当根据城市规模(总就业人数)进行调整时,不同城市的位次概率分布形态叠加到一起。浅灰色实线表示通用形式 $P(i|N_e) = \frac{1}{N_0} \left(\frac{d_{s_0} - (i + i_0)}{i + i_0} \right)^{\frac{1}{\perp}}$ 的拟合,其中在较低的位次引入了 $i_0 \simeq 3$。黑线显示了无饱和情况下的 $P(i|N_e) = \left(\frac{D_{s_0}}{i} \right)^{\frac{1}{\perp}}$。

图 5.10　美国大都市地区的职业分布具有普适性

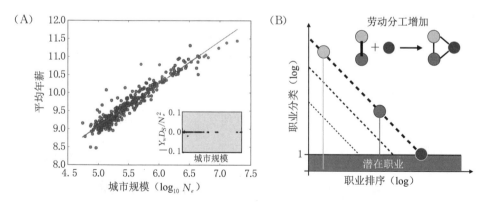

注:(A)图为美国大都市地区工资总额之间的超线性标度关系 $[Y_w(N_e) = Y_{w_s} N_e^{1+\delta}$,其中 $\delta = 0.18 \pm 0.03]$。小插图显示了乘积 $I_T = y_w d_s$,表明 I_T 平均而言与城市规模无关。(B)图为新职业的产生过程是城市规模的函数。随着城市规模的扩大,职业的自相似频率分布也随之提高,使得一些潜在职业能够超过最低概率阈值,直接出现在 D_s 中。这张图展示了一个新的明确功能(深色圆圈)如何促进其他职业(浅灰色圆圈)通过网络连接保持彼此可用,并进一步专业化。

图 5.11　经济生产率随着城市规模的扩大和专业多样性的产生而扩大

职业多样性分布指数

最后,提出方程式(5.12)等类型概率分布的意义在于,除了职业丰富度 D_S 之外,我们还可以提出很多其他的多样性测度方法。例如,取 $\delta=1-\nu$,与此分布相对应的香农熵[28]为:

$$H(N)=-\sum_{i=1}^{D_S(N)} P(i\mid N)\ln P(i\mid N)=\frac{1}{\delta}-D_{S_0}^{-\frac{\delta}{(1-\delta)}}N^{-\delta}\ln(D_{S_0}^{\frac{1}{1-\delta}}N)$$

$$(5.13)$$

这意味着人口规模为 N 的城市的多样性随着第二个项(负值)的减少而增加。注意,对于无限大的城市规模,$H\to\frac{1}{\delta}$,这将降低最大多样性,加大城市的超线性标度,我们稍后再回过来讨论这个话题。奇怪的是,在这个极限下,根据第 3 章的论点预测的这种分布的信息内容正好是六位($H=6$)。这启发了我们可以玩一个由六个问题组成的城市游戏:平均而言,你应该能够通过问六个或更少的独立的"是/否"问题来猜测任何人的职业! 在较小的城市,这会相对容易,而在较大的城市,你可能需要问更多的问题。

HH 指数为:

$$\lambda_{HH}=\sum_{i=1}^{D_S(N)} P(i\mid N)^2=\frac{\delta^2}{1-\delta^2}\cdot\frac{1-D_{S_0}^{\frac{1+\delta}{1-\delta}}N^{1-\delta}}{1-D_{S_0}^{\frac{\delta}{1-\delta}}N^{-\delta}}\simeq\frac{\delta^2}{1-\delta^2}\left(1+\frac{2}{D_{S_0}^{\frac{\delta}{1-\delta}}N^\delta}\right)$$

$$(5.14)$$

λ_{HH} 随着人口规模 N 增加而缩小,直到变为一个较小的常数,$\lambda_{HH}\to\frac{\delta^2}{1-\delta^2}$。对于最简单的平均场标度预测,$\delta=\frac{1}{6}$,可以得到 $\lambda_{HH}\to0.028\,6$,相当于垄断法学中的"非集中市场"。相关的希尔数 $^2D_S=1/\lambda_{HH}$ 是多样性的测度指标。与香农熵一样,它随着指数 δ 的增大而减小。

5.2.4 伴随专业化的功能多样性

现在我们面临着两个彼此关联的难题:相对于其他城市标度量,为什么人口

规模为 N 的城市的总职业丰富度是次线性的,特别是指数为 $\nu = 1 - \delta$？为什么随着这些指数变得更加非线性,以分布量来测度的城市多样性会降低？最重要的是我们希望能够理解,为什么城市人口规模与预期的劳动分工之间存在一种特定的形式。

首先,考虑人口规模为 N 的城市的平均工资。我们在第 3 章和第 4 章中提出,生产力(和消费)的提高是人均连通性(网络的度)$k(N) = k_0 N^\delta$ 提高的结果,由于 $\delta \simeq \frac{1}{6}$,人均连通性平均而言会随着人口规模的增加而增加。然而,在第 5.1 节中,我们注意到古典经济学的一般论点,也就是亚当·斯密所说的分工是生产率提高的主要原因。分工意味着每个工人都更专业,从某种意义上说,他(或她)从事的职业更少。我们还看到,人均职业数为 $d_S = \dfrac{D_S}{N} = D_{S_0} N^{\nu-1} \simeq D_{S_0} N^{-\delta}$,这支持了这一论点。

这使我们得出结论,劳动生产率(以工资形式支付)的提高可能是更少的任务集中的结果。也就是说,$y_w \sim \dfrac{1}{d_S} = \dfrac{1}{D_{S_0}} N^\delta$ (参见图 5.11)。我们还看到,只有当个人之间存在相互依赖的关系时,专业化才有可能实现,因为他们可以用缩小并加深的劳动和知识来换取他人生产的商品和服务。想象一个渐进过程,每个人都从基本功能自给自足开始,如获取食物、住所、衣服、能源、娱乐。个人(或家庭)在一段时间内必须执行一个函数 $d_S(N \to 1) = D_{S_0}$,并出现很多核连接,$k(N \to 1) = k_0$。我们可以将这个数字设为 0,但此时可能仍然存在少量联系,例如在家庭层面。在传统的小规模社会中,按年龄和性别进行劳动分工很常见。现在想象一下,家庭可以将其中一部分任务外部化,从而将时间和精力集中在其他任务上。由于每个家庭都需要与外部工作相关的商品和服务(例如获取食物),这些家庭将不得不与他人进行交换并建立一定的联系。继而他们之间的连通性 k 将上升,而 d_S 将下降。如果他们达到效率最大化,就不会放弃自己做比他人做更合算的工作,他们也不会建立超出需要的多余连接——这两个量的变化率必须相等:

$$\frac{\Delta k}{k} = -\frac{\Delta d_S}{d_S} \to \Delta \ln k d_S = 0 \to k d_S = I_T \tag{5.15}$$

其中，I_T 为常数。至于前文讨论的预期城市标度，$I_T = D_{S_0} k_0$，它与城市规模无关，但可能取决于时间，因为更多的基本功能成为社会的一部分，并且平均连通性可以增加或减少（例如通过新技术）。如果我们以此为约束条件，就可以建立工资对分工的依赖关系。这可以通过一个非常简单的约束优化问题实现，我们将工资最大化，写作 $y_w(N) = \dfrac{\phi_w(kd_S)}{d_S}$，并服从方程式（5.15），得到：

$$\mathcal{L}(d_N ; \lambda_0) = \frac{\phi_w(kd_S)}{d_S} + \lambda_0(kd_S - I_T) \tag{5.16}$$

参数 λ_0 为拉格朗日乘数。对 d_S、λ_0 求导，我们得到以下条件：

$$d_S(N) = \frac{I_T}{k(N)} = \frac{I_T}{k_0} N^{-\delta}, \quad y_w(N) = \frac{\phi_w(I_T)}{I_T} k_0 N^\delta \ \text{和} \ \frac{\mathrm{d}\phi_w}{\mathrm{d}I_T} - \frac{\phi_w}{I_T} - \lambda_0' I_T = 0 \tag{5.17}$$

其中，$\lambda_0' = \dfrac{\lambda_0}{k}$ 通常也取决于 I_T。最后一个方程的解是：

$$\phi_w(I_T) = \left(C_\phi + \int^{I_T} \mathrm{d}I' \lambda_0'(I') \right) I_T = y_{w_0} D_{S_0} \tag{5.18}$$

这里，积分常数 C_ϕ 和拉格朗日乘数的值是通过观察工资的前置因子 $y_{w_0}(t)$ 确定的，该前置因子可能随时间变化。方程式（5.15）中的约束类似于方程式（5.6）中与其他复杂系统中的误差突变极限相关的最大多样性条件。量 I_T——家庭层面的基本功能数量，相当于信息阈值，即每个家庭正常运转所需的信息量。由于这是一种"个人需求"，所以与城市规模无关。正因为专业化的多样性与更高的生产率和更多的信息总量具有统计关联性，我们才达到了这个极限，不会更多也不会更少。

我们在后面的章节中还将继续看到，正是这种创造新的功能并织成网络，再分配到城市系统的自由带来了经济增长和收入的指数级增长。在理解了连通性与生产率、多样性和城市规模的关系后，我们接下来讨论它们在增长过程和结构变化方面的影响。

5.3　更一般的连通性：城市和技术网络

我们现在已经提出了一些论点甚至一些机制，来解释为什么生产率会随着职业的不断专业化而系统性提升，以及平均而言，这一过程是怎样与城市中较大的连通性联系起来的。

我们接下来将关注连接成本的一般问题，这有助于我们把本章的主题扩展到城市生活中以更清晰地呈现各种权衡的情形。我们还将探讨其他形式的连接与人类之间连接的相似之处，尤其是借助技术网络实现的连接。这继而引发了一些常见的问题，比如互联网是否像一个城市，技术网络是否会取代面对面的接触，并使实体城市在未来变得无关紧要。

5.3.1　连接性的一般优势

我们现在将尝试创建一个框架来说明连通性在特定类型的网络中是如何逐渐发展的，以及在基础设施发展、技术和制度变革等某些特定条件下，连通性如何变得越来越无处不在。

让我们回到劳动分工带来劳动生产率显著提升这一基本要素。亚当·斯密最初确定了劳动分工提高生产率的三个贡献。这些在现代复杂网络中仍然很重要，但还不够全面。首先，存在一种推动更好地完成任务的学习效应，一个通过不断积累经验获得知识和专业技能的过程。[29]在组织层面的制造业和个人层面的认知科学中，这种效应得到了广泛的研究。[30]显然，一个人在某个任务或问题上花费的时间越多，他们所获得的专业技能和知识也越多。

其次，劳动分工避免了频繁切换任务，可以节省大量时间，进而提高生产率。赫伯特·西蒙在思考"复杂性架构"时积极倡导对任务组织进行分层（模块化），其意义正在于此。[31]西蒙认为建立稳定的任务模块并分层组合非常重要。最后，劳动分工的深入带来一种可能性，即连续分工之后任务变得足够简单，最终可以交给机器自动完成，从而节省人力成本。很多技术都是这样开始的，一名专业工人发现了一种可以节省自己劳动力和时间的方法。当然，最终得到收益的并不是这些被机器取代的劳动者。

劳动分工对生产率的这些促进显然不限于制造业，而是具有普遍意义。因此，我们应该从网络中各类任务的分配方式，以及专业化所需的知识创造和在产品及服务中的整合（重组）方式来看待分工过程[32]，而不是从制造业企业内部各类细分专业工作的垂直整合方式来看。分工和协调，这两个古老的概念在这种形式下成为一个现代且普遍的过程，它强调信息和联系在不断演化的复杂网络中的作用。从在线集体智能到共享经济，很多最现代的社会经济现象其实都是基于这些过程。

在这一光辉指引下，知识的创造和相互依存意味着复杂和动态的网络结构是一个不断发展的过程（如图5.12所示）。为了简单起见，让我们先想象一个场景：一组主体中的每个成员（通常是人）都具有相同的功能（图5.12中的不同灰色阴影）。例如我们提到过的，处于自然经济状态下的人类社会[33]（第7章），尽管一定程度上存在按年龄和性别的劳动分工，但所有家庭基本上都从事相同的狩猎、采集或小规模农业工作。在这样的社会中，每个家庭掌握的信息内容可能都很丰富，因为他们只有对周边的环境足够了解才能独立生存，但这些知识在每个核心单元都是一样的[参见图5.12（A）]，因此不会为整个社会提供新的信息。

在这种情况下，全社会的信息内容等同于典型家庭单元的信息量，因为每个家庭掌握的信息内容都与其他所有家庭没有分别。这就是为什么在这种断开连接的阶段，信息内容不会随着人口规模的增加而增加。

随着大规模连接成为可能，情况可能会发生根本性变化[参见图5.12（B）]。正如我们看到的，节点之间产生了分化并专注于不同的问题和任务，通过彼此之间的功能互补实现网络层面的整体功能，并向每个主体开放。例如，在现代城市社会中，我们大多数人都不会自己种植食物或获取能源。相反，我们将时间投入极其专业的任务中，通常是在服务、学习和组织方面。我们依靠很多人（大多数是完全陌生的人）向我们提供日常生存所需的最关键的产品和服务。在这种情况下，随着个人差异化成为常态，每个人都有新的贡献，网络的信息内容将随着社会规模 N 的扩大而扩大。因此，即使网络规模 N 保持不变，其信息内容也会大得多，大致与其节点的数量成比例关系，这自然会给大型互联系统带来经济和

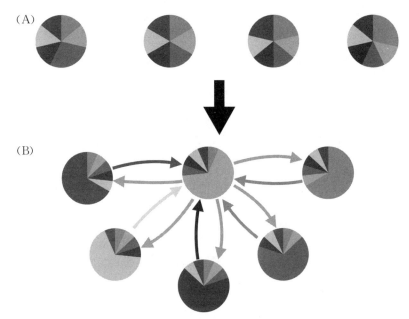

注:断开阶段[如(A)图所示]的特点是连接水平低、功能冗余(不同的阴影)、生产率低和学习缓慢(参见正文)。随着连接成本的降低,有可能过渡到一个新的阶段[如(B)图所示],其特点是随着规模的扩大,连接能力不断增强,功能互补性不断增强,生产率不断提高,个人和网络层面的整体学习速度也很快。在这一阶段,节点(圆圈)变得更加专业化(每个饼图更多地由单一活动类型主导,以不同的阴影显示),因此它们必须在功能上相互依赖,并交换互补的信息、商品和服务(弯曲箭头)。(为了简单起见,只显示了中心节点参与的箭头。)

图 5.12　互联互通和专业化导致职业网络结构转型

技术优势。我们将在第 9 章中看到,信息内容的多寡是决定一个社会的发展水平和经济增长率的关键因素。

正如我们所看到的,在真实的人类社会中,差异化和专业化并不会没有边际,仍然有很多人在从事相同的职业。

5.3.2　连通性的总体收益计算

理解了增加网络连接对信息和生产率的积极意义,我们就能够将这些一般意义上的效应量化为网络规模的函数(参见对表 5.3 的总结)。

首先,图 5.12(A)所示的断开阶段非常简单,其特征是每个节点的连通性(度)都是较小的常量,$k = k_D \simeq k_0$,近似恒定的信息内容 $i = i_D$,以及较小的人均

生产力 $y_w = y_{w_D}$（参见表 5.3）。两个相关的量也值得指出：人均承担的工作数 $d_s = \dfrac{D_S(N)}{N} = d_{S_D}$，正如我们在第 5.2 节中看到的，这是个体专业化程度的一种

衡量标准，每个任务花费的平均时间为 $t_T = t_{T_D} = \dfrac{t_{T_0}}{d_S}$，其中 t_{T_0} 是个体的总工作

时间，我们假设为一个生理常数。因此，在断开连接的阶段，花在每项任务上的平均时间非常少，每个人都需要成为万事通。因此，由于连通性低，个体功能很难分化，并且由于在每个问题上花费的时间非常少，学习（信息获取）非常缓慢。由于缺乏连通性和相互依存性，所有个体平均都不得不重复与生存相关的类似工作。在这样的网络中，随着人口规模 N 的增长，人均学习水平和生产力水平大体保持不变。图 5.13 中的水平线清楚地反映了这种情况。

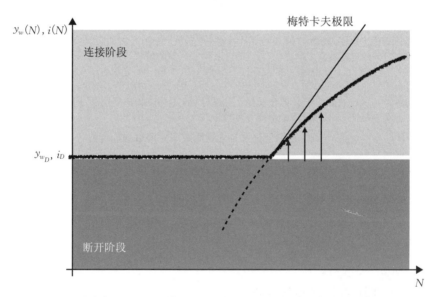

注：联系和交换成本高昂的小型系统往往处于断开阶段，而连接成本相对较低的大型系统往往处于连接阶段，并且信息和生产率不断增长。因此，随着规模或技术环境的变化，断开的系统受其影响进入连接阶段。当这种情况发生时，如果有有利于互相连接的潜在条件，但系统状态尚未实现这些条件，转变过程可以是渐进的（沿着粗糙线），也可以是突然的（箭头）。如果连接变得更加昂贵，也可能出现反向连接。目前城市化和互联网的爆炸性增长可能是由这种动态的突然切换导致（第 9 章）。梅特卡夫极限指的是生产率和信息随着系统规模线性增加的情况。

图 5.13　维持生存（断开阶段）与城市主义（连接阶段）之间转变的本质

表 5.3　不同的城市标度属性与城市多样性、生产率、连通性和信息的关系

符号	主体属性	断开阶段	连接阶段(一般情况)	连接阶段(城市)
k	连通性	k_D(小)	$k(N)$(增加)	$k(N)=k_0 N^{\delta}$
d_S	功能数	d_{S_D}(大)	$d_S(N)=I_T/k(N)$(减少)	$d_S(N)=d_{S_0} N^{-\delta}$
i	信息量	i_D(小)	$i(N) \sim t(N)$(增加)	$i(N)=i_0 N^{\delta}$
y_w	生产率	y_{w_D}(低)	$y_w(N) \sim k(N)$(增加)	$y_w(N)=y_{w_0} N^{\delta}$
t_T	时间/功能	t_{T_D}(小)	$t_T(N) \sim k(N)$(增加)	$t_T(N)=t_0 N^{\delta}$
c	成本/节点	c_D(大)	$c(N)=R_J j^2 k(N)$(增加)	$c(N)=c_0 N^{\delta}$

注:当指数 $\delta \to 1$,得到梅特卡夫极限。

当连接和相互依存成为可能时,网络的发展过程将遵循完全不同的轨迹。我们先暂时忽略第 5.3.3 节中讨论的创建和维护连接的成本。然后,我们进一步假设,人均连通性以 $k=k_C N^{\delta}$ 形式的标度恒定函数(幂律)增加,其幅度 k_C 取决于技术和时间(以及成本)。这是我们在第 3 章中为城市推导的一种形式,但就当前讨论而言,我们可以认为对于任何给定网络都有指数 $\delta > 0$,但取值不同。

我们假设每个人能够获取的功能数量不变,但通过网络连接变得更加容易[参见图 5.12(B)],使得 $k(N)d_S(N)=I_T$,I_T 与 N 无关,这一点在美国城市的职业专业化和社会连接模式中已经体现[34],也可能适用于小规模社会[35],但对这类环境的研究还在进行中。[36]

那么我们可以得出 $d_S(N)=d_{S_0} N^{-\delta}$,因此每个个体会平均专注于较少的任务,平均在每个任务上花费时间为 $t_T(N)=\dfrac{t_{T_0}}{d_S(N)}=\dfrac{t_{T_0}}{d_{S_0}} N^{\delta}$,与连接度的增长成正比。最后我们认为,平均所获得的新信息总量与任务时间成正比,$i(N) \propto t_T(N)=i_C N^{\delta}$,生产力与这些信息量成正比,$y_w(N) \propto i(N)=y_{w_0} N^{\delta}$。因此,生产力与连通性和专业化水平成正比。表 5.3 总结了这些模式,它们在图 5.13 中体现为上升线。这些模式包含连接性对规模的各种依赖关系,而不仅仅是幂律,它们还揭示了网络增长的动态阶段如何占据主导地位,并导致总体信息内容、功能多样性和个人生产力的提高。

5.3.3　连通性的成本

连通性通常很昂贵。在人类作为一个物种的漫长历史里,大多数时间都是

处在断开状态的传统社会,这主要是因为冲突,以及缺乏能够提高对交流产生互利性预期的一般信任机制、制度和基础设施(参考艾根悖论),我们将在第7章深入讨论这些问题。

在第3章中,我们研究连通性问题主要是通过在城市网络中移动人员、货物和信息的成本。我们可以通过将连通性视为一种物理交换行为来推广这些论点。因此,每个连接过程都是由流 J 所调节的。在所有宏观网络中,都存在与交换相关的能量耗散损失,从而产生与流相关的成本 $\sim R_J J^2$,在第3章中我们知道,R_J 是阻抗,是在任何给定的交换过程中都存在相关的耗散,如运输中的摩擦、电力传输中的损失等。[37]根据热力学第二定律,在不可逆交换中,能量成本是不可避免的,如果将这些成本转化为诸如货币等其他单位,变化可能会很大,例如作为能源价格和技术选择的结果。

我们应当预见到,每个连接(作为一个独立的流)都将伴随着一定程度的耗散成本。这种成本与交换强度的平方成正比,并且与能量损失的源头密切相关。结果是每个节点的成本为 $C_c(N) = R_J J^2 k(N) = C_0 N^\delta$。在梅特卡夫极限下,变成 $C_0(N) = C_D N$,这更像是第7章中讨论的人际关系中的压力梯度概念。

5.3.4 成本-收益分析与阶段变化

最后,我们可以将网络中的连接成本和收益进行汇总,以得出连接网络阶段及其相关的学习能力和生产率提高何时可能出现的一般预期。

首先,让我们考虑来自连接性的净增益 $\Delta r = y_w - c_C$(回顾下第2章),即:

$$\Delta r = y_w - c_C = (y_{w_0} - c_0)N^\delta = \left(\frac{y_{w_0}}{k_0} - \frac{c_0}{k_0}\right)k(N) \tag{5.19}$$

从这个表达式可以看出,连接网络阶段并不总是有回报的(参见图5.13)。特别是,如果成本超过每个连接的平均生产力($c_0 > y_{w_0}$),连接阶段的典型行为根本不可能发生。只有在相反的情况下,以生产力为单位的连接变得廉价,网络才有可能形成动态学习机制,发挥劳动和信息分工以及相互依存的优势。直白地说,从断开阶段开始,能够转变为连接阶段必须满足的条件是:

$$\Delta r \geqslant y_{w_D} \rightarrow k(N) \geqslant \frac{y_{w_D} k_0}{y_{w_0} - c_0} \leftrightarrow N \geqslant \left(\frac{y_{w_D}}{y_{w_0} - c_0} \right)^{\frac{1}{\delta}} \qquad (5.20)$$

这个条件表明,要想形成连通性优势,存在一个最小的人口规模阈值。这个结论呼应了克劳德·费希尔提出的亚文化"临界质量"以及在较大的城市实现连通性优势的可能性更大的判断。这也表明在其他条件相同的情况下,随着网络规模 N 的增加,转变为连接阶段不可阻挡!尽管这种现象可能与通过人口压力和限制实现发展的思想有关[38],但复杂网络中这些结构变化的动因更具一般性,潜在的必要条件可能更为微妙。然而,这种转变也可以在规模 N 不变的情况下发生,这取决于系统在转变过程中如何平衡连接性的成本和收益。这种转变可能是渐进的,也可能是突然的(如在临界点处),这取决于系统是否能够及时利用新的可用连接,或是在有利于转变的条件下仍然停留在断开状态。

技术在复杂信息网络中的作用现在开始成为人们关注的焦点。技术变革的潜力在于,它能够在尽可能大的交互范围内改善连接性的成本-收益关系,使网络系统走上集体学习的道路,并推动多样性和生产率的发展。这里需要从更开阔的视角来理解技术,从减少冲突和帮助社会从相互依存中受益的政治和文化机制,到高性能计算或廉价交通,都可以属于技术的范畴。变革性技术往往必须既有技术本身的先进性,又能够适应既有的社会条件。

5.3.5 超越城市:全球在线网络

第 5.3.4 节的一般推理自然适用于城市,正如我们在第 3 章中看到的那样,城市的空间交通成本使 $\delta = \frac{1}{6}$。这些推理也充实了第 4 章中介绍的针对不同主体分别进行成本效益分析的思想。在本小节,我们将证明这些属性并非城市独有。在其他网络中,尤其是在技术网络中也可以观察到这些现象。与城市一样,技术可以帮助人们在社会经济和文化生产中实现一般网络效应。

更好的网络? 互联网和万维网

互联网被认为是终极"城市杀手",它可以用安全高效的远程连接替代城市生活中常见的混乱昂贵的互动,从而建立更多更好的连接。

无论如何,计算机和通信技术的进步使人与人之间的连接实现了前所未有的增长。例如我们将在第 6 章中看到，今天西非的贫民窟居民用来表达自身优先发展事项的方式，同样能够被国际组织乃至印度的社区组织者以及世界各地大学的研究人员所理解。这些技术还创造了知识网络，在特定意义上，这些知识网络位于人类个体及其社会网络的外部，信息被编码在相互关联的文件网络中，并没有明确的空间位置。随着人工智能生成式算法的发展，这类信息上层建筑越来越多地被自动生成。互联网和万维网实现并体现了这些全球变化，从较小、较具体的网络持续进化到新的更普遍的领域。

因此，根据早期发展的一般概念来研究这些网络的演变非常有趣。互联网和万维网在多大程度上可以作为连接阶段动态的范例？它们给生产率和学习带来了哪些变化？它们会替代城市吗？

也许令人惊讶的是，这些网络的实际规模和连接性在很大程度上仍然未知，这既是因为它们已经变得非常庞大，也是因为它们具有中心化和自下而上的结构。回答这个问题需要逐个节点地访问整个网络，了解其全局结构，而这实际上是不可能的。尽管如此，在用户随着时间的推移而增加的同时，调查还是能够帮助我们了解其结构动态。

图 5.14 显示了域名系统主机的数量和网页数量的估计值，后者通常被认为是全球网民数量的函数。这两个量都可以用来衡量互联网和万维网的规模。图 5.14 的第一个有趣特征是，在两种情况下，我们都观察到了清晰的超线性标度。域名系统主机的增长情况表明，每增加一个网民都会带来服务器上的任务负载（成本）增加。但网页数量的增长尤其令人感兴趣，这意味着信息内容有更强劲的超线性增长，从而在某种意义上提高了系统的生产率。特别是总网页数量（我们应该将其视为用户之间的连接），表现出与梅特卡夫定律一致的指数缩放。然而由于存在人为创建大量无效页面的现象，网页数量受到虚假信息的严重干扰。因此，用超线性指数较小的活跃页面数来测量这种连接可能更加准确。

无论如何，这些结果都表明，网页数量随着网民规模增长的速度远快于社会联系数量随着城市群人口规模增长的速度。从这个意义上说，每个人通常可以在网上访问更多的信息，并能够在更大程度上从事更加专业化的生产。

据我所知，这项工作是展示互联网和万维网规模随着网民规模扩大而超线性增长的全球第一个成果。[39]然而，这些测度手段仍然只是对互联网增长的粗略估计，我们也期待将来能够用更好的数据重新审视目前的结果。此外，我们也

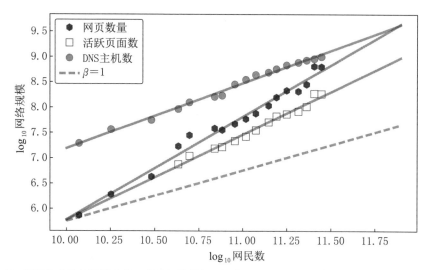

注:以域名系统主机测度的互联网规模增长以指数 1.28 为特征(95％置信区间为[1.22, 1.34]，$R^2 = 0.99$)，以总网页数量测度的网络规模增长以指数 2.03 为特征(95％置信区间为[1.88, 2.17]，$R^2 = 0.98$)，以活跃网页数测度的网络规模增长以指数 1.68 为特征(95％置信区间为[1.55, 1.82]，$R^2 = 0.88$)。在所有情况下，随着用户数量的增长，互联网的规模一直在超线性增长。这表明随着网络的增长，人均得到有效使用的页面数和算力也在增长，就像其他开放性社会系统(如城市)一样。但指数大小与城市明显不同，互联网显然体现出了更强的超线性。

图 5.14　全球计算机网络规模与网民数的标度关系

希望有新的测度方法，能够与在线连接数量、信息量、个人关注点及其随时间演变等有更直接的联系。

网络空间中的集体知识生产:维基百科

　　另一个更具体的在线网络案例是在线百科全书——维基百科,通过它可以更精确地测度网络属性。维基百科始创于 2001 年 1 月,此后发展迅速,目前以 293 种语言(这令人印象深刻,但语言数量仍然少于纽约市)收录了 4 000 多万篇文章。

　　维基百科的目标并不是提高总体生产率或连通性,而是汇聚所有志愿参与者的贡献来共同创建百科全书文章。从这个意义上说,通过人类贡献者的干预,随着时间的推移,作为节点的文章不断增加信息内容。因此,即使节点本身并不学习,我们也可以按照与之前同样的思路,将人类看作网络连通性结构的一部分(并承担一些成本)。

　　由此产生的大量交叉引用文章的增长为我们清晰地呈现了信息作为一个整体是如何增长的,以及以影响力衡量的生产率是如何变化的。这是通过两种方式实现的：(1)通过每个条目的连续改进过程，可以看作一种以文章形式编码的集体学习；(2)通过条目与维基百科内部和外部的其他条目建立的联系（连通性）。因此，正是这个文档网络对信息进行了编码，它的变化代表了学习的过程。尽管维基百科的读者也可能从这种知识编码中受益（并学习），但维基百科的贡献者可能并不单独拥有单个页面所反映的所有知识。这颠覆了城市中的学习过程，并表明衡量维基百科规模的最佳标准是文章数量，它们的连接是由人类贡献者和文档链接提供的，而不是相反。

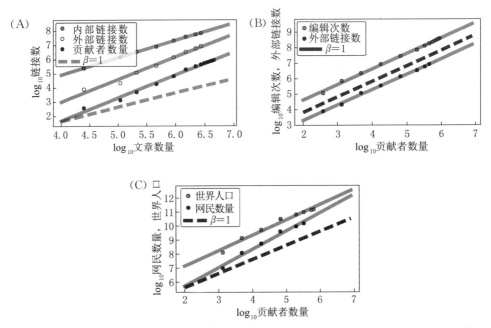

注：(A)图显示贡献者数量与文章数量之间的标度指数为1.61(95%置信区间为[1.51, 1.72]，$R^2 = 0.99$)。外部链接数量的标度指数大致相同，为1.59(95%置信区间为[1.40, 1.79]，$R^2 = 0.98$)。内部链接的数量更大，标度指数为1.21(95%置信区间为[1.18, 1.24]，$R^2 = 0.99$)。如果我们将这些量理解为对文章之间连接性的不同测度方式，维基百科文章网络的标度指数明显高于城市社会网络。(B)图显示维基百科文章的编辑次数和外部链接数量与贡献者数量成正比。灰色线显示编辑次数与贡献者数量之间的最佳拟合指数为1.00(95%置信区间为[0.97, 1.03]，$R^2 = 0.99$)。深灰色线显示贡献者数量与外部链接数量之间的最佳拟合指数为0.99(95%置信区间为[0.95, 1.03])。虚线显示了$\beta = 1$的情况作为比较。(C)图显示维基百科贡献者抵达的受众数量急剧增加。线条显示了Alexa网站调查估算的维基百科用户数量与全球网民数量之间的拟合指数为1.10(95%置信区间为[0.95, 1.25]，$R^2 = 0.97$)，与全球总人口的拟合指数为1.31(95%置信区间为[1.13, 1.38]，$R^2 = 0.98$)。第二条灰线更陡，因为它解释了网民数量的增长，2013年大约为世界总人口的39%。

图5.15　维基百科文章数量随着贡献者数量以及内外链接数量增长呈现出超线性增长

如果我们接受这种观点,我们会发现标度测算结果与我们对城市和万维网的研究结果大体一致。图 5.15(A)显示了按照人类贡献者数量、内部和外部链接数量计算的文章连通性是如何随着文章数量的增长而超线性增长的。通过线性地展示这些标度之间的关系,图 5.15(A)进一步证明了使用页面链接识别维基百科贡献者的合理性。图 5.15(B)还显示,维基百科的编辑次数与贡献者数量成正比,这支持了"每个链接的连接成本是固定的"这一说法,就像城市中的人类付出一样。最后图 5.15(C)显示,如果以抵达受众数量来衡量,平均每篇普通文章(以及每个贡献者)的生产率都体现出了超线性增长。这也证明了以抵达受众数量为标准的收益,超过了建立联系(由于贡献者的付出)的成本,这真切地表明维基百科是一个呈现连接阶段动态的信息网络。

这些例子以有力的证据证明,信息网络通常能够实现学习者要素数量的超线性回报,而这种增长的约束主要来自连接的创建和维护成本。当收益超过成本时,网络和连接性就会爆炸性增长。最终,它们会在某个标度恒定机制下实现平衡,成本和收益以相同的(超线性)方式增长。

5.3.6　回归城镇:互联网在哪里?

到目前为止,我们都是在空间缺席的情况下讨论互联网基础设施,但互联网是物理的,那么它们的服务器在哪里?它们形成了自己的城市,与网络化的人类城市相交叠,这可能会让你感到惊讶。

我们可以将互联网设备标识(IP 地址)映射到地理位置。通过这种方式,我们还可以分析组成互联网的计算机数量与城市规模的关系(参见图 5.16)。

对美国和国际城市地区 IP 数量与人口规模的标度分析表明,互联网的标度与经济生产(GDP),乃至与更一般的社会经济现象(如律师服务)相似。这种巧合的直接原因目前还不太清楚,但很可能与这样一个事实有关,即城市中的人们借助这种新的交互方式可以减少延迟,并增加连接的价值。因此,互联网的结构表现出与城市人口相同的网络效应和一般聚集模式!这带来了一些有趣的问题:这些影响在多大程度上构成了技术网络的基础?如果有一天人类社会发生去城市化或是彻底消失,这些网络还能存在吗?在由智能协作机器人组成的世界里,会有机器人城市吗?

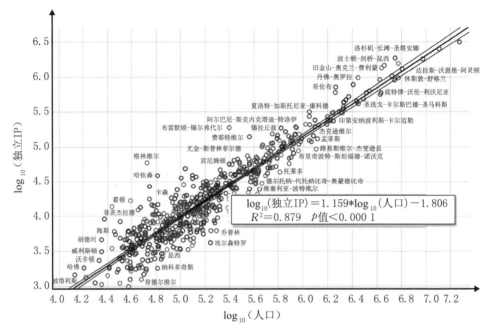

$$\log_{10}(独立IP) = 1.159 * \log_{10}(人口) - 1.806$$
$$R^2 = 0.879 \quad p值 < 0.000\ 1$$

注：IP 地址按超线性缩放（黑线和灰线显示统计不确定性），其指数在统计上很难与社交网络连接或城市 GDP 区别。因此，它们也很好地反映了美国和国际大都市的 GDP 分布特征。

图 5.16　美国大都市地区 IP 地址数量与城市规模的标度关系

5.3.7　讨论：网络和技术变革，互联网与城市

　　之前我们认为对于连接阶段的网络，其动态特征主要体现在特定底层基础设施或空间嵌入。这意味着这些动态能否在物理空间和基础设施发挥重要作用的城市实现，或者在注意力和时间似乎更重要的网上实现，都是次要的考虑因素，除非其中一种模式克服了另一种模式的缺点，并可能完全取代它。有鉴于此，一个常见的问题是，互联网和信息通信技术能否消除对城市的需求？[40] 或者换种说法，这些不同的网络是否发挥着相互协同和支持的作用？ 面对面的接触变得不再必要通常被描述为"距离的死亡"。[41] 过去十年，有很多研究在寻找这些问题的答案，结果喜忧参半。有两个一般发现值得关注：(1) 在线网络和信息通信技术网络也是本地的；(2) 互联网和本地社交网络往往是相互协同、相互补充关系，而不是相互替代关系。对于第一点，实证研究表明，大城市有更多的

在线内容[42]，因此这些新技术往往会增强而不是取代大城市的连接动态和信息内容。这尤其意味着，如果互联网上的映射和服务主要来自大城市，那么其可用性对不同规模的城市来说将不成比例。这里值得一提的是，从报纸和邮政到电报和电话，此前引入的信息通信技术也几乎起源于大城市，这并不能简单地归结于成本之类的经济原因。[43]对于第二点，大多数发现既直观又明显。无论是购物和商业[44]，还是远程办公和物流规划[45]，在大城市各种典型复杂生活格局的组织过程中，新的信息通信技术都能提供巨大帮助，如货物、服务和信息交换等的精细时间协调。从这个意义上说，新的信息技术在连接最紧密的网络化地区最为有用，这些地方通常位于大城市（可以看作一种数字对城市的马太效应）。这并不意味着这些技术不能给其他地区带来变革性影响，例如人口密度较低的农村地区。我们想要表达的是，这些技术并没有降低大城市的相对吸引力。相反，有人可能会说，如果没有现代信息通信技术，特别是移动电话，孟买或拉各斯等一些新兴城市不可能有现在的规模。

尽管有这些发现，但问题仍然存在：未来信息通信技术的进一步发展能够重现共享空间与面对面接触的细微差别，个人旅行是否因此会被取代？[46]虽然原则上无法排除这种可能，但我猜测：所有连接的网络都会倾向于融合在一起并相互加强，只有新的模式完全包含并超越了旧的互动和学习模式时，才有可能替代它。

信息网络连接的韧性

在真实社会环境中，极端的劳动分工和知识专业化有时只有在像政府、大公司和大学等垂直型（层级式）组织中才有可能实现。对投机性研究和极端专业化来说，这种机制所具有的稳定性和连续性十分必要，比如自由市场的机制显然不能适合装配生产线的要求。这种内部专业化的危险在于，由此产生的知识仍然与特定背景联系在一起，无法应用于更大的网络。在科学技术领域，虽然发表科学论文和专利有助于弥合这一差距，但很多知识仍然是隐性的和地方性的。在大规模制造业中，这种困难可能会更加严重，因为工厂车间的工人通常能很快熟悉自己的任务，彼此之间无需交流，也不需要自动化解决方案。在这些情况下，工作人员无法进一步专业化，也不能在所属的组织之外开展学习，即使这种学习长期来看有利于个人以及整个网络系统。

这造成了明显的矛盾。虽然创造和充分利用专门化知识通常要求组织内部的保护性环境，但其价值实现却依赖网络层面的广泛开放和交流。将这两个过程放在一起意味着，组织不断形成和解体的动态过程可能对创建新信息并获取其全部价值来说是不可或缺的。要实现这一目标，可以通过开放和充满活力的劳动力市场和创业活动，以及以稳定但开放的知识积累方式，例如在线维基和开源存储库等开放平台。

第二个问题涉及连接网络阶段的韧性。我们应当知道，虽然断开阶段以劳动生产率和信息含量低为特征，但对节点的丢失也非常稳健。这是因为它的节点级功能存在大量冗余，工程解决方案中经常用这种机制来对冲随机的局部故障。[47]

与其说连接状态的韧性来自其结构，不如说来自其动态。在这个阶段，节点的丢失只意味着损失了一些信息，而连接的丢失则可能会逆转整个学习过程。在新冠疫情的大规模封锁期间，这一点得到了明显的证明。然而，这些过程在某种程度上是可逆的。其理由是系统是动态的，可以通过回溯自身的进化过程来适应规模的损失。这意味着虽然产生了一定的知识损失和生产率下降，但系统仍保持在准备反弹和再次进化的状态。

因此，问题是在受到冲击时，连接的系统是否能够优雅地退化并迅速反弹。最近的城市灾难证据表明，人们自身可以替代很多通常由基础设施和社会服务提供的职能。例如，步行或骑自行车可以代替中断的公共交通。但另一方面也要看到，不是所有的冲击都能得到快速可逆的适应。伴随着网络连接性和关键信息的破坏，仍然有可能会发生难以逆转的转变。

5.4　结语：多样性的价值

城市是地球上最多样化的环境之一。在人和组织的所有变化中，哪些是意外？哪些是必然？如果多样性是随着资源和时间使用，随着社会经济生产过程，功能不断专业化的结果，那么就是必然的。要理解多样性如何发挥作用，理解为什么大城市在这一过程中如此重要，关键是要理解连通性、生产率以及知识和劳动分工之间的联系。在这一背景下，我们看到了为什么城市的多样性具有普适性,并与城市社会经济网络和基础设施网络的一般结构有密切的联系(参见第 3 章)。

当然,城市的多样性还意味着很多。在个体之间的差异变得"有用"之前,一定程度的意外、非传统和实验肯定是可以得到容忍甚至鼓励的。如果你有一项技能或想法不适合任何地方,你会去哪里? 如果你想了解下一件事,它可能发生在哪里? 如果你想建立自己的人际网络来定义你的职业生涯,那么这一追求会把你带到哪里? 正如我们将在第 8 章中看到的那样,这些对社会匹配、新信息和新价值的探索将许多人,尤其是年轻人、技术工人和外国人带到了较大的城市。与各种陌生人建立联系的较低成本和丰富的机会,使城市成为容纳和重组多样性的磁石。城市也是新的可能性的大熔炉,通过与他人的互动,确实会让我们变得更像我们自己。

但是,谁将从这种多样性中受益呢? 谁更正确,斯密还是马克思,或者雅各布斯还是涂尔干? 对于那些被排斥的人,城市意味着解放还是新的陷阱? 多样性在破坏文化还是创造文化? 多样性提升了社会能力还是推动了个体异化? 城市的多样性最美妙的地方在于它是一个非常有活力的现象。它的缺点总是需要与其优点相平衡。这种平衡有时是城市化作为一种生活方式的一个令人沮丧的特征,这无法避免但也不能被视作理所当然。当这种斗争取得成功,如果多样性产生的力量能够保持开放和连接,现在和未来的每个人都能从城市的承诺中受益。

注释

[1] Darwin, *The Descent of Man*, 752.

[2] Johnson and Munshi-South, "Evolution of Life in Urban Environments".

[3] Durkheim and Lukes, *The Division of Labor in Society*.

[4] Simmel and Levine, *On Individuality and Social Forms*.

[5] Park, Burgess, and McKenzie, *The City*; Wirth, "Urbanism as a Way of Life"; Zorbaugh and Chudacoff, *The Gold Coast and the Slum*; DuBois, Anderson, and Eaton, *The Philadelphia Negro*.

[6] Wirth, "Urbanism as a Way of Life".

[7] Wirth, "Urbanism as a Way of Life".

[8] Wirth, "Urbanism as a Way of Life".

[9] Simmel and Levine, *On Individuality and Social Forms*.

[10] Durkheim and Lukes, *The Division of Labor in Society*; Simmel and Levine, *On Individuality and Social Forms*.

[11] Fischer, "Toward a Subcultural Theory of Urbanism"; Fischer, "The Subcultural Theory of Urbanism".

[12] Durkheim and Lukes, *The Division of Labor in Society*.

[13] Hayek, "The Use of Knowledge in Society".

[14] Polanyi, *The Great Transformation : The Political and Economic Origins of Our Time*.

[15] Jacobs, *The Death and Life of Great American Cities*.

[16] Jacobs, *The Economy of Cities*; Jacobs, *Cities and the Wealth of Nations*.

[17] Jacobs, *Cities and the Wealth of Nations*, 11.

[18] Hayek, "The Use of Knowledge in Society".

[19] Arthur, *The Nature of Technology*.

[20] Cover and Thomas, "Information Theory and Statistics"; Jaynes, "Information Theory and Statistical Mechanics".

[21] Frank, "Mutual Policing and Repression of Competition in the Evolution of Cooperative Groups".

[22] Walls, "National Establishment Time-Series Database".

[23] Darwin and Mayr, *On the Origin of Species*.

[24] Bettencourt, Samaniego, and Youn, "Professional Diversity and the Productivity of Cities".

[25] Christaller, *Central Places in Southern Germany*; Haggett, Cliff, and Frey, *Locational Analysis in Human Geography*; Batty, "Hierarchy in Cities and City Systems".

[26] Hidalgo and Hausmann, "The Building Blocks of Economic Complexity"; Hausmann and Hidalgo, "The Network Structure of Economic Output".

[27] Hong et al., "A Common Trajectory Recapitulated by Urban Econo-

mies".

[28] Bettencourt, Samaniego, and Youn, "Professional Diversity and the Productivity of Cities".

[29] Arrow, "The Economic Implications of Learning by Doing".

[30] Ericsson, *The Cambridge Handbook of Expertise and Expert Performance*; Nagy et al., "Statistical Basis for Predicting Technological Progress".

[31] Simon, "The Architecture of Complexity".

[32] Arthur, *The Nature of Technology*; Simon, "The Architecture of Complexity"; Feldman, "Knowledge Complementarity and Innovation".

[33] Kelly, *The Lifeways of Hunter-Gatherers*.

[34] Bettencourt, Samaniego, and Youn, "Professional Diversity and the Productivity of Cities"; Bettencourt, "The Origins of Scaling in Cities"; Youn et al., "Scaling and Universality in Urban Economic Diversification".

[35] Kline and Boyd, "Population Size Predicts Technological Complexity in Oceania".

[36] Henrich, The Secret of Our Success; Collard et al., "Population Size and Cultural Evolution in Nonindustrial Food-Producing Societies"; Collard et al., "What Drives the Evolution of Hunter-Gatherer Subsistence Technology?"; Kolodny, Creanza, and Feldman, "Evolution in Leaps".

[37] Bettencourt, "The Origins of Scaling in Cities".

[38] Carneiro, "The Transition from Quantity to Quality".

[39] Bettencourt, "Impact of Changing Technology on the Evolution of Complex Informational Networks".

[40] Kirsch, "The Incredible Shrinking World?"; Kolko, "The Death of Cities? The Death of Distance?"; Glaeser, *Triumph of the City*.

[41] Kirsch, "The Incredible Shrinking World?"; Kolko, "The Death of Cities? The Death of Distance?"; Glaeser, *Triumph of the City*; Tranos and Nijkamp, "The Death of Distance Revisited".

[42] Kolko，"The Death of Cities? The Death of Distance?"；Sinai and Wald-fogel，"Geography and the Internet".

[43] Mumford，*The City in History*.

[44] Kolko，"The Death of Cities? The Death of Distance?"；Sinai and Wald-fogel，"Geography and the Internet"；Tranos and Nijkamp，"The Death of Distance Revisited".

[45] Zhu，"Are Telecommuting and Personal Travel Complements or Substitutes?".

[46] Zhu，"Are Telecommuting and Personal Travel Complements or Substitutes?".

[47] Simon，"The Architecture of Complexity"；Chang，"Infrastructure Resilience to Disasters".

6. 社区和人类发展

遇到坏邻居是一种不幸，

就像遇到好邻居是一件幸事一样。

——赫西俄德（Hesiod）：

《工作与时日》

为什么城市里有社区？人们如何适应不同的城市空间？城市空间如何适应不同的人？

我们在第 5 章中看到，城市极大地促进了多样性，体现为不同类型的人、他们的知识和他们的活动。事实证明，这种多样性在城市内部可能有非常不同的空间安排，往往会产生局部的聚集和隔离格局。此外，多样性往往使城市中的不同社区体现出不同的人口、社会经济、文化和服务特征。有人认为，社区是城市的普遍现象，既存在于古代城市，也存在于当代城市。[1]为什么？

在最基本的层面上，我们已经看到，表达平衡成本-收益的试金石关系 $y-c$ 对每个对象的意义并不相同。它是多元的，从家庭到公司和其他组织，每个主体都有不同的评估标准。

这种关系既包括平衡成本与收益的短期战术行为（第 4 章），也包括对人们自身知识和财富进行投资的长期战略选择，特别是对下一代的投资（第 9 章）。城市空间是城市中最大的制约因素之一，通过结构化过程，它能够以较低的连接成本为不同的人类生态系统提供支持，无论他们是由刚刚抵达城市的贫困移民、商业大腕、相关企业组成的，还是由共享某种生活方式的人组成的。

有许多不同方式可以让多样性的人和组织形成社区，并从中受益，既彼此集聚，受到保护，又与城市中的其他要素产生联系，经受挑战。与之相应，观察社区现象的形成和延续也有很多维度，包括不同的就业地、服务地，当然还有人们的居住地。城市中各类异质性空间格局的形成原因和影响很复杂,在短期和长期都可能会产生积极和消极的后果,前者如经济集聚,后者如种族隔离。

本章对社区中人类发展的研究过程,包括目标和方法作了背景性介绍。具体来说,我们将提出一套数学方法,从信息的角度对类型频度差异进行分类。我们将揭示,社区服务的异质性通常与人类发展的动态条件有关,在自下而上的社会经济动态和自上而下的政策选择共同作用下,这些动态条件或多或少会产生不平等。这些分析和讨论涉及空间不平等对个体生命历程的影响,以及"邻里效应"(neighborhoods effects)背景下的空间集聚优势(劣势)现象。

§本章概要

本章由三个主要部分组成。第 6.1 节介绍了"邻里效应"概念,这个概念来自城市社会学,最初是为了概括美国城市的种族和经济隔离及其对人类发展的影响特征。第 6.2 节分析了发展中国家的城市,特别是南非和巴西的城市中的社区组织和服务供给模式,研究发现,这些国家的城市与美国的城市一样有着十分严重的空间不平等现象,并将这些异质性与人类发展过程联系起来。第 6.3 节介绍了一个以信息为单位测度这些影响的方法框架,从而量化居住选择和每个社区的局部选择强度。在本章结尾,我们总结了空间选择方面的知识,展望了对全世界城市进行统一测度的可能性,并提出我们需要对生活在不同城市环境的后果有更深入的认识,尤其是儿童期生活环境的影响。

6.1 人类生态学与社区

在美国,对社区层面研究最为深入的当属城市研究的"生态学"方法,尤其是芝加哥城市社会学派开创的方法。我们已经听过芝加哥学派的著名代表人物帕克和伯吉斯。罗德里克·麦肯齐(Roderick McKenzie)在《城市》一书的第三篇文章中介绍了研究人类社区的"生态学"方法。他将其定义为"研究环境的选择性、分配性和调节性力量影响下的人类社会时空关系……社会是由在社会中分离、分布于地理空间中、能够独立运动的个体组成的。人类的这些空间关系是竞争和选择的产物,由于不断有新的因素进入,扰动了原有的竞争关系或是促进了流动,这些空间关系始终处在变化的过程中。人类制度和人性本身在一定程度上也适应了某些空间关系"[2]。

这些对敏锐的城市观察者来说显而易见。在过去的一个世纪里,城市社区的研究方法取得了很大进展,对这些现象的观察也变得更加深入。

麦肯齐提出了两个重要的概念性观点,既适用于一般城市理论,又适用于很多特定情况。第一个观点是关于城市中的人类生态的本质。这可以理解为,每个人的社会经济境况不仅取决于个人层面的特征,也取决于当地(城市)环境中的机会、关系、利益和成本。(我们将在第 9 章中提出一个模型以解释这种情况是如何发生的,但第 4 章已经完成了铺垫。)这对理论、建模和政策都有重要意义。由此,城市中每个人的状况不能完全归结于个人品质。换言之,好人可能会变坏,坏人可能会变好,我们希望是后者,但实际取决于环境。这种情况在社会心理学中被称为"路西法效应"(Lucifer effect)。[3]路西法效应(有时被描述为"英雄主义")的反面要求人们能够为集体利益组织在一起并展开行动,这一理念有时在社会学中被称为"集体效能"*。这一概念也与利他行为有关,利他行为是文化与社会的进化理论(参见第 7 章和第 9 章)和监护理论的一个主要主题。[4]其中许多概念在社区中发挥着重要作用。

第二个观点与集体效能有关,比较微妙,经常会引起一些争议。这一观点认为,显性的结构性因素并不是诸如种族主义、权力、"暴力文化"或"贫困文化"等社会问题的主要因果变量,而是在某些环境中与系统动态共同显现的。社会学家威廉·朱利叶斯·威尔逊的一个论点最能说明这一点,他在代表作《真正的弱势群体:内城、社会底层与公共政策》中探讨了 20 世纪 70 年代和 80 年代美国城市中非裔美国人贫民区的兴起,并重新激发了人们对邻里效应的兴趣。[5]

6.1.1　邻里效应

社区以很多系统性、根本性的方式影响着居民的生活,这一观点深深植根

---

　　* 集体效能(collective efficacy)是罗伯特·桑普森等人提出的概念,强调居民在当地社会控制中的作用,这些居民有共同期望,彼此信任并愿意为共同利益自发进行干预。可参考 Sampson, R. J. Raudenbush, S. W. Earls, F. "Neighborhoods and Violent Crime: A Multilevel Study of Collective Efficacy", *Science*, 1997, 277(5328): 918—924。——译者注

于社会科学，历史上很多学者曾对此展开过讨论。[6]然而，当代学者对社区影响的兴趣再次出现，需要归功于威廉·朱利叶斯·威尔逊1987年出版的著作《真正的弱势群体：内城、社会底层与公共政策》。这本书对美国城市，特别是20世纪70年代和80年代芝加哥不断变化的经济状况进行了详细的实证分析，揭示了与社区结构平行发生的变化，以及非裔美国贫困人口在内城社区的空间集聚（参见图6.1和图6.2）。威尔逊的主要观点是，不能将观察到的模式（贫困的空间集聚与非裔美国人之间的关联）归因于种族主义或种族隔离（很多政治左派的主张），也不能将其归因于个人特征或选择（很多政治右派的观点）。

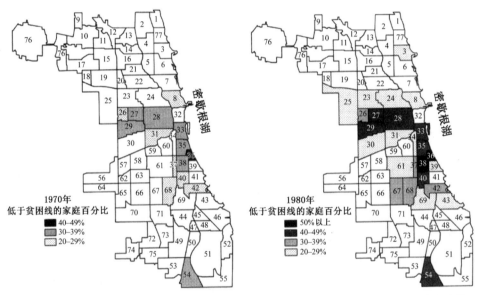

注：百分比以不同灰度的阴影表示（参见图例），社区按标准方式编号，例如，编号32代表卢普，41代表海德公园，38代表格兰德大道。1980年的图纸与今天（也就是40年后）的贫困空间格局很相像。

资料来源：改编自 Local Community Fact Book：Chicago Metropolitan Area，1970 and 1980，Chicago Fact Book Consortium 编著（Chicago：Chicago Review Press，1984）。

图6.1 芝加哥1970年至1980年不同社区生活在贫困线以下家庭的百分比

相反，他将这种状况理解为一种动态的生态效应，是由某种变化引发恶性循环的结果。首先是男性非裔美国人在制造业中的就业过度依赖于某些行业，随着经济衰退和全球化，这些特定的就业岗位逐渐消失，继而造成贫困和家庭解体

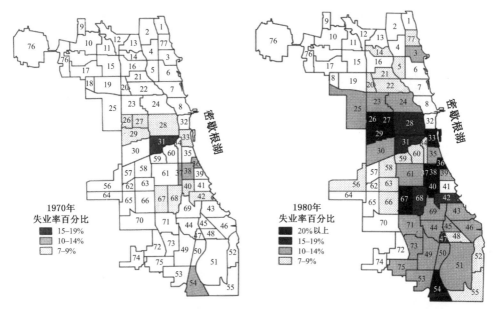

注:威尔逊的论点是,就业岗位流失引发了特定社区贫困集聚的恶性循环。要扭转这种局面,关键是要为那些丧失就业岗位的人提供就业促进政策。

资料来源:改编自 *Local Community Fact Book*:*Chicago Metropolitan Area*,*1970 and 1980*,Chicago Fact Book Consortium 编著(Chicago:Chicago Review Press,1984)。

图 6.2 芝加哥 1970 年至 1980 年不同社区的失业率

(或者根本未能组建家庭,因为失业男性不得不单身),中产阶级居民逃离衰败的社区[参见图 6.3(A)]。威尔逊认为,正是这个循环的不断持续造成了美国式的内城贫民区。如果将这种现象与个人特征联系起来分析,很容易得出结论:非裔美国人和单身户,以及其他个人因素是导致贫困和暴力的"原因"。但威尔逊的框架完全不同。他认为这种恶性循环是一种非常普遍的机制,它放大了某些个人特征并在空间上集中,将职业结构中特定种族或族裔的就业特征,放大成一种基于种族的贫困在特定地点集中的普遍模式。用威尔逊自己的话来说:"贫民区中的中产阶级和工人阶级家庭减少,使留在这些社区的居民在面对长期高失业率和随之而来的经济困难时,更难以维持正式和非正式的基本服务。随着基本服务的衰落,内城贫民区的社会组织进一步瓦解,资源逐渐耗尽,使身处这些地区的人的生活机会更加渺茫。"[7]威尔逊进一步将剩余居民的状况描述为一种社会孤立状态,这意味着他们与不同阶级和种族背景的人的接触机会变得极小且不确定。因此,这些社区不仅被剥夺了收入,而且从根本上被剥夺了与城市丰富人类生态系统之间的联系。这些动态的结果是内城贫民区变成一个特殊的生态位,其生存模式和行为与城市的大多数机会相隔绝。这些地区获取资源、促进自身恢复与发展的能力也越来越被冻结。

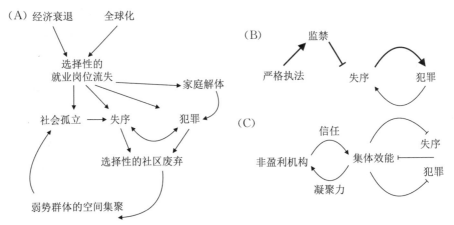

注:箭头表示积极的因果关系,而⊣表示抑制了因果关系。(A)图中威尔逊将就业岗位的选择性流失视为"集中劣势"。(B)图所示的"破窗"理论认为,通过严厉的执法来抑制失序会阻止更严重的犯罪。(C)图所示的集体效能是社会控制的核心,在个人干预意愿的基础上,由信任和社会凝聚力激发,并可能得到社区组织和非营利机构的帮助。显然,基于不同的犯罪理论,因果干预的目标变量变得大相径庭,(A)图、(B)图和(C)图分别对应着提供就业岗位、严格执法抑制失序,或通过非营利机构提升集体效能。请注意,如果执法降低了信任,(B)图和(C)图可能是无法兼容的,但如果执法能以某种方式提升集体效能,则两者可以兼容,但可能不是通过监禁来执法。

图 6.3　对贫困的空间集聚及其与犯罪的联系的几种假设性解释的因果关系

这种一般化分析的好处是解决方案相对显而易见。改变因果链条就是一种有效的方法,甚至可能将引致贫困的恶性循环转变为走向发展的良性循环。这也提出了很多要求,其中之一是让那些选择逃离的人不再离开,这显然超出了当地居民的能力。将恶性循环转变为良性循环绝非易事,既需要为达成目标而努力的决心,又要对系统动态有深刻的理解。

威尔逊本人提出的建议是从恶性循环的最初触发点开始,为那些开始处于社会孤立状态的人创造就业机会。然而他强调,这一点在执行中经常进入误区,相关计划绝不能建立在识别个人的种族和贫困状况基础上。相反,这些计划首先必须明确造成特定就业岗位流失的根本原因,再通过创造新的就业岗位,开展再培训或是引入其他机遇来解决问题。虽然这些计划最终的服务对象还是特定种族或族裔、性别或年龄的个人,但这是偶然的,就像问题是偶然的一样,是一些种族或族裔群体在历史上遭受的职业偏见造成的。相应地,要想扭转这种孤立和贫困的特定循环,就必须消除按种族划分就业的偏见,消除一切形式的种族主义,让所有人都能获得同样的机会。在本书的写作过程中,这仍然是美国城市面临的一大挑战。

自从威尔逊复兴邻里效应概念以来,很多社会学家、经济学家、公共卫生专家,甚至政治学家都参与了这方面研究,希望找出那些具有系统性和自我强化属性的空间行为和空间模式。部分成果对实证发现进行了更新和推广,并提出了与邻里效应相关的新概念,读者可以参考最新的优秀综述文章以了解这些进展。[8]其中一个重要的一般概念是劳登布什、桑普森和奥布莱恩[9]提出的“生态测量学”(ecometrics),用来测度人类的生态影响,尤其是在社区中。他们还提出结合移动电话、调查和城市记录等新环境数据,对不同地方的人类生态进行系统的实时评估。[10]

与这些想法相关的还有集体效能的概念。劳登布什和桑普森将集体效能[11]描述为一种非正式的社会控制,通过居民个体的干预行为实现,可以阻止或减轻很多类型的反社会行为。他们提出了从社区居民之间的“社会凝聚力”和“相互信任”等新兴生态量的角度来研究集体效能的方法,例如通过调查问卷。在 20 世纪 90 年代的一场关于美国城市犯罪的直接原因以及如何精准打击犯罪的争论中,这项工作的重要性凸显出来。大约在这个时候,人们围绕“破窗理论”展开了激烈的争论。[12]这个理论虽然有争议但在政治上颇有吸引力,它认为,必须动用警力和监禁等严厉的执法手段制止涂鸦和轻微破坏等失序现象,这样将有效预防更严重的犯罪。劳登布什和桑普森认为,物理性失序(physical disorder)与其说是原因,不如说是结果,这和犯罪现象一样都是由于缺乏集体效能造成的。[13]由此他们认为,从物理性失序到犯罪的因果途径并不成立,相反,失序和犯罪都是相当“高标准”的结果,之前通常会有许多轻微的反社会行为。他们的观点源自“芝加哥社区的人类发展研究”项目[14]的实证分析,这是一项长期研究,对芝加哥众多社区的大量反社会行为和犯罪行为开展了前因追踪。图 6.3以因果关系示意图的方式对比了不同理论的差别,包括对贫困和犯罪原因的判断,以及干预措施的选择。因果关系示意图是对复杂现象进行因果概率关系(概率模型)推理的一种正式方法。[15]这种方法在澄清社会理论中的假设方面特别有用。

最后，另一个与邻里效应相关的基本过程是累积优势(cumulative advantage)或累积劣势(cumulative disadvantage)。[16]累积优势是良性循环的结果，这种循环将空间集聚与个人层面的积极结果随着时间推移的放大联系起来。这些概念综合了社区环境对个体生命历程的影响，在犯罪行为[17]和健康[18]方面的体现最为明显。

这个讨论揭示了社会经济进程中"原动力"效应的基本问题，尤其是人类发展、犯罪和城市社区的贫困空间集中等彼此关联的问题。生态方法主张跳出个体层面的属性或结构决定论，如种族决定论、权力决定论，强调更复杂的因果结构网络，其中的各种反馈往往会导致个人和地方的恶性循环或良性循环。

为了解决人类发展面临的这类棘手问题[19]，提出系统有效的方案，至关重要的是厘清循环上升或下降的原动力(输入)变量，以及影响放大链条中的连接。

政策应用："搬向机遇"和累积环境影响

虽然邻里效应的概念在机制上仍然存在不稳定性，但已经促发了一些独特的重要政策干预。其中最著名的是 20 世纪 90 年代美国政府项目"搬向机遇"(Moving to Opportunity，MOT)。[20]

"搬向机遇"是一项随机社会实验，涉及大约 4600 个低收入家庭，他们带着孩子住在贫困社区的公共住房里，正是威尔逊所谓"累积劣势"所涉及的对象。报名参加该项目的家庭被随机分配到三个组。前两组得到可以用于支付部分租金的住房券，第 1 组只能在低收入社区使用，第 2 组可以在任何地方使用。第 1 组家庭得到寻找租赁住房的咨询建议，并被允许从第二年开始在任何地方使用住房券。第 3 组是对照组，没有收到住房券，但仍有资格参加其他社会援助计划。这项研究涉及美国的五个主要城市：巴尔的摩、波士顿、芝加哥、洛杉矶和纽约。[21]

实验的总体预期是希望证明搬到贫困程度较低社区的家庭的生活状况与对照组相比得到了普遍的改善。该计划被授权对相关家庭成员的住房、收入和教育所受的影响进行专门评估。绝大多数项目参与者是有孩子的非洲裔和西班牙裔单身母亲。民族志研究发现，参与者的动机更多是借此逃离所面临的危险以及精神和情感压力，而不是"搬向机遇"。[22]

对实验结果的初步统计分析令人失望。最重大但意义相对较小的发现是，那些搬到贫困程度较低的社区的人心理更健康，幸福感也更高。[23]然而，无论是在教育程度还是在经济收入方面都没有明显的改善。[24]事实上，在最初的两年里，就业率出现了下降，虽然随着时间的推移，这种下降消失了，但并没有产生积极的成效。这项研究是实际执行的政策，但确实也涉及社会科学的一些基本问题。[25]有人指责称这些参与的家庭没有代表性，想象搬到具有不同特征的社区能够影响人们（包括儿童）生活的机制也太过天真。[26]

几年来，这个故事一直在那里。然而，真正重要的结论被计量经济学方法隐藏了。原来，"搬向机遇"的初步统计数据并没有区分不同年龄儿童所受的影响。实际上，在资源较多的社区中生活的时间长度和年龄段至关重要，遗憾的是这种影响被早期的数据处理方式消除了。这个故事也告诉我们，数据本身不会给我们任何答案，首先必须能提出好的问题。2015年，拉吉·切蒂（Raj Chetty）、纳撒尼尔·亨德利（Nathaniel Hendry）和劳伦斯·卡茨（Lawrence Katz）根据孩子们搬到新社区的年龄和他们接触新环境的时间长度进行了分层分析。[27]他们发现，对于那些年幼时就搬到低贫困环境的儿童，后期产生的经济影响十分显著，而对于那些搬家时年龄已经较大的青少年，几乎没有影响，甚至会产生负面影响（参见图6.4）。这一发现也得到了小组主要研究方向上另一成果的有力支持。该研究用大约40年的税务记录评估了美国人的成长地与后期效应之间的关系。[28]在这个由数百万人组成的更大的数据集中，早期搬迁和长期接触贫困程度较低的社区的影响显而易见。这种影响极为广泛，包括以后的收入更高，结婚的可能性更高，上大学的可能性更大，健康状况更好，青少年怀孕的情况更少。[29]

这些实证分析的主要结论是，人们从当地环境中学习并适应当地环境，而童年时期的这种适应往往决定了他们此后的生活。实验揭示了一部分规律，但更重要的是来自人类发展大数据的证据。社区特征在儿童时期至关重要，这些影响在生活过程中不断累积，并体现在成年后的收入、健康和人际关系中。这些在长时间中形成累积优势（或累积劣势）的机制，以及失序、犯罪、心理健康[30]、机会、收入和社区的物理特征之间是如何相互关联的，还有待更好的理解。创造更明智的系统性公共政策，促进长期的自我强化趋势，为所有城市居民创造积极的邻里效应，是城市人类发展的一个根本问题。

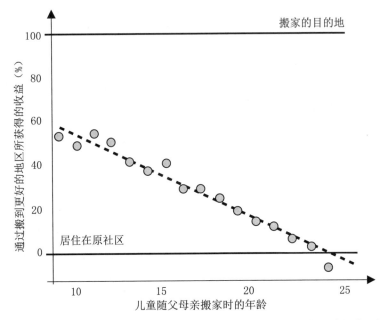

资料来源：改编自 Raj Chetty and Nathaniel Hendren，"The Impacts of Neighborhoods on Inter-generational Mobility II：County-Level Estimates"，*Quarterly Journal of Economics* 133，no. 3（August 1，2018）：1163—1228，https://doi.org/10.1093/qje/qjy006。

图 6.4 生活在不同社区环境对儿童的累积影响

6.1.2 社区隔离的谢林模型

虽然对社区特征进行实证研究非常重要，但有一个平行的传统，即从相对较少的假设开始，先建立简单的居住选择模型，以解释观察到的（非严格意义上的）社区隔离。这种方法是早期进行复杂系统分析的典型方法，其基础逻辑是"简单规则可以导致复杂的涌现行为"。这些效应的数学参考模型是经济学家托马斯·谢林（Thomas Schelling）提出的谢林模型。[31]

虽然谢林模型在实际应用中有多种变体，但它的基本形式是：在一个二维棋盘平面中有两种类型的人，如 o 和 ♯，具有某种初始的空间分布（参见图 6.5）。假设 o 和 ♯ 的比例是固定的，所以所能发生的只是个人四处移动。该模型的"动态"决策规则是，一种类型的人不喜欢在邻居中占少数（低于给定的阈值）。例如，o 型的人不喜欢被 ♯ 型的人包围，如果发生这种情况，他就会试图移动。通常,移动不会产生任何成本,只要棋盘上有空的位置,想要移动的人就可以移动到那里。模型在初始化时会生成一个随机的空间分布并不断迭代直到最终状态,这时候所有的主体都达到满意状态,不可能或不需要再有额外的移动。典型的最终状态是每种类型都形成了大致的空间组团,即全部由 o 组成和全部由 ♯ 组成的社区。该模型表明,"主体不喜欢成为少数派"这样一个简单的规则就会导致整个城市范围内出现社区隔离(参见图 6.5)。

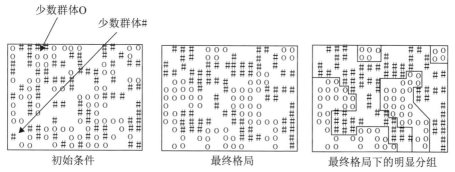

初始条件   最终格局   最终格局下的明显分组

注:该模型假设,如果特定类型的居民发现自己相对于邻居是少数人,他们就会搬到一个可用的空余位置上。"少数"的阈值定义可以各不相同,这类模型的很多其他特征也是如此。随着时间的推移,迭代的"动态"往往会产生按类型划分的空间组团,如最右图所示。

资料来源:改编自 Thomas C. Schelling, "Dynamic Models of Segregation", *Journal of Mathematical Sociology* 1, no. 2 (July 1971): 143—186, https://doi.org/10.1080/0022250X.1971.9989794。

图 6.5 社区隔离的谢林模型示意图

谢林模型对以计算为导向的社会科学家非常有吸引力,因此存在许多变体。谢林模型的内核来自物质磁性模型,也就是物理学中的伊辛模型*,但根据守恒定律保持了人群中各种类别的比例不变。[32]通过借鉴统计物理学文献,这些研究已经产生了大量研究成果和推广。[33]

在给定社区类型的情况下对居住进行简单的二元决策,这种做法是否具有典型性,或者说是不是现实中能观察到的行为? 社会学家对此开展了研究。他们还探讨了弱化谢林模型中简单成分的可能后果。我们都知道,居住决策一般来说更微妙、更随机[34],如果基于收入等连续型变量、选择不同阈值,或是考虑

---

* 伊辛模型(Ising model)是一类描述物质相变的随机过程模型,可以模拟出广泛存在于自然、社会、人工系统中的临界现象。——译者注

类型有多种维度，引入连续选择会弱化向强隔离的转变[35]，即使在某些相对温和的条件下。[36]

这些模型虽然简单，但仍然帮助我们看到，城市中的不同类型个体的总体空间分布可能并不稳定，对同质性或阻碍融合的简单二元偏好非常敏感，例如有种族主义或阶层歧视的政策。在所有这些情况下，种族隔离的社区都很容易出现，并给未来带来截然不同的生活，即使在表面上较为温和的地方也是如此。为了更好地理解这些问题，我们需要转向数据，并对真实城市中的类型分布进行系统的研究。

6.2 发展中城市基于地点的不平等

> 有一种品质甚至比彻头彻尾的丑陋和失序还要卑劣，那就是戴上假装有序的虚伪面具，忽视和打压那些为生存和服务而努力挣扎的真实秩序。
>
> ——简·雅各布斯：
> 《美国大城市的死与生》

我们刚刚看到人们如何适应城市中的环境，从长远来看，这些方式可能对他们有利，也可能对他们不利。但是城市环境是如何适应人类的呢？它们最初是如何形成和被建造的呢？为了回答这些问题，我们将参考第 7 章中关于历史的部分，但在本节中涉及的主要是发展中城市的社区。这些城市仍在建设大量基础设施和服务设施，往往存在大量的非正式住区或贫民窟之类的转型社区。如果从第 3 章的网络视角来看，它们与城市其他地区的联系刚刚开始。这些背景也以一种新的视角描绘了邻里效应、政策和集体效能机制，迫使我们从更广泛的国际视角来研究美国城市及其特定历史。

6.2.1 城市可持续发展的本地化案例

当今世界城市快速增长，特别是亚洲、非洲和拉丁美洲，在这个背景下，从社区层面推动发展有三个基本动因。这有时被称为"可持续发展的本地化"，在联合国《2030 年可持续发展议程》中被称作"实现可持续发展目标的本地化"。[37]
这三个动因分别是为了增进平等、设计和集体效能。

平等与分布效应

城市中的大多数不平等都体现在社区层面的空间集中。因此,在国家、城市
和社区层面衡量任何发展目标会有完全不同的结果。大尺度上的平均值会隐藏
极端状况,尤其是那些与累积劣势相关的极端状况。因此在制定发展政策和设
计行动方案时,为了避免所谓分布效应(distributional effects),需要将人口分解
到不同空间,并关注不同空间、不同人群的不同发展模式和发展结果。这与雅各
布斯的建议形成了呼应,我们绝不能被平均情况所蒙蔽。

顾名思义,"分布效应"一词涉及一些平均值无法真实表达的量。分布效应
可以通过分析较高的统计矩(如方差)、不平等指数(如基尼系数),或通过频率或
概率分布特征(如收入或预期寿命)来研究。环境和公共产品政策往往对不同人
群有着不同的影响,这在不同收入阶层之间体现得尤为明显,因此,讨论分布效
应非常重要。[38]一个备受关注的问题是,这些政策是否造成了倒退,给贫困人
口带来了不成比例的负担,例如消费税[39]或水电等基本服务的固定费用。

研究分布效应的方法可以是分析拟推行政策的类型、服务对象的类型(如收
入群体)以及空间聚集水平。现有研究大多针对的是发达国家相对较高水平的
空间聚集现象,或者仅限于少数几个地方。

在美国,对城市环境质量的研究最早强调了空气质量存在分布效应。[40]研
究表明,糟糕的空气质量对穷人以及某些其他处于危险中的人群的影响不成比
例,因此,改善空气质量的政策应该更有针对性,更加关注这些更高风险人群的
生活。

类似的关切和更现代的分析方法已被用于预测或测度其他可持续发展政策
的影响。例如,比特勒和她的同事[41]分析了康涅狄格州某些福利改革政策的
分布效应。她们发现,政策所产出的结果比按平均值评估的结果更为多样和广
泛。再如,哈默和他的同事研究了 1974 年至 1989 年间马来西亚[42]社会部门政
策的影响,特别是对教育的投资,发现普及初等教育的政策在长期产生了巨大的
积极影响,而其他政策的影响较小。因此,对政策效果异质性的分析使我们能够
对政策过程有更加精细也更加透彻的理解,从而有助于政策的设计和评估。

最近的一些研究分析了玻利维亚[43]和英国[44]的公共服务私有化产生的

分布效应、圣保罗的水价模型[45]、德国的环境和可再生能源政策[46]以及美国的道路拥堵费政策。[47]考虑到对温室气体排放的影响，还有研究从其异质性的角度对家庭消费进行了研究。[48]所有这些研究的总体结论是，不同社会经济地位的家庭在消费和排放模式方面存在着强烈的异质性，忽视分布效应的政策和评估必然是生硬的，并可能产生意想不到的后果，甚至可能造成倒退。然而，大多数此类分析都针对的是整个国家，没有考虑到城市规模的影响，也没有强调城市地区及其组成的社区都具有多样性。

城市设计与责任

推动发展过程本地化的第二个议题涉及当地信息在城市规划和设计过程中的作用，以及提出的方案是否符合其愿景目标。

能善用当地信息，贴近当地市民和他们的需求是建筑和城市设计的终极目标。[49]建筑师和城市学家往往对普通工匠以传统方式创造的乡土建筑和社区大加赞赏，因为它们通常体现了有机性和人性尺度，并在建造过程中产生了丰富的功能模式和人类表达。[50]人们所钟情的城市环境通常都具备这种有机特征，无论是佛罗伦萨、京都、开罗，还是墨西哥城。实际上，这种特征是由众多利益相关者的大量行动在漫长时间里逐步演进产生的。传统的城市规划很难做到这一点，尤其是在贫困社区，由于预算有限以及受政策约束，正规设计师往往会创造出最乏味、最廉价、最丑陋的方案，一如本节开头雅各布斯的评论。这种政策干预措施从长时间来看几乎总是带来不适宜居住的环境，并在短期内产生贫困陷阱，因为它们没能对本应实现的发展目标担起责任。

因此，社区层面的工作需要用"演进"方式来推动。无论何时何地，在尽可能的情况下不断升级和改善建成环境往往是一种更好的策略。这也是现代城市规划在诞生时所倡导的方法，例如帕特里克·格迪斯就持这种观点。[51]这要求建筑师和城市规划师与社区和地方政府一起制定城市设计方案。这也要求必要的增量干预措施能够为社区的长期有效发展提供动力，同时还不能过于狭隘或技术性，以免阻碍人类的自由表达和偶然创造。这些在城市或国家层面很难做到，但在社区层面完全可能。

社区组织、集体效能和政治

由于决策缓慢、群体狂热以及其他众多弊病，政治经常被指责为使可能的事情变得不可能。然而从词源角度，"政治"（politics）就是"城市事务"。政治是城市生活的重要组成部分,实际上也是人类社会解决集体行动问题的必要手段。我将这个更令人向往的术语称为"Politics"(首字母大写)。城市科学本应被称为"政治科学",与物理学或经济学类似,但现在可能为时已晚。这里我们只想指出,社区是理想的尺度,它能够让社区组织成为可能和自然,继而为人类的可持续发展创造出实用的政治。

在美国,索尔·阿林斯基(Saul Alinsky)经常被认为是现代社区组织的奠基人。他曾经与帕克、伯吉斯等人一起学习,构建了芝加哥学派与明显非学术界的社区之间的桥梁。他的工作重点是制定非暴力但具有挑衅性的策略,以引起人们对贫困社区人民生活条件的关注,并要求改变。他的工作集中在工人阶级社区,尤其是芝加哥和其他美国城市的黑人聚居区。

他的著作《激进派规则》(Rules for Radicals)至今仍让人常读常新。对于那些想要自下而上改变世界的人来说,这本书充满了幽默和开明的建议。他的策略是"演进式"的,利用现有的结构,但同时试图颠覆它们。用他自己的话来说:"作为一名组织者,我从世界的现状开始,而不是从我希望的状态开始。接受世界的现状,在任何意义上都不会削弱我们将其改造成为我们想要的样子的意愿。如果我们要将世界改造成为我们想要的模样,就必须从世界本来的模样开始。这意味着要在系统内工作。"[52]

阿林斯基的策略和原则具有对抗性和争议性,甚至与其他社区组织者相比也是如此,其中包括年轻的贝拉克·奥巴马。但由于他的方法往往是对抗性的,他和其他类似的行动有时会陷入僵局,利益相关者相互对立,无法看到自己和城市的潜在积极结果。继而导致政治过程和发展过程被双双冻结。

这些思想和现代社区组织后来在亚洲和非洲得到了再创造,在我看来,至少在一定程度上克服了原来的缺点。图6.6总结了另一位传奇社区组织者约金·阿普塔姆(Jockin Arputham)的原则,他最初在印度孟买的非正式定居点社区(贫民窟)从事社区组织工作。这些原则由另一位杰出的社区组织者席琳·德克鲁兹(Celine D'Cruz)写下,她从阿普塔姆以及"全国贫民窟居民联合会(印度)"和"贫民窟居民国际"两个组织的很多人那里学到了很多东西。"贫民窟居民国际"不断完善这些思想,并结合新技术新环境将其推广到许多其他国家,尤其是非洲国家。如今,"贫民窟居民国际"已经联合了亚洲、非洲、拉丁美洲和加勒比地区33个国家的社区组织。

约金·阿普塔姆提出的社区组织原则

1. 从最贫穷和最脆弱的社区开始，确保所有人都被包括在内。
2. 社区的脆弱性越高，采取行动并带来变革的动机就越强烈。
3. 按照社区占用的土地将其组织成网络和联合会，可以很容易地管理城市中大量的贫困人口。
4. 当全市范围内的社区组织起来时，它们将能够把集体知识和资源聚集在一起，以满足具体的集体需求。
5. 相互关心可以培养换位思考的能力，理解他人如何认识问题和解决问题。
6. 集体储蓄和信息是组织社区和建立集体力量的重要工具。
7. 当社区做足功课并组织起来时，他们会建立找到对自己和城市都有利的替代解决方案的能力。
8. 当社区准备好了事实和可行的解决方案时，就会建立信任，并为与政府的接触打开大门。
9. 女性是天生的组织者。他们保护孩子和家庭的本能使她们成为变革的可贵推动者。
10. 应当为妇女创造单独和安全的组织渠道，使她们不必与传统领导层竞争。
11. 当社区成员间相互建立信任时，他们可以解决大大小小的问题。
12. 定期的社区会议和交流为集体学习、反思和巩固已有成果开辟了空间。
13. 当社区实施项目时，它们会建立影响政策和实践的能力。
14. 当社区组织起来时，一切都是可行的。

资料来源：约金·阿普塔姆口述，席琳·德克鲁兹整理。

图 6.6 "全国贫民窟居民联合会（印度）"和"贫民窟居民国际"的社区组织原则

我们注意到，他们至少对三个关键问题表现出了重视并有所创新：第一，要求提出清晰的战略，明确人民、社区和城市应取得哪些积极成果；第二，强调组织的网络化、多尺度特征，提出建立全市范围（最终目标是全球范围）的点对点联系对每个地方的议程推进都有重要的赋能作用；第三，重点关注具体过程（储蓄）、事实和信息，这样"贫民窟居民国际"将逐步建成世界上最大的、类似人口普查的贫民窟社区数据库。这样，数据不再是冷冰冰的技术工具，而是帮助社区实现自我强化的手段。这个过程不仅包括社区组织建设、建立信任和集体效能，还包括客观地识别共同问题，"说出政府和官僚机构的语言"，同时在证据质量方面超过他们。通过这种方式，数据和信息成为协调利益相关者之间关系的重要手段。换句话说，数据不再是技术官僚的压迫工具，而是政治（Politics）机制的一部分。

这种方法取得了巨大成功，并在"贫民窟居民国际"的网络中广泛传播。世界各地的很多其他组织也吸收了这些经验并创造了很多变体。在我本人的研究实践中，这种方法帮助我们在贫民窟居民、研究者、技术人员和其他人之间建立合作，从而产生最先进的调查、列举、地图和数据档案，支持社区层面的人类发展进程。关键是数据和技术从一开始就是集体组织和行动过程的一部分,从而使部分工作变得更容易、更可靠,实现了对社区实践的服务和赋能。到目前为止,这项事业已经为数万个贫民窟社区绘制了图纸并建立数据集。在许多情况下,这构成了所在城市所有此类社区的完整的自我报告记录(参见图 6.7)。

我们看到,这类社区组织如今已经覆盖了全世界,将非洲或亚洲最贫穷城市社区中的贫民窟居民彼此联系起来,并与全球研究和政策资源联系起来。在我看来,更根本的是,这种方法代表了科学方法和社区组织实践的自发融合,社区居民通过合作提出问题、收集证据、创造假设,并提出解决方案,这些解决方案在众多城市和数百万社区组成的网络中得到了系统的检验和改进。贫民窟居民国际的成员社区经常高呼"知识就是力量"。这种力量可以改变世界,让人们对城市中的人类状况有更深入、更真实的了解,并在全球数百万社区启动更快、更可持续的平行发展进程。

贫民窟的挑战:发展中城市的社区优先行动

为了更形象地展示这类工作的一些成果,可以将其影响视为其他类型数据分析的桥梁。在南亚和东南亚以及撒哈拉以南非洲的许多城市,贫民窟在全部社区中的占比很高。[53]据估计,目前全球约有 1/7 的人口生活在贫民窟,但在南亚和非洲的部分地区,这一数字达到了 1/3 甚至 1/2。[54]在出版于 2003 年的一份著名报告《贫民窟的挑战》中,联合国人居署将这些非正规住区称作"沉默区",因为他们当时对这些社区所知甚少,至少正式规划和政策所使用的官方统计数据如此。此外,很多对非正规住区的研究都只涉及少数特定地点和时间,比如人类学民族志的研究,或是记者或改革者的研究,比如雅各布·赖斯[55]对纽约廉租公寓的研究,或查尔斯·布斯[56]对伦敦的研究,以及他们的同事新近的研究。这些证据几乎从未用"第一时态",即居民社区发出来的声音。

有了这些先例,很多致力于发展的国际机构强调,迫切需要更好地理解贫困社区中人类发展和经济发展的本质,并获得社区主要需求和优先事项的详细信息。[57]然而,关于居民优先事项的直接信息仍然很少。

"贫民窟居民国际"在这方面做出了巨大努力(参见图 6.7),通过让不同背景的居民回答相同的调查问题,在一定程度上洞察了居民自己觉得最重要的发展需求。[58]表 6.1 和图 6.8(C)显示了 10 个国家的 59 个城市中 677 个社区的居民表达的优先事项,其中大部分社区来自撒哈拉以南非洲。这些数据涉及快速增

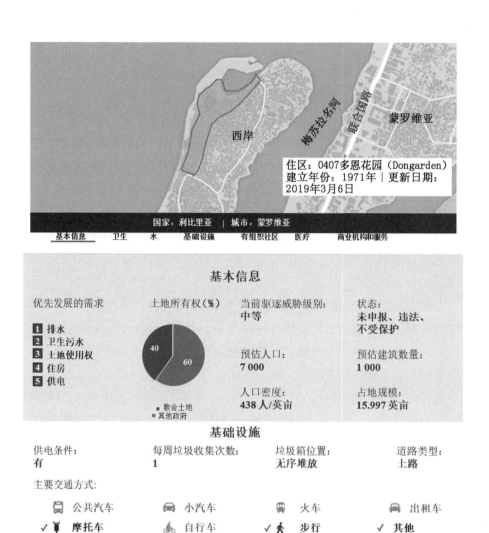

注：在过去几年里，世界各地成千上万的贫民窟绘制了自己的地图并概括了自己的特征，这将帮助全球数百万社区推动证据充分、合作式、社区驱动的发展进程。

资料来源："贫民窟居民国际""了解你的城市"运动（knowyourcity.info）。

图 6.7　利比里亚蒙罗维亚的一个非正式定居点多恩花园的信息概况

表 6.1　来自 10 个国家的 59 个城市中 677 个非正规住区的居民对社区发展优先事项的认知

优先事项	全部国家	国　　　　家							
		南非	坦桑尼亚	肯尼亚	乌干达	马拉维	纳米比亚	塞拉利昂	尼日利亚
合计	677	26.90%	26.70%	22.20%	13.10%	4.40%	2.70%	1.60%	1.50%
供水和排水	36.90%	20.30%	43.50%	33.30%	57.30%	76.70%	11.10%	81.80%	10.00%
住房	21.30%	44.00%	2.80%	32.00%	5.60%	0%	11.10%	0%	10.00%
卫生和污水	13.90%	8.20%	14.90%	10.70%	27.00%	16.70%	27.80%	0%	0%
土地保有权	13.70%	18.70%	4.40%	21.30%	4.50%	3.33%	33.30%	9.10%	60.00%
供电	6.20%	8.20%	8.30%	1.30%	4.50%	0%	16.70%	0%	20.00%
其他	7.80%	0.50%	27.10%	1.30%	1.10%	0%	0%	9.10%	0%

注:数据集中有 10 个国家和 59 个城市。菲律宾的四个社区和加纳的两个社区未显示,但包含在总数中。

长的大城市地区,如拉各斯、内罗毕、达累斯萨拉姆、坎帕拉、布兰太尔、弗里敦、约翰内斯堡、开普敦和温得和克。

虽然在最重要的优先事项上,不同社区的认知基本一致,但不同国家和城市之间也存在差异。总的来说,供水和排水是最普遍的问题,36.9%的居民提到了这一点,位于其后的分别是住房问题(21.3%)、卫生和污水问题(13.9%)、土地保有权问题(13.7%)和供电问题(6.2%)。这些优先事项强调基本服务和住房条件改善具有两方面重要作用:一是增强社区抵御长期压力的能力;二是提高应对洪水等极端事件的能力。[59]其他与健康、交通、垃圾收集、就业和教育相关的问题也经常出现,但被认为相对不那么重要。除了土地保有权问题以外,其他所有问题都是城市日常生活面临的挑战,要求更好地融入城市网络,特别是通过获得提升的基本服务。

这些发现与很多可持续发展指标产生了共鸣[60],我们现在用巴西和南非这两个中等收入大国的人口普查数据来研究这些指标。

6.2.2　巴西和南非社区的服务获取状况

由于表 6.1 中贫民窟居民表达的优先事项主要是关于城市服务以及住房和建筑条件,我们有时可以利用来自官方的系统化数据来扩大对这些发展不足的分析。例如，我们可以分析巴西和南非一系列中低收入城市的社区发展状况。这些城市拥有完整的官方人口普查数据，我们能够对所有社区获取服务的状况进行全面的比较评估。为实现整体评估，我们定义社区 i 的综合发展指数为 X_i，写作：

$$X_i = \sqrt[4]{X_i^{water} X_i^{electricity} X_i^{sanitation} X_i^{homes}} \tag{6.1}$$

其中，X_i^{water} 表示社区 i 中能够获取良好水源（如城市自来水）的人口比例。同理，$electricity$、$sanitation$ 和 $homes$ 等上标分别代表电力供应、良好的卫生设施和永久性住房。我们现在可以在社区、城市和国家等不同尺度上测度这一指数。我们将 X_i 的各组成部分统称为"服务"，并定义该指数在 $X_i = 0$（服务完全缺失）和 $X_i = 1$（服务全部可用）之间有界。该指数具有乘法特性，是各个因子的几何平均值，其内涵是每种服务对实现所需的发展水平都很重要，这与典型的生产函数[61]或人类发展指数[62]的构建逻辑一样（图 1.3）。指数符合联合国人居署对"贫民窟家庭"的定义，即无法获得任何一种服务的家庭，也与联合国人居署构建的综合安全保有指数保持一致。[63]

指数 X 的乘法特性还有一个明显的优势：在不改变几何平均数定义的情况下，很容易就可以增加可持续发展的其他维度。要扩展这一分析，可以加入其他可持续发展目标（Sustainable Development Goals，SDGs），如教育或性别平等（SDG4 和 SDG5），或使用清洁能源的人口比例。

图 6.8(A)在南非地图上概要显示了 X_i 的空间异质性，并勾勒了大都市区的范围，每个大都市区包含数百个社区（南非和巴西城市的更多详细信息，请参见图 6.9—图 6.11）。

（A）可持续发展指数

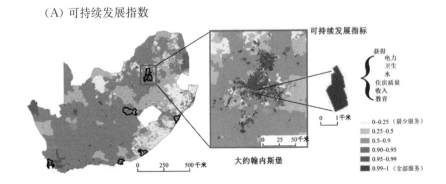

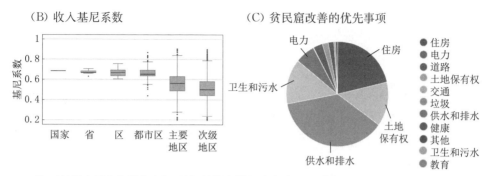

（B）收入基尼系数　　　　　　（C）贫民窟改善的优先事项

注：（A）图表示南非所有次级区域、约翰内斯堡大都市区和单个社区的可持续发展指数 X_i。（B）图表示南非不同层级区域的收入基尼系数。黑色水平线表示同一层级所有分析单位的中位数，灰色框表示排名 25% 到 75% 样本的基尼系数范围。我们看到，城市（自治市）一级最不平等，而社区级则略小。（C）图为表 6.1 中 10 个国家贫民窟居民确定的优先发展事项。

资料来源：改编自 Christa Brelsford et al., "Heterogeneity and Scale of Sustainable Development in Cities", *Proceedings of the National Academy of Sciences* 114，no.34（May 1, 2017）：8963—8968，https://doi.org/10.1073/pnas.1606033114。

图 6.8　城市可持续发展的异质性和尺度变化

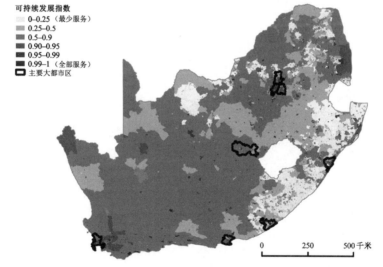

注：阴影灰度表示可持续发展指数 X 的值，从完全没有服务（白色）到获得全面服务（最深阴影）不等。请注意，尽管大城市的地理面积很小，但它们比农村地区更有可能获得高水平的服务（参见图 6.10 和图 6.11）。另外也请注意其他小城市相对于农村发挥的积极作用。

资料来源：改编自 Christa Brelsford et al., "Heterogeneity and Scale of Sustainable Development in Cities", *Proceedings of the National Academy of Sciences* 114，no.34（May 1, 2017）：8963—8968，https://doi.org/10.1073/pnas.1606033114。

图 6.9　南非全国可持续发展指数分布图

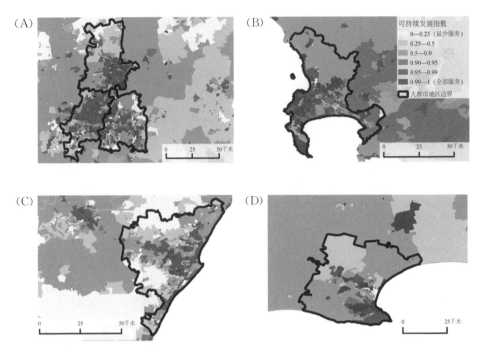

注：每张图都显示了次一级地方（社区）的可持续发展指数 X_i 估算值。（A）图为约翰内斯堡地区，包含约翰内斯堡大都市区、埃库胡莱尼大都市区（东兰德）和茨瓦内大都市区（比勒陀利亚）；（B）图为开普敦大都市区；（C）图和（D）图分别为德班大都市区（德班）和纳尔逊·曼德拉大都市区（伊丽莎白港）。除开普敦外，服务条件好的社区通常集中在大都市区和城市中人口相对密集的中心地区。

资料来源：改编自 Christa Brelsford et al.，"Heterogeneity and Scale of Sustainable Development in Cities"，*Proceedings of the National Academy of Sciences* 114，no.34（May 1，2017）：8963—8968，https://doi.org/10.1073/pnas.1606033114。

图 6.10　选定的南非大都市地区的可持续发展指数分布

　　这类分析的关键是，无论测度何种可持续发展特征（如基本服务水平），不同空间尺度上的异质性程度都明显不同。这种异质性与基尼系数等反映不平等状况的指标有密切的关系，但基尼系数在城市尺度上通常很大，而在社区尺度上较小[参见图 6.8（B）]。这意味着城市中的大多数不平等体现在社区之间而不是社区内部，之前我们在讨论美国城市中的不平等状况时也发现了这一点。

　　图 6.12（A）显示了南非和巴西大都市区的个人收入与人口规模之间的关系（另见表 6.2）。分析单位的定义类似于其他地区的功能性城市，如美国和经

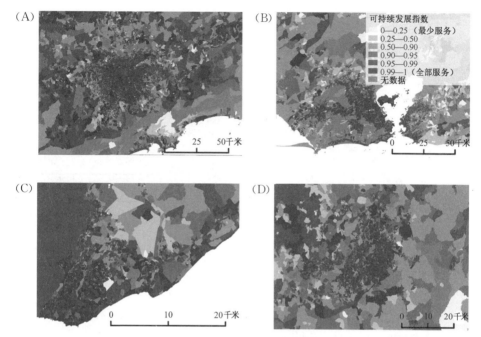

注：(A)、(B)、(C)、(D)分别显示了圣保罗、里约热内卢、萨尔瓦多和贝洛奥里藏特四座城市社区层面的可持续发展指数 X_i 估算值。我们观察到，与南非的城市相比，巴西大都市区的整体服务水平更高，这点在巴西最大的城市圣保罗表现尤为明显。

资料来源：改编自 Christa Brelsford et al.，"Heterogeneity and Scale of Sustainable Development in Cities"，*Proceedings of the National Academy of Sciences* 114，no.34（May 1，2017）：8963—8968，https://doi.org/10.1073/pnas.1606033114.

图6.11 选定的巴西大都市地区的可持续发展指数分布

合组织国家的大都市统计区（参见第2章）。在巴西，它们通常包括很多个自治市*，而在南非，除了大约翰内斯堡之外都仅为一个大城市（参见图6.10和表6.2）。图6.12(A)和表6.2显示了这两个国家的标度分析结果及其综合表现（按照第4章介绍的方法，做了回归居中和数据汇集）。巴西的标度指数 $\beta=$ 1.11 与美国的情况很接近，也与巴西大都市区 GDP 的标度指数非常相似。[64]巴西大都市区数量相对较多，人口规模的范围更大，这使我们有信心确认分析结果完全符合第3章中的理论。南非的城市数量相对较少，显示出更强的标度效应，标度指数为 $\beta=1.35$，但置信区间也更宽。[65]合并数据集

———————

* 巴西的行政区划分为联邦、州、联邦区和市（municipios），市是巴西最小的自治单位。——译者注

［参见图 6.12（A）］显示，标度关系与浅灰色线表示的简单理论预测情况（$\beta=7/6$）在统计意义上难以区分。[66]

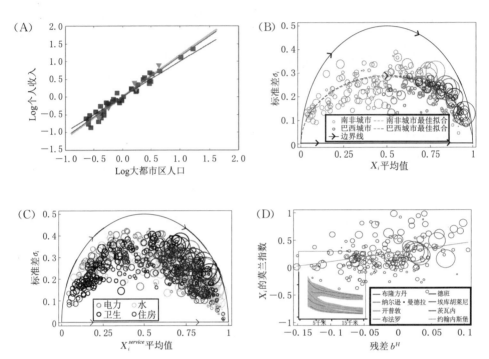

注：(A)图表示巴西大都市区（正方形）和南非大都市地区（三角形）的个人收入与人口的标度关系。灰色粗线代表理论斜率 7/6，几乎重叠在一起的实线表示最佳拟合线，而下方的线代表线性标度。最佳拟合表明，大城市可以用于可持续发展的人均资源普遍较高。(B)图表示巴西 38 个大都市地区和 207 个南非城市地区的标准差与可持续发展指数平均值 X_i 之间的关系，图中圆圈的大小代表人口规模。两条黑线之间的区域是（X_i，σ_i）能够成对存在的范围，最上方曲线代表最不平等（库兹涅茨曲线 $b_H=1$），水平线代表完全平等（$b_H=0$）。虚线为平均异质性指数 b_H 的最佳拟合线，这在两个国家都接近最大值。(C)图对巴西大都市区的 $X_i^{electricity}$、X_i^{water}、$X_i^{sanitation}$ 和 X_i^{homes} 进行分解，我们可以发现大城市能够提供更好的服务。(D)图中莫兰指数（距离阈值为 5 公里）与南非城市之间的正相关关系表明，空间集聚度越高，获取服务的不平等程度也更高。插图显示了南非主要大都市地区莫兰指数随距离阈值的变化。

资料来源：改编自 Christa Brelsford et al.，"Heterogeneity and Scale of Sustainable Development in Cities"，*Proceedings of the National Academy of Sciences* 114，no. 34（2017）：8963—8968，https://doi.org/10.1073/pnas.1606033114。

图 6.12　巴西和南非城市可持续发展的集聚效应和异质性

表 6.2　社区层面收入的超线性标度和可持续发展的异质性

大都市地区	摘　要			
	N_c	估算值	95％置信区间	拟合度
巴西(市)				
收入的标度指数 β	39	1.11	[1.03，1.20]	$R^2=0.90$
异质性指数 b^H	38	0.58	[0.56，0.60]	$R^2=0.99$
南非(大都市区自治市)				
收入的标度指数 β	8	1.35	[1.19，1.53]	$R^2=0.97$
异质性指数 b^H	207	0.57	[0.54，0.60]	$R^2=0.96$

注:不含约翰内斯堡地区三个自治市的情况下进行标度拟合得出的指数为 $\beta=1.49$，95％置信区间为[1.17，1.81]，$R^2=0.87$。居中后，组合数据集的最佳拟合为 $\beta=1.14$，95％置信区间为[1.06，1.23]，$R^2=0.89$，结果与图 6.12(A)中最简单的理论推测结果(浅灰色)在统计学意义上无法区分。由于数据完整性问题，在估算 b^H 时有一个巴西的大都市区未计算在内。

这种超线性标度现象可以解释为,大城市的人均收入更高,因而有能力将更多的资源投入服务和基础设施的改善[67],至少名义上如此,这也符合第 3 章和第 4 章中提出的收入与支出大体平衡的逻辑。这可能直接通过地方税实现,也可能通过国家层面管理的收入和再投资间接实现。无论如何,大城市更高的经济生产力与更好的服务和基础设施之间的反馈历来是城市在发展中发挥核心作用的基础。[68]图 6.13 显示了巴西和南非不同人口规模城市地区的 X 平均值。总的来说,服务水平随着城市规模的增加而增加,这一趋势在南非尤为明显。巴西存在一些重要的地区差异,部分较小的城市也能够提供高水平的服务,主要发生在较为富裕的南部地区。这种趋势也发生在其他国家,例如印度。[69]因此一般来说,居住在大城市意味着居民可以更快地获得与发展相关的许多公共服务。然而,平均值也掩盖了社区之间巨大的异质性。

空间异质性和不平等状况的测度

测度大都市地区内部的异质性尤为重要,因为在这个层级的居民共享相同的劳动力和房地产市场,面临着很多相同的机会和成本。[70]因此,城市内部的不平等会真正转化为相对社会经济优势。

要测度异质性,我们可以直接针对空间,也可以针对种群内的差异。最常见的指标——基尼系数[参见图 6.12(B)]就是一种众所周知的非空间异质性测度标准。一个更简单的测度是标准差及其与任何社会经济指标均值的关系。相对

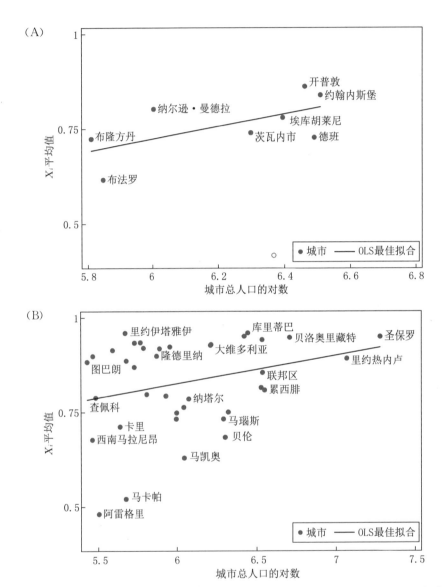

注：(A)图为南非大都市区，斜线说明城市规模与改善服务供给之间存在显著相关性（斜率为0.164，$R^2=0.29$）；(B)图为巴西大都市区，两者之间存在轻微的相关性（斜率为0.075，$R^2=0.051$），表明大城市往往为居民提供更多的服务。重要的是，巴西最富裕地区的一些较小城市，如库里蒂巴、图巴朗和隆德里纳等在服务提供方面表现良好。

资料来源：改编自 Christa Brelsford et al., "Heterogeneity and Scale of Sustainable Development in Cities", *Proceedings of the National Academy of Sciences* 114，no. 34（2017）：8963—8968，https://doi.org/10.1073/pnas.1606033114。

图 6.13 平均可持续发展指数与大都市区总人口规模的关系

而言,莫兰指数(Moran's I)I_M 是最广泛使用的空间异质性指标之一。[71]莫兰指数的定义是:给定物理距离内的两个空间位置上,给定特征值之间的相关性水平。基尼系数(或标准差)与莫兰指数不一定相关,这主要取决于具体的空间结构,例如按收入水平划分的空间结构。当人群中的任何资源都以最大化集聚的方式在空间上分布时,这意味着莫兰指数接近于 $I_M=1$;如果这种关系完全反过来(如棋盘模式),这时候莫兰指数接近于 $I_M=-1$;当莫兰指数接近于 $I_M=0$时,资源分布表现出随机均匀混合形态。图 6.14 展示了这三种不同的情况。

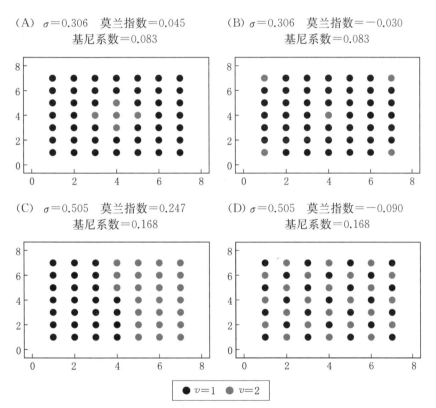

(A) $\sigma=0.306$　莫兰指数=0.045　基尼系数=0.083

(B) $\sigma=0.306$　莫兰指数=-0.030　基尼系数=0.083

(C) $\sigma=0.505$　莫兰指数=0.247　基尼系数=0.168

(D) $\sigma=0.505$　莫兰指数=-0.090　基尼系数=0.168

● $v=1$　● $v=2$

注:只有莫兰指数对不同类型(黑色和灰色)的空间分布情况敏感,另外两个量仅表示总体上的混合程度。注意,标准差 σ 和莫兰指数 I_M 已通过灰色和黑色点数量的线性变换保持不变,但基尼系数没有。例如,(D)图的空间布局中,黑色=100,灰色=101,可以计算得出$\sigma=0.505$,莫兰指数 $I_M=-0.090$,基尼系数=0.002。

资料来源:改编自 Christa Brelsford et al.,"Heterogeneity and Scale of Sustainable Development in Cities",*Proceedings of the National Academy of Sciences* 114,no. 34(2017):8963—8968,https://doi.org/10.1073/pnas.1606033114。

图 6.14　标准差、基尼系数和莫兰指数之间的不同关系

　　我们来看怎样通过综合这些量来表征城市中任何社会经济指标的异质性。特别是像 X_i 这样的可持续发展指数具有一些简单的统计属性。首先，由其定义可以看出，当每个人都享有服务时，$X=1$，X 的方差 σ^2 必然消失；当完全没有服务时，$X=0$；而当 $X_i=0.5$ 时，方差通常达到最大。因此，我们可以将 X_i 的标准偏差参数化为：

$$\sigma_i = b_i^H \sqrt{\overline{X}_i(1-\overline{X}_i)} \tag{6.2}$$

其中，平方根对应于伯努利随机过程*的标准差。这意味着 $b^H=1$ 给出了 X 的平均值 $\overline{X}$ 的每个值的最大可能方差[参见图 6.12(B)和图 6.12(C)]。这是因为标准差的属性 $b^H \geqslant 0$。因此，我们可以用 $(\overline{X}_i, \sigma_i)$ 空间中的二维轨迹来表征每个单元 i 中的发展水平增加，并且 $(\overline{X}_i, \sigma_i) \rightarrow (1, 0)$。给定 $\overline{X}_i$，轨迹可以由一个数字来表征：b^H 值作为时间的函数。最大和最小异质性对应着两种特殊轨迹，其特征分别为 $b^H=1$ 和 $b^H=0$，如图 6.12(B)和图 6.12(C)中的实线所示。由于这些属性，我们可以将 b^H 作为（标准化的）异质性指数。每个地区在任何给定时间的单独轨迹都以 b^H 值为特征，且 $0 \leqslant b^H \leqslant 1$。

　　虽然图 6.12 中使用的是时间断面数据，无法对时间趋势或因果关系进行检验，但我们可以通过 b^H 值反映的异质性水平来对不同城市进行比较。图 6.12(B)显示了巴西大都市区和南非城市的 $\overline{X}$ 与 σ 之间的关系。我们观察到，不同城市之间的二者关系符合库兹涅茨曲线。[72]其中，当获得服务的水平为中等时，方差最大，这是指数 X 的一个基本属性，也是收入或环境影响等广度量所不具有的。我们可以测算 b^H 的值，并得出巴西的预期值为 $b^H=0.73$，南非的预期值为 $b^H=0.71$，两个国家的表现在统计意义上几乎没有差别（参见表 6.2）。同样重要的是必须认识到，服务供给的异质性水平取决于空间尺度，我们在图 6.8(C)中已经看到这一点。在较小的尺度上进行分析，比如说社区层面，得到的 b^H 值就会比较低；而在较大的尺度上，例如大都市地区或是更大的地域，得到的异质性指数会比较高。这些实证研究结果表明，存在某种一般发展轨迹[参见图 6.12(B)和图 6.12(C)]。实证研究显示，在整个城市中，对于任何给定水平的基础设施接入，

---

　　* 伯努利随机过程(Bernoulli process)是一个由有限个或无限个的独立随机变量 X_1, X_2, X_3, ..., X_i 所组成的离散时间随机过程，对每个 i，X_i 等于 0 或 1，$X_i=1$ 的概率为 p。简单来说，相当于一个连续抛硬币的过程。——译者注

观察到的社区之间的差别更接近于"要么全有,要么全无"的情况($b^H \to 1$),而不是"虽然不足,但较为公平"的情况($b^H \to 0$)。这显然意味着基于地点的极度不平等。这也意味着,虽然所有城市都能够为一些社区提供服务,但同时几乎不能为其他社区提供任何服务。这种特征与此前介绍的社会孤立和累积劣势一起勾勒出大量的发展中城市。虽然这种情况绝非不可避免,但要求政府能够看到全局,在具体行动中更公平地对待不同社会群体和不同地点。

发展轨迹使我们能够直观地了解不同时间、不同地点发生的变化。比较2001 年和 2011 年南非城市的情况给我们带来了希望(参见图 6.15)。我们观察到,公共服务供给和住房改善总体上有了很大的进展,大多数城市中的社区间不平等现象相应有所减少。这与我们早些时候根据时间断面数据做出的假设基本一致。

最后,为了明确空间的影响,我们用莫兰指数来测度一个社区与周边其他社区之间的相似性,由选定距离标度定义的距离矩阵确定。[73] 结果显示,服务水平存在强烈的空间集聚特征。当距离阈值是一个"可步行"的距离,如小于几公里时,空间集聚的程度最高,接着会随着距离的增加而衰减[参见图 6.12(D)的插图]。收入和种族构成等社会经济指标[74] 的空间相关性也高于 X。这意味着,对人群进行分类的偏好以及由此带来的限制不仅在美国城市中造成了强烈的空间经济和种族不平等[75](第 6.1 节),可能在发展中城市,如巴西和南非的城市也起到了一定作用。这个分析还表明,在统计意义上,以 I_M 值衡量的空间集聚水平与以 b^H 值衡量的服务获取异质性(不平等)水平正相关[参见图 6.12(D)]。

所有这些告诉我们,城市中人与人之间的异质性更多地体现在地点之间的差异(以公里为尺度的城市),而不是空间上均匀混合的个人之间的差异。换句话说,城市的异质性主要表现为空间上的集聚优势或集聚劣势[76],正如威尔逊在美国所观察到的。

6.2.3 讨论:城市中的发展更可持续、更公平、更人性化?

我们看到,城市可持续发展的部分核心特征与城市的集聚效应和异质性密切相关。要在实践中解决这些问题,我们的分析必须选择恰当的空间尺度。一

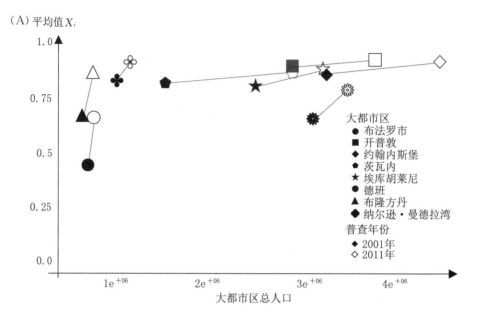

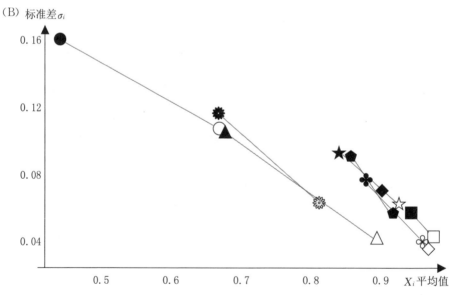

注：(A)图表示小城市的可持续发展指数变化最为明显。(B)图表示以不同社区的 X_i 的标准差表示的不平等现象已经减少，城市体系正在接近全面服务阶段。

资料来源：改编自莫莉·盖恩斯(Mollie Gaines)和克里斯塔·布雷斯福德(Christa Brelsford)的原始分析。

图6.15 2001年至2011年(10年一次的人口普查年)南非各城市的发展轨迹

方面,虽然存在一定的挑战,但大城市往往表现出更高的经济生产力,居民获得住房和城市服务的机会也更大,这是一个国家解决可持续发展问题的核心所在。另一方面,虽然大城市具备这些优势,但随着服务能力的扩大,也出现了较为严重的不平等。同时我们必须认识到,虽然不平等现象很普遍,但绝非不可避免。大多数大城市已经有能力为部分社区提供最高水平的服务。理论上,这些城市完全有可能提升这些能力,使这些服务能够公平地覆盖所有居民。这个问题超越了数据可用性的问题,但本节所关心的是,即使在十年前,我们还不能对大多数发展中城市完成这样的分析。

这类分析正在开始建立一个通用的分析和概念框架,使世界各地都能够更快、更公平地推进城市可持续发展。今天我们有了更好的信息环境,大量来自社区和各种其他可验证的数据来源的数据,如地方收集的数据、官方统计数据和遥感数据等,开展这些分析已经成为可能。我们看到,在功能性城市层面,社会经济集聚影响了社区发展的空间模式,反之亦然。这种双向影响继而又被个人,尤其是年轻人所内化,影响了他们的人生观,以及此后的人生道路和社会经济发展机会。这些在很大程度上决定了国家和城市几十年后的活力和生产力。不同地区间生活条件改善的不均衡,以及由此产生的人与人之间、地方与地方之间不平等的动态相互作用也告诉我们,消除不平等必须跨越一个艰难的中间阶段,在这个阶段,不平等程度最高,最容易产生不满和冲突。在未来几十年里,如何更好地理解这些变革在不同时间和空间中的一般性质,以及如何快速、有效和公平地实现这些变革,仍然是城市科学和实践的关键问题之一。

6.3 社区结构测度:空间选择和信息

到目前为止,我们已经引入了邻里效应的概念并观察到了它们所造成的影响,既分析了美国这样的富裕国家的城市,也分析了土地使用和各类服务都还有待完善的发展中国家的城市。这些例子表明,城市的异质性格局和发展格局都非常复杂,需要复杂的标度效应分析方法,帮助我们理解居民是怎样在不同的社区之间作出居住决策的，无论这些决策是出于必要性考虑还是仅仅基于选择。与复杂系统中的任何其他格局一样，不同类型的空间格局必须在不同的尺度上进行比较。从信息视角，这种比较有着特殊的意义。

为了理解这一点，我们首先可以问一个简单的问题：如果我知道你的收入，能不能猜出你住在哪里？这个问题也可以反过来：如果我知道你住在哪里，能不能猜出你的收入？这往往是我们提到不同社区时实际表达的意思。生活在不同的社区，区别不仅在于空间位置，更在于它所传递的居民信息。我们经常听到"白人社区"或"黑人社区"的说法，这实际上是告诉我们，这里的居民可能是什么种族。同样，"贫穷社区"或"富裕社区"传递了居民可能收入状况的信息。"工人阶级社区""艺术家社区"或"潮人社区"等分别传递了不同的人口属性信息。事实证明，这种粗线条的分类都是印象化的。社区往往是个混合体，虽然某些人群类型可能占据或多或少的优势。例如在美国，当一个社区的非裔美国人比例超过 20%—30% 时，他们往往被称为"黑人社区"。给社区打上此类物化的标签不但简单粗暴，而且几乎可以肯定不会对社会进步有任何帮助。实际上，在社区的详细构成和类型混合中很可能蕴含着重要的变革途径。为了定量地理解这些问题，我们需要采用一般信息语言。

6.3.1　信息与空间选择

为了更好地说明这个问题，我们可以观察纽约市部分社区家庭收入状况的复杂格局［参见图 6.16(A)］。图 6.17 显示了纽约市更大地区以及美国其他一些大都市地区的同类格局图。这里用区块组（block groups）代表社区。区块组（图 6.16 中的 BK_GP）是美国人口普查在全国范围内统一定义的小尺度标准单元，平均人口规模为 1 500 人。从这些图中可以看到，城市人口密集地区的斑块面积小数量多，而郊区等人口密度较低地区的斑块面积较大。

从收入分布格局来看，我们根本无法观察到所谓"富人社区"和"穷人社区"的简单化分区现象。相反，我们在不同的空间尺度上看到了强烈的异质性，从平均家庭收入差别很大的相邻社区，如下东区（图 6.16 中的 BK-GP 1），到更大的可识别的富裕斑块和贫困斑块，如上东区（曼哈顿最富裕的地区，邻近中央公园，图 6.16 中的 BK-GP 2）或布朗克斯（总体来说相当贫穷，参见图 6.16 中的 BK-

GP 3)。图 6.16(B)显示了这三个示例社区的收入分布，如果贴标签的话，第一个是"中产阶级社区"，第二个是"富人社区"，最后一个是"穷人社区"。

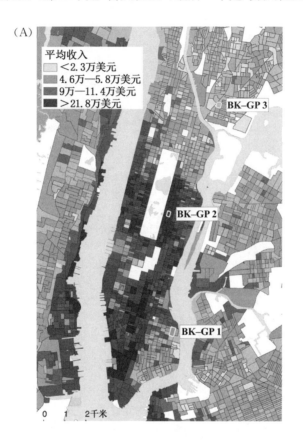

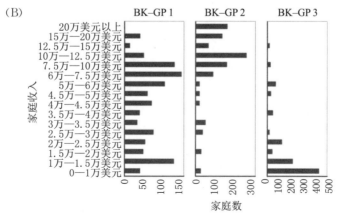

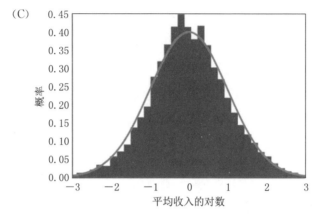

注：(A)图显示纽约市人口普查区块组的平均家庭收入。(B)图为(A)图中某社区的收入分布情况。(C)图中整个城市的家庭收入分布可以用对数正态分布(实线)很好地描述,这个一般模型对美国所有大都市统计区的家庭收入分布都很适用。

图 6.16　纽约市部分街区的异质性

　　这种空间异质性由来已久[77],其持续时间长达几十年甚至更久,经历多个经济周期和人口结构重大变迁。例如,在经历了大约 400 年的人口和经济变动后,下东区仍然很贫穷,它先后成为德国人、意大利人、东欧犹太人、希腊人等不同民族移民的飞地。随着人口的增加,它的建成环境也发生了变化,从一组集中的公寓(贫民窟)变成今天以公共住房为主。尽管发生了这些变化,但与邻近地区相比,它仍然很穷。这也许是因为它的功能基本没有发生变化,即作为一波又一波贫困移民和其他弱势群体在城市中的立足点。

　　我们看到这种格局并不是偶然性波动造成的,而是一波又一波具有某些共同特征的不同个体不断做选择和适应的结果。换言之,我们在城市中观察到的极其复杂的各类空间格局,即使它们的开始具有偶然性,也一定是持续选择过程的结果,某些社区和地方可能更适合某种类型的人,继而受到这些人的青睐。

　　从数学角度来看,细节丰富的社区格局与整个大都市地区家庭收入(对数)的简单正态分布形成了鲜明的对比[参见图 6.16(C)]。在第 4 章中已经介绍过这个量,当时我们研究了收入、成本和投资的统计动态,也得出了相似的对数正态分布。

　　这告诉我们,整个城市尺度上的标度"定律"虽然看似有着良好对数正态统计偏差的普遍性规律,但它实际是大量社区多样性复杂格局合在一起的平均结果。我们也可以反过来思考:虽然每个大都市区有个综合劳动力市场并表现出良好的标度效应,但社区是不同的人们根据自身偏好或约束选择居住地所形成的,继而产生了复杂多样、毫无普遍性可言的地方收入分布格局[参见图6.16(B)]。

(A)

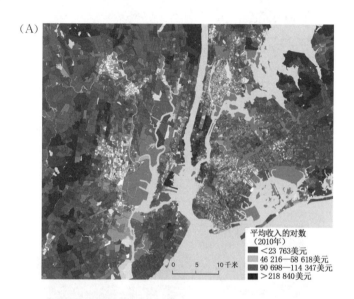

(B)

(C)

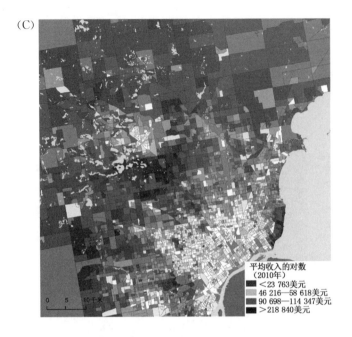

平均收入的对数
（2010年）
<23 763美元
46 216—58 618美元
90 698—114 347美元
>218 840美元

(D)

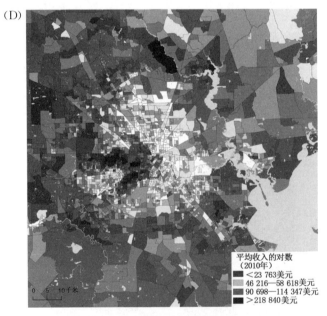

平均收入的对数
（2010年）
<23 763美元
46 216—58 618美元
90 698—114 347美元
>218 840美元

注：(A)、(B)、(C)、(D)分别表示纽约市、芝加哥、底特律、休斯敦。我们在所有案例中都观察
到复杂的格局，具有许多不同的空间尺度的结构。

图6.17 美国不同大都市地区社区的平均收入分布格局

那么,我们应该如何理解社区的构成以及此前讨论的丰富现象呢? 第二点使我们能够以整个城市地区的宏观规律为基准,来思考社区差异的结构。具体来说,我们可以通过比较不同空间集聚水平下的(收入)概率分布来量化社区层面上多样性格局的复杂性。我们将其写作:

$$P(y_i|n_j) = w_{ij}P(y_i) \tag{6.3}$$

其中,$P(y_i|n_j)$ 是社区 n_j[参见图 6.16(A)中的不同斑块]中按照不同收入档 i[如图 6.16(B)所示]统计的收入分布情况(标准化频度),$P(y_i)$ 是像大都市区这样的更大尺度上的收入分布[参见图 6.16(C)]。方程式(6.3)定义了权重 $w_{ij} \equiv P(y_i|n_j)/P(y_i)$,从而将一种分布转化为另一种分布(参见图 6.18)。有了这个定义,对于所有社区 j,收入的平均权重服从标准化的属性,即 $w_j = \sum_i w_{ij}P(y_i) = 1$。

(A)　　　　　　　　　　　　　　　(B)

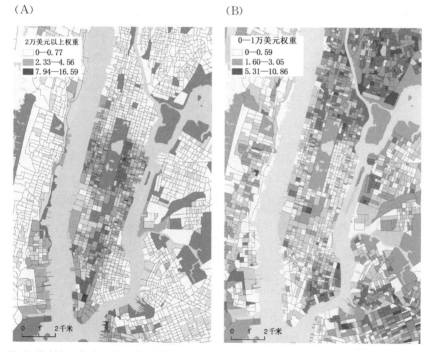

注:纽约市中心每个区块组中最高收入组(A)和最低收入组(B)的社区选择权重 w_{ij}。请注意,由这些权重计算出的可能性在城市不同地区是不同的,但也有部分地区存在较大重叠,如西区的部分地区。在很多情况下,社区构成了支持多样性的地方生态系统。

图 6.18　纽约市不同收入组别的社区选择权重

到目前为止，虽然我们所做的仅仅是将收入格局的复杂性转变成了权重 w_{ij} 的复杂性，但由于方程式(6.3)是众所周知的，并且从两个不同视角来看都有巨大应用潜力，我们可以得出一些基本原理(这是一种数学关系所能提供的"概念转换")。

首先，方程式(6.3)也是群体遗传学的单倍体模型[78]，在进化博弈论中被称为"复制方程"(replicator equation)。[79] 在这个语境中，两种分布在时间而非空间上相关，权重 w_{ij} 代表性状(等位基因) i 的适合度，表示其在索引为 j 的时期向下一代传播的差异。w_{ij} 与 1 的偏差越大，对等位基因 i 的选择性就越强。$w_{ij} > 1$ 对应于高适应度，$w_{ij} < 1$ 则相反。当 $w_{ij} = 1$ 时，动态为中性，且在由 j 索引的特定时间段(世代)上没有选择。这种解释给出了时间上的遗传进化动态与空间上的社区排序之间的数学对应关系。我们想要表达的并不是说社区选择类似基因进化，而是说这两个过程都是选择的结果。这种选择是关于信息的。从这个意义上说，信息是无序的对立面，是从人们的选择和约束中发展出来的结构。因此，社区格局的丰富性表达了大量信息。

其次，方程式(6.3)是贝叶斯关系的一种形式，这使得我们可以用概率比(probability ratios)来解释 w_{ij}，特别是：

$$P(y_i | n_j) = \frac{p(n_j | y_i)}{P(n_j)} P(y_i) \rightarrow w_{ij} = \frac{P(n_j | y_i)}{P(n_j)} = \frac{P(y_j | n_j)}{P(y_i)} = \frac{P(y_i, n_j)}{P(y_i) P(n_j)}$$

$$(6.4)$$

其中，$P(n_j | y_i)$ 表示城市中收入为 y_i 的人居住在社区 n_j 的概率。$P(n_j)$ 是居住在社区 n_j 的概率(与收入无关)，$P(y_i, n_j)$ 是联合概率。这个新视角引出了概率论、推理和社区结构之间的另一种强大的数学关系。在这种情况下，方程式(6.4)中的 $\log w_{ij}$ 表示的是社区 j 与收入分布 y 之间的(非平均的)香农互信息[80] * (参见附录 C)。要看到这一点，可以考虑 $\log w_{ij}$ 在收入群体间的平均值：

$$\log w_j = \sum_i P(y_i | n_j) \log \frac{P(y_i | n_j)}{P(y_i)} = D_{KL}[P(y | n_j) \| P(y)] \quad (6.5)$$

---

* 互信息(Mutual Information)是一个随机变量中包含的关于另一个随机变量的信息量，或者说是一个随机变量由于已知另一个随机变量而减少的不确定性。设两个随机变量 (X, Y) 的联合分布为 $p(x, y)$，边缘分布分别为 $p(x)$ 和 $p(y)$，互信息 $I(X; Y)$ 是联合分布 $p(x, y)$ 与边缘分布 $p(x)$ 和 $p(y)$ 的相对熵，即 $I(X; Y) = \sum_{x \in X} \sum_{y \in Y} p(x, y) \log \frac{p(x, y)}{p(x)p(y)}$。——译者注

这就是整个城市与社区 j 的收入分布之间的 KL 散度* D_{KL}（参见附录 C）。换句话说，要从整个城市的一般属性出发描述特定社区的组成，我们要作出一些解释。假定我们已知整个城市的总收入分布，对于每个社区 j，$\log w_j$ 表示描述其收入统计格局所需的信息量。那么，对于那些收入分布与城市总体情况差异较大的非典型社区，显然需要更多的解释（更多信息），而那些与城市整体格局一致的社区则不需要进一步描述。换句话说，非典型社区除了需要解释城市整体的特征分布外，还需要邻里效应的局部理论（参见第 4 章）。

在这个特定的意义上，$\log w_j$ 的大小代表每个社区 j 的邻里效应强度[81]，以信息为计量单位。[82] 图 6.19(A) 显示了纽约市每个社区依据收入进行选择的强度，图 6.20 显示了美国其他一些大都市区的相同信息。我们观察到局部选择

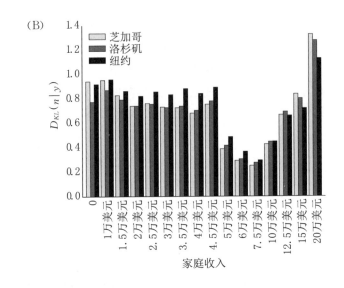

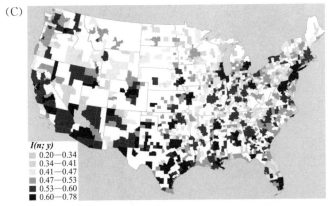

注：(A)图表示每个社区的特定选择强度 $\log w_j$，参见方程式(6.5)；(B)图表示不同收入群体的社区选择强度 $\log w_i$，参见方程式(6.6)。注意最富有群体的隔离最为严重，其次是最贫穷群体，而中等收入群体在空间上的隔离程度最低，在典型社区中表达了最强的多样性。(C)图表示美国每个大都市区以社区间的互信息和收入结构来衡量的社区选择强度。

图 6.19　纽约市的社区选择强度

的格局非常复杂，有很多社区的收入分布与整个城市的情况接近，但也有相当一部分社区体现出很强的地方特色。用与图 6.19 和图 6.20 类似的方法，同样用城市人口规模与社区人口规模的对应关系，从每个地方的大都市区收入分布中随机抽取个体，我们可以确认观测到的差异大小不可能完全是随机排序过程的结果。

比较图 6.16—图 6.17 和图 6.19—图 6.20 可以发现：最非典型的社区往往拥有最高和最低的平均家庭收入。这种选择格局显然对美国所有大都市区来说具有普遍性。我们很容易用社区 j 的 $\log w_{ij}$ 平均值来系统地量化这种影响，即：

$$\log w_i = \sum_j P(n_j \mid y_i) \log \frac{P(n_j \mid y_i)}{P(n_j)} = D_{KL}\big[P(n \mid y_i) \parallel P(n)\big] \quad (6.6)$$

在已知社区结构的情况下，这个量是解释特定收入范围 y_i 在整个城市的分

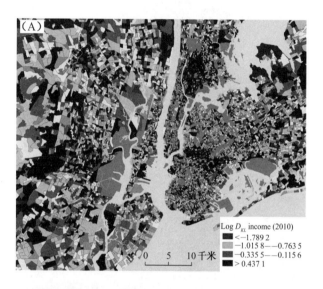

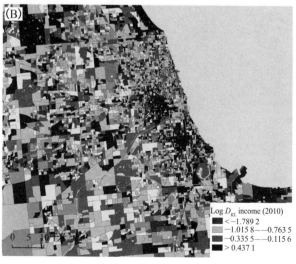

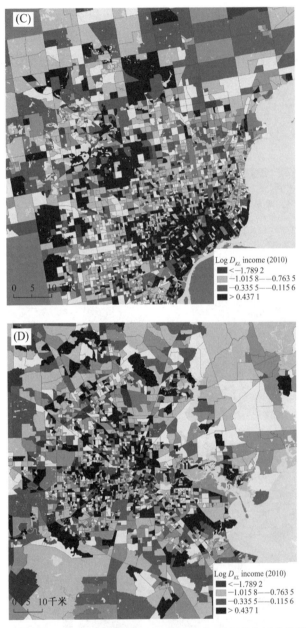

注：(A)、(B)、(C)、(D)分别表示纽约市、芝加哥、底特律、休斯敦街区的选择强度。通过对比图 6.17 可以发现，最富有和最贫穷的社区关联着更大的信息量，需要比整个城市层面更加复杂也更加具体的变化理论来解释。

图 6.20　选定城市中每个街区的选择强度

布所需的平均信息量。换言之,如果我们发现收入群体在城市中的分布不那么随机,我们将需要更长的解释。在没有社区选择的情况下,该量的值为0。因此,这个量测度了每个城市中对应不同收入水平的邻里效应平均强度。图6.19(B)显示,最高收入群体的邻里效应最强,其次是最低收入群体。据观察,中等收入群体在空间上最为混杂,较少受到特定社区的影响。这是一个有趣的发现,因为这表明,不管是基于偏好还是必要性,不同收入群体有不同的居住选择方式。因此对于美国城市来说,任何现实的居住选择模型都应当是收入水平的函数。

我们也可以回到威尔逊的芝加哥分析图(图6.1和图6.2),确实可以看到,南部和西部地区需要相对冗长的解释,因而可以用这种方式来识别这些地区的贫困空间集聚。底特律东南部贫穷的市中心与西北部富裕的郊区之间的强烈两极分化也是如此。每个城市都会出现与这些著名案例相近的情况,需要有针对性的具体解释,如果希望减轻社区贫困,就需要干预。

每个不同社区和收入群体的特定选择效应可以用一个量来概括,即以信息量为单位捕捉每个城市的社区选择总体强度[如图6.19(C)所示],表示为空间社区结构与收入之间总的互信息 $I(y; n) = \log w$,用前一个量在剩余变量上的平均值表示为:

$$\log w = \sum_{j} P(n_j) D_{KL}[P(y \mid n_j) \parallel P(y)] = \sum_{i} P(y_i) D_{KL}[P(n \mid y_i) \parallel P(n)]$$

$$= \sum_{i, j} P(y_i, n_j) \log w_{ij} = I(y; n) \tag{6.7}$$

这意味着,如果每个社区都是整个城市的缩影(一个真正的随机样本),那么所有收入群体在空间上都会很好地混合,将没有邻里效应,即 $I(y; n) = 0$。相反,城市中的每个社区都有自己的特征,与整个城市的分布特征不同,按社区划分的收入格局差异性将会很大,$I(y; n)$ 值也会很大。其具体数值取决于描述地方一级系统[参见图6.17(A)相对于城市整体]参见图6.17(C)所需的额外信息量。因此对于任一城市,互信息 $I(y; n)$ 反映了粗粒度模式在多大程度上能够描述更加细分层面上观察到的复杂系统。换言之,$I(y; n)$ 可以用来量化局部层面的任何量相对于大都市层面同一个量的平均复杂性,在本案例中则将城市社区与收入分布情况联系起来。

表6.3 综合社区选择强度排名最前和最后的美国大都市区和小都市区

$I(y; n)$排名前10位美国大都市区			$I(y; n)$排名末10位的美国大都市区		
城 市	互信息	总人口	城 市	互信息	总人口
达拉斯(得克萨斯州)	0.697	6 154 265	芒特弗农(华盛顿州)	0.378	115 231
纽约(纽约州)	0.689	18 700 715	海因斯维尔(佐治亚州)	0.372	76 996
新奥尔良(路易斯安那州)	0.685	1 105 020	棕榈海岸(佛罗里达州)	0.362	91 806
里诺(内华达州)	0.681	416 860	沃索(威斯康星州)	0.357	132 644
科利奇站(得克萨斯州)	0.680	219 058	格伦斯福尔斯(纽约州)	0.328	128 795
摩根敦(西弗吉尼亚州)	0.677	125 691	多佛(特拉华州)	0.327	156 918
孟菲斯(田纳西州)	0.671	1 301 248	科达伦(爱达荷州)	0.323	134 851
米德兰(得克萨斯州)	0.667	132 103	曼卡托(明尼苏达州)	0.319	94 990
弗雷斯诺(加利福尼亚州)	0.666	908 830	谢博伊根(威斯康星州)	0.315	115 328
圣安东尼奥(得克萨斯州)	0.665	2 057 782	圣乔治(犹他州)	0.310	134 033

$I(y; n)$排名前10位美国小都市区			$I(y; n)$排名末10位美国小都市区		
城 市	互信息	总人口	城 市	互信息	总人口
拉梅萨(得克萨斯州)	0.774	13 853	塞尔(宾夕法尼亚州)	0.260	62 415
比维尔(得克萨斯州)	0.763	31 896	亨廷顿(宾夕法尼亚州)	0.252	45 830
海湾市(得克萨斯州)	0.723	36 647	凯迪拉克(密歇根州)	0.250	47 615
霍布斯(新墨西哥州)	0.710	62 503	布拉德福德(宾夕法尼亚州)	0.245	43 853
爱德华兹(科罗拉多州)	0.690	57 832	德里德(路易斯安那州)	0.241	35 000
沃楚拉(佛罗里达州)	0.680	27 521	普拉特维尔(威斯康星州)	0.235	50 716
格林维尔(密歇根州)	0.651	52 455	梅诺莫尼(威斯康星州)	0.230	43 365
阿卡迪亚(佛罗里达州)	0.649	34 557	迈阿密(俄克拉何马州)	0.229	32 193
克莱威斯顿(佛罗里达州)	0.648	39 030	纳奇托什(路易斯安那州)	0.222	39 274
克洛维斯(新墨西哥州)	0.645	46 924	巴拉布(威斯康星州)	0.206	60 957

表6.3显示了按照$I(y; n)$大小排序最前和最后的美国大都市区。例如,我们看到,得克萨斯州达拉斯市、纽约州纽约市和路易斯安那州新奥尔良市的$I(y; n)$值最高,得克萨斯州的许多城市在收入方面普遍表现出强烈的社区隔离。这一点特别有趣,因为这些城市目前都位于全国增长最快的城市行列(参见

第8章),因此至少一部分收入隔离是由新近的住宅选择造成的。较小的城市按收入划分的社区隔离程度最低,尤其是那些中西部靠北的部分地区(如威斯康星州)的城市,但也包括其他一些州的城市。

6.3.2 信息、收入平等和集聚问题

信息量不仅可以用来量化隔离问题,也非常适合用来研究不平等问题。计量经济学中常用的一种方法与我们之前用于描述经济不平等的方法很相似。[83]为了描述经济不平等状况,借鉴信息论中的某些量的可取之处,亨利·泰尔[84]在一项开创性的工作中提出了泰尔指数 T_I,其定义类似方程式(6.5)和方程式(6.6),如下所示:

$$T_I(y) = \sum_{i=1}^{N} \frac{y_i}{N\bar{y}} \log \frac{y_i}{\bar{y}} = \sum_i q(y_i) \log \frac{q(y_i)}{P(y_i)} = D_{KL}[q(y) \parallel P(y)] \quad (6.8)$$

泰尔指数 T_I 将收入份额 $q(y_i) \equiv \frac{y_i}{\bar{y}} P(y_i)$ 与相应的人口份额 $P(y_i)$ 进行比较,人口结构按收入分档并以 i 为标记,$\bar{y}$ 为总人口的平均收入。以群体 i 作为规模为 N 的总人口中的个体,得到方程式(6.8)中的第一个表达式。第二个等式指的是对任意有限群体,使 T_I 的信息解释明确。

方程式(6.5)—方程式(6.7)中的 T_I 和空间信息论的量在集聚(分散)下都有着重要且有趣的属性。实际上正是这些属性最初促使了 T_I 用于不平等研究。[85]如果将人口分解为不同的组 n_j,泰尔指数可以分解为两个项:

$$T_I(y) = T_I(n) + \sum_j P(n_j) T_I(y \mid n_j) \quad (6.9)$$

贝当古、汉德和洛博[86]给出了详细的推导过程。该表达式显示:在一个存在多个集聚水平的群体中,总体不平等程度可以表示为群体 n_j 间的不平等程度,再加上每个群体内部不平等程度的加权平均值,其权重为每个群体的相对规模。群体结构的这一特征对于集体行动问题至关重要,我们将在第9章中继续讨论。

第6.3.1节中定义的信息量具有类似的性质,将其定义扩展到任意数量的集

聚或分散水平。例如，如果我们将群体 n_j 进一步分解为群体 m_i，我们可以定义一个与前一小节类似的新的量，并有广义互信息 $I(y; m, n)$，它服从多级关系：

$$I(y; m, n) = I(y; n) + \sum_j P(n_j) I(y; m \mid n_j) \tag{6.10}$$

这表明一种分布格局中的总信息包含第一级分解的信息，再加上每个子群体包含的平均信息，依此类推。我们看到，信息量提供了一种系统和递归的方法来表征多级结构异质的人群中的不平等和空间选择。[87] 这种属性具有普遍性和开放性，这使得信息量往往比其他数学指数更易于表征数据中蕴含的复杂模式，无论是秘密信息、自然语言、社区结构，还是第 9 章将讨论的引导未来增长和人类发展的规划决策所涉及的统计规律。

包括基尼指数在内的其他测度不平等的指标并不具有这一重要特性。原则上，聚合下的自相似性可以用来主动发现使系统分类性更强的特定的规模、位置和特殊特征（例如，障碍或连接）。[88] 因此，这种跨尺度应用的方法有可能帮助我们找出导致不平等和排斥现象发生以及使其根深蒂固的机制，进而能够改变或弱化这些机制。

6.3.3 讨论：我们自身生活的格局

复杂系统，诸如城市、生态系统或生物有机体，通常可以通过富于变化的结构来识别。[89] 这样的描述看似简单，但是它掩盖了一个事实，即一片森林或大城市某条街道上的局部结构并不完全是偶然现象，而是各种偶然现象以及适应过程在较长时间内不断累积形成的，超越了任何仅存在于单一时间的要素。[90]

构建城市作为不同尺度复杂系统理论的最大障碍是不同学科对待同一问题有不同的方法。[91] 例如，在构建宏观规律模型时，物理学家强调较大规模人口和时空尺度上的平均量表现。[92] 这种"粗粒度"方法告诉我们，在许多已知系统中，大多数微观细节不会对宏观现象产生影响。[93] 但简·雅各布斯警告我们，在城市中决不能这样！

正如我们在介绍邻里效应时所看到的那样，在很多重要情况下，这种来自"大规模"的限制往往削弱了研究成果。例如，对人类学家或民族志学家等主要研究小群体人类行为的学者来说，这简直是一种诅咒。从"自下而上"的城市研究方法高度强调局部变化的重要性,因为它们包含了人们如何在城市系统中运作的关键信息。[94]这些信息一般来说不能被平均化处理,完全不同于物理学模型[95]或基于代表性主体行为假设的经济学模型[96]的通常做法。否则,我们对城市的理解会流于片面,制定的政策也会很生硬,难以避免为邻里效应所扭曲。因此,这不但是一个原则问题,而且对建立一般变化理论十分必要,例如,反映主体之间相互作用模式的理论[97],这反过来又影响了演化过程和适应性动态。

从本节的分析可以看出,如果以更大范围的平均值替代局部状态,粗颗粒化的处理方式会导致信息丢失。[98]如果反过来朝着"细颗粒化"的方向努力,例如当我们坚持城市中的各个社区具有不同特征,随着更精细尺度上的新自由度发挥作用并产生特定价值,我们将能得到更多的信息。[99]这些一般性思考告诉我们,我们可以通过跟踪城市的信息内容,探索城市作为不同尺度复杂系统的理论。

选择是个体通过获取信息来学习和适应环境的一般性过程。[100]选择过程在很多不同的复杂系统都可以用相同的数学形式来描述。当应用于空间排序时,这种方法可以用来研究局部异质性是怎样从更大范围的统计规律背景中出现的[101],从而实现宏观现象(如标度现象)与微观行为(如个人居住选择)之间的协调。

这个问题的一个重要方面是空间排序模式最初是如何形成的,又是如何随着时间的推移而变化的。例如,目前有越来越多的直接数据能够帮助我们全面了解家庭选择和流动情况,可以对同一社区的收入格局进行长期跟踪比较。[102]最近在美国和加拿大的城市有几项针对这一方向的研究,用不同的方法分别揭示了社区的收入隔离正在变得更加严重,这一现象被称为"社区极化"[103](neighborhood polarization)。这对应着更强的邻里效应,并表明城市的社区结构与收入分布之间的互信息随着时间的推移不断增加。

城市科学和政策面临的一系列最具挑战性的问题,例如经济不平等的原因和后果[104]、民族和种族隔离、机会差异[105]、优势或劣势的空间集聚[106],包括犯罪和暴力问题[107]等,其根源都是与个人收入或其他特征相关的空间人口分类,这些都还有待建立更加系统的理解。当不同个人、不同地方面临着截然不同的挑战,为了使城市政策和实践更加有效,十分有必要将现有模型和分析方法扩展到更多的城市体系(如其他国家)以及更多的人口统计维度(如收入、种族、教育和性别)。

6.4 结语：社区、信息与人类可持续发展

社区深嵌于我们对城市的理解与感知，但从第 2 章至第 5 章提出的城市理论的角度来看，它们似乎是不必要的。我们已经看到，如果一个社区有异于城市的地方特征，它的形成就需要更多不同人群的空间选择机制信息，无论是基于选择还是基于必要性。

这种空间选择不仅可能会带来集聚优势或劣势，而且会在城市中产生不同的人类生态，人们可以过上不同的生活，成本更低，服务更好，邻居更可信赖、更能互助。在所有这些意义上，社区的异质性是城市创造环境的一种手段，通过保护和创造亚文化、新技术、新建筑、特色食品或专营店等，实现生活方式创新。城市中的社区空间格局为个人进入城市创造了阶梯式的机会（"抵达城市"[108]），但也意味着放弃了一些承诺和机会。从这个意义上说，发展中城市的非正规住

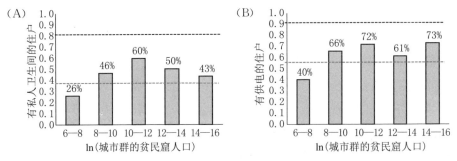

注：(A)图表示拥有私人卫生间的家庭比例与 ln(城市群的贫民窟人口)。灰色水平虚线显示拥有私人卫生间的农村家庭的平均比例为 31%，黑色水平虚线显示拥有私人卫生间的城市家庭比例为 81%。(B)图表示有供电的家庭比例与 ln(城市群的贫民窟人口)。灰色水平虚线显示农村家庭通电的平均比例为 55%，黑色水平虚线显示城市家庭通电的平均比例为 93%。只有贫民窟人口最少的城市群的服务水平(包括卫生间和供电)低于农村地区，除此之外，城市贫民窟提供的基本服务比农村地区好得多，但比城市其他社区差得多。

资料来源：数据来自 the Office of the Registrar General and Census Commissioner，"Census of India，2011"（New Delhi：Ministry of Home Affairs，2011），https://censusindia.gov.in/2011-common/censusdata2011.html。

图 6.21 印度城市群中的城市贫民窟和农村地区获得服务情况比较

区具有介于农村和全球大都市之间的中间特征(参见图 6.21)。它们既是物理空间,也是社会经济网络。

通过识别社区的信息内容来解码社区语言,为研究者提供了一扇窗口,以理解人类发展的基本过程,特别是人们适应各种物理和社会经济环境的方式,以及正如我们所看到的,在发展中城市,当地城市环境如何适应人们的需求。从这个意义上说,平衡成本-收益的试金石关系(第 2—4 章)在空间上可以有很多不同的形式,因为短期的低成本(例如,居住在较贫穷的社区)可能是通往城市环境机会的陷阱或阶梯。

在我看来,在美国城市中的犯罪和贫困问题、发展中城市的贫民窟改善问题等的讨论中,基于动态和自下而上的视角来研究地方社区适应性和相关的人类发展理论都还在起步阶段。从实证研究角度,我们正处于一场时空分辨率的革命之中,这场革命使我们能够逐个社区地对城市社会、经济和基础设施各方面进行系统的测度,包括人们的经验和流动性。[109]这让我们看到,城市之间的旅行和通勤,特别是工作、商业和娱乐活动带来的混合在一定程度上缓解了与居住地相关的隔离。[110]这让我们回到了时间地理学问题[111](第 2 章),以及人们的生活轨迹及其交互上[112](第 3 章),在未来可能会有更丰富、更完整的方式测度这些影响的前景。因此,数据问题将越来越不构成问题;贫民窟也将不再是"沉默区",即使对于那些远离国家政府或发展机构总部的官员来说也是如此。从根本上来说,我们需要一个更深刻的理解人类认知和发展的因果关系的框架,不但能够识别"问题社区",而且能够识别任何城市环境,使所有社区都能够得到积极的改善,无论它们起初是富有还是贫困,为全球各地的每个人创造更多机会。这样一个关于社区中的可持续人类发展的"普适"理论将是城市科学的一项重大成就。在未来几十年里,全球数百万社区不断积累的知识和变革经验将为我们指引前进的方向。

注释

[1] Smith,"The Archaeological Study of Neighborhoods and Districts in Ancient Cities".

[2] Park, Burgess, and McKenzie, *The City*, 63—64.

[3] Zimbardo,*The Lucifer Effect*.

［4］O'Brien，*The Urban Commons*.

［5］Wilson，*The Truly Disadvantaged*.

［6］Riis，*How the Other Half Lives*；Morgan and Sinclair，*Charles Booth's London Poverty Maps*.

［7］Wilson，"A Response to Critics of the Truly Disadvantaged".

［8］Small and Newman，"Urban Poverty after The Truly Disadvantaged"；Sampson，"Neighbourhood Effects and Beyond"；Ioannides and Loury，"Job Information Networks，Neighborhood Effects，and Inequality".

［9］Raudenbush and Sampson，"Ecometrics"；O'Brien，Sampson，and Winship，"Ecometrics in the Age of Big Data".

［10］O'Brien，Sampson，and Winship，"Ecometrics in the Age of Big Data"；O'Brien，*The Urban Commons*.

［11］Sampson and Raudenbush，"Systematic Social Observation of Public Spaces"；Morenoff，Sampson，and Raudenbush，"Neighborhood Inequality，Collective Efficacy，and the Spatial Dynamics of Urban Violence".

［12］Wilson and Kelling，"Broken Windows".

［13］O'Brien，Sampson，and Winship，"Ecometrics in the Age of Big Data"；Sampson，*Great American City*.

［14］Sampson，*Great American City*.

［15］Pearl，*Causality*；Morgan and Winship，*Counterfactuals and Causal Inference*.

［16］Sampson，Great American City；Hannon，"Poverty，Delinquency，and Educational Attainment"；Shuey and Willson，"Cumulative Disadvantage and Black-White Disparities in Life-Course Health Trajectories".

［17］Elliott et al.，"The Effects of Neighborhood Disadvantage on Adolescent Development"；Hipp，"A Dynamic View of Neighborhoods"；Sampson and Laub，*Crime in the Making*.

［18］Shuey and Willson，"Cumulative Disadvantage and Black-White Disparities in Life-Course Health Trajectories".

［19］Rittel and Webber，"Dilemmas in a General Theory of Planning".

[20] Sanbonmatsu et al. "Moving to Opportunity for Fair Housing Demonstration Program—Final Impacts Evaluation".

[21] Briggs et al., "Inclusive Economic Growth in America?".

[22] Briggs, Popkin, and Goering, *Moving to Opportunity*.

[23] Ludwig et al., "Neighborhood Effects on the Long-Term Well-Being of Low-Income Adults"; Sampson, "Moving and the Neighborhood Glass Ceiling".

[24] Ludwig et al., "Long-Term Neighborhood Effects on Low-Income Families".

[25] Sampson, "Moving and the Neighborhood Glass Ceiling".

[26] Briggs, Popkin, and Goering, Moving to Opportunity; Sampson, "Moving and the Neighborhood Glass Ceiling"; Sampson, "Moving to Inequality".

[27] Chetty, Hendren, and Katz, "The Effects of Exposure to Better Neighborhoods on Children".

[28] Chetty et al., "The Fading American Dream"; Chetty and Hendren, "The Impacts of Neighborhoods on Intergenerational Mobility I: Childhood Exposure Effects"; Chetty and Hendren, "The Impacts of Neighborhoods on Intergenerational Mobility II: County-Level Estimates".

[29] Chetty, Hendren, and Katz, "The Effects of Exposure to Better Neighborhoods on Children"; Chetty and Hendren, "The Impacts of Neighborhoods on Intergenerational Mobility I: Childhood Exposure Effects"; Chetty and Hendren, "The Impacts of Neighborhoods on Intergenerational Mobility II: County-Level Estimates"; Chetty et al., "Childhood Environment and Gender Gaps in Adulthood".

[30] Sharkey, "The Acute Effect of Local Homicides on Children's Cognitive Performance"; Sharkey et al., "The Effect of Local Violence on Children's Attention and Impulse Control".

[31] Schelling, *Micromotives and Macrobehavior*.

[32] Stauffer and Solomon, "Ising, Schelling and Self-Organising Segregation".

[33] Stauffer and Solomon, "Ising, Schelling and Self-Organising Segregation";

Vinkovic and Kirman, "A Physical Analogue of the Schelling Model"; Clark and Fossett, "Understanding the Social Context of the Schelling Segregation Model".

[34] Bruch and Mare, "Neighborhood Choice and Neighborhood Change".

[35] Bruch, "How Population Structure Shapes Neighborhood Segregation".

[36] Sahasranaman and Jensen, "Dynamics of Transformation from Segregation to Mixed Wealth Cities"; Sahasranaman and Jensen, "Ethnicity and Wealth".

[37] United Nations, "17 Goals to Transform Our World".

[38] Gianessi, Peskin, and Wolff, "The Distributional Effects of Uniform Air Pollution Policy in the United States"; Richardson, "A Note on the Distributional Effects of Road Pricing"; Layard, "The Distributional Effects of Congestion Taxes".

[39] Gianessi, Peskin, and Wolff, "The Distributional Effects of Uniform Air Pollution Policy in the United States"; Parry, "Are Emissions Permits Regressive?"; Johnstone and Serret, *The Distributional Effects of Environmental Policy*; Price and Hancock, "Distributional Effects of Liberalising UK Residential Utility Markets"; Metcalf and Weisbach, "The Design of a Carbon Tax", *Harvard Environmental Law Review* 33(2009): 499; Büchs, Bardsley, and Duwe, "Who Bears the Brunt? Distributional Effects of Climate Change Mitigation Policies".

[40] Gianessi, Peskin, and Wolff, "The Distributional Effects of Uniform Air Pollution Policy in the United States"; Sharma et al., "Indoor Air Quality and Acute Lower Respiratory Infection in Indian Urban Slums"; Brunekreef and Holgate, "Air Pollution and Health"; Pope et al., "Particulate Air Pollution as a Predictor of Mortality in a Prospective Study of U.S. Adults".

[41] Bitler, Gelbach, and Hoynes, "What Mean Impacts Miss".

[42] Hammer et al., "Distributional Effects of Social Sector Expenditures in Malaysia, 1974—1989".

[43] Barja and Urquiola, "Capitalization, Regulation and the Poor".

[44] Price and Hancock, "Distributional Effects of Liberalising UK Residential Utility Markets".

[45] Ruijs, Zimmermann, and van den Berg, "Demand and Distributional Effects of Water Pricing Policies".

[46] Neuhoff et al., "Distributional Effects of Energy Transition"; Schlör, Fischer, and Hake, "Sustainable Development, Justice and the Atkinson Index".

[47] Layard, "The Distributional Effects of Congestion Taxes"; Richardson, "A Note on the Distributional Effects of Road Pricing".

[48] Weber and Matthews, "Quantifying the Global and Distributional Aspects of American Household Carbon Footprint".

[49] Alexander, *Notes on the Synthesis of Form*.

[50] Jacobs, *The Death and Life of Great American Cities*; Alexander, *The Timeless Way of Building*.

[51] Geddes, *Cities in Evolution*.

[52] Alinsky, *Rules for Radicals*, xix.

[53] UN-Habitat, *The Challenge of Slums*.

[54] UN-Habitat, *State of the World's Cities* 2012/2013, *Prosperity of Cities*; UN-Habitat, *The Challenge of Slums*.

[55] Riis, *How the Other Half Lives*.

[56] Morgan and Sinclair, *Charles Booth's London Poverty Maps*.

[57] UN-Habitat, *The Challenge of Slums*; UN-Habitat, *State of the World's Cities* 2012/2013, *Prosperity of Cities*.

[58] Patel, Baptist, and D'Cruz, "Knowledge Is Power—Informal Communities Assert Their Right to the City through SDI and Community-Led Enumerations"; Mitlin and Satterthwaite, *Urban Poverty in the Global South*.

[59] Mitlin and Satterthwaite, *Urban Poverty in the Global South*; Satterthwaite, "Missing the Millennium Development Goal Targets for Water and Sanitation in Urban Areas".

[60] UN-Habitat, *The Challenge of Slums*; Satterthwaite, "Missing the Mil-

lennium Development Goal Targets for Water and Sanitation in Urban Areas".

[61] Lobo et al., "Urban Scaling and the Production Function for Cities".

[62] United Nations Development Programme, "Human Development Report 2013".

[63] UN-Habitat, *The Challenge of Slums*.

[64] Bettencourt, "The Origins of Scaling in Cities".

[65] Bettencourt, "The Origins of Scaling in Cities".

[66] Bettencourt, "The Origins of Scaling in Cities".

[67] Hoch, "Income and City Size"; Henderson, *Urban Development*; Bettencourt et al., "Growth, Innovation, Scaling, and the Pace of Life in Cities"; Bettencourt, "The Origins of Scaling in Cities".

[68] Mumford, *The City in History*.

[69] Vishwanath et al., "Urbanization beyond Municipal Boundaries: Nurturing Metropolitan Economies and Connecting Peri-urban Areas in India".

[70] Bettencourt, "The Origins of Scaling in Cities"; Glaeser, Scheinkman, and Shleifer, "Economic Growth in a Cross-Section of Cities".

[71] Anselin, *Spatial Econometrics*.

[72] Kuznets, "Economic Growth and Income Inequality".

[73] Brelsford et al., "Heterogeneity and Scale of Sustainable Development in Cities".

[74] Brelsford et al., "Heterogeneity and Scale of Sustainable Development in Cities".

[75] Sampson, *Great American City*; Reardon and Bischoff, "Income Inequality and Income Segregation".

[76] Sampson, *Great American City*; Reardon and Bischoff, "Income Inequality and Income Segregation".

[77] Sampson, *Great American City*.

[78] Frank, "Natural Selection. III. Selection versus Transmission and the Levels of Selection".

[79] Page and Nowak, "Unifying Evolutionary Dynamics".

[80] Cover, *Elements of Information Theory*; Theil, *Economics and Information Theory*.

[81] Sampson, *Great American City*; Ludwig et al., "Neighborhood Effects on the Long-Term Well-Being of Low-Income Adults"; Intrator, Tannen, and Massey, "Segregation by Race and Income in the United States 1970—2010"; Reardon and Bischoff, "Income Inequality and Income Segregation".

[82] Cover, *Elements of Information Theory*; Frank, "Natural Selection. V. How to Read the Fundamental Equations of Evolutionary Change in Terms of Information Theory"; Theil, *Economics and Information Theory*.

[83] Theil, *Economics and Information Theory*; Roberto, "The Divergence Index".

[84] Theil, *Economics and Information Theory*.

[85] Theil, *Economics and Information Theory*; Roberto, "The Divergence Index".

[86] Bettencourt, Hand, and Lobo, "Spatial Selection and the Statistics of Neighborhoods".

[87] Roberto, "The Divergence Index".

[88] Owens, "Neighborhoods on the Rise"; Ludwig et al., "Neighborhood Effects on the LongTerm Well-Being of Low-Income Adults"; Roberto and Hwang, "Barriers to Integration".

[89] Goldenfeld and Kadanoff, "Simple Lessons from Complexity".

[90] Darwin and Mayr, *On the Origin of Species*; Mumford, *The City in History*; Jacobs, *The Death and Life of Great American Cities*.

[91] Anderson, "More Is Different".

[92] Landau et al., *Statistical Physics*, Part 1; Kadanoff, *Statistical Physics*; Ma, *Statistical Mechanics*.

[93] Goldenfeld, *Lectures on Phase Transitions and the Renormalization Group*; Zinn-Justin, *Phase Transitions and Renormalization Group*.

［94］Schelling, Micromotives and Macrobehavior; Bruch and Mare, "Neighborhood Choice and Neighborhood Change"; Smith, "The Archaeological Study of Neighborhoods and Districts in Ancient Cities".

［95］Zinn-Justin, *Phase Transitions and Renormalization Group*; Goldenfeld, *Lectures on Phase Transitions and the Renormalization Group*; Kadanoff, *Statistical Physics*.

［96］Glaeser, *Cities, Agglomeration, and Spatial Equilibrium*.

［97］Jackson, *Social and Economic Networks*; Sampson, *Great American City*.

［98］Kadanoff, *Statistical Physics*.

［99］Elad and Feuer, "Restoration of a Single Superresolution Image from Several Blurred, Noisy, and Undersampled Measured Images"; Yang et al., "Image Super-resolution via Sparse Representation".

［100］Frank, "Natural Selection. V. How to Read the Fundamental Equations of Evolutionary Change in Terms of Information Theory"; Page and Nowak, "Unifying Evolutionary Dynamics"; Nelson and Winter, *An Evolutionary Theory of Economic Change*; Smith and Krueger, *The Wealth of Nations*.

［101］Goldenfeld and Kadanoff, "Simple Lessons from Complexity".

［102］Browning, Cagney, and Boettner, "Neighborhood, Place, and the Life Course"; South et al., "Neighborhood Attainment over the Adult Life Course"; Chetty et al., "The Fading American Dream"; Hipp, "A Dynamic View of Neighborhoods".

［103］Reardon and Bischoff, "Income Inequality and Income Segregation"; Chen, Myles, and Picot, "Why Have Poorer Neighbourhoods Stagnated Economically while the Richer Have Flourished?".

［104］Chen, Myles, and Picot, "Why Have Poorer Neighbourhoods Stagnated Economically while the Richer Have Flourished?"; Krivo et al., "Social Isolation of Disadvantage and Advantage"; Firebaugh and Farrell, "Still Large, but Narrowing: The Sizable Decline in Racial Neighborhood Inequality in Metropolitan America, 1980—2010".

[105] Lens, "Measuring the Geography of Opportunity"; Chetty et al., "The Fading American Dream".

[106] Krivo et al., "Social Isolation of Disadvantage and Advantage"; Elliott et al., "The Effects of Neighborhood Disadvantage on Adolescent Development"; Wilson, "Studying Inner-City Social Dislocations".

[107] Wilson, "Studying Inner-City Social Dislocations"; Wilson, *When Work Disappears*; Sampson, *Great American City*; Intrator, Tannen, and Massey, "Segregation by Race and Income in the United States 1970—2010"; Besbris et al., "Effect of Neighborhood Stigma on Economic Transactions".

[108] Saunders, *Arrival City*.

[109] Wang et al., "Urban Mobility and Neighborhood Isolation in America's 50 Largest Cities"; Manduca and Sampson, "Punishing and Toxic Neighborhood Environments Independently Predict the Intergenerational Social Mobility of Black and White Children".

[110] Sahasranaman and Jensen, "Dynamics of Transformation from Segregation to Mixed Wealth Cities"; Farber et al., "Measuring Segregation Using Patterns of Daily Travel Behavior"; Le Roux, Vallée, and Commenges, "Social Segregation around the Clock in the Paris Region (France)".

[111] Pred, "The Choreography of Existence"; An et al., "Space-Time Analysis".

[112] Bettencourt, "The Origins of Scaling in Cities"; An et al., "Space-Time Analysis".

7. 城市与历史上的住区起源

所有可行的社会制度都以在广大人口中建立可靠的合作形式为前提，然后再以防止爆发灾难性暴力的方式将合作成果分发给全体人口。

——约西亚·奥伯(Josiah Ober)：《希腊古典时期的兴衰》

当我们想到今天的城市时，我们倾向于强调历史上最新的经济和政治组织形式，其中一些构成了第 2 章中经典模型的基础。但是，放在城市发展的历史进程中，今天我们认为理所当然的各种制度可能并没有那么重要，例如资本主义、民主或产权。取而代之的将是一组更抽象的、"更深层次"的本源。这些本源应当反映人类在任何社会中共同生活都离不开的一般需求，例如：必须解决冲突，生产并储存热量，形成集体行动，实现身份认同和资源再分配等。本章的主要目标是从这个角度审视人类住区，提出并验证相关的量化方法。

本章的总体思路是：通过分析历史上人类住区的起源和发展过程，更深入全面地理解"城市作为一种过程"的概念。我们将看到，将城市视为"社会反应器"（social reactor）——"一种时间和空间互动集聚形成的社会经济网络"的理论在很大程度上可以推广到早期人类定居点。研究早期城市及其前身使我们能够揭示创造和维持大规模人类社会所必需的艰难平衡和社会创新，并从中收获虽不确定但丰富的成果。这些情况将激励我们提出新的概念和理论视角，推动城市科学的知识体系和模型体系发展，使之既适用于过去，又适用于当下的人类住区，增强我们预测未来的能力。

人类是一种有好奇心的生物。与其他物种相比，我们适应自然环境的能力并不突出。我们既不擅长力量或速度角逐，也没有灵敏的感官能力。从生物学角度来看，这似乎有悖常理。我们越进化，在生理上就越不适应所生活的自然环境。相反，我们用（通用的）大脑来适应任何环境，并使之变得繁荣，发明新的技术和新的社会组织方式来创造适合我们自身的环境。这些特征使我们在各种不同的自然环境中都能够蓬勃发展(参见图 7.1),继而通过相互学习,创造和完善新的想法并探索其后果,最终以前所未有的速度和范围改变了我们自己,也改变了地球。除非(可能是自己造成的)重大灾难降临,这种社会化、学习和变革的强大良性循环将永无止境。我们是怎么做到的? 我们为什么这么做?

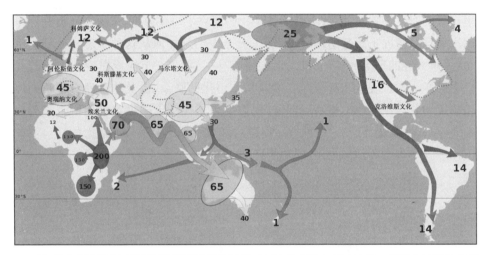

注:图中的数字表示以千年计距离当前的时间,如 50 代表距今 50 000 年。在这个过程的大部分时间里,人类都过着从自然栖息地中狩猎和采集的生活。永久性定居点和城市的最终出现都是过去 1 万年才发生的创新。

资料来源:改编自 Mait Metspalu et al., "Most of the Extant MtDNA Boundaries in South and Southwest Asia Were Likely Shaped during the Initial Settlement of Eurasia by Anatomically Modern Humans", *BMC Genetics* 5, no.1 (2004): 26, https://doi.org/10.1186/1471-2156-5-26。

图 7.1　现代人类在地球上的迁徙过程

人类之所以能进化出独特的智慧,很可能源于多种多样的社会化方式。[1]与他人共处始终是人类面临的巨大挑战,但正是通过彼此共处并组成社会,我们才得以找到空前放大个体能力的方法。这就是城市的本质,也是它的终极目的。理解城市化作为一种生活方式[2]的根源和开放性后果需要我们从头开始思考,在最简单的人类社会中,实现更大规模的社会化有哪些驱动因素和障碍。

§本章概要

本章分为三个部分。第 7.1 节从考古学和人类学的比较分析角度,简要总结了早期城市的特征。我们利用考古记录中的一些代理变量来反映现代城市的特征，进而在不同文化和历史背景中验证，地方化空间中的人类互动网络是否具有某些普遍的特征。这些设置也使我们得以开展一些特殊的城市化实验，例如城市在新大陆和旧大陆*中的分别出现。对这些情况进行定量分析，能够为人类住区的标度效应具有一般性提供更有力的证据。在第 7.2 节中，我们将这些模式追溯到最早期的流动狩猎采集者的营地，并发现标度关系和集聚效应在这里更具临时性和偶然性，甚至会消失。我们建立了一些模型，来探究社会和热量因素在这种情况下所起的作用，以及历史上人类是如何从这种状态转变到更密集、更永久性的聚落的（广义概念上的城市化）。第 7.3 节简要讨论了前现代社会中的经济增长现象及其与标度效应和城市化的联系，以及这种经济增长的典型幅度和波动性。在本章结尾部分，我们反思了人类大规模社会化所带来的成本-收益关系变化，以及为了维持并促进这种虽不稳定但极具创造力的社会彼此依赖和合作状态，需要作出哪些功能性创新。

7.1 历史中的城市

在分析贯穿不同历史背景中的更详细的考古证据之前，我们先纵览一下可能有哪些最早的城市。

7.1.1 人类的第一批城市

哪个城市是世界上的第一个城市，目前仍存在争论。迄今为止，考古学家发现的最早永久性定居点规模很小，而且相对简易，即便与今天的小城镇相比也是如此。非常早期的永久性定居点，如杰里科（Jericho，位于今天的约旦河西岸），或是现代土耳其范围内发现的一些定居点，如恰塔霍裕克（Çatalhöyük），似乎是农业社会的人口聚集区，最大的可能有几千人（参见图 7.2）。这些定居点与今天

---

* 新大陆和旧大陆是从欧洲人视角看待的世界范围，其中新大陆是指在欧洲探险家发现之前不为欧洲人所知的美洲大陆；旧大陆是指欧洲、亚洲和非洲三大洲，因为它们是最早被欧洲人所认识和开发的地区。——译者注

(A)

(B)

(C)

注:遗址仅由土砖房组成,可能容纳了约 5 000 人,但在公元前 7100 年至前 5600 年期间有上下波动。当地文化包括宗教仪式、丧葬仪式和艺术,以及建筑和工具制作的新技术,可能还有第一张城市地图(A)。黑色和白色的规则形状被认为是房屋,背景是一座死火山——哈桑达格。然而这个墙绘能否解释为地图,考古学家仍然存有争议。(B)图正如考古测绘图(C)所示,房屋密集排列成组。杰里科周围的遗址显示一些定居点可能可以追溯到公元前 10000 年左右的纳图夫文化,有时被认为早于农业的出现。早期的杰里科以其城墙和塔楼而闻名,并一直保存到现代。

资料来源:图片来自 James Mellaart, "Excavations at Hacilar: Third Preliminary Report, 1959", *Anatolian Studies* 10 (1960): 83—104, https://doi.org/10.2307/3642430。

图 7.2　恰塔霍裕克的新石器时代早期定居点

自给自足的农业小镇有更多的共同点,缺乏城市系统的很多必备因素,如相对先进的技术、社会经济管理实践以及政治。

到美索不达米亚出现"第一批城市"时,这些成分中的很多已经明显存在。考古学和地理学(参见第 8 章)的共同观点认为,真正的城市必须是住区(城市)系统的一部分。当然,这个观点存在一定的递归逻辑谬误。最小的城市系统很可能只有一个"城市",也许是和其他非永久性住区共同组成。

历史研究常常认为,早期城市的出现和城市发展是由一些一般性关键功能的出现推动的,这些功能确实在许多最早的聚落中都有体现。[3]刘易斯·芒福德在他的里程碑式著作《城市发展史》中,提出了早期城市的三大一般功能:防御、市场和宗教。其他一些有影响力的学者则强调了汇集资源并进行储存和再分配[4],政治制度(国家)的兴起[5],以及由于人口压力,官僚体制和治理变得愈加复杂,层级社会(政治)出现等因素的重要性。人类学家罗伯特·卡内罗(Robert Carneiro)将这种现象描述为从数量中产生质量。[6]这种观点认为,政治、宗教、经济等各种社会组织的产生，是为了应对征服或自然增长造成的大规模人口管理问题[7]，继而使个人和集体的职能发生分化和差异化，可能还导致层级化和不平等的加剧（参见第 5 章）。另一种更实用的补充性理论与中心地理论（参见第 8 章）相关，这个理论认为，人口中心依托共享的基础设施而发展，例如贸易路线、水利工程和运河等，这些基础设施对于早期定居点的粮食生产和储存非常重要，它们可能需要协调更多的劳动力，超出了小型低密度社会的能力范围。剩余农产品可以储存起来或有计划地使用，支持长途贸易和分工，促进全职的非初级生产者的出现，例如与宗教和新兴政治组织相关的行政阶层。[8] 所有这些想法或多或少都有一定道理。但也让我们感到，城市的生存和发展有着多样的模式，不能简单归因于某个或某些因素，所以早期城市化并没有一个普遍适用的路径。

在本章中，我们将以这些思想为背景，通过定量的比较研究来探讨古代住区与现代城市的相似性。我们不仅仅关注文化、规模或技术方面的差异，而是更多地从空间化的成本和收益方面展开分析。我们还将通过标度关系及其历史解读来展现两者之间的联系和变化。

7.1.2 所有社会实验之母

要对历史上的城市化进行比较研究，首选之地无疑是所有社会实验之母：新大陆（前哥伦布时代的美洲）的定居社会和城市与旧大陆同类社会和城市的独立出现。人们在城市出现之前就来到了新大陆，但当欧洲人踏上美洲时，原住民已经建造了一些有史以来最大、最壮观的城市。这是"趋同进化"的一个实例，尽管历史进程彼此独立，但功能发展的结果相似。将比较的重点放在独立趋同进化的实例之间，是实现归零的最佳方式。

在芝加哥大学东方研究所担任所长时，罗伯特·麦考密克·亚当斯（Robert McCormick Adams）对城市在新旧大陆的独立出现进行了精彩的比较研究。该研究所开创了中东考古学的先河，对苏美尔的乌尔和乌鲁克等第一批城市和城市体系进行了科学研究。1965 年，亚当斯受邀在罗切斯特大学做了著名的考古学系列讲座——"刘易斯·亨利·摩根讲座"。在讲座中，亚当斯介绍了他的比较研究成果，题为"城市社会的演变：早期美索不达米亚和西班牙殖民统治时期

的墨西哥"。这些讲座后来被整理成书,开篇的一段话明确地阐述了他的目标:

> 本书的主要目标是基于两个发展进程彼此独立,记录最为完整的早期城市社会案例,分析并揭示其中的规律。在数据允许的情况下,研究希望对两者共有的制度形态和发展趋势进行系统的比较。
>
> 这项研究强调结构上的基本相似性,而不是那些使每种文化都与众不同的形式特征,并试图证明这两个社会在本质上是同一进程的不同表现形式。[9]

我认为这些目标无论在当时还是现在都不应该引起争议,但是在当时,20世纪 60 年代及随后一段时间里,考古学家和人类学家才刚刚开始尝试利用数据中的模式来发现能够跨越时间和文化的普遍"规律"。一些学者认为,这些模式太过于决定论,忽视了人类的主观能动性,因此不具有价值。而另一些学者则认为,过于强调文化相对主义和独立性,就难以实现亚当斯所追求的那种综合,也难以实现学术甚至科学的持续进步。这类粗糙两极化的学术争论已经是过去式,但是我们今天仍然应该牢记不能陷入过度一般化或特殊化的极端立场。

本书将持续关注一个二元性问题,即定量规律和模型虽然源于日常生活的平均模式,但同时也受到很多相对弱约束的影响,各种解释、选择和主观能动性不仅多姿多彩,而且必不可少(参见第 3 章和第 9 章)。亚当斯和其他人发现的规律为人类的选择和能动性提供了一个框架,使其能够在更广阔的领域发挥作用,而不仅是对自然环境进行生物性适应。

7.1.3 城市技术套件

亚当斯的主要工作地点——芝加哥大学东方研究所有一个简单而美丽的中东最早城市文物展,非常值得参观。在几个玻璃展柜的狭小空间内,可以看到第一个千年的城市已经出现了现代城市的某些特点。从古至今,这些功能特征始终是人类社会的一部分。这些形式创新覆盖了经济、政治、热量使用、官僚体制和信息使用,例如:

- 标准化的碗,被认为代表日常工资或口粮;
- 大规模施工技术(如土砖、砖土结构和运河);

- 财产记录以及仓储和经济交易记录；
- 成文法律，特别是对冲突和盗窃的监管，以及相关的标准化处罚方式；
- 关于人类生活状况的记录和早期思考；
- 会计和数学，包括计时；
- 政治等级制度和宣传；
- 大量制作宗教用品和艺术品。

其中，最不寻常的是书写，学术界通常认为这项技术代表着正式历史的发端。最开始，书写并不是今天的样子（参见图7.3），而是数学、账目和自然语言等组合在一起的脚本。大多数最早期的文件可能会让文学爱好者失望，但会计师或数学家会很兴奋。它们是那个时代的 Excel 电子表格。因此，数据、数学和有记录的自然语言在同一媒介中诞生，并完美地表达了城市的意义。这种媒介的出现使我们听到历史上第一批声音讲述他们生活中辛酸的一面，比如作为一名抄写员的痛苦或他们感情生活的变化，这些方式让我感觉非常现代。

注：在苏美尔的第一批城市，计数、记录和有限的文字都是同一系统的一部分。由此，数据和书面叙述有了共同的起源。随着时间的推移，这些媒介变得更加专业和独立，但两者对城市社会的运作仍然至关重要。

资料来源：芝加哥大学东方研究所提供。

图7.3　书写的早期演化

我认为这里重要的是，这些早期城市之所以能够产生并维持绝非来自某个单一的创新，而是从一开始就有一套新技术的完整城市套件，包括记账、交流、冲突监管以及社会和政治生活等。即使到了今天，在追求现代城市的效率和公平，以及作为人类社会的协作场所的过程中，这些创新的本质依然伴随着我们。

我们将会看到,这组城市套件中的技术从未属于城市出现之前的简单人类社会,无论从空间还是时间角度,土地使用和社会组织形态的量化特征在城市出现前后都完全不同。例如,艺术先于城市,但它在城市环境中被惊人地放大,部分还发生了制度化。

7.1.4　墨西哥盆地的伟大城市

我们在那个大湖上看到了大量的独木舟,有些带着食物,另一些带着货物归来。我们看到,这些场景发生在这座伟大城市和所有其他水上城市的每一栋房子,除了用木头搭建的吊桥或独木舟外,不可能从一栋房子穿过另一栋房子。我们在那些城市里看到了寺庙和演讲厅,就像塔楼和堡垒一样,都是闪闪发光的白色建筑,这实在是太奇妙了……

在仔细检查和思考了我们所看到的一切之后,我们将目光转向这个巨大市场和里面的人群,有些人在买,有些人在卖,很远就能听到他们发出的嘈杂声和咕哝声。我们当中的一些士兵曾去过世界许多地方,包括君士坦丁堡、意大利各地和罗马,他们说,他们从未见过如此大的市场,如此拥挤,如此规范和有序。

——贝尔纳尔·迪亚斯·德尔·卡斯蒂略(Bernal Díaz del Castillo):

《征服新西班牙信史》

我们都知道西班牙征服者第一次与伟大的阿兹特克文明相遇的故事,阿兹特克的首都特诺奇蒂特兰是当时世界上最伟大的城市之一。从当时所有的编年史中都可以清楚地看到,这些欧洲人在许多方面看到了比他们所经历或创造的任何事情都更加宏大、更加非凡的东西。

我们之所以记住这场文明的冲突,主要是由于战争双方的痛楚和荣耀,残暴的欧洲帝国对前西班牙时期繁荣复杂文化的征服,以及随后的文化、政治和人口灭绝。但穿过战争和毁灭带来的迷雾与苦痛,与这场文明的相遇还有另一个深刻意义,它让我们意识到大城市和城市技术套件中的一切,包括市场、政治、宗教和日常生活等,在美洲和旧大陆是独立产生的进程。

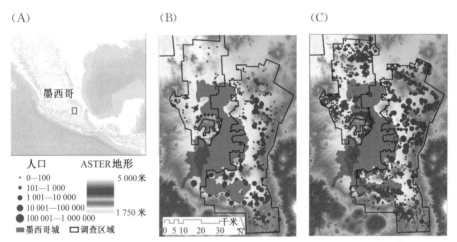

注：据估计，该市当时约有 20 万人口，是拥有数百个其他定居点的城市体系的首都（下图）。这一城市体系已经存在了大约 2 000 年，详细的考古调查显示其经历了四个独特的文化时期，分别为：形成时期；（B）图中的古典时期；托尔特克时期；以及（C）图中的阿兹特克时期。线条显示了调查区域的边界，灰色阴影区域为 1960 年墨西哥城的范围。

图 7.4 迭戈·里维拉绘制的 16 世纪前叶西班牙征服时期的
特诺奇蒂特兰以及墨西哥盆地的定居点地图

虽然亚当斯等历史学家作为先驱,为此类比较建立了定性分析的基础,但通过验证城市标度关系和集聚效应,我们可以使这项工作更加严谨。图 7.4 显示了 16 世纪初西班牙征服时期,一位艺术家所刻画的特诺奇蒂特兰。第二张图显示这座伟大的城市是一个由不同规模住区组成的大型区域性城市体系的首都。该地区得益于毗邻湖泊的独特区位优势,这促进了联系和交通。

考古学家对这些住区进行了深入的调查,使我们今天能够推断出它们的人口和面积。这为我们测算定居点面积 A 与人口规模 N 的标度关系提供了很好的条件。由于在考古环境中我们无法直接测量人口,所以必须找到代理变量,这也是考古学的一项重要课题。[10] 对于墨西哥盆地遗址,有两种可行的方法测算人口密度,一是通过碎片(碎屑)沉积率,二是通过房屋的房间数量(参见图 7.5)。

考古学中的人口密度测算

方法 1:碎片密度

- 很低:表面碎片散落于较大范围,每几米可能只有 1—2 个碎片,与人口密度 2—5 人/公顷的紧凑型牧场相关。
- 低:碎屑呈现出距离 20—30 厘米的连续分布,但在该点之外,碎屑密度没有显著增加;与人口密度 5—10 人/公顷的零散村庄相关。
- 中低:尽管大部分区域都有轻微的表面残留,但仍会出现每平方米含有多达 100—200 个碎片大量堆积的边界区域,与人口密度 10—25 人/公顷的紧凑型低密度村庄相关。
- 中等:一层连续的碎片,在任何随机选择的 1 平方米土地上都可能发现 100—200 块陶片,与人口密度 25—50 人/公顷的紧凑型高密度村庄相关。
- 中高:该地区的大部分为中等密度,但一些局部地区的 1 平方米土地上可能有 200—400 块陶片,达到人口密度 50—100 人/公顷的紧凑型高密度村庄上限。
- 高:每平方米土地 200—400 块碎片密度的状况连续,碎片实际上存在叠加,因此随机选择的 1 平方米土地上可能会发现多达 400—800 块陶片,达到人口密度 50—100 人/公顷的紧凑型高密度村庄上限。

方法2:房屋和房间数量

将房间占用率乘以房间总数。

注:例如在墨西哥盆地的考古调查,通常是通过碎片沉积量来测算一段时间内的平均居住密度,也可以按时间段分别测算以绘制遗址的历史。考虑到涉及的具体材料和技术,碎片密度并不能估算出人口规模的绝对数量,但是通过跟踪其变化情况(相对密度),可以了解人口密度的变化。此外,在可能的情况下,通过假设每个房间的平均居住人数,可以用房屋和房间的数量直接估算人口绝对数。比较这两种方法并验证它们是否收敛到相同的人口估计值,可以帮助考古学家对估算的住区人口规模进行一致性检查。

图 7.5 根据考古记录测算住区人口规模和空间面积的方法

其思路是碎片(耐用垃圾)的累积速度与人口规模和时间成正比,而房间数量可以让我们了解房屋能容纳的最大人口数量。

由于对墨西哥盆地的调查已经完成,从最小居住地到最大城市的所有住区地图都已绘制,这为我们提供了一种罕见的可能性,可以将对不同人口规模住区面积的标度分析深入到没有明显空间基础设施的极小村庄。在城市标度理论(参见第3章)中,我们引入了一个最简单的模型,将城镇看作一个无组织的住区,只考虑人口在空间上的集中,忽略除了低密度以外的其他建成环境特征。我们现在可以验证这些想法,并观察较大的城市是否会遵循以下标度关系发展出网络化的基础设施,以及这一切是何时发生的:

$$A(N)=aN^\alpha \qquad\qquad (7.1)$$

我们在第3章已经看到,对于小型无组织住区来说,$\alpha \simeq \frac{2}{3}$,对于网络化住区来说,$\alpha \simeq \frac{5}{6}$,这在规模较大、密度较高的城市中很典型(参见图7.6)。

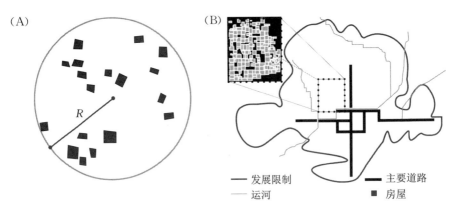

注:(A)图中的农业小镇卡皮尔科(参考图3.6)是一个无组织住区的极佳候选,基本上由一组房屋组成,没有街道布局和其他网络化基础设施。(B)图中的古典城市特奥蒂华坎是西班牙殖民统治时期美洲城市的原型,街巷网络、宽阔的马路和运河贯穿了城市整个建成空间,促进了人员、货物和信息的流动。根据实证观察,这两种类型的住区有不同的标度指数,分别为 $\alpha \simeq \frac{2}{3}$ 和 $\alpha \simeq \frac{5}{6}$(参见表7.1和表7.2)。

图 7.6　考古记录中的无组织住区和网络化住区

表 7.1　不同历史时期墨西哥盆地住区面积与人口的标度

变量/时期	形成时期	古典时期	托尔特克时期	阿兹特克时期
住区数量	230	272	484	546
前置因子 a（公顷）	0.200	0.274	0.196	0.180
95％置信区间	[0.174—0.277]	[0.206—0.400]	[0.167—0.256]	[0.154—0.230]
标度指数 α	0.700	0.627	0.708	0.750
95％置信区间	[0.654—0.740]	[0.544—0.705]	[0.655—0.752]	[0.714—0.785]
最大住区的人口数	33 850	95 597	22 502	212 500

表 7.2　墨西哥盆地的无组织住区和网络化住区及相应的标度指数估算

组别	无组织住区	网络化住区	1960 年人口普查
住区数量	1 510	22	181
前置因子 a（公顷）	0.237	0.109	0.445
95％置信区间	[0.217—0.259]	[0.009—1.303]	[0.250—0.945]
标度指数 α	0.671	0.853	0.641
95％置信区间	[0.651—0.691]	[0.598—1.109]	[0.552—0.729]
R^2	0.741	0.709	0.532

注：将住区分为两组，一组由小型住区组成，另一组包含所有大型住区，这使我们能够更准确地验证标度指数的估算值。结果与两种住区类型的理论非常一致。有趣的是，根据 1960 年墨西哥人口普查数据，对同一地区农业小城镇所作的分析，其结果接近无组织住区，较小的前置因子表明总体人口密度较低。估算方法如表 7.1 所示。

表 7.1 显示了对墨西哥盆地所有类型和规模的住区的初始分析结果。通过两种估算方法，我们发现四个不同历史时期的指数都体现出明显的次线性，数值大体一致，比无组织住区模型预测的要大一些。

作为首次数据分析，这个结果还算不错。但我们必须认识到，绝大多数住区都是很小的更加无组织的住区，可能很自然就将指数拉低到 $\alpha \simeq \frac{2}{3}$ 左右的期望值。第二次数据分析，我们将场地分为两类：一类是具有一定空间组织的大型住区，另一类是其他所有住区，如表 7.2 所示。[11] 对每种情况进行参数测算，我们发现较大住区的指数与网络化住区模型以及城市标度理论较为一致。根据 1960 年墨西哥人口普查数据对同一地区农业小城镇所作的分析进一步验证了这一结果，得出的指数与无组织住区模型兼容，只是基准面积更大。现代农业城镇的人口密度较低的原因可能是由于交通方式的改善使得 c_{T_0} 较小。

在将住区规模理论应用到考古记录之后，其他进一步的预测还涉及社会经济产品比率对人口规模的超线性。与其他很多早期文明一样，墨西哥盆地的社会对财富的衡量方式与我们今天的社会截然不同，在积累方式上也受到更大的限制。例如，阿兹特克人没有现代意义上的货币，一般认为他们会使用诸如棉毯或可可豆之类的标准化商品作为单位。[12] 从最宽泛的定性角度来看，创新或劳动分工的度量标准似乎与当时的叙述一致，但很难依据考古记录中提到的量进行具体度量，这需要结合财富、创新或是其他量的具体语境。

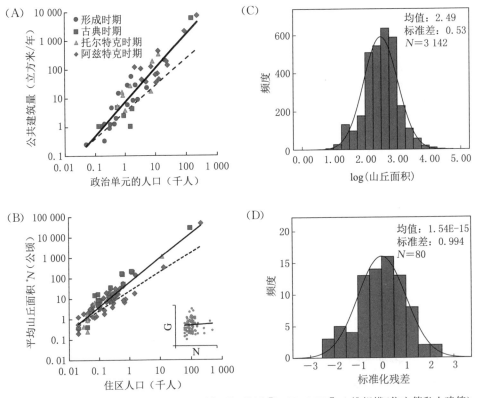

注：公共建筑量的指数为 $\beta=1.177$，95%置信区间为[1.028, 1.327]，土堆规模（住宅等私人建筑）的指数 $\beta=1.190$，95%置信区间为[1.083, 1.298]，都显示出与人口规模的超线性标度关系，指数符合住区标度理论对社会经济量的预期。这表明在缺乏其他财富积累渠道的情况下，墨西哥盆地文化将社会经济能力的网络效应主要用在了建造方面，包括公共和私人建筑。(C)图和(D)图表明，这些量在对数坐标轴上的分布大体是正态的，这与我们在第4章中看到的一致。

图 7.7　墨西哥盆地考古记录中的社会经济量呈现出超线性标度关系

在墨西哥盆地的案例中,无论是公共建筑(以纪念碑数量计)还是私人建筑(以房屋数量计),平均建筑量都与人口规模成超线性[13],平均值的偏差统计分布符合对数正态分布(参见图 7.7),与我们在第 4 章中所叙述的一致。

综合来看,这些证据充分验证了城市标度理论同样适用于历史上的住区。尤为值得一提的是,根据罗伯特·亚当斯对旧大陆和新大陆城市进行比较分析的策略,同样的一般适应性完全可以在当代城市和完全独立的墨西哥盆地文明中分别出现。

奥尔特曼(Ortman)和科菲(Coffey)[14]用类似的方法分析了美国西南部的普韦布洛印第安人遗址,发现的住区扩张模式同样符合理论。最近一些学者在其他西班牙殖民统治时期的城市体系(这些城市体系是秘鲁印加帝国的一部分住区)中也进一步验证了这个结论。[15]后一个案例还确认,该地区文化在融入印加帝国的过程中发生了生活标准变化,这体现为标度关系的前置因子变化(参见第 7.3 节)。

虽然相关研究仍在试图将住区标度关系研究拓展到新大陆社会的其他案例,但现有案例研究已经以充分的证据表明,建立住区并最终形成城市网络的过程是人类社会的共性,不同时期至少有两个城市化源头独立出现并分别演化。

7.1.5 古典城市:罗马帝国

最典型的西方古代社会是罗马人缔造的。在很长的历史时间里,罗马帝国一直是西方世界直到 19 世纪最大的城市化的统一政治国家。帝国的首都罗马比西方古代任何时候的任何城市都要大得多,即使在整个古代世界也仅有中国的城市能与之媲美。

关于古罗马住区的历史资料很丰富,其中大部分来自古典学者的研究文献。此外,考古学家也对很多古罗马[16]和古希腊[17]城市开展了地图、建筑、纪念碑以及其他建成环境特征的研究,从而形成了有力的补充。

最近,汉森[18]在之前的工作[19]的基础上,对罗马帝国城市的原有信息进行了综合,添加了很多新的零散材料。本节中所作的简要概述基于汉森书中的数据库以及其他一些素材。[20]

对古罗马城市多种特征进行的标度分析得出了一些一致的指数,这些指数不仅反映了总面积与人口规模之间的关系[21]（参见图 7.8），也反映了基础设施和规划的特征。[22]值得注意的是，表 7.3 中的大多数指数都与 $\delta \simeq \frac{1}{3}$ 的城市标度预期相吻合，在这个特定的背景下，可以解释为基础设施距离在小尺度下被压缩[23]，例如人均街道宽度较窄。奇怪的是，这些指数更接近于 $\alpha = \frac{2}{3}$ 的无组织住区模型的预测，而不是 $\alpha = \frac{5}{6}$ 的网络化住区模型的预测。但古罗马和古希腊城市无疑属于网络化住区。这个有趣的案例要求我们根据这些新的证据重新审视第 3 章的理论。一种思路是引入长度标度 l，将人与人之间的平均网络长度与街区面积联系起来，其本身就是人口规模的函数，$l \sim N^{\delta}$，$\delta \simeq \frac{1}{6}$。这种情况意味着，古罗马城市的基础设施虽然实现了网络化，但其特征与现代城市有所不同，网络（街道）所占的土地面积较为固定。这可能是因为古罗马大城市的密度很高，而且古代工程师很难利用第三维度空间，就像现代城市的高速公路、隧道和高架桥。结果必然导致街道非常拥挤和繁忙（能量耗散 $W \sim N^{4/3}$），这一点已

表 7.3　古罗马和古希腊城市基础设施的标度特征和劳动分工参考指标

因变量	案例数	指数（95％置信区间）	前置因子（95％置信区间）	
街道面积（平方米）	80	0.664（0.584—0.743）	166.83（80.64—345.13）	0.775
街道长度（米）	80	0.509（0.438—0.580）	83.47（43.47—160.28）	0.712
街道宽度（米）	80	0.167（0.096—0.238）	1.96（1.03—3.76）	0.215
公共空间（平方米）	80	0.669（0.567—0.771）	9.12（3.59—23.28）	0.679
居住区面积（公顷）	53	0.654（0.587—0.721）	0.146（0.078—0.274）	0.877
街区面积（平方米）	80	0.451（0.304—0.597）	204.68（53.84—778.10）	0.320
铭文数	210	0.643（0.461—0.825）	0.456	0.58
协会数	210	0.328（0.233—0.424）	0.007	0.35
$D(N)$	210	0.657（0.614—0.797）	0.01	0.66

资料来源：John W. Hanson, Scott G. Ortman, Luís M. A. Bettencourt, and Liam C. Mazur, "Urban Form, Infrastructure and Spatial Organisation in the Roman Empire", *Antiquity* 93, no.369 (June 2019)：702—718, https://doi. org/10.15184/aqy. 2018.192; J. W. Hanson, S. G. Ortman, and J. Lobo, "Urbanism and the Division of Labour in the Roman Empire", *Journal of the Royal Society Interface* 14, no. 136 (November 30, 2017)：20170367, https://doi. org/10. 1098/rsif. 2017.0367.

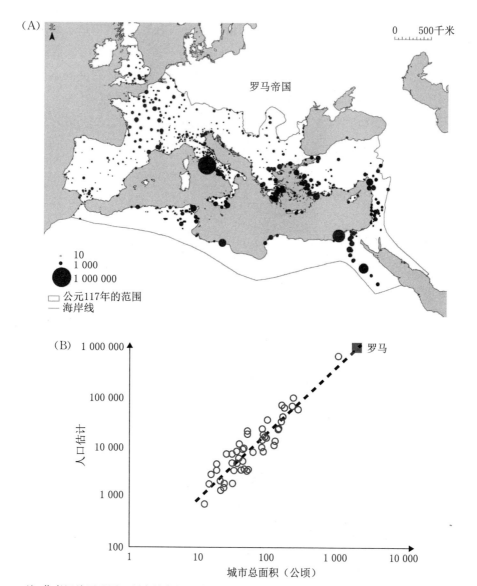

注:作者汇编了地图上所有城市的区域范围,并根据房间和房屋的考古证据估算了人口数[参见(B)]。由此可以推导出指数为 $\alpha = \frac{2}{3}$(最佳拟合线)的标度率。根据一些独立估计,由这条线外推,可以预测罗马的人口规模约为 100 万人(灰色正方形)。

资料来源:改编自 J. W. Hanson and S. G. Ortman, "A Systematic Method for Estimating the Populations of Greek and Roman Settlements", *Journal of Roman Archaeology*, 30(2017): 301—324, https://doi.org/10.1017/S1047759400074134。

图 7.8 公元 1 世纪的古罗马城市人口规模估计

经为当代叙事所证实。古罗马城市在交通管理方面有所创新，包括单行道以及对轮式交通的时间限制措施。[24]这些发现让我们对古罗马城市的实际运作和居住体验有了更加生动的认识，这些问题构成了当时政治经济制度的本质的一部分，一直是古典城市研究的核心内容。[25]一些金石学证据显示，古罗马城市中存在着一种被称为"行会"（collegia）的专业组织，这为估计古罗马城市的分工水平（职业丰富度）提供了参考[26]，结果与第 5 章讨论的定量预期基本吻合。

7.1.6　中世纪的欧洲城市

中世纪的欧洲城市是另一组有趣的城市体系，它们构成了古罗马帝国城市与现代欧洲城市的中间点。图 7.9 显示了公元 1300 年左右的一些城市，切萨雷蒂（Cesaretti）与合作者一起估算了这些城市的人口规模和面积信息。[27]

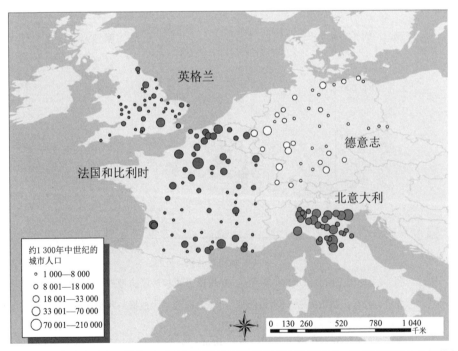

注：圆圈大小表示人口规模，名字和不同的色调代表不同的城市体系。这些城市的人口规模与面积呈次线性标度关系，与城市标度理论基本一致（参见图 7.11 和表 7.4）。

图 7.9　法国、比利时、德国、英国和意大利北部的中世纪城市

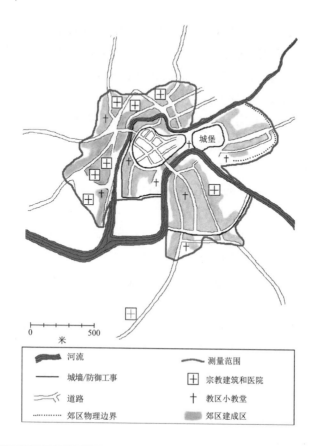

因变量	N_c	标度指数（95％置信区间）	前置因子（95％置信区间）	R^2
法国和比利时	63	0.790(0.665—0.914)	0.05(0.02—0.16)	0.84
英格兰	40	0.730(0.604—0.856)	0.12(0.04—0.36)	0.79
德意志	40	0.754(0.616—0.891)	0.09(0.03—0.31)	0.77
北意大利	30	0.720(0.566—0.874)	0.11(0.02—0.51)	0.71
所有城市	173	0.714(0.662—0.766)	0.12(0.07—0.19)	0.81

注：英国布里斯托尔的一张地图显示了城市和城镇的建成区范围。表格显示了面积和人口规模之间标度关系的参数测算值，指数范围为$\frac{2}{3} \leqslant \alpha \leqslant \frac{5}{6}$，与理论预期大体相符。研究还发现中世纪城市的基准密度因国家而异。与其他历史城市案例相比，中世纪的欧洲城市密度相当高，接近墨西哥盆地较大的网络化住区（表7.2），高于大多数古罗马的小城市，但仍远赶不上罗马这座城市（表7.3）。

图7.10 根据地图测量的中世纪欧洲城市面积

研究结果显示，面积与人口规模之间的标度关系的指数和前置因子完全符合理论预期，也与其他历史和现代案例的研究结果相一致（参见图 7.10）。这些数据得出的次线性指数，按国家分组，大体处在无组织住区模型和网络化城市模型之间的范围。不过，当时的城市规模相当小。对于人口规模和面积规模跨度较大的城市体系，如法国和比利时，得出的指数接近网络化城市模型的预期，可以认为在统计意义上是相符的。

7.1.7　英国都铎王朝时期城市经济的超线性标度

面积与人口规模之间的次线性标度关系可以为另一些数据所互补，这些数据表明经济生产力具有超线性效应。目前，还没有全面可靠的方法来衡量中世纪欧洲城市的经济规模。不过，正如本章所展示的，有些特定的历史数据可以作为有意义的参考。

1524 年到 1525 年间的平信徒补助金（The Lay Subsidy）*数据为我们提供了一个难得的机会，可以检验都铎王朝时期的英格兰城镇是否存在收益随人口规模递增的现象。平信徒补助金是英格兰王室针对个人财富征收的税种，相关数据记录了大量城镇的纳税人数量和税收金额，这些城镇与当时的城市功能单元完全吻合。

由于有些城镇没被列入征收法令范围，有些城镇的纳税记录没能保存下来，部分较大的城镇（包括萨瑟克、纽卡斯尔、切斯特、达勒姆、肯德尔和莱伊）以及很多小城镇的数据都缺失了。因此，所分析的数据只是一个样本，但样本覆盖率随着城市规模等级的上升而增加。作为一种人口度量指标，纳税人数量通常与城镇人口规模成正比。事实上，1524 年和 1525 年的纳税人数是估计这一时期城镇人口规模的最常用数据。[28]

历史学家通常把 1524 年和 1525 年的税收数据作为一种经济测量标准，认为它们与家庭财富成正比。因此，这些数据被用来分析私人财富在空间上的分布特征[29]，包括城镇间的分布[30]和城镇内部的分布。[31]实际上，1524 年和 1525 年的税收更多地反映了经济收入而非财富。它们涵盖了动产、现金、租金和贷款，但不包括所有固定资产。因为在 18 世纪[32]之前，资产的主要部分是

---

　*　平信徒补助金名曰补助金，实际上是一种温和的累进税，工资、货物、土地都是其税源，且土地税率最高。平信徒指的是非神职人员的普通教众。——译者注

土地和住房,这些数据就成了特别有用的经济活动指标。

表 7.4 展示了对平信徒补助金进行标准化标度回归的结果,按照方程式 (3.1)计算,并进行一些敏感性检验,将数据集缩减为作者更加确信的子集。在这些不同的情形下,估算出的指数明显是超线性的,实际上比城市标度理论中最简单的预测结果稍微大一些,但在统计意义上基本一致。

表 7.4　对 1524 年和 1525 年平信徒补助金中错误类型子集的标度分析

（基于税收与纳税人数量的对数线性最小二乘回归分析）

城市和城镇的子集	N_c	R^2	β	95％置信区间	$\log Y_0$	95％置信区间
所有案例	93	0.676	1.270	[1.10, 1.44]	0.051	[0.02, 0.14]
排除市镇/乡村错误子集	68	0.677	1.255	[1.07, 1.44]	0.056	[0.02, 0.17]
排除问题错误子集	77	0.719	1.229	[1.05, 1.41]	0.065	[0.02, 0.18]
排除两个错误子集	55	0.739	1.284	[1.09, 1.48]	0.047	[0.01, 0.15]

这些结果是基于不完整的数据集,因此也存在一些需要注意的问题。例如,由于贫困或是其他原因,一部分人享受了税收免除,所以不能直接从税收数据中推算出人口数量,其中必然存在一定的系统性偏差。为了估算实际的总人口,历史学家通常会用从其他人口数据中得到的“修正”系数来乘以纳税人数。[33]这种方法假设未计入的人口比例与城镇人口规模无关,是一个恒定值。

不过,也有一些学者认为,由于贫困率较高,较大的城镇中享受免税的纳税人比例可能更高。[34]如果这样的话,那么人口的低估可能导致标度指数的高估,这与第 4 章介绍的中国地级市人口被低估的情况类似。

7.1.8　讨论:历史上城市的规模经济与收益递增

我们看到这方面的文献仍在快速增加,分别对历史上不同时期和不同地域的人类住区的标度特征进行了量化分析。这些文献延续了亚当斯等人开始的比较研究议程,假设所有人类住区都有共同的进化过程。这在很大程度上得益于住区标度分析及其相关理论的应用。这个框架使我们能够把考古记录中住区的空间和物质特征与社会经济网络过程及其产出联系起来,包括社会集体生产私人和公共产品的能力,以及与之相关的劳动和知识分工。

本小节的讨论仅是示意性的，远不完整。表 7.5 提供的总结包括了更多的量、研究和文化。

表 7.5　考古和历史住区的标度研究总结

文化/时代	变量	N_c	标度指数	95%置信区间/标准差	R^2	参考文献
普韦布洛人祖先村庄(美国科罗拉多州西南部)，1060—1280 年	住区面积	278	0.662	0.513—0.812	0.216	Ortman and Coffey
普韦布洛人祖先村庄(美国科罗拉多州西南部)，1060—1280 年	住房总面积	130	1.167	1.044—1.289	0.735	Ortman and Coffey
曼丹/希达萨人祖先村庄(美国北达科他州)，1200—1886 年	住区面积	35	0.643	0.483—0.802	0.654	Ortman and Coffey
曼丹/希达萨人祖先村庄(美国北达科他州)，1200—1886 年	平均住房面积	17	0.163	0.038—0.287	0.305	Ortman and Coffey
秘鲁安第斯山脉中部的农业/行政住区，1000—1532 年	住区面积	57	0.696	0.065	0.679	Ortman et al. (2016)
秘鲁安第斯山脉中部的牧民住区，1000—1532 年	住区面积	39	0.655	0.158	0.318	Ortman et al. (2016)
秘鲁安第斯山脉中部的万卡住区，1000—1532 年	居家建筑规模	91	0.139	0.037	0.135	Ortman et al. (2016)
墨西哥盆地的无组织住区（人口＜5 000），1150—1520 年	住区面积	1 510	0.671	0.651—0.691	0.741	Ortman et al. (2014)
墨西哥盆地的网络化住区（人口＞5 000），1150—1520 年	建成区面积	22	0.853	0.598—1.109	0.709	Ortman et al. (2014)
墨西哥盆地的前西班牙住区，1150—1520 年	工程堆土量	48	1.177	1.028—1.327	0.852	Ortman et al. (2015)
墨西哥盆地的前西班牙住区，1150—1520 年	平均居家面积	80	0.190	0.083—0.298	0.863	Ortman et al. (2015)
中世纪欧洲城市和城镇，1300 年	住区面积	173	0.714	0.026	0.810	Cesaretti et al.
古希腊和古罗马城市，公元前 100 年—公元 300 年	住区面积	53	0.654	0.587—0.721	0.877	Hanson and Ortman

文化/时代	变量	N_c	标度指数	95％置信区间/标准差	R^2	参考文献
罗马帝国城市	协会多样性	210	0.657	0.614—0.797	0.660	Hanson, Ortman, and Lobo
西北海岸村庄（阿拉斯加和不列颠哥伦比亚），19世纪	住区面积	50	0.741	0.101	0.410	Lobo et al. (2019)
墨西哥罗萨里奥河谷（玛雅），700—950年	公共工程量	41	1.184	0.988—1.380	0.850	Ortman et al. (2020)
秘鲁圣塔谷，公元前1000年—公元1532年	公共工程量	110	1.161	0.983—1.338	0.810	Ortman et al. (2016)

　　本书在撰写过程中，有更多的同类研究成果涌现出来，它们采用了同样的比较分析方法，并将研究范围拓展到了更多不同类型的社会。这让我们对历史上的住区系统有了更加全面、定量和创新的理解。其中被弗莱彻[35]称为"低密度城市化"的一些案例特别引人注目，主要包括中美洲的玛雅文明[36]和吴哥窟的高棉文明[37]，这两个文明都处于热带森林环境中。目前，这些文明的住区受到了极大的关注，有很多使用了如激光雷达（LiDAR）之类的新技术进行测量。[38]遥感测量和景观考古学的结合，使得我们能够以更高的空间分辨率绘制更大范围的区域，呈现出非常壮观的效果。这些方法在热带地区尤其有效，因为这些地区的建成环境特征往往受到植被的遮挡。

　　不断改进的调研手段、对以往研究数据的数字化，以及对住区和"城市体系"边界更精确的识别，这些丰富的数据将不断为历史城市的定量比较研究创造新的想象空间。实际上，城市科学中的很多方法论难题，在历史环境中研究起来都比在现代都市区域更容易。无论如何，我们都将从历史比较中获益。[39]

7.2　狩猎采集社会和住区的起源

　　我们对人类社会初始阶段的回溯性研究现在还剩最后一步，研究农业或永久住区等"技术"出现之前的人类社会是什么样的。这使得我们可以设身处地来思考住区的出现需要哪些创新,实现并维护这些创新面临哪些困难。最重要的是,通过思考狩猎采集者的生活方式与空间使用之间的相互关系,我们能够更好地理解城市生活中各类平衡性举措的起源,以及城市的动态性本质和潜在的不稳定性。

　　要充分理解近代城市在人类历史上的地位,我们必须从人类这个物种的全部历史角度来思考。图7.1显示了现代人类在地球上的扩散过程,数字代表从共同起源非洲扩散到世界各地的大体推断时间。除了太平洋岛屿、冰岛和马达加斯加等偏远岛屿和南极洲以外,人类的脚步在城市出现之前就已经遍布世界各地。在这漫长的20多万年里,狩猎和采集是适应不同自然环境的唯一生活方式。这种生活方式非常稳定,物质和技术变化极其缓慢。

7.2.1　狩猎采集社会的特点

　　很多人类学文献对狩猎采集文化有过精彩记录,例如凯利[40]的综述。为了方便当前的讨论,我们对不同文化的很多特征作了简化,重点关注其中一些关键功能特征。首先,尽管大多数狩猎采集者都是流动的,这意味着他们没有永久性住区,但由于自然资源特别丰富,也有少数文化已经定居。典型的例子是靠近太平洋的美洲西北部原住民文化,如海达人(参见图7.11),他们主要以捕鲑鱼为生。

(A)

(B)

　　注:靠近太平洋的一些美洲西北部原住民文化,如(A)图中的海达人生活在控制着丰富鲑鱼洄游线路的村庄里。然而,大多数狩猎采集文化都是流动的,比如(B)图中的非洲南部的桑人(San),这意味着他们没有永久住区,每年都会迁移几次,这主要由自然资源丰富程度变化驱动。流动的狩猎采集者通常会经历群体融合和分裂,有时候生活在由大量家庭组成的营地中,而另一些时候则依亲缘关系零散分布。

　　资料来源:加拿大图书档案馆提供,复制参考号为PA-037756,MIKAN ID号3368507,美因河畔法兰克福大学的德国科隆大学图书馆。

图7.11　定居或流动的狩猎采集社会

我们接下来要分析的主要对象是流动狩猎采集者。这种社会形式依靠从自然环境中获取资源,因此很难长期维持大规模的人口聚集,除非能够保证资源的持续供应,否则就会出现热量获取不足的情况,即 $y-c<0$。流动狩猎采集者的社会特征之一是经常发生社会融合和分裂的周期性变化。有时候许多家庭会聚集在同一个营地,有时候他们又会分散成各自的家庭单元。流动狩猎采集者社会通常比较平等,没有明显的等级制度,也没有私人财产的概念。例如,一次成功的狩猎所得通常会与营地里的其他人分享。这些社会解决冲突的方式也比较简单。当发生纠纷时,一些个人或家庭可能会选择离开。营地的结构也比较简单且是暂时性的,所以除了物理距离之外,很难有隐私或保护性空间。与农业社会或像海达人这样的定居者相比,食物储存手段也很有限。正因为如此,当较大的狩猎采集群体聚集在季节性营地时,他们会遵守一些空间使用规则,以减少冲突和保护隐私。最常见的规则就是物理距离,并且通常按照亲属关系来安排(参见图 7.12)。

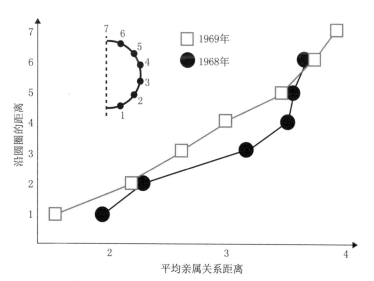

注:在两年时间段(1968—1969 年)的多贝旱季营地中,亲属关系距离与物理距离密切相关。图中显示了小屋之间的平均亲缘距离与径向距离(插图)。这种安排有助于使营地的密度随着人口规模的增加而越来越小,因为更大的人口规模必须容纳更远的亲属。这种影响归因于大家庭群体之间巨大的压力梯度。

资料来源:改编自 Todd Matthew Whitelaw,"The Social Organisation of Space in Hunter-Gatherer Communities: Some Implications for Social Inference in Archeology", PhD thesis, University of Cambridge, 1989, https://doi.org/10.17863/CAM.19734。

图 7.12 多贝旱季营地中亲属关系距离与物理距离的关系

因此，在这种情况下，人类的社会生活组织主要依赖于实际或感知的血缘关系，这与现代城市有很大不同。

为了捕捉此类狩猎采集社会的一些基本特征，我们将建立一个简单的时空社会互动模型。我们将重点关注四个方面特征：(1)对觅食所得的食物和其他资源的需求；(2)这种需求与更大规模社会化的诱惑之间的平衡，我们将发现，这在某些情况下会导致此类社会出现周期性融合和分裂现象；(3)这种平衡与狩猎采集营地中可能发生的特殊冲突类型之间的关系；(4)营地布局中体现的亲缘距离与物理距离之间的关系。我们将发现，这些因素预示了这些社会中存在一种有趣的一般标度模式，并进一步引出了一个问题，即流动狩猎采集社会与定居（城市化的）社会在土地使用方式上有何异同。

7.2.2 狩猎采集营地：环状模型

通过分析桑人的营地空间格局，我们可以得到第一个具有一定现实适用性的简单模型，如图 7.13 所示。

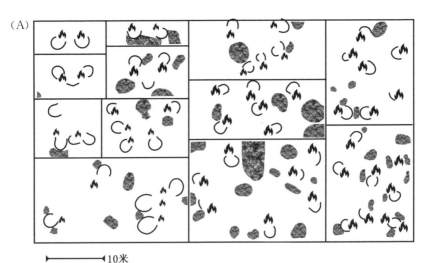

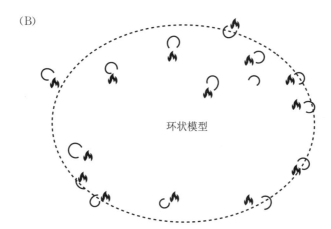

注：威斯纳（Wiessner）和耶伦（Yellen）先后将大型营地解释为遵循"环状模型"。根据该模型，每个家庭的营地大致沿着（准）圆形区域的周边排列，就像项链上的珍珠一样。这种安排自然导致(B)图所示情况，营地面积随人口规模增加呈超线性缩放。

资料来源：改编自 Todd Matthew Whitelaw，"The Social Organisation of Space in Hunter-Gatherer Communities：Some Implications for Social Inference in Archeology"，PhD thesis，University of Cambridge，1989，https://doi.org/10.17863/CAM.19734。

图 7.13　非洲南部桑人的较小营地和较大营地

　　根据实证观察，家庭沿着周长方向排列的环状模型很好地概括了桑人营地的特征，尤其是较大的营地。有趣的是，威斯纳[41]提出的环状模型与城市标度理论有着共同的起源，两者都受到了诺德贝克对瑞典住区的分析的启发。当时该分析发现面积与人口规模之间的标度关系指数为 $\alpha \simeq \frac{2}{3}$。然而，威斯纳对桑人昆部落（Kung San）的营地测量数据显示，同一指数的值非常不同，更像 $\alpha \simeq 1.96$，奇怪地接近 $\alpha = 2$。

　　为了理解这个指数是怎么产生的，我们可以假定一个最简单的场景：一块圆盘形状的场地。那么面积为 $A = \pi R^2$，周长为 $P_R = 2\pi R$，其中 R 代表半径。环状模型的家庭并不位于中心位置，而是沿着周长方向布置，假定彼此之间的距离为 l_F。我们可以写出 $P_R = l_F N_F = 2\pi R$，其中 N_F 代表家庭数量。由此可以得出：

$$R = \frac{l_F}{2\pi} N_F \rightarrow A(N) = \frac{l_F^2}{4\pi} N_F^2 = \frac{l_F^2}{4\pi n_F^2} N^2 \tag{7.2}$$

人口规模为 $N=n_F N_F$，其中 n_F 是平均家庭规模，这是威斯纳估计的指数。[42] 这个指数显然是非常超线性的！这与我们在城市或其他永久性住区遇到的面积-人口规模关系完全不同。与之相反，遵循环状模式的狩猎采集营地随着人口规模增加，密度越来越低。由于 $n_A=\dfrac{N}{A}=\dfrac{4\pi n_F^2}{l_F^2}\dfrac{1}{N}$，营地的人口密度与规模成反比。不同于刘易斯·芒福德[43]描述第一批城市所用的术语人口"内聚"(implosion)，这看起来更像是人口"外爆"(explosion)。

这个简单模型很容易推广到任何面积-周长关系，并得出相同的标度指数，即使截距中的一些因素发生变化。所有的狩猎采集营地都像桑人昆部落一样吗？

7.2.3 各种狩猎采集社会的面积-人口标度关系

有大量实证研究揭示了世界上不同地理和气候地区众多狩猎采集文化的特征。图 7.14 总结了怀特洛(Whitelaw)[44]编纂的大型营地数据集，并构成了这里所作分析的基础。

对该数据集的标准分析测得 1 200 多个结果(参见表 7.6)，表明移动狩猎采集营地的面积-人口关系的标度指数都是超线性的。但测得的指数总体而言与环状模型推导出的值 $\alpha=2$ 不同。一般来说，指数接近于 $\alpha\simeq1.5$，并且随着文化和地理区域的不同而有所不同，这在一定程度上可以用标准的计量经济学方法进行控制，如表 7.6 所示。

表 7.6 从不同文化和地理区域的狩猎采集营地测得的面积-人口标度指数

狩猎采集营地	N_c	R^2	α	95% 置信区间	a(平方米)	STE
全部对象	1 209	0.68	1.698	[1.631, 1.766]	16.78	0.132
生态类型分组	1 209	0.78	1.533	[1.471, 1.596]	70.15	0.124
地理区域分组	1 209	0.76	1.503	[1.437, 1.572]	90.16	0.132
文化类型分组	1 209	0.89	1.631	[1.571, 1.694]	29.92	0.121

注：一般来说指数都是超线性的，但比环状模型的预测要小。

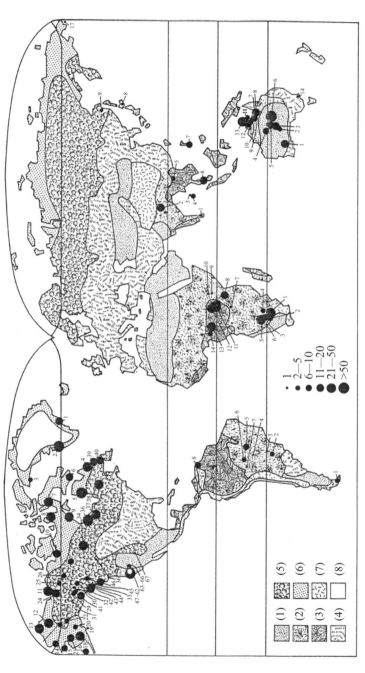

注：黑点表示样本大小。不同纹理图案表示环境带：(1)沙漠；(2)稀树草原；(3)热带森林；(4)温带草原和森林；(5)亚寒带北方森林；(6)北极苔原；(7)山区；(8)格陵兰冰盖。

资料来源：改编自 Todd Matthew Whitelaw，"The Social Organisation of Space in HunterGatherer Communities: Some Implications for Social Inference in Archeology"，PhD thesis. University of Cambridge, 1989. https://doi.org/10.17863/CAM.19734。

7.14 全球不同民族的狩猎采集社区数据汇编

要理解为什么这些标度指数都是超线性的，还需要考虑其他因素。我们需要将注意力转向狩猎采集营地的其他一些量化特征。关键是要理解社会冲突也存在超线性性质，这可以借助"压力梯度"（scalar stress）的概念。

7.2.4　压力梯度

我们在前几章中比较多地强调了大规模人类社会化的优势，在人类学和组织科学中，一些文献更加关注的是：在人类社会中，陌生人之间存在着互动的压力，即便在小型群体中也是如此。这有点类似第 2 章城市经济学中的"规模不经济"概念，但在这里主要与社会冲突而不是与拥堵或污染有关。这个问题与狩猎采集营地非常相关，讨论主题很多是基于约翰逊提出的"压力梯度"概念（参见图 7.15）。

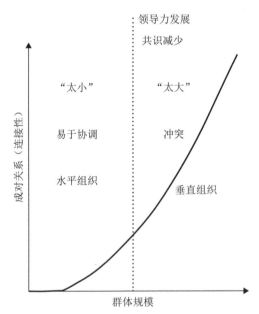

注：压力梯度强调了解决冲突和集体决策的困难，因为社会联系的数量随着群体规模的增加而超线性增加。约翰逊假设这种增长遵循梅特卡夫定律，因此配对关系随着群体规模的增加而呈二次方增长。

资料来源：改编自 Gregory A. Johnson，"Organizational Structure and Scalar Stress"，in *Theory and Explanation in Archaeology*，edited by Colin Renfrew，Michael Rowlands，and Barbara A. Seg-raves-Whallon，389—421（Cambridge，MA：Academic Press，1982）。

图 7.15　压力梯度的概念

压力梯度是负面网络效应的后果,即冲突的增加速度快于群体规模的扩大速度,作出良好群体决策的能力也以类似的方式下降。

约翰逊认为,冲突是造成狩猎采集营地中分裂的原因,并假设:根据梅特卡夫定律,如果不考虑空间组织的影响,冲突涉及的社会联系数量会随着群体规模的平方而增加。他试图用这个假设来解释冲突发生率随群体规模的增加而增加的现象,但效果不太理想。然而这一证据也使他能够更有力地假设:大家庭(部族)之间的冲突往往是造成最大压力和群体分裂的原因。因此我们可以认为,压力梯度是狩猎采集营地需要考虑的一个重要因素,其大小与不同家庭群体之间的互动程度有关系。从这个角度看,与非亲属关系的家庭之间来往密切会增加这种压力,而保持一定距离则会降低这种压力。这些特征显然会影响到狩猎采集营地的空间组织,我们希望在我们的模型中考虑这些因素。

7.2.5　觅食区的稠密化

狩猎采集社会的另一个量化特征在确定这些社会的土地利用性质方面可能很重要,这次是在大空间尺度和低密度下。我们已经看到,营地中的物理距离接近增加了压力梯度(例如以人际冲突的形式,特别是在不同的大家庭群体之间)。但这种情况之所以发生,首先是因为狩猎采集者有聚集在更大群体中的需求:社交、寻找配偶、讲故事和尽量过得愉快。因此,必然存在一种潜在的向心力,当这些社会处于最低密度时,这种向心力可能最为明显。

虽然相关数据仍然存在争议,但有迹象表明,在整个觅食区,实际上这些社会的人口规模越大密度就越大,正如汉密尔顿及其合作者所述。[45]这类标度指数相当嘈杂,但其数值明显呈现出次线性,$1 > \alpha \geqslant \frac{2}{3}$(参见表 7.7)。

表 7.7　几种狩猎采集类型的家庭范围觅食区面积与人口规模间的标度关系

狩猎采集觅食区	α	95％置信区间	a(平方千米)	STE	R^2
全部观察对象	0.70	[0.57, 0.84]	84.77	0.47	0.24
狩猎者	0.90	[0.71, 1.10]	86.48	0.66	0.52
采集者	0.64	[0.44, 0.84]	100.48	0.66	0.22
水中觅食者	0.78	[0.56, 1.00]	25.53	0.79	0.31
陆地觅食者	0.79	[0.63, 0.96]	64.72	0.56	0.29

7.2.6 狩猎采集者营地的标度模型

我们现在希望把之前讨论的内容和发现整合到一个统一的框架中，这样我们就能理解狩猎采集社会是如何与永久住区以及相关的社会网络和空间使用相联系的，或是没有联系的。

我们首先假定狩猎采集社会中典型个体的热量存量为 E_{HG}，社会产品存量为 I_{HG}（可以理解为社会资本或文化），写出表达这些量累积和衰减的动态方程如下：

$$\frac{dE_{HG}}{dt} = \gamma_{E_{HG}} = \gamma_0 - G_E \frac{N}{A}, \quad \frac{dI_{HG}}{dt} = \gamma_{I_{HG}} = G \frac{N}{A} - \gamma_C \tag{7.3}$$

由此我们将重点放在这两种比率上，写作：

$$\gamma_{E_{HG}} = G_E \left(n_E - \frac{N}{A} \right), \quad \gamma_{I_{HG}} = G \left(\frac{N}{A} - n_I \right) \tag{7.4}$$

其中，空间人口密度的两个临界值 $n_E = \frac{\gamma_0}{G_E}$ 和 $n_I = \frac{\gamma_C}{G}$ 分别设定了需要积累的净正热量和社会产品的阈值。这一点可以理解为，在热量方面，保持净正热量是生存的必要条件，但需要人口密度 $n_A = \frac{N}{A} < n_E$，而这又取决于单位时间和单位面积上的环境生产力 γ_0，以及其他人类的平均消费率 G_E。另一方面，文化和技术等社会产品的积累需要较高的人口密度，$n_A > n_I = \frac{\gamma_C}{G}$，而这又取决于实现社会联系的成本 γ_C 除以每次联系产生的生产力，也就是我们熟知的平均互动社会生产力 G。这与我们在第 5 章中讨论的社会经济网络连接的成本-效益分析类似。

在热量获取率相对较低的环境中，狩猎采集者的空间组织取决于如何协调吃饱和社交这两个目标之间的紧张关系。技术和社会机构对这些参数的取值有着关键影响，例如它们可以提高或降低环境生产力，从而影响 γ_0，或是减少冲突和移动成本，从而影响 γ_C。我们接下来将分析这些参数对压力梯度和亲属空间距离的部分相关影响。

图 7.16 显示了这种模型预测的空间和时间配置的示意图，因此狩猎采集社会可以在很长的时间内产生必要的热量和社会化。

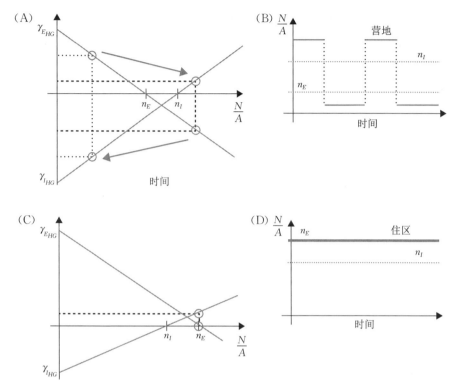

注：(A)图中单位面积环境生产力低和社会生产率低的情况不允许出现热量充足度和社会经济生产率都为正的人口密度；结果导致(B)图中人口只能在低密度（热量充足）和高密度（社会生产率高）状态之间交替。当热量生产率足够高和/或社会成本较低时的(C)图，在一个密度较高的地方，社会生产和生存都成为可能的(D)图，这可能导致定居的出现。

图 7.16 作为人口密度函数的热量获取率和社会生产率及其在对社会组织的时空间影响

　　我们看到在单位面积热量生产率低、社会化成本更高的环境中，$n_E < n_I$，为了获取热量，人口不得不经受社会产品减少（被遗忘）的困境。为了补充文化，人们需要利用积累的热量在短时间内聚集在一起。

　　但是在集聚期间，热量消耗会超过热量生产，所以他们不得不很快再次散开。因此，这些社会想同时满足温饱和社交的需求，就必须在热量充沛但社交不足的低密度时期和社交充分但热量匮乏的高密度时期之间来回切换。但是，如果环境和社交都能够提供足够的生产力，人口可以保持高空间密度的状态，定居点可能会形成核心，就像海达人那样。

　　除了狩猎采集社会的集聚-分散动态，我们还可以思考觅食区的密度效应，以及营地面积的超线性标度效应和亲属空间结构，这些都是由压力梯度导致的。如前文所述，这些现象涉及社交成本 γ_C，既与人口规模相关，又与面积（距离）相关。我们将其写作：

$$\gamma_C = c_{T_0} R + c_{ss} \frac{\ell_{ss}}{R} \tag{7.5}$$

其中，R 是人口所占面积（营地或觅食区）的特征距离（半径），$A \sim R^2$。与之前一样，第一项是交通成本，而第二项是压力梯度成本的参数化形式，它随着距离的缩小而增加，最终在人口非常稀疏时消失。变量 ℓ_{ss} 是压力梯度效应增强的距离阈值；c_{ss} 表示单位时间和单位面积的成本大小。

有了这种参数化形式，我们现在将社交比率的边界条件 $\gamma_{I_{HG}} = 0$ 写成：

$$G \frac{N}{R^2} - \epsilon R - c_{ss} \frac{\ell_{ss}}{R} = 0 \rightarrow R^3 + R_*^2 R - \frac{G}{c_{T_0}} N = 0 \tag{7.6}$$

临界半径 $R_* = \sqrt{\dfrac{c_{ss}}{c_{T_0}} \ell_{ss}}$ 决定了压力梯度成本占主导地位的尺度，以及标准交通成本最重要的尺度，特别是当：

$$R \ll R_* : R \simeq \frac{G}{c_{T_0} R_*^2} N \rightarrow A(N) = A_0 N^2 \tag{7.7}$$

$$R \gg R_* : R^3 \simeq \frac{G}{c_{T_0}} N \rightarrow A(N) = A_0' N^{\frac{2}{3}} \tag{7.8}$$

因此，正如方程式（7.6）的完整解所示（参见图 7.17），我们可以在非常大的尺度上（觅食区）实现稠密化，在小尺度上（营地）实现低密度化。

最后，我们可以通过对长度标度 ℓ_{ss} 参数化来纳入亲属关系的影响。让我们首先考虑亲属关系 $kin(N)$ 对群体规模 N 的依赖性。由于家庭有一个典型的平均规模 N_F，而亲属关系由谱系树上的分支数决定，因此有 $kin(N) = kin_0 N^{-1/n_F}$。汉密尔顿等人[46]给出的数字为 $n_F \simeq 4$。现在，我们假定物理距离与亲属关系呈反比，就像图 7.12 中那样。最简单的假设是 $\ell_{ss}(N) \sim \dfrac{1}{kin(N)} = \dfrac{1}{kin_0} N^{\frac{1}{4}}$。

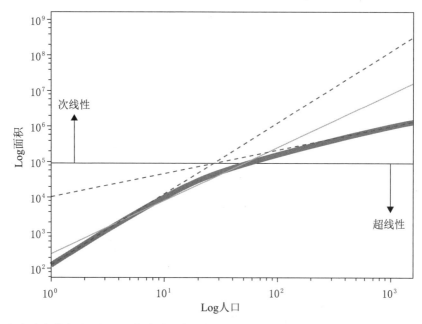

注：粗灰色线表示面积-人口标度关系与压力梯度的完整解。在面积较小的情况下，该解随着人口规模(营地)的增加而超线性增长，而在面积较大的情况下，它变为次线性增长。这反映了平衡流动成本和人口密度带来的有益的相互作用。两条虚线分别表示环状模型解($\alpha=2$)和觅食区域解($\alpha=2/3$)，这类似于无组织住区的标度现象。灰色细线表示指数为 $\alpha=1.5$ 的面积-人口标度，与表7.7 中的最佳拟合值相近。

图 7.17 面积-人口标度关系与压力梯度的完整解

当 $R \ll R_* = \sqrt{\dfrac{c_{ss}}{c_{T_0}}} \ell_{ss}(N) \sim N^{\frac{1}{2n_F}}$ 时，这对营地有影响，营地面积的标度为：

$$A(N) = A_0 N^{2 - \frac{2}{n_F}} \simeq A_0 N^{1.5} \tag{7.9}$$

这比大多数营地观察到的标度指数(参见表 7.6)更为接近。这一计算表明，标度指数的普适性不如其他情况那样强，它会受到流动狩猎采集社会处理亲属关系压力梯度的能力，以及社交收益、成本和热量之间平衡状况的影响。尽管如此，我们仍然可以从狩猎采集社会的变化中看出，人口内聚有可能导致永久定居点的形成，进而演变为城市。然而，要实现这一过程，就需要在热量管理和冲突解决方面进行重要的创新，以确保 $R_* \to 0$。

7.3 历史城市体系中的低经济增长之谜

历史上,城市经济活动的规模回报率一直在增加,但这些社会的经济增长却不强劲,这是一个令人困惑的问题。如果这些社会与现代城市化社会背后有着相同的社会化和空间组织机制,为什么它们没能产生更高的经济增长率呢?

很多经济史研究文献通过分析工业革命后与持续经济增长相关的情况,揭示了这一谜题的答案。[47]这要求我们关注宏观经济因素,如无限的能源供应(得益于化石燃料)、新的政治经济制度,以及现代科学的出现。过去的社会经济发展研究也强调了城市化在经济变迁中的作用[48],即便历史上"没有经济增长的城市化"也同样如此。[49]尽管这些案例研究和历史检验很有价值,比较分析在一定程度上有助于我们理解不同结果,但也有很多人认为不同时代和地区缺乏共同的经验证据,因而是不足的。

从我们迄今为止对城市的了解来看,有许多因素可能有助于明确城市化在经济增长中的作用:第一,持续经济增长是一个系统层面的属性(参见第 4 章),所有城市的平均增长率相同;第二,较高的增长率波动 σ 降低了经济增长率;第三,低于 1% 的极低经济增长率在人类的一生中难以察觉(记住 1% 的增长率意味着每 70 年翻一番);第四,低增长水平导致物质财富积累非常容易受到外部冲击(如疾病、盗窃或气候变化)的影响。因此在"开始"阶段,增长不仅容易被忽视,而且是偶然的。

第一点可能不太明显,因为我们习惯于把富裕和贫穷的住区区分开来,即使它们属于同一个国家或政体。然而,通常情况下,现代城市体系中的持续快速经济增长是一种系统层面的特征(因此信息、思想、资源和个人可以在住区之间自由流动),所有城市都有着大致相同的年增长率(参见图 4.1)。在第 8 章中,我们将给出一个一般性的理论来解释这一现象。这一观察结果的一个令人欣慰的推论是,研究系统性经济增长可能只需要进行一些局部评估,无论是在小城镇还是在大城市,这些评估的结果应该是一致的。这也意味着,通常与大城市相关的黄金时代,无论是由技术创新还是由征服和掠夺引发的,如果不能在整个住区系统中促进经济增长,就可能是不可持续的,比如古典时期的雅典或罗马。[50]这意味着在系统性经济增长的情况下,我们应该看到小型住区的初级生产者的生活方式也发生了变化,使他们能够参与到交流和共享发展的良性循环中,享受大城市的一些产品,并提供自己的产品。我们知道,在工业革命之前,这样的时期很少出现,即使出现了也与高增长率无关,而且变化通常限于部分空间和时间。

经济增长的第二和第三个属性与随机(波动)过程的性质有关。我们在第 4 章中看到,实际增长率为 $\gamma = \bar{\eta} - \dfrac{\sigma^2}{2}$,这是增长率随时间波动的几何平均值。因此,如果波动率 σ 很高,任何微小的增长率都可能变为零,甚至变成负数(参见图 4.17)。这意味着在早期社会,减少经济不稳定的创新可能比产生正平均增长率的创新更重要。

我们想在这里强调的最后一点是,任何前工业化时代的经济体在较长的时间段(比如几十年)内的经济增长率可能都微乎其微。图 7.18 显示了铅通量 *,这是一种反映开采金属数量的信号,可以作为经济活动的指标。[51]我们看到信号非常嘈杂,但如果我们把注意力集中在公元前 150 年至公元 150 年之间罗马帝国鼎盛时期,这是西方古典时期的最佳时期,我们可以估计 $\bar{\eta} = 0.17\%$,肯定低于每年 0.3%。这种经济增长最多相当于每 240 年翻一番。这个时间尺度太长了,任何人一辈子都感受不到。因此,即使前工业化社会存在缓慢的经济增长,它也可能太慢而不明显,这可能会阻碍有意识地建立能够维持经济增长的机制。于是,人们会认为这是一个基本静止的社会,任何积极的经济增长都会很快被负面冲击所抵消。

总之,我们今天所了解的人类发展和经济增长过程可能贯穿了整个历史,至少在大多数城市社会中如此。然而在前现代社会,即使在最好的时期,这种变化也可能太缓慢、太不稳定、太短暂,以至于无法形成持久的推动力。当然,增长也受到能源和物质的约束,但是煤炭和石油在前工业化时代就已经被发现并可以大规模开采和运输。[52]因此,生活水平、技术、制度等与人类发展相关的因素主要是大城市出现后产生的规模效应和集聚效应造成的。从中国到阿兹特克,从巴比伦到古希腊和古罗马,产生这些城市的文明留下了深刻的(信息)遗产,它们

---

* 由于银币的生产过程中需要对银进行提纯,去除铅等杂质并留下污染的痕迹,历史学家通过测量测量格陵兰岛东北部不同年代冰芯中的铅含量可以推测出古罗马的银币生产情况。——译者注

（A）　　　　　　　　　　　　　　　　　（B）

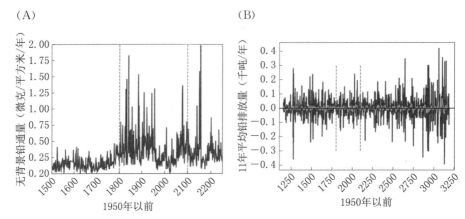

注：(A)图为估测的长期排放量；(B)图为相应的排放量增长率。垂直线标示出了公元前150年到公元150年之间的时期，也是罗马帝国的鼎盛时期。在这一时期，由于波动性大，实际增长率很小。年平均增长率约为 $\overline{\eta}=0.17\%$。

资料来源：作者绘制，所用数据来自 Joseph R. McConnell，Andrew I. Wilson，Andreas Stohl，Monica M. Arienzo，Nathan J. Chellman，Sabine Eckhardt，Elisabeth M. Thompson，A. Mark Pollard，and Jørgen Peder Steffensen，"Lead Pollution Recorded in Greenland Ice Indicates European Emissions Tracked Plagues，Wars，and Imperial Expansion during Antiquity"，*Proceedings of the National Academy of Sciences* 115，no.22（May 29，2018）：5726—5731，https://doi.org/10.1073/pnas.1721818115。

图 7.18　以铅排放量衡量的经济增长及其历史波动性

构成了我们今天生活的基础：我们的语言、数字、写作、计时、空间规划，乃至现代法律和政治体系。

如果我们能更深入地研究这些历史事件，特别是系统地分析不同规模的住区中的生活条件的变化，我们可能会对人类发展的时间动态以及人类在城市中经历的长期缓慢增长或者衰退提出更有价值的新见解。

7.4　结语：历史的启迪

如果一个大都市要"取得成功"，它通常必须变得"有侵略性"，但一个人或一个群体的侵略性往往是对其他人或群体地位的侵犯。因此，社交距离反应一直处于混乱之中。在某种程度上，一个城市是由好斗、渴望成功的人组成的,尽管物理距离已经基本上被克服,但对社交距离的态度仍然保持活跃。

——博加杜斯(E. S. Bogardus):
《城市中的社交距离》

　　我们已经看到,通过一些相对简单的过程,我们可以分析出城市社会互动的平均情况及其空间化所带来的收益和成本,从而对当代城市的特征作出许多可观察的预测。在本章中,我们看到了怎样将这些预测推广到历史上的城市,甚至追溯到最小、最不稳定的人类营地和住区。

　　我们讨论了考古学和人类学的一个传统,即通过比较方法来理解不同的文化和时代,包括新旧大陆城市化独立出现的壮观现象。从这个角度来看,我们能够解决后处理主义(postprocessualist)学者的一些担忧,他们认为强调跨文化、跨空间和跨时间的共性模式会导致人类文化和人类状况被不可容忍地简化为一些确定性的简单过程。相反,我们已经看到,关于人类住区的一般定量描述是基于社会网络特征、热量获取成本以及空间使用的一般统计约束的结果,这既给个人层面的选择、人类能动性和主观性,也给集体层面的文化留下了足够的空间。

　　这里也非常适合讨论人类学和进化论中的人类社会合作和文化变迁问题。[53]人类的一个普遍特征是朝着共同目标进行合作,这也是社会关系可以形成正和博弈,继而带来集体的物质和文化增长的原因。然而,进化科学家和人类学家已经指出,合作具有不稳定性,合作双方都面临被欺骗和背叛的风险,而这些行为在短期内只会让坏人得利。因此,合作需要信任,而信任需要个人之间的安排(例如,通过亲属关系及其社会延伸进行调节),而信任本身也是文化的产物。将合作扩展到非亲属,就涉及共同的道德和伦理,以及法律和惩罚等正式制度,这通常又涉及有组织的宗教和政治。我们看到了这些社会和政治机构是如何随着第一批城市的出现而正式化的,并认识到了它们的缺失给人类社会,尤其是那些没有永久性住区的社会带来的挑战。这说明了文化演变、社会规模和合作协议的物质结果之间存在着反馈循环。本章中建立的模型表明,在永久性的更密集的住区和流动的狩猎采集生活方式之间存在着不连续的转变("临界点"),在这两种生活方式中,所有这些因素都是可持续的,在流动的狩猎采集生活方式中,大规模的社会化和合作只是偶尔出现,仍然非常不稳定,最终不可持续。

从这个角度来看，永久性住区可以视为文化自我构建的生态位，人类在这里与一套技术和行为规范相互依存，这对所有人来说都是共同的，也是进入并成功地参与更大规模人类社会的条件。只有在城市出现后，人类才能够超越亲属关系，建立更大范围的信任和社会组织，才能够形成具有深厚知识和劳动分工的大规模社会系统，从而产生物质改善、创新、文化扩张和人口增长的良性循环。

这些过程以非线性标度关系的形式留下了定量的证据，既反映了规模效应，也反映了社会经济生产回报的提高。虽然还需要更多的研究，但这里我们已经可以看到，这些效应是历史上的城市共同具备的一般特征，甚至是必然特征，也是永久性住区出现和发展的必要条件！

注释

[1] Richerson and Boyd, *Not by Genes Alone*；Henrich, *The Secret of Our Success*.

[2] Wirth, "Urbanism as a Way of Life".

[3] Manzanilla, *Emergence and Change in Early Urban Societies*.

[4] Manzanilla, *Emergence and Change in Early Urban Societies*.

[5] Carneiro, "The Circumscription Theory".

[6] Carneiro, "The Transition from Quantity to Quality".

[7] Carneiro, "The Circumscription Theory"；Carneiro, "A Theory of the Origin of the State".

[8] Manzanilla, *Emergence and Change in Early Urban Societies*.

[9] Adams, *The Evolution of Urban Society*.

[10] Kintigh et al., "Grand Challenges for Archaeology"；Ortman et al., "The Pre-history of Urban Scaling"；Ortman et al., "Settlement Scaling and Increasing Returns in an Ancient Society".

[11] Ortman et al., "The Pre-history of Urban Scaling".

[12] Smith, *The Aztecs*.

[13] Ortman et al., "Settlement Scaling and Increasing Returns in an Ancient Society".

[14] Ortman and Coffey, "Settlement Scaling in Middle-Range Societies".

[15] Ortman et al., "Settlement Scaling and Economic Change in the Central Andes".

[16] Hanson, *An Urban Geography of the Roman World*, *100 BC to AD 300*.

[17] Ober, *The Rise and Fall of Classical Greece*.

[18] Hanson, *An Urban Geography of the Roman World*, *100 BC to AD 300*.

[19] Scheidel, Morris, and Saller, *The Cambridge Economic History of the Greco-Roman World*; Jongman, Jacobs, and Goldewijk, "Health and Wealth in the Roman Empire".

[20] Hanson, *An Urban Geography of the Roman World*, *100 BC to AD 300*.

[21] Hanson and Ortman, "A Systematic Method for Estimating the Populations of Greek and Roman Settlements".

[22] Hanson et al., "Urban Form, Infrastructure and Spatial Organisation in the Roman Empire".

[23] Hanson et al., "Urban Form, Infrastructure and Spatial Organisation in the Roman Empire".

[24] Hanson et al., "Urban Form, Infrastructure and Spatial Organisation in the Roman Empire".

[25] Scheidel, Morris, and Saller, *The Cambridge Economic History of the Greco-Roman World*; Bresson and Rendall, *The Making of the Ancient Greek Economy*; Ober, *The Rise and Fall of Classical Greece*.

[26] Hanson, Ortman, and Lobo, "Urbanism and the Division of Labour in the Roman Empire".

[27] Cesaretti et al., "Population-Area Relationship in Medieval European Cities".

[28] Dyer, "'Urban Decline' in England, 1377—1525"; Goose and Hinde, "Estimating Local Population Sizes at Fixed Points in Time: Part II—Specific Sources"; Rigby, "Urban Population in Late Medieval England"; Dyer, *Decline and Growth in English Towns 1400—1640*; Dyer, "How Urbanized Was Medieval England?".

[29] Schofield, "The Geographical Distribution of Wealth in England, 1334—1649"; Darby et al., "The Changing Geographical Distribution of Wealth in England"; Sheail, "The Regional Distribution of Wealth in England as Indicated in the 1524/5 Lay Subsidy Returns".

[30] Dyer, Decline and Growth in English Towns 1400—1640; Britnell, "The Economy of British Towns 1300—1540"; Bridbury, Economic Growth; Sheail, "The Regional Distribution of Wealth in England as Indicated in the 1524/5 Lay Subsidy Returns".

[31] Cornwall, *Wealth and Society in Early Sixteenth Century England*; Hoskins, *The Age of Plunder*.

[32] Piketty, Capital in the 21st Century; Piketty and Zucman, "Capital Is Back".

[33] Cesaretti et al., "Increasing Returns to Scale in the Towns of Early Tudor England".

[34] Cornwall, "The People of Rutland in 1522"; Rigby, "Urban Population in Late Medieval England".

[35] Fletcher, "Low-Density, Agrarian-Based Urbanism".

[36] Canuto et al., "Ancient Lowland Maya Complexity as Revealed by Airborne Laser Scanning of Northern Guatemala".

[37] Evans et al., "Uncovering Archaeological Landscapes at Angkor Using Lidar".

[38] Chase et al., "Geospatial Revolution and Remote Sensing LiDAR in Mesoamerican Archaeology"; Evans et al., "Uncovering Archaeological Landscapes at Angkor Using Lidar"; Canuto et al., "Ancient Lowland Maya Complexity as Revealed by Airborne Laser Scanning of Northern Guatemala".

[39] Lobo et al., "Settlement Scaling Theory".

[40] Kelly, *The Lifeways of Hunter-Gatherers*.

[41] Wiessner, "A Functional Estimator of Population from Floor Area"; Yellen, *Archaeological Approaches to the Present*.

[42] Wiessner, "A Functional Estimator of Population from Floor Area".

[43] Mumford, *The City in History*.

[44] Whitelaw, "The Social Organisation of Space in Hunter-Gatherer Communities".

[45] Hamilton et al., "Nonlinear Scaling of Space Use in Human Hunter-Gatherers".

[46] Hamilton et al., "Nonlinear Scaling of Space Use in Human Hunter-Gatherers".

[47] Wrigley, *Energy and the English Industrial Revolution*.

[48] Ober, *The Rise and Fall of Classical Greece*; Algaze, *Ancient Mesopotamia at the Dawn of Civilization*; Cowgill, *Ancient Teotihuacan*; Harper, *The Fate of Rome*.

[49] Jedwab and Vollrath, "Urbanization without Growth in Historical Perspective".

[50] Ober, *The Rise and Fall of Classical Greece*.

[51] Delile et al., "Lead in Ancient Rome's City Waters".

[52] Ober, *The Rise and Fall of Classical Greece*; Kander, Malanima, and Warde, *Power to the People*; Manning, *The Open Sea*.

[53] Richerson and Boyd, *Not by Genes Alone*; Henrich, *The Secret of Our Success*.

8. 城市体系、人口统计和地理定律

虽然城市化与经济增长高度相关,但城市的规模分布并不取决于经济发展水平和国家的城市化水平。城市规模分布看上去存在从首位分布到对数正态分布的变化,这可能是因为影响城市结构的因素具有多样性和复杂性。当少数力量形成主导时就容易出现首位城市,当很多因素彼此交织,没有明显的主导力量时,城市规模就会呈现出对数正态分布。

——布莱恩·J. L. 贝里(Brian J. L. Berry):
《城市规模分布与经济发展》

到目前为止,我们对城市问题的研究还没有太涉及城市与其他地方(城市、农村和国际)交流所产生的外部影响。我们耗费了大量篇幅来讨论城市建立和发展的一般过程,并对其属性作出一般预测。值得反思的是,既然城市是开放系统,但我们至今还没有讨论城市之间的相互依赖性,这似乎有些说不过去。本章的主要目标就是探讨这方面的问题。

这需要我们继续以不同规模的城市为切入点来分析城市过程,本章将从国家城市体系的角度,探讨城市规模和城市相对动态的标度关系。当然,城市本身并不是自发的动力源,人、企业、政府和其他机构的决策才是关键的推动力。因此,这些决策的综合统计动态非常重要,它们也从另一个方面说明了信息在城市科学中的作用。

城市之间的相互作用和相对规模一直是很多实证研究的主题,特别是在经济地理学和人口学中。这些领域已经开始从城市体系的全局视角来分析城市特征的分布(有限频数),实现城市的定量表征,而不是像我们之前那样从城市的内部结构和相关的网络过程来研究。从方法论上讲,这种技术途径只适用于相对较小的城市集合(几十或几百个城市)。由于传统统计学中缺少无穷极限的简化特征,这意味着在实际应用中需要小心地进行统计解读。

对城市群体的系统定量分析可以追溯到近百年前。它的发展在 20 世纪后半叶被称为地理学的"计量革命"[1],在这一短暂的黄金时期,研究人员们发现了一些著名的经验规律,我们称之为"地理定律"。其中包括城市相对规模分布的齐普夫定律、城市之间流动的引力定律、城市规模增长的吉布拉定律,此外还有很多其他相关观测结论和统计规律分别描述了不同规模城市的空间影响、迁移、空间和功能特征等。

从历史角度看,这些定量规律和它们所采用的宏观视角是城市定量模型最常见的切入点,从而为城市科学奠定了一些早期基础。然而,正如本章引言部分所指出的,城市体系的很多基本特征仍只能被部分理解或解释。此外,地理学方法也缺少向其他城市学科的渗透,这些学科的关注点要么落在城市内部的较小尺度上,要么落在经济增长等少数指标上,这种情况显然是站不住脚的。

为了解决这些问题,在本章中,我们将通过城市间的交互流动来分析城市体系的特征。我们将证明,这些动态既有普遍性又有特殊性,城市群之间的互动受到多种限制因素的制约。我们将发现,人口统计学中有一些基本定理类似于传统统计学中的极限定理,能够导致城市交流网络动态中出现一些普遍性结构。这些集合动态说明了为什么在城市的人口、经济等量指数增长的同时,许多相对特征仍然不变,从而构成综合城市体系(integrated urban systems)的结构特征。

§ 本章概要

在第 4 章中,我们已经探讨了指数随机增长对刻画城市统计特征的重要性。现在我们将专门研究人口增长问题,即城市人口随着时间的变化而增加或减少的现象。我们将展示一组城市如何运转形成综合城市体系,以及它们的相对规模服从哪些量化特征。

本章分为三个主要部分。第 8.1 节概述了城市体系层面的几个经验规律,我们称之为"地理定律"。其中包括托布勒的两个定律、城市相对规模分布的齐普夫定律、城市规模增长的吉布拉定律、城市之间迁移的引力定律等。这些规律都只是近似形式上的经验性结论,因此与所有其他已知城市过程一致的理论和模型在城市科学中显得尤为重要,将非常有助于解释这些规律的产生原因和偏差。

为此,第 8.2 节首先定义了城市体系中普遍人口的统计动态。这将为我们提供一块坚实的基础，在需要的时候可以随时回来寻求支持。特别是我们将说明，城市等级、引力定律和吉布拉定律等思想是密切相关的，并且可以推导出齐普夫定律作为必然结果，但这只适用于特定的简化情况。我们还将讨论城市的一些实际人口特征，如美国的大都市地区和小都市地区 * 的城市体系。第 8.3 节讨论了人口转型与国家层面人口增长之间的关系，以及它们如何影响城市化的速度。结语部分讨论了选择、人口统计学和城市体系结构等问题。

8.1 地理定律

在 19 世纪和 20 世纪，地理学经历了几次定性和定量的浪潮。在第二次世界大战后的几十年里，有一段时期地理学界对各种地理统计模式的系统化特别关注和兴奋——通常被称为"计量革命"。[2] 布莱恩·贝里是其中的主角之一，他的开场白将引导我们贯穿整章。这场革命的代表人物还包括来自华盛顿大学、艾奥瓦大学、芝加哥大学等机构的一些地理学家。

这一历史时期的标志是有了更好的城市和区域数据，地理学家，尤其是美国、法国和英国的地理学家开始以新的、更雄心勃勃的方式使用这些数据，渴望达到科学的普遍性和数学严谨性的标准。[3] 因此，这一时期城市地理学的许多成果都是用"定律"来表达的。其中一些定律实际上是非常定性和近似的，本章对这些定律仅作评论，不多赘述。对一些更加定量的定律，我们将进行检验和重新推导。计量革命在 20 世纪 70 年代中期达到顶峰，取得了大量重要成果。随后戛然而止并出现"反计量革命"，主流地理学研究不再寻求一般模式，转而强调背景、历史、批判理论和定性方法。这一时期有时也被称为"文化转向"（cultural turn）。[4] 这两种方法之间的紧张关系今天仍未解决，也是目前社会科学界对大数据和数学的热情和嘲笑的根源。

无论持何种立场，这些定律的陈述方式及其产生过程都对界定城市体系的

---

* 美国的小都市地区是指一种以统计为目的的地理实体，由一个或多个县或与县相当的单位组成。小都市地区和大都市地区一样是基于最大的城市化区域而不是基于整个县的人口来划定的，所以少数小都市统计区的人口可能比一些大都市统计区的总人口要多。——译者注

一般属性很有借鉴意义。因此,本章将首先讨论这些定律,并以之为第 8.2 节人口统计学模型部分的前奏。

8.1.1 中心地理论与城市等级

中心地理论(central place theory)和城市等级(urban hierarchy)的框架为讨论地理学和经济学中的其他城市体系规律提供了最一般的背景。中心地理论是在 20 世纪初主要由德国[5]地理学家发展起来的,最终由克里斯塔勒[6]提出。理论来自对德国西南部、法国和瑞士的农业小镇到大城市的住区规模分布,以及这些人口中心的相对位置的观察结论(参见图 8.1)。

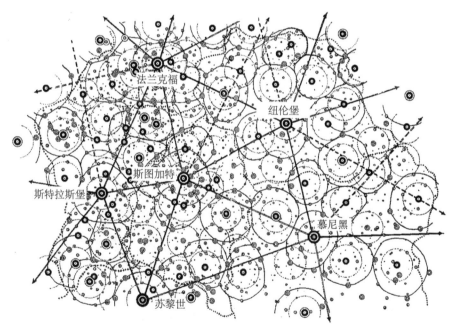

注:较大的城市,如苏黎世、慕尼黑、斯图加特和法兰克福等用较大的符号表示,而较小的城市用小点表示。克里斯塔勒提出了空间占领存在等级分布,大城市占据更大的空间并相隔更远的距离。一系列离散分布的不同规模等级城市之间形成了连锁的六边形网格,网格的大小(六边形的顶点)随着人口规模的增加而增加。

资料来源:改编自 Walter Christaller, *Central Places in Southern Germany* (Englewood Cliffs, NJ: Prentice-Hall, 1966)。

图 8.1 德国西南部的人类住区分布及其人口规模

根据这些观察，克里斯塔勒假设了一系列简单的一般原则，并认为任何城市体系都遵循这些原则。他首先假设了理想城市体系的初始要素：(1)空间上的人口均匀分布并聚集在多个住区；(2)所有住区无论规模大小都是等距的；(3)所有住区位于一个无界、无限、均匀的平面上，因而可以忽略边界效应。根据这些假设得出的几何形态众所周知，开普勒、拉格朗日、高斯等人在数学和天文学中都曾经有过研究。这些住区将形成六边形(或三角形)网格，将一组硬币摆放在桌面上就很容易得出结论。这些假设非常理想化，对我来说这很类似自然科学中的其他"柏拉图式"纯粹几何理论，比如开普勒描述太阳系轨道提出的完美固体。我们很快会再回来讨论各种限制因素。

中心地理论之所以有持续影响主要归功于克里斯塔勒提出的另外几条原则，这些原则涉及城市规模和功能的相互依赖性，主要包括：(4)住区规模越大，它们之间的距离就越大，村庄之间比大城市之间的距离更接近；(5)住区的规模

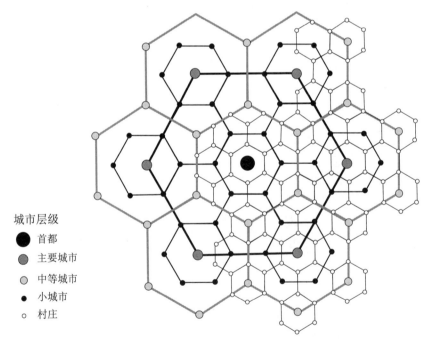

城市层级

● 首都
● 主要城市
○ 中等城市
· 小城市
。 村庄

注：从克里斯塔勒的假设出发，城市和城镇之间形成一组嵌套的六边形网格，较高等级城市之间形成的网格尺寸较大。

图 8.2　中心地理论下城镇空间等级的理想模式

越大,数量就越少,即每个大城市都围绕着很多小村庄;(6)较大的住区拥有更多的功能;(7)较大的住区具有更多的"高级功能",如更专业的服务,而这些在小镇中是不存在的。

正如我们将要讨论的,对于那些拥有强大出口产业和专业化生产的城市体系来说,第一条原则可能严重不符。第二条原则因城市规模分布的齐普夫定律而广为人知,本章将重点讨论。第三条和第四条原则提出城市功能具有等级结构,我们已经在第 5 章进行了验证和量化分析并超越了克里斯塔勒的假设。这些观察结果,即"更高等级"的功能与更大的城市相联系,是城市体系的一般属性。在中心地理论背景下讨论这个问题的好处是,我们可以假设不同的功能等级也会导致不同等级空间的规律分布(参见图 8.1—图 8.3)。

注:虽然城市(白点)并没有按照六边形网格分布,但中心地理论的一些粗略假设仍然基本成立。例如,美国最大的大都市地区横跨整个东西方向(纽约市至洛杉矶)和南北方向(芝加哥至休斯敦)(白色直线),彼此相距尽可能远。东部和西部的住区系统非常不同,主要体现在人口密度,这对任何规律性空间填充模式都构成了扭曲。此外,仔细观察会发现与河流、铁路和公路相关的组织线。在东部,绘制住区结构会形成一个非常粗略的六边形区域,例如亚特兰大周围,但这种模式显然是非常近似的。

资料来源:背景图片由美国国家航空航天局地球观测站/NOAA NGDC 提供。

图 8.3 夜间灯光遥感影像反映了北美的城市规模空间分布

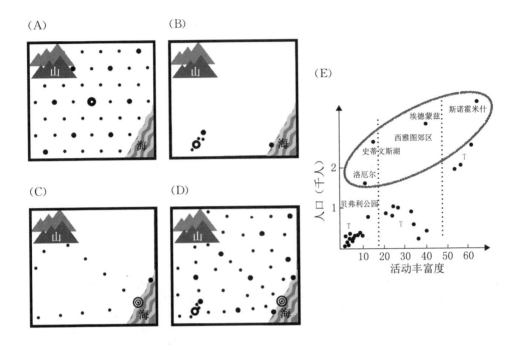

注：(A)图表达了中心地理论为从农村住区开始的城市规模等级分布提供了一个分层的六边形平铺模型。(B)图表示存在一些专门的功能性住区，例如与采矿和特定资源相关的住区。工业城市往往与附近的煤炭或矿藏有关。(C)图表示交通中心和路线影响了城市和城镇的空间组织。(D)图表示对于任何城市体系，完整的空间格局都是不同效应叠加的结果，因此实际的住区格局远比中心地理论的假设更为复杂。由于这些原因，中心地理论的特定空间模式主要适用于相对同质的农业景观，在不同性质的城市体系中，其他因素变得重要甚至占据主导地位。在(E)图中，贝里和加里森描绘了华盛顿州不同商业活动数量（丰富度）与人口规模之间存在正相关性，支持了城市等级的观点。

资料来源：改编自 Chauncy D. Harris and Edward L. Ullman，"The Nature of Cities"，*Annals of the American Academy of Political and Social Science* 242，no. 1（November 1945）：7—17，https://doi.org/10.1177/000271624524200103。

图 8.4　住区体系的空间组织模式推广

先是在欧洲，后来在美国，中心地理论和城市等级这两个相互关联的概念在第二次世界大战前后构成了统一地理学定量研究的支点，也是其主要表现形式。虽然这些概念表达仍然非常原始和定性，但是其所体现出的检验性、抽象性和概括性构成了地理学计量革命的起点。

我们在这里并不打算进行全面的综述，但这一时期有几篇论文构成了后续发展的基础，应当予以关注。首先是哈里斯（Harris）和厄尔曼（Ullman）在 1945

年发表的《城市的本质》[7]，这篇著名的论文总结了这一领域当时的现状，至今仍具有很强的可读性。尽管只是一篇综述，但它毫无疑问地肯定了城市也是自然的一部分，因为它们在某种意义上是顺应人类社会的空间集聚优势的产物。用哈里斯和厄尔曼的话来说，"根据社会和经济需求，以确定的模式发展"。他们总结了芝加哥学派[8]关于城市内部空间组织和发展的思想，特别是伯吉斯的思想（参见第 2 章），但最重要的是，他们提出的观点推广了中心地理论和城市体系空间组织的基本思想（参见图 8.1—图 8.4）。

特别是通过阐明相对同质的农业空间可能也遵循克里斯塔勒的假设，哈里斯和厄尔曼对中心地理论进行了推广，并提出很多其他因素对住区体系的空间组织造成了影响。他们指出，与港口、铁路和公路等运输路线有良好连接，或是邻近资源或能源（如煤田）的"特殊功能"住区，都会对简单住区模式造成严重扭曲。因此，需要对城市体系的资源基础、交通条件、城市功能等进行更复杂的核算，以理解更现实的空间格局。在此后的几十年里，为了更好地量化这些因素，产生了区位理论和区域科学。[9] 这些思想构成了第 2 章中讨论的空间经济学经典模型的直接先驱。

城市等级思想是最早发展的一个领域，并通过深入分析不同规模的城市的商业和服务数据，得到了检验和完善。贝里和加里森[10]在一系列开创性的论文中，提出了一种衡量城市和城镇商业活动的一般方法（参见图 8.4）。他们发现华盛顿州的格局符合中心地理论及其早期扩展中关于专业化和高级功能的假设。这项工作成功地将过去只是故事或假说的区位和城市化模式以空间化、量化和系统化的形式呈现出来。

延续计量革命的精神，很多研究者致力于寻求更具普适性和预测力的城市体系理论。沃尔特·艾萨德[11]等人在经济地理学和区域科学领域开创了基于空间均衡的区域模型，用以分析空间经济格局。这一传统发展到新经济地理学阶段达到顶峰，形成了第 2 章所介绍的核心-外围模型及其扩展和应用。借助更精细的模型和更好的数据，这种方法一直延续至今。

反过来，地理学的主流也在不断探索和发展空间社会经济模式的量化分析方法。这激发了人们对空间相关性和聚类方法[12]、空间计量经济学[13]、商品流动、移民和其他空间化交换的网络理论等方面的浓厚兴趣。这些数学方法与新兴计算相结合，促成了地理空间信息系统（GIS）的发展[14]，这套方法和理论如今能够实现各种地图绘制和软件分析，甚至可以应用于手机或汽车中。在这一阶段后期，方法和数据的进步日益显著。而理论却仍然停留在"定性化定量"的水平，只能描述数据中的模式，而不能作出系统的可证伪预测。[15]

8.1.2 托布勒的两个定律

沃尔多·托布勒是贝里在华盛顿大学加里森学院的同学。他因对计量地理学作出了大量重要贡献而闻名于世，尤其是他提出的制图方法预见并启发了地理信息系统的很多用途。在 20 世纪 70 年代的一系列讲座中，他提出了两个城市体系的一般性描述，这两个描述至今仍是实证工作的起点。

托布勒第一定律（Tobler's first law）：任何事物都是与其他事物相关的，只不过相近的事物关联更紧密。

托布勒第二定律（Tobler's second law）：兴趣区域外部的现象会影响内部发生的事情。

这两项陈述虽然显而易见且只是定性判断，但确实概括了许多地理学家已知的事实，至少大致上如此。我认为它们不仅具有解释性作用，更对理论发展具有必不可缺性。托布勒第一定律是对引力定律的推广，并更加具体化，我们将在后面详细阐述。托布勒第二定律则颇具启发性，因为它对本书前面部分试图将城市建模为自洽的复杂系统的技术方法（参见第 2 章—第 4 章）构成了挑战。换言之，它要求我们考虑城市外部现象对其内部动力的影响。

这对于构建任何理论都是个难题，因为它似乎认为每个城市都受到其无法控制的复杂动态的任意驱动。然而我们将看到，这一困境有一个很好的解决方案，那就是将城市体系视为动态涌现的结果，这样既考虑了城市的内部组织，同时又考虑了不同城市在演化过程中的彼此纠缠。为了理解这一点，我们需要探讨城市体系是如何形成的，又是因何而解体的。

8.1.3 引力定律

只有当一组城市间有足够强的人流、货物流和信息流连接时，才能谈及城市体系。引力定律是一个基于经验的简单数学模型。因此，它是地理学中最古老、最重要的经验规律之一。引力定律不仅可以用作城市之间的流动模型,也可以用作从国家到社区等各类地点之间的流动模型。引力定律对两个地点 i 和 j 之间的势能或流 J_{ij}(如每年的人数)进行建模,设人口规模分别为 N_i 和 N_j,距离为 d_{ij},公式如下:

$$J_{ij} = G_M \frac{N_i N_j}{d_{ij}^{\alpha g}} \tag{8.1}$$

其中 G_M 为常数,用于设定迁移流量的幅度,与两个地点的人口规模和距离都无关。就像社会经济生产力标度定律中的 G 一样,我们可以将 G_M 看作为产生迁移而设定的联系的"生产力"。G_M 通常与时间相关,因为它有一定的时间速率因素。"引力"一词指的是方程式(8.1)在数学形式上类似描述三维空间中的两个质点(N_i, N_j)间引力的牛顿定律。二维平面上的两组人口显然是完全不同的研究对象,所以这种类比只是肤浅的。

地理学中的引力定律有着一段奇特而曲折的发展历程。20 世纪 40 年代,几位研究者开始利用新收集到的数据分析不同地区之间的流动现象。其中两位领军人物并非地理学家,分别是语言学家乔治·金斯利·齐普夫(George Kingsley Zipf)和物理学家约翰·Q.斯图尔特(John Q. Stewart)。斯图尔特最初是出于对哈佛大学、普林斯顿大学、瓦萨大学和耶鲁大学四所名校的在校生和毕业生分布情况的好奇而展开了研究。[16] 作为物理学家,他认为每所大学都具有空间上的吸引力,托布勒后来也借鉴了这一思想。在绘制数据图表时,他发现了一个令人惊讶的简单规律:某个地区内某所大学在校生或毕业生数量与该地区总人口成正比,与该地区与大学之间的距离成反比。[17] 随后,斯图尔特、齐普夫以及其他研究者[18]发现,不同地区之间的流动量通常与两个因素成正比:一个是各自的人口规模,另一个是距离衰减的幂律函数。此后又出现了很多变体,采用了不同的函数(通常是幂律)来表示距离和地区规模,但大致的总体规律仍然存在。

引力定律从此成为流动建模领域中不可或缺的工具,无论是基于实证还是假设。它被广泛应用于城市内部、城市之间、考古学以及贸易流动等方面的研究。尽管方程式(8.1)能够大致反映数据特征,但其诸多细节仍然存在争议和改进空间,尤其是距离函数的选择。因此,我想强调的一点是,流动与距离之间并没有一个普适且固定不变的关系式，它会随着时间发生变化，并受到空间单元和测量指标的影响。方程式(8.1)中的人口规模部分也有多种形式，但相对稳定。一些作者提出了更加通用的形式，给每个人口增加了额外的指数(与统一形式不同)。[19] 由于这些原因，基于理论构建城市间流动的特定参数模型仍然是一个未解决的问题，在各种情境下可能都不存在像方程式(8.1)那样简洁而通用的形式。我们将在后面介绍一些具体案例，并从经验和理论两方面进行分析。

为了解释引力定律背后更深层次的原理，许多研究者进行了探索，但在我看来，目前还没有一个明确且无悖义的成功方法。其中值得讨论的方法有三种，分别是：流的最大熵估计法(Maximum-Entropy Model of Flows)、辐射模型(radiation model)和城市标度理论的一个变体。

流的最大熵模型

地理学领域采用最大熵(MaxEnt)方法是源于计量革命时期对信息、迁移和选择等问题进行量化分析的广泛兴趣。[20] 特别是阿兰·威尔森[21] 运用统计物理学理论推导出了描述地理流动及其相关变量的最可能统计模型。这种方法具有数学形式明确且通用的优势。类似的方法也被应用于其他复杂系统的研究，例如生态学[22]，遵循了詹尼斯在统计物理学中提出的最大熵概率估计法。[23] 物理学中所有引人注目的平衡统计分布，例如气体分子速率服从麦克斯韦-玻尔兹曼分布，都是在适当约束条件下(如每个自由度具有固定平均能量)，对个体动态进行平均后得到的 MaxEnt 分布。这是因为在给定约束条件下，系统达到平衡态时也达到了最大熵态。我们将以适合城市的方式充分借鉴这些思想。

为了理解如何用 MaxEnt 方法推导出引力定律，请参考威尔森提出的最简单模型[24]，该模型描述了两个区域 i 和 j 之间旅行的单个主体。我们将这两个区域之间的旅行次数定义为：

$$T_{ij} = A_i^T B_j^T O_i^T D_j^T \phi_T(c_{ij}), \text{其中} A_i^T = \left[\sum_j B_j^T D_j^T \phi_T(c_{ij}) \right]^{-1},$$

$$B_j^T = \left[\sum_i A_i^T O_i^T \phi_T(c_{ij}) \right]^{-1} \tag{8.2}$$

其中，O_i^T 是起点为 i 的出行总数，与之类似，D_j^T 是终点为 j 的出行总数。这种方法中的关键未知因素是函数 $\phi_T(c_{ij})$，$c_{ij} > 0$，表示出行对成本的依赖性。这种成本相当普遍，可以表示距离、时间、货币支出或其某种组合。此外，流量的构造必须受到三个附加方程式 $\sum_j T_{ij} = O_i$，$\sum_i T_{ij} = D_j^T$ 和 $\sum_{ij} T_{ij} c_{ij} = C_T$ 的约束，其中 C_T 是在所有可能情况下所有出行花费的总成本。威尔森通过最大化频度 $P_{ij} = \dfrac{T_{ij}}{T}$ 的熵[25] 确定了 $\phi_T(c_{ij})$ 的最可能形式，其中 $T = \sum_{ij} T_{ij}$ 受到这些约束。这对应于解决受约束的优化问题：

$$\max\left[H[P_{ij}] - \lambda_0 \left(\sum_{ij} T_{ij} c_{ij} - C_T\right) - \lambda_1 \left(\sum_j T_{ij} - O_i^T\right) - \lambda_2 \left(\sum_i T_{ij} - D_i^T\right) \right]$$

(8.3)

其中 λ_0、λ_1 和 λ_2 为拉格朗日乘子。

取导数并将其设置为零，可以获得最大熵 $\phi_T(c_{ij}) = e^{-\lambda_0 c_{ij}}$。指数 λ_0 的实际值是 C_T 的函数，或者可以通过出行概率直接测得。因此在适当的约束条件下，MaxEnt 方法可以推导出引力定律的特征。原始文献中对这类模型有更精细的讨论。[26]

最大熵方法突出了人类流动性的一个重要属性。在简单的物理系统中，我们通常认为运动的成本与距离成正比，因为需要大量做功来对抗由运动距离决定的耗散。然而，为了在引力定律中得到类似的对距离的幂律依赖性，我们需要在最大熵模型中假设出行成本与距离的对数成比例！这强烈暗示我们，MaxEnt 方法可能遗漏了城市性质的某些重要信息，这些信息可能包括在将成本转化为距离的过程中，但尚需要更多的解释。

辐射模型

为了建模人类流动性，最近出现了一种新颖而有力的方法，即辐射模型。[27] 该模型基于物理学中的一个简单概念，即源发射出的粒子会以一定的概率到达距离源一定距离的槽。区域 i 和 j 之间的预期（平均）流量表达式为：

$$T_{ij} = O_i^T P_{ij} = O_i^T \frac{N_i N_j}{(N_i + N_{ij})(N_i + N_j + N_{ij})}$$

(8.4)

其中 O_i^T 是从区域 i 开始的出行次数，N_{ij} 是以 i 为中心，半径延伸到刚好接触 j 的圆形范围内总人口，不包含起点和终点人口，P_{ij} 是单次出行从位置 i 出发并抵达位置 j 的概率。方程式(8.4)是起点-终点对 (i, j) 空间中多项式分布的期望值。核心要素是在这两个地方之间出行的概率 P_{ij}。

辐射模型的核心是计算这种概率。为此，西米尼等人[28]假设了以下情况：建立一个统计量 z_b，称为"吸收度"，这个统计量具有某个对所有区域和全部人口都适用的吸收概率 $P(z_b)$。在他们的研究中，吸收度旨在描述潜在就业机会的效益，表达的可能是某种经济和社会因素的组合。他们的总体思路是，z_b 表征了一个人的就业质量，所以 z_b 越高，它被吸走的可能性就越小(即在那里找工作)。接下来，根据推广，每个位置 j 都有一定的概率吸引这些工人中的任何一个，只要工人自身的 z_b 与该区域的 z_b 相匹配。该地点的 z_b 是从 $P(z_b)$ 中独立抽取 N_j 次后得到的最大值。工人会被离自己住所最近且吸收度高于自身的位置"吸收"。

根据这些模型假设，可以计算出方程式(8.4)的作为概率的分解表达式：

$$P_{ij} = \int_0^{+\infty} \mathrm{d}z_b P_{N_i}(z_b) P_{N_{ij}}(<z_b) P_{N_j}(>z_b) \tag{8.5}$$

其中，$P_{N_i}(z_b)$ 是在 N_i 次匹配之后来自 $P(z_b)$ 的最大值为 z_b 的概率；$P_{N_{ij}}(<z_b)$ 是主体不被吸收的概率(即 N_{ij} 随机数低于 z_b 的概率)；$P_{N_j}(>z_b)$ 是吸收的概率：N_j 随机数全部大于 z_b。由于所有这些从 $P(z_b)$ 中抽取的随机数被假设具有统计独立性，所以它们具有简单的形式：

$$P_{N_i}(z_b) = \frac{\mathrm{d}P_{N_i}(<z_b)}{\mathrm{d}z_b} = N_i P(<z_b)^{N_i-1}\frac{\mathrm{d}P(<z_b)}{\mathrm{d}z_b}, \ P_{N_{ij}}(<z_b) = P(<z_b)^{N_{ij}},$$

$$P_{N_j}(>z_b) = 1 - P(<z_b)^{N_j}$$

由此：

$$P_{ij} = N_i\int_0^{+\infty} \mathrm{d}z_b \frac{\mathrm{d}P(<z_b)}{\mathrm{d}z_b}\big[P(<z_b)^{N_i+N_{ij}-1} - P(<z_b)^{N_i+N_j+N_{ij}-1}\big] \tag{8.6}$$

$$= N_i\Big(\frac{1}{N_i+N_{ij}} - \frac{1}{N_i+N_j+N_{ij}}\Big)$$

即方程式(8.4)。辐射模型最值得注意之处是，它不依赖于吸收率 $P(z_b)$ 的统计模型，也不依赖于许多其他可能的情况。我们看到，对原籍地-目的地的工作和人口进行简单的概率匹配，就能实现对人口比例的简单预测。

这个模型与原始引力定律或是 MaxEnt 推导的联系是什么呢？显然，所有模型都认可这样一个事实,即地区之间的流动与两个地区的人口规模乘积成正比。然而,距离依赖性是人口空间分布的函数。对于人口分布具有均匀的空间密度 n_A 的最简单情况,我们得到 $N_{ij} = n_A \pi d_{ij}^2$。那么,辐射模型预测:

$$T_{ij} = T_i \frac{N_i N_j}{(N_i + n_A \pi d_{ij}^2)(N_i + N_j + n_A \pi d_{ij}^2)} \xrightarrow[\text{large } d_{ij}]{} T_i \frac{N_i N_j}{d_{ij}^4} \tag{8.7}$$

对于大型区域(当 $d_i = \sqrt{\dfrac{N_i}{\pi n_A}} \ll d_{ij} = \sqrt{\dfrac{N_{ij}}{\pi n_A}}$ 时),引力定律的指数预测为 $\alpha_g \simeq 4$。这个结果能否很好地描述数据是一个实证问题[29],还有一个更基本的问题,即 α_g 的确切值应该是多少。[30]无论如何,我们看到辐射模型为我们提供了引力定律的广义版本,并对距离指数进行了更具体的预测,与许多经验观测相比,这个数值很大。

城市标度理论

城市标度理论为我们推导引力定律的数学形式——方程式(8.1)——提供了另外一种直接而有效的方法。我们只需作出一个额外假设,即人口流动是社会经济互动率的函数(并与之成正比),这与其他社会经济产出类似。这里的关键思想很简单,即相关互动是在由流动连接的两个不同城市(出发地和到达地)的人口之间发生的。为了说明这一点,请回想一下,我们通过计算两组人口在时空中的生活轨迹的重叠部分,得出了一段时间 t 内相互作用的平均频率。我们可以通过考虑城市 i 中某个个体的世界表(worldsheet)来实际计算,$\int_{x_i(0)}^{x_i(t)} a_0 \mathrm{d}x_i(t') = \int_0^t a_0 v_i(t') \mathrm{d}t'$,其中 $x_i(t)$ 是主体在空间上的轨迹——他的生活轨迹,$v_i(t) = \dfrac{\mathrm{d}x_i(t)}{\mathrm{d}t}$ 是主体的速度。他与城市 j 中个体的预期互动次数,是由他们在时空中与我们的主体重叠的程度决定的,可以写作 $k_{ij} = \int_0^t a_0 \Gamma[x_j(t') - x_i(t')] \mathrm{d}x_i(t') \simeq \dfrac{a_0 \ell N_j}{A_{ij}}$,就像第 3 章中所述,但其中 A_{ij} 现在是与两个城市中的人之间的互动相关的总面积。那么,所有互动的预期值(按城市而非按个体计)为:

$$K_{ij} \simeq a_0 \ell \frac{N_i N_j}{A_{ij}} \tag{8.8}$$

最后,我们需要假设移动的人数只占这些互动的一小部分。我们可以通过引入每个人离开城市 i 的概率 P_i^{out} 和前往城市 j 的相应概率 $P_{i,j}^{out; in}$ 来建立模型。与互动面积相关的因子可以根据两地之间的距离以维数表示为 $A_{ij} = a_g d_{ij}^{\alpha_g}$,其中 a_g 是标度前置因子。这种关系得出指数 $\alpha_g = 2$。然而,面积 A_{ij} 不一定具有规则的分形维数($D = 2$)。在这种情况下,需要对指数进行分形(非整数)修正,正如我们在第 3 章中看到的城市建筑面积需要考虑其他因素一样。例如,我们很容易就可以想到,面积形态为两个相距很远的城市中心之间的一条线(或者说一个很窄的区域)将导致 $\alpha_g \approx 1$。一般来说,我们预计分形维数可能是距离本身、流动类型(如人口流动、商品流动等)、基础设施和运输方式的(缓变)函数。有了这些定义,我们就可以得到方程式(8.1),其中 $G_{M; i, j} = P_{i,j}^{out; in} a_0 \ell / a_g$,其中,如果离开和到达的概率与给定距离的特定城市无关,我们将得到一个更简单的表达式,$G_M = P^{in} P^{out} a_0 \ell / a_g$。

引力定律最明显的缺陷是它的对称性 $i \leftrightarrow j$,因此预测出的两个方向上的流量应当相同。这显然无法解释为什么一些地方比其他地方更有吸引力,后者在这里被编码为 $P_{i,j}^{out; in}$。这种对称性(或无差别性)特性后来成为反映城市相对规模分布的齐普夫定律出现的必要条件。

8.1.4 吉布拉定律

吉布拉定律[31]又称"比例增长定律",它指出在一个城市体系中,不同城市的平均增长率是一致的。这特别意味着城市的增长率在统计上与人口规模无关。考虑到前面章节的标度结果,这是一个值得注意的说法,因为它似乎表明,大城市可以通过对具有超线性效应的生产力进行再投资,从而实现更快的增长。如果这样的话,增长率就会不断加速,并导致有限时间内数量趋于无穷(这被称为"有限时间奇点"),因而需要不断创新来避免这种灾难。[32]然而,我们在第 4 章中已经知道,这一预期并没有得到数据的支持,因为收入和成本以相同的指数超线性缩放,这意味着实际收入与城市规模基本无关。这也意味着,城市的增长率是微小的、随机的,通常没有明显的规模相关性。

在实践中,根据这些结果,吉布拉定律是增长率与规模无关的统计推论,这一点很重要,因为它表明平均增长率及其方差(波动率的平方)都不是城市体系中城市规模的函数。正如我们已经在美国大都市地区看到的那样(参见图 8.5),数据检验表明这个假设基本正确。这个话题本身在文献中存在很多争议,对偏差的观察可能依赖于时间尺度和所使用的统计分析类型。

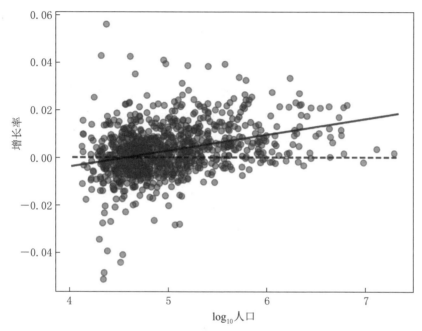

注:该样本中所有城市的平均增长率为 0.00282,方差为 0.00012。虚线为参考线,代表零增长率,而实线代表与城市规模的最佳拟合,$\gamma_{N_i} = -0.03050 + 0.00667\log_{10} N$,斜率的 95% 置信区间为 $[0.00543, 0.00792]$,截距的 95% 置信区间为 $[-0.03676, -0.02424]$。平均而言,增长率随着城市规模增加有小幅增长,作出主要贡献显然是大中型都市地区,但并非城市体系中最大的城市(纽约、洛杉矶、芝加哥),这些城市目前的总体增长率接近零。

图 8.5 根据 2010 年人口普查数据计算的美国大都市和小都市统计区的增长率($N_c = 933$)

吉布拉定律的起源一直是个谜。在我看来,它从未得到过令人满意的理论解释。我们将在本章后面部分提出一个新的、我认为更根本的论点。就像引力定律一样,吉布拉定律主要是由数据支持的。吉布拉最早是在研究企业而非城市的增长行为时提出了这一"定律"。然而正如我们已经看到的,吉布拉定律也适用于一个国家中的城市,至少对美国来说如此。从定量角度看,吉布拉定律的最重要贡献是为推导出城市规模分布的齐普夫定律提供了关键模型假设。[33]

8.1.5 城市相对规模分布的齐普夫定律

齐普夫的"位序-规模法则"堪称城市地理学中最著名的定律。人们经常用它来论证城市是复杂系统，或是简·雅各布斯话术中所谓无序复杂性问题，因为城市的规模分布不服从诸如指数分布或高斯分布等简单统计规律，而这些是简单物理系统的典型特征。我们稍后会看到，这夸大了事实，齐普夫定律根本没有太多复杂性，它的出现是因为一些强有力的简化。

与引力定律一样，齐普夫定律首先来自经验观察。在齐普夫定律中，城市规模的概率分布的最严格形式表达为：

$$P_z(N) = \frac{P_{z_0}}{N^{1+z}} \qquad (8.9)$$

其中，$z = 1$ 是齐普夫的特定指数，$P_{z_0} = 1 \big/ \int \mathrm{d}N \frac{1}{N^{1+z}}$ 是一个归一化常数，确保所有概率之和为 1。

位序-规模法则

齐普夫定律有时候等同于方程式（8.9），用所谓的位序-规模法则来说，城市在其城市体系中的位序（$rank = 1$ 表示最大城市，$rank = 2$ 表示第二大城市，依此类推）与其规模成反比，$rank(N) = N_{max}/N$，其中 N_{max} 是城市体系中最大城市（如日本的东京、美国的纽约、巴西的圣保罗等）的人口规模。这种形式非常直观地将城市体系中的城市按规模分成不同等级。为了证明这两种形式是等价的，我们可以先用齐普夫定律写出相应的累积概率分布：

$$P_z(n > N) = P_{z_0} \int\limits_{N}^{N_{max}} \frac{1}{N'^{1+z}} \mathrm{d}N' \propto \frac{P_{z_0}}{N^z}$$

累积分布对于城市规模 N 是单调的，因此它与该规模的城市等级 $rank(N)$ 成正比，即 $P_z(n > N) \propto rank(N)$。接下来，我们可以改变变量（如同第 5 章的做法），并得出 $rank(N) \propto \frac{1}{N^z}$。缺失的乘法常数可以通过设置 $rank(N_{max}) = 1$ 来确定，这意味着：

$$rank(N) = \left(\frac{N_{max}}{N}\right)^z \tag{8.10}$$

这就是著名的位序-规模法则的常用形式(参见图 8.6):城市的位序与它的规模成反比($z=1$)。

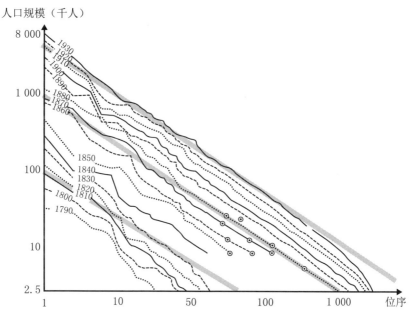

注:粗灰线显示了 $z=1$ 时的位序-规模法则[参见方程式(8.10)],这表明即使在原始情况下,齐普夫定律仍可以近似描述城市的规模分布,但在规模较小的城市和斜率方面存在一些明显的系统偏差。

图 8.6 齐普夫描绘的 1790—1930 年间美国城市的位序-规模法则

很多复杂系统中的要素,如单词(齐普夫是一位语言学家)或收入,其出现频度都遵循类似幂律的位序-规模分布。因此,很多研究尝试从不同背景解释齐普夫定律的成因。齐普夫本人基于最小努力原理(principle of least effort)[34] 提出了一种解释,但他的数学推理被认为存在缺陷。大多数较为合理的解释都采用了机械方法,即从一些看似合理的随机过程的长期极限中导出齐普夫定律。我们将在第 8.2 节末尾回顾与城市规模分布相关的最有意义的论述,说明齐普夫定律是随机人口增长过程最简单的长期结果,类似于均匀分布的简单扩散。齐普夫定律通常不能很好地描述城市的规模分布(参见图 8.7),但具体有多好或多差还需进一步观察,参见图 8.7 中的例子。

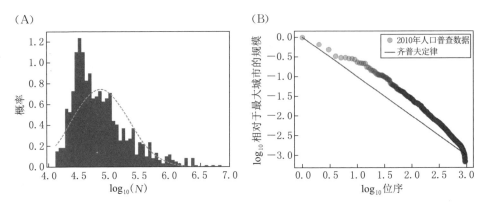

注：(A)图为概率分布直方图，虚线显示了最佳对数正态拟合分布作为参考。(B)图表示位序-规模法则和齐普夫指数 $z=1$ 的直线。我们看到，齐普夫定律或对数正态分布都不太符合数据，而齐普夫分布对最大的三四个城市解释力较强。另一方面，我们看到位序靠后的城市规模迅速变小，对数正态分布大体能够解释为什么规模较小的城市出现频度下降，而齐普夫定律则无法解释。在图中描绘的位序-规模范围内，影响虽然看起来不大，但涉及大量小城市。

图 8.7　美国大都市地区的规模分布和齐普夫定律

　　总之，由于数据的普遍不一致，人们已经提出了广义幂律、对数正态以及其他相关函数来拟合实际的城市规模分布。[35]我们将在第 8.2 节末尾详细讨论这个问题。

　　最后，我们简要总结一下实证难点和理论思考。埃克伍德[36]在一场辩论中，根据对行政（政治而非功能）城市的分析，认为这种分布其实是对数正态的。利维[37]在一篇回应中用同一数据集的不同切片和标准统计检验方法，探讨了对数正态分布和幂律分布形式的本质，特别是针对大城市。读者可以参考赛切夫、马勒韦涅和索奈特[38]的更深入详尽的讨论。

　　齐普夫定律的另一个难题是如何界定城市的范围。我们在前几章中已经讨论过，城市作为空间上的一体化网络，最好遵循"大都市"（metropolitan）的定义，但仍有许多计量地理学学者试图寻找"黄金标准"的定义，使齐普夫定律能够更好地适用。[39]这些方法利用渗透模型*来合并或拆分相邻的人口或建成空间单元，以使这些单元符合齐普夫定律（至少对于最大的城市而言）。[40]

---

　　* 渗透模型（percolation model）是一种用来描述网络行为的统计物理和数学理论。它研究当节点或连接被随机添加时，网络的小的、不连通的簇会如何合并成更大的、连通的、跨越整个网络的簇。这种过程叫作"渗透"（percolation），它是一种几何类型的相变。——译者注

关于齐普夫定律产生的原因,一个公认的起点是它源于乘法随机增长过程。[41]这种解释的问题在于还需要两个额外的关键假设。首先,吉布拉定律成立,即城市体系中所有城市的增长率具有相同的统计特征(相同的均值和波动率)。其次,即使在这种情况下,人们通常也会得到城市规模的对数正态分布。为了得到齐普夫定律,人们需要对城市增长和衰退的动态施加特殊的边界条件,以防止城市分布向越来越小的地方扩散。[42]这两个条件都很关键且有重要意义。为什么一个城市体系中的所有城市都要以相同的平均速度和相同的波动性增长?它们在什么时间尺度上这样增长?这些特殊条件是怎样被强制执行的?有没有可能阻止小城市的人口流失,以及如何阻止?

为了更好地理解这些条件,我们需要掌握更扎实的人口动态基础,关注出生、死亡和迁移等基本量。

8.1.6 拉文斯坦人口迁移定律

我们现在以该领域最古老的一组规律来结束我们的地理定律之旅。这些规律由一位在英格兰工作的德国地理学家和制图师欧内斯特·乔治·拉文斯坦(Ernest George Ravenstein)[43]提出,他试图从 1871 年英格兰和威尔士的人口普查中总结出人口迁移的一般模式。[44]那时正值工业革命的高潮,就在卡尔·马克思出版《资本论》第一卷之后不久,用"科学"方法研究历史的可能性正在引发争论。拉文斯坦根据数据分析和亲手绘制的精美的人口流动地图(参见图 8.8),提出了一些人口迁移的普遍规律,我们对这些规律稍作修改如下(粗体部分为笔者总结):

(1)**大多数迁移是短距离的**。大部分人口迁移只涉及很短的距离。

(2)**存在机会链**。[45]人口迁移和替代是普遍的现象,形成了"迁移潮",向着能够吸纳人口的大型商业和工业中心迁移。

(3)**迁移人口与迁出地和迁入地人口规模成比例**。在估计这种人口替代时,我们必须考虑到每个提供迁出人口的县的本地人口数量,以及每个接纳他们的城镇或地区的人口规模。

(4)**人口迁移存在距离衰减**。一个快速增长的城镇会吸引周围乡村的居民。因此,乡村人口中留下的空缺由来自更远地区的迁移人口填补,直到快速发展的城市的影响力逐步扩展到国家最偏远的角落。因此,从某个迁出地进入某个人口吸纳中心的迁入人口数量将随着两地之间距离的增加而减少。交通条件上的优势往往可以弥补距离上的劣势。

（5）**流的结构有对称性。**扩散过程与吸收过程相反，但表现出相似的特点。

（6）**流量大小有对称性。**每一个主要的迁移流都会产生一个相应的反向流。

（7）**更大的城市会吸引更远距离的迁入人口。**远距离迁移的人口通常倾向于选择大型商业或工业中心城市。

（8）**农村迁移人口率与城市迁移人口率有差异。**城镇居民比农村居民更少迁移。

（9）**女性/男性人口迁移率不对称。**女性比男性更倾向于迁移。

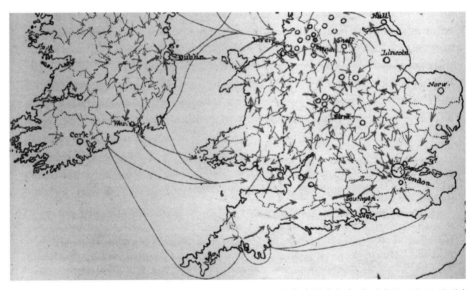

注：箭头显示迁移流方向，较粗的箭头表示流量较大。注意大城市如何从更多的地方吸引更多的流量，这也预示着存在移民的引力定律和其他相关结果。

资料来源：改编自 E. G. Ravenstein, "The Laws of Migration", *Journal of the Statistical Society of London* 48, no.2(1885)：167—235, https://doi.org/10.2307/2979181。

图 8.8　拉文斯坦绘制的 19 世纪末英格兰和威尔士人口迁移地图

与托布勒的两个定律相似，拉文斯坦的人口迁移定律也是定性的概括性陈述，没有提供任何解释。其中一些可以在引力定律的框架下理解，但大多数也暗示了其他可能更普遍或更偶然的现象。在分析来自不同背景的证据时，我们应该记住这些定律。

8.2 人口动态和城市体系的出现

在第 8.1 节的开头,我们提出了一个问题,即如何解释城市地理学中的许多已知特征。其中一些是定性和一般陈述性的,如托布勒定律,而另一些是定量的,如吉布拉定律或齐普夫定律。

为了回答这个问题,我们需要从最基本的形式开始,即人口统计学的人口模型。这些模型描述了一个城市体系中的动态变化,纯粹基于对个体事件的核算,特别是出生、死亡和迁移,这些都是可以直接测量的。这些模型为我们推导城市体系的特征提供了一个可靠的基础,并在我们引入任何约束或近似条件时提供了一个参照点。

8.2.1 城市体系的人口统计

让我们从出生、死亡和迁移的简单核算开始。对于一组由 $i = 1, 2, \cdots, N_c$ 标记的城市,人口规模分别为 $N_1(t), N_2(t), \cdots, N_c(t)$,我们可以将一般人口动态写作:

$$N_i(t + \mathrm{d}t) = N_i(t) + \mathrm{d}t \left[Births_i - Deaths_i + M_i^R + M_i^F + \sum_{j=1, \, j \neq i}^{N_c} (J_{ji} - J_{ij}) \right]$$

(8.11)

这只是说,城市 i 的人口增加是因为在一段时间 $\mathrm{d}t$ 内,有本地出生人口 $Births_i$、来自农村地区的迁入人口 M_i^R、来自城市体系以外的迁入人口 M_i^F,以及来自城市体系中其他城市 j 的迁入人口 $\sum_{j=1, \, j \neq i}^{N_c} J_{ji}$。同样,同一城市的人口减少是因为,在同一时期有太多死亡人口 $Deaths_i$,因为有 $\sum_{j=1, \, j \neq i}^{N_c} J_{ij}$ 的人口迁往其他城市。请注意,来自农村地区或城市体系以外的迁入人口可能是负数,这意味着总的来说,人们会离开城市前往这些地区。虽然这种情况在高收入的城市体系和城市化背景下极为罕见(参见第 1 章),但在某些情况下也有可能发生。虽然原则上我们可以修改方程式(8.11)，将城市与农村地区或体系外城市之间的流动情况包含在内，但这类数据通常不可用，因此在实践中，我们必须以总量的方式来处理这些流动。

我们可以将所有这些量写成人均形式，这样方程式(8.11)变为：

$$N_i(t+dt) = N_i(t) + dt\left[(1+v_i)N_i(t) + \sum_{j=1,\,j\neq i}^{N_c} J_{ji} - J_{ij}\right] \quad (8.12)$$

其中，$v_i \equiv \dfrac{Births_i - Deaths_i}{N_i} + m_i^R + m_i^F$，这是城市的生命率(vital rate)。这里，$m_i^R = \dfrac{M_i^R}{N_i}$，$m_i^F = \dfrac{M_i^F}{N_i}$。由于数据测量的时间间隔通常较长(如"年")，我们把这个方程写成了时间的离散形式，$N_i(t+dt) = N_i(t) + dt(...)$，而不是时间导数形式 $\dfrac{dN_i(t)}{dt}$。为了保持符号的简单性，我们将以 $dt=1$ 为单位。因此，所有比率都被视为该区间的平均值，例如，v_i 是城市 i 中每人每年的生命率。

虽然我们经常关注城市规模，但我们将说明，人口结构向量 n_i 能够更好地反映城市体系的结构，它的分量被定义为每个城市 i 的人口比例 $n_i(t) = \dfrac{N_i(t)}{N_T(t)}$，总人口由 $N_T(t) = \sum_{i=1}^{N_c} N_i(t)$ 计算。

我们现在需要一个城际迁移流的参数化形式 J_{ij}。正如我们之前所提到的，引力定律是对称的：从任何城市 i 迁移到另一个城市 j 的人数等于反方向迁移的人数，因此如果直接使用它会导致反事实的结果，即任何城市都没有净迁入或迁出的人口。

8.2.2 矩阵人口模型

为了取得进展，我们可以暂时忘记迁移的引力定律，引入人口统计学和人口生物学中另一个成熟的传统，并以矩阵人口模型的形式表达城市体系的动态。[46] 为此，我们将每个迁移流表示为 $J_{ij} = m_{ij}N_i$，其中 m_{ij} 是城市 i 中的人在每单位时间迁移到城市 j 的概率。这使得我们可以将动态写成矩阵方程：

$$N_i(t+1) = \sum_{j=1}^{N_c} e_{ij}N_j(t) \quad (8.13)$$

其中,矩阵 e_{ij}(有时被称为"环境")来自出生、死亡和迁移的动态,写作:

$$e_{ij} = (1 + v_i - m_i^{out})1_{ij} + m_{ji} \qquad (8.14)$$

其中,当 $i=j$ 时,"delta 函数"$1_{ij}=1$,否则为 0。量 $m_i^{out}=\sum_{j=1,\ j\neq i}^{N_c} m_{ij}<1$ 是一个人离开城市 i 前往城市体系中任何其他城市的概率。注意,该矩阵通常是时间的函数 $e_{ij}(t)$,如果矩阵中的参数是时间相关的,那么这种情况在一定程度上是不可避免的。方程式(8.13)的线性是由于假设这些参数与城市规模无关,我们将重新讨论这个假设。

一般解

将城市人口动态方程写成矩阵形式的意义在于,它有一个人口向量 $N(t)=(N_1(t),\cdots,N_i(t),\cdots,N_{N_c}(t))$ 的如下形式解(为了简单起见,没有显式索引的向量和矩阵将用粗体书写):

$$N(t) = e(t)e(t-1)\cdots e(1)N(0) \qquad (8.15)$$

这意味着如果我们知道每个时间 t 的矩阵 e,我们就可以求出所有城市规模的解。每个时间的矩阵乘积也是一个矩阵。当乘积矩阵表现良好时,我们可以保证存在具有某些特征的城市规模分布。这很容易用数值方法来检验(参见图 8.9),但在更基本的层面上,它也涉及形式人口学(formal demography)中所谓的遍历定理(ergodic theorems),我们现在来讨论它。

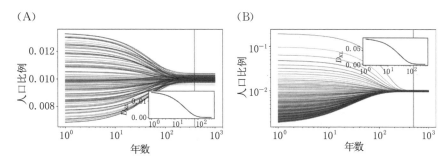

注:(A)图显示最终人口分布与初始分布无关,由投影矩阵 e 决定。两种模拟都有相同的环境,但初始人口分布不同:(A)图的初始分布是随机的,服从均匀分布,而(B)图服从齐普夫定律。插图描绘了动态人口分布与投影矩阵的主要特征向量所对应的分布之间的距离(用 KL 散度,D_{KL} 来衡量)。垂直线标记了收敛到这个极限的特征时间,这个极限大约是几百年。

图 8.9 在给定固定环境下模拟的人口统计轨迹

8.2.3 遍历定理和长期系统动态

> 遍历定理之所以引人注目，是因为它让我们摆脱了历史的枷锁。初始条件通常被认为是偶然的，不具有任何意义。我们希望用现在以及新近过去塑造人口动态的机制来解释现状。
>
> ——哈尔·卡斯韦尔（Hal Caswell）:
> 《矩阵人口模型》

到目前为止，我们已经做了很多数学上的准备。我们现在已经准备好进入科学的领域，即理解城市体系中的人口动态的一些普遍后果。呼应卡斯韦尔在本节开头的引言，我们对城市体系进行建模的主要思想是：至少在足够长的时间内，对于今天的城市规模而言，人口的初始状态不如系统的人口动态重要。如果确实如此，那么城市体系的结构——城市规模的相对分布——最终是由方程式（8.13）和方程式（8.14）中矩阵 e 的性质决定的。这将统计物理学中的遍历性概念推广到了复杂系统中不断增长的人口。在统计力学中，当系统动态在长期内探索所有受能量守恒和其他约束限制的可用状态空间（变量取所有可能的值）时，它是遍历的。遍历性是时间平均值的一个特征，因为动态将单个状态模糊为反映系统停留时间的概率。在人口动态中，遍历性是不同的：它意味着即使在系统可能呈指数级增长（或衰减）的情况下，也与初始条件无关。在统计力学中，遍历性与接近最大熵状态（热平衡）有关。在人口动态中，系统的长期状态可能是具有结构的人口，因为矩阵 e 通常会作出选择，表现为一些城市比其他城市增长得更快。因此，当矩阵 e 具有"较少的结构"（我们稍后将对此进行精确定义）时，由此产生的城市规模分布将更加随机，事实上更接近统计物理学的预期。只有到那时，我们才能忽略大多数社会经济因素。

在这方面，有两种极端情况：一种情况是 e 有结构，一些城市或地区明显比其他城市或地区更受欢迎，这是趋同迁移的标志；另一种情况下的人口动态是随机的，迁移没有表现出明显的方向。在一些额外的特定条件下，这种随机增长动态导致了齐普夫定律，这一特征使得许多作者强调将随机人口增长作为标准。[47]我们将表明，这通常是不真实的。[48]在讨论真实城市体系的变化时，使用一个更广泛的框架，使动态既有结构又有随机性非常重要。

人口动态的遍历属性

人口动态中的一组重要结果被称为"遍历定理"。[49]附录 D 介绍了卡斯韦尔总结的这四个定理。[50]一般来说,遍历定理保证了在给定特定环境条件下,长期动态的结构向量解具有某些性质。有几个复杂度不同的遍历定理,适用于确定的和随机的(噪声)动态(参见图 8.10)。

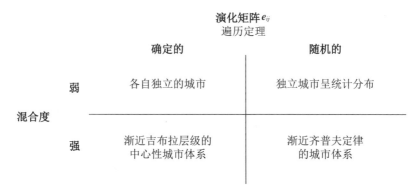

图中文字:
演化矩阵 e_{ij}
遍历定理

	确定的	随机的
弱	各自独立的城市	独立城市呈统计分布
混合度		
强	渐近吉布拉层级的中心性城市体系	渐近齐普夫定律的城市体系

注:根据演化的性质(矩阵 *e* 的性质)和城际混合的强度,一组城市的人口增长的长期表现有四种不同的情形。在强混合下,只要矩阵是本原矩阵(primitive matrix),无论 *e* 的细节如何,都会形成城市体系。如果矩阵 *e* 是确定性的,则渐近动态由其主特征向量决定,该主特征向量根据其特征值的中心性给出了城市的等级结构。然而,如果演化是随机的,那么城市规模分布会趋于不同的分布,有时会趋于齐普夫定律,这取决于边界条件。如果混合度较弱(迁移率低于临界比率),就不会形成城市体系,每个城市基本上都保持独立。跨国界城市之间的关系通常就是这样(另见附录 D)。

图 8.10 人口演化、遍历定理和城市体系的形成

静态环境与强遍历定理

最简单的遍历定理适用于当矩阵 *e* 为本原矩阵且不随时间变化的情况。所谓本原矩阵是指矩阵 *e* 是非负的,即其所有元素 $e_{ij} \geq 0$,并且它的 *n* 次幂(即矩阵自乘 *n* 次)是正矩阵(其所有元素都大于零)。这有点抽象,但它的使用价值很快就能体现出来。我们还可以用一种更直观的方法来解释什么是本原矩阵,那就是利用与 *e* 中迁移流相对应的有向图来说明(参见图 8.11)。

本原矩阵是一个周期为 1 的不可约矩阵,也就是说它的有向图是强连通的,而且我们沿着它的箭头走过的闭合路径的长度不是彼此的倍数。换言之,这些长度之间的最大公约数是 1。图 8.11 的图注对此做了很好的解释和讨论,但这

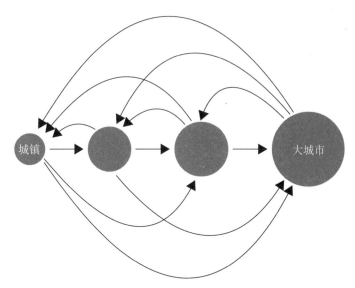

注：这里的城市体系仅包含四个不同大小的城市（灰色圆圈，大小表示人口规模），而箭头显示了成对城市之间的人口迁移流。一般来说，在任何两个地方之间都有迁移的正概率。这意味着该图具有强连通性（每个节点都可以通过沿着箭头从任何其他节点到达），也意味着矩阵 e 不可约。此外，箭头形成循环，在一定步数后可以返回原节点。如果图是完全连通的，则存在长度为 2、3、4 等的循环，直到矩阵维数 N_c。这些数字的最大公约数是 1。这两个条件保证了矩阵 e 是本原矩阵的。我们看到，对于一个人口迁移流强劲的城市体系来说，这些特性是自然的，甚至是不可避免的。

图 8.11　城市体系中城市之间迁移流的示意图

实际上反映了一组城市以有限概率互相交换迁移人口的特征。有趣的是，这种特征并不适用于那些只向城市体系输入或输出移民的城市，例如国外城市。同理，这样的城市不属于城市体系。

　　如果环境 e 是本原的，那么它的结构具有唯一重要性。强遍历定理建立在线性代数中著名的佩龙-弗罗宾尼斯定理[51]（Perron-Frobenius theorem）之上。对于本原矩阵，该定理给出并保证了 e 的特征值（eigenvalue）和特征向量 *（eigenvector）具有一些简单的性质。具体来说，我们可以保证最大特征值是正的且唯一的，$\lambda_0 > Re(\lambda_1) \geqslant Re(\lambda_2) \geqslant \cdots$，并且其对应的特征向量也是正的，$v = (v_{01}, v_{02}, v_{0j}, \cdots)$，对于任意分量 j，都有 $v_{0j} > 0$。这使我们可以通过精确求解人口

---

　　* 设 A 为 n 阶方阵，若数 λ 和 n 维非零列向量 x，使得 $Ax = \lambda x$ 成立，则称 λ 是方阵 A 的一个特征值，x 为方阵 A 对应于特征值 λ 的一个特征向量。其意义在于：对某个初始向量作线性变换，特征向量的方向在该变换下保持不变，特征值是缩放比例。——译者注

动态问题得到城市规模随时间变化的解析解。具体而言:

$$N(t) = (e)^t N(0) \tag{8.16}$$

接下来,我们可以根据 e 的特征值和特征向量明确地写出解。为了理解这一点,我们可以把 e 的特征问题写作:

$$ev = \lambda_i v_i \tag{8.17}$$

其中,λ_i 是矩阵的特征值,v_i 是对应的特征向量。时间 t 之后的解为:

$$N(t) = \sum_{i=1}^{N_c} (\lambda_i)^t pr_i v_i \tag{8.18}$$

其中,pr_i 是投影系数,使得 $N(0) = \sum_{i=1}^{N_c} pr_i v_i$。这些系数也可以写成 $pr = e^{-1} N(0)$,其中 e^{-1} 表示第 i 列为特征向量 v_i 的矩阵。我们可以看一个容易理解的例子:仅有两个城市的城市体系。

在一个仅有两个城市的案例中,矩阵 e 的形式为:

$$e = \begin{bmatrix} 1 + v_1 - m_{12} & m_{21} \\ m_{12} & 1 + v_2 - m_{21} \end{bmatrix}$$

特征值为:

$$\lambda_{\pm} = 1 + \bar{v} - \frac{\bar{m}}{2} \pm \sqrt{\left(\frac{v_1 - v_2}{2}\right)^2 + \bar{m}^2 - \frac{1}{2}(v_1 - v_2)(m_{12} - m_{21})}$$

其中,$\bar{v} = \dfrac{v_1 + v_2}{2}$ 及 $\bar{m} = m_{12} + m_{21}$。

在 $v_1 \to v_2$ 的简化极限中,我们得到:

$$\lambda_0 = 1 + \bar{v} > \lambda_1 = 1 + \bar{v} - \bar{m}$$

其中特征向量为:

$$v_0 = \left(\frac{m_{21}}{m_{12}}, 1\right) \text{和} v_1 = (-1, 1)$$

投影系数依次为:

$$pr_0 = \frac{m_{12}}{\bar{m}}(N_1(0) + N_2(0)) = \frac{m_{12} N_T(0)}{m_{12} + m_{21}}, \quad pr_1 = \frac{m_{21} N_2(0) - m_{12} N_1(0)}{\bar{m}}$$

显然,主导特征值决定了持久的时间演变,第二个特征值相对于第一个特征值呈指数衰减。二次特征值的衰减与$(\lambda_1/\lambda_0)^t = e^{-\ln\frac{\lambda_0}{\lambda_1}t}$成比例，因此衰减速率为$\ln\frac{\lambda_0}{\lambda_1} \simeq \bar{m}/(1+\bar{v})$。我们可以清楚地看到，混合度的大小$\bar{m}$对城市体系的形成至关重要。当极限中$\bar{m} \to 0$时，完全没有混合，城市只能按照自己的速度各自增长，而不是作为一个城市体系。如果混合参数很小，城市体系可能需要很长时间才能形成。通过人口迁移实现每年1%的混合相当于100年的衰减率。

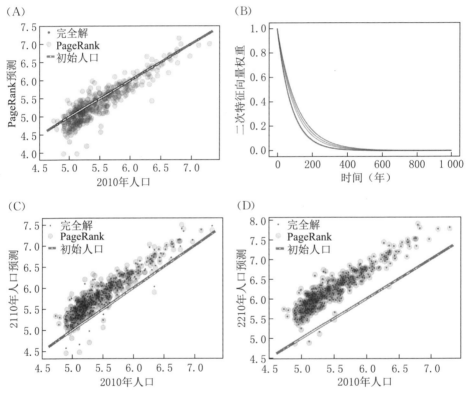

注：(A)图表示初始领先特征值预测(PageRank，点)与初始人口。PageRank高的城市将比城市体系中的其他城市增长更快，反之亦然。实线表示了PageRank与初始人口规模之间的相关性(斜率0.99，95%置信区间为[0.95，1.07]，$R^2 = 0.66$)。排名靠前的城市如表8.1所示。(B)图显示了当$i = 1, 2, 3, 4$时，二次特征值$\left(\frac{\lambda_i}{\lambda_0}\right)^t$的相对衰减。根据2010年美国人口普查数据，我们发现所有主要特征向量的影响需要几个世纪才能消失，在这个时间尺度上，我们预计矩阵e不会是时间上的常量。(C)图和(D)图分别给出了初始人口函数在2110年和2210年的解。我们看到，随着时间的推移，精确解趋近于PageRank(深色小点与较大灰色圆圈重合)，所有城市规模都以$\gamma_N = \ln\lambda_0$确定的统一增长率增长。初始解用黑线表示。

图8.12　根据方程式(8.12)计算的美国大都市统计区城市规模的人口-时间演变

我们可以用给定任何矩阵 e 的人口动态解析解来丰富这个例子。图 8.12 和表 8.1 展示了依据 2010 年人口普查提供的当前人口动态和人口迁移率数据，对未来美国城市体系的预测结果。

权力、影响力与城市等级的出现

社会学家经常用主体（节点）在复杂网络中的结构位置来测度其权力和影响力。[52]在任何复杂的行动者网络中，最大特征向量都可以用来反映该行动者在网络中的中心性。但这是一种特殊形式的中心性，与中介中心性（betweenness）或点度中心性（degree）等其他形式的中心性都不同。[53]拥有较大主导特征向量的城市被认为具有更高的等级，在城市体系中可能拥有更大的权力和影响力。地理学家[54]和社会学家[55]已经使用了这一指标几十年，最近谷歌创始人拉里·佩奇和谢尔盖·布林[56]又重新发现了它，他们用它来进行网页的权力和影响力排序（PageRank）。

根据美国大都市地区人口数量的最新数据，我们发现目前中心性最高的城市是休斯敦和达拉斯，其次是纽约和洛杉矶（参见表 8.1）。因此，在假设 e 不变

表 8.1　相对于 2010 年，2110 年美国最大的 10 个大都市地区的人口和排名预测

PageRank	2110 年排名	2010 年排名	大都市统计区（主要城市名称）	预测的 2110 年人口	2010 年人口
1	2	5	休斯敦	26 107 974	6 260 171
2	4	4	达拉斯-沃思堡	22 415 885	6 741 942
3	1	1	纽约市	30 160 729	19 748 581
4	3	2	洛杉矶	24 658 051	12 999 512
5	8	9	亚特兰大	13 995 430	5 468 366
6	6	7	华盛顿特区	14 250 130	5 872 661
7	5	8	迈阿密	14 631 123	5 798 818
8	9	12	菲尼克斯	12 692 948	4 352 661
9	7	3	芝加哥	14 099 901	9 420 194
10	15	35	奥斯汀	9 327 568	1 865 084
11	12	15	西雅图	10 648 859	3 570 470
12	10	11	旧金山	11 164 725	4 478 883

的情况下,我们可以及时预测美国城市体系的人口增长,并预测每个城市的未来规模和排名。根据当前的人口结构推断,美国城市等级将发生剧烈变化,休斯敦和达拉斯最终将成为美国最大的城市。其他大都市地区也将变得更大,到 2110 年,纽约市的人口将超过 3 000 万,届时,许多其他城市的人口将增加四倍以上。南部和西部的许多城市预计将排名上升,包括奥斯汀、亚特兰大、菲尼克斯和西雅图。传统上占据优势地位的城市,如芝加哥(排名 3)、费城(排名 6)、波士顿(排名 10)和底特律(排名 14),预计将出现明显的相对下降。波多黎各的城市将遭受最严重的冲击,相对人口下降幅度最大。然而,中西部工业区和阿拉斯加州的其他城市的规模预计也会收缩,而得克萨斯州、犹他州和科罗拉多州的许多小城市预计会扩张。这一过程非常缓慢,即使在一个世纪后,我们看到的城市体系等级与今天相比也应该变化不大(另见图 8.9)。

动态环境:遍历定理的一般陈述

为了进一步探讨人口统计学动态的可能类型,我们现在问当矩阵 $e(t)$ 随时间变化时会发生什么。剩下的三个遍历定理给出了城市规模分布的一些额外结果。

首先,所谓的弱遍历定理(参见附录 D)保证了对于某些动态环境序列,$e(t_0)$, $e(t_1)$, …, $e(t_n)$, …,两个初始结构向量($n \neq n'$)之间的差异在时间上衰减为 0。这意味着通常存在一个渐进的相对城市规模分布,它是环境的函数,与初始条件无关。

当环境是随机的,但在其他方面与时间无关(平稳)时,强随机遍历定理指出,结构向量成为一个随机变量,其概率分布收敛于固定的平稳分布,而不考虑初始条件。我们稍后会看到,这就是齐普夫定律的大多数推导适用的情形。对于随机环境,我们只能预测结构向量的概率分布在环境噪声的平均作用下的表现。

最后,当环境具有时间依赖性和随机性时,弱随机遍历定理表明,任何两个初始人口在独立样本路径下形成的结构向量的概率分布会越来越接近。同样,当环境明显变化时,我们只能认为城市规模的分布在平稳意义上是随机的,而不能作更多推断,初始条件的影响也会随着时间消散。

我们看到,无论具体情况如何,这组遍历定理可以让我们得出一些一般性的基本结论。最重要的是城市体系可能与初始条件无关的情形具有普遍性,在这种特定意义上,正如卡斯韦尔所指出的,它与其过去的历史无关。但这并不意味着系统的状态完全与环境 e 的历史无关。事实上，正是共同的历史环境序列使得人口的结构向量在很长时间后收敛到一个统一状态。这些结果对城市体系演进的更广泛影响还需要进一步研究。

8.2.4 解析平均场解和引力定律的重要性

为了掌握各种可能的动态机制，我们需要从解析的角度对一般解有更深的直觉。这也将使我们更好地理解一些地理学定律，尤其是推导引力定律和齐普夫定律所需的额外假设。为此，我们将方程式（8.12）中的总迁移流 J_{ij} 写作：

$$J_{ij}=\left(\frac{j_{ij}^S+j_{ij}^A}{2}\right)\frac{N_iN_j}{N_T}\rightarrow m_{ij}=\left(\frac{j_{ij}^S+j_{ij}^A}{2}\right)\frac{N_j}{N_T} \tag{8.19}$$

其中矩阵 j_{ij}^S 是对称的，即 $j_{ij}^S=j_{ji}^S$；而 j_{ij}^A 是反对称的，即 $j_{ij}^A=-j_{ji}^A$。这意味着我们可以将逆矩阵元素写为 $J_{ji}=\left(\frac{j_{ij}^S-j_{ij}^A}{2}\right)\frac{N_iN_j}{N_T}$，这定义了相对流的不对称性，$\Delta J_{ij}=\frac{J_{ij}-J_{ji}}{J_{ij}+J_{ji}}=\frac{j_{ij}^A}{j_{ij}^S}$。

我们曾经强调过引力定律模型是对称的，$j_{ij}^A=0$，并且 $j_{ij}^S=G_MN_T\phi_T(d_{ij})$ 是两个城市之间距离 ϕd_{ij} 的递减函数，就像在 MaxEnt 问题中一样。然而，人口迁移流中的反对称部分是导致城市体系相对人口变化的唯一原因。这是因为，如果人口迁移的流是对称的，那么任何两个城市之间都不会有净人口流动。我们可以将人口动态方程改写作：

$$N_i(t)=(1+\gamma_{N_i})N_i(t-1)\rightarrow \gamma_{N_i}=v_i-\sum_{j=1}^{N_c}j_{ij}^A\frac{N_j}{N_T} \tag{8.20}$$

由于 $n_j\equiv\frac{N_j}{N_T}$ 在城市 j 总人口中占比很小，我们可以将最后一项视为迁移目的地城市的平均值，并将其写作 $j_i^A=\sum_j j_{ij}^A n_j$。这个量是城市 i 的净迁移率（单位时间内的人均值），对于净流入人口为正的城市，这个量为负。因此，也可以将量 j_{ij}^A 理解为城市 j 对城市 i 人口净流出的贡献。这个量与流行病模型中易感人群（迁出人口）与感染人群之间的接触率类似，它会推动状态的变化，从而支持了第8.1.3节中从社会互动角度解释引力定律的合理性。由于这些性质，我们还可以得出 $j^A = \sum_i j_i^A \frac{N_i}{N_T} = 0$，这是总迁移人口守恒的结果。这意味着城市中 j_i^A 的平均值（集合平均值）通过构造始终为 0。这个量在城市体系中的不同城市交替出现，每个时间段都必须有一些城市接受人口净流入，而另一些城市人口净流出。

现在我们可以看到长期解的一些特性。首先设总人口的增长率为 γ_N：

$$N_T(t) = (1 + \gamma_N) N_T(t-1) \rightarrow \gamma_N = \sum_j \gamma_j n_j = \bar{v} \tag{8.21}$$

注意，由于 j_{ij}^A 的反对称性，迁移流的贡献消失了。我们现在可以写出结构向量 $n_i = \frac{N_i}{N_T}$ 的时间演化为：

$$n_i(t) = (1 + \epsilon_i) n_i(t-1) \tag{8.22}$$

其中，"波动" $\epsilon_i = v_i - \bar{v} - j_i^A$，这很简单，并且与随机增长过程直接对应（回顾第 4 章）。这是因为方程式（8.22）是几何随机模型 $\frac{\mathrm{d}n_i}{\mathrm{d}t} = \epsilon_i n_i (\bar{\eta}_{n_i} = 0)$ 的离散形式。当所有城市都以相同的速度增长时（吉布拉定律），$\gamma_{N_i} - \gamma_N = \epsilon_i \rightarrow 0$，每个城市的增长率波动平均为 0，因此 $j_i^A \rightarrow v_i - \bar{v}$。这使我们预期生命率较高的城市会有更多的净移民，而生命率较低的城市的净移民会较少。图 8.13 显示，确实有证据表明在这个方向上存在一些（弱）相关性。这也将为我们证明推导齐普夫分布的合理性提供了基础，遵循加贝克斯[57]的观点，假设城市在一些额外的关键约束下遵循几何随机增长（参见第 4 章）。

请注意，只要长期平均增长率存在波动，即使波动的均值为零，也可能导致从一个时期到下一个时期的增长率不同。这意味着所有城市的平均增长率相同是平均场的近似解。

引力定律是在平均意义上描述人口流动在不同时空间尺度上的近似规律的方法。城市之间的净移民流量 j_{ij}^A 在一定程度上会趋于消失，而流的特征只取决于其对称部分。然而，具有讽刺意味的是，非零净流量（一定程度上违背引力定律）对于达到这些极限和形成城市的综合动态是必不可少的。以下各节将对这些陈述进行更详细的说明（另参见图 8.14—图 8.15）。

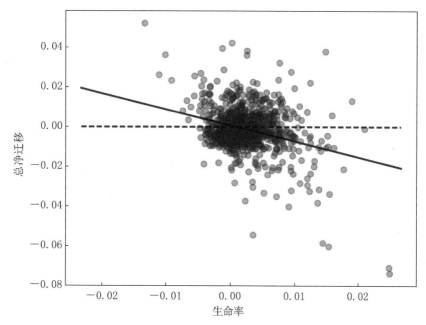

注:实线显示了相关性的最佳拟合线,$j_i^A(v_i)=0.00-0.80v_i$,斜率的 95% 置信区间为[−0.97,−0.64],$R^2=0.09$。虚线为参考线,表示无相关性。

图 8.13 美国大都市和小都市地区的总净迁移人口(含国内和国外)与生命率之间的反相关性

噪声与结构

任何人口动态的一般逻辑都包含结构化部分和随机部分,这对所有复杂系统都是通用的。结构化部分涉及对某些状态有明确的偏好或选择。例如在美国,过去几年中,得克萨斯州和西南部的大多数城市都是内部人口迁移的净受益者,而中西部的大多数城市是净损失者。其他历史例子包括对最大城市的偏好,如英国、法国或日本等国家的城市体系,美国 20 世纪的大规模北方人口迁移,以及美国城市体系在 19 世纪的西部扩张。因此,人口动态的结构化部分表达了对特定地方或地区作为内外人口迁移目标的选择。这些选择都打破了对称性,用物理学语言来说,就是在两个地方之间的迁移流量现在有了一个优先的净方向。打破对称性与信息编码有关。

相关动态的随机部分所具有的特性与结构化部分正好相反。在统计学意义上,它是一种平衡力,在相关动态的约束下使系统尽可能地无序。物理学中常见的例子是热力学，它使系统达到平衡状态。例如，气体分子服从麦克斯韦-玻尔兹曼速率分布，或是咖啡中牛奶的均匀分布。随机动态使系统达到最大无序（或者说最大熵），在这种状态下选择或净选择的量最小，或者等效来说，对称性最大。随着我们建立相应的数学工具，相关表述会更加精确。但我们会发现，城市规模分布的齐普夫定律也是一种最大无序分布，它与咖啡中牛奶的均匀分布有着奇妙而严格的相似性。这也将帮助我们对城市相对规模分布偏离齐普夫定律做出更好的解释。我们先讨论结构化动态的特征，然后再引入随机性的影响。

8.2.5　噪声驱动的相对城市规模分布

我们现在假设变量ϵ_i是统计性的，其均值为 0，方差（波动性）为σ_n^2。n_i的随机动态[58]现在是：

$$\mathrm{d}n_i = \sigma_n n_i \mathrm{d}\Theta_w(t) \tag{8.23}$$

这是一个非常简单的方程式，我们可以很容易地导出相关的概率分布。为了简单起见，我们将省略下标i，并将结构向量视为正连续随机变量。与第 4 章一样，我们可以使用伊藤引理来构建结构向量n的概率分布方程：

$$\frac{\mathrm{d}}{\mathrm{d}t}P[n, t \mid n', t'] = \frac{\mathrm{d}^2}{\mathrm{d}n^2}\sigma_n^2 n^2 P[n, t \mid n', t'] = \frac{\mathrm{d}J_n}{\mathrm{d}n} \tag{8.24}$$

后一个等式定义了概率流量：

$$J_n = \frac{\mathrm{d}}{\mathrm{d}n}\sigma_n^2 n^2 P[n, t \mid n', t'] \tag{8.25}$$

这推动了城市相对规模的分布。

齐普夫律作为稳定解

现在从概率方程$P_0[n]$的稳定解开始推导齐普夫定律。因为这是一个二阶方程，所以有两个解。我们更熟悉的一个解可以从流的消失得到，即：

$$J_n(t) = \frac{\mathrm{d}}{\mathrm{d}n} \sigma_n^2 n^2 P_0[n] = 0, \ \rightarrow \sigma_n^2 n^2 P_0[n] = const \rightarrow P_0[n] = \frac{P_0}{\sigma_n^2 n^2} \quad (8.26)$$

其中，$P_0 = 1 / \int \mathrm{d}n \frac{1}{\sigma_n^2 n^2}$。如果 σ_n^2 与城市相对规模无关（吉布拉定律），我们可以

从 n 转换回 N，并得到齐普夫定律，$P_0[N] = P_z[N] = \frac{P_{z0}}{N^2}$。如果 σ_N^2 与城市规

模有关，例如 $\sigma_N^2 \sim N^{\alpha_s} \rightarrow P_0[N] \sim \frac{1}{N^{2+\alpha_s}}$，那么平稳分布将偏离齐普夫定律。

另一个固定解对应于恒定流 $J_n(t) = J_n$，可以得出：

$$P_0[n] = \frac{P_0'}{\sigma_n^2 n} \quad (8.27)$$

其中，$P_0' = 1 / \int \mathrm{d}n \frac{1}{\sigma_n^2 n}$。这个解适用于不断有人流 J_n 上下跨越不同等级城市

的情况。例如，从大城市向越来越小城镇的迁移，就像罗马帝国衰落期间发生的

那样。或者流动方向反过来，农村地区的居民不断涌向更大的城市和城镇，正如

很多发展中国家正在经历的，这同样适用。

完全动态解

由于概率方程非常简单，所以它的动态是完全可解的。这些解将帮助我们

更好地理解稳定极限形式的形成方式，以及它是否可能在实际中出现。附录 E

给出了对该问题的详细处理过程。可以很容易地证明，除了固定解之外，还有一

个通解，其形式为：

$$P[n, t | n_0, t_0] = \sqrt{\frac{1}{\pi \sigma_n^2 (t - t_0)}} e^{-\frac{\left(\ln \frac{n}{n_0} + \frac{\sigma_n^2}{2}(t - t_0)\right)^2}{2\sigma_n^2(t - t_0)}} \mathrm{d}\ln n \quad (8.28)$$

这是 n 的对数正态分布，其时间相关均值（相对 $\ln n$）为 $\overline{\eta} = \ln n_0 - \frac{\sigma_n^2}{2}(t - t_0)$，时

间相关对数方差为 $\sigma_n^2(t - t_0)$。这个解类似于简单扩散，即将一种浓缩物质扩散

到给定体积中，初始解为在时间 $t = 0$ 时，$P[n, 0 | n_0, 0] = \delta(n - n_0)$，遵循乘法

随机增长动态。这立即告诉我们，虽然对数正态解经常被用于拟合城市规模分

布[59]，但这是有问题的。因为它是动态的，并且会不断扩散，随着时间的推移，

其平均值越来越趋近于 0。此外，它的初始条件是一个具有给定规模的单一城市。

我们可以从城市的任何实际分布出发，结合稳定解和时间相关解来描述其概率分布（详见附录 E），这样可以考虑到任何初始起点和边界条件的影响。当时间跨度很长，$t \gg t_0 + \frac{1}{\sigma_n^2}$，该解的时间相关部分就会消失，而在适当的边界条件下，城市规模的分布就会趋于平稳，出现齐普夫分布。在此之前，当时间跨度较短时，城市规模分布将是这些解的结合形式。我们在第 4 章中看到，美国大都市地区增长率的平均波动性为 $\sigma_n^2 \sim 0.001$，这意味着时间跨度 $t_z \gg 1\,000$ 年。与此相比，间隙（e 的前两个特征值的比率）的阶数为 $t_e = 1 / \left| \ln \frac{\lambda_1}{\lambda_0} \right| \sim 114$ 年。这两个时间都很长，但齐普夫定律的扩散时间跨度要高一个数量级。如果这一估计基本正确，那么城市相对规模的扩散动态在美国城市体系中就不太重要。根据这些数字，我们可能会发现其他国家有不同的情况。

在这种情况下，我们能期待什么呢？如果城市的动态符合第 8.2.5 节的近似值和假设，那么历史悠久的城市体系（或人口流动最大的城市体系）可能会呈现出符合齐普夫定律的城市规模分布（参见图 8.15）。但是，在大多数情况下，城市体系会受到各种事件和冲击的影响，从而偏离最简单的情形。因此，城市规模需要用更复杂的人口统计动态模型来计算（参见图 8.16）。不过，齐普夫定律仍然是城市体系人口统计动态的一个重要参考点，所以我们有必要了解它的一些主要特征（参见图 8.14），并探究其意义。

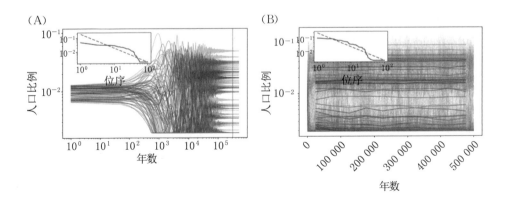

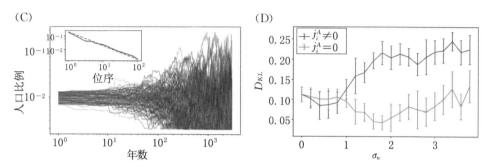

注:我们需要在投影矩阵 e 的任意结构(参见图8.8)上建立一些对称性。(A)图表示迁移流用引力定律来参数化,具有一定的反对称性,即 $j_{ij}^A \neq 0$。插图以虚线显示了齐普夫定律的理论分布。(B)图表示迁移流中加入了乘法随机噪声,导致城市规模分布有波动,但仍然类似。(C)图表示引力定律在统计意义上是对称的,即 $j_{ij}^A = 0$,同时保持了随机波动。这显示了向齐普夫定律的收敛(插图)。(D)图表示当波动较大时,波动的平均对称性成为一个必要条件。在非对称的情况下,人口分布可能会偶尔接近齐普夫定律(深灰色),而对称条件会减少与齐普夫定律的差异(浅灰色),这可以用城市相对规模分布和齐普夫法则之间的 KL 散度来衡量。

图 8.14　城市体系人口动态产生齐普夫定律的必要条件

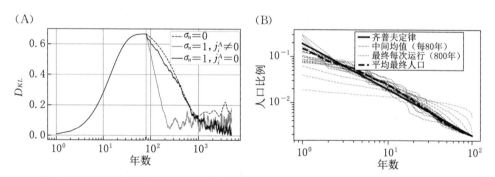

注:(A)图表示从初始的齐普夫规模分布开始,在平稳遍历设置下运行模拟,直到达到 e 的主特征向量对应的稳态。然后,系统只按照引力定律进行迁移动态演化:浅灰色线表示有波动的情况,深灰色表示波动的对称性。可以看到,随着对称性条件的增强,系统越来越接近齐普夫极限,用 KL 散度来衡量的偏差也越来越小。(B)图中的粗实线显示了 10 次模拟运行的平均结果,虚线显示了中间步骤。设置初始人口分布服从齐普夫定律,人口分布先偏离齐普夫定律,直到达到遍历设置的稳态。当动态中加入必要的条件时,人口分布又重新接近齐普夫分布。

图 8.15　在给定动态对称性条件下,齐普夫定律变得与人口动态无关

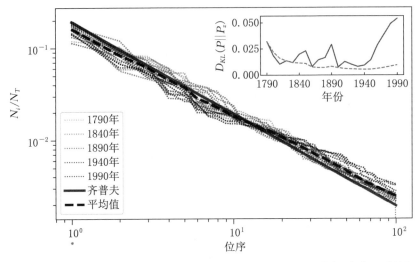

注：该图显示了所有可用时间的人口结构（虚线）和所有分布的平均分布（虚线）。插图显示了所有可用年份的人口分布的 $D_{KL}(P\|P_z)$，以及特定年份（虚线）上所有结构向量与齐普夫定律的平均差异。随着年份的增加，平均差异逐渐减小。在初始阶段之后，平均分布总是比任何一年的城市规模分布更接近齐普夫定律。近几十年来，城市规模分布与齐普夫定律的偏离越来越明显，美国历史上第一次，平均分布也开始偏离齐普夫法则。

图 8.16　美国最大的 100 个城市的位序-规模分布在 1790—1990 年间的历史变化

齐普夫分布的性质：中性、一致性和筛选性

在人口生物学和复杂系统中，中性是指一种动态平衡（或稳态）的情况，即所有实体的增长速度相同。经济学家把这种情况称为"平衡增长路径"。这个概念源于进化论，其中中性意味着没有选择压力，所有类型的个体具有相同的适应度，也就是相同的相对增长率。在本书中，中性意味着人们在迁移时不会对城市规模有净偏好。

因此，在吉布拉条件下，更具体地说，在引力定律的对称性下，齐普夫的城市规模分布是一个中性定律。但我们可以进一步探讨这个定律的含义以及偏离它的原因。正如我们所看到的，齐普夫定律与不同规模城市之间的净概率流消失有关。用原始变量表示，这个流为：

$$J_N[P(N)] = \frac{\mathrm{d}}{\mathrm{d}N}\frac{\sigma_N^2}{2}N^2 P(N) \simeq \frac{\sigma_N^2}{2}[(N+1)^2 P(N+1) - N^2 P(N)]$$

$$(8.29)$$

如果城市按照齐普夫定律分布,将 $P(N) \sim 1/N^2$ 代入 J_N,结果表明流会消失。如果我们简单地代入一个与城市规模无关的常数概率 $P(N) \sim const$,我们会发现,在规模等级结构下存在一个净流,$J_N[const] = \frac{\sigma_n^2}{2}(2N+1)const$。因此,为了维持城市规模的稳定分布,必须有大量小城市来平衡少数大城市,分布必然是不均匀的。

鉴于实际人口迁移流具有非聚合特征,齐普夫定律的中性受到高度怀疑。第 8.3 节将对其进行简要概述,我们将看到不同规模的城市表现出不同的选择效应(即它们不是中性的),年轻人和受过教育的人倾向于迁移到更大的城市,而其他人则更有可能迁移到规模较小的城市。然而,我们在这里使用的齐普夫定律、吉布拉定律和引力定律只适用于包含所有社会经济类型的总人口,这在较长的时间尺度上是更保守的假设。

在一篇最新的论文中,克里斯泰利、巴蒂和彼得罗内罗[60]指出,"齐普夫定律不仅仅是幂律",强调城市的规模分布必须满足一些全局性质,他们将其称为"一致性"和"筛选性"。这些概念可以解释为:首先,大多数城市人口的子样本(比如随机抽取的城市子样本,或分布的下半部分)不符合齐普夫定律(它们显示出"缺乏一致性");其次,类似规模的城市根据各自的增长动态相互筛选,如果一个城市增长更快或消失,其他城市将不得不补偿这种变化。他们尤其指出,在不严重扭曲齐普夫定律的情况下,一个集合中的最大城市在某种意义上发挥着关键作用,即它不可能被复制或移除。

通过本节的讨论,我们很容易理解这些有趣的性质。我们认为齐普夫定律不是一个静态的结构特性,而是保持 $J_N[P(N)] = 0$ 的动态结果。

一致性的性质源于这样一个事实,即大多数删除或添加城市的操作都会将流 J_N 从 0 改变,并引发涉及许多其他城市的系统动态响应,从而平滑这种扰动(参见附录 E)。请注意,J_N 只适用于某个相对规模的城市的概率,而不适用于特定城市,因此,如果一些城市增长更多,其他城市可能增长更少,并且仍然遵循统计守恒定律。这种筛选对应于一个有趣的几何均分性质:在任何百分比的城市人口规模范围内 $(N, \lambda N)$,$\lambda > 1$,总人数是恒定的。这是因为:

$$\int_{N}^{\lambda N} \mathrm{d}N'N'P_z(N') = P_{z_0}\ln\frac{\lambda N}{N} = P_{z_0}\ln\lambda = const$$

这一结果再次表明,齐普夫定律是一种具有几何比例意义的均匀分布。要保持齐普夫定律不变且不引发连锁的人口变化,扰动必须对所有百分比(对数形式)分区中的人口造成相同的百分比变化,这意味着扰动影响到不同对数规模档中的城市数量不同。因此,在城市数量较少的规模范围内,筛选性更强,在城市众多的规模范围内则较弱。由于最大的城市是独一无二的,而且对于足够小的 λ 来说,它在自己的群体中是独立的,所以将其移除或是强烈干扰它,都会使整个分布变得混乱。

最后,正如加贝克斯[61]和此后很多其他作者所观察到的那样,流的消失转化为一种在分布的两端都特别敏感的边界条件。[62] 两个规模等级 n 和 n' 之间的流消失可以写作:

$$P(n') = \left(\frac{n}{n'}\right)^2 P(n) \tag{8.30}$$

其中,差值 $\mathrm{d}n = n - n' > 0$。对于 $n = 1$ 的城市,也就是最大的城市,我们得到 $P(n') = \left(\frac{1}{n'}\right)^2 P(1)$。而对于最小的城市,我们需要考虑的是最小且未消失的城市的相对规模 n_m。接下来,我们得到 $P(n') = \left(\frac{n_m}{n'}\right)^2 P(n_m)$。这意味着为了保持齐普夫分布的稳定性,我们需要一个规模范围为 $n' < n_m$ 的一组"影子"城市,它们强制执行适当的非零 $P(n_m)$。如果没有它们,小城市的分布就不符合齐普夫分布,事实上,我们可能会看到,城市的规模分布在这一端累积了越来越多的概率,这大致是通常观察到的情况(参见图8.7)。这对应于高位序值的城市发生等级-规模法则翻转。

这些问题清楚地表明了为什么维持齐普夫分布离不开全局系统动态,因此我们在所有城市都能观察到自恰的一致性和筛选性。我们还看到,齐普夫定律并不是"综合城市体系的终极表达",还有许多其他综合城市体系有着不同的人口规模分布,对应于不太对称的环境 e。

最大熵

除了中性及其相关的性质外,齐普夫定律还有一个有趣的性质,它也是最大熵分布。[63]如果系统动态是无序的,那么最大熵分布就发挥着重要作用,因为在长时间平均的意义上,它们是统计吸引子。为了揭示齐普夫定律的这一性质,我们首先考虑一个更一般的帕累托(幂律)分布,写作:

$$P(n) = z\,\frac{n_m^z}{n^{1+z}} \tag{8.31}$$

与之前一样,齐普夫定律意味着 $z=1$, n_m 是城市的特征最小规模($n \geqslant n_m$)。相应的香农熵为:

$$H(n) = -\int \mathrm{d}x\, P(n) \log P(n) = E(\log P(n)) = \left(1 + \frac{1}{z}\right) \log \frac{n_m}{z} \tag{8.32}$$

当指数 z 最小时,熵达到最大。对于仍然可以标准化至 1 且固定在 n_m 的分布,这意味着 $z \to 1$,得到齐普夫的特定指数。这等价于在给定 n 的对数平均值的约束条件下使 $P(n)$ 的熵最大化。对数平均值 $\log P(n)$ 既是熵本身,也是增长率的时间平均值。

齐普夫定律偏差中的信息

我们将以通过理解城市规模分布的偏差来结束对齐普夫定律正确性的探讨。在本章之初,我们提出了一个普遍的概念,即城市体系的演变与任何复杂系统一样,都是选择(实际偏好)和随机性的共同结果。我们现在已经看到,齐普夫定律是受约束的指数增长过程的最大随机性分布,类似于液体在体积中的均匀分布。现在让我们来考察选择。为此,我们先回到结构向量 n 的时间演化方程,并将其写作:

$$P'(n) = \hat{O}_n P(n) \tag{8.33}$$

其中,$\hat{O}_n$ 是此前概率密度上的一个算子,这意味着它可能包含导数或积分。我们已经看到,对于离齐普夫不太远的概率密度,我们可以写出:

$$\hat{O}_n = \gamma_n + \frac{\mathrm{d}^2}{\mathrm{d}n^2} \sigma_n^2 n^2,\ \text{且}\ \gamma_n = \upsilon_n - \bar{\upsilon} + j_n^A \tag{8.34}$$

其中,第一项包含增长率中任何非随机的、与规模相关的分量,第二项由它们周围的随机乘法增长产生。如果我们从齐普夫分布 $P(n) = P_z(n)$ 开始,第二项为

0，我们将得到：

$$P'(n) = \gamma_n P_z(n) \tag{8.35}$$

这表示哪个城市相对规模等级增长得更快或更慢 [注意，$\sum_n \gamma_n P(n) = 1$]。作为一种选择效应，这完全类似于学习过程（即生成信息），完美地服从贝叶斯关系，就像我们在第 6 章中展示的那样。

根据定义继而可以得出：

$$\gamma_n = \frac{P'(n)}{P_z(n)} \tag{8.36}$$

这个量的对数平均值为：

$$\sum_n P'(n) \log \gamma_n = \sum_n P'(n) \log \frac{P'(n)}{P_z(n)} = D_{KL}(P' \parallel P_z) \tag{8.37}$$

即相对熵（或 KL 散度[64]，参见附录 C）。这是一个半正量，$D_{KL}(P' \parallel P_z) \geqslant 0$，与假设城市的规模分布是中性的（即齐普夫定律）相比，它测度了来自环境 e 中的额外信息 $P'(n)$。反过来，未平均的量 $\log \gamma_n = \log \dfrac{P'(n)}{P_z(n)}$ 有时被称为状态 n 的"惊喜"，因为它测度了实际频率与标准预期的偏差（正或负）。

因此，城市规模分布的偏差可以从由于净选择或选择的存在而产生的信息量的角度来理解（参见图 8.17）。虽然第 8.2 节的分析仅涉及城市规模等级，但这种思想可以推广到齐普夫定律之外的更多分布。

8.2.6 美国城市体系中各类人口统计量的实证特性

我们花了本章的大部分篇幅来探索几种相当理想化的城市体系规律，讨论其背后的模型和理论。在结束这场讨论时，我们可以观察一些与生命率和移民相关的经验数据。这些数据表明，由于人口和时间平均的作用，有时会出现"地理定律"形式的简单模式。直接评估这些数据将有助于我们理解更复杂的真实情况，也能更好地理解前面提到的与吉布拉定律和齐普夫定律的偏离。

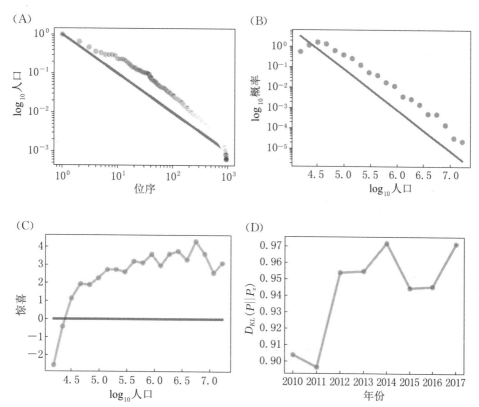

注：(A)图表示 2017 年美国小都市和大都市统计区的位序-规模法则（直线代表齐普夫定律）。与城市体系中最大的城市纽约市相比，大多数大中城市的规模都太大了，但同时我们也观察到小城市的规模太小（低于直线）。(B)图为概率密度函数（直线同样代表齐普夫定律）。尽管数据可能近似于幂律（在对数坐标轴上是线性的），但我们再次看到小城市的偏小和中型城市的过大（请注意，这些点代表对数分档，在许多类似规模的城市地区间平均）。(C)图表示相对于齐普夫定律，每个规模等级都存在意外。我们看到小城市的偏离为负值，而其他城市尤其是数百万人口的中大型城市差距较大。(D)图表示平均意外情况，实际城市规模概率分布和齐普夫定律之间的距离。在这个时间间隔内，分布没有收敛到齐普夫定律的趋势（即 KL 散度消失），另可见图 8.16，虽然涉及的城市更少但时间尺度更长。

图 8.17 将对齐普夫定律的偏离理解为信息

这些示例仅涉及美国城市体系，但根据数据可用性，其他地方也可以进行类似的分析。图 8.18 显示了美国小都市和大都市地区（所有人口超过 10 000 人的城市地区）的四个基本数据。例如，我们看到，出生率与城市规模的标度关系略高于线性，而死亡率则呈相反的趋势。这意味着，出生率减去死亡率的生命率也随着城市规模的增长而略高于线性增长。这在一定程度上是因为大城市的人口

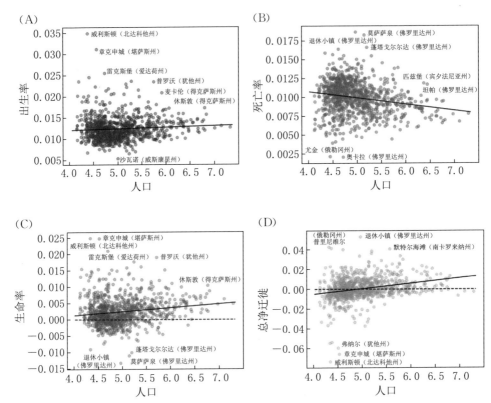

注：(A)图表示每个大都市和小都市地区的出生率。大多数城市的出生率都略高于1%，标出名称的城市属于例外情况的代表。出生率[用黑色实线表示，$Births(N)/N=0.0107+0.0003\log_{10}N$]随城市规模略有增加，但效应不明显且非常嘈杂。(B)图表示美国大都市和小都市地区的死亡率。死亡率[实线表示，$Deaths(N)/N=0.0141-0.0008\log_{10}N$]往往略低于出生率，并随城市规模略有下降。部分数字特别高和特别低的城市标出了名称。死亡率高的城市人口老龄化也比较严重，往往是退休社区。(C)图表示相同城市的生命率[黑色实线表示，$v(N)=-0.0034+0.0012\log_{10}N$]。虽然拟合效果不是很好，但预测结果显示，平均而言，城市只需高于临界人口规模 $N_c=680$ 就能拥有人口正增长率。(D)图表示相同城市的总迁移率(包含国内和国外迁移)(黑色实线，$-0.0271+0.0550\log_{10}N$)。在这两种情况下，生命率和净迁移率(实线)都随着人口规模的增加而略有增加，虚线为参考线，代表人口增长率为0。许多出生率高的小城市发生了人口流出；同样，许多死亡率较高的城市发生了大规模的人口流入，主要来自城市体系中的其他城市。

图 8.18 美国大都市地区的生命率和迁移率

较为年轻，因为它们吸引了年轻人，而退休老人偏爱佛罗里达州和其他死亡率较高的州。我们还能看到很多其他奇怪的区域模式，如后工业城市的人口老龄化，大学城的人口年轻化，在犹他州、堪萨斯州和北达科他州等州的一些城市，人口外迁现象很严重，同时出生率也更高。

图 8.19 验证并扩展了其中一些人口统计现象,如随着城市规模的增加,总出生人数呈现出轻微的超线性增长,总死亡人数呈现出相应的次线性增长。此外,我们在图 8.19(C)中观察到国外出生人口呈现出显著的超线性增长,反映了大城市对外国人的吸引力和留存力。图 8.19(D)反映的指标与图 8.18(D)相同,但仅包含美国国内城市之间的人口迁移,不含国际人口迁移。值得注意的是,包

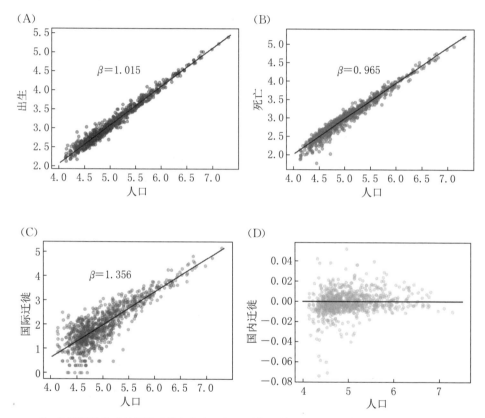

注:就标度而言,(A)图显示的出生人口和(B)图显示的死亡人口与每个城市的人口规模大致成比例。然而我们观察到出生率略呈超线性($\beta=1.015$,95%置信区间为[1.004, 1.026]),死亡率略呈次线性($\beta=0.965$,95%置信区间为[0.925, 0.953]),两者的影响都很小,但很有规律。这是因为大城市中的年轻人和就业人口较多,而地方的退休人口和老龄人口较多。(C)图表示美国大都市地区的国际移民净迁移表现出强烈的超线性效应,其指数远大于1($\beta=1.536$,95%置信区间为[1.301, 1.411])。这意味着绝大多数国际移民都是通过这些最大的城市进入。(C)图显示的国内净迁移往往与城市规模无关,城市体系中最大的三个城市(纽约、洛杉矶和芝加哥)正在失去美国出生的人口。由于生命率略有上升以及国外移民涌入,美国的大城市目前仍在继续增长。

图 8.19　美国大都市统计区的出生、死亡人数以及国内外迁移人口的标度分析

括纽约、洛杉矶和芝加哥三大城市在内的很多最大城市目前都呈现出内部人口迁移的净流失，其人口净增长完全依赖于国际移民和正生命率。国际移民日益成为美国大都市地区持续增长的关键驱动力。

　　除了能总结出生命率特征，按类型分组的人口迁移数据还能够反映出个人和家庭的典型选择。美国有完善的国内人口迁移数据，在时间上可以追溯到第二次世界大战结束后，这为我们研究各种有趣问题提供了一个长期视角。

　　尽管交通和通信条件有了巨大进步，汽车和航空运输也变得非常普及，但战后美国的人口迁移情况却发生了很大变化，威廉·弗雷称之为"美国大移民减速"。[65] 在此期间，美国的人口迁移率下降了一半，从每年约 1/5 跌至现在的 1/10 左右。其中超过一半的迁移发生在州内，原因主要涉及贫困人口和教育水平较低人口的居住不稳定。从这个角度来看，总迁移率的降低至少在某种程度上还是一件好事，因为这可能意味着居住不稳定性的降低。

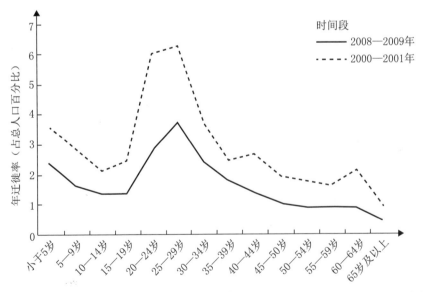

　　注：这两条曲线在形状上很相似，但在幅度上有显著差异，其中实线代表的 2008—2009 年恰逢经济衰退。其他国家的数据通常显示出类似的曲线，迁移倾向在成年早期达到峰值。

　　资料来源：改编自 William H. Frey, The Great American Migration Slowdown (Washington, DC: Brookings Institution, 2009)。

图 8.20　美国 2000—2001 年和 2008—2009 年不同年龄组的州际人口迁移率

正如拉文斯坦所指出的,迁移更多的是年轻人群的特征。对美国来说,迁移的高峰年龄刚好超过 25 岁(参见图 8.20)。许多其他国家都有类似的年龄-迁移概率曲线,这可能与成年人独立生活所涉及的各方面变化有关,包括组建新家庭、接受高等教育和培训以及新的就业机会等。

受教育程度较高的人群,特别是那些拥有大学或研究生学历的人群,更倾向于进行长距离迁移。同时,迁移者也更多的是租房者(而非房主)、失业者以及未婚或离婚者。所有这些特征都与年轻人群相关。

一个引人注目的人口群体是小部分年轻、单身、受过大学教育的人口。[66]他们的流动性是城市地区活力的重要指标。如表 8.2 所示,除了一些明显的例外,这些人通常会迁移到更大的城市。例如,我们可以看到匹兹堡、费城和加利福尼亚州的里弗赛德等城市是如何流失这部分人口的,尤其是匹兹堡,这些人口的流失远超一般人口。从积极的方面来看,我们看到洛杉矶、亚特兰大和达拉斯等城市拥有越来越多的年轻、单身、受过大学教育的人口,这部分人口的增长率高于普通人口。这类人口的流失和选择意义重大,揭示了看似中性的人口替代(吉布拉定律)实际上导致了某些类型人口的集聚(例如与年龄、种族或教育有关)。我们将在第 9 章中建立一个分析框架来研究这类人口的选择,以解释人均GDP 与城市化之间的联系。

这些丰富而复杂的证据表明,拉文斯坦的迁移定律以及其他地理定律并非完全正确。事实上,在一个人的一生中,很多重大决策也在影响着不同地区之间的人口流动和增长差异。仅凭统计数据和地理定律来分析城市规模分布,只能反映出宏观层面上的总体效应和历史轨迹。而更有意义的微观机制是动态变化的,取决于个人选择在哪里生孩子、受教育、建立朋友和同事等社会关系,选择在哪里老去和告别世界。对于大多数人来说,这些选择贯穿了他们的一生,但也受到城市体系中不同城市提供的各种机会和体验的影响,例如是去其他城市接受高等教育还是留在家人身边。只有当我们认识到城市现象是这些选择汇总的结果时,地理定律才能深深植根于相关的社会经济现象之中。无论是从个体经验来看,还是从城市和国家的未来来看,都是如此。因此,我们需要在不同的尺度上分析人口动态,并且按照不同类型和更精细的时间间隔对人口进行划分。一种可行的方法是建立结构化人口动态模型,它可以将具体的量化动态与整个系统统计联系起来。

表 8.2　美国最大的 20 个大都市地区普通人口和受过大学教育年轻人的迁移率

大都市统计区	2000 年人口（千人）	受过大学教育的单身年轻人净迁移率				总人口净迁移率			
		1965—1970 年	1975—1980 年	1985—1990 年	1995—2000 年	1965—1970 年	1975—1980 年	1985—1990 年	1995—2000 年
纽约－北新泽西－长岛，纽约－新泽西－宾夕法尼亚州	18 323	143.7	16.9	17.7	56.3	17.7	−66.4	−63.9	−48.4
洛杉矶－长滩－圣安娜，加利福尼亚州	12 366	283.6	146.6	126.8	104.0	57.1	−48.0	−59.6	−54.7
芝加哥－内珀维尔－乔利特，伊利诺伊－印第安纳－威斯康星州	9 098	145.8	26.0	88.2	73.7	27.4	−53.9	−37.0	−37.6
费城－卡姆登－威尔明顿，宾夕法尼亚－新泽西－特拉华－马里兰州	5 687	120.3	−44.8	30.7	−12.6	63.4	−31.6	−5.4	−14.9
达拉斯－沃斯堡－阿灵顿，得克萨斯州	5 162	333.2	277.0	169.4	238.7	157.7	59.8	8.8	33.3
迈阿密－劳德代尔堡－迈阿密海滩，佛罗里达州	5 008	438.4	321.5	277.3	90.4	359.4	170.2	110.1	−7.5
华盛顿－阿灵顿－亚历山大，华盛顿特区－弗吉尼亚－马里兰－西弗吉尼亚州	4 796	568.1	181.5	224.5	124.6	144.9	−34.8	16.5	−13.5

续表

大都市统计区	2000年人口（千人）	受过大学教育的单身年轻人净迁移率				总人口净迁移率			
		1965—1970年	1975—1980年	1985—1990年	1995—2000年	1965—1970年	1975—1980年	1985—1990年	1995—2000年
休斯敦-海湾镇-舒格兰,得克萨斯州	4 715	471.0	463.7	60.3	138.7	137.9	85.7	-40.6	-2.4
底特律-沃伦-利沃尼亚,密歇根州	4 453	151.7	0.6	23.7	66.8	31.9	-53.4	-36.1	-29.2
波士顿-剑桥-昆西,马萨诸塞州-新罕布什尔州	4 391	78.3	-9.6	45.3	34.6	41.4	-32.0	-27.7	-15.6
亚特兰大-桑迪斯普林斯-玛丽埃塔,乔治亚州	4 248	512.2	236.1	303.4	281.7	136.9	38.8	82.8	70.0
旧金山-奥克兰-弗里蒙特,加利福尼亚州	4 124	362.0	161.3	158.0	250.6	65.0	-37.1	-30.6	-25.5
河滨市-圣贝纳迪诺-安大略,加利福尼亚州	3 255	220.3	113.7	273.5	-20.8	143.3	163.1	231.6	27.6
菲尼克斯-梅萨-斯科茨代尔,亚利桑那州	3 252	260.0	208.7	108.4	250.5	189.6	136.8	77.7	93.6
西雅图-塔科马-贝尔维尤,华盛顿州	3 044	294.9	256.6	249.5	206.5	175.9	60.3	67.7	10.4

续表

大都市统计区	2000年人口（千人）	受过大学教育的单身年轻人净迁移率				总人口净迁移率			
		1965—1970年	1975—1980年	1985—1990年	1995—2000年	1965—1970年	1975—1980年	1985—1990年	1995—2000年
明尼阿波利斯—圣保罗—布卢明顿，明尼苏达-威斯康星州	2 969	176.2	107.8	122.5	123.5	76.6	-7.0	20.6	12.9
圣迭戈—卡尔斯巴德—圣马科斯，加利福尼亚州	2 814	334.1	109.0	140.4	99.5	205.4	74.6	61.5	-2.4
圣路易斯市，密苏里-伊利诺伊州	2 699	132.4	5.5	46.1	7.7	62.1	-33.8	-14.6	-17.2
巴尔的摩—托森，马里兰州	2 553	104.2	51.8	145.6	38.7	67.0	-11.6	13.8	-6.6
匹兹堡，宾夕法尼亚州	2 431	-16.0	-74.4	-109.4	-129.3	1.6	-36.4	-38.9	-25.8

注：受过大学教育的单身年轻人的统计口径为年龄在25—39岁之间；普通人群的统计口径为年龄在5岁以上。净迁移率均按每千人计算。1995—2000年受过大学教育的单身年轻人的净迁移率数据计算时，1995年人口是基于2000年报告计算的。这一近似人口是由两部分人口数据汇总而成，一部分是报告1995年和2000年均居住在该地区但2000年居住在其他地区的人。另一部分是报告1995年居住在该地区但2000年的净移民数以1995—2000年的近似人口，然后乘以1 000。此前各阶段迁移率和总人口迁移率采用同样方法。

资料来源：改编自Justyna Goworowska，"Historical Migration of the Young, Single, and College Educated: 1965 to 2000". US Census Working Paper Number POP-WP094(Washington, DC: US Census Bureau, April 2012)。

8.3 城市化与人口变迁

所有前现代社会(第 7 章)的城市化率都很低,一般不超过 30%,大多数甚至低于 10%—15%。也就是说,城市中不需要从事农业生产活动的人口比例很低。[67]为什么这些社会的城市化率与现代国家相比如此之低呢?

一般来说,有两个主要原因。[68]第一个原因是资源流动有限,特别是难以获取足够的盈余,以将粮食和能源运送到城市。[69]第二个原因是人口学的因素[70],有大量证据表明,前现代城市的生活环境不利于健康,具有高死亡率和低出生率的特征[71],因此,需要来自农村地区的净迁入来维持城市人口稳定。高死亡率主要是由于拥挤导致的传染病,以及缺乏先进的卫生设施、现代医疗,甚至基本的营养。人类社会从高出生率、高死亡率到低死亡率以及随后的低出生率,这种机制变化是人口学中最重要的现象之一,被称为"人口转型"(demographic transition)。[72]这种现象与城市化有着密切的关系。死亡率的降低和农村人口向城市的净迁移,加速了城市的增长。

这里我们尝试基于纯粹的人口模型来研究城市化与人口转型(参见图 8.21)之间的联系机制。为了弄清问题的本质,我们可以将模型简化为仅有两个状态,分别为农村人口 N_R 和城市人口 N_U。每组人口有各自的出生率和死亡率,相应的生命率分别为 v_R 和 v_U。两组人口之间存在迁移人流:$J_{RU} = j_{RU} \dfrac{N_R N_U}{N_T}$,$J_{UR} = j_{UR} \dfrac{N_R N_U}{N_T}$。我们从大多数历史现象中都能观察到 $v_U < v_R$,因此必须有一个从农村到城市的补偿性人口净迁移,城市才能持续存在,$\Delta j = j_{RU} - j_{UR} > 0$。那么,这两组人口动态的方程为:

$$\frac{\mathrm{d}}{\mathrm{d}t} N_R = (v_R - \Delta j u) N_R; \quad \frac{\mathrm{d}}{\mathrm{d}t} N_U = (v_U + \Delta j (1-u)) N_U \tag{8.38}$$

其中,$u = \dfrac{N_U}{N_T} = 1 - \dfrac{N_R}{N_T}$ 为城市化率,$N_T = N_U + N_R$ 为总人口。由方程式可以得

出,农村和城市人口的有效增长率分别为：

$$v'_R = v_R - \Delta j u \, ; \quad v'_U = v_U + \Delta j (1-u) \tag{8.39}$$

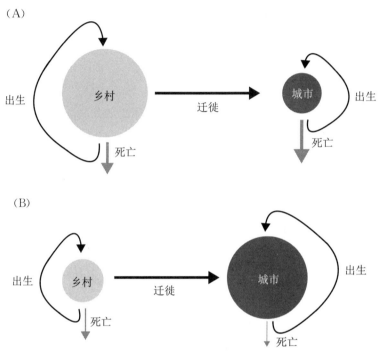

注：(A)图中由于城市中的死亡率高,虽然有大量人口迁移到城市,但农村人口仍然比城市人口多(城市化率低)。(B)图中虽然人口迁移率相似,但城市的死亡率更低,情况刚好相反(城市化率高)。在这种情况下,城市化率将持续提高。

图 8.21　人口转型与城市化

随着时间的推移,城市化程度不断提高,这意味着城市人口的增长率大于农村人口,$v'_R > v'_U$。当这两个速率相等时,$v = v'_R = v'_U$,我们得到 $u = \dfrac{v_R - v}{\Delta j}$。考虑到历史上观察到的总人口增长几乎是静态的,$v \simeq 0$,因此,$20\%$的城市化率要求 $\Delta j \geqslant 5 v_R$,这是一个从农村到城市的强大人口迁移流,特别是与两组人口出生率和死亡率之间的较小差值相比。

通过写出总人口动态的方程 $\dfrac{\mathrm{d}}{\mathrm{d}t} N_T = \bar{v} N_T$,其中 $\bar{v} = v_U u + v_R (1-u)$,我们对 u 的动态有深刻的理解。根据后一个式子,我们可以将城市化率写作：

$$u = 1 - \frac{\bar{v} - v_U}{v_R - v_U} \tag{8.40}$$

我们也可以使用这些表达式来推导城市化率自身的运动方程式：

$$\frac{\mathrm{d}}{\mathrm{d}t} u = (v_U' - \bar{v}) u \tag{8.41}$$

这表明城市化的增长率是城市人口增长率和整个系统人口增长率之差。如果两个有效速率相同，那么 u 将是一个不随时间变化的常数，$\bar{v} = v_R' = v_U'$ 同样如此。当 $\bar{v} \to v_R$ 时，$u \to 0$，城市化率将会消失，而当 $\bar{v} \to v_U$ 时，$u \to 1$，城市化率接近 100%。

我们还看到，如果 $v_U < v_U^* = v_R - \Delta j$，城市的发展速度慢于农村地区，将会出现农村化或者说城市"外爆"，城市体系也会消失。反过来，当 $v_U > v_U^*$ 时，系统将走向城市化，越来越多的人口将生活在城市中。请注意，在城市化率保持不变的边界情况下，城市的人口增长率和城市化水平无关，仅取决于农村人口的生命率和迁移到城市的概率。因此，即使 $v_U < 0$，只要存在从农村地区到城市的强大人口迁移流，城市化就会发生。

总之，即使人口迁移率保持不变，人口的生命率变化，特别是城市死亡率的下降，也会导致人口快速城市化。借用刘易斯·芒福德的名言[73]，这种城市内聚可能是由城市固有的创新造成的，例如城市服务和基础设施得到改善，有了清洁的水、卫生设施，能够更好地获得食物或是化解冲突等。城市生活的任何改善都将有助于降低传染病和暴力造成的死亡，从而推动城市的快速发展。当然，今天全世界的城市都得以应用这些创新，这也是推动当前全球城市化趋势的重要力量，特别是在亚洲和非洲（参见第 1 章）。一旦进入城市，越来越多的人口就会离不开相应的社会经济活动支持。因此，人口统计学的论点绝不像我们在前几章中看到的那样与经济发展、技术、基础设施和制度无关。

人口学家们一直在激烈争论，城市化和人口转型这两个过程究竟是哪个驱动了哪个。[74]在本节中，我们认为这两个一般过程并不是彼此独立的。在我看来，即使几个变量的平衡发生微小变化，它们也可以形成增长的良性循环，或是衰退的恶性循环。这个观点可能更简单，也更令人信服。因此，快速城市化是一个复杂而广泛的现象，与整个城市体系中不同尺度上的变化都有联系。

8.4 结语：选择、人口统计和城市体系结构

一些关于城市的古老而受人尊敬的经验规律被统称为"地理定律"。虽然这些规律已经得到了大量的实证和理论研究，但我认为，我们对这些规律的起源和相互关联性还缺乏系统的理解，也无法有效解释实际观测结果与这些简洁表达之间的偏差。

在本章中，我们试图展示地理定律是如何自然而然地，有时甚至是必然地从城市体系中的出生、死亡和迁移等基本人口动态中产生的。最重要的是，正是因城市之间人口迁移而产生的人口变化，一组城市才得以成为体系。

我们已经看到，国内的迁移流动构成了一个强连通图，其中每个城市都以有限概率与其他所有城市相连。这个条件足以形成一个具有等级结构的城市体系，并最终使其城市的增长率趋于一致。这种集体状态的时间收敛程度取决于城市间迁移流动的强度。如果人口迁移流很强，城市之间会很快成为一个整体，而如果迁移率消失，每个城市都会彼此独立，无法形成城市体系。这一简单事实也说明了为什么不同国家的城市之间很难形成城市体系，在国际迁移率较低的情况下尤其如此。如果取消迁移限制，它们很可能会融合在一起，就像欧盟那样。如果资本、货物和服务可以自由流动，不同国家的城市也可能组成一个国际经济城市体系，但不是人口城市体系。

由于迁移流动，以及出生率和死亡率的快速变化，城市属性中可能出现一些简单而普遍的特征，但这些特征只有在一定的平均水平和约束条件下才有效。引力定律、吉布拉定律，以及齐普夫定律，都可以作为一段时间内和一组城市内的平均规律存在。我们已经看到齐普夫定律通常与非常长、往往不现实的时间尺度和特殊的边界条件相关联，尤其是对于最小的住区。从这个意义上说，在较短的时间里，在任何实际的城市系统中，齐普夫定律都可能是一个有趣但相当不完美的规律，它更可能适用于较大的城市。由于影响较小城市增长的一些因素违反了齐普夫定律的必要条件，它们可能更多地呈现出对数正态分布或是有不同的指数。

　　齐普夫定律是一个中性定律,它反映的是在所有城市具有相同的统计增长率,且人口规模递减的约束条件下,随机几何增长所导致的最一般分布(最大熵分布)。因此,齐普夫定律并不能体现复杂性或是系统的综合属性。它与最简单的统计分布(如气体分子速率的麦克斯韦-玻尔兹曼分布,或盒子里粒子的均匀分布)的区别在于,人口的基本动态具有几何性质,而非算术性质。我们也观察到了实际情况与齐普夫分布、吉布拉定律和引力定律的偏差,这反映了在一段时间内人口对某些城市有一定偏好。像其他复杂系统一样,这种偏好意味着对称性被打破,而对称性很自然可以用信息来衡量。这些选择背后的意义,以及信息作为驱动人类社会增长和变革动力的重要性,将是第9章的讨论内容。

注释

[1] Berry, "Geography's Quantitative Revolution".

[2] Bunge, *Theoretical Geography*; Burton, "The Quantitative Revolution and Theoretical Geography".

[3] Bunge, *Theoretical Geography*.

[4] Barnes, "Retheorizing Economic Geography".

[5] Lösch, Woglom, and Stolper, *The Economics of Location*; Christaller, *Central Places in Southern Germany*; Isard, *Location and Space-Economy*.

[6] Christaller, *Central Places in Southern Germany*.

[7] Harris and Ullman, "The Nature of Cities".

[8] Park, Burgess, and McKenzie, *The City*.

[9] Lösch, Woglom, and Stolper, *The Economics of Location*; Isard, *Location and Space-Economy*.

[10] Berry and Parr, Market Centers and Retail Location; Berry, "Internal Structure of the City"; Berry and Garrison, "A Note on Central Place Theory and the Range of a Good".

[11] Isard, *Location and Space-Economy*.

[12] Anselin, "Local Indicators of Spatial Association-LISA".

[13] Anselin, *Spatial Econometrics*.

[14] DiBiase, "The 50th Anniversary of GIS|ArcNews"; Goodchild, "Twenty

Years of Progress".

[15] Berry and Garrison, "Alternate Explanations of Urban Rank-Size Relationships".

[16] Stewart, "The 'Gravitation,' or Geographical Drawing Power, of a College"; Stewart, "An Inverse Distance Variation for Certain Social Influences".

[17] Stewart, "An Inverse Distance Variation for Certain Social Influences".

[18] Zipf, *Human Behavior and the Principle of Least Effort*; Zipf, "On Dr. Miller's Contribution to the P1 P2/D Hypothesis"; Zipf, "The P1 P2/D Hypothesis"; Warntz, "The Topology of a Socioeconomic Terrain and Spatial Flows"; Fotheringham and Webber, "Spatial Structure and the Parameters of Spatial Interaction Models".

[19] Park, Lee, and Kim, "Generalized Gravity Model for Human Migration".

[20] Curry, "The Random Spatial Economy"; Curry, "Central Places in the Random Space Economy"; Olsson, "Central Place Systems, Spatial Interaction, and Stochastic Processes"; Berry and Schwind, "Information and Entropy in Migrant Flows".

[21] Wilson, *Entropy in Urban and Regional Modelling*.

[22] Harte, *Maximum Entropy and Ecology*.

[23] Jaynes, "Information Theory and Statistical Mechanics"; Jaynes, "Information Theory and Statistical Mechanics. II".

[24] Wilson, *Entropy in Urban and Regional Modelling*.

[25] 实际上,威尔逊最初计算了所有行程的配置总数 Ω_H,但这两种方法是等价的,因为 $H = \log \Omega_H$,这在统计物理中众所周知。

[26] Wilson, *Entropy in Urban and Regional Modelling*.

[27] Simini et al., "A Universal Model for Mobility and Migration Patterns".

[28] Simini et al., "A Universal Model for Mobility and Migration Patterns".

[29] Simini et al., "A Universal Model for Mobility and Migration Patterns"; Masucci et al., "Gravity versus Radiation Models".

[30] Buch, Kleinert, and Toubal, "The Distance Puzzle".

[31] Gibrat, *Les inégalités économiques*; Sutton, "Gibrat's Legacy".

[32] Bettencourt et al., "Growth, Innovation, Scaling, and the Pace of Life in Cities".

[33] Gabaix, "Zipf's Law for Cities: An Explanation".

[34] Zipf, *Human Behavior and the Principle of Least Effort*.

[35] Saichev, Malevergne, and Sornette, Theory of Zipf's Law and Beyond; Ioannides and Overman, "Zipf's Law for Cities".

[36] Eeckhout, "Gibrat's Law for (All) Cities".

[37] Levy, "Gibrat's Law for (All) Cities: Comment"; Eeckhout, "Gibrat's Law for(All) Cities: Reply".

[38] Saichev, Malevergne, and Sornette, *Theory of Zipf's Law and Beyond*.

[39] Rozenfeld et al., "The Area and Population of Cities"; Makse, Havlin, and Stanley, "Modelling Urban Growth Patterns".

[40] Rozenfeld et al., "The Area and Population of Cities"; Makse, Havlin, and Stanley, "Modelling Urban Growth Patterns"; Swerts and Pumain, "A Statistical Approach to Territorial Cohesion".

[41] Saichev, Malevergne, and Sornette, Theory of Zipf's Law and Beyond; Krugman, The Self Organizing Economy; Gabaix, "Zipf's Law for Cities".

[42] Gabaix, "Zipf's Law for Cities"; Levy and Solomon, "Power Laws Are Logarithmic Boltzmann Laws".

[43] 除了阅读原著(*The Laws of Migration*),我强烈推荐阅读托布勒在他生前最后就迁徙和变化所做的演讲,以及拉文斯坦的其他相关研究。托布勒一直对可视化和地图很感兴趣,你可以在以下网站找到一些他的论述,以及他对一些历史事实的评论,https://www.geog.ucsb.edu/~tobler/presentations/Maps-&-models-talk.pdf。

[44] 拉文斯坦说,他写这篇论文是受威廉·法尔博士的一段陈述激发,"威廉·法尔的大意是迁徙似乎没有任何明确的规律"。

[45] White, *Chains of Opportunity*.

[46] Caswell, *Matrix Population Models*.

[47] Gibrat, *Les inégalités économiques*; Saichev, Malevergne, and Sornette,

Theory of Zipf's Law and Beyond; Gabaix, "Zipf's Law for Cities".

[48] Ioannides and Overman, "Zipf's Law for Cities".

[49] Cohen, "Ergodic Theorems in Demography".

[50] Caswell, *Matrix Population Models*.

[51] Caswell, *Matrix Population Models*.

[52] Bonacich, "Power and Centrality".

[53] Barabási and Pósfai, *Network Science*.

[54] Gould, "On the Geographical Interpretation of Eigenvalues".

[55] Bonacich, "Power and Centrality".

[56] 在我看来,这个例子和其他例子都表明,不能只从方法(计算机和互联网)的角度,更要从其目标的角度来看待当代科技产业。这些目标实际上属于应用社会科学,或者更准确地说,社会工程领域。在《越来越大！数字社会技术时代的科学》(Make It Bigger! Science for the Age of Digital Social Technologies)一文中,我提出社会科学将深度参与技术可能带来开放的过程中。

[57] Gabaix, "Zipf's Law for Cities".

[58] 在带有生命表的人口统计模型中,这有时被称为"阶段性结构",随着年龄增长或发展,主体过程也在变化。

[59] Berry and Garrison, "Alternate Explanations of Urban Rank-Size Relationships"; Eeckhout, "Gibrat's Law for (All) Cities".

[60] Cristelli, Batty, and Pietronero, "There Is More than a Power Law in Zipf".

[61] Gabaix, "Zipf's Law for Cities".

[62] Saichev, Malevergne, and Sornette, *Theory of Zipf's Law and Beyond*.

[63] Visser, "Zipf's Law, Power Laws and Maximum Entropy".

[64] Cover and Thomas, "Information Theory and Statistics".

[65] Frey, *The Great American Migration Slowdown*.

[66] Goworowska, "Historical Migration of the Young, Single, and College Educated".

[67] Woods, "Urbanisation in Europe and China during the Second Millenni-

um"; Bairoch, *Cities and Economic Development*; De Vries, *European Urbanisation: 1500—1800*.

[68] Dyson, "The Role of the Demographic Transition in the Process of Urbanization"; Bocquier and Costa, "Which Transition Comes First?".

[69] Kander, Malanima, and Warde, *Power to the People*.

[70] Dyson, "The Role of the Demographic Transition in the Process of Urbanization"; Mumford, *The City in History*.

[71] Jongman, Jacobs, and Klein Goldewijk, "Health and Wealth in the Roman Empire"; Rawcliffe, *Urban Bodies*.

[72] Dyson, "The Role of the Demographic Transition in the Process of Urbanization"; Coale, "Demographic Transition"; Preston, "Urban Growth in Developing Countries".

[73] Mumford, *The City in History*.

[74] Dyson, "The Role of the Demographic Transition in the Process of Urbanization"; Bocquier and Costa, "Which Transition Comes First?"; Preston, "Urban Growth in Developing Countries".

9. 增长、信息和制度的出现

城市是一个身体和一个思想——一种物理结构,也是思想和信息的储
存库。知识和创造力是资源。只要物理和财政部分还在运转,那么思想、创
造力和信息的流动就会不断迸发。城市是一座永不停歇的喷泉,从内部涌
动的人类互动中持续获得能量。

——大卫·伯恩(David Byrne):

《纽约的创意天才不容 1% 的人扼杀,否则我将离开》

我们将探讨本书最后一个重要概念问题:城市和城市体系是如何增长和变
化的? 具体来说,我们将揭示经济增长率背后的原因,并建立一个理论框架来分
析它们。为此,我们需要了解人们如何通过学习、协作和创新,形成能够顺应新
机遇的组织和制度。这是人类社会中最具挑战性和不确定性的驱动力之一,涉
及公平治理、权力和不平等、经济生产的组织,以及地球生物圈和气候等共同资
源管理等大量集体行动问题。城市为解决这些问题提供了独特而必要的条件,
促进了新知识和新组织的产生。因此,城市常常走在知识创新和集体治理的前
沿,更能应对社会面临的紧迫问题。我们来看看为什么。

§ 本章概要

本章分为三个部分。第 9.1 节介绍了现代经济增长模式的特点,强调了知
识在人类社会中发挥的重要作用,以及如何将知识量化并分析其在不同社会经
济组织层级上的影响。第 9.2 节回顾了国家层面上城市化水平与人均 GDP 之
间关系的实证研究,探讨了其中涉及的跨尺度机制,特别是城市对经济增长的贡
献。第 9.3 节建立了一个定量理论模型,说明了经济主体,即人和机构如何在不
确定性条件下进行资源配置,并给出了信息与经济增长率之间的量化关系。这

一理论模型为我们提供了一种方法,可以从每个主体的日常决策出发来理解经济和社会变革的动力和过程。同时,它也向我们展示了一个新视角,可以从中看到建立和维护各种集体组织或政治组织所面临的各种权衡,以及城市作为一种促进资源和信息共享的社会环境所发挥的作用。最后,我们以城市作为社会"构建的生态位"的观点作为本章的总结。

9.1 外生经济增长模型

经济增长是人们在研究和实践中普遍感兴趣的话题。尽管每个人都在谈论它,尤其是在政治上,能够预测或确定未来一到两年以上的经济增长率仍然超出了当前理论或实践的能力范围。在实践中,通过对投资、就业、贸易和其他各种因素进行监测,可以进行一定的短期预测并用于决策,如货币政策。然而,许多基本问题无法用这种"数据驱动"的方式来回答。这些问题包括了解经济长期持续增长的必要条件,经济增长率和波动性价值的决定因素,预测经济收缩期(衰退)的能力及避免衰退的可能方法。许多人将 2008 年的大衰退视为对已有经济模型和理论的重大考验,暴露出它们在预测迫在眉睫的事件方面的不足,缺少一个能够提出有效政策并支持经济从资产泡沫中系统性复苏的知识体系。[1]要了解这些事实及其与城市经济扩张的联系,就需要深入研究一些用于讨论经济增长现象的模型。

经济增长理论是经济学的一个重要分支领域。它不仅涉及现代经济繁荣的起源[2],还包含一些新的概念成分,在这方面超越了微观经济学的标准一般均衡理论。

这是因为根据定义,增长是一个随时间变化的过程,而微观经济学理论将经济发展视为消费者和生产者之间相互作用的封闭系统,其各种结论都建立在均衡假设的基础之上。如果增长可能具有开放性,这些模型就会表现出不稳定性。这通常是由规模效益递增以及创新和经济发展的路径依赖造成的。[3]我们在整本书中都看到,城市几乎是规模效益递增的典型例子。相反,全局均衡模型要求相互作用具有稳定性,所以模型通常假设,在企业层面或系统层面,无论是城市还是国家,以劳动力和资本衡量的规模收益率都呈递减趋势。因此,城市和经济增长对经济理论的挑战不仅仅是技术上的或实证上的,更是本质上的。显然,这也为理论创新提供了难得的机遇。

9.1.1　外生增长理论

为了在均衡模型中引入指数增长的可能性,经济学家最初试图将增长的来源与现有变量相匹配。20 世纪 50 年代末,罗伯特·索洛[4] 做出了一项重大的实证突破,他用最简单、最传统的经济模型——第 2 章和第 3 章的柯布-道格拉斯生产函数解释了美国经济增长。这也为我们后面的讨论奠定了基础。他的思路是,给定单位的总收入(GDP)由柯布-道格拉斯生产函数 $Y(t, L_P, K_P)$ 给出:

$$Y(t, L_P, K_P) = A_P(t) L_P^{\alpha_Y}(t) K_P^{1-\alpha_Y}(t)$$

其中,乘法因子 $A_P(t)$ 代表全要素生产率(total factor productivity,TFP),它与劳动力 L_P 和资本 K_P 无关。指数 α_Y 和 $(1-\alpha_Y)$ 如我们之前所见,分别代表劳动力和资本在总收入中的份额。这意味着 $\alpha_Y = \dfrac{Y}{L_P}$,$1-\alpha_Y = \dfrac{Y}{K_P}$。根据实际情况,自 1950 年以来,美国劳动工资收入占比为 $\alpha_Y \simeq 0.6 - 0.7$,自 2000 年以来略有下降。两个因素之和为 1,这意味着规模收益是恒定的,也就是说,总收入的增长速度不能超过劳动力或资本的比例(城市显然违反了这一假设)。索洛推断,只要我们能够测出 Y、L_P 和 K_P 随时间的变化,就可以验证 A_P 是否常数。与通常情况一样,这在对数变量中更容易实现,就像我们对其他量所做的那样(TFP类似于我们在第 3 章和第 4 章中看到的标度前置因子):

$$\ln A_P(t) = \ln Y(t) - \alpha_Y \ln L_P(t) - (1-\alpha_Y) \ln K_P \qquad (9.1)$$

这里的增长率是对数量的时间导数,例如,GDP 的增长率是 $\gamma_Y = \dfrac{\mathrm{d}}{\mathrm{d}t} \ln Y(t, L_P, K_P)$。索洛发现,只要他能测出 TFP 的增长率,它就一直是非零的,所以他断定,除了劳动力或资本的增加以外,一定还有其他因素在促进经济增长。[5] 近年来,其他研究者也发现,在 20 世纪的大部分时间里,许多发达国家经济体的

A_P 以每年约 1% 的速度增长。[6] 挑战在于找到驱动这种增长的因素。这些因素必须不受规模收益递减影响，并可以与显著的社会变迁相联系。技术首先被认为是这样一种因素，然后进一步被抽象为知识和思想。[7] 然而，这些量都难以进行确切的测量，因此它们的影响仍然很难确定。

9.1.2 知识与经济增长

为了寻找经济增长的可观测因素，20 世纪 80 年代末出现了一个新的突破，即内生增长理论。这一理论由保罗·罗默（Paul Romer）等人提出，基于一些重要的概念假设。具体包括：

（1）新的财富来源于新的思想。或者更正式地说，知识增长是经济全要素生产率增长的动力。

（2）知识与劳动力或资本不同，是一种非竞争性的量。这意味着它不会在使用中被耗尽，而且可能会在使用过程中被不断改进。这也意味着同样的知识可以被不同的人和行业共享。因此，知识在很大程度上不具有排他性，一旦有了一个想法，你就很难阻止别人使用它。

（3）知识是由人和组织（内生地）创造的，需要依赖先前的知识以及劳动力和资本。因此，应该可以构建一种经济增长理论，把经济发展看作一个动态系统，在这个系统中，知识、劳动力和资本这些量都是相互关联和内生的，而不是作为外部输入给定的。

这些思想显然是正确的，任何解决方案都应该包含它们。罗默因其贡献，于 2018 年获得了诺贝尔经济学奖。剩下的主要问题是如何根据可观测的变量建立预测模型。正如你可能猜到的，实际上有很多模型都是以罗默模型为基础，大多数是基于内生经济增长的微分方程组。查尔斯·琼斯（Charles Jones）已经指出，这些模型中的大多数都是相互关联的，从相对简单的早期假设开始，并逐步加入扩展以改进早期与事实相悖的问题。在本节中，我们将关注他的综述[8]，并建议感兴趣的读者深入阅读这些文章以及其他评论，以了解更多的细节和内容。[9]

内化思想：第一次尝试

我们从罗默[10]、格罗斯曼和赫尔普曼[11]，以及阿吉翁和豪伊特[12]最早的模型开始。这些模型的中心概念是确定社会中"知识存量"(stock of ideas)* A_P 作为经济生产 Y 中的非竞争性要素投入的作用，可以用简单的生产函数写作：

$$Y = A_P^{\sigma_A} L_P \tag{9.2}$$

其中我们已经从生产函数中省略了资本，因为资本并不是经济增长的关键所在（想想看为什么）。在这个表达式中，劳动 L_p 的规模收益恒定（指数为1），思想的规模收益递增，其特征是指数 $\sigma_A > 0$。为了使模型具有动态性，假设思想的增长率与致力于创造性工作的人口 L_A 成正比：

$$\frac{\mathrm{d}}{\mathrm{d}t} \ln A_P \equiv \gamma_A = \delta_A L_A \tag{9.3}$$

且 $L_A = f_A L_P$。这里的 $0 < f_A < 1$ 是研究人员占就业人口的比重。最后我们可以写出就业人口的增长率（大致与总人口成比例）为 $\frac{\mathrm{d}L_P/\mathrm{d}t}{L_P} = \gamma_L \rightarrow L_P(t) = L_P(0)e^{\gamma_L t}$。因此，每个就业人口对增长率的贡献为：

$$\gamma_y \equiv \frac{\mathrm{d}Y/\mathrm{d}t}{Y} - \frac{\mathrm{d}L_P/\mathrm{d}t}{L_P} = \sigma_A \delta_A f_A L_P(t) = \sigma_A \delta_A f_A L_P(0)e^{\gamma_L t} \tag{9.4}$$

这表明增长率具有规模效应（注意，不是标度效应），因为它与劳动力成比例，而劳动力本身在时间上呈指数增长。这显然是不可能的，因为速度太快了。其他因素也很有趣。例如，研究强度 f_A 的增加会相应带来更高的增长率。

解决规模效应问题

下一波模型大多试图通过修改知识存量的增长率方程来修复增长率的规模效应，如：

$$\frac{\mathrm{d}A_P}{\mathrm{d}t} = \delta_A L_A A_P^{\phi_A} \tag{9.5}$$

其中指数 $\phi_A \leq 1$，在极限 $\phi_A \rightarrow 1$ 下恢复为第一代模型。ϕ_A 引入的功能自由度意味着更多样的动态表现成为可能。从方程式(9.2)中，我们立即推导出 $\gamma_y = \sigma_A \gamma_A$。从方程式(9.5)中，假设 A_P 初始有个增长率常量，因而 $A_P(t) = A_P(0)e^{\gamma_{A'}}$，我们得到：

$$\gamma_A = \delta_A L_A A_P^{\phi_A - 1} = \delta_A f_A L_P(t) A_P^{\phi_A - 1} = \delta_A f_A L_P(0) A_P^{\phi_A - 1}(0)e^{[\gamma_L + \gamma_A(\phi_A - 1)]t}$$

---

* "知识存量"是一个经济学术语，通常可以用一个国家或地区在某一时期拥有的创新或发明的总量来衡量，可以用来测度一个国家或地区的技术水平和经济增长潜力。——译者注

这表明,知识增长率一般而言仍然随时间呈指数增长。为了避免这种情况,特别是要使 γ_A 随时间保持恒定,需要前一个表达式中的增长率消失,这意味着:

$$\gamma_A = \frac{\gamma_L}{1-\phi_A} = \delta_A f_A L_P(0) A_P^{\phi_A - 1}(0) \tag{9.6}$$

我们看到,人均收入和思想增长率的表达式不再依赖于劳动力 $L_P(t)$,而是与其增长率 γ_L 成比例。这个模型或许有所改进,但仍然违背事实,因为经济增长通常不与人口增长成正比,即使有一定相关性。此外,这个模型是精心调整的结果,这意味着任何偏离这些参数值的变化都会使轨迹再次崩溃。

纳入更典型的微观经济假设

为了修复产出增长率与人口规模和人口增长率的关系,另一组模型基于标准的微观经济学理论提出了一些额外的假设。其思路是将经济生产力(产出 = 收入)描述为各种不同产品的总和 n_p,并使用"常数替代弹性"(constant elasticity of substitution, CES)* 的生产函数来实现,就像第 2 章中核心-边缘模型中的函数一样。接下来,我们可以与之前一样,将总消费 C 表示为:

$$C = \left(\sum_{i=1}^{n_p} Y_i^{\frac{1}{i_s}} \right)^{i_s} \tag{9.7}$$

其中,$i_s > 1$ 与产品间的替代弹性有关,$i_s = \dfrac{\sigma_s}{\sigma_s - 1}$。接下来假设每个产品 Y_i 的生产符合方程式(9.1)的形式,并且它们都是相同的,即 $Y_i = Y$。然后我们得到 $C = Y n_p^{i_s}$,人均消费 $c = \dfrac{C}{L_P}$ 的增长率 γ_c 为:

$$\gamma_c = i_s \gamma_{n_p} + \gamma_y = i_s \gamma_{n_p} + \sigma_A \gamma_A \tag{9.8}$$

要直接计算这个增长率,我们需要确定 n_p 对 L_P 的依赖关系。这些作者假设了一种形式,类似 $n_p \sim L_P^{\beta_p}$,这可以给出 $\gamma_{n_p} = \beta_p \gamma_L$。此外,现在每件产品对应的创意增长率是 $\gamma_A = \delta_A f_A L_P^{1-\beta_p}$,因此我们可以将消费增长率写作:

$$\gamma_c = i_s \gamma_{n_p} + \sigma_A \gamma_A = \sigma_A \delta_A f_A L_P^{1-\beta_p} + i_s \beta_p \gamma_L \tag{9.9}$$

---

* 常数替代弹性是二元函数的一种性质,具有此性质的函数被称为"CES 函数"。最受关注的 CES 函数是微观经济学中的 CES 生产函数,其形式为:$Y = A(\delta_1 K^{-\rho} + \delta_2 L^{-\rho})^{-1/\rho}$,其中 $\delta_1 + \delta_2 = 1$,ρ 为替代参数,可以证明,CES 生产函数的要素替代弹性在各点都等于常数 $1/(1-\rho)$。——译者注

我们可以看到，对于特殊情况 $\beta_p=1$，增长率现在不再依赖于规模 L_P。此外，尽管它仍然取决于劳动力的增长率，但不再简单地成比例，因此不会在人口停止增长时消失。与以前一样，增长率虽然与规模无关，但研究强度的变化也会导致更高的基础增长率。

这个模型也许更好，但除了各种建模假设之外，需要付出的代价仍然是极致的微调，特别是需要条件 $\beta_p=1$。离开这个条件，所有熟悉的问题再次出现。β_p 的值对应于一种特殊情况，即每个部门（产品）的研究人员数量是恒定的。这虽然可以作为建模假设，但在经济运行中显然是完全不符合实际的，因为这样就不存在高科技部门或低科技部门了。琼斯还指出，将 $\phi_A \neq 1$ 推广到一般情况可以导出一个表达式：

$$\gamma_c = \sigma_A \delta_A f_A \frac{L_P^{1-\beta_p}}{A_P^{1-\phi_A}} + i_s \beta \gamma_L \tag{9.10}$$

该式表示随着知识存量的大小变化，规模效应还会出现。

罗默-琼斯模型(Romer-Jones Model)

这些模型遇到的技术难题要求我们从更加基本的维度上重新评估各种假设，并寻找某种因素来重新定义问题。到目前为止，还没有一个伟大的模型能够全面考虑到人们的实际知识，并且与数据进行比较时能够没有严重分歧，其中大多数已经在前面的讨论中得到了说明。在最近的一篇论文中，琼斯和罗默[13]回顾了内生增长理论的现状，并提出了一个与前面讨论的模型略有不同的简单模型。这个想法的产生是为了解决一个历史难题，即为什么较高的人均经济增长率是一种现代现象（另见第 7.3 节），而在历史的大部分时间里，大多数生产力增长都被人口增长稀释了。在这里讨论琼斯-罗默模型很有趣，因为它很简单。他们假设产出(GDP)遵循生产函数：

$$Y(t) = A_P(t) X_P^{\alpha_Y}(t) L_P(t)^{1-\alpha_Y} \tag{9.11}$$

与之前一样，A_P 包含"知识"，L_P 代表劳动力，X_P 是另一种竞争性的生产要素投入，如土地。为了简化问题，他们假设 $X_P(t)=X_P$ 与时间无关。此外，他们假设知识与人口成比例增长。这意味着，平均而言，每个劳动者在单位时间内产生 n_I 个想法，这些想法永远不会被忘记：$\frac{\mathrm{d}}{\mathrm{d}t}A_P(t)=n_I L_P(t)$。为了关闭动态系统,琼斯和罗默提出了一个简化假设:在资源收益被完全用于人口增长的马尔萨斯机制下,人均收入保持不变,与维持生计水平的收入挂钩,即$\frac{Y(t)}{L_P(t)} = \bar{y} = A_P X_P^{\alpha_Y} L_P^{-\alpha_Y}$。因此,$A_P$的动态方程变为:

$$\frac{\mathrm{d}}{\mathrm{d}t} A_P(t) = a_A A_P^{1/\alpha_Y},\text{其中 } a_A = \frac{n_I X_P}{\bar{y}^{\frac{1}{\alpha_Y}}} \tag{9.12}$$

其中a_A为常量,可以得出解:

$$A_P(t) = \frac{1}{\left[A_P(0)^{\frac{\alpha_Y - 1}{\alpha_Y}} - \frac{1 - \alpha_Y}{\alpha_Y} a_A t \right]^{\frac{\alpha_Y}{1 - \alpha_Y}}} \tag{9.13}$$

显然,该解会在非常短的有限时间$t = \frac{\alpha_Y}{a_A(1 - \alpha_Y)} A_P(0)^{\frac{\alpha_Y - 1}{\alpha_Y}}$内膨胀到无限大。因为它们是$A_P$的正幂,总收入和劳动力也以类似的方式爆炸性增长。这与克莱默[14]的历史证据一致,他对历史上的 GDP 建模表明增长速度快于指数增长。琼斯和罗默显然不打算用这个模型来描述数据,但他们确实提出了一个关键点,即人口规模、思想和经济产出之间的耦合关系可以产生正反馈或良性循环现象,在某些情况下可以导致经济增长加速。提出人均经济增长的现代逻辑需要让人口扩张与更大的资源可用性脱钩,这是在人口转型开始时发生的。这涉及城市的经济转型,而城市化必须与人口转型同时发生,如第 8.3 节所述。

9.1.3　产品空间[*]、错配与机制

我们已经看到,知识增长对于经济增长是非常重要的条件,也看到了在缺少更好统计理论支撑的情况下,很难用简单的微分方程对汇总变量进行建模。这

---

　　* 产品空间(product space)在经济学中是一种用来表示全球市场中交易的产品之间的相关性或接近度的网络。这种网络反映了不同产品对一个国家或地区的经济发展和增长潜力的影响,一个国家能够生产和出口的产品决定了它在产品空间中的位置,而它从现有产品转向新产品的能力决定了它在产品空间中的移动方向。一般来说,产品空间中的产品可以分为核心和边缘两类:核心产品是指那些技术含量高、附加值高、相关性强、竞争力强的产品;边缘产品是指那些技术含量低、附加值低、相关性弱、竞争力弱的产品。一个国家要想实现经济增长,就需要从边缘产品向核心产品转移,这需要克服产品空间中的距离障碍,即从一个产品跳到另一个相关性较低的产品所需的技术、资本、机构和技能的调整。——译者注

里我们需要回顾一下我们已经探讨过的城市体系与经济发展之间的联系。

首先，从结构的角度来看，我们知道，社会越富裕，劳动和知识分工就越深入，并且表现出更多的功能层次，比如专业、职业和业态类型所反映的功能。我们已经观察到了这些类型是如何在不同规模的城市中分布的（参见第 5 章和第 8 章）。我们强调了最大的城市在保持国家内部功能多样性以及孕育新型城市方面具有特殊作用。研究也在国家层面对这种"经济复杂性"进行了评估。伊达尔戈和豪斯曼[15]利用国际贸易数据库提出了一个实证论点，即富裕国家拥有更多元化的"产品空间"。[16]此外，他们分析了国家层面的产品共现网络，为不处于经济发展前沿的国家提供了经济发展路径，如哪些产品会在另一些产品之后出现，对未来的发展趋势具有很强的预见性。这与第 5 章的主题非常一致，也以更丰富的结构化方式部分解释了城市化与经济发展之间的关系。

其次，最近经济学文献中的另一组重要观点提出了所谓的错配（misallocation）和制度（institutions）问题。我们已经了解了经济学家如何看待经济生产活动中的劳动力和资本分配问题。不同的分配方式通常会导致不同的产出和不同的增长路径。这使我们更接近于将个人知识与总增长联系起来的统计思想，本章后面还将进一步探讨。在经济学文献中，许多因素都涉及错配，如为不同性别、种族和民族的人提供的职业机会（人才分配）[17]，对不同行业的劳动力、资本和信贷分配[18]，管制方式的分配，以及其他。[19]人们普遍认为，贫穷国家的人们往往面临着资产错配问题，例如，许多人没有机会获取和运用先进的技能和知识。[20]在我看来，"错配"这个词在这里传达了错误的信息，因为我们真正关注的是人类发展过程，而不是资产配置。在第 9.3 节中，我们将使用不同的形式来说明，有一种方法可以在不确定环境中以最优方式分配资源，以实现最大的（经济）增长率，这对学习过程和组织的发展有重要意义。

最后，经济学家利用对历史事件的分析来强调制度对经济发展的重要性。[21]制度在这里又涵盖了许多不同的（非经济的）方面，包括法律和治理、产权、信任、腐败、文化和道德等。例如，一些表明不同制度重要性的历史"实验"，包括 1953 年朝鲜半岛分裂、德国的分裂和统一，以及美墨边界等。[22]在每种情况下，原本拥有相同文化的地区出现了分化，并采用了不同的制度，特别是政治和经济制度，导致了截然不同的经济结果。这些例子可能说明了更自由的市场、更开放的社会和更好的治理在促进经济增长方面起着积极的作用。然而，历史很难被清晰地解读,任何今天的观察者都必须承认,许多快速增长的亚洲国家可能比西欧或北美拥有更优越的制度。因此,人们可能会认为,政府对政治和经济生活的更多干预是促进经济快速稳定增长的制度性因素。[23]在我看来,这些观点相互矛盾,至少在一定程度上是这样。这也说明了历史分析方法有其局限性,任何将文化或政治制度的"质量"与总经济增长联系起来的论证都存在这样的问题。关键是要能找出各种制度中实际产生激活或抑制效应的功能要素和过程。[24]这需要将广泛的环境变量转化为经济增长率和波动率的计算,这在很大程度上还是一个未解的难题。要做到这一点,需要有一种能够建立跨尺度增长模型的统计方法,我们在第 4 章中已经做了大量探索,在接下来的部分将继续这种努力。

这里对内生经济增长模型的讨论相当有限。这对一个如此重要而迷人的经济学领域显然有失公正。然而,本节介绍的这些例子已经清晰地表明该方法所面临的主要困难。总之,当前的内生经济增长模型在强调创造新知识的重要性方面可能是正确的,特别是对高收入的城市化国家(处于"前沿")的经济增长来说,但在数学上,甚至在最基本的方式上,这些模型都很难解释信息如何推动了增长。造成这些困难的根源是对"知识""知识的创造",以及它们被用作经济生产投入的方式(如何"分配")等的处理都过于简化了。为了找到更好的处理方法,我们需要将目光投到其他科学领域,看看它们是如何对信息、增长和战略行为等进行统计的。

9.2 经济增长和城市化:重新审视国家层面的证据

在我们开始用不同的方法来计算内生增长率之前,我们必须首先理解关于城市和城市化的一个最突出的事实,这也是我们开始这本书的原因(参见图 1.3)。在国家层面上,城市化与更高的人均 GDP 究竟是如何相互联系的?

9.2.1 城市化与实际人均 GDP 之间的关系

图 9.1 详细阐述了图 1.2,显示了不同国家的城市化率 u(以百分比为单位)

与人均 GDP y（按给定年份的美元价格计算，并已按实际购买力调整）之间的关系。最近的讨论可以参见杜兰东的研究。[25] 尽管图中的曲线很嘈杂，但仍然显示出一个清晰的趋势：城市化水平越高，人均 GDP 水平也越高。请注意纵轴用的是 $\log_{10}y(u)$，城市化率与 u 近似呈直线关系。虽然从统计数据来看，这种关系非常嘈杂，但就国家和时间平均而言却相当一致。最佳拟合（实线）具有以下形式：

$$\log_{10}y(u)=\log_{10}y(u=0)+a_yu \qquad (9.14)$$

其中斜率 a_y 是相对 u 的常数。这对应于关系式 $y(u)=y(u=0)10^{a_yu}=y(u=0)e^{a'_yu}$，其中 $a'_y=a_y\ln 10$。图 9.1 展示了这种关系的一些更细分的观察结果。首先，可以在任何一年的国家截面上看到这种关系（参见图 9.2）。斜率 $a_y\approx0.02$ 随着数据集和时间的不同而有所波动，但大体具有一致性，因此可以作为一个预测指标。这意味着平均来说，城市化率每提高 1 个百分点，人均国内生产总值就会增长约 $a'_y=a_y\times\ln 10\simeq4\%-5\%$，杜兰东认为这个数值在标准经济理论和计量经济学中很难得到解释。[26]

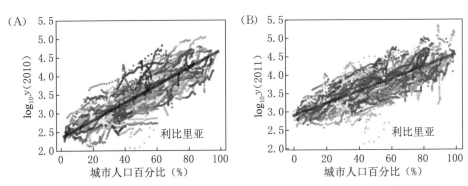

注：（A）图中的数据来自世界银行国家指标数据库，年份为 1960—2016 年，经济数据按 2010 年美元标准化。（B）图中的数据来自 Our World in Data，该数据集在时间上对（A）图中的数据集进行了扩展，经济数据按 2011 年美元标准化。（A）图中的粗灰线显示了对综合数据的最佳拟合，斜率 $a_y=0.0233$（95% 置信区间为 [0.0230，0.0237]），截距为 2.35（95% 置信区间为 [2.33，2.37]），$R^2=0.51$。（B）图中斜率 $a_y=0.0167$（95% 置信区间为 [0.0164，0.0169]），截距为 2.90（95% 置信区间为 [2.89，2.92]），$R^2=0.45$。（A）图的显示农村社会一开始的人均 GDP 约为 235 美元，随着城市化率每提高 1 个百分点，人均 GDP 增加了约 1.054 倍（$a'_y=5.4\%$）[（B）图中 $a'_y=3.8\%$]，当完全城市化时，人均 GDP 达到约 50 000 美元。这基本上是一个平均结果，因为随着时间的推移，单个国家的轨迹（阴影）可能会出现强烈的偏差。

图 9.1　利比里亚人均 GDP 随城市化率的变化

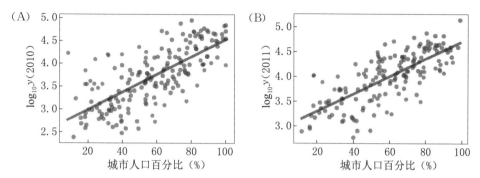

注：(A)图表示 2014 年的横截面（世界银行数据）和最佳拟合（黑线），斜率为 $a_y=0.0192$（95% 置信区间为 $[0.016,0.0219]$），截距为 2.61（95% 置信区间为 $[2.44,2.77]$，$a'_y=4.4\%$），$R^2=0.28$。(B)图中的最佳拟合参数为 0.0176（95% 置信区间为 $[0.0151,0.0201]$），截距为 2.95（95% 置信区间为 $[2.79,3.10]$），$R^2=0.31$，得出 $a'_y=4.1\%$ 的估计值。

图 9.2 人均 GDP 随城市化率的横截面变化

最后，每个国家的时间序列数据都能观察同样的关系（参见图 9.3）。当然，也有一些明显的例外，比如图 9.1 中的利比里亚就非常明显。但对于那些城市化率和人均收入变化幅度足够大的国家来说，这两个量之间关系的轨迹基本符合方程式（9.14），只是偶尔会有一些短暂的转折和跳跃。我们必须解决的核心问题是方程式（9.14）背后的原因，以及如何预测相关的参数，如 $\log_{10} y(u=0)$，尤其是斜率 a_y。

主要的困难在于这些拟合参数是随时间变化的。如果只将它们与城市化率 u 进行比较，我们就混淆了两个问题：(1)城市化的直接影响；(2)每个国家内部一系列异质空间的时间增长（从城乡差别开始）。为了从实际增长过程中揭示方程式（9.14）表达的关系，我们需要分别考察城市化率和收入增长的时间轨迹。

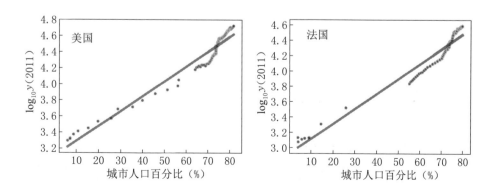

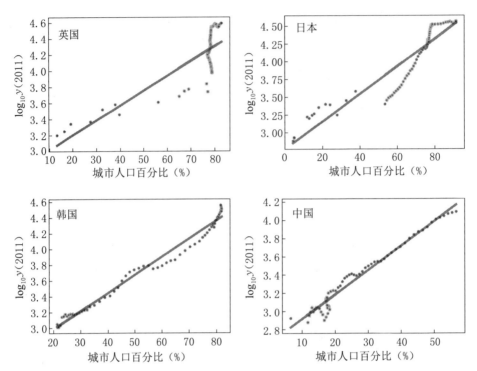

注：随着时间的推移，选定国家的城市化率与人均 GDP（以不变美元价值计算）之间的关系。我们观察到，每个国家的轨迹（点）都会在某些时候偏离简单直线，但随着时间的推移，每个国家平均而言都遵循类似于横截面观察到的关系。各个国家的估计参数、95％置信区间和拟合合度分别如下：美国（$a_y = 0.0184$，95％置信区间为[0.0175，0.0194]，$\log_{10} y (u=0) = 3.1085$，95％置信区间为[3.0404，3.1765]，$R^2 = 0.8953$）；英国（$a_y = 0.0184$，95％置信区间为[0.0155，0.0214]，$\log_{10} y (u=0) = 2.8353$，95％置信区间为[2.6139，3.0568]，$R^2 = 0.4440$）；法国（$a_y = 0.0195$，95％置信区间为[0.0184，0.0205]，$\log_{10} y (u=0) = 2.9197$，95％置信区间为[2.8495，2.9899]，$R^2 = 0.9042$）；日本（$a_y = 0.0194$，95％置信区间为[0.0177，0.0211]，$\log_{10} y (u=0) = 2.7689$，95％置信区间为[2.6474，2.8904]，$R^2 = 0.7469$）；韩国（$a_y = 0.0230$，95％置信区间为[0.0221，0.0239]，$\log_{10} y (u=0) = 2.5262$，95％置信区间为[2.4734，2.5792]，$R^2 = 0.9560$）；中国（$a_y = 0.0268$，95％置信区间为[0.0256，0.0280]，$\log_{10} y (u=0) = 2.6484$，95％置信区间为[2.6133，2.6835]，$R^2 = 0.9390$）。这意味着倍增率 $a'_y = 4.2\%$、4.2%、4.5%、4.4%、5.3% 和 6.2%。

图 9.3　部分国家的城市化率与人均 GDP 之间的关系

9.2.2　国家城市化的时间轨迹

在这些模式的生成过程中，有多种时间因素在发挥作用。一方面，城市化有其自身的动态规律，不同国家的城市化进程和程度各不相同。另一方面，随着城市体系的建立,农村和城市的收入增长速度也会因国别而异。现在我们来看看,如何将这两种因素结合在起来,从而构建一个反映经济增长和城市化之间关系的简单模型,并能够与实际数据相吻合。

图 9.4 展示了一些国家城市化率随时间变化的例子。在最早的几个案例中,美国、英国和法国的城市化进程相对较为缓慢,持续了大约一个世纪。在其他案例中,我们看到了更快速的城市化,特别是亚洲国家,例如日本和韩国。

在所有案例中,城市化率随着时间的发展过程都可以很好地描述为:

$$u(t) = \frac{u_M}{1 + e^{-s_u(t-t_0)}} \tag{9.15}$$

其中,$u_M \simeq 1$(或 100%)是最大城市化率,s_u 测度的是城市化的(非饱和)时间速率("速度"),t_0 代表过程开始时的时间刻度。起始时间很必要,因为正如我们所看到的,每个国家在其历史上的大部分时间里都是非城市化的。

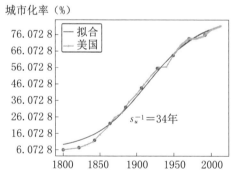

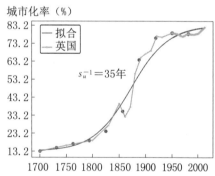

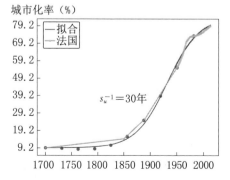

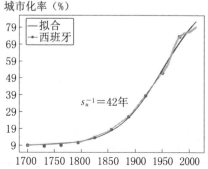

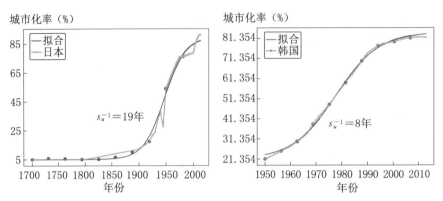

注：仍处于城市化过程的国家的拟合会更具不确定性，但巴西的城镇化速度已经放慢，其规模与欧洲国家相当，而中国的速度较快，其特征时间介于日本和韩国之间。拟合线显示了方程式（9.15），每个案例的参数不同。

图9.4　不同国家的城市化轨迹显示出不同的速度

我们可以从几个基本因素开始，探究这类城市化轨迹产生的根源。假定有一个国家，其城市和农村人口分别为 N_U 和 N_S（S 表示维持生存）。那么，城市化率为 $u = \dfrac{N_U}{N_U + N_S}$。现在将这两个人口亚群的时间增长率分别定义为 $\eta_U = \dfrac{d}{dt} \ln N_U$ 和 $\eta_S = \dfrac{d}{dt} \ln N_S$。经过一些代数运算，得出城市化率增长动态的方程为：

$$\frac{du}{dt} = (\gamma_U - \gamma_S) u (1 - u) \tag{9.16}$$

这是对 $S_u = \gamma_U - \gamma_S$ 且 $u_M = 1$ 具有解（9.15）的逻辑斯蒂微分方程（logistic differential equation）。该方程表明，城市化的最快速度 $v_u = \dfrac{du}{dt}$ 为 $v_u^{max} = \dfrac{S_u}{4}$，发生在城市化过程的中点，即 $u = 0.5$ 时。因此，只要一个国家的城市人口增长率高于农村人口增长率，它最终会城市化。这个增长率是以 v_u 表示，但在城市化的初始阶段，增长率通常会很低，最终随着国家完全城市化而再次消失。由此可见，s_u^{-1} 是反映每个国家城市化进程的特征时间。图9.4 显示，不同国家的城市化演进可能有相似的时间形态，但速度可能会非常不同，s_u^{-1} 的范围从美国、英国、法国和西班牙的几十年，到日本的不到 20 年，再到韩国的只有 8 年。这说明了这些亚洲国家的经济"奇迹"与高速城市化有密切的联系(参见图 1.3)。这种关系也意味着,任何国家的城市化率都可以被认为是时间的映射。这样我们就可以用时间坐标来代替城市化率,因为:

$$t - t_0 = \frac{1}{s_u} \ln \frac{u}{u_M - u} \tag{9.17}$$

这是一个关于 u 的缓慢变化的函数,只有在对数发散的极值点附近才有明显的变化。接近完全城市化的国家和城市化程度非常低的国家都属于这种情况,这些国家的经济增长往往也非常缓慢。

9.2.3　人均经济增长的国家轨迹

我们现在将方程式(9.14)与城市和农村地区的经济增长率联系起来。首先,请注意 $\log_{10} y$ 是时间和人口意义上的平均量。它是(直到对数底的变化)国民平均收入增长率的时间积分: $\log_{10} y(t) = \frac{1}{\ln 10} \int^t dt' \frac{d}{dt'} \ln y(t')$。将全国平均增长率定义为 $\gamma_y \equiv \frac{1}{t - t_0} \int_{t_0}^t dt' \frac{d}{dt'} \ln y(t')$,导致 $\ln y(t) \sim \gamma_y(t - t_0)$。因此,为了获得类似方程式(9.14)的表达式,我们需要用城市化率来表示增长率 γ_y 和时间 t。

其次,这个量是一个整体指标,它并不能反映经济增长过程中的地域差异和领导者的影响。为了深入理解这些问题,我们需要对这个量进行分解,区分每个国家的城市和农村部分。进一步,我们希望构建一个更细致的分析框架,能够在不增加诸如特定的生产函数[27]等额外假设的前提下,把总增长率分解为与实际经济主体相关的因素,包括政府、城市、企业和个人。接下来我们将展示,这种增长过程的分解可以借用生态学和进化理论中种群动态的数学形式,用价格方程来表达。

9.2.4　城市化加速国民收入增长

我们如何从最一般的角度预测一个国家城市化过程中的人均收入增长率变

化呢？我们可以从两种最极端的情况入手。对于一个以农村人口为主的农业国家,我们预期其人均 GDP 增长率 γ_S 虽然不为 0,但也非常小(参见第 5 章和第 7 章)。只有在家庭和企业之间发生大规模非基本商品的经济交换时,才能创造出可观的 GDP。这种动态在城市中必不可少[28],正如我们在本书中所看到的。

另一方面,对于一个完全城市化的国家,我们预期其平均收入的增长率非零且更高,$\gamma_U > \gamma_S$。其增长率主要取决于国家的学习能力和知识的价值,以及一些自然禀赋和制度因素。[29]我们现在可以把城市化过程视为一种选择效应(selection effect),它使得经济主体从低增长率状态(维持生存的农村经济)转向高增长率状态(相互依存的城市经济),从而提高了总体生产力和收入,以及相应的成本。[30]

我们来用数学方法推导一下这种效应。假设一个国家有部分城市化人口 $u(t)$ 和部分农村人口 $1-u(t)$。两部分人口的经济增长率不同,分别为 $\gamma_U > 0$ 和 $\gamma_S \simeq 0$,收入水平也不同。这些数值通常会随时间变化,并受到波动的影响(正如我们在第 4 章中强调的波动性)。国家层面的增长率是这两部分人口及其增长率的混合。将人口从增长率较低的状态(农村)迁移到增长率较高的状态(城市),会给国家增长率带来暂时的加速。为了看到这一点,我们把 $\ln y(t)$ 写成城市人口与农村人口比例的平均值:

$$\ln y' \equiv \ln y(t+\Delta t) = \sum_{i=U, S} n_i(t+\Delta t)\ln y_i(t+1); \ \ \ln y = \sum_{i=U, S} n_i(t)\ln y_i(t)$$

$$(9.18)$$

其中,$n_{U, S}(t) = (u(t), 1-u(t))$ 代表城市人口的和农村人口的比重,因此每个时间单位的变化 Δt 为:

$$\frac{\Delta \ln y}{\Delta t} = \frac{\ln y' - \ln y}{\Delta t} = \frac{1}{\Delta t}\sum_{i=U, S} n_i(t+1)\ln y_i(t+1) - n_i(t)\ln y_i(t)$$

$$= \sum_{i=U, S} \frac{\Delta n_i}{\Delta t}\ln y_i(t) + n_i(t)\frac{\Delta \ln y_i}{\Delta t}$$

$$(9.19)$$

这就是人们熟知的价格方程。[31]这个基本关系式表达了任何人口平均值的变化都是由类型频度的变化(第一个项表示选择或排序)和数量本身的变化

（第二个项表示传播或内生增长）的综合作用决定的。第二个项是亚型的平均值，这里是城市型或农村型。这个平均值可以用它自己的价格方程来表示，并进一步分解为我们感兴趣的量，例如，城市地区可以分成不同组的城市，农村地区也可以划分为不同区域（参见第 9.2.5 小节）。然后，我们可以继续描述每个地方的组织结构，如企业，再进一步分析构成每个组织的个体。在每个层面，我们都会得到一个协方差项，把该规模的增长率差异与群体类型联系起来。通过这种方式，我们可以建立经济增长（或任何其他人口平均量）的微观图景，并在有适当数据的情况下，从原则上理解哪些层级和类型的组织对总效应的贡献最大。这种方法为我们提供了一个量化分析的窗口，使我们得以了解不同社会、经济和政治组织层面上各种集体（例如"机构"）的相对重要性。[32]

我们来看看这种方法在第一级选择时，即国家层面的城市或农村选择时是如何运作的。这里的选择指的是在两种广泛的状态之间进行选择：城市状态或农村状态。注意 $\frac{\Delta(1-u)}{\Delta t} = -\frac{\Delta u}{\Delta t}$，这使得：

$$\frac{\Delta \ln y}{\Delta t} = \frac{\Delta \ln y_S}{\Delta t} + u \left[\frac{\Delta \ln y_U}{\Delta t} - \frac{\Delta \ln y_S}{\Delta t} \right] + \frac{\Delta u}{\Delta t} [\ln y_U - \ln y_S] \quad (9.20)$$

其中 $v_u = \frac{\Delta u}{\Delta t}$，我们可以得出：

$$\frac{\Delta \ln y}{\Delta t} = \gamma_S + u[\gamma_U - \gamma_S] + v_u \ln \frac{y_U}{y_S} \quad (9.21)$$

最后一项可以进一步简化为 $\ln \frac{y_U}{y_S} = \ln \frac{y_U(t_0)}{y_S(t_0)} + [\gamma_U - \gamma_S](t - t_0)$，这使得 $\frac{\Delta \ln y}{\Delta t}$ 对城市化率及其变化速度的依赖性可以一般拟合为：

$$\frac{\Delta \ln y}{\Delta t}(t) = a_0 v_u(t) + a_1 [u(t) + v_u(t)(t - t_0)] + a_2 \quad (9.22)$$

其中，$a_0 = \ln \frac{y_U(t_0)}{y_S(t_0)}$，$a_1 = \gamma_U - \gamma_S$，$a_2 = \gamma_S \simeq 0$，因此 $\gamma_U = a_1 + a_2 \simeq a_1$。我们可以看到，如果 a_0，$a_1 > 0$，这通常是可以预期的，国民收入的增长率将受益于更高的城市化率和更快的城市化速度。相对于相同的农村人口数量，城市收入越高、

增长率越快，这些影响就越大。正如逻辑斯蒂曲线[方程式(9.15)]和图 9.4 所预测的，这些量通常在城市化的中间点水平最高，此时的城市化速度 v_u 最快。

这与经验观察是一致的。图 9.5(A)展示了不同国家的平均瞬时增长率与城市化率的关系。我们看到，当城市化率达到中等水平（大约 50%）时，增长率最高。大多数农业国家的人均收入增长率非常低，而对于几乎完全城市化的国家来说，其增长率为中等正值。

最后，我们回到图 9.1 中的关系。方程式(9.20)显然是一个全导数，使用方程式(9.17)可以积分得出：

$$
\begin{aligned}
\ln y(t) &= \ln y_0 + u(t)\ln\frac{y_U(t)}{y_S(t)} + \ln y_S(t) \\
&= \ln y_0 + \ln y_S(t_0) + u(t)\ln\frac{y_U(t_0)}{y_S(t_0)} \\
&\quad + \frac{1}{s_u}[u(t)(\gamma_U - \gamma_S) + \gamma_S]\ln\frac{u(t)}{u_M - u(t)}
\end{aligned}
\tag{9.23}
$$

其中，$\ln y_0$ 是由初始值 $\ln y(t_0)$ 设置的积分常数。我们现在可以用我们的经济增长分解模型来理解方程式(9.14)的参数。我们看到斜率为：

$$
\begin{aligned}
a_y(u) &= \ln\frac{y_U(t_0)}{y_S(t_0)} + \frac{(\gamma_U - \gamma_S)}{s_u}\ln\frac{u}{u_M - u} + \frac{1}{s_u}[u(\gamma_U - \gamma_S) + \gamma_S]\frac{u_M}{u(u_M - u)} \\
&= a_0 + \frac{a_1}{s_u}\ln\frac{u}{u_M - u} + \frac{1}{s_u}[ua_1 + a_2]\frac{u_M}{u(u_M - u)}
\end{aligned}
$$

$$\tag{9.24}$$

截距需要指定 $u(t_0)$，$v_u(t_0)$。在最简单的情况下，当 $u(t_0) = v_u(t_0) = 0$，$\log_{10} y(u=0) = \log_{10} y_S(t_0)$，因此方程式(9.14)中的收入初始值对应于没有城市化的情况下的生存水平，这可能非常低，大约为每天 1 美元。世界银行认为这一数字远低于极端贫困的门槛。[33]

就方程式(9.24)中的斜率 a_y 大小而言，第一个（常数）项 a_0 通常占主要地位，但由于 u 中最后有两个非线性项，城市化率和人均 GDP 之间的简单线性关系预计会有修正（参见图 9.5）。非线性修正通常在城市化未开始时（$u \to 0$）或接近完成时（$u \to u_M$）非常重要。图 9.5(B)中的实线（对于 s_u^{-1} 的不同值）显示了这一点。

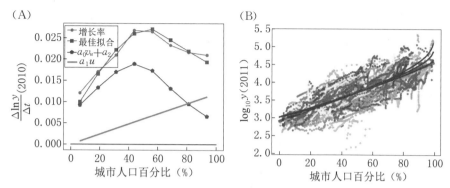

注:(A)图表示人均GDP(以2011年不变美元价值计算)与城市化水平的瞬时增长率。各国(圆圈)的平均值显示,最高增长率约为每年2.7%,出现在城市化速度最快的中间水平,即40%—60%阶段(参见图9.2和正文)。当每年的 $\gamma_S = 0$,$\ln\frac{y_U}{y_S}(0) = 3.2(a_y' = 3.2\%)$,$\gamma_U = 1.2\%$时获得最佳拟合。另一个很好的拟合,让农村增长率为非零,转化为每年 $\gamma_U = 1.4\%$,$\gamma_S = 0.3\%$,$\ln\frac{y_U}{y_S}(0) = 2.6$。第二次拟合的置信区间告诉我们,$\gamma_S$ 的估计值与 0 一致。其他线条显示了城市化率的时间导数及其值,表明这两个变量本身都不能很好地描述收入增长率。(B)图根据方程式(9.23)和图9.5(A)的参数对图9.1[参见方程式(9.14)]的斜率进行预测(实线表示)。不同的线对应于 $s_u^{-1} = 10$ 年、20 年、30 年(由下到上)的不同选择。显然,这些都是平均情况,并没有考虑到初始值的变化和每个国家在城市化过程中所受的特定影响。

图 9.5 人均 GDP 及其相对于城市化的增长率

我们现在知道,人均GDP和城市化率之间的关系斜率主要取决于城市化过程初期城市和农村的人均GDP差异。例如,图9.1(B)中斜率为 $a_{y'} = 3.8\%$,这个差异就贡献了3.2%。这种最初的种子是由非常少的城市人口(可能只占百分之几;前工业化社会通常 $u < 15\%$)[34]所形成的,然而如果这种差异随着城市人口相对于农村人口的增加而保持不变,则会产生后续的排序效应。这种差异当然是一般网络效应的结果,导致 GDP 随城市规模呈现出超线性增长(参见第 3 章),我们已经证明这种现象非常普遍,贯穿整个历史(参见第 3 章和第 7 章)。

当用年增长率来衡量时,方程式(9.24)的斜率随 u 的变化会导致与城市化速度 v_u 成比例的"速度提升"。这种影响的大小将随着城市化速度(以及内生增长率)的不同而变化,从平均百分之一到快速城市化国家的百分之几不等,比如图9.4所示的"亚洲奇迹"。令人惊讶的是,城市和农村经济的内生增长率在这种关系中只起到次要作用。因此,在大多数人口还没有进入城市时,城市和农村收入之间的初始差异可能是触发全面系统性经济增长和城市化过程的必要条件。在城市化速度非常快的国家，如日本、韩国和现在的中国，其 GDP 增长在很大程度上受益于"速度提升效应"，但随着人口向城市转移的速度减缓，它们将很难继续维持高增长率。

9.2.5 选择层次：增长层次分解和制度

在分析不同层级结构对国家总体经济增长的影响时，价格方程为我们提供了一种精确且系统的方法。这种分析非常重要，因为人们普遍认为，经济增长最终取决于经济行为者，也就是企业和个人（或家庭）的选择。这种分析相当于用进化种群动力学的通用术语来同时考虑多层次的选择。[35]这也涉及制度相关的问题，从某种角度来看，个人可以选择加入（或被排斥于）不同的公司、地区和其他集体空间，这为经济学中强调的分配问题提供了另一种视野。集体行为、组织和选择的层次问题是进化种群动力学的一个核心议题，通常在多层次价格方程的框架下进行探讨。[36]

为了正式做到这一点，我们以更抽象的形式把人均收入分别用城市和农村（包括不同的城市和农村地区）、企业和个人等一系列标签记作 y_{ijkl}。虽然真实世界中会存在例外情况，例如某些人会从多个公司和地方产生的资本收益中获得收入，但为了保持结构的简单性，我们假设这种分解是分级的，每个人都只为一家公司工作（包括自由职业者），并在城市或非城市的特定地方退休。与这些标签对应，如此前一样对每种类型的频度分布 P_{ijkl} 进行归一化处理，即 $1 = \sum_{i,j,k,l} P_{ijkl}$。边际频度同样遵循 $P_{ijk} = \sum_l P_{ijkl}$，$P_{ij} = \sum_{k,l} P_{ijkl}$，$P_i = \sum_{j,k,l} P_{ijkl}$。频率 $P_U = u$ 和 $P_S = 1 - u$ 对应于前面部分中的频度。最后一个因素是这些频度随时间的变化，这与主体决定在哪里生活和工作相对应。我们将把这种变化写在人口动态演化的常用符号中（回顾第 6 章中的社区选择），如下所示：

$$P'_{ijkl} \equiv P_{ijkl}(t+1) = \frac{w_{ijkl}}{w} P_{ijkl}(t) \qquad (9.25)$$

这种关系适用于任何层级的分析,例如, $P_i' = \dfrac{w_i}{w} P_i$ 。城市化速率为 $v_u \Delta t =$

$P_U' - P_U = \left(\dfrac{w_U}{w} - 1 \right) u$ 或 $w_U = w(1 + v_u \Delta t)$; $w_S = w(1 - v_u \Delta t)$ 。由此可见, w 解释了不同人口类型的人口增长率差异。在进化动力学中,这就是该类型的适应度(fitness)。这些量只是每个类别相对于同一层次上所有类别平均水平的增长率,并非生物进化意义上的生物体适应性。

选择系数继承了频度的归一化,因为:

$$1 = \sum_{i,j,k,l} P_{ijkl}' \rightarrow w = \sum_{i,j,k,l} w_{ijkl} P_{ijkl}$$

一般来说,每个群体(例如城市化、相对地方绩效、企业市场份额、个人财富)的相对增长率 w 与收入水平 $\ln y$ 之间存在关系。

我们现在可以写出收入增长率的分解式。正如我们所看到的,在分解的第一个层次上,我们得到:

$$\Delta \ln y = \text{covar}_i \left(\dfrac{w_i}{w}, \ln y_i \right) + E_i \left[\dfrac{w_i}{w} \Delta \ln y_i \right] \tag{9.26}$$

其中, $E_i[\ldots]$ 是由 i 索引的群体期望值,与之类似, $\text{covar}_i[w_i y_i]$ 是 w 和 y 之间的协方差。接下来,我们可以将 $\Delta \ln y_i$ 的价格方程写作:

$$\Delta \ln y_i = \text{covar}_j \left(\dfrac{w_{ij}}{w_i}, \ln y_{ij} \right) + E_j \left[\dfrac{w_{ij}}{w_i} \Delta \ln y_{ij} \right] \tag{9.27}$$

等等。通过拆解所有四个层级,我们得到:

$$\begin{aligned}
\Delta \ln y &= \text{covar}_i \left(\dfrac{w_i}{w}, \ln y_i \right) + E_i \left[\text{covar}_j \left(\dfrac{w_{ij}}{w}, \ln y_{ij} \right) \right] \\
&+ E_{ij} \left[\text{covar}_k \left(\dfrac{w_{ijk}}{w}, \ln y_{ijk} \right) \right] \\
&+ E_{ijk} \left[\text{covar}_l \left(\dfrac{w_{ijkl}}{w}, \ln y_{ijkl} \right) \right] + E_{ijkl} \left[\dfrac{w_{ijkl}}{w} \Delta \ln y_{ijlk} \right]
\end{aligned} \tag{9.28}$$

各种协方差项反映了不同层级上的选择(或者说排序)效应。具体来说,就是随着时间的推移,因为 w 较高或较低而共同变化,人均收入 $\ln y$ 较高的地区、企业或个体在总体中所占比例越来越大,而收入较低者则越来越少。这可能与农村与城市之间的人口迁移有关(第一层级)，也可能与人们在居住地点上的偏好有关(不同城市，第二层级)，正如我们在第 8 章所展示的那样。这些偏好可能进一步受到企业间就业流动的影响(第三层级)。最后一项则直接揭示了增长的内生机制，即它们是在个体所处的环境中(城市和企业)逐渐累积起来的。有了个体收入数据和企业财务数据，这些比率都是可以量化的。[37]

我们可以把这个方程写成国家经济总量的时间增长率：

$$\gamma_y(t) = \mathrm{covar}_i\left(\frac{w_i}{w},\ \ln y_i\right) + E_i\left[\mathrm{covar}_j\left(\frac{w_{ij}}{w},\ \ln y_{ij}\right)\right] + E_{ij}\left[\mathrm{covar}_k\left(\frac{w_{ijk}}{w},\ \ln y_{ijk}\right)\right]$$

$$+ E_{ijk}\left[\mathrm{covar}_l\left(\frac{w_{ijkl}}{w},\ \ln y_{ijkl}\right)\right] + E_{ijkl}\left[\frac{w_{ijkl}}{w}\gamma_{ijlk}\right] \tag{9.29}$$

其中，$\gamma_y(t) = \dfrac{\Delta \ln y}{\Delta t}$ 表示人均国民收入的增长率，$\gamma_{ijlk}(t) = \dfrac{\Delta \ln y_{ijlk}}{\Delta t}$ 表示每个人在不同背景下的收入增长率。评估频度变化时，通常取与增长率 Δt 相同的时间段，一般为一年。这个表达式展示了增长核算的精确形式，与经济学理论[38]中常用的方程式(9.1)等有着本质区别，后者需要对生产函数的形式作出额外假设。表达式(9.29)清楚地说明，总增长既是由地点和就业选择等构成的多层次选择过程决定的，也是每个经济主体在其所处的环境中受到知识、能动性和信息以及社会经济因素影响而形成的基本内生过程所决定的。

这个多级价格方程能够精确地计算人均收入的增长。这些偏好(在 w 的规格中)没有考虑到包括相关主体的成本效益分析在内的角度的投入，不仅涉及收入，还涉及成本和他们工作生活环境的其他因素(参见第 3 章)。价格方程只关心这些因素会造成正向影响还是负向影响，从而促使不同国家选择更高或更低的总收入水平。

作为 w 规格的一个例子，考虑适应度与收入之间的相关性模型：

$$\frac{w_i - w}{w} = a_w \ln y_i + \epsilon_i \tag{9.30}$$

其中，a_w 是回归系数，ϵ_i 是在人口类型之间平均为 0 的噪声项。由此得出：

$$\mathrm{covar}_i\left(\frac{w_i}{w},\ \ln y_i\right) = a_w \mathrm{var}(\ln y) \tag{9.31}$$

其中,不同类型间收入差异导致了 $\mathrm{var}(\ln y) \geqslant 0$,也就是不同人群类型的差异。如果相关性为正,$a_w > 0$,那么选择就会带来经济增长,这与城市化过程中的现象类似。因此,对于收入超过平均水平的国家、城市或公司来说,挑战在于如何利用这些机会推动自身增长,并像"看不见的手"那样促进整个体系的增长。

9.2.6　讨论：增长与多层次选择

在分析国民经济增长和城市化水平的关系的过程中,我们尝试从社会经济组织的较低层次上开始分解选择过程。我们现在需要解决两个重要问题:(1)不同层次的组织如何相互影响,给各种主体带来利益和成本;(2)怎样基于每个主体的特定背景来计算他们的内生增长率? 第二个问题将在第 9.3 节中讨论,我们先探讨第一个问题,然后在本章结束部分再作系统的回顾。

社会经济组织的不同层次之间往往存在冲突。比如,企业经常对地方或国家政府法规或征收的税收不满,认为这会妨碍它们的创新、利润和增长。反过来,工人们也经常为了从雇主那里争取更高的工资而抗争,因为他们觉得这关系到他们的个人发展和幸福。这些困境涉及政治组织和经济生产的最根本问题,并催生了亚里士多德和柏拉图关于政治的辩论、马克思对资本主义的批判、列斐伏尔对城市权力结构的分析等经典著作。[39]这些问题也是当前大部分经济政策辩论的对象。

在实际决策中,正是主体和组织的多样性为流动性主体(比如家庭和公司)所面临的成本收益权衡提供了一致性的框架,他们必须在自己的约束条件下选择在哪里以及与谁互动。对于政策制定者,尤其是国家和地方政府来说,他们的选择更多地体现在如何通过行动影响这些成本和收益,包括对不同群体和实体征收不同水平的税收,以及通过资助教育、研究和人口迁移来创造公共产品,比如安全的环境、可靠的城市服务、医疗保健和知识库等。

我发现进化理论中关于利他主义和选择的经典微积分方法可以很好地用于解释这些困境。[40]我们可以用两个最简单的选择层次做例子来说明,你可以认为这两个层次分别代表工人和公司,或者公司和城市。[41]我们用一个适应率 w_{ij} 表示个体和群体之间的关系,其中下标分别代表个人和群体,表达式如下:

$$\frac{w_{ij}}{w} = -c_C (N_i - 1) \ln y_{ij} + b_C n_{ij} (N_i - 1) \ln y_i \qquad (9.32)$$

第一个项表示个体与群体 i 中所有其他个体 $N_i - 1$ 建立连接所需的成本 c_C，而第二个项表示连接所带来的收益 b_C，该收益以群体平均汇集的资源 $[\ln y_i = \sum_j \ln y_{ij} P(j \mid i)]$ 为单位，其中 $P(j \mid i)$ 是群体 i 中个体 j 的分配比例，这个量由分配方式 n_{ij} 决定，并在群体 i 中的每个个体 j 间累积。如果我们用前面两个选择层次的变量来表示，并忽略代表内生增长的最后一项，同时假设群体规模、分配和资源之间没有协方差，$\mathrm{covar}(n_{ij}, \ln y_{ij}) = 0$，我们可以得到：

$$\gamma(t) = \mathrm{covar}_i \left(\frac{w_i}{w}, \ln y_i \right) + E_i \left[\mathrm{covar}_j \left(\frac{w_{ij}}{w}, \ln y_{ij} \right) \right] \qquad (9.33)$$

$$= (N - 1) E_i [\sigma^2_{\ln y_i}] [(b_C \bar{n} - c_C) r_y - c_C]$$

其中，$r_y = \dfrac{\sigma^2_{\ln y}}{E_i [\sigma^2_{\ln y_i}]}$ 被称为"相关系数"，衡量的是群体间收入的离散程度（分子上的不平等）与群体内收入的平均离散程度（分母上的不平等）之间的关系。式中的 N 为群体平均规模，$\bar{n} \sim 1$ 是一个人累积的对数资源的平均份额。

系数 r_y 衡量的是群体之间选择强度与群体内部选择强度的关系。总增长率为正值的条件是：

$$Benefits\ r_y > Costs \qquad (9.34)$$

其中，（净）收益 $Benefits = b_C \bar{n} - c_C$，成本 $Costs = c_C$，这在进化理论中被称为"汉密尔顿法则"（Hamilton's rule）。[42] 显然，一个群体要想形成和扩张，群体内的基本收益 b_C 相对于成本必须足够大，这就要求每个群体内的利益得到公平分配。这样的群体不仅更幸福，而且有可能实现最快的增长。在第 9.3 节中，我们将基于信息的属性来探讨集体比同等数量的个人更有生产力的根本原因。

请注意，这种推理要求最高的平均增长率。这样，每个人都能受益，但这又需要群体参与和群体内合作，而非竞争。事实上，当相关系数较低时，通过额外成本抑制群体内部竞争的模式[43]更为稳健，大多数社会组织都应用了这种方法。也就是说，在大规模和多样化的社会集体中，例如在城市中，这类制度安排必不可少。这也是提升集体效能（参见第 6 章）的另一种表达形式。尽管如此，无论是更高的群体内资源分配相似性，还是更低的群体间不平等程度，都能提高相关系数，进而促进群体的成功。我们已经看到，社区就有这种特征。但这种方法对企业和城市提出了同样的问题，因为它们需要与同类组织竞争以吸引人才。这一推理也揭示了一种可能导致组织内部不平等加大的因素，当前美国和其他国家收入不平等加剧的原因也往往被归咎于此。这里描述的机制要求群体参与者能够在组织之间进行选择。如果劳动力市场存在集体收入在不同组织和地方之间统一分配的情况（不平等），那么这种选择就失去了意义。因为已有分析和相关文献都表明，比起通过自身努力获得成功，人们更倾向于"搭便车"。[44]

从这个角度看，集体组织的出现是利己主义的最终结果，正如经济学家经常提醒我们的那样。然而，狭隘地看待这种利己主义（单一选择层面上的"自私"）就犯了根本性错误，因为主体的净利益实际上取决于人们合作的环境，好的合作环境能够带来更好的结果，这只能通过集体行动来实现。因此，狭隘的自私往往导致更狭隘的自私、缺乏合作和低收入。而开明的利己主义则有助于创建和维持大规模的成功集体，使知识和资源可以汇集在一起，为相互合作者的共同利益服务，从而可能产生更复杂、更有价值的生产，并带来更大的公平。这种情况总是需要一种平衡。这是一个不稳定的状态，需要通过集体自组织实现信念的初步飞跃，才能感受到切实的共同利益。我们将在第 9.3 节中进一步充实这些见解。

9.3 增长和信息的统计机制

我们现在已经看到，用高度综合的方法考虑知识在生产和消费中的作用，会导致经济增长预测的结果背离现实。我们也看到，我们可以用一种系统的方法来分解这些模式，现在这个过程还剩下一个没有解决的问题：如何计算个人和组织的内生增长率？

我们之前讨论的经济模型的主要缺点是，对知识或信息的概念缺乏原理上的理解。我们已经在第 4 章、第 5 章和第 6 章中开始探索信息作为一个统计量的概念,并在第 8 章中看到了它对城市系统的一些影响。我们还没有做的是从更基本的角度设计出计算增长率的方法。这需要在信息理论[45]、金融数学[46]和进化理论[47]之间建立一个重要的跨学科联系。在这里,我们在这些原始的见解和形式化做法基础上,进一步发展以城市为背景的(经济)增长的统计理论。

信息是以比特(bits)为单位测量的。这听起来很有技术性,但对我们来说,关键是要认识到,用这些正式的术语表达的信息衡量的是选择的单位。例如,当你玩 20 个问题的游戏时,你试图通过问一系列你认为信息最丰富的问题来识别目标对象。每一个"是/否"的问题都会透露出一些信息和你做出的选择。这是一个关于世界的迷人事实,你可以用 20 个问题(20 比特)或更少的问题来识别世界上的任何东西或任何人。

这不仅适用于猜谜,也适用于任何其他选择。在复杂的城市环境中,人们总是要在各种选项之间作出选择,这些选择决定了他们的行为,影响了他们的世界线和相关事件,就像第 3 章所说的那样。我们在这种背景下看到,这种选择会对人们将要面对的社会互动以及与之相关的成本效益权衡产生影响。因此,回答具体问题会更有助于获得广泛理解的资源,并且由于这些资源可以在周期(天、年)内反复再利用,因此会带来更高的平均增长率。有了这些想法,我们现在可以回过来讨论个体行为。

建立增长统计理论需要考虑三个主要因素。前两个跟世界上各种事件发生的概率以及准确预测这些事件的收益有关。第三个要素涉及主体如何根据自身拥有的特定信息,把资源分配给各种可选的随机事件。我们需要分别来看这些问题,搞清楚它们各自的贡献。我们将发现所有这些量都有概率意义,因此可以从信息论的视角来研究它们的关系。

9.3.1 事件概率和收益

为了建立数学框架,我们将根据事件及其结果对主体所处的世界进行分区。假设有一个离散空间,e_1, e_2, $\cdots$, e_i, $\cdots$, $e_E \in e$,其中 e 是主体外部的一般环境,每个 e_i 都代表主体可能遇到的不同类型的事件。(请注意,这里的 e 不是矩阵,只是用了与第 8 章中相同的符号来表示类似的一般概念。)其中,每个变量都是随机的,编码代表时间过程中的不同结果,有些是物理环境的状态,如阳光或雨水,还有些可能是社会经济环境的属性,如贸易或商业机会。主体原则上会经历大量这样的事件,例如与城市中的任何其他人和地方建立联系。一段时间内实际经历的子集取决于每个人走过的生活轨迹,因此,并非所有类型的环境状态都适用于所有人。例如,经济或种族隔离将限制人们的社会视野,从而限制他们所遇到的事件和相关的机会。

为了进一步建立与信息的联系,我们假定主体会在多个选择周期(例如,天)内追求其平均资源增长率的最大化。[48]这相当于对数效用的最大化,但与微观经济学中常见的短期效用优化行为有所不同。实验经济学[49]和金融投资组合理论[50]中的很多文献证明了这种选择方式的合理性,但也有经济学文献指出,主体可能更倾向于短期目标的最大化,从而在某些情况下导致不同的行为。[51]如果这样的话,那么就如同第 9.1.3 节所述,这就是一种"错配",至少从终身累积效果最大化的角度来看是这样。

为了激励为每个主体引入个性化信息,我们构建一个简单的场景。假设主体的资源被分配给不同的环境随机事件 e_i,其中每个事件的比例为 $f_r(e_i)$,$\sum_{i=1}^{e} f_r(e_i) = 1$,并且每次正确预测结果都能获得成比例的回报 $o(e_i)$。那么,在每一步中,如果环境恰好返回状态 e_i,主体的资源就会按照 $r \rightarrow r' = o(e_i) f_r(e_i) r$ 增加,并且预期收益足够大,使得 $o(e_i) f_a(e_i) \geqslant 1$;否则,这样的事件类型就不值得考虑,甚至应该避免。请注意,主体还需要将时间和资源投入相关的辅助性活动,例如,为保持工作精力需要休息、食物、住所、家庭护理、基本服务、休闲等。无论做出什么样的投资选择,都不得不支付这些"成本"。在有选择的场景中,主体对时间和精力的分配差异实际上指向了替代性的生产机会 $o(e_i) > 1$。其中一定量的时间 t 是最关键的因素,它相当于以工资 $y_w t = r$ 的形式投入时间成本获得的资源。[52]

我们的总体思路是,城市中原则上有大量事件值得投入时间和精力。在经过 n_C 次循环之后,主体拥有的资源将是 $r_{n_C} = \prod_{j=1}^{n_C} o(e^j) f_r(e^j) r_0$,其中 e^j 是在周期 j 发生的事件类型。在一段时间 t_C 内进行了 n_C 次分配后,资源的平均增长率为:

$$\bar{\eta}_r = \lim_{n_C \to \infty} \frac{v_r}{n_C} \ln \frac{r_{n_C}}{r_0} = v_r \sum_{i=1}^{e} P(e_i) \ln o(e_i) f_r(e_i) \qquad (9.35)$$

其中，我们假设在适用大数定律[*]的条件下，事件类型按照其潜在概率 $P(e_i)$ 发生。（这里有一个隐含假设，至少在较长的时间间隔 t_C 上，这种概率是恒定不变的。）量 $v_r = \dfrac{n_C}{t_C}$ 表示进行选择分配并获得回报的平均时间速率。由于主体的乐观度和经济环境都可能会变化，这个量也会随着时间的推移而变化。例如，在经济衰退期间，主体可能会放慢资源分配速度，因为环境中的机会可能更加稀缺或不确定。但为了简单起见，我们将把 v_r 看作恒定不变的量。然而，有一些特殊情况仍需要考虑 v_r 随时间的变化。

我们现在看到，主体的选择范围由分配函数 $f_r(e_i)$ 决定。实际上，人们可以根据自己的喜好任意分配资源。然而，存在一种可以使平均增长率最大化的特定分配方式。要找出这种方式，我们需要解一个有约束的优化问题，因为分配的总和必须为 1。这导致 $f_r(e_i) = P(e_i)$，这就是赌博中所谓的比例投注法。[**][53] 有趣的是，这个结果与回报无关。那么，最大比率变为：

$$\bar{\eta}_r = \overline{\ln o} - H(e) \tag{9.36}$$

其中，$\overline{\ln o} = \sum_{i=1}^{e} P(e_i) \ln o(e_i)$，$H(e) = -\sum_{i=1}^{e} P(e_i) \ln P(e_i) \geqslant 0$ 是环境的香农熵。我们看到，如果增长率为正，平均回报率 $\overline{\ln o}$ 必须足够大。这意味着环境中必须有"免费的午餐"，即存在净资源流（免费的能源或现金）。如果我们像微观经济学那样只考虑零和游戏或固定预算分配，这种情况可能会让人感到奇怪，但并不罕见。例如，农民可以从阳光下获得免费的午餐，城市中各种形式的公共补贴、为系统注入资金等也可以被视为免费的午餐。另一方面，不确定性较高的环境[$H(e)$较大]会按一定比例给主体造成损失。这很有意义，因为它告诉我们，主体在更可预测的环境中会表现得更好（回报更高），从这个角度来看，应该尽量降低城市中选择的复杂性和多样性。这意味着存在一种另类的专业化优势：社会视野的局限性也可以是有益的，只要它能带来积极的机会。

---

* 大数定律（law of large numbers）是一种数学和统计学的定律，它描述了当重复实验的次数足够多时，实验结果的算术平均值会越来越接近期望值。——译者注

** 比例投注法（proportional betting）是一种用于体育博彩的策略，它涉及将投注金额按比例分配到不同的选项上，以平衡风险和回报，其核心是根据对每个选项的信心程度来分配不同的投注金额。——译者注

我们现在可以探讨这一最大增长率的含义,它与市场(和赌场)是完美的这一论点有关。在赌博中[54],收益 $o(e_i)$ 由聚合器给出,例如投注站或庄家,它可以访问许多主体的资源分配选择。市场预测的方法与之类似,因为价格给出了参与者平均信念的估计值。[55]"市场"估计值为 $o(e_i) = 1/P_m(e_i)$,其中 $P_m(e_i)$ 是聚合器估计的事件频度。那么,平均增长率可以写为:

$$\bar{\eta}_r = \sum_{i=1}^{e} P(e_i) \ln \frac{f_r(e_i)}{P(e_i)} \frac{P(e_i)}{P_m(e_i)} = D_{KL}(P \parallel P_m) - D_{KL}(P \parallel f_r)$$

$$(9.37)$$

其中,D_{KL} 是两个概率估计值之间的 KL 散度(参见附录 C),我们在讨论社区选择和偏离齐普夫定律时已经用到过这个量。回想一下,KL 散度是一个正数,用来衡量两种分布的差异程度,当两种分布完全相同时,KL 散度为 0。在这里的讨论中,这意味着主体可以从聚合器的错误估计中获得收益,但他们也要承担真实事件概率不确定性的风险。如果市场能够完美反映这些概率(实际上不可能,但可能很接近),人们的最优策略就是准确预测事件的概率。那么,他们的最大增长率将为 0。这说明主体相对普通人并没有任何特殊的信息优势,而且在信息层面上是冗余的。[56]我们得出的结论是,除非存在免费的午餐,否则正增长需要比其他人有信息优势。这是不断升级的想法,让事情变得有趣。

9.3.2 个人信息

为了更好地理解这一点,我们可以根据特定主体拥有的特定信息来构建一个更具体的场景。众所周知,在赌博和金融市场中,如果主体有环境的内部消息,他们就可以获得更高的资源收益。[57]我们将主体可用的信息载体变量称为"信号"(signal),$s = s_1, s_2, \cdots, s_s$。信号可以通过观察环境来获取,也可以来自主体过去的经历、教育或研究(以知识的形式),还可以从其他消息灵通的主体那里获得。虽然讨论利用不同信息来源的案例很有趣,但这种区别对我们的论证来说并不重要。

假设主体在每次资源分配时都可以查阅这些私有信号。那么主体将会以其知识 s 为条件来分配资源。这样增长率的估计值就变成:

$$\bar{\eta}_r = \sum_{i,j=1} P(e_i, s_j) \ln o(e_i) f_r(e_i \mid s_j) \tag{9.38}$$

最大化该增长率可以得出分配选择，$f_r(e_i \mid s_j) = P(e_i \mid s_j)$。对于任何回报结构 $o(e_i)$，使用信号（相对于忽略信号）的平均增长率增益为：

$$\Delta \bar{\eta}_r = I(e, s) = \sum_{i,j} P(e_i, s_j) \ln \frac{P(e_i, s_j)}{P(e_i)P(s_j)} \tag{9.39}$$

这里又出现了一个熟悉的概念：环境状态和信号之间的互信息 $I(e, s)$。如果没有"免费的午餐"（即赔率公平），那么 $\bar{\eta}_r = I(e, s)$。我们现在可以看到，当主体对其资源进行最优化分配（没有错配）时，信息（或知识或想法）是如何影响增长率的。这意味着最大增长率取决于主体在环境中对机会的私人信息。这有助于我们理解为什么"好的信息都是局部的和稀缺的"[58]，并说明为什么主体从一开始就有获取这些信息的动机。

9.3.3 学习

我们已经知道，主体关于环境状况的私人信息越好，其增长率就越高。在这种情况下，学习是值得的。

为此，主体必须拥有一个内部模型 $P(s_j \mid e_i)$，用来估计给定环境状态下的信号概率。这意味着当环境处于某个特定状态时，主体有一个反映信号概貌的统计模型。该模型还可以通过贝叶斯推理来学习给定信号的环境概率：

$$f_r(e_i \mid s_j) = \frac{P(s_j \mid e_i)}{P(s_j)} f_r(e_i) \tag{9.40}$$

这意味着主体能够在反复循环的过程中不断观察信号和环境的关系，逐步改进对条件分布的估计并接近真实概率 $f_r(e_i \mid s_j) \to P(e_i \mid s_j)$。这样，主体的生活轨迹不仅是收入的来源，而且是证据的来源，可以推动资源和信息的积累。例如，一个缺乏经验的主体可能需要将时间主要用于学习和探索，经过较长时间后，当他们对环境中的机会有了更深入更独特的了解后，主要目标可能就变成收获学习的成果。前面的论点表明，从长期来看，投资于学习至关重要，因为它可以改善主体资源的指数增长。在学习不完美的情况下，增长率将按照一定的比

例 $D_{KL}[P(e|s) \| f_r(e|s)]$ 降低，因此从长远来看，最好的学习者可以产生最高的回报。

9.3.4　信息聚合：冗余和协同

我们已经推导出了随机环境中主体的资源增长率与其机会的知识之间的联系。我们希望知道这种个体行为是如何转化为实际人口增长率的。

要做到这一点，我们需要知道信息是如何在不同规模的人群中聚集的。关键是信息只能叠加，并不像能量或时间那样遵循我们熟悉的守恒量规则。相反，信息可以是冗余的或协同的[59]，正如我们在第 5 章中看到的。信息冗余意味着多个主体具有相同的知识。换句话说，2 号主体的知识与 1 号主体的知识相同。这在生存型社会很典型，同样的生产模式在不同土地上一再被复制。因此，这类社会的总信息量并不比单个家庭多多少，也不会随着总人口规模的增加而增加。[60]这种生存型社会显示出非常低的经济增长率，但总体上可以非常稳定（$\gamma_s \simeq 0$）。回顾一下第 7 章，一种主导我们物种历史的生活模式——狩猎采集社会就具有这种特征。

相反，信息可以是协同的，这意味着不同的主体对环境有不同的认识，当这些知识结合在一起时，会产生比各部分总和更多的信息。正如我们在第 5 章中看到的，这发生在相互依存的"生态系统"中，是城市深层次的劳动和知识分工所体现出来的特点。盲人摸象的寓言就与信息协同有关，每个人都对构成大象的部分特征有准确但有限的认识，并基于这些局部信息作出了错误的推断。但如果把这些碎片拼接在一起，就会让他们明白这是一头大象。

在协同的情况下，总信息量会随着每个主体的知识增加而扩大，因为每个主体都有更大谜题中的一些独特部分。下面我们用数学形式来表达。世界 e 有一组环境状态，用变量（信号）$\{s_i\} = s_1, s_2, \cdots, s_N$ 表示，其联合信息（joint information）可以写作[61]：

$$
\begin{aligned}
I(e; \{s_i\}) &= H[e] - H[e \mid \{s_i\}] \\
&= -\sum_{i=1}^{N} \frac{\Delta H[e]}{\Delta s_i} - \sum_{i>j=1}^{N} \frac{\Delta^2 H[e]}{\Delta s_i \Delta s_j} - \cdots \frac{\Delta^N H[e]}{\Delta s_1 \cdots \Delta s_N}
\end{aligned}
$$

(9.41)

其中，香农熵 $H[e]$ 相对于主体知识的变化由以下条件链式规则给出：

$$\frac{\Delta H[e]}{\Delta s_i} = H[e] - H[e \mid s_i] = I(e, s_i)$$

$$\frac{\Delta H[e]}{\Delta s_i \Delta s_j} = \frac{\Delta}{\Delta s_j} \left[\frac{\Delta H[e]}{\Delta s_i} \right] = H[e \mid \{s_i, s_j\}] - H[e \mid s_i] - H[e \mid s_j] + H[e]$$

$$= I[e, s_i \mid s_j] - I(e \mid s_i)$$

$$(9.42)$$

通过将不同的变量条件化为其他变量，有很多等效的方法可以写出这些关系。[62]我们可以写出只有一对主体的最简单例子，其联合信息为：

$$I(e; \{s_1, s_2\}) = I(e; s_1) + I(e; s_2) - R_I(e; s_1, s_2)$$

$$R_I(e; s_1, s_2) = I(s_1; s_2) - I(s_1; s_2 \mid e)$$

$$(9.43)$$

量 $R_1(e; s_1, s_2)$ 被称为"冗余系数"（coefficient of redundancy），可以是正值或负值或为 0，分布对应三种不同的情况。当该值为正时，总信息小于关于我们的目标问题 e 的独立互信息的总和，这意味着它们包含一些联合信息 $I(s_1; s_2) > I(s_1; s_2 \mid e)$。当 $R_1 = 0$ 时，这两个主体在统计上具有独立的信息，虽然它们没有共同的知识，但也没有动机以任何特定的方式汇聚彼此的信息。最后一种情况，当 $R_1 < 0$ 时存在信息协同，此时两个主体具有先验的独立信息，由于 $I(s_1; s_2 \mid e) > I(s_1; s_2)$，这对决定 e 有特别意义。这意味着，这两个主体的已有信息在回答统计性环境机会所涉及的问题时具有互补性。这种推理可以扩展任意多个代表更广泛群体的变量，并为计算集体"信息"的规模以及现有情境下集体资源的增长率提供了一个合理的框架。[63]

因此，要最大化学习主体的集体增长率，就要使他们在任何给定问题上的联合信息最大化，这又要求他们实现最大限度协同。这意味着要把主体组织在一个合适的结构中，使他们的个人信息能够通过协调的选择和行动来展现，重叠最小（有深入的劳动和知识分工），但同时又能结合在一起，从而在特定的集体目标下提供最多的信息。创造极其复杂的产品和服务都离不开这种方法，无论是制造飞机还是编辑报纸。

9.3.5 城市作为协同引擎?

那么,城市中会发生冗余或协同吗?两者都不可避免。我们可以用以下参数来衡量城市中总信息的价值。首先,把不同职业看作生产知识的不同方式。根据第 5 章的理论,在美国城市中,不同职业的总数与城市规模成比例,即 $D_S(N)=D_{S_0}N^\nu$,其中 $\nu\simeq1-\delta=5/6$。这反映了专业化程度,因为人均从事不同任务的数量会随着城市规模的增加而减少,即 $\frac{D_S(N)}{N}=D_{S_0}N^{-\delta}$,这一点在职业数据中有所体现(参见第 5 章)。假定每个人都有一个固定的总"生产"时间 t_T,如果将这些时间分配给所有任务,那么他们在每个任务上花费的时间都会增加,大约为 $t_T(N)=t_0N^\delta$。这意味着专注于特定任务将成比例放大学习的机会,从而有更好的表现。我们可以估计,每个人的平均信息量为 $I(e;s)=D_{S_0}N^{-\delta}t_0N^\delta=D_{S_0}t_0$。也就是说,在大城市中,虽然有更多的职业和更多的专业知识,但人均职业却更少。这是通过更深入地"干中学"[64]来弥补的,在工作的过程中不断获得信息。因此,在城市体系中,收入的总体增长率可能与城市规模无关(类似于经济增长中的吉布拉定律),但这也取决于有多少人能够参与国家层面的集体学习过程。

9.3.6 讨论:信息、公共产品和制度的出现

我们现在已经看到,人类为了创造出更高的收入和增长,能够通过合作来汇聚资源和知识是多么重要。为了促进这一体现人类社会大规模净优势的过程发生,很多制度被创造出来。不同的制度服务于不同的目标,从解决冲突到提供基本服务,再到管理共同资源。

已经有大量研究致力于探讨社会经济制度的出现,特别是埃莉诺·奥斯特罗姆(Elinor Ostrom)的研究(参见表 9.1)。奥斯特罗姆开创性地将许多实地调查和案例研究相结合,找出了一些影响共有资源可持续管理的积极因素和消极因素。从经济增长的角度来分析这些不同的因素非常有趣。奥斯特罗姆发现,资源崩溃往往发生在非常大、非常有价值的开放访问系统中,这些系统的资源采

集者多种多样，缺乏沟通，也无法制定统一的管理规则和规范。奥斯特罗姆特别强调了一些关键因素（参见表9.1）并指出，对于构建可持续资源管理的制度来说，"简单的蓝图行不通"。相反，必须根据具体情况选择合适的集体行动。

表9.1　奥斯特罗姆提出的影响集体制度制定的关键变量

关键变量	影响	原因
资源系统的规模	负面	更难实现自组织
系统的生产力	混合	适度稀缺引发组织产生
资源的流动性	负面	高监测成本
使用者数量	负面/正面	高交易成本/网络效应
领导力	正面	专有技术、尊重、调动能力
规范和社会资本	正面	共同的道德、伦理和信任
资源动态的知识	正面	适当的时间表和行动
对使用者的重要性	正面	合作的好处和激励
自由的"集体选择"规则	正面	更低的交易成本，更好的环境匹配性

注：虽然这些因素大多是从自然资源管理领域的森林和渔业方面的案例研究中总结出来的，但结合城市和城市体现的集体组织和增长机制来讨论也很有意义。

资料来源：Elinor Ostrom, "A General Framework for Analyzing Sustainability of Social-Ecological Systems", *Science* 325, no. 5939 (July 24, 2009): 419—422, https://doi.org/10.1126/science.1172133; Elinor Ostrom, "Crossing the Great Divide: Coproduction, Synergy, and Development", *World Development* 24, no.6(June 1996):1073—1087, https://doi.org/10.1016/0305-750X(96)00023-X.

本节并不打算全方位讨论城市环境如何解决集体行动和管理问题。但我们可以思考城市是如何面对共有资源管理所面临的典型挑战的，这些挑战源于资源系统的规模、生产力、用户数量或对资源动态的认识不足。事实上，城市标度关系揭示了网络效应在一些问题上有重要影响，因此通常需要建立具有变革性的新机构（如市政部门、大都市区政府、警察部门）和基础设施（如地铁系统、公园和其他便利设施）来支撑，并加大教育和研究投入。领导力在城市环境中无处不在，无论是社区、政治，还是企业领域。地方规范和各种形式的社会资本同样如此，它们在集体效能和城市亚文化等方面都发挥着关键作用（第6章）。城市环境还促进了更大的组织多样性，有利于尝试更多元和更灵活的集体选择规则。事实上，在邻里效应研究中，许多缺乏这些过程的地方环境都是贫困问题集中的地方（参见第6章）。其他一些问题，如资源的流动性，以及用户数量和多样性，不仅体现在城市内部,也体现在与更远的环境、社会和生态系统的互动中,给人类发展和可持续增长构成了长期挑战。有趣的是,世界各地有许多先锋城市都正在尝试,将自身运营和消耗资源的部分远程影响纳入可持续发展规划和韧性城市规划。

最后一点奥斯特罗姆并没有太多强调,即知识作为一种公共产品的角色。与任何其他公共产品一样,知识需要努力和集体行动,才能得到保存和扩展。罗默[65]强调,知识的非竞争性会抑制个人和企业等私人经济主体生产知识。这是因为,知识创造的总价值不仅为其创造者所获取,也会为整个社会所获取。因此,知识的创造需要社会投资和支持,并重新分配其利益。

9.4 结语:我们构建的生态位

我们绕了完整的一圈,终于到达了本书的关键思想,即增长和变化源于新的生产性信息,特别是有助于将资源分配给高收益活动的优质信息。抓住"免费的午餐"非常重要。竞赛的主题就是将局部信息和稀缺信息导入生产性的集体安排。建立一个能让所有这些成为可能(实际上尽在意料之中)的环境,是发挥人类作为学习者和创造性主体的集体潜能的关键所在。

我们已经看到,传统的经济学模型缺少对信息的正式处理,难以直接考察不同层次的协作和选择,只能勉强实现这些总体理念。而采用统计人口动态的框架,从权衡和信息的视角分析人类对环境可能性的战略选择,弥补了这一缺陷,让我们能够探究不同尺度上增长和变化的根源。

这种增长的计算在很大程度上取决于在哪里生活、在哪里工作、与谁合作以及避免与谁合作等不同选择的结果。这些选择基于现有的社会组织(包括城市)框架,具有路径依赖,放大了最初的思想和组织并在未来变得更大,但不一定总能追求绝对最佳场景,这需要通过学习来发现。知识和资源的生产和战略运用必然涉及由众多人和组织构成的庞大网络,因此新兴的增长和变化动态自然会受到协同效应、超线性效应以及相应的规模收益递增效应的影响。建立并维持城市作为巨型社会反应器变得至关重要。

这些选择的结构暗含了两个重要事实：(1)城市是孕育和培育新思想和新组织的重要环境；(2)个体和组织在学习和获取新信息的同时，也获得了机会和作出选择的能力。每个人的生活都是宝贵信息的复杂集合，这些信息通过生活轨迹和社会经济关系结构发挥作用。

本书深入探讨了城市作为一个有利于获取有价值的地方信息、促进创新和提高收入的环境这一主题。同时，本书也指出选择和学习是影响人类发展的更基本的问题，但目前对这一问题的研究还不充分。

全书以丰富的证据和理论表明，处于领先地位的城市体系的内生经济增长率约为每年 1%—3%。这意味着每一代人就能翻一番。对成年人口流动性和迁移的研究也部分印证了这种内在联系，即人们的经济潜力似乎在生命早期就已经形成了。[66]因此，要保持经济增长，就需要为尽可能多的人在尽可能多的地方提供最佳的知识获取方式，使他们在人生旅途的早期就能够生活在良好的环境中，以接触更多的机会，实现更广泛的协作。大多数城市在这些方面都有很大的改进空间。

虽然这些标准是基于其他地方和过去的经验，但我们已经看到，城市在创建复杂适应性系统方面扮演了重要角色并将继续扮演这种角色。尽管困难重重，但集体行动的难题最终能够在由多元化的人和机构构成的大规模社会互动网络中得到解决。

从这个意义上说，城市是一种社会技术——一种通往更高目标的手段。它们是社会反应器，让有创造力但有限的生物，就像我们，可以进行密切的互动，利用规模效应，形成高度组织、相互依存和多样化的行动和知识体系。进化生物学家把生物体为造福同类及其后代而构建的外部环境称为"构建的生态位"(constructed niches)[67]，这种环境会随着时间的推移影响进化的方向。我相信城市是我们构建的主生态位。在这里，我们可以想象和创造一个开放、可持续的未来，不仅为我们人类，也为地球上的其他生命。城市可能是我们在不稳定但富有创造力的历史中克服更大的危机的关键，只要我们有百折不挠的精神、高飞远翔的梦想，以及坚持不懈的行动！

注释

[1] Appelbaum, *The Economists' Hour.*

［2］诺贝尔经济学奖得主罗伯特·卢卡斯（Robert Lucas）有句名言："理解经济增长非常重要，因为一旦你开始思考这个问题，你就无法再思考其他任何问题。"参见卢卡斯所著《论经济发展的机制》（On the Mechanics of Economic Development）一文。

［3］Arthur, Increasing Returns and Path Dependence in the Economy; Arthur, "Complexity and the Economy"; Romer, "Increasing Returns and Long-Run Growth".

［4］Barro and Sala-i-Martin, Economic Growth.

［5］Solow, "Technical Change and the Aggregate Production Function".

［6］Breton, "World Total Factor Productivity Growth and the Steady-State Rate in the 20th Century".

［7］Barro and Sala-i-Martin, Economic Growth; Acemoglu, Introduction to Modern Economic Growth; Jones, "Growth and Ideas".

［8］Jones, "Growth and Ideas"; Jones, "Growth: With or without Scale Effects?".

［9］Barro and Sala-i-Martin, Economic Growth; Acemoglu, Introduction to Modern Economic Growth; Romer, Advanced Macroeconomics.

［10］Romer, "Increasing Returns and Long-Run Growth"; Romer, "Endogenous Technological Change".

［11］Grossman and Helpman, "Endogenous Innovation in the Theory of Growth".

［12］Aghion and Howitt, "A Model of Growth through Creative Destruction".

［13］Jones and Romer, "The New Kaldor Facts".

［14］Kremer, "Population Growth and Technological Change: One Million B. C. to 1990".

［15］Hidalgo and Hausmann, "The Building Blocks of Economic Complexity"; Hausmann and Hidalgo, "The Network Structure of Economic Output".

［16］Hidalgo et al., "The Product Space Conditions the Development of Nations".

［17］Hsieh et al., "The Allocation of Talent and U.S. Economic Growth".

[18] Hsieh and Klenow, "Misallocation and Manufacturing TFP in China and India".

[19] Jones, "Growth and Ideas".

[20] Banerjee and Duflo, "Growth Theory through the Lens of Development Economics".

[21] Acemoglu, *Introduction to Modern Economic Growth*; Olson, "Distinguished Lecture on Economics in Government: Big Bills Left on the Sidewalk".

[22] Jones and Romer, "The New Kaldor Facts"; Acemoglu, Johnson, and Robinson, "Institutions as the Fundamental Cause of Long-Run Growth"; Bresson and Rendall, *The Making of the Ancient Greek Economy*; North, *Transaction Costs, Institutions, and Economic Performance*.

[23] Glaeser et al., "Do Institutions Cause Growth?".

[24] North, *Transaction Costs, Institutions, and Economic Performance*; North, "Institutions, Transaction Costs and Economic Growth".

[25] Duranton, "The Urbanization and Development Puzzle".

[26] Duranton, "The Urbanization and Development Puzzle".

[27] Barro and Sala-i-Martin, *Economic Growth*; Hsieh and Klenow, "Misallocation and Manufacturing TFP in China and India".

[28] Jacobs, *The Economy of Cities*; Lucas, "On the Mechanics of Economic Development".

[29] Jones and Romer, "The New Kaldor Facts"; Jones, "Growth and Ideas"; Acemoglu, Johnson, and Robinson, "Institutions as the Fundamental Cause of Long-Run Growth".

[30] Glaeser, *Cities, Agglomeration, and Spatial Equilibrium*; Bettencourt, "The Origins of Scaling in Cities"; Lucas, "On the Mechanics of Economic Development"; Alonso, *Location and Land Use*.

[31] Price, "Selection and Covariance"; Andersen, "Population Thinking, Price's Equation and the Analysis of Economic Evolution".

[32] Jones and Romer, "The New Kaldor Facts"; Acemoglu, Johnson, and Rob-

inson, "Institutions as the Fundamental Cause of Long-Run Growth"; North, "Institutions, Transaction Costs and Economic Growth".

[33] World Bank, "Extreme Poverty Income Definition".

[34] Bairoch, *Cities and Economic Development*; De Vries, *European Urbanisation: 1500—1800*.

[35] Okasha, *Evolution and the Levels of Selection*.

[36] Price, "Selection and Covariance"; Frank, "Natural Selection. VII. History and Interpretation of Kin Selection Theory"; Frank, *Foundations of Social Evolution*.

[37] Chetty et al., "The Fading American Dream".

[38] Barro and Sala-i-Martin, *Economic Growth*.

[39] Lefebvre and Nicholson-Smith, *The Production of Space*.

[40] Price, "Selection and Covariance"; Frank, *Foundations of Social Evolution*.

[41] 如果读者是一位学者,我建议在大学的教师身上尝试这种推理,这样就可以摆脱纯经济领域。

[42] Frank, *Foundations of Social Evolution*.

[43] Frank, "Mutual Policing and Repression of Competition in the Evolution of Cooperative Groups".

[44] Frank, *Foundations of Social Evolution*.

[45] Cover and Thomas, "Information Theory and Statistics".

[46] Cover and Thomas, "Information Theory and Statistics"; Kelly, "A New Interpretation of Information Rate".

[47] Frank, "Natural Selection. V. How to Read the Fundamental Equations of Evolutionary Change in Terms of Information Theory"; Rice, *Evolutionary Theory*.

[48] Cover and Thomas, "Information Theory and Statistics"; Kelly, "A New Interpretation of Information Rate".

[49] Meder et al., "Ergodicity-Breaking Reveals Time Optimal Economic Behavior in Humans"; Bombardini and Trebbi, "Risk Aversion and Expected Utility Theory".

［50］ Ingersoll，*Theory of Financial Decision Making*.

［51］ Samuelson，"The 'Fallacy' of Maximizing the Geometric Mean in Long Sequences of Investing or Gambling".

［52］ Becker，"A Theory of the Allocation of Time".

［53］ Cover and Thomas，"Information Theory and Statistics".

［54］ Cover and Thomas，"Information Theory and Statistics"；Kelly，"A New Interpretation of Information Rate".

［55］ Wolfers and Zitzewitz，"Interpreting Prediction Market Prices as Probabilities".

［56］ Bettencourt，"The Rules of Information Aggregation and Emergence of Collective Intelligent Behavior".

［57］ Cover and Thomas，"Information Theory and Statistics"；Kelly，"A New Interpretation of Information Rate".

［58］ Hayek，"The Use of Knowledge in Society".

［59］ Bettencourt，"The Rules of Information Aggregation and Emergence of Collective Intelligent Behavior".

［60］ Bettencourt，"Impact of Changing Technology on the Evolution of Complex Informational Networks".

［61］ Bettencourt，"The Rules of Information Aggregation and Emergence of Collective Intelligent Behavior".

［62］ Bettencourt et al.，"Functional Structure of Cortical Neuronal Networks Grown in Vitro".

［63］ Bettencourt，"The Rules of Information Aggregation and Emergence of Collective Intelligent Behavior".

［64］ Arrow，"The Economic Implications of Learning by Doing".

［65］ Romer，"Endogenous Technological Change".

［66］ Chetty et al.，"The Fading American Dream"；Chetty, Hendren, and Katz，"The Effects of Exposure to Better Neighborhoods on Children".

［67］ Laland, Matthews, and Feldman，"An Introduction to Niche Construction Theory".

10. 城市的意义以及未来的挑战

城市的主要功能是将权力转化为形式,将能量转化为文化,将死物质转化为艺术的活符号,将生物繁殖转化为社会创造力。

——刘易斯·芒福德(Lewis Mumford):
《城市发展史》

10.1 城市的意义是什么?

在这本书中,我们对城市环境的实证研究已经走过了很长的道路,从经典的城市模型到更具统计性和更为细致的方法,覆盖了不同的背景和尺度。我们已经看到,很多城市过程不仅可以从理论上理解,还可以在组织的各个层面进行测量。我们展示了城市在历史上可能是如何形成的,并确定和测度了它们在时间和空间上的许多持久特征。我们已经看到,城市环境如何自然而然地发展和变化,空间排序和选择如何造成人与人、社区与社区之间的明显不平等。我们还揭示了人口和经济增长等因素既是推动城市发生根本性变化的关键驱动力,也是城市体系的普遍属性,而不是单个城市的特殊属性。它们特别依赖于不同规模城市之间的大规模物质、能源和信息交换,这些交换既带来了优势,也带来了成本。这种跨越不同规模住区的系统性动态需要一定程度的整合和协调,而这种整合和协调直到最近才变得普遍。这就是我们今天生活的时代,城市化已经成为普遍现象,只要个人能够创造性地投入时间和精力,并为共同利益而采取集体行动,包括经济增长在内的各种指数变化过程就可以长期持续。将所有这些结合在一起形成一个连贯的理论表明,城市作为一种发展过程有它的一般逻辑。

本书开头部分摘录了简·雅各布斯对城市研究提出的三条建议，现在我们是时候再次反思这些建议。我们关注了城市的各种过程，如社会互动、空间和时间的流动性、有效的成本效益管理、学习并投资于资源和信息，以促进集体生产和交流。我们在不断扩大的网络中详细探讨了这些一般过程，并找到了将城市近似理解为一种空间均衡的新方法，从职业和社区的角度分析了城市结构的复杂性，理解了第一批城市及其技术和制度构成的"城市包"，揭示了经济增长背后的学习和战略投资等微观机制。

我们用演绎推理方法推导了城市的一般性质，例如在人口和时间过程的平均意义上存在标度关系和地理定律。我们已经看到，这些"定律"将整个系统描述为一个整体，但与任何平均值一样，实际上并不适用于任何特定的个体，甚至不适用于任何特殊的城市。这一点很容易引起误解，我希望这本书能澄清这一点。

最后，简·雅各布斯提出了一个极具挑战性的建议，那就是我们应该寻找那些没有被平均化的线索。这要求我们有一套能够衡量信息和结构多样性的标准，因为过度平均化会抹杀城市中所有新颖、创新和未来解决方案的源泉。我们需要培养一种创造性的思维方式，让我们不仅能够发现并测量个体和地方的特色，还能够理解如何让这些想法和发明成为未来系统解决方案的基石。这是理解城市如何真正成为创新和繁荣引擎的关键。最终，我们通过对城市动态的分层统计方法，在越来越细致的细分过程中揭示一般平均值，从而实现了这一目标。这使我们能够将短期内的个体行为与整个城市地区甚至长期的城市体系联系起来，根据需要调整考察的尺度并突出重点。这种方法使我们知道：信息不会像其他守恒量那样在集体之间聚集；它可以保持地方性和稀缺性，但具有强大的力量，因为它能够被整合到社会集体的协同安排中。

在这一过程中，一些一般性主题涌现出来并反复出现。让我们将这些主题汇集在一起，反思城市对人类社会的终极意义。

首先，虽然我们经常将城市视为一种空间均衡，但也发现，在更基本的层面上，城市生活是一种动态的平衡行为，不断地将成本与收益相匹配，有时候是依据热量，另一些时候是依据经济。这种平衡行为需要主体来执行，由个人、家庭、公司和政府等分别在各自的领域以不同的方式推动。理解这些因素如何平衡城市中的成本和效益，为反馈控制和自我平衡、标度、随机增长和统计等思想创造了一个重要的交汇点，使我们能够以丰富而微妙的方式对城市进行跨尺度思考，从微观的个人选择到宏观的"地理定律"。

在管理这些成本和收益时,主体的连通性意味着一切。要与他人建立深度的相互依存关系,与经济生产和交易、市政、政治、服务、教育等社会机构紧密联系,生活在城市是一个基本条件。不管从现在还是从未来的角度,作出正确的选择对于过上好日子都非常重要。这始终是一项持续的工作,需要在密集而丰富的环境中不断探索和抗争,城市环境充满了社会经济机会,但也以障碍和有限的社会视野为特征。城市社会网络的这些特征具有许多一般意义,包括大城市社会生活的高度流动性及其产生变化的相关能力,但同时也不可能进行一般优化。[1]复杂系统不是完美的系统,但他们可以无限进步。

考虑到不平等、种族隔离、贫困以及人类发展的其他挑战,连通性问题尤其令人焦虑。在城市中,由自给自足的生产及其所带来的独立性已经不再构成选项,在城市中失去连接就意味着某方面能力的丧失,无论是在交通、住房、服务、公民权利还是在信息方面。正如人类发展的能力方法所表明的那样,贫困的本质是一种失去连接的状态,而不只是收入的不足。[2]连通性不足可能是暂时的,也可能是永久的。所有大城市都接纳了众多的贫困迁移人口,就像本书开头引用的诗句所描述的。相对于其他社会环境,城市在为人类发展和最终繁荣提供机会方面具有优势,但城市也常常会有意无意通过制造贫民窟、阻止融合、设置学习和创业障碍、关闭发展机会等方式使一部分人受到排斥。在我所知道的每一个城市,都存在这样的悲剧。在这些情况下,城市没能实现其自身的意义,不仅影响那些被排斥的人口,还会对所有人的繁荣和未来的可能性产生负面的网络效应。

这就引出了最后一个也是反复出现的主题:信息。城市中的信息既是结构性的,也是现实变化的驱动力。我们已经看到,城市的多样性,无论是职业、业态类型还是社区构成,都应该被视为信息,因为城市实际呈现出的格局与具有相同平均构成,但更随机分布的情况不同,这反映了主体和选择的作用。从这个意义上说,城市的均衡和连通性有着微妙的相互关联,它们对复杂性结构(经济)的非随机模式进行了编码,这些模式展示了不同人群及其组织之间的不同技能和知识的强大协作。[3]我们已经看到,只有当这些深刻的差异和知识的表达能够提高生产力时,支付城市环境中提高连通性的高昂代价才具有意义。这种异质性、密度、多样性、相互依存性和互补性的状态使人类社会能够储存和传递更多的信息,并产生更大的社会经济集体能力,这是人类福祉和繁荣进步的根源。

这就是城市的终极目的。正如刘易斯·芒福德在本章引言中精辟地指出的，大城市向世界其他地方提供的物质并不多。他们所提供的其实是形式、文化、生活符号、艺术和社会创造力，以及其他主要以信息形式传递的东西。这些信息成为所有事物中最珍贵、最难产生、最持久的东西，这是对城市复杂性和根本重要性的赞美。我们完全无法用任何其他方式创造它们。

10.2　未来的挑战

只要地球上有一些群体继续处于经济发展的混乱或革命阶段，我们就可以对未来城市的部分特征有足够的自信。

未来的城市不会比今天的城市更小、更简单或更专业化。相反，它们将比今天更复杂、更全面、更多元化，也更庞大。与今天一样，未来的城市也将新旧事物错综复杂地混合在一起。

——简·雅各布斯：
《城市经济》

任何科学知识的检验和价值都取决于其在实践中的有效应用。城市科学的基础是创造适用于我们现有城市的一般性知识，但在面临与现在或过去经验完全不同的全新挑战时，也应该能够提供框架性和指导性的解决方案。

为此，让我们最后探讨一下，对于城市科学和这个快速城市化的星球来说，未来面临的最大挑战是什么？选出这些挑战的原因主要是基于不可逆转的全球趋势，包括人口变化、低收入社区中对于普遍人权的发展和经济增长、享有城市服务的权利、实现更可持续发展的必要性，以及完全替代我们目前的能源技术系统以达到脱碳目标和控制气候变化的前景。

10.2.1　超巨型城市

按照标准的人口趋势预测，全球人口将在未来几十年里达到历史峰值。作为这些趋势的一部分,有史以来最大的城市将随之出现。到 21 世纪末,世界上最大的 10 个城市的人口可能全部会超过 5 000 万,很可能达到 7 000 万或 8 000 万。我喜欢称它们为"超巨型城市"(gigacities)。这将比目前有史以来最大城市——拥有 4 000 万人口的东京大都市区,还要大一倍。

不用说,我们不知道如何创造或管理这么大的城市,特别是考虑到这些城市地区基本位于还处在快速城市化过程中的非洲和亚洲(参见表 10.1)。目前,这些城市地区的基础设施严重不足,公共和民选机构薄弱。尼日利亚的拉各斯预计将在 21 世纪末成为世界上最大的城市,在此之前预计是印度的孟买领先。这些城市都是当今世界面临挑战最为严峻的城市,50% 以上的人口生活在贫民窟。然而,我们希望想象一个美好的未来,今天低收入国家快速增长的城市可以建立自己的稳定发展道路,成为 21 世纪城市生活的灯塔,就像 20 世纪的东京和纽约、19 世纪的伦敦和巴黎一样。

表 10.1　世界最大的 10 个城市人口预测

排名	城市	2025 年人口预测	城市	2050 年人口预测	城市	2075 年人口预测	城市	2100 年人口预测
1	东京	36.40	孟买	42.40	金沙萨	58.42	拉各斯	88.30
2	孟买	26.39	德里	36.16	孟买	57.86	金沙萨	83.53
3	德里	22.50	达卡	35.19	拉各斯	57.20	达累斯萨拉姆	73.68
4	达卡	22.02	金沙萨	35.00	德里	49.34	孟买	67.24
5	圣保罗	21.43	加尔各答	33.04	加尔各答	45.09	德里	57.33
6	墨西哥城	21.01	拉各斯	32.63	卡拉奇	43.37	喀土穆	56.59
7	纽约	20.63	东京	32.62	达卡	42.45	尼亚美	56.15
8	加尔各答	20.56	卡拉奇	31.70	达累斯萨拉姆	37.49	达卡	54.25
9	上海	19.41	纽约	24.77	开罗	33.00	加尔各答	52.40
10	卡拉奇	19.10	墨西哥城	24.33	马尼拉	32.75	喀布尔	50.30

注:预测人口以百万计。请注意,预计到 21 世纪末,所有排名前十的城市的人口都将超过 5 000 万。世界上所有最大的城市都将在亚洲和非洲,欧洲没有,美洲仅有少数。

资料来源:Daniel Hoornweg and Kevin Pope, "Population Predictions for the World's Largest Cities in the 21st Century", *Environment and Urbanization* 29, no.1(April 1, 2017): 195—216, https://doi.org/10.1177/0956247816663557。

这将带来什么? 如果说城市快速发展的核心问题是"人太多",那么"人太多"必须同时是解决方案。这些人必须共同努力,创造出新的相互依存的方式,在许多生产层面上相互联系,并学习新的信息形式,实现规模回报递增,发挥每个城市潜在的人类发展潜力和经济增长能力,这样的话,如此巨大的城市必然能够产生爆炸性的发展。这需要政治勇气和远见,并能让更多的人参与进来。理解城市如何运作无疑有助于制定解决方案,但不会决定这些城市最终将是什么。尽管如此,读者仍然可以用本书中学到的知识,如城市标度理论来预测这些城市可能的占地面积、基础设施数量、拥堵程度和经济规模。你能想象 2100 年拉各斯的生活会有多快、有多激动人心吗?(好吧,至少你能计算出来。)

为了构想这些城市未来的可能愿景,我们可以想象一下东京现在的样子(参见图 1.1),并"加倍"(以非线性缩放),以产生未来的拉各斯或孟买。这些超巨型城市所面临的挑战主要不是技术或财政问题,而是创新、文化变革和政治问题。这些问题不仅是解决新文化、新背景下的集体行动问题的关键,而且必须以人类历史上前所未有的规模来解决。失败是不可接受的,但成功将是令人难以置信地激动人心!

10.2.2 贫民窟：上百万社区的人类发展

贫民窟和非正式住区在任何地方都是城市贫困最显著的表现之一。我们在第 6 章中看到,全世界大约有 10 亿人生活在大约 100 万个非正规和缺乏服务的社区。虽然贫民窟主要出现在快速增长的中低收入国家,但大多数城市地区都有非正式住区,包括美国和欧洲城市的无家可归者营地,以及亚洲许多发达城市的过度拥挤的居住区。我们的经验是,每个城市大约有 20% 的人口无法负担市场住房。由于发展受限、土地紧张、建筑成本高或投机行为等因素,一些城市的住房供应更加紧张,这一比例很可能更高。

城市学家约翰·特纳[4] 提出了一个精准的概念——"住房应当是动词" (housing as a verb),意思是住房不仅是住所,而且是获得基本服务,拥有地址、隐私和安全,获得紧急服务,以及大多数形式的公民权利的必要条件。在上百万个贫困社区系统地建立这些人类发展的基本条件,需要我们采取渐进的改善途径,逐步将人们更好地联系起来,为他们发展人力资本和社会经济参与提供激励和桥梁,并在城市所有主体间建立一种新的成本-收益逻辑,使优势群体和弱势群体之间的"正和收益"成为常态。如果要在未来十年内实现在全球范围内消除贫困的目标,我们必须想象本书中讨论的进化和生态过程,这些过程将城市打造成网络,以更高的速度和更公平的方式向前发展。

从整合技术、信息和社区组织的角度来看,这是可能的,但在全球范围内实现社区人类发展的合作,共同创造正式知识和实用解决方案,仍然是一个挑战。

10.2.3 收缩型城市

与南亚和非洲的特大城市以及贫民窟的激增形成对比的是,世界上大多数其他地区的人口都可能下降。这种现象在欧洲、亚洲高收入国家和美洲已经很常见,但在未来几十年,这种现象将进一步加剧,并在很多地方变得更加典型。东欧和南欧、日本以及中国东北和美国中西部地区很多城市都是面临人口和经济收缩挑战的"典型代表"。在这种情况下,学会如何应对收缩特别重要。现有的后工业转型案例都非常痛苦,可以说是对人类潜能和基础设施造成了极大的浪费。

一个相对简单的解决方案是允许全球人口在人口增长强劲的地区与人口下降的地区之间迁移。然而,目前对少量移民迁往高收入国家的强烈抵制表明,这种方案在政治上是完全不可接受的。在没有大量外国移民的情况下,目前的政策方法不足以扭转大小城市收缩的命运。

导致城市收缩的最常见原因是,在全球化的背景下,主导城市发展的制造业专业部门逐渐变得不再重要或是不再具有竞争力。其他较为常见的城市收缩通常发生在较小的城镇,主要是因为采矿业或其他主导产业的消失。大多数收缩型城市都很难扭转人口流出的趋势并恢复经济增长。但也有部分后工业化城市成功实现了转型,其经验主要包括:大规模国家投资、经济结构深度调整,以及利用大学和学院等既有资源来吸引人口。即便如此,如布法罗、底特律、匹兹堡和许多其他后工业化城市,今天的城市规模也比半个世纪前小得多。

在接下来的几十年里,随着人口更加稳定和下降成为常态,这些挑战将变得更加难以应对,也将更加普遍。目前,东欧和南欧的一些国家,以及日本都已经出现了人口减少的趋势,相关趋势表明,人口减少在不同城市等级中的分布并不均匀。虽然许多较小的城市和农村地区正在收缩,但最大的城市,如东京、莫斯科和米兰实际上仍在持续增长。如果这种趋势延续下去,最终我们可能会看到一个更加城市化的世界,这不仅是因为大城市的增长,还因为农村城镇和小城市的快速衰落。

在城市等级中，维持大城市和小城镇之间成本-收益平衡面临着双重困难。在收益端，最好和最关键的公共产品和服务，如先进的医疗保健和教育，通常集中在较大的城市。这意味着如果有能力选择，年轻人和老年人可能都更喜欢生活在连接良好的大城市，而不是孤立的小城镇。在成本端，在城市快速增长时，物质基础设施相对于人口变迁的滞后往往以贫民窟的形式表现出来，而当城市收缩时，这种滞后也会发挥不利作用。这表现在基础设施老化的遗留问题和相关的维护成本上，人口较少的城市很难支付这些成本。相对成本的增加和相对收益的减少会使不断缩小的城市陷入债务增长和衰退的恶性循环，促使人们和企业选择迁移到前景更好的地方。

城市科学，特别是本书中开发的城市数学模型，使我们能够预见和预测这些系统动态，并在理论上能够管理甚至扭转这类恶性循环。当城市体系中的大多数城市都面临收缩，这种理解将如何发挥作用，在未来几十年仍然是一个巨大的挑战。

10.2.4　能源系统脱碳

在人类社会转向以化石燃料为主要能源来源之后，超过 100 万人口的城市才得以大量出现。我们都知道，化石燃料的大规模使用改变了地球大气的化学成分，特别是破坏了全球碳循环，使大气和海洋捕获了更多的太阳能。相关的温室效应导致气候变化、海洋酸化、极地冰盖融化、海平面上升和生物多样性丧失。这些复杂的挑战正在造成一场全球性危机，威胁着地球上的生命和人类对全球可持续发展的渴望。

这场危机的解决方案也非常明确：通过太阳能板和风力涡轮机从太阳直接获取可再生能源，使人类的能源生产和使用与碳循环脱钩。由于技术进步非常迅速，这些变革现在不仅在技术上成为可能，而且在经济上也已经变得切实可行。全球能源系统的转型可能在短短几十年内就能实现，我们现在所需要的也许只是足够的时间，以避免气候变化的最坏后果。

对于城市来说，替换目前占主导地位的化石燃料能源发电、分配和使用系统有点像心脏移植手术。我们必须了解城市的能源系统及其所有的社会、经济和健康影响,唯有如此,这种替代才不至于造成危险的后果。

从大城市的角度来思考这一转型,能够在很大程度上针对这一未来挑战提出一些解决方案的轮廓。

首先,建立城市并不是为了节约能源,按照单位时间和单位面积消耗的能量计算,城市是地球上功率密度最高的环境。例如,曼哈顿的一个典型街区每年以每平方米 1 000 千瓦时的速度消耗能源。以物理单位计算,其功率密度超过每平方米 100 瓦。鉴于目前的技术条件,我们从太阳获得的单位面积能量流还不足以维持这一功率密度。这意味着如果过渡到可再生能源,大城市将继续不得不进口相当一部分电力(参见图 10.1)。

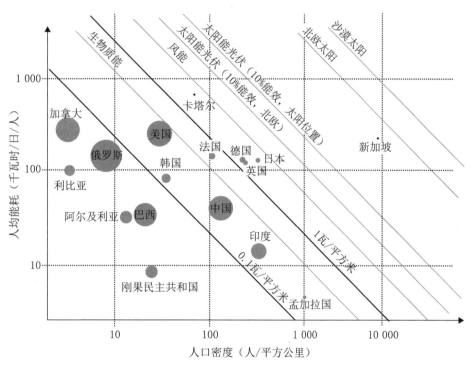

注:目前大城市的太阳能生产密度通常低于电力消耗密度,这意味着它们必须从郊区和农村地区输入至少一部分电力。

资料来源:改编自 David J. C. MacKay, www.withouthotair.com。

图 10.1 选定经济体的人均能源消耗功率密度与人口密度

其次,由于城市的用电量如此之高,因此提高能效的空间也很大。我们已经在第 3 章中看到,建筑物的形状和材料对用电量有很大影响。从理论上看,交通运输应当是我们的主要关注点之一,在这一领域,电气化可以大幅提高能源利用效率。[5]

可再生能源发电已经成为主流能源系统的一部分,因为它的成本越来越低。例如,自 2012 年以来,太阳能板的发电价格下降了至原先的 1/7(从每兆瓦时 350 美元降至 50 美元),在许多阳光充足的地区已经比化石燃料还便宜了。当然,储能技术仍有待提高,而且各种补贴(尤其是对化石燃料的补贴)以及技术和金融方面的"惯性"也使情况变得复杂。

如果我们大胆地将这些趋势推向未来,假设能源变得几乎免费和清洁,那么城市会有什么样的变化呢? 第一,回到我们反复提到的主题,这将使城市中所有过程的成本都更加低廉,从而创造出新的储蓄和再投资机会,继而促进知识创新和经济增长。第二,这应该使我们能够回收利用几乎所有的物质,让经济更加循环。[6]因为根据基本的热力学原理,这只需要以消耗更多能源为代价。第三,预测未来在哪里生产以及如何生产大量新的可再生能源非常重要。在许多城市地区,低密度郊区的每栋建筑都有可能为中央商务区提供电力,这是一个切实可行的前景。那么,能源生产和消费的循环就可以在许多大都市地区内部实现。如果这些趋势与城市地区内更加循环的农业生产以及物质流动相结合,那么人类活动对自然环境的影响就可以被控制在相对较小的城市范围内。这些趋势可能有利于自然环境,减少人类的生态足迹,并使得目前许多土地重新被森林覆盖。但这些趋势也将使城市体系完全失去平衡,让大城市更加自给自足,使小城镇作为专门从事初级生产和制造业人口中心而存在的经济理由不复存在。

10.2.5 全球可持续发展目标

我们刚才讨论的所有主要挑战都指向了一个宏伟的目标,那就是创造一个公平、环境友好和开放的全球发展进程。这也是城市科学的实践目标[7],它需要跨学科知识的融合,使人文科学、社会科学、生态学和进化学、物理学和工程学协同创新。在本书的最后,我希望我的读者能够相信,这些目标并不是空想,而是基于本书中分析和阐述过程所作出的合理推断。

目前,国际社会已经达成了一系列目标和政策框架[8],目标是在未来几十年内实现全球可持续发展,并在 2030 年之前取得关键性进展。世界各地的城市都在积极行动,很多都制定了比国际标准更高的目标。例如,世界上 30 个最大的城市刚刚宣布它们已经实现了"碳达峰"。[9] 当然,仍然存在许多挑战,特别在那些新兴的超巨型城市及其快速发展地区的同类城市。但如果你能在纽约市、伦敦、巴黎、东京或者上海实现这一目标,你也可以在任何地方实现这一目标。

城市中的政治动荡、拥堵、污染,有时甚至是冲突,虽然让我们心生忧虑,但也是城市化进程中不可避免的挑战。只要城市发挥其潜能,这些挑战都有可能被克服、缓解,甚至是消除。解决问题需要我们有勇气,有乐观和协作的精神,提出新的知识和新的行动方式。创造一个更公正、更可持续、能够激发和满足人类想象力和福祉的世界并不容易,但这正是城市存在的意义!

注释

[1] Bettencourt, "The Uses of Big Data in Cities".

[2] Sen, *Development as Freedom*; Sen, *Commodities and Capabilities*.

[3] Smith and Krueger, *The Wealth of Nations*; Hidalgo and Hausmann, "The Building Blocks of Economic Complexity".

[4] Turner, *Housing by People*.

[5] Romero Lankao et al., "Urban Electrification".

[6] World Economic Forum, "The Circular Economy Could Save Life on Earth—Starting with Cities".

[7] Waldrop, "The Quest for the Sustainable City".

[8] United Nations, *Sustainable Development Goals*.

[9] Poon, "Carbon Emissions Are Already Falling in 30 Cities".

附录 A　中心-外围模型的推导背景

A.1　替代弹性

方程式(2.4)形式的函数是效用函数家族的成员,称为"常数替代弹性函数"(CES 函数)。肯·阿罗(Ken Arrow)及其合作者[1]在一篇著名论文中介绍了该函数,描述了一种商品的消费如何被另一种商品替代。我们已经提到,参数 σ_S 测量替代弹性,但没有证明。为了完整起见,我们在这里提供标准推导过程。两个产品 i 和 j 的替代弹性由双对数导数进行数学定义:

$$\sigma_S = \frac{\mathrm{d}\ln \dfrac{q_i}{q_j}}{\mathrm{d}\ln \dfrac{\mathrm{d}U}{\mathrm{d}q_j} \bigg/ \dfrac{\mathrm{d}U}{\mathrm{d}q_i}} \tag{A.1}$$

在经济学术语中,商品 i 的消费量 q_i 所产生效用的导数 $\dfrac{\mathrm{d}U}{\mathrm{d}q_i}$ 称为"边际效用"(边际＝导数)。指标 $\dfrac{\mathrm{d}U}{\mathrm{d}q_j} \bigg/ \dfrac{\mathrm{d}U}{\mathrm{d}q_i}$ 被称为 i 与 j 的"边际替代率"。它用来测量用消费一种产品替代另一种产品的效用变化比率。从方程式(2.6)开始,计算过程虽然直白但是很烦琐。最好的方式是用对数导数表示边际效用:

$$\frac{\mathrm{d}U}{\mathrm{d}q_i} = \frac{q_i}{U} \frac{\mathrm{d}\ln U}{\mathrm{d}\ln q_i} \to \frac{\dfrac{\mathrm{d}U}{\mathrm{d}q_j}}{\dfrac{\mathrm{d}U}{\mathrm{d}q_i}} = \left(\frac{q_i}{q_j}\right)^{\left(1 - \frac{\sigma_S - 1}{\sigma_S}\right)} \tag{A.2}$$

将其代入替代弹性方程式(A.1),我们得到:

$$\sigma_S = \frac{\mathrm{dln}\dfrac{q_i}{q_j}}{\mathrm{dln}\left(\dfrac{q_i}{q_j}\right)^{\frac{1}{\sigma_S}}} \tag{A.3}$$

这正是我们想要的结果。

A.2 价格与消费之间的关系

某种商品 q 的价格 p，可以通过求导从效用函数中获得，因为在 $p = \dfrac{\mathrm{d}U}{\mathrm{d}q}$ 的意义上它们是共轭变量。使用效用函数的特定形式：

$$c_M = \Big[\sum_{i=1}^{n_M} q_i^{(\sigma_S-1)/\sigma_S}\Big]^{\sigma_S/(\sigma_S-1)} \tag{A.4}$$

得到：

$$p_i = c_M^{\frac{1}{\sigma_S}} q_i^{-\frac{1}{\sigma_S}} \rightarrow q_i = p_i^{-\sigma_S} c_M \sim p_i^{-\sigma_S} \tag{A.5}$$

这意味着 $\dfrac{q_i}{q_j} = \left(\dfrac{p_i}{p_j}\right)^{\sigma_S}$。以此表达式替代 c_M 中的 q_i，并得出 j 中未求和的项，从而得出：

$$q_i = \frac{p_i^{-\sigma_S}}{\Big[\sum_{j=1}^{n_M} p_j^{1-\sigma_S}\Big]^{\sigma_S/(\sigma_S-1)}} c_M \tag{A.6}$$

将此表达式用于产品总消费：

$$\sum_{i=1}^{n_M} q_i p_i = \Big[\sum_{i=1}^{n_M} p_i^{1-\sigma_S}\Big]^{\frac{1}{\sigma_S-1}} c_M \tag{A.7}$$

建议我们将价格指数定义为：

$$\bar{p} = \Big[\sum_{i=1}^{n_M} p_i^{1-\sigma_S}\Big]^{\frac{1}{1-\sigma_S}} \tag{A.8}$$

因为它规范了以效用为单位的支出。当我们考虑两个区域间的交通成本时，括号内的总和有两个部分，其中一个是本地市场产品，另一个是受交通成本影响的输入产品。为方便起见，用工资来表示价格，可得出区域特定的成本指数：

$$\bar{p}_1 = \left[f_1 y_{w_1}^{1-\sigma_S} + (1-f_1) \left(\frac{y_{w_2}}{\tau} \right)^{1-\sigma_S} \right]^{1/(1-\sigma_S)}$$

$$\bar{p}_2 = \left[f_1 \left(\frac{y_{w_1}}{\tau} \right)^{1-\sigma_S} + (1-f_1) y_{w_2}^{1-\sigma_S} \right]^{1/(1-\sigma_S)}$$

(A.9)

这表明在劳动力稀少、大部分产品依赖输入的地区，其"生活成本"较高，实际工资较低。

A.3 企业行为及价格与工资的关系

假设企业生产的产品对应的劳动力投入为 $l_b = F_b + cq_M$。这意味着劳动力投入包含两部分，其中一部分是固定投入 F_b，另一部分与产品数量成比例。

那么，如果只考虑生产消耗的劳动力成本，制造企业的利润（π_M）为：

$$\pi_M = pq - l_b y_w = pq - (F_b + cq) y_w \tag{A.10}$$

最大化这些成本可以得出价格：

$$\frac{\mathrm{d}\pi_M}{\mathrm{d}q} = \frac{\mathrm{d}p}{\mathrm{d}q} q + p + cy_w = 0 \tag{A.11}$$

回到 $p \propto q^{-1/\sigma_S}$，$\frac{\mathrm{d}p}{\mathrm{d}q} = -\frac{1}{\sigma_S} \frac{p}{q}$，这意味着价格为：

$$p = \frac{c}{1 - 1/\sigma_S} y_w \tag{A.12}$$

这表明企业与消费者行为之间彼此协调使价格与工资成比例。由于完全竞争市场的长期利润为 0，假设企业在利润归零之前一直在发展，我们还可以将企业的产出表示为：

$$q = \frac{F_b}{c}(\sigma_S - 1) \tag{A.13}$$

相关的劳动力投入为 $l_b = F_b \sigma_S$。注意产量和劳动力投入是如何独立于价格的。因此，对于中心-外围模型中的两个区域，我们可以说 $\frac{p_1}{p_2} = \frac{y_{w_1}}{y_{w_2}}$。由于 $q_1 = q_2 = \frac{F_b}{c}(\sigma_S - 1)$ 以及 $l_{b1} = l_{b2} = F_b \sigma_S$，两个区域的产量和劳动力投入是相同的。这意味着每个区域每家公司的产出是相同的。假设每个公司生产不同的商品，这也意味着每个区域的总劳动力与公司和产品的数量成比例，也就是说 $\frac{N_{M1}}{N_{M2}} = \frac{n_{M1}}{n_{M2}}$。

A.4　方程组和数值解

通过求解两个耦合的非线性方程组，可以求出具有两个区域的中心-外围模型的解：

$$y_{w_1} = \left[y_1 \ \bar{p}_1^{\sigma_S - 1} + y_2 \ \bar{p}_2^{\sigma_S - 1} \tau^{\sigma_S - 1} \right]^{\frac{1}{\sigma_S}}, \ y_{w_2} = \left[y_1 \ \bar{p}_1^{\sigma_S - 1} \tau^{\sigma_S - 1} + y_2 \ \bar{p}_2^{\sigma_S - 1} \right]^{\frac{1}{\sigma_S}} \tag{A.14}$$

两个区域的名义工资和模型参数的函数 y_i 和 $\bar{p}_i$ 如下：

$$y_1 = n_{MF} f_1 y_{w_1} + \frac{1 - n_{MF}}{2}, \ y_2 = n_{MF}(1 - f_1) y_{w_2} + \frac{1 - n_{MF}}{2}$$

$$\bar{p}_1 = \left[f_1 y_{w_1}^{1-\sigma_S} + (1 - f_1) \left(\frac{y_{w_2}}{\tau} \right)^{1-\sigma_S} \right]^{\frac{1}{1-\sigma_S}}$$

$$\bar{p}_2 = \left[f_1 \left(\frac{y_{w_1}}{\tau} \right)^{1-\sigma_S} + (1 - f_1) y_{w_2}^{1-\sigma_S} \right]^{\frac{1}{1-\sigma_S}} \tag{A.15}$$

有了 y_{w_1} 和 y_{w_2} 的解，我们可以评估实际工资：

$$y_{\omega_1} = y_{w_1} \bar{p}_1^{-n_{MF}} \ , \ y_{\omega_2} = y_{\omega_2} \bar{p}_2^{-n_{MF}} \tag{A.16}$$

并将其差值绘制为模型参数 f_1、σ_S、n_{MF}、$T = 1/\tau$ 的函数。

注释

[1] Arrow et al., "Capital-Labor Substitution and Economic Efficiency".

附录 B 城市经济学模型

我们已经知道城市经济学模型的结构包含五组不同的关系：

1. 商品消费 c 和住房消费 a_f 的效用函数 $U(c, a_f)$；

2. 住房开发商的生产函数 $A_H(a_l, K_P)$；

3. 每个家庭的预算条件 $y = p_f a_f + c_{T_0} R + c$；

4. 城市边缘处的边界条件 $p_l(R_{max}, y, c_{T_0}, U) = p_{l_r}$；

5. 人口计算规则 $2\pi \int_0^{R_{max}} \mathrm{d}R R n_A(R) = N$ 和面积计算规则 $A = \pi R_{max}^2$。

总体思路很直接也很乏味。为了推导出城市的特性，我们需要最大化住房建筑面积 a_f 所对应的效用函数。该效用函数是关于消费和住房面积的增长函数，但它具有下凹性，这意味着它对消费和住房面积的二阶导数均为负值。我们利用预算条件 $c = y - p_f a_f - c_{T_0} R$，将商品消费 c 从效用函数中消去。开发商的生产函数和零利润假设将住房消费量和价格与土地和资本价格联系在一起。在边界条件和人口总量约束下，我们可以进行变量替换，并考虑人口规模和农业土地租金对结果的影响。

我们现在需要知道城市面积或是其等效半径 R_{max} 与其他给定的外生变 N、p_{l_r}、y 和 c_{T_0} 之间的关系。主要困难在于，在封闭城市情况下，效用最大值会发生变化，并导致其他利益的变化。在开放城市情况下，我们假设人口处于平衡状态，即城市之间的净迁移为 0，这意味着所有城市都具有相同的效用水平 U，但其他外生变量可能会引起它们的人口变化。因此，开放城市模型的外生变量为 U、p_{l_r}、y 和 c_{T_0}。

B.1 封闭城市

我们先考虑封闭城市的情况：有给定的人口，但效用各不相同。要了解这些假设的含义，需要两个预先步骤。首先，回顾方程式(2.28)可以计算出地租随各种参数的变化，$\dfrac{\mathrm{d}p_l}{\mathrm{d}\phi_e} = A_H \dfrac{\mathrm{d}p_f}{\mathrm{d}\phi_e}$，其中外生参数 $\phi_e = R$、c_{T_0}、y、U，正文部分已经给出 p_f 的具体推导过程：

$$
\frac{\mathrm{d}p_l}{\mathrm{d}R} = -a_H \frac{c_{T_0}}{a_f} < 0, \quad \frac{\mathrm{d}p_l}{\mathrm{d}y} = \frac{a_H}{a_f} > 0,
$$
$$
\frac{\mathrm{d}p_l}{\mathrm{d}c_{T_0}} = -a_H \frac{R}{a_f} < 0, \quad \frac{\mathrm{d}p_l}{\mathrm{d}U} = -a_H \frac{1}{a_f} \frac{1}{\frac{\mathrm{d}U}{\mathrm{d}c}} < 0 \tag{B.1}
$$

该模型中的人口密度为 $n_A = \dfrac{a_H}{a_f} = \dfrac{1}{c_{T_0}} \dfrac{\mathrm{d}p_l}{\mathrm{d}R}$。我们可以整合人口求和规则：

$$
N = 2\pi \int_0^{R_{max}} \mathrm{d}R R n_A(R) = -\frac{2\pi}{c_{T_0}} \int_0^{R_{max}} \mathrm{d}R R \frac{\mathrm{d}p_l}{\mathrm{d}R} = \frac{2\pi}{c_{T_0}} \left(\int_0^{R_{max}} \mathrm{d}R p_l - R_{max} p_{l_r} \right) \tag{B.2}
$$

其中我们还间接用到了面积计算规则。现在我们可以区分不同约束，以显示各种量对外生量的依赖性。我们将它们取为 $\phi_e = N$、p_{l_r}、y、c_{T_0}。由此得出：

$$
\int_0^{R_{max}} \mathrm{d}R \left[\frac{\mathrm{d}p_l}{\mathrm{d}\phi_e} + \frac{\mathrm{d}p_l}{\mathrm{d}U} \frac{\mathrm{d}U}{\mathrm{d}\phi_e} \right] = \frac{1}{\pi} \left(c_{T_0} \frac{\mathrm{d}N}{\mathrm{d}\phi_e} + N \frac{\mathrm{d}c_{T_0}}{\mathrm{d}\phi_e} \right) + \frac{\mathrm{d}p_{l_r}}{\mathrm{d}\phi_e} R_{max} \tag{B.3}
$$

由于效用是城市的全局变量，与到中央商务区的距离 R 无关，所以我们可以将其从积分中去掉并重新排列项：

$$
\frac{\mathrm{d}U}{\mathrm{d}\phi_e} = \frac{\frac{1}{\pi} \left(c_{T_0} \frac{\mathrm{d}N}{\mathrm{d}\phi_e} + N \frac{\mathrm{d}c_{T_0}}{\mathrm{d}\phi_e} \right) + \frac{\mathrm{d}p_{l_r}}{\mathrm{d}\phi_e} R_{max} - \int_0^{R_{max}} \mathrm{d}R \frac{\mathrm{d}p_l}{\mathrm{d}\phi_e}}{\int_0^{R_{max}} \mathrm{d}R \frac{\mathrm{d}p_l}{\mathrm{d}U}} \tag{B.4}
$$

根据之前已经推导出的土地租金变化关系,分母为负值。例如,这表明:

$$\frac{\mathrm{d}U}{\mathrm{d}N} = \frac{c_{T_0}}{\pi} \frac{1}{\int_0^{R_{max}} \mathrm{d}R \frac{\mathrm{d}p_l}{\mathrm{d}U}} < 0 \tag{B.5}$$

因此,在这个模型中,人口增加会导致幸福感(效用)降低。类似分析可以得出其他变化的影响。注意,由于外生变量间是彼此独立的,它们的相对导数为零,并且 $\frac{\mathrm{d}p_l}{\mathrm{d}p_{l_r}} = \frac{\mathrm{d}p_l}{\mathrm{d}N} = 0$,我们可以得出相关信号:

$$\frac{\mathrm{d}U}{\mathrm{d}N} < 0, \ \frac{\mathrm{d}U}{\mathrm{d}p_{l_r}} < 0, \ \frac{\mathrm{d}U}{\mathrm{d}y} > 0, \ \frac{\mathrm{d}U}{\mathrm{d}c_{T_0}} < 0 \tag{B.6}$$

这完全在我们的预料之中。在收入固定的情况下,人口、边缘处土地价格和交通成本的增加都会减少人们用于商品和土地消费的预算,从而降低他们的幸福感。在其他条件不变的情况下,增加收入产生的效果截然相反。我们现在有了计算 R_{max}(以及相应的城市面积变化)与外生变量变化的必要关系。为此,我们对城市边缘的边界条件进行求导,得到:

$$\frac{\mathrm{d}p_l}{\mathrm{d}R} \frac{\mathrm{d}R}{\mathrm{d}\phi_e} + \frac{\mathrm{d}p_l}{\mathrm{d}U} \frac{\mathrm{d}U}{\mathrm{d}\phi_e} + \frac{\mathrm{d}p_l}{\mathrm{d}\phi_e} = \frac{\mathrm{d}p_{l_r}}{\mathrm{d}\phi_e} \tag{B.7}$$

这显示了效用变化是如何起作用的。我们可以继续写出:

$$\frac{\mathrm{d}R}{\mathrm{d}\phi_e}\bigg|_{R=R_{max}} = \frac{\frac{\mathrm{d}p_{l_r}}{\mathrm{d}\phi_e} - \frac{\mathrm{d}p_l}{\mathrm{d}U} \frac{\mathrm{d}U}{\mathrm{d}\phi_e} - \frac{\mathrm{d}p_l}{\mathrm{d}\phi_e}}{\frac{\mathrm{d}p_l}{\mathrm{d}R}} = -\frac{a_f}{c_{T_0} a_H}\left(\frac{\mathrm{d}p_{l_r}}{\mathrm{d}\phi_e} - \frac{\mathrm{d}p_l}{\mathrm{d}U} \frac{\mathrm{d}U}{\mathrm{d}\phi_e} - \frac{\mathrm{d}p_l}{\mathrm{d}\phi_e}\right)\bigg|_{R=R_{max}}$$

$$\tag{B.8}$$

例如为了知道人口规模的影响,我们可以取 $\phi_e = N$ 得出:

$$\frac{\mathrm{d}R_{max}}{\mathrm{d}N} = -\frac{a_f}{c_{T_0} a_H}\left(\frac{\mathrm{d}p_{l_r}}{\mathrm{d}N} - \frac{\mathrm{d}p_l}{\mathrm{d}U} \frac{\mathrm{d}U}{\mathrm{d}N} - \frac{\mathrm{d}p_l}{\mathrm{d}N}\right)\bigg|_{R=R_{max}} \tag{B.9}$$

由于 $\frac{\mathrm{d}p_l}{\mathrm{d}N} = \frac{\mathrm{d}p_l}{\mathrm{d}N}\bigg|_{R=R_{max}} = 0$,我们可以得到: $\tag{B.10}$

$$\frac{dR_{max}}{dN} = \frac{a_f}{c_{T_0} a_H} \left(\frac{dp_l}{dU} \frac{dU}{dN} \right) \Bigg|_{R=R_{max}} = -\frac{1}{\pi \frac{dU}{dc} \int_0^{R_{max}} dR \frac{dp_l}{dU}} > 0 \quad \text{(B.11)}$$

因此,城市的半径和占地总面积都会随着城市人口规模的增加而增加。但具体的增加方式并不一定,取决于选择哪种效用函数。我们经常发现城市总面积与人口规模有幂律关系:$A = A_0 N^\alpha \rightarrow R_{max} \sim N^{\alpha/2}$。由此我们可以推导出关系:

$$\frac{dR_{max}}{dN} = \frac{\alpha}{2} \frac{N}{R_{max}} = -\frac{1}{\pi \frac{dU}{dc} \int_0^{R_{max}} dR \frac{dp_l}{dU}} \quad \text{(B.12)}$$

从表面上看,这将对效用函数空间提供约束。我们也可以通过类似方法得出城市空间范围与其他外生参数的关系。得出相关信号为:

$$\frac{dR_{max}}{dp_{l_r}} < 0, \ \frac{dR_{max}}{dy} > 0, \ \frac{dR_{max}}{c_{T_0}} < 0 \quad \text{(B.13)}$$

这些结果很容易理解:较高的土地价格或者交通成本更高,会降低用于土地的消费,城市空间就会更小;当收入变高,人们就负担得起更多的土地,城市也会扩张。

B.2 开放城市

这里的计算过程类似,但更简单,因为我们可以去除效用变化。对于城市半径,我们得到:

$$\frac{dR}{d\phi_e} \Bigg|_{R=R_{max}} = \frac{\frac{dp_{l_r}}{d\phi_e} - \frac{dp_l}{d\phi_e}}{\frac{dp_l}{dR}} = -\frac{a_f}{c_{T_0} a_H} \left(\frac{dp_{l_r}}{d\phi_e} - \frac{dp_l}{d\phi_e} \right) \Bigg|_{R=R_{max}} \quad \text{(B.14)}$$

因此:

$$\frac{\mathrm{d}R_{max}}{\mathrm{d}p_{l_r}} = -\frac{a_f}{c_{T_0}a_H} < 0, \quad \frac{\mathrm{d}R_{max}}{\mathrm{d}N} = \frac{a_f}{c_{T_0}a_H}\frac{\mathrm{d}p_l}{\mathrm{d}N} = 0$$

$$\frac{\mathrm{d}R_{max}}{\mathrm{d}y} = \frac{a_f}{c_{T_0}a_H}\frac{\mathrm{d}p_l}{\mathrm{d}y} = \frac{1}{c_{T_0}} > 0, \quad \frac{\mathrm{d}R_{max}}{\mathrm{d}c_{T_0}} = \frac{a_f}{c_{T_0}a_H}\frac{\mathrm{d}p_l}{\mathrm{d}c_{T_0}} = -\frac{R_{max}}{c_{T_0}} < 0$$

$$(B.15)$$

以上所有表达式评估的都是城市边缘处的情况。有关这些结果的含义,请参阅正文。我们完全有可能对 R_{max} 进行求解,对每个方程进行积分可以得到:

$$R_{max} = -\frac{a_f}{c_{T_0}a_H}p_{l_r} + c_0(y, c_{T_0}, N), \quad R_{max} = c_0'(y, c_{T_0}, p_{l_r})$$

$$(B.16)$$

$$R_{max} = \frac{y}{c_{T_0}} + c_0''(c_{T_0}, N, p_{l_r}), \quad R_{max} = \frac{c(y, N, p_{lr}, c_{T_0}=0)}{c_{T_0}}$$

其中各种形式的 c_0 是核心变量上的积分常数。调和积分的所有常数可以得出一个唯一的形式,并给出:

$$R_{max} = \frac{\left(y - \frac{p_{lr}a_f}{a_H}\right)}{c_{T_0}}$$

$$(B.17)$$

这只是对简单的阿隆索模型结果的改进,我们考虑了城市边缘处的土地价格以及消费的面积。由于 $\frac{a_f}{a_H}(R_{max}) = \frac{1}{n_A(R_{max})}$,括号中的第二个项代表 $R = R_{max}$ 处的人均住房消费。

附录 C　信息理论与学习

书中很多地方使用了测度信息的量。这里我们简要总结一下这些量的特征。有兴趣进一步了解这一主题的读者可以参考相关的优秀教科书,如科韦尔和托马斯[1]以及麦凯[2]的著作。城市研究的不同领域都能用到信息理论,包括可搜索性(第 3 章)、多样性(第 5 章)、邻里效应(第 6 章)、移民偏好(第 8 章),以及学习和投资于能够创造财富的机会(第 9 章)。

任何对信息的测量都是从概率分布 $P(y_i)$ 开始的,其中 i 标记的是不同替代选择或不同可能性的空间。我们已经看到,空间 y_i 可以代表很多不同的事物,从空间路线到人口类型,再到居住和资源的分配选择。在这个意义上,概率被归一化了,$\sum_i P(y_i)=1$。对于单个随机变量,信息理论的中心量是香农熵:

$$H(y)=-\sum_i P(y_i)\log P(y_i)=\langle \log 1/P(y_i)\rangle \geqslant 0 \qquad (C.1)$$

这个量是 $1/P(y_i)$ 的平均值,这有时被称为"惊喜"(surprise)。熵测度的是变量 y_i 状态下的总体不确定性(或多样性)。它通常以比特(使用对数底 2)为单位进行测度。比特是替代性选择("是/否")的单位。

如果 y_i 的状态是确定的,例如 $P(y_0)=1$,那么 $H(y)=0$。相反,如果状态分布范围达到最广,熵也最大,在没有进一步约束的情况下,这通常意味着均匀分布,对于所有 i,都有 $P(y_i)=1/N$,$H(y)=\sum_{i=1}^{N}\frac{1}{N}\log N=\log N$。香农熵是唯一符合这些性质的函数,并允许在我们在第 6 章和第 9 章中涉及的条件[3]下进行概率的多级递归,例如群体中的群体。这也是香农将其单独用于描述复杂信号的原因。[4]

但人们经常认为香农熵还不够基本,因为它存在归一化问题,如果我们更精细地计算 y_i 中的类型,通常会生成更高的 $H(y)$ 值。正如我们在第 5 章中看到的,借助分类来测度多样性的方法普遍存在这个问题。从这个意义上说,任何信息的度量总是相对于某种标准分布。

这个问题可以通过引入相对熵(或 KL 散度)D_{KL}和互信息 I 来解决。当我们比较两个(或更多)分布时,这两个量都会出现。KL 散度由下式给出:

$$D_{KL}\big[P \parallel P'\big] = \sum_i P(y_i)\log \frac{P(y_i)}{P'(y_i)} \geqslant 0 \tag{C.2}$$

其中,$P'(y_i)$和$P(y_i)$是可能性状态 y_i 上的两个不同分布。当这两个分布重合时,KL 散度会消失,否则为正;两个分布之间的差异越大,KL 散度越大。这个量非常通用,是信息论中表达任何两种分布之间差异大小的主要工具。最后,互信息或简单的信息由下式给出:

$$I(x;y) = \sum_{i,j} P(x_i,y_j)\log \frac{P(x_i,y_j)}{P(x_i)P(y_j)} = D_{KL}\big[P(x,y) \parallel P(x)P(y)\big] \geqslant 0 \tag{C.3}$$

这个量测度的是两个变量 x_i 和 y_j 在统计上的依赖性,即一个变量对另一个变量的预测能力。如果这两个变量在统计上是独立的,则信息消失,这意味着 $P(x_i,y_j) = P(x_i)P(y_j)$。在这种情况下,它们彼此无法预测。相对于两个变量之间存在相关性,"非零信息"是一个更强的条件,因为它涉及整个分布,而不仅仅是二阶矩(协方差)。

条件分布有很多有趣而重要的关系,典型学习过程跟随贝叶斯定理:

$$P(y_j|x_i) = \frac{P(x_i|y_j)}{P(x_j)}P(y_i) = \frac{w_{ij}}{w_i}P(y_j) \tag{C.4}$$

在给定新数据 x 的情况下,这是更新我们对 y 分布的知识的最佳方式。

特别是,我们可以写出选择系数(selection coefficient)或者说适合度(fitness)为:

$$\log \frac{w_{ij}}{w_j} = \log \frac{P(x_i|y_j)}{P(x_i)} = \log \frac{P(y_j|x_i)}{P(y_j)} = \log \frac{P(x_i,y_j)}{P(x_i)P(y_j)} \tag{C.5}$$

这表明:

$$D_{KL}\big[P(x_i \mid y_j) \parallel P(x_i)\big] = \sum_i P(x_i \mid y_j)\log\frac{P(x_i \mid y_j)}{P(x_i)} \qquad (C.6)$$

$$D_{KL}\big[P(y \mid x_i) \parallel P(y)\big] = \sum_j P(y_j \mid x_i)\log\frac{P(y_j \mid x_i)}{P(y_j)} \qquad (C.7)$$

以及：

$$I(x\,;\,y) = \sum_{i,j} P(x_i,\,y_j)\log\frac{P(x_i,\,y_j)}{P(x_i)P(y_j)} = \sum_i P(x_i)D_{KL}\big[P(y \mid x_i \parallel P(y)\big]$$

$$= \sum_j P(y_j)D_{KL}\big[P(x \mid y_j) \parallel P(x)\big]$$

$$(C.8)$$

这些量表示排序或选择的强度，并以信息单位比特测度了我们对环境状态的预测信息的质量。

注释

[1] Cover and Thomas，"Information Theory and Statistics".

[2] MacKay，*Information Theory，Inference，and Learning Algorithms.*

[3] Shannon and Weaver，*The Mathematical Theory of Communication.*

[4] Shannon and Weaver，*The Mathematical Theory of Communication.*

附录 D　人口学遍历定理概述

人口学的遍历定理表达了人口动态随着时间的推移变得独立于初始条件的渐近趋势。这些定理依赖于以方程式(8.12—8.14)形式写出人口动态,以及矩阵 e(即环境)的性质。根据卡斯韦尔[1]的思想,四个遍历定理分布如下。

1. 强遍历定理:当环境 e 不随时间变化,任何初始人口向量都收敛于由 e 的主导特征向量给出的固定的稳态结构。如果 e 是一个强连通的本原图(primitive graph),这一点毫无疑问,比如城市之间的迁移流,任何城市都能够通过有限的中间步骤到达其他任何城市。主导特征向量相当于城市体系中的影响力排名(Page-Rank),并且该向量的收敛性由二次特征值与主导特征值的比率给出。

2. 弱遍历定理:如果两组初始人口暴露在相同的动态环境序列 e 中,那么它们的结构向量之间的差异(相对人口规模)将衰减为 0。

3. 强随机遍历定理:在齐次(即与时间无关)随机环境中,结构向量是一个随机变量,其概率分布收敛于固定的稳态分布,与初始条件无关。

4. 弱随机遍历定理:在非均匀随机环境 e 中,暴露于随机环境中独立样本路径的任意两组初始人口,其所产生的结构向量的概率分布之差将会衰减为 0。

在每种情况下,定理都需要环境序列——矩阵 $e(t)$ 的限制条件。在确定性强遍历定理中,矩阵必须是本原矩阵。在变化环境的遍历定理中,矩阵集必须满足的条件是,确保足够长的序列(许多瞬时矩阵的乘积)能成为正矩阵。对这些结果的警告是,环境矩阵通常取决于结构向量 n,这使得问题具有非线性。在本书讨论的案例中,我们已经表明这些非线性并不是特别重要,并且它们的影响在接近渐近状态时会消失,此时 n 的变化很小。尽管如此,据我所知,如何使这些观察更加严格仍然是一个悬而未决的问题。数值解在复杂情况下也提供了替代方法。

注释

[1] Caswell, *Matrix Population Models*.

附录 E　几何随机增长的一般概率解

几何随机增长的福克-普朗克方程(Fokker-Planck equation)是：

$$\frac{\mathrm{d}P}{\mathrm{d}t} = \frac{\sigma_n^2}{2}\frac{\mathrm{d}^2}{\mathrm{d}n^2}n^2 P \tag{E.1}$$

其中，$P = [n, t | n_0, t_0]$ 是在时刻 t 观察随机变量的状态 n 的条件概率，初始时刻 t_0 的初始状态为 n_0。

这个方程与物理学中的热传导方程(或扩散方程)有一定相似性，也可以用类似的熟悉方法来求解。首先，我们需要改变变量以消除 n^2 中的非线性项。

我们引入 $y = \ln\dfrac{n}{n_0}$ 和 $\tau = \dfrac{\sigma_n^2}{2}(t - t_0)$，改变变量并得到：

$$\frac{\mathrm{d}P}{\mathrm{d}\tau} = P'' + 3P' + P \tag{E.2}$$

其中，撇号表示相对于 y 的导数。现在方程是线性的。我们可以用两种方法来处理。一种方法是通过因子分解将方程转化为众所周知的热传导方程：

$$P = e^{-\frac{3}{2}y - \frac{1}{4}\tau}g(y, \tau) \rightarrow \frac{\mathrm{d}g}{\mathrm{d}\tau} = g'' \tag{E.3}$$

然后用标准方法求解 g 的方程。另一种方法是通过 y 中的傅立叶变换直接求解 $P[y, \tau]$，因此：

$$P[y, \tau] = \int \mathrm{d}k\, e^{iky} P[k, \tau] \tag{E.4}$$

其中 k 为傅里叶变量(非连通性)，从而得出：

$$\frac{\mathrm{d}P[k, \tau]}{\mathrm{d}\tau} = (-k^2 + 3ik + 2)P[k, \tau] \tag{E.5}$$

这个方程现在可以通过变量分离来求解，$P[k,\tau]=f(k)T(\tau)$，变成一个特征值问题：

$$\frac{\mathrm{d}T}{\mathrm{d}\tau}=-wT;\ (-k^2+3ik+2)f(k)=-wf(k) \tag{E.6}$$

解出方程式(E.6)的 k 值为：

$$k=\frac{3}{2}i\pm\frac{1}{2}i\sqrt{1+4w} \tag{E.7}$$

特别是存在 $k=2i$，i 两个稳定解（$w=0$）。将其代入方程式(E.4)，我们看到第一个解对应于 $P\sim e^{-2y}\sim\frac{1}{n^2}$，这显然为齐普夫分布。另一个解对应于城市上下等级间存在稳定概率的流，如正文中的方程式(8.27)所述。如果存在某些系统性的人口流动，这个解就能很好地解释，例如，大量外国移民先进入大城市再逐渐扩散到越来越小的城镇（图8.14）。

E.1 特殊初始条件和边界条件的对数正态解

正如我们已经看到的，概率的一般解可以写作：

$$P[y,\tau]=\int\mathrm{d}k\,P[k,0]e^{iky-(k^2-3ik-2)\tau} \tag{E.8}$$

其中 $P[k,0]=T(0)f(k)$。如果初始概率是德尔塔函数 $P[y,0]=\delta(y)$，这对应于 $N(t=0)=N_T$ 的情况，这种情况的解特别重要。那么，$P[k,0]=1$，并且所有时间的解都是：

$$P[y,\tau]=\int\mathrm{d}k\,e^{iky-(k^2-3ik-2)\tau}=\frac{e^{-y}}{\sqrt{2\pi\tau}}e^{-\frac{(y+\tau)2}{4\tau}} \tag{E.9}$$

（练习：通过完成 k 中的平方，执行高斯积分，并通过再次完成新的平方将 τ 的因子吸收回指数，从而获得此解。）

回到我们的原始变量，将这个解转换为更熟悉的形式：

$$P[n, t \mid n_0, t_0] = \frac{n_0}{n} \frac{1}{\sqrt{\pi \sigma_n^2 (t - t_0)}} e^{-\frac{\left(\ln\frac{n}{n_0} + \frac{\sigma_n^2}{2}(t - t_0)\right)^2}{2\sigma_n^2(t - t_0)}} \qquad \text{(E.10)}$$

这是几何布朗运动的对数正态解。然而请注意,除非我们从给定初始规模的单个城市的全体人口开始,这个解通常很难得出。

E.2 齐普夫分布的完全解及其收敛性

现在让我们反思一下,对于城市人口增长来说,对数正态解是不自然的。它要求我们从一个城市的全体人口开始,它还要求我们不限制城市有多大或者多小。这意味着当我们观察城市规模范围的任何子集时,人口会不断流失到初始范围之外的大城市和小城市。无论选择的范围如何,这种情况最终都会发生,因此分布永远不会稳定。

因此,为了解决这个问题并在长时间内获得平稳分布,我们必须求解附加约束条件下的几何随机增长。为了更清楚地看到这一点,我们需要思考完整动态的解,该解可以用变量 y 写作:

$$P[y, \tau] = P_1 e^{-2y} + P_2 e^{-y} + \int dk a_k e^{iky - (k^2 - 3ik - 2)\tau} \qquad \text{(E.11)}$$

我们需要以下附加条件:

- 当我们将概率流设置为 0 时,积分常数 $P_2 \to 0$,根据 y 读取为 $J(y) = e^{-2y} \frac{\mathrm{d}}{\mathrm{d}y} \sigma_n^2 e^{2y} P[y, \tau]$。

- 现在可以通过归一化齐普夫分布将常数 P_1 固定为概率: $P_1 \int_{n_m}^{n_M} \mathrm{d}x \frac{1}{n^2} = 1 \to P_1 = \frac{n_M n_m}{n_M - n_m}$。 因此,$P_1$ 对 n 的最大值和最小值敏感。

- 我们现在可以在时变解上设置边界条件,这些条件现在是 $g(y, \tau) = P[y, \tau] - P_1 e^{-2y}$,并且可以认为在 y 的边界上是同质的。我们需要它们的积分在城市规模范围内为 0，以保持概率归一化。例如，我们可以要求这些解是实的，并且在边界处消失，所以 $g(y=y_M, \tau)=g(y=y_M, \tau)=0$。这导致：

$$g[y, \tau]=\sum_n a_n \sqrt{\frac{2}{y_M-y_m}} \sin k_n [(y-y_m)-3\tau] e^{-(k_n^2-2)\tau}$$

(E.12)

且 $k_j = \frac{2\pi}{y_M-y_m} j$；$j=1, 2, 3, \cdots$

尽管这些函数现在将服从边界条件，但时间结构类似于对数正态，并且初始振幅的衰减发生在 $t-t_0=\frac{1}{2\sigma_n^2}$ 设定的时间尺度上，当波动率 σ_n 较小时，时间可能会非常长。

术语对照表

Alienation 失范

Agglomeration disecono- 集聚不经济
mies

Agglomeration economies 集聚经济

Alienation 异化

Allometry 异速生长

Alonso's model 阿隆索模型

Amorphous settlement mo- 无组织住区模型
del

Analytical mean-field solu- 平均场解析解
tion

Bernoulli process 伯努利过程

Beta function 贝塔函数

Betweenness 介数

Block group 区块组

Broken windows theory 破窗理论

Boltzmann constant 玻尔兹曼常数

Box counting 计盒维数法

Built environment 建成环境

Burgess model 伯吉斯模型

Cambridge school of eco- 剑桥经济学派
nomics

Central limit theorem 中心极限定理

Central market model 中央市场模型

Central place theory 中心地理论

Chicago School of Urban 芝加哥社会学派
Sociology

Circular causality 循环因果

Clustering coefficient 聚类系数(簇系数)

Cobb-Douglas production 柯布-道格拉斯生
functions 产函数

Coefficient of redundancy 冗余系数

Coefficient of relatedness 相关系数

Collective efficacy 集体效能

Complex adaptive systems 复杂适应系统

Complex systems 复杂系统

Conductivity 传导率

Connectivity 连通性

Constant elasticity of sub- 常数替代弹性
stitution(CES)

Core-periphery model 中心-外围模型

Cost-benefit analysis 成本-收益分析

Cultural turn 文化转向

Current conservation 电流守恒

Damped harmonic oscilla- 阻尼谐振子
tors

Decentralized networks 去中心网络

Degenerate equilibria 退化平衡

Degree, in networks (网络中的)度

Demographic transition 人口转型

Diseconomies 不经济

Dissipative cost 耗散成本

Distributional effects 分布效应

Dixit-Stieglitz consumer 迪克西特-斯蒂格
preferences function 利茨消费者偏
好函数

Dual graph 对偶图

Ecological effects 生态效应

Ecometrics 生态测量学

Economies of scale 规模经济

Ego network 自我中心网络

Urban quantity	城市量	Utility functions	效用函数
Urban scaling laws	城市标度率	Wiener process	维纳过程
Urban scaling theory	城市标度理论	Worldlines	世界线
Urban systems	城市体系	Zipf's law	齐普夫定律
Utility curves	效用曲线		

参考文献

Acemoglu, Daron. *Introduction to Modern Economic Growth*. Princeton, NJ: Princeton University Press, 2009.

Acemoglu, Daron, Simon Johnson, and James Robinson. "Institutions as the Fundamental Cause of Long-Run Growth." In *Handbook of Economic Growth*, Vol.1, edited by Philippe Aghion and Steven N. Durlauf, 385—472. Amsterdam: Elsevier, 2005. https://doi.org/10.1016/S1574-0684(05)01006-3.

Acs, Zoltan J. "Innovation and the Growth of Cities." In *Urban Dynamics and Growth: Advances in Urban Economics*, 635—658. Contributions to Economic Analysis 266. Amsterdam: Elsevier, 2004. http://www.sciencedirect.com/science/article/pii/S0573855504660202.

Acs, Zoltan J., David B. Audretsch, and Maryann P. Feldman. "R & D Spillovers and Recipient Firm Size." *Review of Economics and Statistics* 76, no.2(1994):336—340. https://doi.org/10.2307/2109888.

Acuto, Michele, Susan Parnell, and Karen C. Seto. "Building a Global Urban Science." *Nature Sustainability* 1, no.1(January 2018):2—4. https://doi.org/10.1038/s41893-017-0013-9.

Adams, Robert McCormick. *The Evolution of Urban Society: Early Mesopotamia and Prehispanic Mexico*. New Brunswick, NJ: Aldine Transaction, 2005. Originally published in 1964.

Aghion, Philippe, and Peter Howitt. "A Model of Growth through Creative Destruction." *Econometrica* 60, no.2(1992):323—351. https://doi.org/10.2307/2951599.

Aharonson, Barak S., Joel A. C. Baum, and Maryann P. Feldman. "Desperately Seeking Spillovers? Increasing Returns, Industrial Organization and the Location of New Entrants in Geographic and Technological Space." *Industrial and Corporate Change* 16, no.1(February 1, 2007):89—130. https://doi.org/10.1093/icc/dtl034.

Alexander, Christopher. "A City Is Not a Tree." *Architectural Forum* 122, no.1(1965):58—62. http://www.patternlanguage.com/archive/cityisnotatree.html.

Alexander, Christopher. *Notes on the Synthesis of Form*. Cambridge, MA: Harvard University Press, 1964.

Alexander, Christopher. *The Timeless Way of Building*. Center for Environmental Structure Series 1. New York: Oxford University Press, 1979.

Alexander, Christopher, Sara Ishikawa, and Murray Silverstein. *A Pattern Language: Towns, Buildings, Construction*. New York: Oxford University Press, 1977.

Algaze, Guillermo. *Ancient Mesopotamia at the Dawn of Civilization: The Evolution of an Urban Landscape*. Chicago: University of Chicago Press, 2008.

Alinsky, Saul David. *Rules for Radicals: A Practical Primer for Realistic Radicals*. New York: Vintage Books, 1989.

Allen, Peter M. *Cities and Regions as Self-Organizing Systems: Models of Complexity*. Environmental Problems and Social Dynamics 1. Luxembourg: Gordon and Breach, 1997.

Alonso, William. *Location and Land Use: Toward a General Theory of Land Rent*. Cambridge, MA: Harvard University Press, 1977. Originally published in 1964.

Alves, Luiz G. A., Renio S. Mendes, Ervin K. Lenzi, and Haroldo V. Ribeiro. "Scale-Adjusted Metrics for Predicting the Evolution of Urban Indicators and Quantifying the Performance of Cities." *PLoS One* 10, no.9(September 10, 2015): e0134862. https://doi.org/10.1371/journal.pone.0134862.

Alves, Luiz G. A., Haroldo V. Ribeiro, Ervin K. Lenzi, and Renio S. Mendes. "Distance to the Scaling Law: A Useful Approach for Unveiling Relationships between Crime and Urban Metrics." *PLoS One* 8, no.8(August 5, 2013): e69580. https://doi.org/10.1371/journal.pone.0069580.

An, Li, Ming-Hsiang Tsou, Stephen E. S. Crook, Yongwan Chun, Brian Spitzberg, J. Mark Gawron, and Dipak K. Gupta. "Space-Time Analysis: Concepts, Quantitative Methods, and Future Directions." *Annals of the Association of American Geographers* 105, no.5(September 3, 2015): 891—914. https://doi.org/10.1080/00045608.2015.1064510.

Anas, Alex, Richard Arnott, and Kenneth A. Small. "Urban Spatial Structure." *Journal of Economic Literature* 36, no.3(1998): 1426—1464.

Andersen, Esben Sloth. "Population Thinking, Price's Equation and the Analysis of Economic Evolution." *Evolutionary and Institutional Economics Review* 1, no.1(November 2004): 127—148. https://doi.org/10.14441/eier.1.127.

Anderson, P. W. "More Is Different." *Science* 177, no.4047(August 4, 1972): 393—396. https://doi.org/10.1126/science.177.4047.393.

Anderson, Roy M., and Robert M. May. *Infectious Diseases of Humans: Dynamics and Control*. Oxford: Oxford University Press, 2010.

Andris, Clio, and Luís Bettencourt. "Development, Information and Social Connectivity in Côte d'Ivoire." *Infrastructure Complexity* 1, no.1(2014): 1—18. https://doi.org/10.1186/s40551-014-0001-4.

Angel, Shlomo, et al. "Atlas of Urban Expansion." Accessed September 20, 2019. http://www.atlasofurbanexpansion.org/.

Angel, Shlomo, Jason Parent, Daniel L. Civco, Alexander Blei, and David Potere. "The Dimensions of Global Urban Expansion: Estimates and Projections for All Countries, 2000—2050." *Progress in Planning* 75, no.2(February 2011): 53—107. https://doi.org/10.1016/j.progress.2011.04.001.

Anselin, Luc. "Local Indicators of Spatial Association—LISA." *Geographical Analysis* 27, no.2 (1995): 93—115.

Anselin, Luc. *Spatial Econometrics: Methods and Models*. Studies in Operational Regional Science 4. Dordrecht: Springer Netherlands, 2013. http://link.springer.com/10.1007/978-94-015-7799-1.

Anselin, Luc, Attila Varga, and Zoltan Acs. "Local Geographic Spillovers between University Research and High Technology Innovations." *Journal of Urban Economics* 42, no.3(November 1997): 422—448. https://doi.org/10.1006/juec.1997.2032.

Appelbaum, Binyamin. The Economists' Hour: False Prophets, Free Markets, and the Fracture of Society. New York: Little, Brown, 2019.

Arbesman, Samuel, Jon M. Kleinberg, and Steven H. Strogatz. "Superlinear Scaling for Innovation in Cities." *Physical Review E* 79, no.1(January 30, 2009): 016115. https://doi.org/10.1103/PhysRevE.79.016115.

Arcaute, Elsa, Erez Hatna, Peter Ferguson, Hyejin Youn, Anders Johansson, and Michael Batty. "Constructing Cities, Deconstructing Scaling Laws." *Journal of the Royal Society Interface* 12, no.102 (November 19, 2014): 20140745. https://doi.org/10.1098/rsif.2014.0745.

Arrow, Kenneth J. "The Economic Implications of Learning by Doing." In *Readings in the Theory of Growth*, edited by F. H. Hahn, 131—149. London: Palgrave Macmillan UK, 1971. http://link.springer.com/10.1007/978-1-349-15430-2_11.

Arrow, Kenneth J., Hollis B. Chenery, Bagicha Singh Minhas, and Robert M. Solow. "CapitalLabor Substitution and Economic Efficiency." *Review of Economics and Statistics* 43, no.3(1961):225—250. https://doi.org/10.2307/1927286.

Arthur, W. Brian. "Complexity and the Economy." *Science* 284, no.5411(April 2, 1999):107—109. https://doi.org/10.1126/science.284.5411.107.

Arthur, W. Brian. *Increasing Returns and Path Dependence in the Economy*. Economics, Cognition, and Society. Ann Arbor: University of Michigan Press, 1994.

Arthur, W. Brian. The Nature of Technology: What It Is and How It Evolves. New York: Free Press, 2011.

Åström, Karl J., and Richard M Murray. *Feedback Systems: An Introduction for Scientists and Engineers*. Princeton, NJ: Princeton University Press, 2008. http://www.cds.caltech.edu/~murray/amwiki.

Ausubel, Jesse H., Cesare Marchetti, and Perrin S. Meyer. "Toward Green Mobility: The Evolution of Transport." *European Review* 6, no.2(May 1998):137—156. https://doi.org/10.1017/S1062798700003185.

Bairoch, Paul. *Cities and Economic Development: From the Dawn of History to the Present*. Translated by Christopher Braider. Chicago: University of Chicago Press, 1991.

Baldwin, Richard E. "Agglomeration and Endogenous Capital." *European Economic Review* 43, no.2 (February 1999):253—280. https://doi.org/10.1016/S0014-2921(98)00067-1.

Baldwin, Richard E., Rikard Forslid, Philippe J. Martin, Gianmarco I. P. Ottaviano, and Frédéric Robert-Nicoud, eds. *Economic Geography and Public Policy*. Princeton, NJ: Princeton University Press, 2003.

Banavar, Jayanth R., Francesca Colaiori, Alessandro Flammini, Amos Maritan, and Andrea Rinaldo. "Topology of the Fittest Transportation Network." *Physical Review Letters* 84, no.20(2000):4745—4748. http://dx.doi.org/10.1103/PhysRevLett.84.4745.

Banerjee, Abhijit V., and Esther Duflo. "Growth Theory through the Lens of Development Economics." In *Handbook of Economic Growth*, Vol.1, edited by Philippe Aghion and Steven N. Durlauf, 473—552. Amsterdam: Elsevier, 2005. https://doi.org/10.1016/S1574-0684(05)01007-5.

Barabási, A. "Emergence of Scaling in Random Networks." *Science* 286, no. 5439 (October 15, 1999):509—512. https://doi.org/10.1126/science.286.5439.509.

Barabási, Albert-László, and Márton Pósfai. *Network Science*. Cambridge: Cambridge University Press, 2016.

Barenblatt, G. I. *Scaling, Self-Similarity, and Intermediate Asymptotics*. Cambridge Texts in Applied Mathematics 14. Cambridge: Cambridge University Press, 1996.

Barenblatt, Grigory Isaakovich. *Scaling*. Cambridge: Cambridge University Press, 2003.

Barja, Gover, and Miguel Urquiola. "Capitalization, Regulation and the Poor: Access to Basic Services in Bolivia." WIDER Discussion Papers. World Institute for Development Economics(UNUWIDER),

2001. http://www.econstor.eu/handle/10419/52808.

Barnes, Trevor J. "Retheorizing Economic Geography: From the Quantitative Revolution to the 'Cultural Turn.'" In *Theory and Methods: Critical Essays in Human Geography*, edited by Chris Philo. London: Routledge, 2008. https://doi.org/10.4324/9781315236285-4.

Barro, Robert J., and Xavier I. Sala-i-Martin. *Economic Growth*. 2nd ed. Cambridge, MA: MIT Press, 2003.

Barthélemy, Marc. "Spatial Networks." *Physics Reports* 499, nos.1—3(February 2011):1—101. https://doi.org/10.1016/j.physrep.2010.11.002.

Barthélemy, Marc. The Structure and Dynamics of Cities: Urban Data Analysis and Theoretical Modeling. Cambridge: Cambridge University Press, 2016.

Batty, Michael. Cities and Complexity: Understanding Cities with Cellular Automata, Agent-Based Models, and Fractals. Cambridge, MA: MIT Press, 2007.

Batty, Michael. "Hierarchy in Cities and City Systems." In *Hierarchy in Natural and Social Sciences*, edited by Denise Pumain, 143—168. Methodos Series 3. Dordrecht: Springer Netherlands, 2006. http://dx.doi.org/10.1007/1-4020-4127-6_7.

Batty, Michael. *The New Science of Cities*. Cambridge, MA: MIT Press, 2017.

Batty, Michael. "The Size, Scale and Shape of Cities." *Science* 319, no.5864(2008):769—771. https://doi.org/10.1126/science.1151419.

Batty, Michael. "A Theory of City Size." *Science* 340, no.6139(2013):1418—1419. https://doi.org/10.1126/science.1239870.

Batty, Michael, and Paul Longley. *Fractal Cities: A Geometry of Form and Function*. London: Academic Press, 1994.

Baylis, David. "Zahavi." *Transport Reviews* 4, no.1(January 1984):115—116. https://doi.org/10.1080/01441648408716548.

Becker, Gary S. "Crime and Punishment: An Economic Approach." *Journal of Political Economy* 76, no.2(March 1968):169—217. https://doi.org/10.1086/259394.

Becker, Gary S. "A Theory of the Allocation of Time." *Economic Journal* 75, no.299(1965):493—517.

Benguigui, Lucien, Daniel Czamanski, Maria Marinov, and Yuval Portugali. "When and Where Is a City Fractal?" *Environment and Planning B: Planning and Design* 27, no.4(2000):507—519. https://doi.org/10.1068/b2617.

Berry, Brian J. L. "City Size Distributions and Economic Development." *Ekistics* 13, no.76(February 1962):90—97. http://www.jstor.org/stable/43613634.

Berry, Brian J. L. "Geography's Quantitative Revolution: Initial Conditions, 1954—1960. A Personal Memoir." In *Urban Geography in America, 1950—2000*. New York: Taylor & Francis Group, 2005. https://www.taylorfrancis.com/books/e/9781134728589/chapters/10.4324%2F9781315880952-14.

Berry, Brian J. L. "Internal Structure of the City." *Law and Contemporary Problems* 30, no.1 (1965):111—119. https://doi.org/10.2307/1190688.

Berry, Brian J. L., and William L. Garrison. "Alternate Explanations of Urban Rank-Size Relationships." *Annals of the Association of American Geographers* 48, no.1(March 1958):83—90. https://doi.org/10.1111/j.1467-8306.1958.tb01559.x.

Berry, Brian J. L., and William L. Garrison. "A Note on Central Place Theory and the Range of a

Good." *Economic Geography* 34, no.4(October 1, 1958):304—311. https://doi.org/10.2307/142348.

Berry, Brian J. L., and William L. Garrison. "Recent Developments of Central Place Theory." *Papers in Regional Science* 4, no.1(January 1, 1958):107—120. https://doi.org/10.1111/j.1435-5597.1958.tb01625.x.

Berry, Brian J. L., and Paul J. Schwind. "Information and Entropy in Migrant Flows." *Geographical Analysis* 1, no.1(1969):5—14. https://doi.org/10.1111/j.1538-4632.1969.tb00601.x.

Berry, Brian Joe Lobley, Peter G. Goheen, and Harold Goldstein. *Metropolitan Area Definition: A Re-evaluation of Concept and Statistical Practice*. Washington, DC: U.S. Bureau of the Census, 1969. https://www.google.com/books/edition/Metropolitan_Area_Definition/IanWuQEACAAJ? hl=en.

Berry, Brian Joe Lobley, and John B. Parr. *Market Centers and Retail Location*. Englewood Cliffs, NJ: Prentice-Hall, 1988. http://agris.fao.org/agris-search/search.do?recordID=US201300652479.

Besbris, Max, Jacob William Faber, Peter Rich, and Patrick Sharkey. "Effect of Neighborhood Stigma on Economic Transactions." *Proceedings of the National Academy of Sciences* 112, no.16(April 21, 2015):4994—4998. https://doi.org/10.1073/pnas.1414139112.

Bettencourt, L. M. A. "Impact of Changing Technology on the Evolution of Complex Informational Networks." *Proceedings of the IEEE* 102, no.12(December 2014):1878—1891. https://doi.org/10.1109/JPROC.2014.2367132.

Bettencourt, L. M. A. "The Kind of Problem a City Is." In *Decoding the City: Urbanism in the Age of Big Data*, edited by Dietmar Offenhuber and Carlo Ratti, 168—179. Basel: Birkhauser, 2014.

Bettencourt, L. M. A. "Make It Bigger! Science for the Age of Digital Social Technologies." *Items* (blog). Accessed August 9, 2019. https://items.ssrc.org/parameters/make-it-bigger-science-for-the-age-of-digital-social-technologies/.

Bettencourt, L. M. A., Joe Hand, and José Lobo. "Spatial Selection and the Statistics of Neighborhoods." Santa Fe Institute. Accessed October 20, 2015. http://www.santafe.edu/research/working-papers/abstract/f59612222e160f34073a70d0eab490e7/.

Bettencourt, Luís, and Geoffrey West. "A Unified Theory of Urban Living." *Nature* 467, no.7318 (October 21, 2010):912—913. https://doi.org/10.1038/467912a.

Bettencourt, Luís, Vicky Chuqiao Yang, José Lobo, Chris Kempes, Diego Rybski, and Marcus Hamilton. "The Interpretation of Urban Scaling Analysis in Time." *Journal of the Royal Society Interface* 17, no.163(2020):20190846. http://doi.org/10.1098/rsif.2019.0846.

Bettencourt, Luís M. A. "Designing for Complexity: The Challenge to Spatial Design from Sustainable Human Development in Cities." *Technology|Architecture+Design* 3, no.1(January 2, 2019):24—32. https://doi.org/10.1080/24751448.2019.1571793.

Bettencourt, Luís M. A. "The Origins of Scaling in Cities." *Science* 340, no.6139(June 21, 2013):1438—1441. https://doi.org/10.1126/science.1235823.

Bettencourt, Luís M. A. "The Rules of Information Aggregation and Emergence of Collective Intelligent Behavior." *Topics in Cognitive Science* 1, no.4(October 2009):598—620. https://doi.org/10.1111/j.1756-8765.2009.01047.x.

Bettencourt, Luís M. A. "Towards a Statistical Mechanics of Cities." *Comptes rendus physique* 20, no.4(May-June 2019):308—318. https://doi.org/10.1016/j.crhy.2019.05.007.

Bettencourt, Luís M. A. "Urban Growth and the Emergent Statistics of Cities." *Science Advances* 6, no.34(August 19, 2020):eaat8812. https://doi.org/10.1126/sciadv.aat8812.

Bettencourt, Luís M. A. "The Uses of Big Data in Cities." *Big Data* 2, no.1(March 2014):12—22. https://doi.org/10.1089/big.2013.0042.

Bettencourt, Luís M. A., and Christa Brelsford. "Industrial Ecology: The View from Complex Systems." *Journal of Industrial Ecology* 19, no.2(April 2015):195—197. https://doi.org/10.1111/jiec. 12243.

Bettencourt, Luís M. A., Ariel Cintrón-Arias, David I. Kaiser, and Carlos Castillo-Chávez. "The Power of a Good Idea: Quantitative Modeling of the Spread of Ideas from Epidemiological Models." *Physica A: Statistical Mechanics and Its Applications* 364(May 2006):513—536. https://doi.org/10.1016/j. physa.2005.08.083.

Bettencourt, Luís M. A., and José Lobo. "Quantitative Methods for the Comparative Analysis of Cities in History." *Frontiers in Digital Humanities* 6(November 1, 2019). https://doi.org/10.3389/fdigh. 2019.00017.

Bettencourt, Luís M. A., and José Lobo. "Urban Scaling in Europe." *Journal of the Royal Society Interface* 13, no.116(March 1, 2016): 20160005. https://doi.org/10.1098/rsif.2016.0005.

Bettencourt, Luís M. A., José Lobo, Dirk Helbing, Christian Kühnert, and Geoffrey B. West. "Growth, Innovation, Scaling, and the Pace of Life in Cities." *Proceedings of the National Academy of Sciences* 104, no.17(April 24, 2007):7301—7306. https://doi.org/10.1073/pnas.0610172104.

Bettencourt, Luís M. A., José Lobo, and Deborah Strumsky. "Invention in the City: Increasing Returns to Patenting as a Scaling Function of Metropolitan Size." *Research Policy* 36, no.1(February 2007):107—120. https://doi.org/10.1016/j.respol.2006.09.026.

Bettencourt, Luís M. A., José Lobo, Deborah Strumsky, and Geoffrey B. West. "Urban Scaling and Its Deviations: Revealing the Structure of Wealth, Innovation and Crime across Cities." *PLoS One* 5, no.11(November 10, 2010): e13541. https://doi.org/10.1371/journal.pone.0013541.

Bettencourt, Luís M. A., José Lobo, and Hyejin Youn. "The Hypothesis of Urban Scaling: Formalization, Implications and Challenges." *ArXiv: 1301.5919 [Nlin, Physics.so-ph]*, January 24, 2013. http://arxiv.org/abs/1301.5919.

Bettencourt, Luís M. A., Horacio Samaniego, and Hyejin Youn. "Professional Diversity and the Productivity of Cities." *Scientific Reports* 4(June 23, 2014). https://doi.org/10.1038/srep05393.

Bettencourt, Luís M. A., Greg J. Stephens, Michael I. Ham, and Guenter W. Gross. "Functional Structure of Cortical Neuronal Networks Grown *in Vitro*." *Physical Review E* 75, no.2(February 23, 2007). https://doi.org/10.1103/PhysRevE.75.021915.

Bettencourt, Luís M. A., and Daniel Zünd. "Demography and the Emergence of Universal Patterns in Urban Systems." *Nature Communications* 11(2020). https://doi.org/10.1038/s41467-020-18205-1.

Bitler, Marianne, Jonah Gelbach, and Hilary Hoynes. "What Mean Impacts Miss: Distributional Effects of Welfare Reform Experiments." NBER Working Paper 10121. Cambridge, MA: National Bureau of Economic Research, November 2003. http://www.nber.org/papers/w10121.

Black, Duncan, and Vernon Henderson. "A Theory of Urban Growth." *Journal of Political Economy*. 107, no.2(April 1999):252—284. https://doi.org/10.1086/250060.

Bocquier, Philippe, and Rafael Costa. "Which Transition Comes First? Urban and Demographic Transitions in Belgium and Sweden." *Demographic Research* 33 (December 17, 2015): 1297—1332. https://doi.org/10.4054/DemRes.2015.33.48.

Bogardus, Emory S. "Social Distance in the City." *Proceedings and Publications of the American*

Sociological Society 20(1926):40—46. https://brocku.ca/MeadProject/Bogardus/Bogardus_1926.html8.

Bombardini, Matilde, and Francesco Trebbi. "Risk Aversion and Expected Utility Theory: An Experiment with Large and Small Stakes." *Journal of the European Economic Association* 10, no.6 (2012):1348—1399. https://doi.org/10.1111/j.1542-4774.2012.01086.x.

Bonacich, Phillip. "Power and Centrality: A Family of Measures." *American Journal of Sociology* 92, no.5(March 1987):1170—1182. https://doi.org/10.1086/228631.

Brelsford, Christa, José Lobo, Joe Hand, and Luís M. A. Bettencourt. "Heterogeneity and Scale of Sustainable Development in Cities." *Proceedings of the National Academy of Sciences* 114, no.34(May 1, 2017):8963—8968. https://doi.org/10.1073/pnas.1606033114.

Brelsford, Christa, Taylor Martin, and Luís M. A. Bettencourt. "Optimal Reblocking as a Practical Tool for Neighborhood Development." *Environment and Planning B: Urban Analytics and City Science* 46, no.2(June 12, 2017):303—321. https://doi.org/10.1177/2399808317712715.

Brelsford, Christa, Taylor Martin, Joe Hand, and Luís M. A. Bettencourt. "Toward Cities without Slums: Topology and the Spatial Evolution of Neighborhoods." *Science Advances* 4, no.8(August 2018): eaar4644. https://doi.org/10.1126/sciadv.aar4644.

Bresson, Alain, and Steven Rendall. The Making of the Ancient Greek Economy: Institutions, Markets, and Growth in the City-States. Princeton, NJ: Princeton University Press, 2016.

Breton, Theodore R. "World Total Factor Productivity Growth and the Steady-State Rate in the 20th Century." *Economics Letters* 119, no.3(June 2013):340—343. https://doi.org/10.1016/j.econlet.2013.03.013.

Bridbury, Anthony Randolph. *Economic Growth: England in the Later Middle Ages*. London: George Allen & Unwin, 1962.

Briggs, Xavier de Souza, Rolf Pendall, and Victor Rubin. "Inclusive Economic Growth in America's Cities: What's the Playbook and the Score?" SSRN Scholarly Paper. Rochester, NY: Social Science Research Network, June 22, 2015. https://papers.ssrn.com/abstract=2621876.

Briggs, Xavier de Souza, Susan J. Popkin, and John M. Goering. *Moving to Opportunity: The Story of an American Experiment to Fight Ghetto Poverty*. New York: Oxford University Press, 2010.

Britnell, Richard H. "The Economy of British Towns, 1300—1540." In *The Cambridge Urban History of Britain, Volume I: 600—1540*, 313—334. Cambridge: Cambridge University Press, 2000.

Browning, Christopher R., Kathleen A. Cagney, and Bethany Boettner. "Neighborhood, Place, and the Life Course." In *Handbook of the Life Course*, edited by Michael J. Shanahan, Jeylan T. Mortimer, and Monica Kirkpatrick Johnson, 597—620. Handbooks of Sociology and Social Research. Cham, Switzerland: Springer International Publishing, 2016. https://doi.org/10.1007/978-3-319-20880-0_26.

Bruch, Elizabeth E. "How Population Structure Shapes Neighborhood Segregation." *American Journal of Sociology* 119, no.5(March 1, 2014):1221—1278. https://doi.org/10.1086/675411.

Bruch, Elizabeth E., and Robert D. Mare. "Neighborhood Choice and Neighborhood Change." *American Journal of Sociology* 112, no.3(2006):667—709. https://doi.org/10.1086/507856. Brueckner, Jan K. *Lectures on Urban Economics*. Cambridge, MA: MIT Press, 2011.

Brueckner, Jan K. "The Structure of Urban Equilibria: A Unified Treatment of the Muth-Mills Model." In *Handbook of Regional and Urban Economics*, Vol.2, *Urban Economics*, edited by Edwin S. Mills, 821—845. Amsterdam: Elsevier, 1987. https://doi.org/10.1016/S1574-0080(87)80006-8.

Brueckner, Jan K., Jacques-François Thisse, and Yves Zenou. "Why Is Central Paris Rich and Downtown Detroit Poor?" *European Economic Review* 43, no.1(January 1999):91—107. https://doi.org/10. 1016/S0014-2921(98)00019-1.

Brunekreef, Bert, and Stephen T. Holgate. "Air Pollution and Health." *The Lancet* 360, no.9341 (October 2002):1233—1242. https://doi.org/10.1016/S0140-6736(02)11274-8.

Buch, Claudia M., Jörn Kleinert, and Farid Toubal. "The Distance Puzzle: On the Interpretation of the Distance Coefficient in Gravity Equations." *Economics Letters* 83, no. 3 (June 2004): 293—298. https://doi.org/10.1016/j.econlet.2003.10.022.

Büchs, Milena, Nicholas Bardsley, and Sebastian Duwe. "Who Bears the Brunt? Distributional Effects of Climate Change Mitigation Policies." *Critical Social Policy* (February 16, 2011):285—307. https://doi.org/10.1177/0261018310396036.

Bunge, William. *Theoretical Geography*. Lund: Gleerup, 1966.

Burton, Ian. "The Quantitative Revolution and Theoretical Geography." *The Canadian Geographer/ Le géographe canadien* 7, no.4(December 1, 1963):151—162. https://doi.org/10.1111/j.1541-0064. 1963.tb00796.x.

Byrne, David. "If the 1% Stifles New York's Creative Talent, I'm Out of Here." *Guardian*, October 7, 2013. https://www.theguardian.com/commentisfree/2013/oct/07/new-york-1percent-stifles-creative-talent.

Canuto, Marcello A., Francisco Estrada-Belli, Thomas G. Garrison, Stephen D. Houston, Mary Jane Acuña, Milan Kováč, Damien Marken, Philippe Nondédéo, Luke Auld-Thomas, Cyril Castanet, David Chatelain, Carlos R. Chiriboga, Tomáš Drápela, Tibor Lieskovský, Alexandre Tokovinine, Antolín Velasquez, Juan C. Fernández-Díaz, and Ramesh Shrestha. "Ancient Lowland Maya Complexity as Revealed by Airborne Laser Scanning of Northern Guatemala." *Science* 361, no.6409(September 28, 2018): eaau0137. https://doi.org/10.1126/science.aau0137.

Carneiro, R. L. "A Theory of the Origin of the State: Traditional Theories of State Origins Are Considered and Rejected in Favor of a New Ecological Hypothesis." *Science* 169, no.3947(August 21, 1970): 733—738. https://doi.org/10.1126/science.169.3947.733.

Carneiro, R. L. "The Transition from Quantity to Quality: A Neglected Causal Mechanism in Accounting for Social Evolution." *Proceedings of the National Academy of Sciences* 97, no.23(November 7, 2000):12926—12931. https://doi.org/10.1073/pnas.240462397.

Carneiro, Robert L. "The Circumscription Theory: Challenge and Response." *American Behavioral Scientist* 31, no.4(March 1988):497—511. https://doi.org/10.1177/000276488031004010.

Carrasco, Juan Antonio, Bernie Hogan, Barry Wellman, and Eric J. Miller. "Agency in Social Activity Interactions: The Role of Social Networks in Time and Space." *Tijdschrift voor economische en sociale geografie* 99, no.5(December 2008):562—583. https://doi.org/10.1111/j.1467-9663.2008.00492.x.

Carrasco, Juan Antonio, Bernie Hogan, Barry Wellman, and Eric J Miller. "Collecting Social Network Data to Study Social Activity-Travel Behavior: An Egocentric Approach." *Environment and Planning B: Planning and Design* 35, no.6(December 2008):961—980. https://doi.org/10.1068/b3317t.

Carter, Richard. *Breakthrough: The Saga of Jonas Salk*. New York: Trident Press, 1966.

Castells, Manuel. The Informational City: Information Technology, Economic Restructuring, and the Urban-Regional Process. Oxford: Blackwell, 1999.

Castillo, Bernal Díaz del. *True Story of the Conquest of New Spain*. Indianapolis, IN: Hackett Publishing Company, 2012. Originally published in 1632.

Caswell, Hal. Matrix Population Models: Construction, Analysis, and Interpretation. 2nd ed. Sunderland, MA: Sinauer Associates, 2001.

Cesaretti, Rudolf, José Lobo, Luís M. A. Bettencourt, Scott Ortman, and Michael Smith. "Population-Area Relationship in Medieval European Cities." PLoS ONE 11, no.10(October 5, 2016): e0162678. https://doi.org/10.1371/journal.pone.0162678.

Cesaretti, Rudolf, José Lobo, Luís M. A. Bettencourt, and Michael E. Smith. "Increasing Returns to Scale in the Towns of Early Tudor England." Historical Methods: A Journal of Quantitative and Interdisciplinary History 53, no.3(2020):147—165. https://doi.org/10.1080/01615440.2020.1722775.

Chang, Stephanie. "Infrastructure Resilience to Disasters." National Academy of Engineering 39, no.4(December 2009). http://www.nae.edu/Publications/TheBridge/Archives/17281/17548.aspx.

Chase, A. F., D. Z. Chase, C. T. Fisher, S. J. Leisz, and J. F. Weishampel. "Geospatial Revolution and Remote Sensing LiDAR in Mesoamerican Archaeology." Proceedings of the National Academy of Sciences 109, no.32(August 7, 2012):12916—12921. https://doi.org/10.1073/pnas.1205198109.

Chen, Wen-Hao, John Myles, and Garnett Picot. "Why Have Poorer Neighbourhoods Stagnated Economically while the Richer Have Flourished? Neighbourhood Income Inequality in Canadian Cities." Urban Studies 49, no.4(March 1, 2012):877—896. https://doi.org/10.1177/0042098011408142.

Chen, Yanguang. "Characterizing Growth and Form of Fractal Cities with Allometric Scaling Exponents." Discrete Dynamics in Nature and Society 2010(2010):1—22. https://doi.org/10.1155/2010/194715.

Chetty, Raj, David Grusky, Maximilian Hell, Nathaniel Hendren, Robert Manduca, and Jimmy Narang. "The Fading American Dream: Trends in Absolute Income Mobility since 1940." Science 356, no.6336(April 28, 2017):398—406. https://doi.org/10.1126/science.aal4617.

Chetty, Raj, and Nathaniel Hendren. "The Impacts of Neighborhoods on Intergenerational Mobility I: Childhood Exposure Effects." Quarterly Journal of Economics 133, no.3(August 1, 2018):1107—1162. https://doi.org/10.1093/qje/qjy007.

Chetty, Raj, and Nathaniel Hendren. "The Impacts of Neighborhoods on Intergenerational Mobility II: County-Level Estimates." Quarterly Journal of Economics 133, no.3(August 1, 2018):1163—1228. https://doi.org/10.1093/qje/qjy006.

Chetty, Raj, Nathaniel Hendren, and Lawrence F. Katz. "The Effects of Exposure to Better Neighborhoods on Children: New Evidence from the Moving to Opportunity Experiment." American Economic Review 106, no.4(April 2016):855—902. https://doi.org/10.1257/aer.20150572.

Chetty, Raj, Nathaniel Hendren, Frina Lin, Jeremy Majerovitz, and Benjamin Scuderi. "Childhood Environment and Gender Gaps in Adulthood." American Economic Review 106, no.5(May 2016):282—288. https://doi.org/10.1257/aer.p20161073.

Chicago Fact Book Consortium, ed. Local Community Fact Book: Chicago Metropolitan Area, 1970 and 1980. Chicago: Chicago Review Press, 1984.

Chowell, Gerardo, Hiroshi Nishiura, and Luís M. A. Bettencourt. "Comparative Estimation of the Reproduction Number for Pandemic Influenza from Daily Case Notification Data." Journal of the Royal Society Interface 4, no.12(February 22, 2007):155—166. https://doi.org/10.1098/rsif.2006.0161.

Christaller, Walter. Central Places in Southern Germany. Englewood Cliffs, NJ: Prentice-Hall, 1966.

Clark, W. A. V., and M. Fossett. "Understanding the Social Context of the Schelling Segregation

Model." *Proceedings of the National Academy of Sciences* 105, no.11(March 18, 2008):4109—4114. https://doi.org/10.1073/pnas.0708155105.

Clauset, Aaron, Cosma Rohilla Shalizi, and M. E. J. Newman. "Power-Law Distributions in Empirical Data." *SIAM Review* 51, no.4(November 4, 2009):661—703. https://doi.org/10.1137/070710111.

Coale, Ansley J. "Demographic Transition." In *Social Economics*, 16—23. London: Palgrave Macmillan, 1989. https://doi.org/10.1007/978-1-349-19806-1_4.

Coffey, William J. "Allometric Growth in Urban and Regional Social-Economic Systems." *Canadian Journal of Regional Science* 11, no.1(1979):49—65.

Cohen, Joel E. "Ergodic Theorems in Demography." *Bulletin of the American Mathematical Society*, n.s., 1, no.2(March 1979):275—295.

Collard, Mark, Briggs Buchanan, Jesse Morin, and Andre Costopoulos. "What Drives the Evolution of Hunter-Gatherer Subsistence Technology? A Reanalysis of the Risk Hypothesis with Data from the Pacific Northwest." *Philosophical Transactions of the Royal Society B: Biological Sciences* 366, no.1567 (April 12, 2011):1129—1138. https://doi.org/10.1098/rstb.2010.0366.

Collard, Mark, April Ruttle, Briggs Buchanan, and Michael J. O'Brien. "Population Size and Cultural Evolution in Nonindustrial Food-Producing Societies." *PLoS One* 8, no.9 (September 12, 2013): e72628. https://doi.org/10.1371/journal.pone.0072628.

Cornwall, Julian. "The People of Rutland in 1522." Transactions of the Leicestershire Archaeological and Historical Society 37(1962):7—28.

Cornwall, Julian. Wealth and Society in Early Sixteenth Century England. London: Routledge, 1988.

Cover, T. M. *Elements of Information Theory*. Wiley Series in Telecommunications. New York: Wiley, 1991.

Cover, Thomas M., and Joy A. Thomas. "Information Theory and Statistics." In *Elements of Information Theory*, 347—408. Hoboken, NJ: Wiley, 2005. http://onlinelibrary.wiley.com/doi/10.1002/047174882X.ch11/summary.

Cowgill, George L. *Ancient Teotihuacan: Early Urbanism in Central Mexico*. Case Studies in Early Societies. New York: Cambridge University Press, 2015.

Cristelli, Matthieu, Michael Batty, and Luciano Pietronero. "There Is More than a Power Law in Zipf." *Scientific Reports* 2, no.1(December 2012):812. https://doi.org/10.1038/srep00812.

Curry, Leslie. "Central Places in the Random Space Economy." *Journal of Regional Science* 7(1967):217—238.

Curry, Leslie. "The Random Spatial Economy: An Exploration in Settlement Theory." *Annals of the Association of American Geographers* 54, no.1(March 1964):138—146. https://doi.org/10.1111/j.1467-8306.1964.tb00479.x.

Dalziel, Benjamin D., Stephen Kissler, Julia R. Gog, Cecile Viboud, Ottar N. Bjørnstad, C. Jessica E. Metcalf, and Bryan T. Grenfell. "Urbanization and Humidity Shape the Intensity of Influenza Epidemics in U.S. Cities." *Science* 362, no.6410(October 5, 2018):75—79. https://doi.org/10.1126/science.aat6030.

Darby, H. C., R. E. Glasscock, J. Sheail, and G. R. Versey. "The Changing Geographical Distribution of Wealth in England:1086-1334-1525." *Journal of Historical Geography* 5, no.3(1979):247—262. https://doi.org/10.1016/0305-7488(79)90071-9.

Darwin, Charles. *The Descent of Man and Selection in Relation to Sex*. New York: P. F. Collier and

Sons, 1901.

Darwin, Charles, and Ernst Mayr. *On the Origin of Species*. Facsimile of the 1st ed. Cambridge, MA: Harvard University Press, 2003. Originally published in 1859.

Delile, H., J. Blichert-Toft, J.-P. Goiran, S. Keay, and F. Albarede. "Lead in Ancient Rome's City Waters." *Proceedings of the National Academy of Sciences* 111, no. 18 (May 6, 2014): 6594—6599. https://doi.org/10.1073/pnas.1400097111.

Depersin, Jules, and Marc Barthélemy. "From Global Scaling to the Dynamics of Individual Cities." *Proceedings of the National Academy of Sciences* 115, no.10(March 6, 2018):2317—2322. https://doi.org/10.1073/pnas.1718690115.

de Vries, Jan. *European Urbanisation: 1500—1800*. London: Routledge, 2013.

DiBiase, David. "The 50th Anniversary of GIS|ArcNews." ESRI(blog). Accessed February 16, 2020. https://www.esri.com/news/arcnews/fall12articles/the-fiftieth-anniversary-of-gis.html.

Dijkstra, Lewis, Hugo Poelman, and Paolo Veneri. "The EU-OECD Definition of a Functional Urban Area." OECD Regional Development Working Papers, No. 2019/11. Paris: Organisation for Economic Co-operation and Development, 2019. https://doi.org/10.1787/d58cb34d-en.

Downs, A. "The Law of Peak-Hour Expressway Congestion." *Traffic Quarterly* 16, no.3 (July 1962). https://trid.trb.org/view/694596.

DuBois, W. E. B., Elijah Anderson, and Isabel Eaton. *The Philadelphia Negro: A Social Study*. Philadelphia: University of Pennsylvania Press, 1996.

Duranton, Gilles. "The Urbanization and Development Puzzle." In *The Buzz in Cities: New Economic Thinking*, edited by Shahid Yusuf. New York: Institute for New Economic Thinking, 2014.

Duranton, Gilles, and Matthew A. Turner. "The Fundamental Law of Road Congestion: Evidence from US Cities." *American Economic Review* 101, no.6(October 2011):2616—2652. https://doi.org/10.1257/aer.101.6.2616.

Durkheim, Émile, and Steven Lukes. *The Division of Labor in Society*. New York: Free Press, 2014. Originally published in 1893.

Dutton, Geoffrey. "Foreword: Size and Shape in the Growth of Human Communities." *Ekistics* 36, no.215(1973):241—243.

Dyer, Alan. *Decline and Growth in English Towns 1400—1640*. Cambridge: Cambridge University Press, 1995.

Dyer, Alan. "'Urban Decline' in England, 1377—1525." In *Towns in Decline*, AD 100—1600, edited by Terry R. Slater, 266—288. Aldershot, UK: Ashgate, 2000.

Dyer, Christopher. "How Urbanized Was Medieval England?" In *Peasants and Townsmen in Medieval Europe: Studia in Honorem Adriaan Verhulst*, edited by J.-M. Duvosquel and E. Thoen, 169—183. Ghent, Belgium: Snoeck-Ducaju & Zoon, 1995.

Dyson, Tim. "The Role of the Demographic Transition in the Process of Urbanization." *Population and Development Review* 37(2011):34—54. https://doi.org/10.1111/j.1728-4457.2011.00377.x.

Eagle, N., M. Macy, and R. Claxton. "Network Diversity and Economic Development." *Science* 328, no.5981(May 21, 2010):1029—1031. https://doi.org/10.1126/science.1186605.

Eeckhout, Jan. "Gibrat's Law for(All) Cities." *American Economic Review* 94, no.5 (November 2004):1429—1451. https://doi.org/10.1257/0002828043052303.

Eeckhout, Jan. "Gibrat's Law for(All) Cities: Reply." *American Economic Review* 99, no.4(August

2009):1676—1683. https://doi.org/10.1257/aer.99.4.1676.

Elad, M., and A. Feuer. "Restoration of a Single Superresolution Image from Several Blurred, Noisy, and Undersampled Measured Images." *IEEE Transactions on Image Processing* 6, no.12(December 1997):1646—1658. https://doi.org/10.1109/83.650118.

Elliott, D. S., W. J. Wilson, D. Huizinga, R. J. Sampson, A. Elliott, and B. Rankin. "The Effects of Neighborhood Disadvantage on Adolescent Development." *Journal of Research in Crime and Delinquency* 33, no.4(November 1, 1996):389—426. https://doi.org/10.1177/0022427896033004002.

Ellison, Glenn, Edward L. Glaeser, and William R. Kerr. "What Causes Industry Agglomeration? Evidence from Coagglomeration Patterns." *American Economic Review* 100, no.3(June 2010):1195—1213. https://doi.org/10.1257/aer.100.3.1195.

Ericsson, K. Anders, ed. *The Cambridge Handbook of Expertise and Expert Performance*. Cambridge: Cambridge University Press, 2006.

Evans, D. H., R. J. Fletcher, C. Pottier, J.-B. Chevance, D. Soutif, B. S. Tan, S. Im, D. Ea, T. Tin, S. Kim, C. Cromarty, S. De Greef, K. Hanus, P. Bâty, R. Kuszinger, I. Shimoda, and G. Boornazian. "Uncovering Archaeological Landscapes at Angkor Using Lidar." *Proceedings of the National Academy of Sciences* 110, no.31(July 30, 2013):12595—12600. https://doi.org/10.1073/pnas.1306539110.

Ewing, Reid, and Robert Cervero. "Travel and the Built Environment: A Synthesis." *Transportation Research Record: Journal of the Transportation Research Board* 1780 (January 1, 2001): 87—114. https://doi.org/10.3141/1780-10.

Farber, Steven, Morton O'Kelly, Harvey J. Miller, and Tijs Neutens. "Measuring Segregation Using Patterns of Daily Travel Behavior: A Social Interaction Based Model of Exposure." *Journal of Transport Geography* 49(December 2015):26—38. https://doi.org/10.1016/j.jtrangeo.2015.10.009.

Feldman, Maryann P. "Knowledge Complementarity and Innovation." *Small Business Economics* 6, no.5(October 1994):363—372. https://doi.org/10.1007/BF01065139.

Feldman, Maryann P. "The New Economics of Innovation, Spillovers and Agglomeration: A Review of Empirical Studies." *Economics of Innovation and New Technology* 8, nos.1—2(January 1, 1999):5—25. https://doi.org/10.1080/10438599900000002.

Feldman, Maryann P., and David B. Audretsch. "Innovation in Cities: Science-Based Diversity, Specialization and Localized Competition." *European Economic Review* 43, no.2(February 15, 1999):409—429. https://doi.org/10.1016/S0014-2921(98)00047-6.

Firebaugh, Glenn, and Chad R. Farrell. "Still Large, but Narrowing: The Sizable Decline in Racial Neighborhood Inequality in Metropolitan America, 1980—2010." *Demography* 53, no.1 (February 1, 2016):139—164. https://doi.org/10.1007/s13524-015-0447-5.

Fischer, Claude S. *To Dwell among Friends: Personal Networks in Town and City*. Chicago: University of Chicago Press, 1982.

Fischer, Claude S. "The Subcultural Theory of Urbanism: A Twentieth-Year Assessment." *American Journal of Sociology* 101, no.3(1995):543—577. https://doi.org/10.1086/230753.

Fischer, Claude S. "Toward a Subcultural Theory of Urbanism." *American Journal of Sociology* 80, no.6(May 1975):1319—1341. https://doi.org/10.1086/225993.

Fletcher, Roland. "Low-Density, Agrarian-Based Urbanism." In *The Comparative Archaeology of Complex Societies*, edited by Michael E. Smith, 285—320. Cambridge: Cambridge University Press, 2011. https://doi.org/10.1017/CBO9781139022712.013.

Florida, Richard. "Just How Urban Is the World? The Great Debate." Bloomberg CityLab, December 6, 2018. https://www.citylab.com/life/2018/12/global-urbanization-un-majority-city-measure/577090/.

Fotheringham, A. Stewart, and M. J. Webber. "Spatial Structure and the Parameters of Spatial Interaction Models." *Geographical Analysis* 12, no.1(January 1, 1980):33—46. https://doi.org/10.1111/j.1538-4632.1980.tb00016.x.

Foucault, Michel. "Of Other Spaces: Utopias and Heterotopias." *Architecture/Mouvement/Continuité*(October 1984). https://web.mit.edu/allanmc/www/foucault1.pdf.

Frank, S. A. "Natural Selection. III. Selection versus Transmission and the Levels of Selection." *Journal of Evolutionary Biology* 25, no.2(February 2012):227—243. https://doi.org/10.1111/j.1420-9101.2011.02431.x.

Frank, S. A. "Natural Selection. V. How to Read the Fundamental Equations of Evolutionary Change in Terms of Information Theory." *Journal of Evolutionary Biology* 25, no.12(December 2012):2377—2396. https://doi.org/10.1111/jeb.12010.

Frank, S. A. "Natural Selection. VII. History and Interpretation of Kin Selection Theory." *Journal of Evolutionary Biology* 26, no.6(June 2013):1151—1184. https://doi.org/10.1111/jeb.12131.

Frank, Steven A. *Foundations of Social Evolution*. Monographs in Behavior and Ecology. Princeton, NJ: Princeton University Press, 1998.

Frank, Steven A. "Mutual Policing and Repression of Competition in the Evolution of Cooperative Groups." *Nature* 377, no.6549(October 1995):520—522. https://doi.org/10.1038/377520a0.

Frey, William H. *The Great American Migration Slowdown*. Washington, DC: Brookings Institution, 2009. https://www.brookings.edu/wp-content/uploads/2016/07/1209_migration_frey-1.pdf.

Fujita, Masahisa. *Urban Economic Theory: Land Use and City Size*. Cambridge: Cambridge University Press, 1990.

Fujita, Masahisa, Paul Krugman, and Anthony J. Venables. *The Spatial Economy: Cities, Regions, and International Trade*. Cambridge, MA: MIT Press, 2001.

Fujita, Masahisa, and Jacques-François Thisse. *Economics of Agglomeration: Cities, Industrial Location, and Globalization*. 2nd ed. Cambridge: Cambridge University Press, 2013.

Gabaix, X. "Zipf's Law for Cities: An Explanation." *Quarterly Journal of Economics* 114, no.3 (August 1, 1999):739—767. https://doi.org/10.1162/003355399556133.

Gaspar, José M. "A Prospective Review on New Economic Geography." *Annals of Regional Science* 61, no.2(September 2018):237—272. https://doi.org/10.1007/s00168-018-0866-5.

Geddes, Patrick. Cities in Evolution: An Introduction to the Town Planning Movement and to the Study of Civics. London: Williams and Norgate, 1915.

Gianessi, Leonard P., Henry M. Peskin, and Edward Wolff. "The Distributional Effects of Uniform Air Pollution Policy in the United States." *Quarterly Journal of Economics* 93, no.2(1979):281—301. https://doi.org/10.2307/1883195.

Gibrat, Robert. Les inégalités économiques; applications: aux inégalités des richesses, à la concentration des entreprises, aux populations des villes, aux statistiques des familles, etc., d'une loi nouvelle, la loi de l'effect proportionnel. Paris: Recueil Sirey, 1931.

Glaeser, Edward L. *Cities, Agglomeration, and Spatial Equilibrium*. Lindahl Lectures. Oxford: Oxford University Press, 2008.

Glaeser, Edward L. "A World of Cities: The Causes and Consequences of Urbanization in Poorer Countries." *Journal of the European Economic Association* 12, no. 5 (October 1, 2014): 1154—1199. https://doi.org/10.1111/jeea.12100.

Glaeser, Edward L., and Joshua D. Gottlieb. "The Wealth of Cities: Agglomeration Economies and Spatial Equilibrium in the United States." *Journal of Economic Literature* 47, no. 4 (December 2009): 983—1028. https://doi.org/10.1257/jel.47.4.983.

Glaeser, Edward L., Rafael La Porta, Florencio Lopez-de-Silanes, and Andrei Shleifer. "Do Institutions Cause Growth?" *Journal of Economic Growth* 9, no. 3 (September 1, 2004): 271—303. https://doi.org/10.1023/B:JOEG.0000038933.16398.ed.

Glaeser, Edward L., and Bruce Sacerdote. "Why Is There More Crime in Cities?" *Journal of Political Economy* 107, no. S6 (December 1999): S225—258. https://doi.org/10.1086/250109.

Glaeser, Edward L., José A. Scheinkman, and Andrei Shleifer. "Economic Growth in a CrossSection of Cities." *Journal of Monetary Economics* 36, no. 1 (August 1995): 117—143. https://doi.org/10.1016/0304-3932(95)01206-2.

Glaeser, Edward Ludwig. Triumph of the City: How Our Greatest Invention Makes Us Richer, Smarter, Greener, Healthier, and Happier. New York: Penguin Books, 2012.

Gleick, James. *Chaos: Making a New Science*. New York: Viking Press, 1987.

Goldenfeld, Nigel. Lectures on Phase Transitions and the Renormalization Group. Frontiers in Physics 85. Reading, MA: Addison-Wesley, 1992.

Goldenfeld, Nigel, and Leo P. Kadanoff. "Simple Lessons from Complexity." *Science* 284, no. 5411 (April 2, 1999): 87—89. https://doi.org/10.1126/science.284.5411.87.

Gomez-Lievano, Andres, Oscar Patterson-Lomba, and Ricardo Hausmann. "Explaining the Prevalence, Scaling and Variance of Urban Phenomena." *Nature Human Behaviour* 1, no. 1 (December 22, 2016): 0012. https://doi.org/10.1038/s41562-016-0012.

Gomez-Lievano, Andres, HyeJin Youn, and Luís M. A. Bettencourt. "The Statistics of Urban Scaling and Their Connection to Zipf's Law." *PLoS One* 7, no. 7 (July 18, 2012): e40393. https://doi.org/10.1371/journal.pone.0040393.

Goodchild, Michael F. "Twenty Years of Progress: GIScience in 2010." *Journal of Spatial Information Science*, no. 1 (July 27, 2010): 3—20. https://doi.org/10.5311/JOSIS.2010.1.2.

Goose, Nigel, and Andrew Hinde. "Estimating Local Population Sizes at Fixed Points in Time: Part II—Specific Sources." *Local Population Studies*, no. 78 (2007): 74—88.

Gould, P. R. "On the Geographical Interpretation of Eigenvalues." *Transactions of the Institute of British Geographers*, no. 42 (1967): 53—86. https://doi.org/10.2307/621372.

Goworowska, Justyna, and Todd K. Gardner. "Historical Migration of the Young, Single, and College Educated: 1965 to 2000." US Census Working Paper Number POP-WP094. Washington, DC: U.S. Census Bureau, April 2012. https://www.census.gov/library/working-papers/2012/demo/POP-twps0094.html.

Griliches, Zvi. "The Search for R&D Spillovers." *Scandinavian Journal of Economics* 94 (1992): S29—47. https://doi.org/10.2307/3440244-Grossman, Gene M., and Elhanan Helpman. "Endogenous Innovation in the Theory of Growth." *Journal of Economic Perspectives* 8, no. 1 (1994): 23—44. https://doi.org/10.1257/jep.8.1.23.

Hägerstrand, Torsten. "What about People in Regional Science?" *Papers of the Regional Science*

Association 24，no.1(December 1970)：6—21. https://doi.org/10.1007/BF01936872.

Haggett，Peter，A. D. Cliff，and Allan E. Frey. *Locational Analysis in Human Geography*. 2nd ed. London：Arnold，1977.

Hamilton，M. J.，B. T. Milne，R. S. Walker，and J. H. Brown. "Nonlinear Scaling of Space Use in Human Hunter-Gatherers." *Proceedings of the National Academy of Sciences* 104，no.11(March 13，2007)：4765—4769. https://doi.org/10.1073/pnas.0611197104.

Hammer，Jeffrey S.，Ijaz Nabi，and James A. Cercone. "Distributional Effects of Social Sector Expenditures in Malaysia，1974—89." In *Public Spending and the Poor：Theory and Evidence*，edited by Dominique van de Walle and Kimberly Nead. Baltimore，MD：Johns Hopkins University Press，1995.

Hannon，Lance. "Poverty，Delinquency，and Educational Attainment：Cumulative Disadvantage or Disadvantage Saturation?" *Sociological Inquiry* 73，no.4(November 1，2003)：575—594. https://doi.org/10.1111/1475-682X.00072.

Hanson，J. W. *An Urban Geography of the Roman World，100 BC to AD 300*. Oxford：Archaeopress Publishing，2016.

Hanson，J. W.，and S. G. Ortman. "A Systematic Method for Estimating the Populations of Greek and Roman Settlements." *Journal of Roman Archaeology* 30(2017)：301—324. https://doi.org/10.1017/S1047759400074134.

Hanson，J. W.，S. G. Ortman，and J. Lobo. "Urbanism and the Division of Labour in the Roman Empire." *Journal of the Royal Society Interface* 14，no.136(November 30，2017)：20170367. https://doi.org/10.1098/rsif.2017.0367.

Hanson，John W.，Scott G. Ortman，Luís M. A. Bettencourt，and Liam C. Mazur. "Urban Form，Infrastructure and Spatial Organisation in the Roman Empire." *Antiquity* 93，no.369(June 2019)：702—718. https://doi.org/10.15184/aqy.2018.192.

Harper，Kyle. *The Fate of Rome：Climate，Disease，and the End of an Empire*. Princeton，NJ：Princeton University Press，2018. https://doi.org/10.1515/9781400888917.

Harris，Chauncy D.，and Edward L. Ullman. "The Nature of Cities." *Annals of the American Academy of Political and Social Science* 242，no.1(November 1945)：7—17. https://doi.org/10.1177/000271624524200103.

Harte，John. *Maximum Entropy and Ecology：A Theory of Abundance，Distribution，and Energetics*. Oxford Series in Ecology and Evolution. Oxford：Oxford University Press，2011.

Hausmann，Ricardo，and César A. Hidalgo. "The Network Structure of Economic Output." *Journal of Economic Growth* 16，no.4(December 2011)：309—342. https://doi.org/10.1007/s10887-011-9071-4.

Hayek，F. A. "The Use of Knowledge in Society." *American Economic Review* 35，no.4(1945)：519—530. https://doi.org/10.1142/9789812701275_0025.

Henderson，John Vernon. *Urban Development：Theory，Fact，and Illusion*. New York：Oxford University Press，1991.

Henrich，Joseph Patrick. The Secret of Our Success：How Culture Is Driving Human Evolution，Domesticating Our Species，and Making Us Smarter. Princeton，NJ：Princeton University Press，2016.

Hesiod. *Works and Days*. Translated by M. L. West. Oxford：Oxford University Press，1996.

Hidalgo，C. A.，and R. Hausmann. "The Building Blocks of Economic Complexity." *Proceedings of the National Academy of Sciences* 106，no.26(June 30，2009)：10570—10575. https://doi.org/10.1073/pnas.0900943106.

Hidalgo, C. A., B. Klinger, A.-L. Barabási, and R. Hausmann. "The Product Space Conditions the Development of Nations." *Science* 317, no.5837(July 27, 2007):482—487. https://doi.org/10.1126/science.1144581.

Hipp, John R. "A Dynamic View of Neighborhoods: The Reciprocal Relationship between Crime and Neighborhood Structural Characteristics." *Social Problems* 57, no.2(2010):205—230. https://doi.org/10.1525/sp.2010.57.2.205.

Hoch, Irving. "Income and City Size." *Urban Studies* 9, no.3(October 1, 1972):299—328. https://doi.org/10.1080/00420987220080451.

Hong, Inho, Morgan R. Frank, Iyad Rahwan, Woo-Sung Jung, and Hyejin Youn. "The Universal Pathway to Innovative Urban Economies." *Science Advances* 6, no.34 (August 21, 2020): eaba4934. https://doi.org/10.1126/sciadv.aba4934.

Hoornweg, Daniel, and Kevin Pope. "Population Predictions for the World's Largest Cities in the 21st Century." *Environment and Urbanization* 29, no.1(April 1, 2017):195—216. https://doi.org/10.1177/0956247816663557.

Hoskins, William George. The Age of Plunder: King Henry's England 1500—1547. London: Longman, 1976.

Hsieh, Chang-Tai, Erik Hurst, Charles I. Jones, and Peter J. Klenow. "The Allocation of Talent and U.S. Economic Growth." *Econometrica* 87, no.5 (2019): 1439—1474. https://doi.org/10.3982/ECTA11427.

Hsieh, Chang-Tai, and Peter J. Klenow. "Misallocation and Manufacturing TFP in China and India." *Quarterly Journal of Economics* 124, no.4(November 1, 2009):1403—1448. https://doi.org/10.1162/qjec.2009.124.4.1403.

Ingersoll, Jonathan E. *Theory of Financial Decision Making*. Rowman and Littlefield Studies in Financial Economics. Totowa, NJ: Rowman and Littlefield, 1987.

Intrator, Jake, Jonathan Tannen, and Douglas S. Massey. "Segregation by Race and Income in the United States 1970—2010." *Social Science Research* 60(November 2016):45—60. https://doi.org/10.1016/j.ssresearch.2016.08.003.

Ioannides, Yannis M., and Linda Datcher Loury. "Job Information Networks, Neighborhood Effects, and Inequality." *Journal of Economic Literature* 42, no.4 (November 2004):1056—1093. https://doi.org/10.1257/0022051043004595.

Ioannides, Yannis M., and Henry G. Overman. "Zipf's Law for Cities: An Empirical Examination." *Regional Science and Urban Economics* 33, no.2 (March 2003):127—137. https://doi.org/10.1016/S0166-0462(02)00006-6.

Isard, Walter. Location and Space-Economy: A General Theory Relating to Industrial Location, Market Areas, Land Use, Trade, and Urban Structure. Regional Science Studies Series 1. Cambridge, MA: MIT Press, 1972.

Jackson, Matthew O. *Social and Economic Networks*. Princeton, NJ: Princeton University Press, 2008.

Jacobs, Jane. Cities and the Wealth of Nations: Principles of Economic Life. New York: Vintage Books, 1985.

Jacobs, Jane. *The Death and Life of Great American Cities*. New York: Vintage Books, 1992; 50th anniversary ed., New York: Modern Library, 2011.

Jacobs, Jane. *The Economy of Cities*. New York: Vintage Books, 1970. Jacobs, Jane. *The Nature of Economies*. New York: Vintage Books, 2001.

Jaffe, Eric. "Why Commute Times Don't Change Much Even as a City Grows." Bloomberg CityLab, June 20, 2014. http://www.citylab.com/commute/2014/06/why-commute-times-dont-change-much-even-as-a-city-grows/373051/.

Jaynes, E. T. "Information Theory and Statistical Mechanics." *Physical Review* 106, no.4(May 15, 1957):620—630. https://doi.org/10.1103/PhysRev.106.620.

Jaynes, E. T. "Information Theory and Statistical Mechanics. II." *Physical Review* 108, no.2(October 15, 1957):171—190. https://doi.org/10.1103/PhysRev.108.171.

Jedwab, Remi, and Dietrich Vollrath. "Urbanization without Growth in Historical Perspective." *Explorations in Economic History* 58(October 2015):1—21. https://doi.org/10.1016/j.eeh.2015.09.002.

Johnson, Gregory A. "Organizational Structure and Scalar Stress." In *Theory and Explanation in Archaeology*, edited by Colin Renfrew, Michael Rowlands, and Barbara A. Segraves-Whallon. Cambridge, MA: Academic Press, 1982.

Johnson, Jeffrey. Non-equilibrium Social Science and Policy: Introduction and Essays on New and Changing Paradigms in Socio-economic Thinking. New York: Springer, 2016.

Johnson, Marc T. J., and Jason Munshi-South. "Evolution of Life in Urban Environments." *Science* 358, no.6363(November 3, 2017): eaam8327. https://doi.org/10.1126/science.aam8327.

Johnstone, Nick, and Ysé Serret, eds. *The Distributional Effects of Environmental Policy*. Cheltenham, UK: Edward Elgar, 2006.

Jones, Charles I. "Growth and Ideas." In *Handbook of Economic Growth*, Vol.1, edited by Philippe Aghion and Steven N. Durlauf, 1063—1111. Amsterdam: Elsevier, 2005. http://www.sciencedirect.com/science/article/pii/S1574068405010166.

Jones, Charles I. "Growth: With or without Scale Effects?" *American Economic Review* 89, no.2 (1999):139—144. https://doi.org/10.1257/aer.89.2.139.

Jones, Charles I., and Paul M. Romer. "The New Kaldor Facts: Ideas, Institutions, Population, and Human Capital." *American Economic Journal: Macroeconomics* 2, no.1(2010):224—245. https://doi.org/10.1257/mac.2.1.224.

Jongman, Willem M., Jan P. A. M. Jacobs, and Geertje M. Klein Goldewijk. "Health and Wealth in the Roman Empire." *Economics and Human Biology* 34(August 2019):138—150. https://doi.org/10.1016/j.ehb.2019.01.005.

Kadanoff, Leo P. Statistical Physics: Statics, Dynamics and Renormalization. Singapore: World Scientific, 2000.

Kander, Astrid, Paolo Malanima, and Paul Warde. *Power to the People: Energy in Europe over the Last Five Centuries*. Princeton Economic History of the Western World. Princeton, NJ: Princeton University Press, 2015.

Kardar, Mehran. *Statistical Physics of Particles*. Cambridge: Cambridge University Press, 2007.

Kelly, J. L. "A New Interpretation of Information Rate." *IRE Transactions on Information Theory* 2, no.3(September 1956):185—189. https://doi.org/10.1109/TIT.1956.1056803.

Kelly, Robert L. *The Lifeways of Hunter-Gatherers: The Foraging Spectrum*. 2nd ed. Cambridge: Cambridge University Press, 2013.

Kennedy, C., S. Pincetl, and P. Bunje. "The Study of Urban Metabolism and Its Applications to

Urban Planning and Design." *Environmental Pollution* 159, nos. 8—9 (August 2011): 1965—1973. https://doi.org/10.1016/j.envpol.2010.10.022.

King, Ritchie S., and Graham Roberts. "Manhattan's Population Density, Past and Present." *New York Times*, March 1, 2012. https://archive.nytimes.com/www.nytimes.com/interactive/2012/03/01/realestate/manhattans-population-density-past-and-present.html.

Kintigh, Keith W., Jeffrey H. Altschul, Mary C. Beaudry, Robert D. Drennan, Ann P. Kinzig, Timothy A. Kohler, W. Fredrick Limp, Herbert D. G. Maschner, William K. Michener, Timothy R. Pauketat, Peter Peregrine, Jeremy A. Sabloff, Tony J. Wilkinson, Henry T. Wright, and Melinda A. Zeder. "Grand Challenges for Archaeology." *Proceedings of the National Academy of Sciences* 111, no. 3(January 21, 2014):879—880. https://doi.org/10.1073/pnas.1324000111.

Kirsch, Scott. "The Incredible Shrinking World? Technology and the Production of Space."*Environment and Planning D: Society and Space* 13, no.5(October 1995):529—555. https://doi.org/10.1068/d130529.

Kline, M. A., and R. Boyd. "Population Size Predicts Technological Complexity in Oceania." *Proceedings of the Royal Society B: Biological Sciences* 277, no.1693 (August 22, 2010):2559—2564. https://doi.org/10.1098/rspb.2010.0452.

Kolko, Jed. "The Death of Cities? The Death of Distance? Evidence from the Geography of Commercial Internet Usage." Paper presented at the Telecommunications Policy Research Conference. Newcastle upon Tyne, 1999.

Kolodny, Oren, Nicole Creanza, and Marcus W. Feldman. "Evolution in Leaps: The Punctuated Accumulation and Loss of Cultural Innovations." *Proceedings of the National Academy of Sciences* 112, no.49(December 8, 2015):E6762—E6769. https://doi.org/10.1073/pnas.1520492112.

Kremer, M. "Population Growth and Technological Change: One Million B.C. to 1990." *Quarterly Journal of Economics* 108, no.3(August 1, 1993):681—716. https://doi.org/10.2307/2118405.

Krivo, Lauren J., Heather M. Washington, Ruth D. Peterson, Christopher R. Browning, Catherine A. Calder, and Mei-Po Kwan. "Social Isolation of Disadvantage and Advantage: The Reproduction of Inequality in Urban Space." *Social Forces* 92, no.1(2013):141—164. https://doi.org/10.1093/sf/sot043.

Krugman, Paul. "Increasing Returns and Economic Geography." *Journal of Political Economy* 99, no.3(June 1, 1991):483—499. https://doi.org/10.1086/261763.

Krugman, Paul. *The Self-Organizing Economy*. Cambridge, MA: Blackwell, 1995.

Kuznets, Simon. "Economic Growth and Income Inequality." *American Economic Review* 45, no.1 (1955):1—28. https://www.jstor.org/stable/1811581.

Laland, Kevin, Blake Matthews, and Marcus W. Feldman. "An Introduction to Niche Construction Theory." *Evolutionary Ecology* 30, no.2(April 2016):191—202. https://doi.org/10.1007/s10682-016-9821-z.

Landau, Lev Davydovič, Evgenii Mikhailovič Lifšic, and Lev Petrovič Pitaevskij. *Statistical Physics, Part 1*. 3rd ed. Course of Theoretical Physics 5. Amsterdam: Elsevier, 2008.

Layard, Richard. "The Distributional Effects of Congestion Taxes." *Economica* 44, no.175(1977): 297—304. https://doi.org/10.2307/2553654.

Lee, Barrett A., Glenn Firebaugh, John Iceland, Stephen A. Matthews, Sean F. Reardon, Lindsay Fox, and Joseph Townsend. "Neighborhood Income Composition by Household Race and Income, 1990—2009." *Annals of the American Academy of Political and Social Science* 660, no.1(July 1, 2015):78—

97. https://doi.org/10.1177/0002716215576104.

Lefebvre, Henri, and Donald Nicholson-Smith. *The Production of Space*. Malden, MA: Blackwell, 2011.

Leitão, J. C., J. M. Miotto, M. Gerlach, and E. G. Altmann. "Is This Scaling Nonlinear?" *Royal Society Open Science* 3, no.7(July 2016): 150649. https://doi.org/10.1098/rsos.150649.

Lemoy, Rémi, and Geoffrey Caruso. "Evidence for the Homothetic Scaling of Urban Forms." *Environment and Planning B: Urban Analytics and City Science* (November 19, 2018):870—888. https://doi.org/10.1177/2399808318810532.

Lens, Michael C. "Measuring the Geography of Opportunity." *Progress in Human Geography* 41, no.1 (February 1, 2017):3—25. https://doi.org/10.1177/0309132515618104.

Le Roux, Guillaume, Julie Vallée, and Hadrien Commenges. "Social Segregation around the Clock in the Paris Region(France)." *Journal of Transport Geography* 59(February 2017):134—145. https://doi.org/10.1016/j.jtrangeo.2017.02.003.

Levine, Robert. A Geography of Time: The Temporal Misadventures of a Social Psychologist, or How Every Culture Keeps Time Just a Little Bit Differently. New York: Basic Books, 1998.

Levy, Moshe. "Gibrat's Law for(All) Cities: Comment." *American Economic Review* 99, no.4 (August 2009):1672—1675. https://doi.org/10.1257/aer.99.4.1672.

Levy, Moshe, and Sorin Solomon. "Power Laws Are Logarithmic Boltzmann Laws." *International Journal of Modern Physics C* 7, no.4 (August 1996): 595—601. https://doi.org/10.1142/S0129183196000491.

Lobo, José, Luís M. A. Bettencourt, Michael E. Smith, and Scott Ortman. "Settlement Scaling Theory: Bridging the Study of Ancient and Contemporary Urban Systems." *Urban Studies* 57, no.4(October 17, 2019):731—747. https://doi.org/10.1177/0042098019873796.

Lobo, José, Luís M. A. Bettencourt, Deborah Strumsky, and Geoffrey B. West. "Urban Scaling and the Production Function for Cities." *PLoS One* 8, no.3(March 27, 2013): e58407. https://doi.org/10.1371/journal.pone.0058407.

Lösch, August, William H. Woglom, and Wolfgang F. Stolper. *The Economics of Location*. New Haven, CT: Yale University Press, 1978.

Lucas, Robert E. "On the Mechanics of Economic Development." *Journal of Monetary Economics* 22, no.1(July 1988):3—42. https://doi.org/10.1016/0304-3932(88)90168-7.

Ludwig, J., G. J. Duncan, L. A. Gennetian, L. F. Katz, R. C. Kessler, J. R. Kling, and L. Sanbonmatsu. "Neighborhood Effects on the Long-Term Well-Being of Low-Income Adults." *Science* 337, no.6101(September 21, 2012):1505—1510. https://doi.org/10.1126/science.1224648.

Ludwig, Jens, Greg J. Duncan, Lisa A. Gennetian, Lawrence F. Katz, Ronald C. Kessler, Jeffrey R. Kling, and Lisa Sanbonmatsu. "Long-Term Neighborhood Effects on Low-Income Families: Evidence from Moving to Opportunity." *American Economic Review* 103, no.3(May 2013):226—231. https://doi.org/10.1257/aer.103.3.226.

Lynch, Kevin. *Good City Form*. Cambridge, MA: MIT Press, 1984.

Ma, Shang-Keng. *Statistical Mechanics*. Singapore: World Scientific, 1985.

MacKay, David J. C. *Information Theory, Inference, and Learning Algorithms*. Cambridge: Cambridge University Press, 2003.

Makse, Hernán A., Shlomo Havlin, and H. Eugene Stanley. "Modelling Urban Growth Patterns."

Nature 377，no.6550(October 1995)：608—612. https：//doi.org/10.1038/377608a0.

Manduca，Robert，and Robert J. Sampson. "Punishing and Toxic Neighborhood Environments Independently Predict the Intergenerational Social Mobility of Black and White Children." *Proceedings of the National Academy of Sciences* 116，no.16(April 16，2019)：7772—7777. https：//doi.org/10.1073/pnas. 1820464116.

Manning，Joseph Gilbert. The Open Sea：The Economic Life of the Ancient Mediterranean World from the Iron Age to the Rise of Rome. Princeton，NJ：Princeton University Press，2018.

Manzanilla，Linda，ed. *Emergence and Change in Early Urban Societies*. Fundamental Issues in Archaeology. New York：Plenum Press，1997.

Marchetti，C. "Anthropological Invariants in Travel Behavior." *Technological Forecasting and Social Change* 47，no.1(September 1994)：75—88. https：//doi.org/10.1016/0040-1625(94)90041-8.

Marchio，Nicholas，and Joseph Parilla. "Export Monitor 2018." *Brookings Report*，April 24，2018. https：//www.brookings.edu/research/export-monitor-2018/.

Marshall，Alfred. *Principles of Economics*. London：Macmillan，1890.

Masucci，A. Paolo，Joan Serras，Anders Johansson，and Michael Batty. "Gravity versus Radiation Models：On the Importance of Scale and Heterogeneity in Commuting Flows." *Physical Review E* 88，no.2(August 22，2013). https：//doi.org/10.1103/PhysRevE.88.022812.

McCann，Philip. *Modern Urban and Regional Economics*. 2nd ed. Oxford：Oxford University Press，2013.

McConnell，Joseph R.，Andrew I. Wilson，Andreas Stohl，Monica M. Arienzo，Nathan J. Chellman，Sabine Eckhardt，Elisabeth M. Thompson，A. Mark Pollard，and Jørgen Peder Steffensen. "Lead Pollution Recorded in Greenland Ice Indicates European Emissions Tracked Plagues，Wars，and Imperial Expansion during Antiquity." *Proceedings of the National Academy of Sciences* 115，no.22(May 29，2018)：5726—5731. https：//doi.org/10.1073/pnas.1721818115.

Meder，David，Finn Rabe，Tobias Morville，Kristoffer H. Madsen，Magnus T. Koudahl，Ray J. Dolan，Hartwig R. Siebner，and Oliver J. Hulme. "Ergodicity-Breaking Reveals Time Optimal Economic Behavior in Humans." *ArXiv：1906.04652[Econ，q-Fin]*，June 19，2019. http：//arxiv.org/abs/1906. 04652.

Mellaart，James. "Excavations at Hacılar：Third Preliminary Report，1959." *Anatolian Studies* 10 (1960)：83—104. https：//doi.org/10.2307/3642430.

Metcalf，Gilbert E.，and David Weisbach. "The Design of a Carbon Tax." *Harvard Environmental Law Review* 33(2009)：499—556.

Metspalu，Mait，Toomas Kivisild，Ene Metspalu，Jüri Parik，Georgi Hudjashov，Katrin Kaldma，Piia Serk，Monika Karmin，Doron M. Behar，M. Thomas P Gilbert，Phillip Endicott，Sarabjit Mastana，Surinder S. Papiha，Karl Skorecki，Antonio Torroni，and Richard Villems. "Most of the Extant MtDNA Boundaries in South and Southwest Asia Were Likely Shaped during the Initial Settlement of Eurasia by Anatomically Modern Humans." *BMC Genetics* 5(2004)：26. https：//doi.org/10.1186/1471-2156-5-26.

Milgram，S. "The Experience of Living in Cities." *Science* 167，no.3924(March 13，1970)：1461—1468. https：//doi.org/10.1126/science.167.3924.1461.

Miller，Harvey J. "Tobler's First Law and Spatial Analysis." *Annals of the Association of American Geographers* 94，no.2(2004)：284—289. https：//doi.org/10.1111/j.1467-8306.2004.09402005.x.

Mills，Edwin S. "An Aggregative Model of Resource Allocation in a Metropolitan Area." *American*

Economic Review 57, no.2(1967):197—210. https://www.jstor.org/stable/1821621.

Mills, Edwin S., and Bruce W. Hamilton. *Urban Economics*. 5th ed. HarperCollins Series in Economics. New York: HarperCollins, 1994.

Mitlin, Diana, and David Satterthwaite. *Urban Poverty in the Global South : Scale and Nature*. London: Routledge, 2013.

Molinero, Carlos, and Stefan Thurner. "How the Geometry of Cities Explains Urban Scaling Laws." *Journal of the Royal Society : Interface* 18, no.176(March 17, 2021). https://royalsocietypub lishing. org/doi/10.1098/rsif.2020.0705.

Montroll, Elliott W., and Michael F. Shlesinger. "On 1/f Noise and Other Distributions with Long Tails." *Proceedings of the National Academy of Sciences* 79, no.10 (May 1, 1982): 3380—3383. https://doi.org/10.1073/pnas.79.10.3380.

Morenoff, Jeffrey D., Robert J. Sampson, and Stephen W. Raudenbush. "Neighborhood Inequality, Collective Efficacy, and the Spatial Dynamics of Urban Violence." *Criminology* 39, no.3(2001):517—558. https://doi.org/10.1111/j.1745-9125.2001.tb00932.x.

Morgan, Mary S., and Ian Sinclair. *Charles Booth's London Poverty Maps*. London: Thames and Hudson, 2019.

Morgan, Stephen L., and Christopher Winship. *Counterfactuals and Causal Inference : Methods and Principles for Social Research*. 2nd ed. Analytical Methods for Social Research. New York: Cambridge University Press, 2015.

Mumford, Lewis. The City in History: Its Origins, Its Transformations, and Its Prospects. New York: Harcourt Brace Jovanovich, 1961.

Muth, Richard F. Cities and Housing: The Spatial Pattern of Urban Residential Land Use. Chicago: University of Chicago Press, 1971.

Nagy, Béla, J. Doyne Farmer, Quan M. Bui, and Jessika E. Trancik. "Statistical Basis for Predicting Technological Progress." *PLoS One* 8, no.2(February 28, 2013): e52669. https://doi.org/10.1371/journal.pone.0052669.

Nelson, Richard R., and Sidney G. Winter. *An Evolutionary Theory of Economic Change*. Cambridge, MA: Harvard University Press, 2009.

Neuhoff, Karsten, Stefan Bach, Jochen Diekmann, Martin Beznoska, and Tarik El-Laboudy. "Distributional Effects of Energy Transition: Impacts of Renewable Electricity Support in Germany." *Economics of Energy and Environmental Policy* 2, no.1(2013):41—54. https://ideas.repec.org/a/aen/eeepjl/2_1_a03.html.

Newling, Bruce E. "Urban Growth and Spatial Structure: Mathematical Models and Empirical Evidence." *Geographical Review* 56, no.2(April 1966):213—225. https://doi.org/10.2307/212879.

Nordbeck, Stig. "Urban Allometric Growth." *Geografiska Annaler*, Series B : *Human Geography* 53, no.1(1971):54—67. https://doi.org/10.2307/490887.

North, Douglass C. "Institutions, Transaction Costs and Economic Growth." *Economic Inquiry* 25, no.3(1987):419—428. https://doi.org/10.1111/j.1465-7295.1987.tb00750.x.

North, Douglass C. *Transaction Costs, Institutions, and Economic Performance*. Occasional Papers/International Center for Economic Growth 30. San Francisco: ICS Press, 1992.

Ober, Josiah. *The Rise and Fall of Classical Greece*. Princeton, NJ: Princeton University Press, 2016.

O'Brien, Daniel, Robert J. Sampson, and Christopher Winship. "Ecometrics in the Age of Big Data: Measuring and Assessing 'Broken Windows' Using Large-Scale Administrative Records." *Sociological Methodology* 45(2015):101—147. https://doi.org/10.1177/0081175015576601.

O'Brien, Daniel T. The Urban Commons: How Data and Technology Can Rebuild Our Communities. Cambridge, MA: Harvard University Press, 2018.

Office of the Registrar General and Census Commissioner. "Census of India, 2011." New Delhi: Ministry of Home Affairs, 2011. https://censusindia.gov.in/2011-common/censusdata2011.html.

Okasha, Samir. *Evolution and the Levels of Selection.* Illustrated ed. New York: Oxford University Press, 2009.

Olson, Mancur. "Distinguished Lecture on Economics in Government: Big Bills Left on the Sidewalk: Why Some Nations Are Rich, and Others Poor." *Journal of Economic Perspectives* 10, no.2(June 1996): 3—24. https://doi.org/10.1257/jep.10.2.3.

Olsson, Gunnar. "Central Place Systems, Spatial Interaction, and Stochastic Processes." *Papers in Regional Science* 18, no.1(1967):13—45. https://doi.org/10.1111/j.1435-5597.1967.tb01352.x.

O'Rand, Angela M. "The Precious and the Precocious: Understanding Cumulative Disadvantage and Cumulative Advantage over the Life Course." *The Gerontologist* 36, no.2(April 1, 1996): 230—238. https://doi.org/10.1093/geront/36.2.230.

Organisation for Economic Co-operation and Development(OECD), ed. *Redefining "Urban": A New Way to Measure Metropolitan Areas.* Paris: OECD, 2012. https://doi.org/10.1787/9789264174108-en.

Ortman, S. G., A. H. F. Cabaniss, J. O. Sturm, and L. M. A. Bettencourt. "Settlement Scaling and Increasing Returns in an Ancient Society." *Science Advances* 1, no.1(February 1, 2015): e1400066. https://doi.org/10.1126/sciadv.1400066.

Ortman, Scott G., Andrew H. F. Cabaniss, Jennie O. Sturm, and Luís M. A. Bettencourt. "The Prehistory of Urban Scaling." *PLoS One* 9, no.2(February 12, 2014): e87902. https://doi.org/10.1371/journal.pone.0087902.

Ortman, Scott G., and Grant D. Coffey. "Settlement Scaling in Middle-Range Societies." *American Antiquity* 82, no.4(October 2017):662—682. https://doi.org/10.1017/aaq.2017.42.

Ortman, Scott G., Kaitlyn E. Davis, José Lobo, Michael E. Smith, Luís M. A. Bettencourt, and Aaron Trumbo. "Settlement Scaling and Economic Change in the Central Andes." *Journal of Archaeological Science* 73(September 2016):94—106. https://doi.org/10.1016/j.jas.2016.07.012.

Ortman, Scott G., Michael E. Smith, José Lobo, and Luís M. A. Bettencourt. "Why Archaeology Is Necessary for a Theory of Urbanization." *Journal of Urban Archaeology* 1(2020):151—167. https://doi.org/10.1484/J.JUA.5.120914.

Ostrom, Elinor. "Crossing the Great Divide: Coproduction, Synergy, and Development." *World Development* 24, no.6(June 1996):1073—1087. https://doi.org/10.1016/0305-750X(96)00023-X.

Ostrom, Elinor. "A General Framework for Analyzing Sustainability of Social-Ecological Systems." *Science* 325, no.5939(July 24, 2009):419—422. https://doi.org/10.1126/science.1172133. O'Sullivan, Arthur. *Urban Economics.* 8th ed. New York: McGraw-Hill/Irwin, 2012.

Owens, Ann. "Neighborhoods on the Rise: A Typology of Neighborhoods Experiencing Socioeconomic Ascent." *City and Community* 11, no.4(December 1, 2012):345—369. https://doi.org/10.1111/j.1540-6040.2012.01412.x.

Page, Karen M., and Martin A. Nowak. "Unifying Evolutionary Dynamics." *Journal of Theoretical*

Biology 219, no.1(November 2002):93—98. https://doi.org/10.1006/jtbi.2002.3112.

Pan, Wei, Gourab Ghoshal, Coco Krumme, Manuel Cebrian, and Alex Pentland. "Urban Characteristics Attributable to Density-Driven Tie Formation." *Nature Communications* 4(June 4, 2013). https://doi.org/10.1038/ncomms2961.

Park, H. J., S. H. Lee, and B. J. Kim, "Generalized Gravity Model for Human Migration." *New Journal of Physics* 20(September 18, 2018): 093018. https://iopscience.iop.org/article/10.1088/1367-2630/aade6b.

Park, Robert Ezra, Ernest Watson Burgess, Roderick D. McKenzie, and Morris Janowitz. *The City: Suggestions for Investigation of Human Behavior in the Urban Environment*. Heritage of Sociology. Chicago: University of Chicago Press, 2010. Originally published in 1925.

Parry, Ian W. H. "Are Emissions Permits Regressive?" *Journal of Environmental Economics and Management* 47, no.2(March 2004):364—387. https://doi.org/10.1016/j.jeem.2003.07.001.

Patel, Sheela, Carrie Baptist, and Celine D'Cruz. "Knowledge Is Power—Informal Communities Assert Their Right to the City through SDI and Community-Led Enumerations." *Environment and Urbanization* 24, no.1(April 1, 2012):13—26. https://doi.org/10.1177/0956247812438366.

Pearl, Judea. *Causality: Models, Reasoning, and Inference*. 2nd ed. New York: Cambridge University Press, 2013.

Peters, Ole, and Alexander Adamou. "Insurance Makes Wealth Grow Faster." *ArXiv: 1507.04655* [*q-Fin*], July 16, 2015. http://arxiv.org/abs/1507.04655.

Piketty, Thomas. *Capital in the 21st Century*. Cambridge, MA: Belknap, 2014.

Piketty, Thomas, and Gabriel Zucman. "Capital Is Back: Wealth-Income Ratios in Rich Countries 1700—2010." *Quarterly Journal of Economics* 129, no.3(2014):1255—1310. https://doi.org/10.1093/qje/qju018.

Polanyi, Karl. The Great Transformation: The Political and Economic Origins of Our Time. New York: Farrar and Rinehart, 1944.

Poon, Linda. "Carbon Emissions Are Already Falling in 30 Cities." Bloomberg CityLab, October 9, 2019. https://www.bloomberg.com/news/articles/2019-10-09/c40-the-cities-where-emissions-are-dropping.

Pope, C. Arden, Michael J. Thun, Mohan M. Namboodiri, Douglas W. Dockery, John S. Evans, Frank E. Speizer, and Clark W. Heath. "Particulate Air Pollution as a Predictor of Mortality in a Prospective Study of U.S. Adults." *American Journal of Respiratory and Critical Care Medicine* 151, no.3, pt. 1(March 1995):669—674. https://doi.org/10.1164/ajrccm/151.3_Pt_1.669.

Pred, Allan. "The Choreography of Existence: Comments on Hägerstrand's Time-Geography and Its Usefulness." *Economic Geography* 53, no.2(April 1, 1977):207—221. https://doi.org/10.2307/142726.

Preston, Samuel H. "Urban Growth in Developing Countries: A Demographic Reappraisal." *Population and Development Review* 5, no.2(1979):195—215. https://doi.org/10.2307/1971823.

Price, Catherine Waddams, and Ruth Hancock. "Distributional Effects of Liberalising UK Residential Utility Markets." *Fiscal Studies* 19, no.3(1998):295—319.

Price, Derek De Solla. "A General Theory of Bibliometric and Other Cumulative Advantage Processes." *Journal of the American Society for Information Science* 27, no.5(September 1976):292—306. https://doi.org/10.1002/asi.4630270505.

Price, George R. "Selection and Covariance." *Nature* 227, no.5257(August 1, 1970):520—521.

https://doi.org/10.1038/227520a0.

Puga, Diego. "The Magnitude and Causes of Agglomeration Economies." *Journal of Regional Science* 50, no.1(February 2010):203—219. https://doi.org/10.1111/j.1467-9787.2009.00657.x.

Pumain, Denise, Fabien Paulus, Céline Vacchiani-Marcuzzo, and José Lobo. "An Evolutionary Theory for Interpreting Urban Scaling Laws." *Cybergeo: European Journal of Geography* (July 5, 2006). https://doi.org/10.4000/cybergeo.2519.

Ramaswami, Anu, Luís M. A. Bettencourt, Andres Clarens, Sajal Das, Garrett Fitzgerald, Elena Irwin, Diane Pataki, Karen Seto, and Paul Waddell. *Sustainable Urban Systems Report*. Alexandria, VA: National Science Foundation, 2018. https://www.nsf.gov/ere/ereweb/ac-ere/sustainable-urban-systems.pdf.

Raudenbush, Stephen W., and Robert J. Sampson. "Ecometrics: Toward a Science of Assessing Ecological Settings, with Application to the Systematic Social Observation of Neighborhoods." *Sociological Methodology* 29, no.1(1999):1—41. https://doi.org/10.1111/0081-1750.00059.

Ravenstein, E. G. "The Laws of Migration." *Journal of the Statistical Society of London* 48, no.2 (1885):167—235. https://doi.org/10.2307/2979181.

Rawcliffe, Carole. Urban Bodies: Communal Health in Late Medieval English Towns and Cities. Woodbridge, UK: Boydell and Brewer, 2013.

Reardon, Sean F., and Kendra Bischoff. "Income Inequality and Income Segregation." *American Journal of Sociology* 116, no.4(2011):1092—1153. https://doi.org/10.1086/657114.

Rice, Sean H. Evolutionary Theory: Mathematical and Conceptual Foundations. Sunderland, MA: Sinauer Associates, 2004.

Richardson, Harry W. "A Note on the Distributional Effects of Road Pricing." *Journal of Transport Economics and Policy* 8, no.1(1974):82—85. https://www.jstor.org/stable/20052404.

Richerson, Peter J., and Robert Boyd. *Not by Genes Alone: How Culture Transformed Human Evolution*. Chicago: University of Chicago Press, 2008.

Rigby, Stephen H. "Urban Population in Late Medieval England: The Evidence of the Lay Subsidies."*Economic History Review* 63, no.2(2010):393—417. https://doi.org/10.1111/j.1468-0289.2009.00489.x.

Riis, Jacob, and Hasia R. Diners, eds. How the Other Half Lives: Authoritative Text, Contexts, and Criticism. New York: Norton, 2010.

Rittel, Horst W. J., and Melvin M. Webber. "Dilemmas in a General Theory of Planning." *Policy Sciences* 4, no.2(June 1973):155—169. https://doi.org/10.1007/BF01405730.

Roberto, Elizabeth. "The Divergence Index: A Decomposable Measure of Segregation and Inequality." *ArXiv: 1508.01167[Physics, Stat]*, August 5, 2015. http://arxiv.org/abs/1508.01167.

Roberto, Elizabeth, and Jackelyn Hwang. "Barriers to Integration: Institutionalized Boundaries and the Spatial Structure of Residential Segregation." *ArXiv: 1509.02574[Physics, Stat]*, September 8, 2015. http://arxiv.org/abs/1509.02574.

Rodríguez-Iturbe, Ignacio, and Andrea Rinaldo. *Fractal River Basins: Chance and Self-Organization*. Cambridge: Cambridge University Press, 2001.

Rodríguez-Iturbe, Ignacio, Andrea Rinaldo, Riccardo Rigon, Rafael L. Bras, Ede Ijjasz-Vasquez, and Alessandro Marani. "Fractal Structures as Least Energy Patterns: The Case of River Networks." *Geophysical Research Letters* 19, no.9(May 4, 1992):889—892. https://doi.org/10.1029/92GL00938.

Romer, David. *Advanced Macroeconomics*. 2nd ed. Boston: McGraw-Hill, 2001.

Romer, Paul M. "Endogenous Technological Change." *Journal of Political Economy* 98, no. 5 (1990): S71—S102. https://doi.org/10.1086/261725.

Romer, Paul M. "Increasing Returns and Long-Run Growth." *Journal of Political Economy* 94, no.5(October 1986):1002—1037. https://doi.org/10.1086/261420.

Romero Lankao, Patricia, Alana Wilson, Joshua Sperling, Clark Miller, Daniel Zimny-Schmitt, Luís Bettencourt, Eric Wood, Stan Young, Matteo Muratori, Doug Arent, Mark O'Malley, Benjamin Sovacool, Marilyn Brown, Frank Southworth, Morgan Bazilian, Chris Gearhart, Anni Beukes, and Daniel Zünd. "Urban Electrification: Knowledge Pathway toward an Integrated Research and Development Agenda." SSRN Scholarly Paper. Rochester, NY: Social Science Research Network, August 20, 2019. https://papers.ssrn.com/abstract=3440283.

Rosenthal, Stuart S., and William C. Strange. "Evidence on the Nature and Sources of Agglomeration Economies." In *Handbook of Regional and Urban Economics*, Vol.4: *Cities and Geography*, edited by J. Vernon Henderson and Jacques-François Thisse, 2119—2171. Amsterdam: Elsevier, 2004. http://www.sciencedirect.com/science/article/pii/S1574008004800063.

Rosvall, M., A. Grönlund, P. Minnhagen, and K. Sneppen. "Searchability of Networks." *Physical Review E* 72, no.4(October 17, 2005). https://doi.org/10.1103/PhysRevE.72.046117.

Rozenfeld, Hernán D., Diego Rybski, Xavier Gabaix, and Hernán A. Makse. "The Area and Population of Cities: New Insights from a Different Perspective on Cities." *American Economic Review* 101, no.5 (August 2011):2205—2225. https://doi.org/10.1257/aer.101.5.2205.

Ruijs, A., A. Zimmermann, and M. van den Berg. "Demand and Distributional Effects of Water Pricing Policies." *Ecological Economics* 66, nos. 2—3 (June 2008):506—516. https://doi.org/10.1016/j.ecolecon.2007.10.015.

Sahasranaman, Anand, and Luís M. A. Bettencourt. "Economic Geography and the Scaling of Urban and Regional Income in India." *Environment and Planning B: Urban Analytics and City Science* (October 9, 2019): 239980831987946. https://doi.org/10.1177/2399808319879463.

Sahasranaman, Anand, and Luís M. A. Bettencourt. "Urban Geography and Scaling of Contemporary Indian Cities." *Journal of the Royal Society Interface* 16, no.152(March 29, 2019): 20180758. https://doi.org/10.1098/rsif.2018.0758.

Sahasranaman, Anand, and Henrik Jeldtoft Jensen. "Dynamics of Transformation from Segregation to Mixed Wealth Cities." *PLoS One* 11, no. 11 (November 18, 2016): e0166960. https://doi.org/10.1371/journal.pone.0166960.

Sahasranaman, Anand, and Henrik Jeldtoft Jensen. "Ethnicity and Wealth: The Dynamics of Dual Segregation." *PLoS One* 13, no. 10 (October 10, 2018): e0204307. https://doi.org/10.1371/journal.pone.0204307.

Saichev, A. I., Yannick Malevergne, and Didier Sornette. *Theory of Zipf's Law and Beyond*. Lecture Notes in Economics and Mathematical Systems 632. Berlin: Springer, 2010.

Samaniego, Horacio, and Melanie E. Moses. "Cities as Organisms: Allometric Scaling of Urban Road Networks." *Journal of Transport and Land Use* 1, no.1(July 15, 2008):21—39. https://doi.org/10.5198/jtlu.v1i1.29.

Sampson, R. J. "Moving and the Neighborhood Glass Ceiling." *Science* 337, no.6101(September 21, 2012):1464—1465. https://doi.org/10.1126/science.1227881.

Sampson, Robert J. Great American City: Chicago and the Enduring Neighborhood Effect. Chicago: University of Chicago Press, 2012.

Sampson, Robert J. "Moving to Inequality: Neighborhood Effects and Experiments Meet Social Structure." *American Journal of Sociology* 114, no. 1 (July 1, 2008): 189—231. https://doi.org/10. 1086/589843.

Sampson, Robert J. "Neighbourhood Effects and Beyond: Explaining the Paradoxes of Inequality in the Changing American Metropolis." *Urban Studies* 56, no.1 (January 2019): 3—32. https://doi.org/10. 1177/0042098018795363.

Sampson, Robert J., and John H. Laub. "Crime and Deviance over the Life Course: The Salience of Adult Social Bonds." *American Sociological Review* 55, no.5 (1990): 609—627. https://doi.org/10.2307/ 2095859.

Sampson, Robert J., and John H. Laub. *Crime in the Making: Pathways and Turning Points through Life*. Cambridge, MA: Harvard University Press, 1995.

Sampson, Robert J., and Stephen W. Raudenbush. "Systematic Social Observation of Public Spaces: A New Look at Disorder in Urban Neighborhoods." *American Journal of Sociology* 105, no.3 (November 1999): 603—651. https://doi.org/10.1086/210356.

Samuelson, Paul A. "The 'Fallacy' of Maximizing the Geometric Mean in Long Sequences of Investing or Gambling." *Proceedings of the National Academy of Sciences* 68, no.10 (October 1, 1971): 2493—2496. https://doi.org/10.1073/pnas.68.10.2493.

Samuelson, Paul A. *Foundations of Economic Analysis*. Enlarged ed. Harvard Economic Studies 80. Cambridge, MA: Harvard University Press, 1983.

Samuelson, Paul A. "The Transfer Problem and Transport Costs, II: Analysis of Effects of Trade Impediments." *Economic Journal* 64, no.254 (1954): 264—289. https://doi.org/10.2307/2226834.

Sanbonmatsu, Lisa Katz, Lawrence F. Ludwig, Jens Gennetian, Lisa A. Duncan, Greg J. Kessler, Ronald C. Adam, Emma McDade, Thomas W. Lindau, and Stacy Tessler. "Moving to Opportunity for Fair Housing Demonstration Program—Final Impacts Evaluation." Washington, DC: U.S. Department of Housing and Urban Development, 2011. https://www.huduser.gov/portal/publications/pubasst/MTOF-HD.html.

Sassen, Saskia. *The Global City: New York, London, Tokyo*. 2nd ed. Princeton, NJ: Princeton University Press, 2001.

Satterthwaite, David. "Missing the Millennium Development Goal Targets for Water and Sanitation in Urban Areas." *Environment and Urbanization* (March 1, 2016): 99—118. https://doi.org/10.1177/ 0956247816628435.

Saunders, Doug. Arrival City: How the Largest Migration in History Is Reshaping Our World. New York: Vintage Books, 2012.

Scheidel, Walter, Ian Morris, and Richard P. Saller, eds. *The Cambridge Economic History of the Greco-Roman World*. Cambridge: Cambridge University Press, 2013.

Schelling, Thomas C. *Micromotives and Macrobehavior*. New York: Norton, 2006.

Schertz, Kathryn E., James Saxon, Carlos Cardenas-Iniguez, Luís M. A. Bettencourt, and Marc Berman. "Neighborhood Street Activity and Greenspace Usage Uniquely Contribute to Predicting Crime." SSRN Scholarly Paper. Rochester, NY: Social Science Research Network, October 21, 2019. https://papers.ssrn.com/abstract=3473331.

Schläpfer, M., L. M. A. Bettencourt, S. Grauwin, M. Raschke, R. Claxton, Z. Smoreda, G. B. West, and C. Ratti. "The Scaling of Human Interactions with City Size." *Journal of the Royal Society Interface* 11, no.98(July 2, 2014): 20130789. https://doi.org/10.1098/rsif.2013.0789.

Schläpfer, Markus, Joey Lee, and Luís M. A. Bettencourt. "Urban Skylines: Building Heights and Shapes as Measures of City Size." *ArXiv: 1512.00946[Physics]*, December 2, 2015. http://arxiv.org/abs/1512.00946.

Schlör, Holger, Wolfgang Fischer, and Jürgen-Friedrich Hake. "Sustainable Development, Justice and the Atkinson Index: Measuring the Distributional Effects of the German Energy Transition." *Applied Energy* 112(December 2013):1493—1499. https://doi.org/10.1016/j.apenergy.2013.04.020.

Schofield, Roger. "The Geographical Distribution of Wealth in England, 1334—1649." *Economic History Review* 18, no.3(1965):483—510.

Sen, Amartya. *Commodities and Capabilities*. New Delhi: Oxford University Press, 2008.

Sen, Amartya. *Development as Freedom*. Oxford: Oxford University Press, 2001.

Seto, Karen C., Michail Fragkias, Burak Güneralp, and Michael K. Reilly. "A Meta-analysis of Global Urban Land Expansion." *PLoS One* 6, no.8(August 18, 2011): e23777. https://doi.org/10.1371/journal.pone.0023777.

Shannon, Claude E., and Warren Weaver. *The Mathematical Theory of Communication*. Urbana: University of Illinois Press, 1975.

Sharkey, Patrick. "The Acute Effect of Local Homicides on Children's Cognitive Performance." *Proceedings of the National Academy of Sciences* 107, no.26(June 29, 2010):11733—11738. https://doi.org/10.1073/pnas.1000690107.

Sharkey, Patrick, and Jacob W. Faber. "Where, When, Why, and for Whom Do Residential Contexts Matter? Moving Away from the Dichotomous Understanding of Neighborhood Effects." *Annual Review of Sociology* 40(July 30, 2014):559—579. https://doi.org/10.1146/annurev-soc-071913-043350.

Sharkey, Patrick T., Nicole Tirado-Strayer, Andrew V. Papachristos, and C. Cybele Raver. "The Effect of Local Violence on Children's Attention and Impulse Control." *American Journal of Public Health* 102, no.12(December 2012):2287—2293. https://doi.org/10.2105/AJPH.2012.300789.

Sharma, S., G. R. Sethi, A. Rohtagi, A. Chaudhary, R. Shankar, J. S. Bapna, V. Joshi, and D. G. Sapir. "Indoor Air Quality and Acute Lower Respiratory Infection in Indian Urban Slums." *Environmental Health Perspectives* 106, no.5(May 1998):291—297. https://doi.org/10.1289/ehp.98106291.

Sheail, John. "The Regional Distribution of Wealth in England as Indicated in the 1524/5 Lay Subsidy Returns." University of London, 1968.

Shen, Guoqiang. "Fractal Dimension and Fractal Growth of Urbanized Areas." *International Journal of Geographical Information Science* 16, no. 5 (July 2002): 419—437. https://doi.org/10.1080/13658810210137013.

Shuey, Kim M., and Andrea E. Willson. "Cumulative Disadvantage and Black-White Disparities in Life-Course Health Trajectories." *Research on Aging* 30, no.2(March 1, 2008):200—225. https://doi.org/10.1177/0164027507311151.

Simini, Filippo, Marta C. González, Amos Maritan, and Albert-László Barabási. "A Universal Model for Mobility and Migration Patterns." *Nature* 484, no.7392(April 5, 2012):96—100. https://doi.org/10.1038/nature10856.

Simmel, Georg, and Donald N. Levine. *On Individuality and Social Forms: Selected Writings.*

Heritage of Sociology. Chicago: University of Chicago Press, 2010. Originally published 1971.

Simon, Herbert A. "The Architecture of Complexity." *Proceedings of the American Philosophical Society* 106, no.6(1962):467—482.

Simon, Herbert A. "On a Class of Skew Distribution Functions." *Biometrika* 42, nos.3—4(1955): 425—440. https://doi.org/10.1093/biomet/42.3-4.425.

Sinai, Todd, and Joel Waldfogel. "Geography and the Internet: Is the Internet a Substitute or a Complement for Cities?" *Journal of Urban Economics* 56, no.1(July 2004):1—24. https://doi.org/10.1016/j.jue.2004.04.001.

Small, Mario Luis, and Katherine Newman. "Urban Poverty after *The Truly Disadvantaged*: The Rediscovery of the Family, the Neighborhood, and Culture." *Annual Review of Sociology* 27(August 2001):23—45. https://doi.org/10.1146/annurev.soc.27.1.23.

Smith, Adam, and Alan B. Krueger. *The Wealth of Nations*. New York: Bantam Classics, 2003. Originally published in 1776.

Smith, Michael E. "The Archaeological Study of Neighborhoods and Districts in Ancient Cities." *Journal of Anthropological Archaeology* 29, no.2(June 2010):137—154. https://doi.org/10.1016/j.jaa.2010.01.001.

Smith, Michael E. *The Aztecs*. 3rd ed. The Peoples of America. Malden, MA: Wiley-Blackwell, 2011. Solari, Claudia D. "Affluent Neighborhood Persistence and Change in U.S. Cities." *City and Community* 11, no.4(December 1, 2012):370—388. https://doi.org/10.1111/j.1540-6040.2012.01422.x.

Solecki, William, Karen C. Seto, and Peter J. Marcotullio. "It's Time for an Urbanization Science." *Environment: Science and Policy for Sustainable Development* 55, no.1(January 1, 2013):12—17. https://doi.org/10.1080/00139157.2013.748387.

Solow, Robert. "Technical Change and the Aggregate Production Function." *Review of Economics and Statistics* 39, no.3(August 1957):312—320. https://doi.org/10.2307/1926047.

South, Scott J., Ying Huang, Amy Spring, and Kyle Crowder. "Neighborhood Attainment over the Adult Life Course." *American Sociological Review* 81, no.6(December 1, 2016):1276—1304. https://doi.org/10.1177/0003122416673029.

Stauffer, D., and S. Solomon. "Ising, Schelling and Self-Organising Segregation." *European Physical Journal B* 57, no.4(June 2007):473—479. https://doi.org/10.1140/epjb/e2007-00181-8.

Stewart, John Q. "The 'Gravitation,' or Geographical Drawing Power, of a College." *Bulletin of the American Association of University Professors (1915—1955)* 27, no.1(1941):70—75. https://doi.org/10.2307/40219181.

Stewart, John Q. "An Inverse Distance Variation for Certain Social Influences." *Science* 93, no.2404 (1941):89—90. https://doi.org/10.1126/science.93.2404.89.

Sutton, John. "Gibrat's Legacy." *Journal of Economic Literature* 35, no.1(1997):40—59. https://www.jstor.org/stable/2729692.

Sveikauskas, Leo. "The Productivity of Cities." *Quarterly Journal of Economics* 89, no.3(1975): 393—413. https://doi.org/10.2307/1885259.

Swerts, Elfie, and Denise Pumain. "A Statistical Approach to Territorial Cohesion: The Indian City System." *L'espace géographique* 42, no.1(October 8, 2013):75—90. https://www.jstor.org/stable/26213671.

Theil, Henri. *Economics and Information Theory*. Amsterdam: North-Holland, 1967.

Thomas, Isabelle, Pierre Frankhauser, and Marie-Laurence De Keersmaecker. "Fractal Dimension versus Density of Built-Up Surfaces in the Periphery of Brussels." *Papers in Regional Science* 86, no.2 (2007):287—308. https://doi.org/10.1111/j.1435-5957.2007.00122.x.

Thompson, D'Arcy Wentworth, and John Tyler Bonner. *On Growth and Form*. Abridged ed. Cambridge: Cambridge University Press, 1992.

Thrift, Nigel, and Allan Pred. "Time-Geography: A New Beginning." *Progress in Geography* 5, no.2(June 1981):277—286. https://doi.org/10.1177/030913258100500209.

Tobler, Waldo. "Linear Pycnophylactic Reallocation: Comment on a Paper by D. Martin." *International Journal of Geographical Information Science* 13, no.1(January 1, 1999):85—90. https://doi.org/10.1080/136588199241472.

Tobler, Waldo R. "Satellite Confirmation of Settlement Size Coefficient." USGS Numbered Series. Open-File Report. Reston, VA: U.S. Geological Survey, 1968. http://pubs.er.usgs.gov/publication/ofr69285.

Tobler, W. R. "A Computer Movie Simulating Urban Growth in the Detroit Region." *Economic Geography* 46(1970):234—240. https://doi.org/10.2307/143141.

Tranos, Emmanouil, and Peter Nijkamp. "The Death of Distance Revisited: Cyber-Place, Physical and Relational Proximities." *Journal of Regional Science* 53, no.5(2013):855—873. https://doi.org/10.1111/jors.12021.

Turner, John F. C. Housing by People: Towards Autonomy in Building Environments. New York: Pantheon Books, 1977.

Tutu, Desmond. "Who We Are: Human Uniqueness and the African Spirit of Ubuntu." 2013 Templeton Prize Laureate Address. April 3, 2013. YouTube video, 3:26. https://www.youtube.com/watch?v=0wZtfqZ271w&feature=youtu.be.

UN-Habitat. *The Challenge of Slums: Global Report on Human Settlements*. Nairobi: UN-Habitat, 2003. http://mirror.unhabitat.org/pmss/listItemDetails.aspx?publicationID=1156.

UN-Habitat. *State of the World's Cities 2012/2013, Prosperity of Cities*. Nairobi: UN-Habitat, 2012. http://mirror.unhabitat.org/pmss/listItemDetails.aspx?publicationID=3387.

UN-Habitat. *World Cities Report 2016: Urbanization and Development—Emerging Futures*. Nairobi: UN-Habitat, 2016. https://doi.org/10.18356/d201a997-en.

United Nations. *Sustainable Development Goals*. New York: United Nations, 2015. http://sustainabledevelopment.un.org.

United Nations Development Programme. *Human Development Report 2013*. New York: United Nations Development Programme, 2013. http://hdr.undp.org/en/2013-report.

Venables, Anthony J. "Equilibrium Locations of Vertically Linked Industries." *International Economic Review* 37, no.2(May 1996):341—359. https://doi.org/10.2307/2527327.

Vinkovic, D., and A. Kirman. "A Physical Analogue of the Schelling Model." *Proceedings of the National Academy of Sciences* 103, no.51(December 19, 2006):19261—19265. https://doi.org/10.1073/pnas.0609371103.

Vishwanath, Tara, Somik V. Lall, David Dowall, Nancy Lozano-Gracia, Siddharth Sharma, and Hyoung Gun Wang. "Urbanization beyond Municipal Boundaries: Nurturing Metropolitan Economies and Connecting Peri-urban Areas in India." Directions in Development, Countries, and Regions. Washington, DC: World Bank Group, 2013. http://documents.worldbank.org/curated/en/373731468268485378/Urbanization-beyond-municipal-boundaries-nurturing-metropolitan-economies-and-connecting-peri-urban-areas-in-India.

Visser, Matt. "Zipf's Law, Power Laws and Maximum Entropy." *New Journal of Physics* 15, no.4 (April 16, 2013): 043021. https://doi.org/10.1088/1367-2630/15/4/043021.

Waldrop, M. Mitchell. "The Quest for the Sustainable City." *Proceedings of the National Academy of Sciences* 116, no.35(August 27, 2019):17134—17138. https://doi.org/10.1073/pnas.1912802116.

Walls, Donald W. "National Establishment Time-Series Database: Data Overview." *SSRN Electronic Journal* (November 2, 2007). https://doi.org/10.2139/ssrn.1022962.

Wang, Qi, Nolan Edward Phillips, Mario L. Small, and Robert J. Sampson. "Urban Mobility and Neighborhood Isolation in America's 50 Largest Cities." *Proceedings of the National Academy of Sciences* 115, no.30(July 24, 2018):7735—7740. https://doi.org/10.1073/pnas.1802537115.

Wang, Yaoli, Chaogui Kang, Luís M. A. Bettencourt, Yu Liu, and Clio Andris. "Linked Activity Spaces: Embedding Social Networks in Urban Space." In *Computational Approaches for Urban Environments*, edited by Marco Helbich, Jamal Jokar Arsanjani, and Michael Leitner, 313—336. Cham, Switzerland: Springer International Publishing, 2015. http://link.springer.com/10.1007/978-3-319-11469-9_13.

Warntz, William. "The Topology of a Socio-economic Terrain and Spatial Flows." *Papers of the Regional Science Association* 17, no.1(December 1966):47—61. https://doi.org/10.1007/BF01982509.

Watts, Duncan J., and Steven H. Strogatz. "Collective Dynamics of 'Small-World' Networks." *Nature* 393, no.6684(June 4, 1998):440—442. https://doi.org/10.1038/30918.

Weber, Christopher L., and H. Scott Matthews. "Quantifying the Global and Distributional Aspects of American Household Carbon Footprint." *Ecological Economics* 66, nos.2—3(June 15, 2008):379—391. https://doi.org/10.1016/j.ecolecon.2007.09.021.

Wellman, Barry, and Stephen D. Berkowitz, eds. *Social Structures: A Network Approach*. Structural Analysis in the Social Sciences 2. Cambridge: Cambridge University Press, 1988.

West, G. B., James H. Brown, and Brian J. Enquist. "The Fourth Dimension of Life: Fractal Geometry and Allometric Scaling of Organisms." *Science* 284, no.5420(June 4, 1999):1677—1679. https://doi.org/10.1126/science.284.5420.1677.

West, G. B., James H. Brown, and Brian J. Enquist. "A General Model for the Origin of Allometric Scaling Laws in Biology." *Science* 276, no.5309(April 4, 1997):122—126. https://doi.org/10.1126/science.276.5309.122.

Wheaton, William C. "On the Optimal Distribution of Income among Cities." *Journal of Urban Economics* 3, no.1(January 1, 1976):31—44. https://doi.org/10.1016/0094-1190(76)90056-5.

White, Harrison C. *Chains of Opportunity*. Cambridge, MA: Harvard University Press, 1970.

Whitelaw, Todd Matthew. "The Social Organisation of Space in Hunter-Gatherer Communities: Some Implications for Social Inference in Archeology." PhD thesis, University of Cambridge, 1989. https://doi.org/10.17863/CAM.19734.

Whyte, William Hollingsworth. *The Social Life of Small Urban Spaces*. New York: Project for Public Spaces, 2010.

Wiessner, Polly. "A Functional Estimator of Population from Floor Area." *American Antiquity* 39, no.2(1974):343—350. https://doi.org/10.2307/279593.

Wilson, A. G. *Entropy in Urban and Regional Modelling*. London: Routledge, 2013. Originally published in 1970.

Wilson, George L., and James Q. Kelling. "Broken Windows." *The Atlantic*, March 1, 1982.

https://www.theatlantic.com/magazine/archive/1982/03/broken-windows/304465/.

Wilson, William J. "Studying Inner-City Social Dislocations: The Challenge of Public Agenda Research;1990 Presidential Address." *American Sociological Review* 56, no.1(1991):1—14. https://doi.org/10.2307/2095669.

Wilson, William J. The Truly Disadvantaged: The Inner City, the Underclass, and Public Policy. Chicago: University of Chicago Press, 2006.

Wilson, William J. *When Work Disappears: The World of the New Urban Poor*. New York: Knopf Doubleday, 2011.

Wilson, William Julius. "A Response to Critics of the Truly Disadvantaged." *Journal of Sociology and Social Welfare* 16, no.4(1989):133—148.

Wirth, Louis. "Urbanism as a Way of Life." *American Journal of Sociology* 44, no.1(1938):1—24. https://doi.org/10.1086/217913.

Wolfers, Justin, and Eric Zitzewitz. "Interpreting Prediction Market Prices as Probabilities." SSRN Scholarly Paper. Rochester, NY: Social Science Research Network, April 1, 2006. https://papers.ssrn.com/abstract=898597.

Woods, Robert. "Urbanisation in Europe and China during the Second Millennium: A Review of Urbanism and Demography." *International Journal of Population Geography* 9, no.3(May 1, 2003): 215—227. https://doi.org/10.1002/ijpg.279.

World Bank. "Extreme Poverty Income Definition." World Bank. Accessed February 20, 2020. https://www.worldbank.org/en/topic/poverty/overview.

World Economic Forum. "The Circular Economy Could Save Life on Earth—Starting with Cities." World Economic Forum, March 2018. https://www.weforum.org/agenda/2018/03/circular-economy-in-cities/.

Wrigley, E. A. *Energy and the English Industrial Revolution*. Cambridge: Cambridge University Press, 2010.

Xenophon. *Cyropaedia*. Accessed December 17, 2020. https://en.wikipedia.org/wiki/Division_of_labour#Xenophon.

Yang, Jianchao, John Wright, Thomas S. Huang, and Yi Ma. "Image Super-resolution via Sparse Representation." *IEEE Transactions on Image Processing* 19, no.11 (November 2010):2861—2873. https://doi.org/10.1109/TIP.2010.2050625.

Yang, V. Chuqiao, Andrew V. Papachristos, and Daniel M. Abrams. "Modeling the Origin of Urban-Output Scaling Laws." *Physical Review E* 100, no.3(September 16, 2019). https://doi.org/10.1103/PhysRevE.100.032306.

Yellen, John E. Archaeological Approaches to the Present: Models for Reconstructing the Past. Studies in Archeology. New York: Academic Press, 1977.

Youn, Hyejin, Luís M. A. Bettencourt, José Lobo, Deborah Strumsky, Horacio Samaniego, and Geoffrey B. West. "Scaling and Universality in Urban Economic Diversification." *Journal of the Royal Society Interface* 13, no.114(January 2016):20150937. https://doi.org/10.1098/rsif.2015.0937.

Zahavi, Y., M. J. Beckmann, and T. F. Golob. *The UMOT/Urban Interactions*. Washington, DC: U.S. Department of Transportation, Research and Special Programs Administration, Systems Analysis Division, 1981. https://trid.trb.org/view/206233.

Zahavi, Yacov, and Antti Talvitie. "Regularities in Travel Time and Money Expenditures." *Trans-

portation Research Record，750(1980)：13—19. https：//trid.trb.org/view/160276.

Zhong, Chen, Markus Schläpfer, Stefan Müller Arisona, Michael Batty, Carlo Ratti, and Gerhard Schmitt. "Revealing Centrality in the Spatial Structure of Cities from Human Activity Patterns." *Urban Studies* 54, no.2(February 2017)：437—455. https：//doi.org/10.1177/0042098015601599.

Zhu, Pengyu. "Are Telecommuting and Personal Travel Complements or Substitutes?" *Annals of Regional Science* 48, no.2(April 1, 2012)：619—639. https：//doi.org/10.1007/s00168-011-0460-6.

Zimbardo, Philip G. The Lucifer Effect：Understanding How Good People Turn Evil. New York：Random House，2008.

Zinn-Justin, Jean. *Phase Transitions and Renormalization Group*. Oxford Graduate Texts. Oxford：Oxford University Press，2007.

Zipf, George Kingsley. Human Behavior and the Principle of Least Effort：An Introduction to Human Ecology. Mansfield Centre, CT：Martino Publishing，2012.

Zipf, George Kingsley. "On Dr. Miller's Contribution to the P_1P_2/D Hypothesis." *American Journal of Psychology* 60, no.2(1947)：284—287. https：//doi.org/10.2307/1417879.

Zipf, George Kingsley. "The $P_1 P_2/D$ Hypothesis：On the Intercity Movement of Persons." *American Sociological Review* 11, no.6(1946)：677—686. https：//doi.org/10.2307/2087063.

Zorbaugh, Harvey Warren, and Howard P. Chudacoff. *The Gold Coast and the Slum：A Sociological Study of Chicago's Near North Side*. Chicago：University of Chicago Press，1983.

Zünd, Daniel, and Luís M. A. Bettencourt. "Growth and Development in Prefecture-Level Cities in China." *PLoS One* 14, no.9(September 3, 2019)：e0221017. https：//doi.org/10.1371/journal.pone.0221017.

图书在版编目（CIP）数据

城市科学导论 ：城市作为复杂系统的证据和理论 /
（葡）路易斯·贝当古著 ；刘朝晖译. -- 上海 ：格致出
版社 ：上海人民出版社，2024. --（全球城市经典译丛
）. -- ISBN 978-7-5432-3590-8

Ⅰ. C912.81

中国国家版本馆 CIP 数据核字第 20247J1N69 号

责任编辑　顾　悦　唐彬源
装帧设计　人马艺术设计·储平

全球城市经典译丛

城市科学导论：城市作为复杂系统的证据和理论
［葡］路易斯·贝当古　著
刘朝晖　译

出　　版　格致出版社
　　　　　上海人民出版社
　　　　　（201101　上海市闵行区号景路 159 弄 C 座）
发　　行　上海人民出版社发行中心
印　　刷　浙江临安曙光印务有限公司
开　　本　720×1000　1/16
印　　张　32.75
插　　页　2
字　　数　526,000
版　　次　2024 年 9 月第 1 版
印　　次　2024 年 9 月第 1 次印刷
ISBN 978 - 7 - 5432 - 3590 - 8/F·1589
定　　价　158.00 元

上海市版权局著作权合同登记号　图字:09-2024-0065